尚書釋讀

（下）

程水金 著

人民文学出版社

酒誥

【解題】

『酒誥』者，戒酒之誥也。周公以文王戒酒之命告康叔，亦當於妹邦以酒爲戒，因妹邦乃紂之所都，其民化紂之風而嗜酒。史公曰：『告以紂所以亡者，以淫於酒，酒之失，婦人是用，故紂之亂自此始。』是其事也。《韓非子·說林上》：『《康誥》曰：「毋彝酒。」彝酒者，常酒也。常酒者，天子失天下，匹夫失其身。』韓非所引《康誥》『毋彝酒』三字乃今《酒誥》之文，不見於今《康誥》。是韓非所見《尚書》當無題爲《酒誥》之篇名而其文屬之於《康誥》也。又，揚雄《法言·問神》：『昔之說《書》者序以百，而《酒誥》之篇俄空焉，今亡夫！』知揚雄所見之百篇《書序》亦無《酒誥》之序文。鄭玄《周禮序》曰：『案《尚書》、《盤庚》、《康誥》、《說命》、《泰誓》之屬三篇，《序》皆云「某作若干篇」。』（見賈公彥《序周禮廢興》）鄭玄所見《尚書》實乃真書，其《書序》言《康誥》亦如《盤庚》、《說命》、《泰誓》，皆以三篇共題，而無分《酒誥》與《梓材》。當是序《盤庚》乃云『作《盤庚》三篇』，序《康誥》則云『作《康誥》三篇』，其他《說命》與《泰誓》可以類推。據此可知，先秦流傳之《書》當通《酒誥》與《梓材》爲《康誥》。至漢初伏生所出之《書》，乃分《康誥》後二篇爲《酒誥》與《梓材》。蓋因封康叔於妹邦之時，周公告康叔者非一，乃反復申告之也，且其所告者亦非僅康叔一人，並兼及妹邦之『庶事有正越庶伯君子』，加之此篇較之《康誥》，其文風相對暢達，語句不甚艱澀，或者如劉起釪所言，乃出自不同史官之手。是以伏生遂據不同主題，及康叔之外另有不同告誥對象，以及不同敘述風格而各題其篇名，歐陽及大小夏侯三家博士乃因之而不改，故《太史公自序》曰：『申以商亂，《酒》、《材》是告。』是知別題《酒誥》與《梓材》者，自漢代始。

含《酒誥》與《梓材》之《康誥》，所以於西周末年鑒古思潮湧動之時從王室檔案之中流傳於世，大抵亦因其論先世興亡及其爲周公攝行政當國之文誥，而與西周末年的政局動盪及『周、召共和』之歷史背景相關也。

王若曰：『明大命于妹邦，乃穆考文王肇國在西土，厥誥毖庶邦庶士越少正御事，朝夕曰祀兹酒。〔一〕惟天降命，肇我民惟元祀。〔二〕天降威，我民用大亂喪德，亦罔非酒惟行；越小大邦用喪，亦罔非酒惟辜。〔三〕文王誥教小子有正有事，無彝酒。越庶國飲惟祀，德將無醉。〔四〕惟曰我民迪小子，惟土物愛，厥心臧，聰聽祖考之彝訓，越小大德，小子惟一。〔五〕

妹土嗣爾，股肱純其藝黍稷，奔走事厥考厥長，肇牽車牛遠服賈，用孝養厥父母。厥父母慶，自洗腆，致用酒。〔六〕

庶士有正，越庶伯君子，其爾典聽朕教。〔七〕爾大克羞耇惟君，爾乃飲食醉飽。丕惟曰爾克永觀省，作稽中德。〔八〕爾尚克羞饋祀，爾乃自介用逸。〔九〕兹乃允惟王正事之臣，兹亦

惟天若元德，永不忘在王家。〔一〇〕

王曰：『封，我西土棐徂邦君御事小子，尚克用文王教，不腆于酒，故我至于今，克受殷之命。〔一一〕』

【釋讀】

〔一〕**王若曰**■陸德明《釋文》：『馬本作「成王若曰」，注云：「言成王者，未聞也。俗儒以爲成王骨節始成，故曰『成王』。或曰以成王爲少成二聖之功，生號曰『成王』，沒因爲謚。衛、賈以爲戒成康叔以慎酒，成就人之道也，故曰『成』。此三者吾無取焉，吾以爲後錄書者加之，未敢專從，故曰未聞也。」』孔穎達《書疏》亦曰：『馬、鄭、王本以文涉三家而有「成」字，鄭玄云：「成王，所言成道之王。」三家云：「王年長，骨節成立。」皆爲妄也。』

行甫按：此篇亦爲周公誥康叔之辭，『王』即周公攝王位而稱王無疑，與《大誥》、《康誥》之『王』從同。但據陸德明及孔穎達所引之說，則歐陽、大小夏侯以及衛宏、賈逵、馬融、鄭玄、王肅諸本皆作『成王若曰』，則漢代流傳之本『王』字上當有『成』字。本篇與《康誥》既非出自同一史官之手，則其記錄風格容當有所不同，自是必然之事。就史實而論，成王雖年幼不能蒞阼視事，周公攝位而稱王，但成王既繼武王而有『王』之名，周公攝位而當國亦有『王』之實，則周公誥告諸侯臣工，其視爲周公以成王之命誥之也可，其視爲周公爲攝王而誥之也亦無不可。故本篇筆錄之史官著眼於『王』之名份，記爲『成王若曰』。《康誥》筆錄之史官乃著眼於『王』之事實而徑錄爲『王若曰』。且名份也罷，事實也罷，當時之人並不在意，史官隨其意而爲記耳。以周公之誥記爲『成王若曰』者，並不開罪於周公；記周公爲『王若曰』者，亦不觸怒於成王。是知馬融以爲『成』字乃『後錄書者加之』，其說無據。相反，今本無『成』字者，乃『後錄書者』據馬說刪之耳。要而言之，無論有無『成』字，《康誥》與《酒誥》皆爲周公之誥辭，因史官不同而記錄風格各異而已，並無特别之史料價值。近人金兆梓繼清儒江聲『此篇之誥，成王親之』之説而『肯定它爲成王的話』，雖與馬融之説相反，其邏輯歧路則相同。至於劉起釪既以此篇與《康誥》、《大誥》不出同一史官之手，又認爲『都是周公的誥辭，因此不應有「成」字』，則又僅知二五而不知一十也。**明大命于妹邦**■明，昭告，宣明也。大命，重要命令，即下文是也。妹邦，即沬邦也。《鄘風・桑中》孔穎達《正義》曰：『《酒誥》注云：沬邦，紂之都所處也，於《詩》，國屬鄘，故其風有「沬之鄉」，則沬之北，沬之東，朝歌也。然則沬爲紂都，故言沬邦。』又《邶鄘衛譜》孔穎達《正義》亦引《酒誥》注云：『妹邦者，紂都所處，其民尤化紂嗜酒。』行甫按：妹邦在今河南淇縣之境，史公所謂『居河、淇間故商墟』者，是也。**乃穆考文王肇國在西土**■乃，爾，汝也。穆考，枚《傳》曰：『父昭子穆，文王第稱穆。』王國維曰：『先儒説王季爲昭，文王爲穆，其後武王爲昭，成王爲穆，故云「穆考」，其實非也。周初恐無昭穆之制。穆考，恐當爲美稱也。』（吴其昌《王觀堂先生〈尚書〉講授記》）行甫按：蔡沈《集傳》曰：『穆，敬也。《詩》曰「穆穆文王」是也。上篇言文王明德慎罰則曰「顯考」，此篇是文王誥毖則曰「穆考」，言各當也。』是蔡氏不以昭穆之制爲説。則『穆考』者，猶云『尊敬的先父』也。肇，始也。章太炎曰：『《尚書》肇字，正當作庫。《説文》：「庫，始開也。」』是『肇國』者，猶言『始開國也』。西土，泛指岐山至豐鎬之地，與殷商之河淇間曰『東土』相對。**厥誥毖庶邦庶士越少正御事**■厥，其也，指文王。誥，告也。毖，亦告也。王念孫《漢隸拾遺》曰：『《衛尉卿衡方碑》「鐫茂伐，祕將來」，伐，功也；祕，告也。言刻石紀功，以告來世也。《廣韻》曰：「毖，告也。」《酒誥》曰「厥誥毖庶邦庶士」，言誥告庶邦庶士也。又曰「女典聽朕毖」，言女常聽朕告也。《車騎將軍馮緄碑》曰「刊石表績，以毖來世」，祕與毖古字通。』皮錫瑞曰：『《張遷碑》云「刊石立表，以毖後昆」，亦同此義。』行甫按：『誥毖』，同義複詞，與下『誥教』構詞法及其文義皆同，猶《多方》『誥告爾多方』之『誥告」也。庶，衆也。士，事也。王鳴盛曰：「蓋士之言事也。朝臣各有事，故稱庶士。」越，與也，及也。少正，正官之副貳。王鳴盛曰：「《左傳》鄭有少正公孫僑，《家語》魯有少正卯，則少正之名其來久矣。」御，治也。《大雅・思齊》「以御于家邦」，鄭《箋》：「御，治也。」楊樹達曰：本誥「全篇莫不分内服與外服言之。「庶邦庶士」，外服也；「少正御事」，内服也。下文「文王誥教小子有正有事，無彝酒」，内服也；「越庶國，飲惟祀」，外服也。又「庶士有正越庶伯君子」，庶士有正，内服也；越庶伯君子，外服也。庶伯，即下文「侯甸男衛邦伯」也。又「邦君御事小子尚克用文王教」，邦君，外服也；御事，内服也。又「汝劼毖殷獻臣，侯甸男衛」，外服也；「矧太史友内史友，越獻臣百宗工」，内服也」。行甫按：楊氏别殷周朝廷與封疆官職之異，其説是也。此非僅本篇如此，實可通《大誥》「猷大誥爾多邦越爾御事」、「爾庶邦君越庶士御事」、「義爾邦君越爾多士尹士御事」諸文以言之。且朝官與外官分班别立，亦歷千祀而未變者也。**朝夕曰祀茲酒**■朝夕，平日也，尋常之時也。曰，猶爲也，説見吳昌瑩《經詞衍釋》。祀，通已，止也。俞樾《古書疑義舉例》曰：「《周易・損》「初九，已事遄往」，《釋文》曰：「已，虞作祀。」是「祀」與「已」古字通也。已者，止也。已茲酒者，止此酒也。」楊筠如曰：「俞説未是，以下文考之，並非一律止酒，其祀之用酒，下有明文。」行甫按：俞説是而楊説非也。句意謂：平日無事之時爲禁止飲此酒。下文曰「無彝酒」即「無朝夕飲酒」也，又曰「飲惟祀」，亦即平常不可飲酒，唯祭祀乃可飲且「德將無醉」也。餘説見下文釋讀。

〔二〕**惟天降命**■惟，猶以也，因也。降，下達也。命，即天命也，謂上天庇佑之。俞樾曰：「惟天降命，即承已茲酒而言，謂止酒非一人之私言，惟天降命也。蓋重其事，故託之天命耳。」**肇我民惟元祀**■肇，亦同「肁」，始開也。我民，我西土之民也。惟，爲也。元祀，猶言元年也。《爾雅・釋天》：「殷曰祀，周曰年。」俞樾曰：「「肇我民惟元祀」，言與我民更始，惟此元祀也。元祀者，文王之元年。上文曰「肇國在西土」，肇國者，始建國之謂，故知是文王元年也。曰元祀者，猶用殷法也。蓋文王元年即有此命，故云然耳。』劉起釪曰：『文王在元年講了這段話，故把紀年置在末尾。』行甫按：自『肇國在西土』至此，乃周公述文王始建國，改元更始，頒佈禁酒令，以改變國人之精神面貌與生活樣態。其文爲敘述體，而非告示體，劉氏誤會俞蔭甫『用殷法』之說，以『惟元祀』乃如告示置于文末之款識性紀年，非也。

〔三〕**天降威**■威，畏也。行甫按：『天降威』爲假設之辭，兼指下文『罔非酒惟行』與『罔非酒惟辜』二層文意，因酒之危害而使天降畏也，乃補充申述所以頒禁酒令而與民更始之理由。**我民用大亂喪德**■民，人也。與『天』相對。我民，猶言『我人』。用，因、以也。德，品性，德行。**亦罔非酒惟行**■亦，猶『特』也，說見吳昌瑩《經詞衍釋》。罔，無也，莫也。惟，爲也。行，用也。《周禮·司爟》『掌行火之政令』，鄭玄注：『行，猶用也。』**越小大邦用喪**■越，與也，及也。用，因、以也。**亦罔非酒惟辜**■亦，猶『特』也。惟，爲也。辜，罪也。

〔四〕**文王誥教小子有正有事**■誥，告也，教，亦告也。誥教，亦同義複詞，說見上『誥毖』釋讀。小子，年輕人。有正，官長也。有事，官吏也。**無彝酒**■彝，常也，與上文『朝夕』相照應，亦言『平日』、『平常』也。**越庶國飲惟祀**■越，及也，與也。庶國，眾邦之君長也。惟，獨也。行甫按：『無彝酒』與『飲惟祀』乃互文，謂外服庶國之君長及內服小子有正有事皆平時不得飲酒，獨於祭祀之時乃可飲之，且祭祀之時雖可飲之，亦必『德將無醉』也。**德將無醉**■德，飲酒之行爲也，即《無逸》『無若商王受之迷亂酗于酒德哉』之『酒德』，猶今語所謂『由酒品看人品』之『酒品』。將，且也。行甫按：《大盂鼎》亦云：『在雩御事，叡，酒無敢湛。有柴烝祀，無敢醉。』意謂：『在治理政事之時，是不敢沉湎於酒的呀！舉行柴烝之祭，雖可飲酒，也不敢醉酒。』可與本誥此節相參證。

〔五〕**惟曰我民迪小子**■惟，猶乃也，乃，猶且也。曰，謂也。迪，導也，即教導、訓導之意也。小子，年輕人。

王先謙曰：『此及下文「小子」與「祖考」相對爲文，必指民之子孫。』**惟土物愛**■惟，以也。土物，枚《傳》：『土地所生之物。』孫星衍曰：『土所生之物，謂黍稷。《洪範》云：「土爰稼穡。」』愛，惜也。王先謙曰：『謂酒以糜穀，當知愛惜也。』**厥心臧**■厥，其也。臧，善也。**聰聽祖考之彝訓**■聰，聽明白。《管子·宙合篇》：『聞審謂之聰。』祖考，祖輩與父輩也。彝，法也，常也。訓，教也。行甫按：『彝訓』，即《君奭》『迪兹彝教』之『彝教』。**越小大德**■越，與也，及也。德，德行，品德。小大德，即《論語·子張》『大德不踰閑，小德出入可也』之『大德』與『小德』，謂各種小大不同之品行。**小子惟一**■小子，即上『我民迪小子』之『小子』，年輕人。惟，爲也。一，統一。孫星衍曰：『言大德不踰閑，小德亦無出入，思其純一。』行甫按：『惟曰』至『惟一』，亦周公述文王之語，意謂：文王且曰：我民當教導其年輕後輩，以土地出産之物爲惜，其心向善，用心聽從長輩們的教訓，并且無論是大的品德操守，還是日常的生活小節，都要兼顧統一起來，不可有所出入。言下之意，酒德雖小，亦不可酗酒亂性，有失人品。

以上乃周公引述當年周文王於西土始建周邦之元年所頒佈之禁酒令。周文王禁止平日無事飲酒，唯於祭祀時方可飲之，猶不可酗酒及亂。酒之危害，大可喪國，小可失身，號召西土之民，教育引導其子孫愛惜糧食，其心向善，尊聽長輩教誨，純一德行，大節不踰規矩法度，即使飲酒之小節，亦不可有所出入。

〔六〕**妹土嗣爾**■妹土，猶言沬鄉也。行甫按：此『妹土』與上文『妹邦』，各有所指。『妹邦』，指康叔之封國而言。『明大命于妹邦』者，乃針對康叔妹邦之各級官吏，亦即下文『庶士有正，越庶伯君子』也。『妹土』，指沬鄉之殷商遺民而言，即下文『藝黍稷』、『遠服賈』之沬鄉之當地人也。嗣，繼也，續也。爾，通耳，猶『而已』也。行甫按： 古今注家多讀爲『妹土嗣爾股肱』，文不成義，且各家之釋，皆不得其的解。此言妹土之民不在受禁之列，可繼續飲酒而已。以下文曰『又惟殷之迪諸臣惟工，乃湎于酒，勿庸殺之，姑惟教之』，若『不用我教辭』者，則『同于殺』，知周公命康叔於妹邦頒行禁酒令，唯禁妹邦大小官吏平時無故飲酒，但於殷之『諸臣惟工』又須區別對待，至於妹邦之殷民飲酒，則不在禁止之列，是官民有別，殷周有別，析分甚明，故曰『妹土嗣爾』。**股肱純其藝黍稷**■股肱，猶言『手足』也。行甫按： 『股肱』與下『奔走』相對爲文，文法功能亦同，皆爲狀語。是知舊讀『嗣爾股肱』者，非經義也。純，孫星衍引賈逵《國語・晉語》注曰： 『專也。』其，猶於也。藝，種植也。《孟子・滕文公上》『樹藝五穀』，趙岐注： 『藝，殖也。』《荀子・子道》『耕耘樹藝』，楊倞注： 『藝，播種。』皆是其例。句意謂： 妹土之民，手足專力於種植糧食。**奔走事厥考厥長**■奔走，猶言『勤勞』也。孔穎達引顧彪曰： 『勤種黍稷，奔馳趨走也。』行甫按： 顧氏以『勤』釋『股肱』，其說是也。事，服侍也。厥，其也。考，父也。長，兄也。**肇牽車牛遠服賈**■肇，《爾雅・釋詁》： 『肇，謀也。』《釋言》『肇，敏也』，郭璞注： 『《書》曰： 肇牽車牛。』郝懿行《義疏》： 『敏者，《說文》： 疾也。肇者，《釋詁》云： 謀也。謀、敏古音相近。《中庸》「人道敏政」，鄭注： 「敏或爲謀。」是謀、敏通。』行甫按： 『肈』與『肇』同。牽，引也。車牛，車與牛，猶言牛車也。服，事也，猶言從事也。賈，買賣也。《說文》： 『賈，市也。市，買賣所之也。』枚《傳》： 『載其所有，求易所無，遠行買賣。』是也。行甫按： 此『肇』字兼『敏疾』與『謀慮』二義，謂經商行賈，必智力與體力並用，與上文『奔走』句法從同。**用孝養厥父母**■用，以也。孝，《爾雅・釋詁》： 『享，孝也。』王引之《經義述聞》曰： 『《釋名》引《孝經說》曰： 「孝，畜也，畜，養也。」《廣雅》曰： 「亯，養也。」亯與享同。是享、孝並與養同義，故享又訓孝。《逸周書・謚法篇》曰： 「協時肇享曰孝。」是也。』行甫按： 『孝養』亦同義複詞。厥，其，指妹鄉之民。**厥父母慶**■慶，賀也，《說文》： 『慶，行賀人也。賀，以禮相奉慶也。』是『慶』亦『賀』，『賀』亦『慶』也。行甫按： 此於文法爲雙起單承，『慶』字實關上『厥考厥長』在内，非僅『厥父母』也。**自洗腆**■自，指其子，親自也。洗，盥手洗爵也。《儀禮·士冠禮》『贊者洗于房中』，鄭玄注：『洗，盥而洗爵者。』賈公彦《疏》：『凡洗爵者，必先盥。盥有不洗爵者，此經直云「洗」，明盥手乃洗爵，故鄭云「盥而洗爵」。』腆，《説文》：『設膳腆腆多也。』行甫按：『洗腆』，乃動詞連用，謂洗濯杯盤，備辦膳食也。**致用酒**■致，《説文》：『送詣也。』行甫按：此『致』字與上『慶』字相照應。用，以也。

以上言妹鄉之民無須禁酒。妹鄉之民，或躬耕稼穡，勤勞以事長上，或往來經商行賈，以所得之利孝養其父母，其父母慶賀，其子親爲洗濯炊爨置辦酒筵以享宴其父母兄長。此爲妹鄉之民情風俗，故周公特囑康叔無禁妹鄉殷民日常飲酒，聽其自續其風，故曰：『妹土嗣爾。』前人經注皆不得斯義，特表而出之。

〔七〕**庶士有正**■庶，衆也。士，亦通『事』。庶士，若庶事，即衆執事之人也。正，長也。『庶士有正』，皆内服衆官長與執事之臣也。**越庶伯君子**■越，及也，與也。伯，長也。君子，有職之人。『庶伯君子』，乃外服衆官長及其屬吏也。**其爾典聽朕教**■其，願辭之『寧』，説見吴昌瑩《經詞衍釋》。行甫按：此『其』字即『且』字之意，表祈望語氣，猶今語所謂『希望』、『要求』。又，『其』或通『期』。《周易·繫辭下》『死期將至』，《釋文》本『期』作『其』，曰：『其亦作期。』是其證也。《左傳》哀公十六年：『復言，非信也；期死，非勇也。』俞樾《平議》曰：『上文曰「好復言而求死士」，此云「復言非信，期死非勇」，皆承上文而言。復言，謂好復言。期死，謂求死士也。期與求古音相近。』則此『其』讀如『期』，亦即『求』也。爾，汝也，指上文『庶士有正，越庶伯君子』諸人也。典，《説文》：『从冊在丌上，尊閣之也。』引申之則有『尊重』、『重視』之意，是『典聽』者，猶今語所謂『高度重視』、『認真聽取』也。句意謂：且望爾等高度重視認真聽取我之教言。

〔八〕**爾大克羞耇惟君**■大，此處爲限定性程度副詞，猶今語所謂『最大限度』之意。克，可也。黄生《字詁》：『克即可字之變文。克與可同義，但轉其聲耳。』羞，《説文》：『進獻也。』《周禮·籩人》『凡祭祀，共其籩薦羞之實』，鄭玄注：『薦、羞皆進也。未食未飲曰薦，既食既飲曰羞。』耇，老也。惟，與也，及也。君，君長也。俞樾曰：『此與上文「奔走厥考厥長」義同。「耇」即老也，「君」即長也。言爾克進獻爾考爾長，爾乃亦得以飲食醉飽也。』行甫按：俞氏之説是也，此謂宗族之耇老及君長行燕私之禮，爾等『庶士有正』及『庶伯君子』方可參飲。餘説見下文『兹乃允惟王正事之臣』釋讀。**爾乃飲食醉飽**■乃，則也，即也。飲食醉飽，錯綜成文，猶『飲醉食飽』也。行甫按：『大』字乃限定性程度副詞，修飾上下二句。言汝等最大限度之可能乃在與老者與君長行燕饗之禮而進獻酒食，乃可隨而飲酒飽醉也。**丕惟曰爾克永觀省**■丕，大也。與上『大克』之『大』文意及句法相同。惟，凡思也。曰，爲也，是也。克，可也，堪也。黄生《字詁》：『克與可同義，但轉其聲耳。又堪、戡亦聲之轉。』堪，猶『當』也。永，猶言『自始至終』也。觀，觀察也，省，内省也。**作稽中德**■作，動也。稽，止也。俞樾曰：『稽字從禾，《説文》禾部：「禾，木之曲頭，止不能上也。」故稽亦有止義。《説文》稽部：「稽，留止也。」凡从稽之字如稦、如𥡴俱有止義。「作稽中德」者，「稽」，止也。言「爾克永觀省」，則所作所止，無不中德也。』中，得也。德，飲酒之禮也。行甫按：自『大克羞耇惟君』至此，言『庶士有正，越庶伯君子』於其本族中行燕飲之禮，雖可『飲食醉飽』，然其動止亦必得乎飲酒之禮。《小雅·湛露》『厭厭夜飲，不醉無歸』，毛《傳》：『宗子將有事，則族人皆侍。不醉而出，是不親也；醉而不出，是渫宗也。』孔穎達《詩疏》引《書傳》曰：『既侍其宗，然後得燕。燕者何？已而與族人飲，飲而不醉，是不親；醉而不出，是不敬。』伏生此傳，當爲本經『作稽中德』而發也。

〔九〕**爾尚克羞饋祀**■尚，猶也，即『仍然』也。行甫按：此『尚』字與上『大克羞耇惟君』之『大』相照應，謂『羞饋祀』亦屬此『大』之範圍。羞，亦進獻也。饋，孫星衍曰：『《文選·祭顔光禄文》注引《蒼頡》云：「祭名也。」高誘注《國策》云：「吴謂食爲饋，祭鬼亦爲饋，古文通用，讀與餽同。鄭注《籩人》云：「饋食，薦孰也。」」劉起釪曰：「《周禮・大宗伯》「以饋食饗先王」，《儀禮》有「特牲饋食禮」。茲以熟食祭鬼神稱「饋食」，其祭名即稱「饋祀」。」行甫按：枚《傳》：「則汝庶幾能進饋祀於祖考矣。」其釋句意是也。上言於宗族燕私，此言於宗廟祭祖，皆可「飲食醉飽」，故以「尚」字相挽接。**爾乃自介用逸**■乃，則也，即也。介，楊筠如曰：「與匄通，《廣雅》：「匄，求也。」「爾乃自介用逸」者，爾乃自求用逸也。」用，以也。逸，樂也，亦往來酬酢相互敬酒之意。《小雅・賓之初筵》「籩豆有楚，殽核既旅，酒既和旨，飲酒孔偕，鍾鼓既設，舉醻逸逸」，毛《傳》：「逸逸，往來次序也。」江聲《尚書集注音疏》曰：「逸，旅酬也。」且引《中庸》言「宗廟之禮」而云「旅酬下爲上」，謂「祭時亦有旅酬之禮」。行甫按：江氏之説是也。鄭注《中庸》曰：「「旅酬下爲上」者，謂若特牲饋食之禮，賓弟子、兄弟之子，各舉觶於其長也。」本經「自介用逸」之「逸」，即《賓之初筵》之「舉酬逸逸」之「逸」，既爲衆子弟舉觶於其長而次序往來以相酬，亦有衆人飲酒往來交相酬而爲逸樂之意，二義可相涵也。

〔一〇〕**茲乃允惟王正事之臣**■茲，此也，指上「羞耇惟君」與「羞饋祀」也。乃，則也，即也。允，信也。惟，凡思也。正，即「有正」也。事，即「有事」也。**茲亦惟天若元德**■茲，與上「茲乃允惟」之「茲」語義同。亦惟，與「允惟」相照應，猶言「亦允惟」也。若，《説文》：「擇菜也。從艸、右，右，手也。」《爾雅・釋詁》：「若，善也。」邢昺疏：「若者，惠順之善也。」元，善也。德，即上「大亂喪德」、「德將無醉」、「越小大德」、「作稽中德」之「德」，亦即今語「酒品」與「人品」之謂也。**永不忘在王家**■永，猶上文「永觀省」之「永」，亦「自始至終」之意也。忘，忘記，失憶也。行甫按：此「忘」字與上「允惟」、「亦惟」相照應。王引之以爲「與亡通」，謂「能保其禄位，永不失在王家」，其説非也。在王家，猶言「爲王臣」也，與上「王正事之臣」相照應。行甫又按：此三句，乃告誡「庶士有正，越庶伯君子」，平日不可飲酒，充其量只可於宗族之耇老與君長行燕私之禮於進獻耇老及君長之時，以及在家族宗廟祭祀祖考行旅酬之時，方可開懷暢飲。但即使於此時方可飲酒，也須內心誠懇地想到自己乃王朝官長與職事之臣，且於此時還要想到上天惠愛善德，擇善而從，亦不可醉而失禮，要自始至終自覺地維護王家的體面與尊嚴。

〔一一〕**王曰**■王，亦周公也。**封**■此時乃呼康叔之名以誥之，以提點文王所以戒酒之意。**我西土棐徂邦君御事小子**■我，第一人稱多數，猶言『我們』。西土，即上文『肇國在西土』之『西土』也。棐，吳汝綸引張裕釗曰：『棐、匪同字。《廣雅》：匪，彼也。』徂，《說文》：『𨒪，往也。从辵，且聲。𨒪，齊語。徂，𨒪或从彳。』行甫按：《康誥》云『肆汝小子封，在兹東土』，《酒誥》亦誥於妹邦，以『東土』稱『兹』，則『西土』爲『彼』也。此因空間而稱『彼』也。『徂』爲『往』，即過去也，此因時間而稱『彼』也。則『棐』若『彼』者，乃兼時空二義焉。邦君，猶言『庶伯』也。御事，治事之臣。小子，後生晚輩，年輕人，此處猶今語所謂『年輕的後輩接班人』。**尚克用文王教**■尚，庶幾也，幸詞也。克，能也。用，《說文》：『可施行也。』《方言》：『用，行也。』**不腆于酒**■腆，《說文》：『設膳腆腆多也。』《儀禮·燕禮》『寡君有不腆之酒』，鄭玄注：『腆，膳也。』行甫按：據許君說，則『腆』字既有『膳』義，亦有『多』義，鄭注《燕禮》偏其一義也。此『不腆于酒』者，意即『常膳不飲於酒』也。**故我至于今**■我，我西土，我周邦也。**克受殷之命**■克，能也。殷之命，謂殷人之天命也。

此乃本誥第一節，周公以文王受命元年所頒之禁酒令轉告康叔，令其於妹邦施行禁酒。禁酒的範圍僅在妹邦各級官吏，平時任何時間不得飲酒，只允許他們於宗族內部長老行燕私之禮以及祭祀先祖行旅酬之際方可開懷暢飲，當然也必須注意飲酒之德，不可失禮。但考慮到殷民生活習慣，對殷遺平民不作禁酒要求。

【繹文】

周公以攝位之王的身份對康叔説：『將這個重要的命令在妹邦明確地頒佈下去吧！你尊敬的先父周文王接受上天之命在西部地區開國建邦之時，他就嚴肅地告誡外服各地各級官員，以及内服正副官長及其執事人員説：尋常之時無緣無故就不要喝這個酒了！因爲上天庇佑我們，從現在開始，就是我們西土之人的開國元年。所以，我們要採取一種新的生活方式，將要改换一副新的精神面貌，重打鑼鼓另開張，以回報上天對我們的庇護和福祉。我們爲什麽要禁止内外各級官員平時無故飲酒呢？因爲老天爺如果要對我們人類施加懲罰，那一定是我們人類發生了大混亂喪失德行的惡劣行爲，而這些人混亂敗德行爲，没有一樣不是與風行飲酒有關的。而且那些大大小小的邦國發生了喪邦亡國的慘痛之禍，也没有哪一次不是因爲飲酒而造成的罪孽。文王告誡各地各級官員以及朝中各位大臣與他們的晚輩，要求他們平時不許無故飲酒，只是在舉行祭祀之後可以飲酒，但也要保持儀態端莊穩重，不可醉酒失態。而且文王還説，我們周邦的民衆還要教育我們的子孫後輩，酒也是用糧食來釀造的，不要把土地上出產的糧食輕易浪費了，要愛惜它們，那都是農夫們用汗水换來的。這樣，教育子孫後輩珍惜糧食少喝酒，就會激勵他們熱愛勞動，同情農夫，使他們心地變得善良；教育他們善於聽取長輩們深刻的人生見解及其豐富的生活經驗，并且要求他們無論是人生重大的品行操守，還是日常瑣細的生活小節，都要兼顧統一起來，既不可謹小慎微反而大節有失，也不可大節無虧但小節放縱。

不要以爲酒德有失無關大節，酗酒亂性，照樣有失人品。

妹鄉的殷民是可以繼續飲酒的，由於殷民的生活習性不一樣，他們可以不受禁酒令的約束。妹鄉之民，有的專其手足股肱之力勤勞於耕耘稼穡，在家上下奔走，忙忙碌碌，服侍他們的父母和兄長；有的竭其心智，不惜腳力，牽牛駕車，貿遷有無，在外經商行賈，以其所得之餘利孝養他們的父母。於是他們的父母與兄長慶賀子弟們的勤勞與持家，爲他們的孝順和富裕表示高興和讚許，子弟們也會親自洗濯杯盤，備辦一桌豐盛的家庭酒宴，給他們的父母和兄長高高興興地敬上一杯，子弟們自己也樂得開懷暢飲。這就是妹鄉殷遺質樸而淳厚的民情風俗，不要因爲禁止官員平時無故飲酒，就連民間的家庭酒宴也統統禁止了。

妹邦的各級各類官員以及各地的長官屬吏，希望你們高度重視並認真聽取我的教言。在平時的日常工作和生活中是不允許隨便飲酒的，你們充其量只可在你們家族的長老與宗主舉行燕饗之禮，你們在向他們進獻酒食之時，你們才可以開懷暢飲，吃飽喝足。但也要充分考慮到，你應當自始至終觀察飲酒過程中的酒局變化，把握和掌控自己的酒量，酒筵將散之前行無算爵，你應該喝得微有醉意，那就表明你對宗主和族長親密無間，彼此沒有隔閡和芥蒂。但是，酒局將散，酒興闌柵之際，你已醉眼朦朧，就應該立刻道謝辭別，表示你與宗主和族長十分親近，已經喝得非常滿意，現在就該告辭了，否則，你在宗主和族長面前因爲醉酒而失了體統，那便是對長老和宗主的大不敬了。因此，你的一舉一動，何去何止，都要合乎規矩，遵守禮儀，不可失了酒德。當然，你們還可以在宗廟祭祀活動結束之後饗用祭品之時，與宗族子弟以及兄弟子侄們衆相酬酢，你們就可以在此觥籌交錯之際頻頻舉杯，開懷暢飲，自享飲酒之樂。不過，無論是參加宗族的燕饗之禮，還是在宗廟的祭祀活動中飲酒，即使在家族與宗廟這樣的場合，你們也要誠懇地想到自己是王朝的官長與職事之臣，並且在此時也還要想到上天惠愛善德，不可貪杯多飲以致於醉而失禮，你們要自始至終時時刻刻自覺地維護王家官員的體面與尊嚴，時刻牢記你們供職於王家的王臣身份。』

周公說：『康叔封，我們地處西偏的周邦往日那些內外官長與治事之臣以及他們的後輩接班人，庶幾皆能執行文王禁酒的教令，平時設膳不多也不飲酒，所以我們周邦到現在，就能夠接受了殷人的天命。』

王曰：『封，我聞惟曰，在昔殷先哲王，迪畏天顯小民，經德秉哲，自成湯咸至于帝乙，成王畏相。〔一〕惟御事厥棐有恭，不敢自暇自逸，矧曰其敢崇飲。〔二〕越在外服，侯甸男衛邦伯，越在內服，百僚庶尹，惟亞惟服宗工，越百姓里居，罔敢湎于酒，不惟不敢，亦不暇。惟助成王德顯越尹人祗辟。〔三〕

我聞亦惟曰，在今後嗣王酣身，厥命罔顯于民，祗保越怨不易。〔四〕誕惟厥縱淫泆于非彝，用燕喪威儀，民罔不衋傷心，惟荒腆于酒，不惟自息乃逸，厥心疾很，不克畏死，辜在商邑，越殷國滅無罹。〔五〕弗惟德馨香祀登聞于天，誕惟民怨、庶群自酒，腥聞在上；〔六〕故天降喪于殷，罔愛于殷惟逸。天非虐，惟民自速辜。〔七〕』

【釋讀】

〔一〕**我聞惟曰**■我，我周公也。惟，猶『有』也。曰，謂也，言也。**在昔殷先哲王**■昔，過去。先，已故也。哲，智也。**迪畏天顯小民**■迪，由也，以也。《漢書·揚雄傳下》『蠢迪檢押』，顏師古注：『迪，道也，由也。』朱駿聲《說文通訓定聲》：『迪，假借爲由，實爲以。』天顯，章太炎謂即『天憲』也，猶『天綱』、『天條』也。說見《康誥》『于弟弗念天顯』釋讀。行甫按：『天顯小民』，『天憲』與『小民』也，句意謂：因上畏天憲，下畏小民也。**經德秉哲**■經，《說文》：『織也。』段玉裁注：『織之縱絲謂之經。』行甫按：由許君及段氏之說引而申之，則『經德』云者，猶言『修養德性以立其身』也。秉，執也，持也。《大雅·烝民》『民之秉彝』，鄭《箋》：『秉，執也。』《楚辭·天問》『該秉季德』，王逸注：『秉，持也。』哲，智也。行甫按：『秉哲』，猶今語所謂『擁有智慧』也。**自成湯咸至于帝乙**■自，從也。成湯，殷商開國之君天乙也。咸，周徧也。《莊子·知北遊》：『周徧咸三者，異名同實，其指一也。』句意謂：自成湯之後所有商王直至帝乙也。行甫按：近人胡厚宣據殷墟卜辭以爲成湯名『咸』，並以此經爲證。然陳夢家曰：『《說文》戊部成字从戊丁聲，西周金文則从戊丁聲。卜辭口耳之口作「Ｕ」，丙丁之丁作「口」，兩者是有分别的。咸戊之「咸」从戌从口，成湯之「成」从戊从丁。有此分别，則我們向來猶疑不定的人名成，才得以解決。』見氏著《殷虛卜辭綜述》，中華書局一九八八年版，第四一一頁。據此，則陳氏並不以『咸』爲成湯之名，其意甚明。至若劉起釪信胡氏之說而不疑，果如胡氏所言，以《酒誥》『成湯咸』爲湯名，則『至於帝乙』後亦當繫以帝乙之名乃與『成湯咸』爲對，方合文法。是知胡氏之說非也。帝乙，賈逵、馬融、鄭玄皆以爲商紂王之父。孫星衍引《易緯·乾鑿度》說以爲湯六世孫祖乙。行甫按：漢儒之說是也，孫說非。參見《多士》『自成湯至于帝乙，罔不明德恤祀」釋讀。**成王畏相**■成王，成就王業也。畏，敬畏也。相，輔君大臣也。《説文》：「相，省視也，从目木。《易》曰：『地可觀者，莫可觀於木。』《詩》曰：『相鼠有皮。』」行甫按：許君以《易》、《詩》説「相」字爲「觀視」之義，非其朔也。「相」字「从目木」，乃會意字，猶言以「木」爲「目」也，亦即盲人所用以探路之拐杖也。爲盲人引路者，亦稱爲「相」，故《論語・季氏篇》孔子云：「危而不持，顛而不扶，將焉用彼相矣！」是其義也。引而申之，則爲人君之輔。畏相，謂敬畏輔相大臣也，太甲之於伊尹，是其例也。

〔二〕**惟御事厥棐有恭**■惟，猶與也，及也。行甫按：此「與也」、「及也」之「惟」，與上「殷先哲王」相照應。御事，猶言「執事」，總括下文「越在外服」、「越在内服」及「越百姓里居」。厥，猶「之」也，説見王引之《經傳釋詞》。棐，《説文》：「輔也。」有，以也。恭，恭於其所執之事也。孫詒讓謂「棐亦當讀爲匪」，謂「御事之臣即在休假之時非有當共之職事，亦不敢自暇自逸也」。行甫按：孫氏泥於《書經》「棐」皆通於「匪」，故有是説也。此「棐」字與下文「惟助成王德顯」之「助」字相照應，不可破讀爲「匪」也。**不敢自暇自逸**■自，自我也。暇，閑暇也。《國語・晉語二》「我教茲暇豫事君」，韋昭注：「暇，閑也。」逸，樂也。**矧曰其敢崇飲**■矧，況也。曰，謂也。其，尚也。崇，聚也，高也。《左傳》隱公六年「芟荑蕴崇之」，杜預注：「崇，聚也。」行甫按：「崇飲」，猶言聚衆豪飲也。

〔三〕**越在外服**■越，於也。行甫按：「越在」，猶「於在」也，同義複詞。《大盂鼎》「在雩御事」，亦以「在雩」兩介詞連用。外，治事於京都朝庭之外。服，治也，職事也。《大雅・蕩》「曾是在服」，毛《傳》：「服，服政事也。」《國語・周語上》「邦内甸服」，韋昭注：「服，服其職業也。」**侯甸男衛邦伯**■侯甸男，謂距京都遠近與地域大小不等之封地。衛，小於侯甸男而不能獨立之附庸。邦，封也。伯，長也。**越在内服**■内服，與外服相對，指朝中治事之臣。**百僚庶尹惟亞惟服宗工**■百僚，同僚之百官也。《毛公鼎》有太史寮，卿事寮，西周職官當沿襲殷商舊制。庶，衆也。尹，正也。惟，與也，及也。亞，次也，副於正也。《左傳》文公六年『爲亞卿焉』，杜注：『亞，次也。』惟，亦與也，及也。服，事也。猶今所謂『辦事員』。宗工，朝廷負責治鑄與製作的技術官員。殷商『宗工』或『百工』，周人當面稱之爲『士』，背後則仍其舊稱。參見拙著《中國早期文化意識的嬗變》第二卷第十二章《士人群體與士人文化》第一節《殷遺多士：士人群體的發生》（武漢大學出版社二〇〇五年版，第三至二八頁）。**越百姓里居**■越，與也。百姓，猶言『百宗』或『百族』，實指各宗族自治之長也。參見《盤庚上》『和吉言于百姓』釋讀。里居，當爲『里君』之譌。《矢令彝》『眔卿事寮，眔諸尹，眔里君，眔百工』，《史頌𣪕》『友里君百生』，皆作『里君』，《逸周書·嘗麥》亦云『閭率、里君』，亦是其證。里君，或即里長也。古者二十五家爲里。行甫按：王夫之《尚書稗疏》曰：『凡六經所言百姓，皆大夫以上賜姓之家也。』是『百姓』者，謂有姓氏之貴族。居於里者乃城市平民，即井疆夫里之編氓也，與賜姓者等差。**罔敢湎于酒**■罔敢，莫敢也。湎，《說文》：『湛於酒也』。**不惟不敢亦不暇**■惟，獨也。**惟助成王德顯越尹人祗辟**■惟，亦獨也。助，輔也，與上文『棐』字相照應。成王，亦成就王業也。德顯，謂使王德顯明也。越，與也，及也。尹人，猶言治民也。祗，敬也。辟，法也。行甫按：自『我聞惟曰』至此，言殷之先哲王自成湯至於帝乙與其內外臣僚及大小官吏皆勵精圖治，不敢沉湎於酒也。

〔四〕**我聞亦惟曰**■亦，也辭也，與上『我聞惟曰』相照應。**在今後嗣王酣身**■在今，與上『在昔』相對，猶言『近來』也。嗣，繼也。後嗣王，即商紂也。酣，《說文》：『酒樂也。』《呂氏春秋·分職》『今召客者酒酣』，高誘注：『飲酒合樂爲酣。』身，《爾雅·釋詁》：『我也。』邢昺《疏》：『身者，我之躬也。』行甫按：身殉酒樂，不憂民隱，不恤後難，故曰『酣身』。**厥命罔顯于民**■厥，其也。命，命令也。罔，莫也。顯，昭明。行甫按：句意謂：商紂王所頒之命無一明確實施於民者。言商紂失去民心，民衆不與商紂合作。**祗保越怨不易**■祗，音支，今寫作『只』。保，安也。越，於也。怨，民怨也。易，改變。行甫按：句意謂：商紂王只是安於民怨而不思變改也。

〔五〕**誕惟厥縱淫泆于非彝**■誕，大也，猶今語所謂『格外』。惟，凡思也。厥，其也。縱，放縱。淫，過度。泆，樂也。《釋文》：『泆音溢，又作逸，亦作佚。』非彝，猶言『非常』也。行甫按：《殷本紀》言商紂王『大冣樂戲於沙丘，以酒爲池，縣肉爲林，使男女倮相逐其間，爲長夜之飲』，是所謂『縱淫泆于非彝』也。**用燕喪威儀**■用，以也。燕，宴也。《魯頌・閟宮》『魯侯燕喜』，鄭《箋》：『燕，燕飲也。』《周禮・膳夫》『王燕飲酒』，孫詒讓《正義》：『燕，即《大宗伯》饗燕之燕，飲酒即燕也。』喪，失也。威，威嚴也。儀，儀態也。**民罔不衋傷心**■罔不，莫不也。衋，《說文》：『傷痛也。』行甫按：『衋傷』亦同義複詞也。**惟荒腆于酒**■惟，凡思也。荒，飲酒無節也。《漢書・五行志下之下》引京房《易傳》曰：『酒亡節茲謂荒。』腆，《說文》：『設膳腆腆多也。』**不惟自息乃逸**■惟，凡思也。息，止也。乃，異之之詞也，猶今語『反而』也。逸，《爾雅・釋言》：『過也。』郝懿行《義疏》曰：『過者，《說文》云：「度也。」《玉篇》云：「越也。」因度越之義又爲失，因失之義又爲誤也、謬也，皆展轉相生。』行甫按：句意謂：不思自止反乃過度爲之而無厭也。**厥心疾很**■疾，惡也。《左傳》昭公九年『辰在子卯，謂之疾日』，杜預注：『疾，惡也。』很，戾也，猶今語『凶狠』也。行甫按：《殷本紀》言『百姓怨望而諸侯有畔者，於是紂乃重刑辟，有炮格之法』，又言商紂王『醢九侯』、『脯鄂侯』、『剖比干，觀其心』，皆是『厥心疾很』之事也。**不克畏死**■克，能也。行甫按：《西伯戡黎》記商紂王曰：『嗚呼！我生不有命在天？』禍難臨頭，卻恃有命在天，是所謂『不克畏死』也。**辜在商邑**■辜，罪孽也。行甫按：此『辜』字乃挽接上下文勢之字，亦即下文『惟民自速辜』之『辜』也，于省吾釋『故』，金兆梓釋『此』，皆非經義也。商邑，殷都也。《白虎通・京師篇》：『天子所居，故大衆言之。夏曰夏邑，殷曰商邑，周曰京師。《尚書》曰「在商邑」，謂殷也。』**越殷國滅無罹**■越，及也，於也。殷國，俞樾曰：『商邑以紂所都言，殷國蓋指通王畿千里之内。』行甫按：『殷國』與『商邑』乃同位語，『國』之與『邑』，名可互稱，不必泥於都城與王畿之別也。此二句猶言『辜在商邑，越商邑滅無罹』，或『辜在殷國，越殷國滅無罹』也。罹，通『離』。《王風・兔爰》『逢此百罹』，《釋文》：『罹本又作離。』《文選・贈劉琨詩》李善注引作『離』。《釋名・釋天》：『離，麗也，物皆附麗陽氣以茂也。』《史記・老莊申韓列傳》『善屬書離辭，指事類情』，瀧川資言《會注考證》曰：『離，附離之離，義與屬同，共謂連屬文辭。』枚乘《七發》『比物屬事，離辭連類』，比屬離連，其義一也。行甫按：『無罹』，言商紂王眾叛親離，無有親附之者。《殷本紀》曰：『而用費中爲政，費中善諛好利，殷人弗親。』又曰：『紂愈淫亂不止，微子數諫不聽，乃與大師、少師謀，遂去。』又曰：『殷之大師、少師乃持其祭樂器奔周。』乃本經『滅無罹』之證也。孟子所謂『一夫紂』者，是其義也。句意謂：紂之罪孽在殷邑，眾叛親離，至於殷邑覆滅之時，終無親附儷屬之者。

〔六〕**弗惟德馨香祀登聞于天**■弗，不也。惟，以也。德，勤勉治國之德也。馨，《說文》：『香之遠聞也。』香，《說文》：『芳也。从黍从甘。《春秋傳》曰：「黍稷馨香。」』祀，祭祀也。登，《爾雅・釋詁》：『陞也。』行甫按：『馨香』亦爲同義複詞。『德馨香祀』，猶言『德之馨香爲祀』或『德乃馨香之祀』也。《左傳》僖公五年虞君曰：『吾享祀豐潔，神必據我。』宫之奇對曰：『臣聞之：鬼神非人實親，惟德是依，故《周書》曰：「皇天無親，惟德是輔。」又曰：「黍稷非馨，明德惟馨。」又曰：「民不易物，惟德緊物。」如是，則非德，民不和，神不享矣。神所馮依，將在德矣。』即本經『德馨香祀登聞于天』之意也。**誕惟民怨**■誕，大也，惟，亦以也。行甫按：『誕惟』關『腥聞在上』爲句，與『弗惟』句相對爲文。**庶群自酒**■庶，眾也。群，亦眾也。行甫按：『庶群』，亦爲同義複詞。自酒，猶言非祭祀旅酬及敬獻長上而無故私自飲酒也。**腥聞在上**■腥，腥臊臭惡之氣也，與上『馨香祀』相對。行甫按：《國語・周語上》內史過曰：『國之將亡，其君貪冒辟邪，淫泆荒怠，麤穢暴虐，其政腥臊，馨香不登，其刑矯誣，百姓攜貳，明神不蠲，而民有遠志，民神怨痛，無所依懷，故神亦往焉，觀其苛慝，而降之禍。』內史過所言，正隱括本經之旨，而以『腥』爲『其政腥臊』，則『腥聞在上』者，非僅酒氣臭惡而上聞於天也。是知『腥』字乃包『民怨』及『庶群自酒』二事以言之也。

〔七〕**故天降喪于殷**■降，下也。喪，亡也。**罔愛于殷惟逸**■罔，不也。愛，憐憫也。惟，以也。逸，《爾雅・釋言》：『過也。』行甫按：此『逸』字，猶今語所謂『過度』、『過份』也。**天非虐**■虐，殘暴也。《說文》：『虐，殘也。』《禮記・檀弓下》『虐，毋乃不可與』，鄭玄注：『暴之是虐。』**惟民自速辜**■惟，以也。民，人也，與『天』爲對，指商紂王。速，召也。《易・需》『不速之客』，《釋文》引馬融曰：『召也。』《召南・行露》『何以速我獄』，毛《傳》：『速，召也。』皆是其例。辜，罪也。行甫按：《大盂鼎》云：『我聞殷述令，隹殷邊侯田雩殷正百辟，率肄于酒，故喪師。』亦謂殷之外服、內服率皆『肆于酒』，可與本誥此節相參。

此乃本誥第二節，言殷代先王皆敬天畏民，勵精圖治；內外臣僚官長，亦皆克盡職守，不敢偷閑自逸，更不敢沉湎於酒。至商紂王則酣飲無度，虐政殘民，致使天怒人怨，終於自取滅亡。

【繹文】

周公以攝位之王的身份說：『康叔封，我聽到過有說：過去殷代的先輩聖王明君，由於他們上畏天憲大罰，下畏黎民百姓，於是這些聖哲明王無不十分注重修身立德，個個擁有大智大慧。自成湯之後所有的君王以至於帝乙，莫不勵精圖治以成就王業，也非常敬重賢能的輔相大臣，如太甲之於伊尹，就是商代早期歷史上最爲有名的君相範例。而所有的治事臣僚無不忠心懇懇、兢兢業業地輔助他們的君王，從不敢偷閒躲懶貪圖安逸，就更不用説還膽敢聚衆豪飲了。那些分佈在京畿之外四方各地治事的，無論職位較高，治地較大的侯服或甸服，還是職位較低，治地較小的男服，甚至不能獨立成邦的附屬小國，所有的封疆大吏或者附庸小君；那些在朝廷中擔任各級各類衙門的正副官長及其公職幹辦和各行各業的技術官僚，以及各個宗族的族長和居民點的負責人；這些大大小小的内外官員甚至基層領導，沒有誰膽敢沉湎於飲酒，他們不僅不敢沉湎於飲酒，也實在沒有空閒的工夫沉湎於飲酒，只是一心一意地輔助他們的君主成就王業，光大顯揚君王的才德與治績，以及用心專力於治理民衆，讓他們敬畏法度。

我還聽到過有説，在最近的後繼者商紂王，與他的列祖列宗卻大不一樣，他整天泡在酒缸裏，在糟丘肉林中醉生夢死，根本不憂民隱，不恤後難。他所有的大小政令一概出不了王宫，在下層民衆中更是產生不了絲毫影響，廣大臣民都與他離心離德。他自己也只是得過且過，儘管已經到了民怨沸騰的地步，他也無心無力去改變這種瀕臨崩潰的帝國危局；反而更加瘋狂地尋歡作樂，挖空心思，想方設法，尋求感官的刺激，肉體的享受；甚至造酒池，懸肉林，讓宫中男男女女在肉林酒池之間倮身奔跑，相互追逐嬉戲，這種極端放縱荒淫無恥的行爲，簡直叫人難以想像，全然不顧王家的尊嚴與體面，跟禽獸與畜牲沒有兩樣。廣大民衆無不悲傷失望，痛哭流涕，感覺到一個輝煌的老大帝國，眼看就要被毀了。這個一心想著飲酒作樂遍嘗山珍海味的無恥君王，不僅不思自止，懸崖勒馬，痛改前非，反而更加荒淫無度。他的心地也越來越凶狠殘暴：把觸怒他的人綁在燒紅的銅柱上活活地烤成焦炭；因爲九侯的女兒不願意陪他縱欲，把她殺掉了還不解他的心頭之恨，又把九侯剁成肉醬； 鄂侯看不過眼與他爭辯了幾句，就把鄂侯制成了人肉乾； 王子比干勸他不要這樣殘暴，他卻把比干開膛破肚，說是要看看他這個聖人的心臟是不是長著七個竅窿！ 他如此作惡多端，還揚言自己有命在天，誰也不能拿他怎麼樣！ 死到臨頭了，還梗著脖子說大話，真是可笑之極！ 他在商邑所造的罪孽實在太多，賢人君子紛紛出走逃亡，那些擁有文化知識與精神傳統的文化官員，也各自帶上他們所掌管的象徵著文化精神與知識傳統的物質載體流亡到西土周文王創建的新邦去了。 直到商邑覆亡之日，商紂王已經徹底衆叛親離，成爲名副其實的獨夫民賊了。

舉行祭祀，並不是靠祭品的豐潔與芳香才會贏得上天與神靈的歡心，而是憑著美好的德行與良善的政治，上天與神靈才會對你的祭祀豐潔感到愉快和滿足，才會歆享你獻上的福禮。 在商紂王的統治之下，儘管祭禮頻繁，品物豐潔，可是上帝與神靈不是因爲美好的德行與善良的政治而接受了他的祭祀，歆享了他的福禮； 恰恰相反，上帝與神靈的所見所聞，卻是貧窮無告的弱勢群體怨聲載道，大大小小的貪官污吏聚衆豪飲； 政治混亂，社會黑暗，人世間充滿荒淫腐敗之氣，社鼠神狐，狼奔豕突，一派大廈將傾的頹靡之象，祭祀的芬芳與馨香，蓋不過臭穢熏天與惡氣干雲。 所以上天就毫不猶豫地給殷王朝降下了亡國之禍，對那個糜爛荒淫的商紂王也不加半點的憐憫，因爲他實在做得太過份。 這並不是上天暴虐不仁，而是商紂王自己招來的罪孽。』

王曰：『封，予不惟，若茲多誥，古人有言曰： 人無於水監，當於民監。 今惟殷墜厥命，我其可不大監撫于時。〔一〕予惟曰汝劼毖殷獻臣，侯甸男衛；矧太史友內史友，越獻臣百宗工。矧惟爾事，服休服采；矧惟若疇，圻父薄違，農父若保，宏父定辟；矧汝剛制于酒。〔二〕厥或誥曰：群飲。汝勿佚，盡執，拘以歸于周，予其殺。〔三〕又惟殷之迪諸臣惟工，乃湎于酒，勿庸殺之，姑惟教之。〔四〕有斯明享，乃不用我教辭，惟我一人弗恤弗蠲，乃事時同于殺。〔五〕

王曰：『封，汝典聽朕毖，勿辯乃司民湎于酒。』〔六〕

【釋讀】

〔一〕**予不惟**■不惟，即不惠也。《君奭》作『予不惠，若茲多誥』。『不惠』，即不聽慧也。《君奭》又有『予不允，惟若茲誥』。『不允』，猶『不佞』，即不善言辭也。行甫按：裘錫圭以『惠』字與『惟』字爲『一對音義皆近的虛詞』，然夷考《君奭》之『予不允，惟若茲誥』、『予不惠，若茲多誥』，及本篇之『予不惟，若茲多誥』、《多方》『予不惟，多誥』之文例，所謂『不允』、『不惠』、『不惟』者，乃古人談話時常用成語，以表自謙也（參見《君奭》與《多方》相關文句釋讀）。『允』與『惟』皆喻紐三等字，『惠』字在匣紐。上古音，喻三歸匣，是三字聲轉義通也，則『予不惟』、『予不惠』、『予不允』者，皆不可以虛詞目之也（詳見本書附錄《『予不惟』、『予不惠』、『予不允』文例釋義——兼與裘錫圭先生商榷》）。**若茲多誥**■若，如也。茲，此也。誥，告也。句意謂：我不聽慧，不善言辭，囉里囉嗦說了這許多話。下即引古人之語而代己言以達其意也。**人無於水監**■無，毋也。於，于也，以也。監，照面也。上古無鏡，以盤盛水，臨水而觀面，以見其污垢，是所謂以水爲監也。後以銅鏡爲監，字作『鑒』或『鑑』。**當於民監**■

於，于也，以也。屈萬里曰：「西周時代作介詞用之「于」字無作「於」者，故此二「於」字皆當作「于」。然自唐石經以下諸本皆作「於」，故仍之。」民監，人監也，即以殷商喪亡爲監也。**今惟殷墜厥命**■惟，以也。墜，失也。厥，其也。命，天命也。**我其可不大監撫于時**■其，豈也。撫，章太炎謂當爲「橅」，漢隸偏旁木多譌手，故「橅」誤爲「撫」。行甫按：章氏以「撫」爲「橅」之誤字，其説未必是也。「撫」當與「橅」相通假，即「規模」之「模」字也。《漢書·蕭望之傳》「今將軍規橅」，顔師古注：「橅讀曰模，其字從木。」考《玉篇·手部》云：「撫，又蒙晡切，規也。」其音「蒙晡切」，即讀如「模」，是「撫」與「橅」相通之證也。于，以也。時，是也。指殷商墜命之事。行甫按：句意謂：我豈可不以殷墜厥命爲鑒而大相規戒邪？

〔一二〕**予惟曰汝劼毖殷獻臣**■惟，凡思也。行甫按：此「惟」字有「思考」之意，亦有「乃」與「以」表示與上文相關聯之意。曰，謂也，言也。汝，爾也，指康叔。劼，王國維謂「劼毖」義不可通，以爲「劼毖」乃「誥毖」之譌。行甫按：王氏之説，大非經義也。此「劼毖」與下文「剛制」爲對文，即以兩種不同態度分别對待殷遺與周人也，説詳下文釋讀。《説文》：「劼，慎也，从力吉聲。《周書》曰：「劼毖殷獻臣。」」段氏注曰：「慎者，謹也。」是「劼」乃謹慎、慎重之意也。毖，誥也，教也。説見前「厥誥毖庶邦庶士」釋讀。獻，《廣雅·釋詁》：「進也。」陳夢家曰：「殷王以下「外服」、「内服」和「百姓」三個階層，克殷後被西周統治者稱爲「獻臣」、「獻民」。」又曰：「稱之爲「獻臣」是説征服了的殷官。」參見陳氏《西周文中的殷人身份》，載《歷史研究》一九五四年第六期。行甫按：陳氏之説是也。「獻臣」即下文「又惟殷之迪諸臣惟工」之「迪諸臣」也，「迪」亦「進」也。「獻臣」即「進身之臣」或「進用之臣」。王鳴盛曰：「殷獻臣，殷之故家「殷士膚敏」者也，人望所在，故欲其周固慎戒之，其後教成王治洛，亦曰「其大惇典殷獻民」，亦此意。《釋言》云：「獻，聖也。」聖是通明之號。」是所謂「獻臣」也者，即「明智的歸服進用之臣」。故「劼毖殷獻臣」者，意即謹慎地告教殷家進用之臣也。參見拙著《中國早期文化意識的嬗變》第二卷，武漢大學出版社二〇〇五年版，第一一、一二頁。**侯甸男衛**■侯，侯服。甸，甸服。男，男服。衛，附庸。此皆謂外服也。説見上。**矧太史友内史友**■矧，況也，益也，猶言『更兼』也。太史、内史，皆起文書草者也。行甫按：《周禮・宰夫》：『六曰史，掌官書以贊治。』鄭玄注：『贊治，若今起文書草也。』蒙文通曰：『《周禮・春官》有大史、小史、内史、外史、御史等等，究其實，這些官職雖名爲「史」，而其職司不過後世秘書、書記、司書之類。』見氏著《周代學術論略》，載《古學甄微》，巴蜀書社一九八七年版，第一頁。友，僚友也。太史友、内史友，即太史及内史之屬員也。行甫按：克殷之初，周代『太史』、『内史』諸文職官員皆由殷遺擔任，參見拙著《中國早期文化意識的嬗變》第二卷相關章節。**越獻臣百宗工**■越，及也，與也。獻臣，亦進身之殷臣也，此乃内服之殷獻臣也，故與『百宗工』並列。百，衆多也。宗工，朝廷負責冶鑄與製作之技術官員，周人背後稱之爲『工』，當面則稱之爲『士』。《左傳》定公四年言康叔封於衛，分有『殷民七族：陶氏、施氏、繁氏、錡氏、樊氏、飢氏、終葵氏』，皆爲制作工匠，即此『百宗工』也。亦參見拙著《中國早期文化意識的嬗變》第二卷相關章節。行甫按：自『劼毖殷獻臣』至『越獻臣百宗工』，皆指外服與内服之殷遺也。**矧惟爾事**■矧，況也，益也。惟，乃也，以也。行甫按：此當爲『矧予惟曰』，文有省略耳。爾，汝也，指康叔。事，職事也。行甫按：此『矧惟』乃與上文『予惟曰劼毖殷獻臣』相關聯，上就外服及内服所進用之殷遺而言，此就康叔所辟除之周族衆官僚屬執事而言。且『殷獻臣』及『越獻臣』乃言『劼毖』，而於所辟除之周邦人士則曰『剛制』。此等文法，好學深思之士，尤當心知其意也！**服休服采**■服，從事也。服休、服采，孔穎達《書疏》引鄭玄曰：『服休爲燕息之近臣；服采爲朝祭之近臣。』孫星衍曰：『「燕息之臣」者，《説文》：「休，息止也。」「朝祭之臣」者，《魯語》云「天子大采朝日，少采夕月」，注云：「虞説曰：大采，衮織也。少采，黼衣也。」蓋掌朝祭之服。』行甫按：孫説實爲疏解鄭説，然二氏之説未必盡是也。『服休』者，當爲主管朝廷内務之臣，相當於《周禮》之『天官』，專管國王與王后之生活事務，鄭氏所謂『燕息之近臣』，差爲得之。『服采』者，當爲主管邦國各種政治事務之臣，相當於『天官』之外的各類政務官員，『朝祭之臣』乃『掌邦禮』之『春官』，僅爲『六官』之一部耳，其事乃由上文『太史友內史友』所充任。**矧惟若疇**■矧，況也，益也。惟，乃也，以也。行甫按：此『矧惟』與『矧惟爾事』之『矧惟』相關聯。若，爾也，汝也。疇，《小雅・祈父》鄭《箋》引《書》曰『若疇圻父』，《釋文》：『𠷎，此古疇字，本又作壽。按孔注《尚書》直留反，馬鄭音受。』盧文弨《考證》曰：『鄭本古文《尚書》𠷎字若此，今注疏本及《尚書》竟作疇，後人改也。』于省吾曰：『以官言則曰三卿三公三正，以年歲言則曰三壽。《詩・閟宮》「三壽作朋」，《宗周鐘》「參壽唯琍」，《晉姜鼎》「三壽是利」，言利於三公也。』行甫按：『疇』、『壽』皆當通『儔』，謂與王最近三公之臣也。鄭氏《閟宮箋》云：『三壽，三卿也。』是也。今清華大學所藏竹簡亦有《殷高宗問于三壽》，金文、簡文與《詩》文皆有『三壽』之稱，則『三壽』（『儔』）之爲『三公』，其來尚矣。蔡《傳》謂『若疇』爲『爾之疇匹』，以『三壽作朋』而言，其說是也。且本經以『爾事』與『若疇』相對，『爾事』謂『爾之執事』，即汝之執事衆臣，『服休服采』是也。『若疇』謂『汝之公卿』，即股肱重臣，下文『圻父』、『農父』、『宏父』三人是也。**圻父薄違**■圻父，即祈父也。《小雅・祈父》『祈父，予王之爪牙』，毛《傳》：『祈父，司馬也。職掌封圻之兵甲。』鄭《箋》：『祈父之職，掌六軍之事，有九伐之法。祈圻畿同。』孔穎達《祈父疏》：『此職掌封畿兵甲，當作畿字。古者祈圻畿同，字得通用。故此作祈，《尚書》作圻。』薄，章太炎曰：『薄當讀爲搏，《小雅》「搏獸于敖」，《東京賦》作「薄狩于敖」，是古字通。』違，逆也。章太炎曰：『違者，不從命也。搏擊不從命者，是司馬事。』**農父若保**■農父，枚《傳》謂司徒之官。孔穎達《正義》曰：『以司徒教民五土之藝，故言農父也。』行甫按：《周禮・大司徒》序官云：『乃立地官司徒，使帥其屬而掌邦教，以佐王安擾邦國。』是『農父』乃掌教之官也，而『師氏』、『保氏』乃其屬官。鄭玄《保氏・序官》注：『保，安也。以道安人者也。』若，馴也，訓也。《舜典》『疇若予工』、『疇若予上下草木鳥獸』，《五帝本紀》作『誰能馴予工』、『誰能馴予上下草木鳥獸』，張守節《史記正義》：

『馴音訓。』是其例也。保，安也，以道安人也。行甫按：《舜典》云：『百姓不親，五品不遜，汝作司徒，敬敷五教。』是本經『農父若保』即『以道訓安』之義也。**宏父定辟**■宏，枚《傳》：『大也。宏父，司空。』蔡《傳》：『宏父，事官，司空也，主廓地居民。』定，確立，制定也。辟，法也。行甫按：此『辟』之爲『法』，猶章程、法式之謂也。《周禮・鄉師》『以考司空之辟，以逆其役事』，鄭玄注：『辟，功作章程。鄭司農云：辟，法也。』賈公彥《疏》云：『辟謂功程，司空主役作。云「辟功作章程」者，功作之事，日日錄其程限，謂之章程。鄭司農云「辟法也」，考功作章程，則是法，於義得通。』則『定辟』猶『定法』者，謂確定役作章程，猶今所謂『工程設計』與『工程預算』以及『工程管理』也。又，今傳《考工》、《周髀》所記一切公理、定律及其製作程式，皆屬本經事官『宏父』所『定』之『辟』也。**矧汝剛制于酒**■矧，況也，益也。剛，《說文》：『强斷也。』制，《說文》：『裁也，从刀未，未，物成有滋味可裁斷。一曰止也。』是『制』有『裁斷』、『制止』之意也。行甫按：此句『矧』字乃就上文『劼毖殷獻臣』一層而作『比況』，猶言『更加』或『尤其』也。『剛制』者，謂『强有力地制止』；亦與上文『劼毖』形成『比況』對照關係。意謂：對比外服與內服之『殷獻臣』、『越獻臣』而言，康叔所辟除之衆多執事甚至股肱重臣，乃屬周邦內部自家之人，尤其要强制性禁酒，無須如『殷獻臣』、『越獻臣』因化紂嗜酒日深則唯恐激而生變，乃必謹慎勸誥誘導以從事。

〔三〕**厥或誥曰**■厥，其也。指代上述周家衆臣。或，猶如也、若也。說見吳昌瑩《經詞衍釋》。行甫按：『或』，有人也。言『有人』者，即『如果有人』也，亦爲假設之辭。誥，告也。行甫按：此『誥』猶言『告發』也。**群飲**■聚衆而飲也。**汝勿佚**■汝，康叔也。佚，縱也。行甫按：『勿佚』者，謂無容縱其逃佚也。**盡執拘以歸于周**■執，亦拘也。拘，《說文》引本經作『抲』：『抲，撝也。从手可聲。《周書》曰：「盡執抲。」』段玉裁注：『小徐本抲下有「獻」字，蓋誤衍。《周書》當「盡執」爲逗，下云「抲以歸於周」，謂指撝以歸於周也。』行甫按：《說文》：『擘，撝也；撝，裂也。一曰手指撝也。』段氏以許君『一曰』之義解此『抲』字爲『指撝』之義，其說非是。

據《說文》，此句當依段氏讀作『盡執，抲以歸于周』。但『抲』字應取『撝裂』、『擘撝』之義，猶今語『分開』、『隔離』之意，全句謂：『全部抓捕，隔離羈押，送歸西土京師』也。**予其殺**■其，將也。行甫按：周家衆臣若『群飲』，則『執』而分途羈押送『歸于周』京以『殺』之，是不待教而殺也，所謂『剛制』之義，於斯可見！

〔四〕**又惟殷之迪諸臣惟工**■惟，猶『若也』、『如也』。說見吳昌瑩《經詞衍釋》。迪，進也。諸，衆也。行甫按：『殷之迪諸臣』，即包上文『殷獻臣』、『越獻臣』之外服、內服大小衆臣，故以『迪諸臣』總概而言之也。惟，與也。工，技術官員，即殷遺之『百宗工』，亦爲周人籠絡之對象。**乃湎于酒**■乃，及也，始也。說見吳昌瑩《經詞衍釋》。湎，湛於酒也。**勿庸殺之**■庸，用也，以也。**姑惟教之**■姑，且也。惟，以也。行甫按：此乃『庸』、『惟』互用之例也。

〔五〕**有斯明享**■有，於也，『於』猶『當』也。斯，此也，代『姑惟教之』之事也。明，明白，明確也。享，孫詒讓《尚書駢枝》謂當讀『嚮』，『嚮』與『享』聲近字通，有『賞勸』之意。行甫按：孫說可從。『享』與『饗』通，《春秋左傳》莊公四年『夫人姜氏享齊侯于祝丘』，《公羊》、《穀梁》經文皆作『饗』。《左傳》成公十二年『於是乎有享宴之禮』，陸德明《釋文》：『享，本亦作饗。』是二字通用之證。『饗』又與『嚮』通，《洪範》『嚮用五福』，《漢書·谷永傳》作『饗用五福』。章太炎曰：『享讀爲嚮，《莊子·天地篇》：「今也以天下惑，予雖有祈嚮，不可得也。」此即今鄉導字，謂指示趣鄉也。』行甫按：此『享』字義即《多士》『嚮于時夏』之『嚮』也，皆爲勸誘、引導、導嚮之意。參見《多士》『嚮于時夏』釋讀。**乃不用我教辭**■乃，若也，如也。用，《說文》：『可施行也。』《方言》：『行也。』教辭，教導之言辭也。行甫按：『教辭』之『辭』字與『明享』或『明嚮』相關聯。鄭玄注《禮記·表記》『故仁者之過易辭也』及『無辭不相接也』，一則曰：『辭，猶解說也。』再則曰：『辭，所以通情也。』是『教辭』者，乃『曉之以理』與『訴之以情』之教導也。連上文『勿殺惟教』，則句意謂：對於此等殷遺，當明確指引方嚮以教導之，若不聽從我訴之以情曉之以理的教導與苦口婆心的解説，則『同于殺』也。**惟我一人弗恤弗蠲**■惟，爲也。恤，《説文》：『憂也。』『收也。』行甫按：『憂』與『收』二義相兼，猶言憂愍而相救，亦即相顧念也。《戰國策·秦策五》『不恤楚交』，高誘注：『恤，顧也。』是其義也。蠲，《方言》：『南楚病愈謂之差，或謂之蠲，或謂之除。』郭璞注：『蠲，亦除也。』行甫按：由『病愈』及『蠲除』義引申之則有『赦免』義。《資治通鑑·陳紀九》『赦蠲朝集』，胡三省注：『蠲，免也。』是其例也。句意謂：不聽從教訓者，乃不爲我所顧念亦不爲我所赦免。**乃事時同于殺**■乃，於是也。事，吴汝倫曰：『治也。事時者，治此罪也。』時，是也。指『不用教辭』者。同，等也。等同於『群飲』之周臣，殺無赦，亦『剛制』之也。于，以也。行甫按：同犯酒禁，乃於周臣則不待教而殺之，於殷遺進用之臣則不聽教乃殺之，則周初優待籠絡殷人於斯可見一斑。

〔六〕**汝典聽朕毖**■汝，爾也，指康叔。典，尊閣之也。典聽，亦『高度重視，認真聽取』之意。説已見前。毖，亦誥也，教也。**勿辯乃司民湎于酒**■辯，枚《傳》：『使也。』王念孫曰：『辯之言俾也。《書序》「王俾榮伯作《賄肅慎之命》」，馬融本「俾」作「辯」。「辯」「俾」聲近而義同。「俾」亦「使」也。』乃，汝也。司，《説文》：『臣司事於外者，从反后。』《鄭風·羔裘》『邦之司直』，毛《傳》：『司，主也。』司民，即『主治民者』。行甫按：最後二句，乃全篇誥文之結束語。枚《傳》：『勿使汝主民之吏湎于酒』，其説是也。乃知此『司民』即統括妹邦之周臣與殷遺進用之臣而言之也。

此爲本誥最後一節，謂當以殷商喪亡爲鑒，禁止各級各類官吏無事聚衆飲酒。於殷遺進用之臣，則『劼毖』謹慎教導之，而於周家大小衆臣則『剛制』强行禁止之。如有觸犯禁令者，周家衆臣不待教而殺之，殷遺進用之臣則暫且不殺，先教之導其改過，如有怙惡不悛屢教不改者，則視同周人而格殺之。

【繹文】

周公以攝位之王的身份說：『康叔封，我不善言辭，對你們說了這許多話，總而言之，古人曾經說過：人不要僅僅只是用水來照見自己臉上的污垢，更應當以人事作爲鏡子來照見我們的政治得失。正是因爲現在殷商王朝已經喪失了他們曾經擁有的天命，所以我們難道不應該把他們的滅亡作爲鏡子來規誡我們的行爲嗎？因此，我想說的是，關於戒酒的事，在政策上應當有所不同。你要謹慎地告誡從殷商時代過來的那些歸服於我們周邦的進身之臣，也就是各地方上的那些大大小小的頭頭腦腦們；還有處在朝中的太史、內史這些主管文書與祭祀工作的官員和他們的同僚們，以及進身歸順於我們周邦而服務於朝中的眾臣與各級各類主管冶鑄和製造的技術官員們，他們都是殷朝歸義於周邦的人才，當然都要謹慎地對待。還有我想說的是，對於你手下那些執事公幹於妹邦的周家眾臣，無論是各級主管內部事務的官員，還是各類主管邦國政務的官員；還有對於你身邊的那些位高權重如朋如友的股肱大臣，祈父是大司馬，總管邦國的軍政事務，負責緝拿抓捕違抗命令不服管制的叛逆之徒。農父是大司徒，總管邦國的教育事業，負責以五常之教訓導民眾親睦九族，安分守己，以五土之藝培訓民眾提高生產技能，增加糧食產量，使邦國的百姓生活富足，人心向善，社會安寧。宏父是大司空，總管邦國的工程建設，負責制定方案，設計藍圖，推進工程實施，監管工程質量，以及發明與探究各種製作及營造之技術與規律。總而言之，無論官職之大小，官位之尊卑，他們肩負的責任都非常重大，決不可玩忽職守，因而更要强制性地勒令他們禁酒。如果有人告發他們，說：「有人在聚眾飲酒。」你千萬不要放過他們，儘管把他們一個個都抓起來，並且分頭押送回豐鎬京師之地好了，我將毫不客氣地砍掉他們的腦袋，以懲效尤。不過，如果是從殷朝過來的那些進用於周邦的舊臣以及那些主管各種冶鑄與製作的前朝技術官員，因爲他們長期以來在商紂王的時代養成了飲酒習慣，一旦舊病復發，沉湎於飲酒，可不能輕易處死他們，暫且對他們進行教育規勸，通過這種規勸與教育活動，讓他們明白飲酒怠事的重大危害性，也讓他們知道飲酒既敗德又傷身的道理，替他們指明人生的努力方嚮，幫助他們戒除不良嗜好，改正有害習慣，如果他對於我們苦口婆心的勸告，訴之以情和曉之以理的耐心引導置若罔聞，無動於衷，沒有一點改邪歸正的意識和行動，繼續醉生夢死，仍然沉湎於飲酒之樂，我個人認爲，這種人就是我所毫不同情，決不憐憫，更不姑息，斷難輕饒的那種人了。對這種人的處理，就跟處決聚眾豪飲的周邦眾臣一樣，格殺無論。』

最後，周公以攝位之王的身份說：『康叔封，你一定要高度重視認真聽取我的告誡，不要讓你的下屬官員沉湎於飲酒。』

【後案】

監於殷商滅亡的教訓，西周開國之初，繼續重申周文王當年在西土曾經推行的禁酒令。不過，周文王當年『受命作周』之際的禁酒，一方面是有懲於商紂王嗜酒誤國，傷害賢良的政治惡濁與社會混亂，另一方面也可以說，那是一種帶有『改元更始』的性質並與商紂立異的象徵性政治行爲。因此，周文王的禁酒，只是在西土周邦之內頒行的禁令。

西周開國，尤其是康叔所封的妹邦，那裏曾經是商王朝的帝京，商紂王的流風餘緒，影響深遠。更兼西周開國之初，出於監管從殷人手裏接收而來的東方大片土地和數量龐大的殷商舊民之需，西周王朝不得不採取懷柔政策，大批任用殷商舊人爲政，讓他們充當各級各類地方官吏以及在朝中擔任文化與製作管理之類的文化技術官僚。當然，除了任用歸順的殷人，周邦也必須派出大量官吏與這些殷遺舊人相處共事。但殷人的飲酒舊習尤存，周人必受其熏染；這樣，禁酒就成爲當時政治生活中的頭等大事。從西周初年的彝器《大盂鼎》銘文可見，周人推行這一政治舉措也是十分堅定的。但西周開國之初的禁酒與周文王當年的禁酒，其歷史背景已經發生了重大變化。

周公旦實在不愧是中國古代最爲偉大的政治家，就這篇《酒誥》所頒佈的禁酒令而言，他思維清晰，頭腦睿智，善於抓住關鍵，分清主次；且目標明確，措施有力而具體。首先，針對妹鄉殷民習俗，禁酒令只禁官吏不禁平民，這是非常明智而果斷的決定，否則禁酒令的推行必將寸步難行，或者雖勉强推行，卻要爲此付出更加沉重的代價。其次，禁止官吏飲酒，也只是禁止平時無故聚眾豪飲，在宗族長老行燕私之禮的特殊日子，或者在祭祀宗廟之後眾相酬酢的特殊時刻，也是可以開懷暢飲的。當然，雖可開懷暢飲，但也要注重禮儀規範並顧及王家官員的身份與尊嚴，既不能因顧忌禁酒令從而對宗族長老表現出不親，亦不能借機狂飲失了禮儀而表現出對宗族長老的不敬，無論不親還是不敬，都有失王家官員的身份與體面。第三，對殷商舊人與周邦官吏採取區別對待，借以懷柔感化歸順的殷商遺民，使他們真正能夠竭誠效忠於新建的小邦周，這正是西周初年有鑒於武庚祿父的叛亂所作的某種妥協，當然在西周初建的政治情勢之下，這也是化解民族對抗所必須採取的唯一正確的方法，而武庚與三監之亂平定之後，周王朝之所以能夠迅速進入社會穩定發展的軌道，這種懷柔政策的確發揮了非常關鍵的歷史作用。

因此可以說，這篇誥文充分體現了周公寬以治民、嚴以治吏以及懷柔殷遺、尊重民俗的治理智慧，是一篇不可多得的上古政治學經典。

然而，由於歷來注家將原文『妹土嗣爾』一句，或因襲僞《傳》讀成『妹土嗣爾股肱』，解爲『妹土之民，當竭其股肱之力，相承不絶以爲此純一之德，播種黍稷』（宋人林之奇《尚書全解》）；或讀爲『妹土嗣爾股肱純』，解爲『妹土之人承汝教道之功，皆能繼汝股肱左右，訓迪之美而爲純一之行』（宋人夏僎《尚書詳解》）。而朱熹門人蔡沈《書傳》則解爲：『妹土民，當嗣續汝四肢之力，無有怠惰，大修農功，服勞田畝。』至清人孫星衍《尚書今古文注疏》又解爲：『妹土之人，世爲爾股肱，當專務種其黍稷。』近人劉起釪《尚書校釋譯論》則連上文讀爲『小子！惟一妹土，嗣爾股肱』，解爲『妹土臣民承汝康叔成爲股肱之力』，且譯其文作：『妹邑地方的人民呵！你們應當練習手足的勤勞，專力在種植黍稷上。』劉氏秉承厥師顧氏之教，于《尚書》一經鑽味有年，用功頗勤，代表了近世以來《尚書》研究的最新成果，猶如此滅裂生解。其析文破句姑且無論，亦于『妹鄉之民可以繼續飲酒』之只誥官不禁民的經文本旨全然未達。至於諸家大同小異因襲稗販之説，皆與本誥禁酒之義了無瓜葛，則又不勝枚舉矣。可見古今注家，於此處經文，既不得其讀，亦不得其解，致使周公尊重妹鄉殷民風俗習慣，官民有别，以及官吏之中又嚴于周人而寬于殷遺的政治策略，歷千載而淹没不彰，殊爲憾事。若其他小小誤讀亦尚多有，因無關宏旨，也就無庸贅及了。是以兹編於此等前人濫説，一皆不取，以期正本清源。

梓材

【解題】

本篇當亦如《酒誥》，原屬《康誥》之文，伏生所出書乃分之。蓋因封康叔於妹邦，周公反復申告之。其所告之人，非僅康叔而已，亦有妹邦「庶事有正越庶伯君子」。其所告之事，亦非僅一端，既誡其「明德慎罰」，亦命其「無彝酒」，且指授「若恆」與「啓監」之方，實則教其初往妹邦，必先之以安定民心，繼之以督察吏治也。其稱謂亦多門，或稱其本名曰「封」者，呼而告之，以示骨肉之親也；或稱其服職曰「王」者，警而飭之，以示藩屏之重也。而擬文之史，又非僅一人焉，其筆舌有利鈍，其文辭有巧拙，亦不可一概而論之也。故依其所分，則《康誥》、《酒誥》二篇，其論旨皆較顯豁，其文筆或多奧衍，其辭氣或稍暢達。若本篇，初讀之或以爲詞意頗散越，歸趣似若難求，且文法簡質，氣格仍似稍弱。第沈潛反覆，籀繹其文，乃知其章段語脈之間，則似草蛇灰線，前後關聯互通，其文心之綿密，有若後世文章所不能及之者。然歷來注疏之家，或以爲「命伯禽之書」，漢儒之說是也；或謂之「簡編斷爛」，宋儒之說是也；或以爲有「衍文」與「譌字」，清儒之說是也。其析文破辭，碎義逃難者，由來亦已尚矣。經注諸家之所以紛致其說而莫可究詰者，皆因有一「王」字鬱結橫亙於胸之故也。以爲稱之以「王」者，必非天下諸侯之共主周天子莫能屬。而不知古者「天澤之分未嚴」，周初「諸侯在其國，自有稱王之俗」，文王受命而稱王，仍服事於殷紂，是其先例也（參見王國維《古諸侯稱王説》，《觀堂集林》第四册，中華書局一九五九年版，第一一五二、一一五三頁）。然則諸侯既可於其國中稱王，且鑄於器，勒之銘，而鼎彝乃宗廟重器，此必爲朝野内外所共許而無嫌也。然則攝位之周公亦未始不可因之以『王』稱康叔，以此警飭其封疆守土治民之責，及其藩屏周室拱衛京師之重也。

至於以『梓材』名篇者，乃剌取本誥『若作梓材，既勤樸斲，惟其塗丹雘』之文，蓋謂由初往之必安其民，繼而須督察其邦國之吏治，乃先後相因而終始之條理也。此或其分篇題名之旨耶？史遷《衛康叔世家》既云『爲《梓材》，示君子可法則』，是其義也。至若《尚書大傳》謂『伯禽與康叔見周公，三見三笞之。康叔有駭色』，乃與伯禽相約以見商子。商子示『南山之陽有木焉曰橋』、『南山之陰有木焉曰杍』以『命二三子往觀之』，於是觀『橋者，父道也』。觀『杍者，子道也』；此事雖亦見之於《説苑・建本》與《論衡・譴告》，但與本經義旨絶不相蒙，乃後世之異説，兹所無取也。

王曰：『封，以厥庶民暨厥臣達大家，以厥臣達王惟邦君，汝若恆。〔一〕越曰我有師師：司徒、司馬、司空、尹旅，曰予罔厲殺人，亦厥君先敬勞。〔二〕肆徂厥敬勞；肆往姦宄殺人歷人宥；肆亦見厥君事戕敗人宥。〔三〕

【釋讀】

〔一〕王曰■王，周公攝位而稱王也。封■康叔名。俞樾曰：『「王曰封」者，涉《康誥》、《酒誥》之文而衍

「封」字也。』皮錫瑞謂鄒漢勳以『封』字爲『子才』二字之譌變。行甫按：俞、鄒二氏皆臆説，不足信，説已見【解題】，兹不贅。**以厥庶民暨厥臣達大家■**以，由也。厥庶民，謂卿大夫王子弟采地之民衆也。暨，及也，與也。厥臣，卿大夫王子弟采地之家臣也。達，至也。《國語・晉語四》『奔而易達』，韋昭注：『達，至也。』《考工記・匠人》『專達於川』，鄭玄注：『達，猶至也。』大家，謂公、卿、大夫有采地以及王之子弟有食邑之家也。《地官・載師》『以家邑之田任稍地，以小都之田任縣地，以大都之田任畺地』，鄭玄注：『家邑，大夫之采地。小都，卿之采地。大都，公之采地，王子弟所食邑也。』是所謂『大家』者，『家邑』、『小都』、『大都』之主，猶孟子之所謂『巨室』也。**以厥臣達王惟邦君■**以，由也。厥臣，謂諸侯與邦君之臣。達，亦至也。王，强邦大國之諸侯而自稱爲『王』亦互稱爲『王』者。《夨王鼎》云『夨王作寶尊』，《散氏盤》云『乃爲圖夨王于豆新宮東廷』，而《夨伯彝》則稱『夨伯』，是夨以『伯』而稱『王』，且散氏亦隨之而稱其爲『王』也。夨伯鼎與散氏盤皆爲西周初年之器，則殷商之際並無『天無二日，人無二王』之名份觀念。説見王國維《古諸侯稱王説》。惟，與也，及也。邦君，此與『王』相對，則爲小邦小國之諸侯也。鄭玄曰：『於邑言達大家，於國言達王與邦君。』周秉鈞《尚書易解》曰：『《潛夫論・遏利篇》云：「自古于今，上以天子，下至庶人，蔑有好利而不亡者」，「以……至……」和本文之「以……達……」句式相同。』行甫按：周氏之解，别出心裁，頗得經旨。此二句乃敘述康叔接管妹邦之前其地界之中殷遺王室卿大夫以及衆多小大邦國之既有格局也。武王克商之後，所以於其地置三監，亦爲沿襲此地舊有格局而不欲有所變改。周公雖滅武庚、平管蔡之亂，但亦仍此格局不改，是以於康叔接管妹邦之際依然如此。餘説見下。句意謂：由其庶民及其家臣以至於卿大夫王子弟之家，由其卿大夫以至於各大諸侯及衆邦君。**汝若恆■**汝，康叔也。若，如也，順也。恆，常也，猶言順乎其常而不爲變亂改易也。周秉鈞曰：『《尚書大傳》曰：「紂死，武王皇皇若天下之未定。周公曰：『各安其宅，各田其田，毋故毋私，惟仁之親。』武王曠乎若天下之已定。」《説苑・貴德篇》曰：

「武王克殷，問周公曰：『將奈其士衆何？』周公曰：『使各宅其宅，田其田，無變舊新，惟仁是親。百姓有過，在予一人。』」兩文所言，即周公順常之事。」行甫按：周氏之說是也。此爲康叔就國之前，周公告其治殷之法。呂祖謙門人時瀾《增修東萊書說》曰：『蓋叛亂之後，瘡痍未瘳，死傷未復，必以好生之德撫摩之，此君德之常體而尤急於治衛也。』是『汝若恆』者，謂各安其常態，無須斫破舊有社會格局，勿使妹邦人心擾動不安也。是所謂『聖人不擇民而治之』之意也。所以注重『大家』以及『王與邦君』者，《孟子·離婁上》曰：『爲政不難，不得罪於巨室。巨室之所慕，一國慕之；一國之所慕，天下慕之。故沛然德教，溢乎四海。』是世家巨室，亦爲文化貴族，引領社會風尚，猶後世所謂鄉紳自治也。此謂繼續維持妹邦各級邦君鄉紳自治，無須變改恆常之社會結構耳。

〔二〕**越曰我有師師**■越，於是也，亦與也，及也。曰，言也，謂也。行甫按：此『曰』字與下『曰予罔厲殺人』之『曰』，一氣貫注，而文法稍異。此『曰』字落腳在『曰』的對象，意即『對某某曰』，下『曰』字落腳在『曰』的內容，即『曰某某事』，古人文法如此，不可歧而解之。我，我周邦也。有，所有也。師師，孫星衍曰：『上「師」，《釋詁》云：「衆也。」下「師」，鄭玄《周禮注》云：「猶長也。」』行甫按：《禮記·坊記》『父母在不敢有其身』，鄭玄注：『有，猶專也。』是此『有』字之義也。周人所任妹邦之衆官長或爲康叔自所辟除，故曰『我有』也。『師師』與『司徒、司馬、司空、尹旅』諸職爲同位語，前者涵蓋後者。**司徒司馬司空尹旅**■司徒，掌土地與戶籍人口徭役及國民教育。司馬，掌軍政事務及社會治安。司空，掌工程營造及器物製作。尹，正也，長也。旅，衆也，即衆幹辦執事人等。**曰予罔厲殺人**■曰：謂也，言也。行甫按：此句式爲『曰某某人曰某某事』，即今語所謂『對某人說某事』也。予，我，我們。罔，無也，猶言『不可』。厲，暴虐也。《逸周書·謚法解》：『殺戮無辜曰厲。』暴虐而濫殺無辜是爲『厲』也。**亦厥君先敬勞**■亦，也詞也。『亦』上承前省『予』字，此句與『罔厲殺人』並列，皆爲『曰』的賓語，亦爲周公囑康叔對其衆官長所告誡之事。厥君，殷地商紂王治下舊有之各類君長，亦即當地衆望所歸之各級鄉紳長老也。先，首先，尤其。敬，尊敬。勞，慰撫。行甫按：此句猶言『亦先敬勞厥君』，因連上文而語氣急速，故倒其文，意即：不僅不可濫殺無辜，對那些爲地方上眾望所歸的各級鄉紳長老，尤其還要以優禮尊敬之、以恩惠慰勞之。是以連上文乃謂：於是應當對於我們周邦所專任之眾官長司徒、司馬、司空與各部之主管官長及其眾多執事幹辦人等宣佈說：我們決不可以濫殺無辜，而且尤其還要對當地那些眾望所歸的鄉紳長老以禮相待、以恩相勞。下文『肆徂』、『肆往』、『肆亦』三句即分貼此二事而言之也。

〔三〕**肆徂厥敬勞**■肆，今也。徂，往也，之也。厥，其也，將也。行甫按：此句承上『亦厥君先敬勞』而言，下二句言『宥』者，乃承上『罔厲殺人』而言，此爲錯綜成文也。**肆往姦宄殺人歷人宥**■肆，今也。往，與上文『徂』字義同，亦即往之於妹邦也。姦宄，爲非作歹者；在內爲姦，在外爲宄。歷，孫詒讓曰：『歷』即『櫪』之省文，《說文》：『櫪，櫪撕，柙指也。』《莊子·天地篇》『罪人交臂歷指』，是其證也。段玉裁《說文解字注》：『歷指，謂以櫪撕柙其指也。《尉繚子》曰：「束人之指而訊囚之情。」』行甫按：與『姦宄殺人』之罪已判定者不同，『歷人』即在押之犯罪嫌疑人，其罪尚待鞫訊論定也。宥，赦免也。時瀾《增修東萊書說》曰：『自今以往，昔之爲姦宄者與殺人者歷人者皆宥之而咸與爲新。』行甫按：呂氏伯恭之說，大段不差。句意謂：汝今往之妹邦也，往昔所有人犯以及在押之犯罪嫌疑人等，一概赦免不予追究。此即《周禮·大司寇》『刑新國用輕典』之意也。**肆亦見厥君事戕敗人宥**■肆，今也。承前省『徂』或『往』字。亦，也詞也。見，孫星衍曰：『猶效也，《史記·天官書》以「效」爲「見」，《曲禮》「效馬效羊」，注云：「效猶呈見。」』行甫按：此『見』字即《康誥》首節『見士于周』之『見』，『見』與『效』一聲之轉，『效』，即『效勞，效力』也。參見《康誥》釋讀。厥君，其君也。亦即商紂王以及武庚管蔡所轄之各類酋豪長老也。戕，賊害也。敗，毀傷也。『見厥君事戕敗人宥』者，宋人林之奇《尚書全解》曰：『蓋嘗武庚之誅，其一時黨姦同惡之人，莫不有反側不自安之心，刻覈太至，則必有不肖之心應之矣。故寧宥之而不殺，使反側者聞之，必將以我爲不窮治其黨與，則其心安矣。』行甫按：林氏之説，甚得經旨。上言『肆往姦宄殺人歷人宥』者，謂商紂王時所押人犯，或迫於生計乃鋌而走險，或遭强族凌暴而復仇行凶，以致觸犯刑憲者，今一律赦免其罪。此實爲下文『啓監』而令『無胥戕，無胥虐』以『至于敬寡』、『至于屬婦』張其本。下言『肆亦見厥君事戕敗人宥』者，乃受武庚及管蔡所脅迫與蠱惑而爲其君長奔走效力以致傷人敗人者，也一律在所赦免之列。此即爲下文『肆王惟德用和懌先後迷民，用懌先王受命』伏其筆。陳經《尚書詳解》曰：『周公戒康叔治衛國，只欲其安慰商民，行憫恤之政，不欲其大察迫急。凡前非昔過，一切不問，使之改過更新。如此庶幾反側之情可安。』陳氏之説，卓然有見也。且此二『宥』句，乃回照上文『曰予罔厲殺人』。細審文脈，真可謂草蛇灰線，首尾相聯，其文心之綿密，一至如此！而宋儒竟以爲『簡編斷爛』，豈其善讀書者耶？疑所不當疑焉耳。

此爲本篇第一節，周公告康叔進駐妹邦之後，無須破壞舊有政治格局及其社會結構，且告誡其屬下大小官員不可濫殺無辜，不僅不濫殺無辜，對於以往無論何事何因而觸犯刑憲者，一皆既往不咎，從寬發落。對當地衆望所歸的鄉紳長老，還要以禮相待，以恩相結，任其繼續自治。

【繹文】

周公以攝王之身份説：『康叔封，妹邦是殷商舊都，是大邑商的首善之區，你到那裏之後，從當地民衆以及當地的各級管事人員到各類擁有封地采邑的大家巨室；從各大家巨室的家臣邑宰到以王號自居的大邦酋豪與小國君長；你都要按照他們的現有社會結構與社會組織機制，一如既往，保持常態，秋毫無犯。這是妹邦在經受改朝換代與戰爭變亂之後，能夠盡快恢復生計並保持文化繁榮的重要基礎。而且你還要告誡我們那些進駐於妹邦的所有各級各類官長：包括司徒、司馬、司空「三公」在內的各部門官長及其幹辦執事人等說：「我們不可以濫殺無辜；而且，對於當地那些衆望所歸的鄉紳長老，尤其要以禮相敬，以恩相結。」因此，你到妹邦之後，首先要做的就是，對當地那些衆望所歸的鄉紳長老以恩禮相交接，不要讓他們對我們周人產生任何隔閡與戒備之心，要讓他們繼續維護地方自治，確保一方清泰平安；再就是打開所有監獄牢房的大門，寬恕赦免一切在押的囚犯，無論他們以前做了什麼錯事，觸犯了什麼刑律，是死罪還是活罪，那都是在商紂王治下迫於生計鋌而走險；或者是受了强暴和欺凌，卻無人替他們聲張正義，有冤無處伸，致使他們因爲報仇雪恨而殺人傷人。對這些苦大仇深又無從雪恨的人犯，一律赦免釋放。還有就是那些爲官家所蠱惑，或者爲他們的族人長老所脅迫，參與了武庚祿父的叛亂，以致做出害人傷人之事的那些脅從犯罪者，也要全部無罪開釋。以此證明：我們決不濫殺無辜。因此，維持常態，包容瑕垢，無所用刑，穩定人心，這就是你進駐妹邦之後首先要做的頭等大事。』

王啓監，厥亂爲民，曰無胥戕，無胥虐，至于敬寡，至于屬婦，合由以容。〔一〕王其效邦君越御事厥命曷以，引養引恬，自古王若兹監，罔攸辟。〔二〕惟曰若稽田，既勤敷菑，惟其陳修，爲厥疆畎。〔三〕若作室家，既勤垣墉，惟其塗塈茨，〔四〕若作梓材，既勤樸斲，惟其塗丹雘。〔五〕

【釋讀】

〔一〕**王啓監**■王，周公稱康叔也，説已見【解題】。啓，開也，猶今語『設置、建立』也。監，《説文》：『臨下也。』《國語・周語上》『得衛巫使監謗者』，韋昭注：『監，察也。』行甫按：『啓監』者，謂設置監察之職也。枚《傳》：『言王者開置監官。』其説是也。**厥亂爲民**■厥，其也，指代邦國。亂，《爾雅・釋詁》：『治也。』行甫按：『王啓監，厥亂爲民』，意謂：王當設置監察之官，督察本地各級官吏循規蹈矩以爲民也。**曰無胥戕**■曰，猶『謂之』也。行甫按：此乃一人之言而加『曰』字以申明其意也，猶今語所謂『也就是説』。無，猶毋使也。胥，《爾雅・釋詁》：『相也。』行甫按：『無胥戕，無胥虐』二『胥』字皆就官與民而言之也。戕，殘害也。**無胥虐**■虐，暴虐，欺凌也。**至于敬寡**■敬寡，即『鰥寡』。孫星衍曰：『《呂刑》「哀敬折獄」，《大傳》作「哀矜」，《漢書・于定國傳》作「哀鰥」，是敬、矜、鰥音近，義俱通也。』行甫按：『至於敬寡』，謂以『無胥戕，無胥虐』達之於『鰥寡』，即無戕虐鰥寡也，下『至于屬婦』義同。**至于屬婦**■屬婦，屬或通嫋，《説文》：『嫋，婦人妊娠也。从女芻聲，《周書》曰：「至于嫋婦。」』據許君説，則『屬婦』若『嫋婦』即孕婦也。行甫按：『鰥寡』謂貧窮孤獨者，『屬婦』謂卑微羸弱者，皆不可戕虐之也。**合由以容**■合，交也。《呂氏春秋・論威篇》『才民未合』，高誘注：『合，交也。』《漢書・鼂錯傳》『臨戰合刃之急者三』，顔師古注：『合刃，謂交兵。』是其例也。由，《方言》：『胥、由，輔也。吴越曰胥，燕之北鄙曰由。』《廣雅・釋詁二》：『由、胥、輔，助也。』以，而也。容，容受也，容悦也。《荀子・解蔽篇》『心容，其擇也無禁』，楊倞注：『容，受也。』《臨卦・象傳》『容保民無疆』，孔穎達《正義》：『容，謂容受也。』《呂氏春秋・順似篇》『夫順令以取容者』，高誘注：『容，説也。』《孟子・盡心上》『事是君則爲容悦者也』，『容』即『悦』也。行甫按：『合由以容』，謂吏與民及民與民交相輔而交相助，從而相互容受，相互接納也，此正爲『胥戕』、『胥虐』之反也。既『無胥戕，無胥虐』而吏與民皆『合由以容』，則囹圄空虛，可刑措而不用，下文所謂『罔攸辟』者是也，遑論『罔厲殺人』！

〔二〕**王其效邦君越御事厥命曷以**■王，謂康叔也。其，將也，預期之詞。效，《廣雅·釋言》：『考也。』《楚辭·懷沙》『撫情效志兮』，王逸注：『效，猶覈也。』邦君，即前『王惟邦君』之『邦君』，妹土所有小大邦國之長也。越，與也，及也。御，治也。御事，治事之臣也，即上『以厥臣達王惟邦君』之『厥臣』也。厥，其也。命，命令。猶今語所謂『政策、方針、路線』。曷，何也。以，因也。行甫按：『厥命曷以』，猶今語所謂『其施政的目標與對象是什麽』，或者『其政令的根據與基礎是什麽』。**引養引恬**■引，《爾雅·釋詁》：『長也。』養，《廣雅·釋詁》：『樂也。』恬，《說文》：『安也。』行甫按：『引養引恬』，正爲補充『厥命曷以』之『以』，謂其發政施令當以使民長樂長安爲其鵠的也。連上句意即：你要考校覈實小大邦君及其執政治事之臣，他們發佈政令的目的究竟是什麽，那就是讓民衆長樂長安。**自古王若茲監**■若，如也。茲，此也。行甫按：『若茲』之『茲』所指代者，乃總括上文『王啓監』之『無胥戕，無胥虐』至『引養引恬』等所有當監之事。**罔攸辟**■罔，無也。攸，所也。辟，《爾雅·釋詁》：『罪也。』《說文》：『法也。』行甫按：犯法者則執法以罪之，皆爲『辟』也。孫星衍曰：『自古王如此監視其國，無所任刑辟也。』行甫按：孫說是也。此連上文，意謂：自古以來，爲王者倘如此監督考校其邦國之政，既無使相互傷害，亦無使相互欺凌，其施政目標亦皆使民長樂而長安，則無人犯法亦無所用其法也。

〔三〕**惟曰若稽田**■惟，是也，『是』猶『此』也。曰，爲也，謂之也。行甫按：此『惟』之『是』也、『此』也，乃代指上文入妹邦當先之以『若恆』而繼之以『啓監』之事也，『曰』字下三『若』字句，乃申言此事所涵之理，是此『曰』字之義也。讀者幸勿以此『惟曰』爲無義語詞而昧其文法也。若，如也。稽，《玉篇·稽部》：『治也。』**既勤敷菑**■既，已也。勤，勞也。敷，施也，治也。《說文》攴部『敷』與『敂』互訓：『敷，敂也，从攴尃聲，《周書》曰：「用敷遺後人。』𢻹，敷也，从攴也聲，讀與施同。』段玉裁注：『今字作施，施行而𢻹廢矣。』《孟子・滕文公上》『舉舜而敷治焉』，趙岐注：『敷，治也。』是『敷治』猶『施治』也。菑，《爾雅・釋地》：『田一歲曰菑。』郭璞注：『今江東呼初耕地反草爲菑。』即燒荒翻草墾地以備種植也。行甫按：『敷菑』，謂開墾荒地也。**惟其陳修**■惟，以也，因也。其，猶此也，是也。說見吳昌瑩《經詞衍釋》。陳，孫星衍曰：『《詩・信南山》「維禹甸之」，《周禮・稍人》注引作「畯」。云：「甸，治。」是陳亦治也。』行甫按：『畯』爲『陳』之或體，『畯』與『甸』音同義通。『甸』猶言『治田』也。《逸周書・職方解》『又其外五百里爲甸服』，孔晁注：『甸，田也，治田入穀也。』修，章太炎謂當讀爲『攸』，《說文》：『攸，行水也。』行甫按：章說是也，『修』從『攸』得聲，自可通用。則『陳修』者，爲疆界開溝洫以行水，乃治田之所有事也。下言『爲厥疆畎』，補充『陳修』之義也。**爲厥疆畎**■爲，作也。厥，其也。疆，田界也。畎，《說文》：『〈，水小流也。甽，古文〈，从田川，田之川也。畎，篆文〈，从田犬聲。』《周禮・考工記》：『匠人爲溝洫，耜廣五寸，二耜爲耦，一耦之伐，廣尺深尺謂之甽。』行甫按：農夫治田之序，乃墾荒翻草在先，繼之以劃疆界以成壟畝，開溝洫以行潦水，必此之後，方可播種耘植，是先後終始相因之事也。

〔四〕**若作室家**■作，爲也，興造也。室家，謂居之以防暑御寒之房屋廬舍也。**既勤垣墉**■勤，勞也。垣墉，板築之土牆也。《釋文》引馬融曰：『卑曰垣，高曰墉。』**惟其塗塈茨**■惟，以也，因也。其，此也，是也。塗，以蜃灰堊墁之，所以飾宮室，使其白潔而光亮也。塈，《釋文》引馬融曰：『堊色。』《說文》：『墍，印涂也。』段玉裁注：『印涂，舉首而涂之，郢人施廣領大袖以仰塗，是也。』行甫按：先以泥杇墁其屋頂，然後以蜃灰堊涂之謂之塈也。茨，《釋名・釋宮室》：『屋以草蓋曰茨。茨，次也，次比草爲之也』行甫按：上古以板築爲牆，以茅草蓋其頂，必以白堊涂其牆，以泥涂其茨，再涂之以白堊，則房屋廬舍始爲落成也。猶之今新建毛坯房，必經室內裝修乃適於居住也。是『勤垣墉』爲始，『塗塈茨』爲終，亦先後終始相因之次也。

〔五〕**若作梓材**■梓，木名。《爾雅・釋木》：「椅，梓。」郭璞注：「即楸。」郝懿行《義疏》：「椅木有美文，故庾信賦云：「青牛文梓。」《尸子》云：「荊有長松文椅。」是椅、梓同矣。」《釋文》：「本亦作杍，馬云：古作梓字。治木器曰梓，治土器曰陶，治金器曰冶。」孫星衍曰：「《考工記》有梓人，爲筍虡，爲飲器，爲侯，因梓材美以名工也。」材，《說文》：「木梃也。」段玉裁注：「梃，一枚也。材謂可用也。引申之義，凡可用之具皆曰材。」行甫按：「作梓材」，謂治梓木良材以爲器用也，猶《孟子・告子上》所謂「以杞柳爲桮棬」也。**既勤樸斲**■樸，《說文》：「木素也。」謂木之質也。《釋文》引馬融曰：「未成器也。」行甫按：「樸」又與「朴」通。《說文》：「朴，木皮也。」是此所謂「樸」者，斫去樹木之表皮以爲原木也。斲，斲削也，是《孟子・告子上》所謂「戕賊杞柳而後以爲桮棬」之「戕賊」也。然器雖初成，未經涂飾，亦猶未成器也。**惟其塗丹雘**■塗，《說文》「雘」字下引《周書》曰：「惟其敷丹雘。」孔穎達《正義》曰：「二文皆言斁，即古塗字，明其終而塗飾之。」據唐孔所言，則上文「塗塈茨」之「塗」字亦作「斁」，古文也，今本作「塗」者，章太炎謂「斁」蓋爲漢人舊本，枚氏字作「斁」而義訓「塗」。行甫按：《釋名・釋宮室》：「塗，杜也。杜塞孔穴也。」《後漢書・張衡傳》「惟盤逸之無斁」，章懷注：「音徒故反，古度字。」則「斁」、「敷」、「度」、「杜」皆與「塗」字音近，故得通用也。枚氏讀「斁」爲「塗」，而衛包乃改爲「塗」，從本字也。莊述祖《尚書今古文考證》曰：「斁當如字讀，《說文》：「斁，終也。」言塈茨、丹雘所以終垣墉、樸斲之事也，起下「用斁先王受命」。」莊氏從文章學立解，甚有理據，其說可從。則「斁」字既有「塗」義，亦有「終」義，乃雙關語也。丹，《說文》：「巴、越之赤石也。」雘，《說文》：「善丹也。从丹蒦聲。讀與霍同。」段注：「《南山經》曰：「雞山，其下多丹雘，侖者之山，其下多青雘。」然則凡采色之善者，皆稱雘。」俞樾曰：「「塈茨」爲二事，塈者以土塗之，茨者以草蓋之也。「丹雘」亦爲二事，丹者朱色，雘者青色也。」行甫按：梓人爲器用，必先將原木斫削之，結構之，然後或髹之以蒼黑，或漆之以丹青，其器乃成而後可施之於用，是亦先後終始相因之次也。

此爲本篇第二節，謂『若恆』與『宥罪』，不過爲邦國治理之初階與基始也，欲至無所用刑之和諧社會，乃須設置監官以督察其吏治，既監察各級官吏無使欺凌傷害弱勢群體，亦以之考校各級執政發號司令是否有利民生。果能行之如此，則邦國上下必將形成相幫互助，官民相安，彼此容悦之良好風尚，由此可致刑措而不用。

【繹文】

説到這裏，周公一改先前比較親切的談話口吻，態度嚴肅起來，直接用『王』來稱呼康叔了。周公説：『你作爲君臨妹邦的王者，要設置監官之職，用來督察邦國的吏治，這才是真心實意地爲老百姓作想。也就是説，邦國的吏治要充分體現公平與正義的原則，既不能允許貪官污吏傷害欺壓百姓，也不能允許百姓之中出現恃强凌弱、以衆暴寡的惡劣行徑。對於那些鰥寡孤獨無依無靠的弱勢群體，以及那些出身卑微體質羸弱的寒族細民，都要一視同仁。既不能讓他們受到歧視，更不能讓他們遭到凌辱。要在邦國中廣泛形成彼此救助，互相愛護，彼此包容，互相團結的良好風尚。那些地方君長，富家巨室，甚至鄉曲豪右，都有發號司令左右鄉民的社會能量，作爲王者，你要通過監官制度考覈他們所推行的政令究竟抱著什麽目的，是不是爲了增進與提升廣大民衆的生活幸福與身心快樂，以此防止他們以政謀私，生事斂財，魚肉鄉民。自古以來，作爲王者，對於邦國的政治運作，如果能像這樣嚴格督察，燭隱見微，有效監管，防患於未然，那他的邦國必定政治清廉，民風淳樸。這樣的話，也就沒有人違法犯罪了，邦國的刑罰也就無所可用了。因此可以這樣説，在維持原有的社會結構，不打破既有社會秩序，以及赦免釋放了過去所有罪犯的前提下，設立監官督察制度，監督吏治，確保施政公平與正義，考覈地方官長與鄉曲豪右的政令是否有利於增進民生，這是前後相繼，依次相因，終始相循的必然程序與必經之路，是社會安寧世風淳懿的有效保證。這就像墾治田畝一樣，已經花去了很多工夫翻草拓荒，就必須繼續整治田疇，依其地勢爲它劃定界壟，開溝行水，方能種植莊稼，可望收獲。也像建造房屋一樣，已經付出了艱苦勞動打好了地基，築好了圍牆，就應該繼續架上房樑，蓋上茅草，然後涂上泥巴，堵上縫隙，抹平牆壁屋頂，再刷上潔白的蜃灰，才算房屋落成，方可入室居住。也像工匠們造作家具和器物一樣，已經使出了很大的氣力把原木砍削爲半成品，就應該再接再勵，進一步刷上油漆，涂上色彩，方能作爲成器投入使用。所有這些治田、造屋、作器的事例，無非説明一個道理：建邦與治國，是兩個相因相繼的不同環節。既已費盡千辛萬苦以建立邦國，但建邦立國，卻不是一勞便可永逸，就能坐享其成，必須再接再勵，繼續努力，用心執政；邦國的治理，更不是一蹴而就，必須循序漸進，乘勢而上，才可望出現無所用刑的太平之世。』

今王惟曰：先王既勤用明德，懷爲夾，庶邦享作，兄弟方來；亦既用明德，后式典集，庶邦丕享。〔一〕皇天既付中國民越厥疆土于先王，肆王惟德用和懌先後迷民，用懌先王受命。〔二〕

【釋讀】

〔一〕**今王惟曰**■今，現在。王，亦周公稱康叔也。惟，思也。曰，言也，謂也。行甫按：此『曰』字表思維活動，即心中所言、所謂也。《孟子·公孫丑下》『其心曰：「是何足與言仁義也」云爾，則不敬莫大乎是。』是『王惟曰』者，猶之『其心曰』也。**先王既勤用明德**■先王，謂太王、王季、文王也。既，盡也，已也，相繼也。行甫按：《穀梁傳》桓公三年：『既者，盡也，有繼之辭也。』則『既』之訓『盡』訓『已』，實含『有繼』之義在其中。是『先王既勤用明德』者，謂『先王相繼勤用明德』也。勤，辛勞也。用，《說文》：『可施行也。』明德，既指光明磊落的個人品德，亦指光輝正確的施政舉措。**懷爲夾**■懷，《爾雅·釋詁》：『來也。』行甫按：懷來，懷遠，懷柔也。爲，以也，猶以爲、用爲之意。夾，左右相輔也。《儀禮·既夕禮》『圉人夾牽之』，鄭玄注：『在左右曰夾。』玄應《一切經音義》卷十二『夾道』注引《三蒼》：『輔也。』行甫按：既以『明德』治於內，又以『懷柔』交於外；以內政爲主，以外交爲輔，故曰『懷爲夾』。**庶邦享作**■庶邦，衆邦也，謂服事親近於周之衆邦國也。享，獻也。《說文》：『亯，獻也。从高省，曰，象孰物形。』徐鍇《繫傳》：『獻於上也，故从高。』行甫按：《國語·周語上》『賓服者享』，韋昭注：『供時享也。享，獻也。《周禮》：「甸圻二歲而見，男圻三歲而見，采圻四歲而見，衛圻五歲而見。」其見也，必以所貢助祭於廟，《孝經》所謂「四海之內，各以其職來祭」者也。』是此『享』字之義也。作，金兆梓《尚書詮譯》曰：『通胙。「享作」，獻胙也。』行甫按：金氏讀『作』爲『胙』，是也。《左傳》昭公二十七年『楚郤宛之難，國言未已，進胙者莫不謗令尹』，《呂氏春秋·慎行》述之曰：『遂攻郤宛，殺之。國人大怨，動作者莫不非令尹。』王念孫《呂氏春秋校本》曰：『疑胙、作古字通。』梁玉繩則以爲《左傳》『進胙』猶『動作』，謂『胙』即古文『作』字。是『作』與『胙』相通之例也。然金氏之說亦有未盡之誼也。《左傳》僖公九年：『王使宰孔賜齊侯胙。』《國語·齊語》：『天子使宰孔致胙於桓公。』是『享』之爲『獻』，諸侯以其所貢，獻之於天子而祭於宗廟。而『胙』之爲義，乃

『報』也,『賜』也。《左傳》襄公十五年『世胙大師,以表東海』,杜預注:『胙,報也。』《國語・齊語》『反胙於絳』,韋昭注:『胙,賜也。』是天子以祭肉報賜於諸侯謂之『胙』。則『庶邦享作』,意即:庶邦以其所貢,獻之於周邦以祭於宗廟,周邦以其祭肉反報賜於庶邦,是所謂『禮尚往來』也。此句與下文『兄弟方來』,乃補足『懷爲夾』之義也。**兄弟方來**■兄弟,姻親也。《周禮・大司徒》『三曰聯兄弟』,鄭玄注:『兄弟,昏姻嫁娶也。』《爾雅・釋親》:『父之黨爲宗族,母與妻黨爲兄弟。』據《大雅・大明》與《綿》及其毛《傳》鄭《箋》所云:太王妃太姜爲有邰氏之女,王季妻太任爲殷商畿内摯國之中女,文王妻太姒又爲莘國長女。方,邦也。王國維《與友人論詩書成語書二》曰:『「兄弟方」與《易》之「不寧方」、《詩》之「不庭方」皆三字爲句,方,猶國也。』行甫按:王氏之説或是。然『兄弟方』當指與周爲姻親之國,即有邰氏、摯、莘諸方國是也,與『庶邦』相對爲言。來,猶賓服也。《論語・季氏》『遠人不服,則修文德以來之,既來之,則安之』,是其義也。**亦既用明德**■亦,也詞也。既,亦『相繼』之謂也。行甫按:『亦既用明德』,亦相繼施行明德也。**后式典集**■后,《説文》:『繼體君也。』行甫按:此『后』爲『繼體』之『君』,則『后』之爲言『後』也,故『后』與『後』古多通用。《儀禮・鄉射禮》『而后下射射』,鄭玄注:『后,後也。』是其例也。江聲曰:『后之言後,對先王言,故曰后。』是也。則『后』之爲『後繼之君』也,實指繼體文王之武王,亦包含當下之『繼體君』周成王或曰攝位之王周公自己。式,《爾雅・釋言》:『用也。』用即以也、因也。典,《説文》:『从冊在丌上,尊閣之也。』引申之有『重大』、『重要』之義。行甫按:此『典』字即『典聽朕毖』之『典』,不當訓『常』。《宋微子世家》『今殷其典喪』,《微子》作『淪喪』,是亦非『常』訓。集,就也,成也。《小雅・小旻》『是用不集』,毛《傳》:『集,就也。』《韓詩外傳》引作『不就』。《小雅・黍苗》『我行既集』,鄭《箋》:『集,猶成也。』《國語・晉語八》『今日之事幸而集』,韋昭注:『集,成也。』是其例也。**庶邦丕享**■丕,大也。行甫按:『丕享』與『典集』相對,是『典』亦『大』也。以上三句,意謂:後來繼嗣爲君者也繼續施行明德,因此取得了重大成就，衆邦大規模進獻貢物以供四時廟祭。

〔二〕**皇天既付中國民越厥疆土于先王■**皇，美也，大也。行甫按：《公羊傳》「元年春王正月，正也，其餘皆通也」，何休《解詁》：「德合元者稱皇。」徐彦《疏》：「皇者，美大之名。」《風俗通・皇霸》：「皇者，中也，光也，弘也。」皆是其義也。既，已也。付，《說文》：「與也。」《釋文》：「馬本作附。」孫星衍曰：「《高宗肜日》『天既付命正厥德』，《史記》作『附』，是付、附通。」中國，猶《召誥》之言「土中」也，即天地之中心區域。行甫按：《珂尊》銘文：「隹珷王既克大邑商，劘廷告于天曰：『余其宅兹中或，自之辥民。』」是「中或」即此「中國」也，「或」即「域」也。此乃古人之地域觀念，不可拘泥解之。或、國、域，乃古今字也。越，與也，及也。厥，其也，代「中國」。疆土，境土也。《國語・晉語一》「蒲與二屈，君之疆也」，韋昭注：「疆，境也。」**肆王惟德用和懌先後迷民■**肆，《爾雅・釋詁》：「故也。」王，指康叔。惟，猶以也。用，《廣韻》：「使也。」和，協也。《淮南子・俶真》「是故治而不能和下」，高誘注：「和，協也。」懌，悦也。枚《傳》：「王惟用德和悦。」迷，惑也。迷民，謂誤入歧途之民。王先謙曰：「先迷民，謂爲紂所惑群湎于酒者；後迷民，謂爲管叔武庚所惑而畔亂者，言今王惟德之用，務和悦懌服此先後迷民也。」行甫按：「先迷民」即「肆往姦宄殺人歷人宥」所赦免釋放之迫於生計而觸犯刑律者以及相關犯罪嫌疑人；「後迷民」即「肆亦見厥君事戕敗人宥」所赦免釋放之參與武庚管蔡叛亂之民。二者皆非「湎于酒者」，且周人不禁殷民飲酒，說見《酒誥》釋讀。**用懌先王受命■**用，以也。懌，《釋文》：「字又作斁。」王先謙曰：「又作本是也，言用終先王所受大命也。」行甫按：王氏之說是也，「懌」與「斁」二字可通。《說文》：「斁，一曰終也。」此與上二「斁」字乃雙關互照，前引莊述祖說，亦可相參。

此爲本篇第三節，告誡康叔要汲取先王當年施行明德以懷柔衆邦與姻親之國從而獲得重大成功的歷史經驗，希望康叔繼續以寬弘之德幫助衛邦那些在殷紂時代和武庚時期曾經失足犯罪的下層平民，要爲他們創造重新做人的生存條件，給予他們改過自新的政治機會，不要讓他們因生活所迫而重新犯罪，或者畏懼政治高壓而再度與周邦對抗。只有這樣，才能最終完成先王受之於天的偉大使命。

【繹文】

周公繼續對康叔說：『現在，作爲君臨衛邦的王者，面對邦國當前的客觀形勢，你要多想想先王曾經行之有效的歷史經驗；就是說，正是由於我們歷代先王不斷地把他們光明美好的個人品德，不辭勞苦地相繼施行於邦國的政治事務之中，再輔之以外交上的懷柔政策，因而得到了周邊衆多邦國的理解和擁護，我們周邦也與這些周邊國家建立了友好往來，凡有四時廟祭以及重大祭典活動，他們都要致送禮品與貢物，我們周邦也給他們頒賜祭神的福禮。至於那些本來就與我們周邦有著姻親關係的遠近邦國，就更是與我們周邦長期維繫著密切的友好邦交。後來的繼體之君，也繼承了歷代先王這些光明美好的優良品德，也繼續不斷地施行懷柔友善的外交政策，因而取得了重大成功，不僅推翻了惡貫滿盈的商紂王，也迎來了萬國來朝的空前盛況。

既然光明廣大中正無私的天帝已經將這天下中心地區的民衆及其廣袤的疆域境土托付給了我們偉大的先王，因此，作爲衛邦之王，君臨妹鄉這塊曾經是殷商帝京之地的直接最高統領者，你也要像我們偉大的先王那樣，把你的美好德行施行於邦國的各項政治事務之中，使那些曾經在商紂王治下艱難竭蹶無以卒歲因而鋌而走險的可憐民衆，能夠徹底洗心革面，重新過上自給自足的安寧生活，不要讓他們因生活所迫而重新走向犯罪。更要使那些在武庚和管、蔡脅迫之下而誤入迷途的無辜平民，放下思想負擔，解除心理壓力，高高興興地融入新的時代，遵守新的社會秩序，不要讓他們因爲畏懼政治高壓而操起傢伙再度與我們周邦對抗。只有這樣，才能繼承我們先王的偉大事業，才能最終完成先王受之於天的偉大歷史使命。』

已，若兹監，惟曰欲至于萬年，惟王子子孫孫永保民。』〔一〕

【釋讀】

〔一〕**已**■孫星衍曰：『《釋詁》：「咨、已，此也。」是已猶咨也。』行甫按：《大盂鼎》云：『已！女妹辰有大服。』《大誥》亦云：『已，惟予小子。』枚《傳》：『已，發端嘆詞也。』是其義也。**若兹監**■若，如也。兹，此也，指全文所言之事理。監，孫星衍曰：『《説文》：「臨下也。」言如此臨民，惟子孫長保斯民矣。』行甫按：此『監』亦即上文『王啓監』及『自古王若兹監』之『監』，乃謂設立監察機制，督察下屬各級官長及其治事人員執政以爲民也，非謂『臨民』也。**惟曰欲至于萬年**■惟，是也，此也。曰，言也，謂也。欲，劉淇《助字辨略》卷五：『將也。凡云欲者，皆願之而未得，故又得爲將也。』《左傳》宣公十八年『欲以伐齊』，唐石經『欲以』作『將以』。**惟王子子孫孫永保民**■惟，獨也，唯有也。子子孫孫，猶言世世代代也。保，《説文》：『養也。』

此爲全篇結語，謂只有像這樣不擇民而治，在維持舊有社會結構不變的前提下，設立監察制度，防止官吏侵漁百姓，才是江山萬年永固的可靠保證。

【繹文】

最後，周公不無感慨地説：『唉！爲了實現這個宏偉目標，在這種必須維持既有社會格局，不可擇民而治的前提下，你一定要如我所説的這樣，設置各級官吏的督察機制，用以監督各級官長與幹辦執事人員是否立政爲民，從制度上堅決杜絶他們巧取豪奪，欺壓百姓，魚肉鄉民的一切可能性。這就意味著：如果希望你的封疆屬國能够至於千秋萬代永不易主的話，你唯一要做的，就是世世代代永遠養護好你治下的廣大平民百姓。』

【後案】

此篇文誥，再一次體現了周公的政治胸懷及其治理智慧。首先，在改朝换代，江山易主之際，周人沒有對殷商既有的社會結構進行傷筋動骨的格式化重組，即使是在立藩建國的過程中，也只是以『賜殷民六族』或『賜殷民七族』的方式，連同土地及其殷民整體接管，因而對社會生産力及其既有生産關係也就不會進行大規模的人爲破壞。本篇開首告康叔『以厥庶民暨厥臣達大家，以厥臣達王惟邦君，汝若恒』，乃是自武王克商以來周公所定的政治路線。不僅如此，最能體現其作爲杰出政治家的寬闊胸懷之舉措，莫過於徹底釋放殷商時代所有在押刑事犯，給予他們改過自新重新做人的機會；完全赦免曾經參與武庚管蔡叛亂的所有人衆，讓他們放棄對抗心理，消除不安定因素。宋人林之奇《尚書全解》曰：『此篇蓋管蔡武庚既誅而其餘黨惡同亂之人猶有存者，成王欲使康叔匿瑕含垢，一切不問，以德懷之，無所用刑也。』林氏謂『成王欲使康叔匿瑕含垢，一切不問』，其實乃周公『以德懷之，無所用刑』而已。縱觀歷史，後世雖也不乏打開牢獄，釋放罪囚的歷史事實，但往往是農民暴動之後出於軍事需要而大開牢獄之門以罪囚補充兵員，與周公『匿瑕含垢』而『以德懷之』的政治訴求迥然不同。

其次，設監爲民的政治建構，尤其閃耀著現代政治哲學與社會學的思想光輝。雖然周公的政治理念，尚不能達到近代西方諸如孟德斯鳩與盧梭有關『三權分立』的思想水平，但畢竟遠在三千多年以前，就明確提出建立監督機制以監察各級官長屬吏之施政是否以民生爲懷的政學理念，並敦使康叔將這一觀念在實際的政治生活中加以具體落實。而且還告誡康叔，如果你希望你的後世子孫能夠在封國之内永世爲王，那麼你唯一該做的事，就是世世代代保養和愛護你治下的平民百姓。這就是後來戰國時代孟子倡導『保民而王』的思想來源，也是唐太宗李世民『水可載舟亦可覆舟』之最早的觀念源頭。因此，周公不僅非常深刻地認識到民衆與政權的密切關係，也找到了如何保證立政爲民的方法與路徑。『王其效邦君越御事厥命曷以，引養引恬』，這是多麼明快而直接的理論表述：監督各級官長及其辦事人員，其發號施令是否考慮到以增進與提升廣大民衆的生活幸福與身心快樂之終極目的，借此防止各級官吏以政謀私，生事斂財，魚肉鄉民，從而激起民怨以致危及政權穩固與社會安定。而周公這一監察思想在公元十到十三世紀的兩宋時期通過寬容合理的言官制度而得到真正的落實。因此，應該説，兩宋時代是中國百姓的黄金時代，此之所以崖山之敗有成千上萬的吏民義無反顧地隨末帝而從容蹈海赴死的真正原因。不似後世，每當民族危難，異類入侵之際，要麼漢姦多多，忝顔事敵；要麼面對王朝覆滅，政權坍塌，或漠然以對，或幸災樂禍。無他，保民之效也。

本篇自宋吴棫以至朱子及其門人蔡沈之後，皆以爲『簡編斷爛』，前後不貫。此説影響深遠，後世所以解説多門，莫衷一是者，此爲始作俑也。近人劉起釪仍從吴棫之説，亦以首兩段爲『殘存簡文』，而自『王啓監』以下乃是『半篇比較完整的文字』。所以如此讀之者，一是以孔子修《春秋》『天無二日，人無二王』的正名思想理解本篇『王』字之義，以爲稱之爲『王』者，必爲周天子莫屬。二是『達』字的訓詁與『汝若恆』的斷句出現偏差，以致周公『不擇民而治』的政治智慧泯而不彰。三是以『越曰我有師師』之『越』字爲無義之語詞，因而『若恆』與『赦宥』戛然斷爲兩橛。不知此『越』字乃訓『與』訓『及』的連詞，『若恆』與『赦宥』乃在『不擇民而治』的思想前提下相互關聯，因而首節文字語意完整，邏輯嚴密。四是受名份觀念影響而孤立地理解『王啓監』，不知此節乃就『予罔厲殺人』及『肆往姦宄殺人歷人宥，肆亦見厥君事戕敗人宥』之事象，謀求解決之辦法，從而論證設監之目的雖在監督官吏而實是保障民生。也就是説，民衆之所以先後出現如此之多的犯罪，正是由於執政官吏戕虐百姓所致。而『自古王若茲監，罔攸辟』，也是進一步認定，自古王者若能如此監察官長屬吏，則無所用刑而已。至於『今惟王曰』云云，乃是以先王『勤用明德』而『庶邦丕享』的歷史經驗爲例，要求康叔對前述兩種赦免人員，採取包容與懷柔政策，以保證妹邦人心穩定，社會安寧，從而完成先王受之於天的偉大事業。因此，本節文字實爲回照首節『若恆』與兩『宥』字句。最後又以設監爲民結束全文，意謂所以『若恆』與『赦宥』之

『不擇民而治』，正在於有效監督各級官吏是否執政爲民。由此可見，本篇文字，首尾一氣，前後關聯，是一篇相當完整的上古政學經典。其文法貫通，氣韻流動，有後世文章所不可及者。惜乎，有宋以來，學者皆昧而不之知也！

召誥

【解題】

司馬遷《周本紀》曰：『周公行政七年，成王長，周公反政成王，北面就群臣之位。成王在豐，使召公復營洛邑，如武王之意。周公復卜申視，卒營築，居九鼎焉。曰：「此天下之中，四方入貢道里均。」作《召誥》、《洛誥》。』《魯周公世家》亦曰：『成王七年二月乙未，王朝步自周，至豐，使太保召公先之雒相土。其三月，周公往營成周雒邑，卜居焉，曰吉，遂國之。成王長，能聽政，於是周公乃還政於成王，成王臨朝。周公之代成王治，南面倍依以朝諸侯。及七年後，還政成王，北面就臣位，匔匔如畏然。』是史公以《召誥》、《洛誥》之作，在周公行政七年返政成王之年。至於是營洛之前，還是營洛之後，則史公茫然無所定見。而伏生《尚書大傳》曰：『周公攝政：一年救亂，二年克殷，三年踐奄，四年建侯衛，五年營成周，六年制禮作樂，七年致政成王。』則『營成周』與『致政成王』，年事稍有隔越，因而《召誥》與《洛誥》之作，便多有歧異之說。

賈公彥《周禮·大司徒注疏》：『案《書傳》云：「四年建侯衛，五年營成周。」建侯衛者，在《尚書·康誥》封康叔是也。案《康誥》云：「惟三月哉生魄，周公初基作新大邑于東國洛，四方民大和會。」注云：「岐鎬之域，處五岳之外，周公爲其於政不均，故東行於洛邑，合諸侯謀作天子之居，四方民聞之，同心來會，樂即功作，效其力焉。是時周公居攝四年也。」又案《召誥》「惟三月丙午朏」，注云：「是時周公居攝五年。越三日戊申，太保朝至於洛，卜宅，厥既得卜，則經營之。」若然，洛邑在攝政四年初基止，至五年乃正營之也。」』孔穎達《毛詩·大雅·文王正義》曰：『《禮記大傳》曰：「牧之野，武王之大事，改正朔，易服色。」謂克紂之後，又復頒佈使天下徧知之，猶未制禮，未是大定。故《召誥》云「惟二月、三月」，注云：「當爲一月、二月，不云正月者，蓋待治定制禮，乃正言正月故也。」然則從是以後，始大定矣。』

據賈孔二氏所引鄭玄注《康誥》及《召誥》諸說，揆其意約有三焉：一者，以封康叔爲『建侯衛』之年，而《康誥》篇首有『惟三月哉生魄，周公初基作新大邑』，則『營洛邑』始於攝政四年，此依《康誥》篇首四十八字而說之也。二是《召誥》既與『營成周』有關，則其作當在『周公居攝五年』，此從《尚書大傳》『五年營成周』之說也。其三，《召誥》既作於『居攝五年』，乃在『六年制禮作樂』之前，是時周公尚未訂定周家之禮，則『惟二月、三月』，所用月建爲周曆建子之月，乃事後追敘之辭。如用殷曆建丑之月，正當是『正月、二月』。但倘言『正月、二月』，便有遵殷正之嫌，是以雖然此時尚未『改正朔』定周禮，而猶以建子稱爲『二月、三月』，乃不奉殷正而已。據孔氏所引鄭氏之說，其意當是如此。要之，鄭意認爲《召誥》作於周公攝政五年，是亦依《尚書大傳》爲說也。

鄭說與史公違異，孫星衍以爲史遷從孔安國問故乃用古文說，而鄭玄從《大傳》乃用今文說，是以有所不同。皮錫瑞曰：『鄭從《大傳》，以作《召誥》在五年，《洛誥》在七年。史公、劉歆以作《召誥》、《洛誥》皆在七年。以經考之，當以《史記》與劉歆之說爲合。然《大傳》之說亦自不誤。營洛大事，非一時所能辨。《大傳》言其始，《史記》要其終，兩説可互相明，本無違異。伏生云「五年營成周」，不云「五年作《召誥》」。《召誥》與《洛誥》文勢相接，不得以爲相隔二年。《史記》、《本紀》以爲復政乃營洛，《世家》以爲營洛乃復政，據《大傳》，營成周在致政之前，當以《世家》之説爲正。蓋洛邑未成，制作未定，公必不遽復政也。」

《䀌尊》銘文曰：『隹王初遷宅于成周，復亯珷王豐，福自天。在四月丙戌，王誥宗小子于京室。曰：昔在爾考公氏，克弼玟王，肆玟王受兹大令。隹珷王既克大邑商，鼎廷告于天，曰：余其宅兹中或，自之辥民。』銘文末又有『隹王五祀』之紀年款識，是知《尚書大傳》『五年營成周』之説，確有其據。而《召誥》經文既言『相宅』，又言『王來紹上帝，自服于土中』、又言『其作大邑，其自時配皇天，毖祀于上下，其自時中乂』，實與『營洛』相關，則鄭玄以爲作於『周公居攝五年』，並非無稽之談。然通二篇《誥》文而觀之，皮氏謂『《召誥》與《洛誥》文勢相接，不得以爲相隔二年』，其説亦自有理。但《洛誥》文末又自題『在十有二月，惟周公誕保文武受命惟七年』，亦言之鑿鑿。則《召誥》之作，五年邪，七年邪？實在難以遽定。

不過，如果考慮到西周末年的鑒古思潮與《尚書》的流傳背景，諸多似是矛盾抵牾之處，或可得到比較周洽的解釋。拙撰《西周末年的鑒古思潮與今文〈尚書〉的流傳背景》一文曾經提到：二十九篇今文《尚書》所涉及的歷史事實，均與西周末年厲、宣、幽、平之世的歷史事實有著明顯的一一對應關係。而《召誥》與《洛誥》乃至《盤庚》三篇文書其所以流傳於後世，正與西周末年平王遷都洛邑之事密切相關，其爲平王東遷洛邑尋找歷史支撐與理論根據之目的性與針對性，有不待言而明之者。此外，就《召誥》與《洛誥》之文本性質而論，其根據歷史檔案而加以編纂董理之痕跡猶然可辨。二篇雖題以『誥』名，卻與《大誥》、《康誥》、《酒誥》之『誥體』之文大爲不同。近人屈萬里曰：《召誥》所記，實爲二事。自開首至『錫周公』，記召公、周公相宅及命庶殷營洛之事。自『曰拜手稽首』以下，乃召公告王之辭。前後兩事，皆與召公有關，故合爲一篇。屈氏且據《漢志》『劉向以中古文校三家經文，《召誥》脱簡二』之説，疑今本《召誥》有脱簡。依現存劉向《書録》可知，其校讎以終，必殺青繕寫正本。是劉向既知脱簡，於殺青謄正之際，豈有不加補足之理？考屈氏言《召誥》文本特徵，昀然有見，至其謂有脱簡，大抵因爲不苟於于省吾氏『後人誤脱重文符號』之説而矯其誣之所致（説見經文『曰拜手稽首旅王若公』釋讀）。是由屈氏所言，《召誥》文本實有編纂補輯之徵，當是西周末年平王東遷之際因檔案材料整理成篇，而非西周初年之原始文檔樣態。準此，亦不難想象，『惟三月哉生魄，周公初基作新大邑于東國洛』之四十八字其所以置於《康誥》之首，或者亦與平王東遷有關。果如此，則兩周之際學人之讀寫傳抄《康誥》，當另有其意在焉。於是『肆汝小子封，在兹東土』，便與『東國洛』之『新大邑』在地理位置上構成拱衛呼應之勢。事實上，平王東遷，衛武公亦與有大力焉。此或者竟然是《康誥》三篇較《伯禽》與《唐誥》大爲幸運，從而得以於兩周之際流傳於後世所潛在的深層文化心理契機之所在，亦未可知。既往之歷史與當下之現實誤打誤撞，而後又在某一點上相互拍合，彼此暗示，必然造成文本的嚴重誤讀。但是，畢竟文本誤讀雖然具有程度不同的偶然性，但也是導致思想流變與傳統漂移之不可忽視的重要因素。此其一也。

其二，亦就不類『誥體』之文而論，相對於《召誥》，《洛誥》所敘更其蕪雜：既述周公卜洛以及與王『共貞』之經過，又述周公與成王必於新邑舉行祭祀之對答，又兼及成王『命周公後』之典禮與命『作冊逸誥』諸多事誼。與上述《大誥》等典型之『誥體』，其文本絕不相類。但是《召誥》與《洛誥》兩篇文書的共同主題卻相當明徹：自始至終凸顯洛邑營造過程之慎重，其地理位置乃經由反覆之抉擇，以及屢屢申說周王朝『其自時中乂』之管控意識；二篇之中，反覆致意，不厭其繁，足見於此重大主題，可謂決無半點遊離。無論是史實指陳，抑或是主旨申述，在在皆是替平王東遷洛邑作歷史辯護與文獻支撐。也因此，雖然就歷史時序而言，召公之誥成王，周公與成王之對答交談，以及冊命『周公後』諸多之事，未必同時，或在攝政五年營成周之際，或在攝政七年周公致政之後；但整理流傳的現實目的既然都是針對平王的東遷，那麼皮氏所謂二篇『文勢相接』，也就絲毫不足爲怪了。

基於這種觀察和思考，拙著《中國早期文化意識的嬗變》討論《尚書》年代問題，就感覺到《尚書》年代十分複雜，不可僅以文本產生年代爲據而執一以求。就二十九篇今文《尚書》而言，有史實年代，有寫作年代，有流傳年代，亦有最後之整編年代。這些意義不同的年代，落實到具體篇目，又往往相互糾葛，難以釐清。而《召誥》與《洛誥》年代的複雜性，正是史實年代與寫作年代不在一時，而寫作年代又與流傳年代，甚至重編之年代亦有所分之典型例證。皮氏所謂二篇『文勢相接，不得以爲相隔二年』，明其一而不明其二，殊不知此乃流傳重編之年代正在同時之顯徵。而鄭玄從伏生《大傳》之説，僅僅著眼於史實年代，而不知史實年代與寫作年代有別。屈萬里所謂『前後兩事合爲一篇』與『脱簡』之說，則宥於寫作年代而不知流傳重編之年代亦會影響文本而有所異動。至於于省吾氏之改動經文，以就己意，則瞢然不知《尚書》竟有不同年代之説，將史實年代與寫作年代乃至流傳重編之年代混爲一談，則又等諸自鄶而無譏焉。

總之，《召誥》與《洛誥》之最後定型，當在西周末年平王東遷洛邑之際；較之『五年營成周』或『七年致政成王』的史實年代及其西周初年的原始檔案文獻，可能具有相當的思想距離及其文本差異，此其所以導致紛紜衆說之根本原因。鄙見如此，弟令不中，當亦不遠罷。不逮之處，以俟後來君子考而正之，是所願也。

惟二月既望，越六日乙未，王朝步自周，則至于豐，惟太保先周公相宅。〔一〕越若來三月惟丙午朏，越三日戊申，太保朝至于洛卜宅。〔二〕厥既得卜，則經營。越三日庚戌，太保乃以庶殷攻位于洛汭。越五日甲寅位成。〔三〕若翼日乙卯，周公朝至于洛，則達觀于新邑營。越三日丁巳用牲于郊，牛二。〔四〕越翼日戊午，乃社于新邑，牛一羊一豕一。〔五〕越七日甲子，周公乃朝用書命庶殷，侯甸男邦伯。厥既命殷庶，庶殷丕作。〔六〕

【釋讀】

〔一〕**惟二月既望**■惟，時也。説見吴昌瑩《經詞衍釋》。二月，枚《傳》：『周公攝政七年二月。』行甫按：據《冠尊》銘末『隹王五祀』之紀年，當是『周公攝政五年二月』或曰『成王繼立五年二月』。望，《説文》作『朢』：『月滿也。與日相望，似朝君，从月从臣从壬，壬，朝廷也。』劉熙《釋名》：『月滿之名，月大十六日，小十五日。日在東，月在西，遥相望也。』既望，蔡《傳》曰：『十六日也。』**越六日乙未**■越，於也。枚《傳》：『於已望後六日，二十一日。』**王朝步自周**■王，成王也。朝，《爾雅·釋詁》：『早也。』步，《說文》：『行也。』周，宗周也，馬融曰：『鎬京也。』《說文》：『鎬，武王所都，在長安西上林苑中。』據此，則成王是時亦居宗周鎬京。《括地志》：『鎬在雍州西南三十二里。』**則至于豐**■則，即也。豐，《說文》：『酆，周文王所都，在京兆杜陵西南。』《括地志》曰：『周豐宮，周文王宮也，在雍州鄠東三十五里。』徐廣《三輔決錄》曰：『豐在京兆鄠縣東，有靈臺。鎬在上林昆明北，有鎬池，去豐二十五里。皆在長安南數十里。』行甫按：裴駰《史記集解》引鄭玄曰：『豐、鎬異邑，而言步者，告武王廟即行。出廟入廟，不以爲遠，爲父恭也。』是成王告武王廟後，即步行至於豐邑以告文王廟也。宋人程大昌《雍錄》卷一：『武王繼文，雖改邑于鎬，而豐宮元不移徙，每遇大事，如伐商、作洛之類，皆步自宗周而往，以其事告于豐廟，不敢專也。鄗在豐東二十五里，故既可步往，又可朝發而即至也。』是也。**惟太保先周公相宅**■惟，以也。『以』猶『使』也。行甫按：句首承前省『王』字，謂成王『以太保』或『使太保』也。太保，三公官，即召公奭也。相，《說文》：『省視也。』《爾雅·釋詁》：『視也。』郭璞注：『相，謂察視也。』宅，《說文》：『人所託凥也。』《史記·魯周公世家》：『使太保召公先之雒相土。』皮錫瑞曰：『宅』疑當作『度』，今文《尚書》『宅』爲『度』，《史記》、《漢石經》可證。此云『宅』，疑後人用古文《尚書》改之。行甫按：皮氏改字之說，非也。『宅』與『度』通用，例證甚夥。《禹貢》『是降丘宅土』，《風俗通·山澤篇》引『宅』作『度』。《立政》『文王惟克厥宅心』，《漢石經》『宅』作『度』。且『度』與『土』通。《考工記·玉人》『土圭尺有五寸，以致日，以土地』，鄭玄注：『土猶度也，建邦國以度其地而制其域。』是『土圭』即『度圭』也，長度爲一尺五寸。『土地』即『度地』，以此圭尺五寸爲準測量土地也。此之所以史公讀『相宅』爲『相土』也。此時洛邑尚未建成，召公相宅，當是察看地形高下，審度城廓宮室位置之所宜，即『攻位于洛汭』之『位』。下文言『卜宅』，所『卜』之事當同。

〔二〕**越若來三月惟丙午朏**■越，於也，歷也。《呂氏春秋·長攻》『越十陀』，高誘注：『越，歷也。』是其例也。若，及也，至也。說見王引之《經傳釋詞》。來，《爾雅・釋詁》：『至也。』行甫按：『若來』，同義複詞，猶言『及至』也。惟，以也。朏，《說文》：『月未盛之明也。从月出。《周書》曰：「丙午朏。」』劉歆《三統曆》：『其三月甲辰朔，三日丙午，《召誥》曰「惟三月丙午朏。」』孟康曰：『朏，月出也。』行甫按：此言及至於三月，以丙午日爲月始生光明之日。謂丙午日即三月三日也。上言『惟二月既望』，此言『越若來三月惟丙午朏』，均記月相以表時間也。**越三日戊申**■越，於也。戊申，三月五日也。成王於二月二十一日自鎬京至豐，後十四日，召公乃至洛相宅、卜宅。孫星衍曰：『乙（原作『丁』，顯爲『乙』字誤，今更正）未至戊申，自豐至洛，行十四日。吉行日五十里，豐至洛七百里也。』**太保朝至于洛卜宅**■洛，豫州浸，字當作『雒』。《周禮・職方氏》：『豫州，其川熒、雒；雍州，其浸渭、洛。』說見《康誥》『周公初基作新大邑于東國洛』釋讀。卜，龜卜也。行甫按：《大雅・文王有聲》曰：『考卜維王，宅是鎬京，維龜正之，武王成之。武王烝哉。』據此，則召公當是代成王卜宅。行甫又按：《康誥》既曰『惟三月哉生魄，周公初基作新大邑于東國洛』，而『三月哉生魄』，即『三月丙午朏』也。然則『周公初基作新大邑』，實於召公『相宅』之前三日也。而《洛誥》記周公曰『我卜河朔黎水，我乃卜澗水東、瀍水西，惟洛食，我又卜瀍水東，亦惟洛食』者，此云『惟太保先周公相宅』，蓋周公事先已卜定『洛食』，而召公此來勘察地形然後卜動工之日期，因與『營洛』有關，故言『卜宅』也。但《康誥》篇首所言仍與此不同，乃西周末之重編者兩存其說，以示洛邑之營造，乃周、召二公慎重抉擇以及成王亦爲預其事者也。由此亦知前人所謂《康誥》錯簡之說不足信也。

〔三〕**厥既得卜**■厥，其也，指召公。得，中也。得卜，謂卜兆所示與命龜之意相得也。**則經營**■則，即也。經營，《大雅・靈臺》『經始靈臺，經之營之』，毛《傳》：『經，度之也。』鄭《箋》：『營，表其位。』行甫按：『經營』乃疊韻連綿詞，即『丈量直徑，圈定位置』之意。黃生《義府》卷上曰：『徑直爲經，周迴爲營，謂相步其基址也。』是其義也。**越三日庚戌**■越，於也。庚戌，三月七日也。**太保乃以庶殷攻位于洛汭**■乃，於是也。以，使也。庶殷，衆殷民也。攻，《大雅·靈臺》「庶民攻之，不日成之」，毛《傳》：「作也。」《逸周書·作雒篇》云：「及將致政，乃作大邑成周于土中，城方千七百二十丈，郛方七十里。南繫于洛水，地因于郟山，以爲天下之大湊。」又云：「乃位五宮：大廟、宗宮、考宮、路寢、明堂。」孔晁注：「五宮，宮府寺也。大廟，後稷廟。二宮，祖考廟、考廟也。路寢，王所居也。明堂，在國南者也。」是所謂「位」者，即城郭宮室宗廟辟雍之位也。汭，《說文》：「水相入也。」洛汭，即洛水入河之處也。《左傳》昭公元年「館於雒汭」，杜預注：「水曲流爲汭。」**越五日甲寅位成**■越，於也。五日甲寅，三月十一日也。成，《國語·吳語》「吳晉爭長未成」，韋昭注：「成，定也。」行甫按：「位成」，謂城郭宮室宗廟及辟雍之位置皆已劃定，即將進入施工。

〔四〕**若翼日乙卯**■若，及也。翼，通「翌」，明日也。甲寅之明日即乙卯，三月十二日也。**周公朝至于洛**■朝，清晨也。行甫按：周公晚召公八日至于洛也。**則達觀于新邑營**■則，即也。達，通也。達觀，段玉裁曰：「如今俗語云通看一遍。」營，周圍也。行甫按：《韓非子·五蠹》「古者蒼頡之作書也，自環者謂之私」，《說文》「韓非曰：倉頡作字，自營爲厶」，是「營」與「環」通，喻三歸匝也。句意謂：周公繞著新邑周圍通盤視察了一番。**越三日丁巳用牲于郊**■越，於也。丁巳，自甲寅翼日數之，三月十四日也。用牲，殺牲也。郊，祭天也。《逸周書·作雒篇》：「乃設丘兆于南郊以祀上帝，配以后稷，日月星辰，先王皆與食。」孫星衍曰：「王郊是正祭，當以上句行禮于鎬京。此因始立郊兆而特祭天，配以后稷也。」**牛二**■《禮記·郊特牲》：「郊特牲而社稷太牢，貴誠也。」是郊天用特牲，而「牛二」者，帝牛一，后稷牛一也。孫星衍曰：「《郊特牲》又云『于郊，故謂之郊牲』。用騂，尚赤也。用犢，貴誠也。」《洛誥》云「騂牛」，此不言其色者，時尚稱殷禮，用白牡也。」行甫按：由孫說可知，此周公攝政五年之事，時尚未定周禮也。

〔五〕**越翼日戊午**■越，於也。戊午，三月十五日也。**乃社于新邑**■乃，則也，即也。社，土神也。《左傳》昭公二十九年：『共工氏有子曰句龍爲后土，后土爲社。』《逸周書·作雒篇》：『乃建大社于國中，其壝：東青土，南赤土，西白土，北驪土，中央亹以黄土。』《白虎通·社稷篇》：『王者所以有社稷何？爲天下求福報功。人非土不立，非穀不食。土地廣博，不可偏敬也；五穀衆多，不可一一祭也。故封土立社示有土；尊稷五穀之長，故封稷而祭之也。』《周禮·大宗伯》『以血祭祭社稷』，鄭玄注：『社稷，土穀之神，有德者配食焉。共工氏之子曰句龍，食於社；有厲山氏之子曰柱，食於稷。』賈公彦《疏》：『云「社稷土穀之神」者，案《孝經緯·援神契》云：「社者，五土之摠神；稷者，原隰之神。五穀稷爲長，五穀不可偏敬，故立稷以表名。」《郊特牲》亦云：「社者，神地之道。社者，土之神；稷者，穀之神。」故云土穀之神。』行甫按：社乃祭土穀神，於國中以五色土築壇壝封以稷而祭之。此亦爲作新邑而始立社壝而祭之於國中耳，未必如定禮之後，乃有配食之人神焉。觀《作雒》『建大社于國中』之文而自知也。**牛一羊一豕一**■《王制》：『天子社稷皆太牢。』

〔六〕**越七日甲子**■越，於也。甲子，三月二十一日也。**周公乃朝用書命庶殷**■乃，即也，則也。朝，清晨也。用，以也。書，簿冊文書也。命庶殷，對衆殷遺分配任務。行甫按：《左傳》昭公三十二年載士彌牟營成周曰：『計丈數，揣高卑，度厚薄，仞溝洫，物土方，議遠邇，量事期，計徒庸，慮材用，書餱糧，以令役於諸侯。』孫星衍曰：『蓋周公以此等書于冊，以命于侯甸男之邦伯也。』**侯甸男邦伯**■侯甸男，各地殷遺小大之邦國也。邦，國也。伯，長也。邦伯，猶言諸侯也。**厥既命殷庶**■厥，其也。既，已也。殷庶，殷衆也。**庶殷丕作**■丕，大也。作，《爾雅·釋言》：『爲也。』

此爲本篇第一節，敍述營造洛邑動工之前的準備過程，包括成王告廟；召公相宅、卜宅、攻位；周公達觀、郊天、祭社，以及書命庶殷。

【繹文】

周公攝政五年，時在二月既望之後的第六天二月二十一日乙未，周成王在鎬京武王廟舉行了告廟儀式之後，一大早便從宗周鎬京出發，步行到文王廟所在的豐邑，舉行告廟之禮。儀式完成之後，便委派太保召公奭在周公之前去豫州洛水北岸考察勘測地形。太保從豐邑出發，歷二月末以至於三月三日丙午月光初露之後的第三天，以每日五十里的速度，行走十四日，於三月五日戊申，到達洛水北岸，代替成王占卜洛邑動工之日期。召公既得吉卜，便開始丈量南北長度以圈定城郭宫室宗廟之位置。於三月七日庚戌，召公便率領衆殷遺在洛水北岸開始打樁定位築基，五天之後，於三月十一日甲寅，各類建築的基址定位便完成了。到第二天，三月十二日乙卯，周公一大早便到達洛水北岸，圍繞新邑的城郭基址對新邑的各類建築佈局作了全面的視察。於三日之後，三月十四日丁巳，在南郊舉行了以后稷配享的祭天儀式，用了兩條犧牛：一條犧牛獻祭於上帝，一條犧牛獻祭於后稷。又於第二天三月十五日戊午，在新邑的中心地帶，以青赤白黑黄五色土築成壇壝，壇周圍築有埒即稱之爲壝的凸起邊緣，在壇下還封埋了稷穀種子，用一頭牛一隻羊一隻豬三種犧牲爲太牢的享獻之禮，在五色土壇上舉行儀式祭祀新邑的土穀神。祭祀了新邑土穀神後第七天，三月二十一日甲子，周公便將建築新邑的各項工作製成一冊厚厚的任務計劃書，按部就班地頒發給參與洛邑營建工作的衆多殷遺，按照地域遠近以及人數多少之不同，公平合理地分配給他們輕重不等的勞動任務。周公的命令頒佈給殷遺各地首腦之後，成群結隊的殷商遺民便投入了緊張的建築施工，迅速掀起了巨大的勞動熱潮。

大保乃以庶邦冢君出取幣，乃復入，錫周公。〔一〕曰拜手稽首，旅王若公，誥告庶殷，越自乃御事。〔二〕嗚呼，皇天上帝，改厥元子，兹大國殷之命。〔三〕惟王受命，無疆惟休，亦無疆惟恤。嗚呼，曷其奈何弗敬。〔四〕天既遐終大邦殷之命，兹殷多先哲王在天；越厥後王後民，兹服厥命。〔五〕厥終，智藏瘝在；夫知保抱攜持厥婦子，以哀籲天，徂厥亡出執。〔六〕

嗚呼，天亦哀于四方民，其眷命用懋，王其疾敬德。〔七〕相古先民有夏，天迪從子保，面稽天若，今時既墜厥命。〔八〕今相有殷，天迪格保，面稽天若，今時既墜厥命。〔九〕今沖子嗣，則無遺壽耇，曰其稽我古人之德，矧曰其有能稽謀自天。〔一〇〕

【釋讀】

〔一〕**大保乃以庶邦冢君出取幣**■乃，於是也。以，與也。冢，《大雅·緜》『迺立冢土』，毛《傳》：『大也。』郝懿行《爾雅義疏》曰：『蓋冢本封土爲名，而凡大亦皆稱冢。《書》之「友邦冢君」，冢亦大也。然則大君謂之冢君，大宰謂之冢宰，大子謂之冢子，大祀謂之冢祀，不但《詩》之「冢土」獨擅冢名矣。』行甫按：『庶邦冢君』，即上『庶殷侯甸男邦伯』也。出，枚《傳》：『諸侯公卿並覲於王，王與周公俱至，文不見王，無事。』孔穎達《書疏》：『庶殷既已大作，諸侯公卿乃並覲君。王其時蓋有行宮，王在位而諸侯公卿並覲之。既入見王，乃出取幣。』行甫按：新邑未成，宫室未就，孔氏所謂『行宮』者，不過處理營洛事務之臨時居所而已，周公『用書命庶殷』，亦在此也。是經之言『出』言『入』者，乃出入於此臨時辦公處所也。準此，則枚《傳》云『王與周公俱至，文不見王，無事』，乃因下文誥王之辭而推言之耳。其時成王在豐，不在未成之新邑，本經乃西周末年因東遷之事而綴合成篇，與實際之歷史事件及其實境時空無涉也。餘説參見下文『曰拜手稽首』釋讀。幣，孔穎達《書疏》曰：『蓋玄纁束帛也。』曾運乾《尚書正讀》：『將欲陳言，先以幣帛將其誠敬也。』**乃復入**■乃，然後也。復，又也。入，與上文『出』字相對也。**錫周公**■錫，《爾雅·釋詁》：『賜也。』古者上賜下，下貢上皆可言賜，《禹貢》『九江入錫大龜』，即是其例。此平級之間，猶言『贈送』也。曾運乾《尚書正讀》：『錫讀如《堯典》「師錫帝曰」之錫，合詞獻言也。先儒訓錫爲賜，大誤。』行甫按：先儒通上文『取幣乃復入錫周公』讀，則訓『錫』爲『賜』，謂『贈幣於周公』，並非『大誤』。曾氏通下文讀爲『乃復入錫周公曰』，謂『獻言於周公』，將西周末年綴合之文本打成一片，亦自有理。則先儒以『錫幣』之事實讀之，曾氏以文本『獻言』讀之，而事實與文本，未必盡合，故兩説皆可通。説見本篇【解題】及上文『取幣』釋讀。

〔二二〕**曰拜手稽首**■曰，召公曰也。于省吾以爲『乃復入錫周公曰』當有重文符號，作『乃復入錫周〓公〓曰』，應讀爲『乃復入錫周公，周公曰』，後人誤捝。謂本文『亦周公誥庶殷戒成王之詞，史官綴敘其事以成篇也』。行甫按：此文既經平王東遷之際學人綴合成篇以託之於召公，其所以題名『召誥』，竟不以《周誥》題篇者，綴合編纂者意存『召公之誥』乃爲東遷多一重要歷史人證也。且本篇誥詞部分不類《多方》、《多士》之誥『四國多方』、『殷侯尹民』及『殷遺多士』語氣，實僅爲『戒成王』而無『誥庶殷』也。説見下文『旅王若公』釋讀。且周公欲戒成王，亦無須借『誥庶殷』以引其端也。倘若成王在場，周公將成王與庶殷及治事之臣一並而誥之，是等成王於庶殷下走也。豈有如此悖理之事耶？若成王其時並不在場，周公如此戒成王，豈非無的放矢！于氏不知此文乃平王東遷之際綴合成篇，與歷史之本來事實相去甚遠，乃誤以文本敘述爲歷史事實，不免通人之蔽，是『盡信書不如無書』也。拜手，《周禮·太祝》九拜：『三曰空首。』鄭玄注：『空首，拜頭至手，所謂拜手也。』孫詒讓《周禮正義》

引段玉裁曰：『拜者，頭至手也。頭至手，故經謂之拜手。凡經或言拜手，或單言拜，一也。《周禮》謂之空首。何休注《公羊》宣六年傳曰「頭至手曰拜手」，某氏注《尚書・太甲》、《召誥》曰：「拜手，首至手。」皆其證也。何以謂之頭至手也？《說文》足部曰：「跪者，所以拜也。」既跪而拱手，而頭俯至於手與心平，是之謂頭至手，《荀子》曰「平衡曰拜」是也。頭不至於地，是以謂之空首，對稽首、頓首之頭箸地也。』稽首，《說文》：『䭫，下首也。』是『稽』乃『䭫』之假借。《周禮・太祝》九拜：『一曰稽首。』鄭玄注：『稽首，拜頭至地也。』孫詒讓亦引段玉裁曰：『稽首者，拜頭至地也。既拜手，而拱手下至於地，而頭亦下至於地。拱手至地，手仍不分散，非如今人兩手按地也（行甫按：以左手覆右手）。手前於膝，頭又前於手，《荀子》曰「下衡曰稽首」是也。』凌廷堪《校禮堂文集》卷十五《周官九拜解》曰：『《燕禮》、《大射》、《覲禮》，凡臣與君行禮，皆降階再拜稽首。《聘禮》、《公食大夫禮》，異國之臣與主君行禮亦然，皆稽首也。又有非君臣而稽首者，如儐郊勞歸饔餼使者、卿餼聘賓及大夫相食，皆敬之至者，故亦盛其禮也。』行甫按：據上引諸家之說，則其一，拜手稽首者，跪而拱手，以頭俯手與心平；然後拱手至地，以左手覆於右手，而頭亦至地。是先空首而後稽首也。其二，拜手稽首雖爲臣行於君之禮，然相敵者如郊勞歸饔餼者盛其禮，亦有行之者。則本經召公與周公行此禮，乃相敵而又有郊勞之意。而周公必以此禮相對揚亦可知，而文不必具也。餘說見文末『我非敢勤』釋讀。行甫又按：《立政》『周公若曰：拜手稽首告嗣天子王矣』，孔穎達《疏》：『周公既拜手稽首而後發言，還自言拜手稽首，示己重其事，欲令受其言。故盡禮致敬以告王也。《召誥》云「拜手稽首旅王若公」，亦是召公自言己拜手稽首，與此同也。』**旅王若公**■旅，古字與『臚』通。《秋官・司儀》『皆旅擯』，鄭玄注：『旅讀鴻臚之臚。』《儀禮・士冠禮》『旅占卒』，鄭玄注：『古文旅作臚也。』《漢書・敘傳》『大夫臚岱』，顏師古注：『臚旅聲相近，其義一耳。』皆是其例也。王念孫《廣雅疏證補正》：『襄十四年《左傳》「史爲書，瞽爲詩，工誦箴諫，大夫規誨，士傳言，庶人謗，商旅於市」，引之云：旅讀鴻臚之臚，陳言也，傳言也。《晉語》「風聽臚言於市」，韋昭注云：「臚，傳也。采聽商旅所傳善惡之言。」是也。《周語》云「庶人傳語」，此《傳》云「士傳言」，並與臚言同義。』是『旅』與『臚』通之證，而『臚』即『傳言』也。若，曾運乾《尚書正讀》曰：『若讀如那，日母讀入泥母也。《爾雅·釋詁》：「那，於也。」《越語》「吳人之那不穀，亦又甚焉」，韋注：「那，於也。」此若亦當釋爲於。「旅王若公」者，言旅王於公。意欲周公轉達於王也。』**誥告庶殷**■誥，亦告也。庶殷，謂『侯甸男邦伯』諸人也。**越自乃御事**■越，與也。乃，其也。御事，治事之臣也。皮錫瑞曰：『《詩·思齊》鄭《箋》引《書》曰：「越乃御事」，無「自」字，「自」蓋衍文。』枚《傳》：『召公指戒成王，而以衆殷諸侯於自乃御治事爲辭，謙也。諸侯在，故託焉。』曾運乾《尚書正讀》曰：『周公返周，召公留洛，乃以宅中圖大、鎮撫殷頑之意，陳言于王。事由周公轉達，故言「拜手稽首旅王若公」矣。既以兹意陳言于王，復大誥庶殷及自其御事以下。』行甫按：『旅王若公，誥告庶殷，越自乃御事』云云，亦爲東遷之際學人爲扣合『營成周』之有『庶殷丕作』，而成王又未與周公至洛，召公於營洛之初不可能直接誥王，必寄戒王之言於周公，方可不悖於情事。此實兩周之際綴輯者所爲彌縫之詞，枚《傳》曾《讀》體會東遷之際綴合之文本，可謂苦心孤詣，然究非史實也。

〔三〕**嗚呼**■嘆詞，枚《傳》：『嘆皇天改其大子。』行甫按：嘆保天命之不易也。**皇天上帝**■皇，大也。行甫按：『皇天』與『上帝』乃同位語。**改厥元子**■改，更也。厥，其也。元，《爾雅·釋詁》：『首也。』鄭玄曰：『言首子者，凡人皆云天之子，天子爲之首耳。』**兹大國殷之命**■兹，《爾雅·釋詁》：『兹，已，此也。』《皋陶謨》『邇可遠在兹』，《史記·夏本紀》作『近可遠在已』，是『兹』可訓『已』之證。『已』，止也。吳汝綸《尚書故》曰：『兹此同訓，《說文》：此，止也。』行甫按：吳氏亦據《爾雅》爲說，『止』亦『已』也。大國殷，猶言『大邑商』。命，天命也。句意謂：皇天上帝更改了他的長子，終止了大邑商的天命。

〔四〕**惟王受命**■惟，『是』也，『乃』也，『以』也。行甫按：此『惟』乃承上啓下之詞，猶言『是以』、『因而』也。

王，成王也。受命，謂繼乃祖乃父受之於皇天上帝之殷人天命。**無疆惟休**■疆，竟也。《豳風·七月》『萬壽無疆』，毛《傳》：『疆，竟也。』無疆，猶言『無邊際、無止境』也。惟，其也，之也。休，慶也，福祿也。《國語·周語中》『以承天休』，韋昭注：『休，慶也。』《左傳》『以禮承天之休』，杜預注：『休，福祿也。』**亦無疆惟恤**■恤，《說文》：『憂也。』行甫按：此連上文謂：上天改換了他的長子，終止了商人的天命，因此，我王接受了殷人的天命，雖是無邊之福，然如何保住天命，也有無盡之憂。**嗚呼**■再嘆天命難保。**曷其奈何弗敬**■曷，何也。其，猶『以』也。奈，如也。吳昌瑩《經詞衍釋》曰：『古人嘗有複語。《書》之「曷其奈何弗敬」、「克堪用德」，文之複也。』行甫按：『曷其』亦『奈何』也，複用以表强調，猶言『如之何如之何』也。敬，《說文》：『肅也。』行甫按：『敬』之爲言謹也，猶言『謹慎』、『整飭』也。

〔五〕**天既遐終大邦殷之命**■既，已也。遐，已也，止也。孫星衍曰：『「遐」當爲「假」。《釋詁》：「假，已也。」』行甫按：『遐終』亦同義複詞，猶今言『終止』也。大邦殷，與『大國殷』同，亦『大邑商』之謂也。命，天命。**茲殷多先哲王在天**■茲，同上『茲大國殷之命』之『茲』，亦已也，止也。多，衆也。哲，智也。孫星衍曰：『言天既已終殷之大命，此殷之先哲王猶多在天。』行甫按：孫說誤也。此句與上文『既』字相關聯，表遞進。意謂：皇天上帝既已終止了大邦殷之天命，亦終止了殷商衆多明智之先王伴隨於上帝左右之資格。《大雅·文王》曰：『文王在上，於昭于天。』又曰：『文王陟降，在帝左右。』周人認爲，武王克商，取代了殷人的天命，上帝左右也換成周人了。**越厥後王後民**■越，及也，與也。行甫按：此『越』義同『惟』字，於是、因而也。厥，其也。後王，商王紂。後民，商王紂治下之民。**茲服厥命**■茲，與上二『茲』字同，亦已也，止也。服，奉行也。《左傳》文公十八年『服讒蒐慝』，杜預注：『服，行也。』孔穎達《正義》：『服，從；是奉行之義也。』是此『服』字之意也。厥，其也，指殷之後王後民。命，天命也。王先謙曰：『服命者，奉持在身，猶言被命矣。下文「有夏服命」同。』行甫按：注者多不解此『服』字之義，唯王氏之說差爲得之。此連上三句意謂：上天既終止了殷之天命，亦終止了殷先哲王在帝左右之榮寵，因而商之後王後民也隨之終止了奉行其天命的福祉。

〔六〕**厥終**■厥，其也。終，猶言『結局』也。**智藏瘝在**■智，智者，猶今所謂『有見識、有智慧者』。藏，隱匿也。瘝，鄭玄曰：『病也。』在，在位也。枚《傳》曰：『賢智隱藏，瘝病者在位，言無良臣。』是其義也。**夫知保抱攜持厥婦子**■夫，匹夫也。孔穎達《疏》曰：『猶人人，言天下盡然也。』知，劉起釪引俞樾說，以爲『語詞』。行甫按：俞氏之說大非。此『知』猶《孟子·公孫丑上》『子誠齊人也，知管仲、晏子而已矣』之『知』，謂僅知『保抱攜持厥婦子以哀籲天』之事而已，不知尚有別事可爲，言其人悲苦之甚，別無生業也。保，孫星衍曰：『同緥，《說文》：「小兒衣也。」』抱，《說文》以爲『捊』字之重文，非其義也。此『抱』字乃『褒』之借，《說文》：『褒，褱也。』金兆梓曰：『保抱』與《論語·子路》『襁負其子而至矣』之『襁負』同義。攜，牽引也。持，扶助也。厥，其也。婦子，婦與子也。**以哀籲天**■以，連詞，而也。哀，痛也。《禮記·檀弓下》『哀之至也』，鄭玄注：『哀，痛甚。』籲，《說文》：『呼也。』**徂厥亡出執**■徂，通詛。孫詒讓《尚書駢枝》曰：『徂疑詛之假借字。徂、詛聲類同，字通。《無逸》云：「否則厥口詛祝。」』行甫按：孫說是也，徂、阻、詛三字皆從『且』聲，可互借。《莊子·則陽篇》『已死不可徂』，《釋文》作『阻』。《國語·晉語一》『狂夫阻之衣也』，韋昭注：『阻，古詛字。』是其證也。吳汝綸《尚書故》說亦同。厥，其也。亡，喪也。行甫按：『徂厥亡』者，謂詛咒商紂王喪亡也。《西伯戡黎》載祖伊謂商紂王曰：『今我民罔弗欲喪，曰：天曷不降威！』即其證也。又《湯誓》：『有眾率怠弗協，曰：時日曷喪，予及汝皆亡！』亦是其義也。出執，孫詒讓曰：『言詛祝暴君之亡國或出奔或見執也。』行甫按：孫讀『亡出執』三字并列，是也。出，奔也，逐也。《國語·晉語三》『晉君必出』，韋昭注：『出，奔也。』《史記·宋微子世家》『出武、繆之族』，裴駰《集解》引賈逵曰：『出，逐也。』是『出』謂被驅逐而失國出奔，無所容身也。執，吳汝綸《尚書故》

曰：『執者，䡴之借字。《說文》：「䡴，屋傾下也。」「屋傾」，句絕；言䡴爲「屋傾」，又訓爲「下」也。《廣雅·釋詁》：「䡴，下也。」此從「墊下」之訓。《釋言》：「䡴，厭也。」此從「屋傾」爲義。「徂厥亡出執」者，言詛其死亡以出傾壓也。』行甫按：吳說『執』字之義是也。『執』讀『䡴』若『墊』也，《廣雅》所言『䡴』之『下』與『壓』，二義皆通。『壓』猶今語『傾壓』而死；『墊』猶今語『地陷』而死。《禮記·檀弓上》『死而不弔者三：畏壓溺。』『壓』與『溺』皆屬此『執』若『䡴』若『墊』也。『徂厥亡出執』乃『籲天』之目的，此連上二句意謂：商紂王治下之民，人人悲苦至極，無復生路，僅知挈婦將雛仰而呼天以詛祝上天懲罰商王，咒其亡國、出奔、不得好死也。

〔七〕**嗚呼**■歎上天悲憫下民。**天亦哀于四方民**■哀，《說文》：『閔也。』今所謂『憐憫、同情』，是也。**其眷命用懋**■其，猶乃也。眷，《說文》：『顧也。』段玉裁曰：『眷者，顧之深也。顧止於側而已，眷則至於反。』行甫按：段說是也。此『眷』字乃環顧以尋覓之意也。命，令也。用，以也，因也。懋，勉也。枚《傳》：『民哀呼天，天亦哀之，其顧視天下有德者，命用勉敬者爲民主。』**王其疾敬德**■其，擬議之詞，猶且也。疾，急也。《左傳》襄公十一年『晉不吾疾也』，杜預注：『急也。』是其義也。敬，即上文『曷其奈何弗敬』之『敬』，謹慎、整飭也。德，品行、操守也。行甫按：此句『疾』字乃謂語動詞，『敬德』即其賓語；且『敬德』猶言『敬之德』，偏正詞組，非動賓詞組。句意謂：王當以謹敬戒慎之德爲急也。行甫又按：此四句乃承上啓下，謂民哀呼天而天哀其民，必以勤勉於謹敬之德者爲民主，王當以勤修敬德爲急，天必眷顧於王而不墜其天命也。

〔八〕**相古先民有夏**■相，《說文》：『省視也。』**天迪從子保**■迪，《說文》：『道也。』徐鍇《繫傳》：『迪，又爲引道之道也。』《漢書·揚雄傳下》『蠢迪檢押』，顔師古注：『迪，道也，由也。』從，順也。《呂氏春秋·慎勢》『以重使輕從』，高誘注：『從，順也。』是其證。行甫按：『迪』亦『從』也，同義複詞，猶言『隨順而從由之』也。子，王引之《經義述聞》：『當讀爲慈。古字子與慈通。《墨子·非儒篇》「不可使慈民」，《晏子外篇》「慈」作

「子」。《緇衣》「故君民者子以愛之，則民親之」，謂慈以愛之也。」保，《説文》：「養也。」行甫按：「子保」亦同義複詞，猶言「慈愛而保養之」也。**面稽天若**■面，鄭玄注：「猶迴向也。」于省吾曰：「面即偭，應訓背。《禮記·少儀》「尊壺者面其鼻」，面，《説文》引作偭。《離騷》「偭規矩而改錯」，王注：「偭，背也。」《史記·項羽本紀》「馬童面之」，張晏訓面爲背，是面偭古通之證。」行甫按：鄭注是也，于氏之説，其義益明。「面」既訓「向」，亦訓「背」，《漢書·項羽傳》顔師古注：「面之，謂背之不面向也。」《左傳》僖公六年「許男面縛銜璧」，惠棟《補注》：「面縛之，亦謂反偝而縛之。」則「背之不面向」若「反偝」者，皆鄭氏「迴向」之義也。孔穎達引鄭説，乃謂「禹亦志意向天，考天心而順安之」，非鄭意也。稽，《説文》：「留止也。」若，順也。行甫按：「面稽」者，「背向而留止」也，猶今所謂「倒行逆施」。「天若」者，「天之所順」也。是「面稽天若」即「與天之所順者相背而行」，亦即「背天道而倒行逆施」之謂。行甫又按：「天迪從子保」者，謂夏初之君夏禹也。「面稽天若」者，謂夏末之君夏桀也。**今時既墜厥命**■今，猶「若」也，説見王引之《經傳釋詞》。時，是也。既，猶「終」也，「終」訓「既」，則「既」亦訓「終」，説見吳昌瑩《經詞衍釋》。墜，亡失也。命，天命也。行甫按：此四句意即：視彼上古先人有夏氏之開國君主夏禹，上天引導之而慈愛之，至於夏桀，則不依上帝之所導而前行，反與天之所順者背其道而馳之，如是終于墜失有夏之天命。

〔九〕**今相有殷**■今，即也。枚《傳》：「次復觀有殷。」**天迪格保**■迪，與上「迪從」之「迪」義同，引導也。格，《爾雅·釋詁》：「至也。」《釋言》：「來也。」《方言》卷二：「洛，來也。」是「格」與「洛」通也。保，亦「養」也。「格保」即「來保」也。行甫按：「天迪格保」者，謂商湯及殷之先哲王也。**面稽天若**■行甫按：此謂殷之後王商紂亦如夏桀背天道而倒行逆施也。**今時既墜厥命**■行甫按：此言商紂王亦同夏桀，如是終於喪失了有殷之天命。

〔一〇〕**今沖子嗣**■今，若也。沖子，童子也，指成王。嗣，繼也。**則無遺壽耇**■則，即也。遺，棄也，謂棄而不用也。壽耇，老成之人也。**曰其稽我古人之德**■曰，謂也。其，狀事之詞，猶『如此』也。稽，效也。行甫按：注家多以『稽』爲『考』。然三復其文，當讀如《荀子·儒效》『是大儒之稽也』之『稽』，楊倞注：『稽，攷也，攷，成也。』荀卿此句與上文『是大儒之徵也』相對應，『稽』亦『徵』也。楊氏知『攷』訓未盡其義，又曰『攷，成也』以爲補充。是『徵』即『效驗』，『稽』即『成效』，作動詞用則爲『效法』或『倣效』。則『稽我古人之德』者，即『效法或倣效我古人之德』也。**矧曰其有能稽謀自天**■矧，遞進之詞，意爲『況』，猶『亦』也、『更』也。有，讀『又』。能，《釋名·釋言語》：『該也，無物不兼該也。』稽，亦『效法』也。謀，《說文》：『慮難也。』《左傳》襄公四年：『咨難爲謀。』《國語·魯語下》：『咨事爲謀。』自，從也，於也。『稽謀自天』者，即『效法咨詢於天』也。行甫按：此言若年幼之成王繼位親政，則不可遺棄老成之人，如此方是效法我周邦古人之德，亦更是兼有效法咨謀於天之誠意。

此爲本篇第二節，言召公請周公傳話於即將親政之成王，接受天命固然大爲福美之事，而如何永保天命，方有無盡之憂勞，必以謹敬之德蒞之。夏殷末世之君所以喪失天命，正由其不哀其民，與天意相背而倒行逆施之所致。

【繹文】

周公在臨時搭就的洛邑營建指揮所，向各地各級官長分解頒佈了新邑營建工程任務書之後，太保召公奭即率領各地最高長官去其住地取出玄纁束帛，重新回到營邑指揮所進贈於周公。召公入座之後，一邊跪起身子拱手平胸以頭叩手，然後左手覆於右手按據於地，又俯身低頭，觸頭至地，向周公行此空首稽首大禮以表慰勞；　一邊非常誠懇地對周公說明所以於平級大臣之間行此重禮之用意，是希望周公回到豐邑之後傳話於成王，表達自己的某些憂慮與想法。周公一面空首稽首還拜於召公，一面表示召公所言對於殷遺眾位官長及其幹辦執事人員也必有重要意義，可將談話內容廣泛告知於眾殷遺及其執事。召公全然同意周公的建議，於是一並誥告在場各級殷遺官長及其執事之吏員。召公似乎感慨良多，一聲嘆息，然後開口對周公與眾殷遺說：

『唉！　英明的皇天上帝，已經把他先前所寵愛的長子給撤換了，也徹底終止了大邑商的天命。因此我們的周成王，便可以繼其祖父與父親之後，安然地從英明的上帝那裏接受殷人的天命了。不過，接受天命固然是無限美好值得慶賀的福善之事，但也同樣伴隨著無休無止的憂患與焦慮。唉！　接受了如此偉大光榮而又莊嚴艱巨的歷史使命，怎麼能夠掉以輕心褻瀆天命呢，怎麼可以不謹敬畏懼地嚴肅對待呢！　老天爺既已徹底終止了大國殷的天命，也取消了殷代眾多先聖明王的在天之靈可以伴隨於上帝左右的恩寵與殊榮，也因此，殷商末世的君王與百姓，自然也就喪失了他們曾經擁有的奉行天命的資格與福分。最終，殷商這個曾經的天朝大邑，其智慧的賢能之士遠遁於荒江野外，而在位者無非是些腦殘智障蓬心鄙吝之人。於是舉國上下，人人僅知一件事，那就是挈婦將雛扶老攜幼哀號啼泣踏地呼天，詛咒這個萬惡的商王朝怏怏滅亡，盼望那個荒淫無道的昏君商紂王出而不返，亡命天涯，甚至恨不得天塌地陷，讓他不得好死！』

召公奭繼續感嘆著說：『唉！　天下之民痛心疾首，號泣呼天，老天爺也終是哀憐天下之民，必定要以勤勉於謹敬之德的人爲民之主，挑選他替天下之民興善造福。所以我們的新王一定要以勤修謹敬之德爲當務之急，只有這樣，上天才會眷顧於我們的新王而不會顛覆他的天命。我們或者應該好好地看看那上古時代的先民有夏氏的經歷，他們的開國之君夏禹，總是抱著謹敬的態度小心翼翼地愛護民衆，關心他們的疾苦，所以上帝就對他備加關懷與慈愛，事事都順著他的主意隨著他的心願，讓他興旺發達。可是到了夏桀的時代，情形就大不一樣了。這個夏朝的末世之君，不但不能謹遵上帝的意旨勤修其德，哀憐天下百姓，反而大肆敲剝天下之民，這就與上天哀憐下民的意愿背道而馳了。於是老天爺就毫不客氣地收回成命，有夏氏也就徹底喪失了他們的天命。現在再看看先前那個偌大的殷商帝國罷，因有商湯以及殷朝開國之初的幾代聖君明主的勵精圖治，重視民生，老天爺才對他們格外開恩，也順從他們，保護他們，使他們能夠奉行天命，享有福澤；可是到了殷商之末世，尤其是到了商紂王時代，就開始倒行逆施，肆無忌憚地違背上天的意旨，於是殷人也就相繼喪失了他們的天命。現在，如果我們年幼的君王正式即位親政了，就要時時向經驗豐富的老成之人多多請教，也就是説，不遺棄老成之人，就可以學習和效法我們先王愛護子民的優良傳統；況且更可以説，不遺棄老成人，就是向上天請教和學習治國保民的具體方法與直接路徑！』

嗚呼，有王雖小，元子哉。其丕能諴于小民，今休。〔一〕王不敢後，用顧畏于民碞。〔二〕王來紹上帝，自服于土中。〔三〕旦曰：『其作大邑，其自時配皇天；毖祀于上下，其自時中乂。』王厥有成命，治民，今休。〔四〕王先服殷御事，比介于我有周御事，節性。〔五〕

惟曰其邁，王敬作所，不可不敬德。〔六〕我不可不監于有夏，亦不可不監于有殷。我不敢知曰有夏服天命，惟有歷年；我不敢知曰不其延。惟不敬厥德，乃早墜厥命。〔七〕我不敢知曰有殷受天命，惟有歷年；我不敢知曰不其延。不敬厥德，乃早墜厥命。〔八〕今王嗣受厥命，我亦惟兹二國命嗣若功。〔九〕

【釋讀】

〔一〕**嗚呼**■感嘆成王幼沖而任重。**有王雖小**■有，猶『有夏』、『有殷』之『有』，湊足音節，使脣吻調利。雖，即使，雖然也。小，與前『沖子』相照應。**元子哉**■元子，即『改厥元子』之『元子』，亦即『天之首子』也。行甫按：此句意即：我們的君王雖然年尚幼沖，但也必須履行君王之責。**其丕能諴于小民**■其，若也。説見王引之《經傳釋詞》。丕，大也。《説文》引此句作『不』。行甫按：『丕』與『不』音同字通，無異義也。能，即上『其有能稽謀自天』之『能』，《釋名·釋言語》：『能，該也；無物不兼該也。』諴，《説文》：『和也。从言，咸聲。《周書》曰：「不能諴于小民。」』《爾雅·釋詁》：『諧、輯、協，和也。』《禮記·經解》：『發號出令而民説，謂之和。』是此『諴』字之義也。行甫按：『能諴』乃近義複詞，其義相互補充，『能』爲『兼該』，『諴』爲『和輯』；『兼該』之必能『和輯』之，『和輯』之乃可『兼該』之。小民，處在社會底層的平民百姓。**今休**■今，即也，則也，乃也，與上『若』義之『其』關聯爲用。休，福也，善也，美也。行甫按：此四句與上文『惟王受命，無疆惟休，亦無疆惟恤』相照應，意即：爲王受命，雖是無尚榮光福美之事，但只有勤勉國事，以敬德臨之，常思『無疆惟恤』，方可成其『無疆惟休』。是以經文謂：即使君王年尚幼沖，但畢竟爲天之首子；既爲天之首子，受命於天，固然無尚福美，但職責之重大亦不容輕忽，必勤謹治國，以敬德臨民。若能大爲兼保和輯於小民，乃實有美善之福。下文即言如何兼保和輯，其一，『自服于土中』，『其自時中乂』，乃『兼保』之前提。其二，以夏殷爲鑒，敬德畏民，乃『和輯』之舉措。

〔二〕**王不敢後**■不，毋也，勿也，禁止之詞。說見王引之《經傳釋詞》。後，《說文》：『遲也。』楊筠如謂此『後』字乃照應前『王其疾敬德』之『疾』字。《多士》『朕不敢有後』，與此正同。行甫按：楊說極是。《說文》：『後，遲也。遲，徐行也。』是『後』猶『遲緩』之意，正與『疾』之爲『急亟』之義相對。則句末省『敬德』二字，謂王不可以『敬德』爲緩也。**用顧畏于民嵒**■用，以也，因也。顧，念也。《商頌·那》『顧予烝嘗』，鄭《箋》：『顧，猶念也。』畏，《說文》：『惡也。』嵒，《說文》石部：『磛嵒也。从石品。《周書》曰：「畏于民嵒。」讀與巖同。』《說文》品部：『嵒，多言也。从品相連。《春秋傳》曰：「次于嵒北。」讀與聶同。』《說文》山部：『嵒，山巖也。从山，品聲，讀若吟。』王應麟《困學紀聞》及《漢書藝文志考》皆曰：『《說文》「顧畏于民嵒」，多言也，尼輒切。』俞樾從王氏之說，謂今本《說文》此三字說解及所引《經》、《傳》乃互有譌誤。謂『嵒』爲『多言』，則《尚書》之『畏于民嵒』，即《詩》所謂『畏人之多言』也。王先謙謂『嵒』即『險』，『小民難保，其險有若嵒然，故曰「民嵒」』。金兆梓引《康誥》『民情大可見，小人難保』爲證，亦謂『民嵒』應訓『民險』，說與王先謙同。行甫按：當從王應麟與俞蔭甫之說，作『民嵒』而訓『多言』爲是，此與本經上文『夫知保抱攜持厥婦子以哀籲天，徂厥亡出執』相關聯，小民哀號以呼天，詛咒爲王者或亡國或出奔或不得好死，如此『多言』，是以知『民嵒』爲是也。

〔三〕**王來紹上帝**■來，《爾雅·釋詁》：『勤也。』王引之《經義述聞》引王念孫曰：『勤有三義：一爲勤勞之勤。一爲相勸勉之勤。一爲相勞苦之勤。』吳汝綸曰：『太保卜宅，周公又卜瀍澗，故曰勤也。』行甫按：吳說是也。此『來』當爲『勤勞』之『勤』，猶言『勤勉煩遽』也。紹，吳汝綸曰：『如《大誥》「紹天明」之「紹」，「卲」之借字。「紹上帝」者，卜問上帝也。』行甫按：『王來紹上帝』者，謂王反覆再三勤勞煩遽以卜問於上帝也，言王

『敬』之如此也。**自服于土中**■自，孔穎達《書疏》曰鄭玄、王肅皆以『自』爲『用』。服，孫星衍曰同『艮』，《說文》：『艮，治也。』土中，謂洛邑也。《水經注·洛水注》引《孝經·援神契》曰：『八方之廣，周洛爲中，謂之洛邑。』是也。《周本紀》：『成王在豐，使視洛邑，周公復卜申視，卒營築，居九鼎焉。曰：「此天下之中，四方入貢道里均。」』《白虎通》卷四《京師篇》：『王者京師必擇土中何？所以均教道，平往來，使善易以聞，爲惡易以聞，明當懼慎，損於善惡。』行甫按：《周本紀》與《白虎通》所言，皆本經『能諴』之義。又，《太平御覽》卷一五六《州郡部》二《敘京都》下引《五經要義》曰：『王者受命，創始建國，立都必居中土，所以揔天地之和，據陰陽之正，均統四方以制萬國者也。』又引譙周《法訓》曰：『王者居中國何也？順天之和而同四方之統也。』皆可爲本經『能諴』與『土中』之注腳也。

〔四〕**旦曰**■王肅曰：『旦，周公名也。禮，君前臣名。故稱周公之言爲「旦曰」。』行甫按：就西周末年所編定之文本事實而言，此爲召公請周公傳言於成王，則『旦曰』乃周公對召公言及『自服于土中』之補充性插話。就歷史的時空事實而言，召公此言或爲面陳於成王，則是召公稱引周公之語以爲同調。若是史臣敘事，當稱『公』或『周公』；若是周公自稱，則當稱『予小子旦』或『予旦』。無『旦曰』之文例也。**其作大邑**■其，猶『乃』也。作，造也。**其自時配皇天**■其，亦『乃』也。自，與上『自服于土中』之『自』同，用也，以也。時，是也，此也。指『大邑』。配，比也，合也。行甫按：『配皇天』者，乃就『王來紹上帝，自服于土中』而言，謂得吉卜乃『作大邑』以『配』合『皇天』以稱其旨也。**毖祀于上下**■毖，告也。楊筠如曰：『「毖祀」乃古人常語，猶言「告祀」也。《洛誥》『予沖子夙夜毖祀』，是其例也。』行甫按：《金縢》：『乃告大王、王季、文王。』《左傳》桓公六年季梁曰：『聖王先成民而後致力於神，奉牲以告曰「博碩肥腯」，謂民力之普存也，謂其畜之碩大蕃滋也，謂其不疾瘯蠡也，謂其備腯咸有也。奉盛以告曰「絜粢豐盛」，謂其三時不害而民和年豐也。奉酒醴以告曰「嘉栗旨酒」，謂其上下皆有嘉德而無違心也。』是古者祀而有告之證也。參見《洛誥》『汝永有辭』釋讀。上下，謂天神與地祇也。**其自時中乂**■其，將也。自，用也，以也。時，是也。中，即『自服于土中』之『土中』也。乂，同『嬖』，《說文》：『嬖，治也。』**王厥有成命**■厥，猶『其丕能諴于小民』之『其』，『其』亦猶『若』也，擬事之詞，與下『今休』之『今』相關爲用。有，以也，『以』通『已』。說見吳昌瑩《經詞衍釋》。成，《說文》：『就也。』《吕氏春秋・謹聽》：『五帝三王之所以成也』，高誘注：『成，成其治。』命，天命也。行甫按：『王厥有成命』，意即：王若成就了天命。**治民**■治，猶平也、理也。行甫按：『治民』與『成命』爲同位語，成就了天命，亦即平治於民也。**今休**■今，即也，則也，乃也。與上『厥有成命』之『厥』相關爲用，猶『只有……才能』也。休，善也，福也，美也，慶也。行甫按：自『旦曰』至此，意即：於此土中作大邑洛，祭祀天神地祇，由此地之中施政治國，王若成就了天命，民衆得到治理，如此乃爲福美之事。是亦謂必先『恤』而後乃『休』也，則周公此言仍就『能諴于小民』爲說也。

〔五〕**王先服殷御事**■服，《爾雅・釋言》：『服，服御之令齊整。』邢昺《疏》：『服，謂整治也。』行甫按：『服』字《雅》訓爲『整』，則與下『節性』之『節』相關爲義也，是『服』當通『𠬝』。《說文》：『𠬝，治也，从又卩，卩，事之節。』殷御事，謂殷遺治事之臣也。**比介于我有周御事**■比，《說文》：『密也。』徐鍇《繫傳》：『比，相與周密也。』段玉裁曰：『比，要密義足以括之，其本義謂相親密也。』介，阮元《校勘記》曰：『古本介作迩。山井鼎曰：「迩即邇字。考《傳》文『比介』解爲『比近』，恐經文作『比迩』爲是。」案作「迩」者，古文尚書也，今文尚書當作「邇」。後誤爲「介」，則因「迩」字而譌也。開成石經已然。』行甫按：『介』字或如阮氏所言，爲『邇』、『迩』、『尔』、『尒』相因而譌，然『介』與『邇』通用，故亦可訓『近』。《穀梁傳》文公十五年『不以難介我國也』，范寧注：『介，猶近也。』莊公十九年作『不以難邇我國也』，《釋文》：『邇，如字。本又作介，音界。』莊公十八年『不使戎邇於我也』，范寧注：『邇猶近也。』《釋文》：『邇，如字。邇，近也。一本作介，音界，亦近也。』枚

《傳》訓『比介』爲『比近』，正猶范寧及陸氏皆訓『介』爲『近』也。行甫又按：『比介』，亦近義複詞，猶『密邇』也。《左傳》文公十七年『以陳蔡之密邇於楚，而不敢貳也』，杜預注：『密邇，比近也。』《國語·吴語》『孤以下密邇於天子』，韋昭注：『密，比也。邇，近也。』皆是其例。**節性**■節，《説文》：『竹約也。』引申之則爲『限制』。劉熙《釋名·釋形體》：『節，有限節也。』《荀子·彊國》『内節於人而外節於萬物者也』，楊倞注：『節，即謂限禁也。』是其例也。節性，《吕氏春秋·重己篇》『節乎性也』，高誘注：『節，猶和也。和適其情性而已，不過制也。』行甫按：枚《傳》於『比介于我有周御事』下曰：『召公既述周公所言，又自陳己意以終其戒。言當先服治殷家御事之臣，使比近於我有周治事之臣，必和協乃可一。』孔穎達《正義》：『自「今休」已上，文義相連，知皆是稱周公言也。此一句，意異於上，知是召公自陳己意以終其戒。』然三復經文，終覺枚氏、孔氏之説非是。自『旦曰』至『節性』，皆爲周公所言。文意分前後兩層，其邏輯次序：前言王若宅洛治中，成就天命平治下民，乃爲休美。後言平治下民，當先整節殷遺治事之臣，使與我周之臣相親近而相和協，即治民先治官也。而治官又尤須以使殷遺之臣與我周之臣相親比同心爲要務。故王先謙《尚書孔傳參正》曰：『治民之先，當治殷治事之臣，使比近於我有周治事之臣，務相和叶。』必如王氏所解，方合經文前後語勢。

〔六〕**惟日其邁**■惟，以也，因也。日，時日也。其，猶之也。邁，行也。行甫按：『惟日其邁』，當爲古人常語，《秦誓》：『我心之憂，日月逾邁。』《唐風·蟋蟀》：『今我不樂，日月其邁』，皆是其例。猶今語所謂『日月如梭』、『光陰似箭』也，感嘆歲月如流，時不我待之意。**王敬作所**■敬，謹也。作，動也，行也。《荀子·解蔽》『作之』，楊倞注：『作，動也。』《大雅·常武》『王舒保作』，鄭《箋》：『作，行也。』所，止也。《衆經音義》引《三蒼》：『所，處也。』《廣雅·釋詁》：『處，止也。』《唐風·鴇羽》『曷其有所』，馬瑞辰《毛詩傳箋通釋》：『猶言曷其有止，與下二章「曷其有極」、「曷其有常」同義。』行甫按：『作所』，猶《酒誥》『作稽中德』之『作稽』，猶舉止、行止也。**不可不敬德**■德，既包含王者之品行操守，即個人私德；亦包括其治國理念及其治國舉措，即政治品德。行甫按：此句與上『王敬作所』構成遞進關聯，意謂：王應當謹慎自己的一切行爲舉止，尤其對個人品德及其治國舉措更須謹慎。

〔七〕**我不可不監于有夏亦不可不監于有殷**■我，我周邦也。監，猶上『相古先民有夏』之『相』，《爾雅·釋詁》：『監、相，視也。』《後漢書·崔駰傳》引作『鑒』，古字通用。行甫按：『監』即《酒誥》『人無於水監，當於民監』之『監』，本意爲臨水照面，以見其污垢，此以『有夏』與『有殷』爲監，則知爲政治國之得失。有夏、有殷，與『有周』之『有』，皆使單音詞變爲雙音詞之助語詞。**我不敢知曰有夏服天命惟有歷年我不敢知曰不其延**■不敢知，即『罔知』，古人習語，《君奭》『我不敢知曰厥基永孚于休』，『我亦不敢知曰其終出于不祥』，皆是其例。猶今語所謂『不能肯定』，有緩和語氣之意味。服，猶前『茲服厥命』之『服』，奉行也。惟，其也。歷，經也，久也。其，之也。延，引長也。不其延，猶『不之延』也。**惟不敬厥德**■惟，以也，因也。厥，其也。**乃早墜厥命**■乃，於是也。早，猶今語所謂『很快』也。墜，喪失也。厥，其也。命，天命也。

〔八〕**我不敢知曰有殷受天命惟有歷年**■據上『亦不可不監于有殷』文例，『不敢知曰』上蒙前省『亦』字。受，與前『服天命』之『服』意同，謂承受之而奉行之也，乃互文見義。枚《傳》：『夏言「服」，殷言「受」，明受而服行之，互相兼也。』行甫按：枚氏之説是也。説者多以『服』訓『受』，非其義也。**我不敢知曰不其延**■『不敢知曰』前亦省『亦』字。**不敬厥德乃早墜厥命**■『不敬』上承前省『惟』字。

〔九〕**今王嗣受厥命**■今，即也，則也。嗣，繼也，謂繼其祖其父受夏殷之天命。**我亦惟茲二國命嗣若功**■亦，特也，説見吴昌瑩《經詞衍釋》。惟，以也。茲，此也。二國命，謂有夏與有殷之所以服受天命而墜失天命。嗣，續也。《小雅·杕杜》『繼嗣我日』，鄭《箋》：『嗣，續也。』是其義也。若，汝也，爾也，指成王。行甫按：召公既請託周公傳言於成王，則此『若』當指成王而非指周公。功，《説文》：『以勞定國也。』《爾雅·釋詁》：『功、績，成也。』郭璞注：『功、績皆有成。』郝懿行《義疏》：『功、績者，事業之成也。』行甫按：上二句意即：現在我們的新王您繼承父祖之後，接受了夏殷的天命，我特以此夏殷二國自其受天命至其喪天命的原由告之於您，希望您治理國家的豐功偉業能夠千秋萬代永遠傳承下去。

此爲本篇第三節，言召公奭與周公旦，異口同聲地告誡成王，不可因年幼而輕忽敬德治民。即使王年幼沖，但既已爲王，固然享有無邊之福禄，卻須承擔兼和天下萬民之歷史重任。宅洛治中，此乃兼和萬民之地利優勢，但尤爲重要者，在於以夏殷興亡爲鑒，恭敬以治國，謹慎以臨民，方可成就王者之千秋偉業。

【繹文】

召公繼續説：『唉！我們的君王雖然年尚幼沖，但畢竟是上天選定的長子，既有無比崇高的榮耀以及無比高貴的福祉，但也有無比長遠的政治使命以及無比重大的社會責任。作爲天子，只有他的施政舉措能夠最大限度地讓社會底層的所有平民百姓滿意和高興，他才能享有作爲天子的無尚榮光與崇高的威望。因此，作爲君王，之所以在敬德安民的問題上不敢稍有遲緩與懈怠，就是因爲顧忌和害怕來自底層民衆的駡詈詛咒及其輿論譴責。當然，要最大限度地兼顧到天下四方的平民百姓，首先要做的，就是把國家的行政中心放在天下四方的正中位置，這樣，不僅各地向中央繳納貢賦的路程相等，更重要的是，朝廷的政令與教化，也可以在同一時間準確順利地傳達發佈到天下各個偏遠的角落。爲此，我們年幼的君王，花了大量的時間與精力反覆卜問上帝之後，才確定在此洛水北岸，也就是天下的中心地區，履行治理天下的責任。』

這時，周公旦在一旁插話補充說：『之所以營建如此規模巨大的王城洛邑，就是爲了迎合皇天上帝的意旨；我們已經在此舉行了郊社祭祀儀式，稟告天神與地祇，我們周邦將在這天下的中心治理民衆。如果我們的君王在此成就了天命，取得了巨大成功，使社會底層的平民百姓安居樂業，將天下治理得有條不紊，那才是真正擁有無尚的榮耀和無邊的福澤。不過，治理民衆的關鍵在於良好的官風與吏治。我們的君王要抓緊各級官吏的教育與培訓，尤其是首先要教育與培訓殷商時代遺留下來的那批幹辦執事人員，讓他們與我們周邦的各級官吏與執事幹辦人員相互親近，互相了解；雙方都要節制自己的性情，保持互相理解的姿態，在日常公務之中互相配合，同心協力。』

周公這番話，召公完全贊同，他接過話頭繼續說：『整頓吏治，培訓官員，强調殷周官員的團結協作，關鍵在臨事而敬的領袖素質。光陰似箭，日月如梭，我們的君王雖然年尚幼沖，富於春秋，卻不可不及時修養和培植這種臨事而敬的良好德性。君王的一切行爲舉止，都要以「敬」字爲先，時時事事處處，都要謹慎小心，尤其是在國家治理的大政方針上，更要謹小慎微，鄭重其事，切不可憑一時衝動，心血來潮，簡單草率。以「敬」德親政，以「敬」德臨民，這是王者之所以永保天命的決定性因素。因此，我們不可不以夏代的興亡爲鑒戒，也不可不以殷代的興亡爲鑒戒。我們不能肯定說，夏代奉行天命，其年限究竟將有多麽長久；我們也不能肯定説，他們奉行天命的年限就不會有所延長。因爲他們沒有謹慎地執政，小心地治國，對於「敬」的德性置若罔聞，所以就過早地喪失了他們的天命。我們也不能斷定説，殷代奉行天命，其最終的年限究竟有多久，我們也不能斷定説，他們奉行天命的年限就一定不能有所延長。也是由於他們沒有重視「敬」的德行，沒有小心謹慎地治國行政，因而他們也過早地喪失了他們的天命。現在我們的君王即將親政，繼承其父祖接受夏殷的天命，所以我要特別將夏殷二國的興亡告訴我們的君王，希望我們君王治理國家的豐功偉業能夠千秋萬代永遠傳承下去。』

王乃初服，嗚呼，若生子，罔不在厥初生自貽哲命。〔一〕今天其命哲命吉凶命歷年，知今我初服宅新邑，〔二〕肆惟王其疾敬德，王其德之用，祈天永命。〔三〕其惟王勿以小民淫用非彝，亦敢殄戮用乂民，若有功。〔四〕其惟王位在德元，小民乃惟刑用于天下，越王顯。〔五〕上下勤恤，其曰我受天命，丕若有夏歷年，式勿替有殷歷年。欲王以小民受天永命。〔六〕

拜手稽首曰：予小臣敢以王之讎民百君子越友民，保受王威命明德。〔七〕王末有成命，王亦顯。〔八〕我非敢勤，惟恭奉幣用供王能祈天永命。〔九〕

【釋讀】

〔一〕**王乃初服**■乃，猶方也，裁也。説見《經傳釋詞》。初，始也。服，即前『服厥命』、『服天命』之『服』，奉行也。行甫按：王充《論衡・率性》引作『今王初服厥命』，乃仲任意爲補充也。『王乃初服』，即王方始奉行其天命也，謂王嗣位之時日尚淺，其爲政立德，有較大可塑性。**嗚呼**■感嘆必以善始，方可繼以善終也。**若生子**■若，如也。生子，孫星衍曰：『生者，鄭注《周禮》云：「猶養也。」《説文》：「育，養子使作善也。」若生子，謂若養子教之。』**罔不在厥初生自貽哲命**■罔不，無不也。厥，其也。自，始也。行甫按：《説文》：『自，鼻也。』《方言》：『鼻，始也。』《説文》『皇，大也。从自王，自，始也。始王者，三皇大君也。自讀若鼻，今俗以作始生子爲鼻子是。』段玉裁注：『許謂始生子爲鼻子，字本作鼻，今俗乃以自字爲之，徑作自子。此可知自與鼻不但義同，而且音同，相假借也。』是『自』有『始』義之證。貽，《爾雅・釋言》：『遺也。』哲，明也，智也。命，教令也。《禮記・坊記》『命以坊欲』，鄭玄注：『命，謂教令也。』行甫按：『王乃初服』云云，意謂：王方始奉行天命，如同人之生育教養孩子，無不在其出生不久便開始對他下傳明智的教令。下文『今我初服宅新邑，肆惟王其疾敬德』云云，即所『貽』之教令也。

〔一二〕**今天其命哲命吉凶命歷年**■今，若也。若，及也，至也。説見《吴昌瑩《經詞衍釋》。其，猶之也。命，使令也。行甫按：此『命』字即《禮記・中庸》『天命之謂性』之『命』，王符《潛夫論・巫列》：『命者，天之制也。』是其義也。哲，智也，就智愚之秉賦言。吉，福也。凶，禍也，就禍福之遭際言。歷年，長久也，就年命之長短言。曾運乾曰：『「命吉凶命歷年」下，省「我不敢知」一句。行甫按：孫星衍曰：『「今天其命明哲、命吉、命凶，與命年歲之永短，均未可知。」曾氏從孫説，是也。此句與下「知今我初服宅新邑」云云相關聯，文法上作迭宕之勢。猶言：至若天之使人有智愚之秉賦，使人有禍福之遭際，使人有壽夭之年命，皆我所不能知也。唯所能知者，我初服宅新邑當敬德乃可祈天永命也。**知今我初服宅新邑**■知，猶上文『夫知保抱攜持厥婦子』之『知』，亦『唯知』、『所知』之意。今，即也，則也。宅，《爾雅・釋言》：『居也。』行甫按：就『旅王若公』之文本語境而言，此時並未居洛邑，則『宅居』者，當是探後言之，謂將『宅新邑』，則『今』猶『若』也，假設之詞。

〔三〕**肆惟王其疾敬德**■肆，《爾雅・釋詁》：『故也。』惟，爲也。其，且也，擬議之詞，表勸勉之意。**王其德之用**■其，庶幾也。德，敬之德也。用，《說文》：『可施行也。』行甫按：『德之用』，謂以『敬德』行之於治國理民也。**祈天永命**■祈，《說文》：『求福也。』永，《爾雅・釋詁》：『長也。』命，天命也。行甫按：此總言『疾敬德』而『祈天永命』，下乃言當『敬』何『德』而可『受天永命』。

〔四〕**其惟王勿以小民淫用非彝**■其，亦且也，擬議之詞。惟，亦爲也。勿，不可，禁止之詞。以，因也。小民，社會底層民衆。淫，過也。《左傳》襄公二十九年『遷而不淫』，杜預注：『淫，過蕩。』用，猶行也。彝，《爾雅・釋詁》：『常也。』**亦敢殄戮用乂民**■亦，猶特也。敢，猶放膽，敢於。殄，滅絶也。戮，《說文》：『殺也。』行甫按：『殄戮』，亦近義複詞。用，以也。乂，治也。**若有功**■若，猶此也，説見王引之《經傳釋詞》。有，猶爲也，則也，即也。説見吴昌瑩《經詞衍釋》。功，亦上『嗣若功』之『功』，《說文》：『以勞定國也。』郝懿行《爾雅義疏》：『功、績者，事業之成也。』是其義也。行甫按：此三句當連成一氣讀，意謂：且爲王者不可因小民過行非常而尤其放膽以殺戮爲手段治民，且以此爲治國之功。實戒王勿行暴虐於民也。孔穎達曰：『其惟王勿妄役小人過用非常之事』，王先謙亦曰：『言勿以小民可用而過用非法，戒毋擾。《禮・王制》：「用民之力，歲不過三日。」』果如此，則『敢』當爲『不敢』。行甫又按：此言王當慎於刑罰，不可以殺戮爲治；下言王當以身作則，爲下民表率。一爲慎刑，一爲勉德，二者相因。如孔、王之説，義雖可通，然不無支離之病，兹不取。

〔五〕**其惟王位在德元**■其惟王，與上『其惟王』義同，亦猶『且爲王』也，二句並列。元，《爾雅・釋詁》：『首也。』行甫按：『位在德元』者，猶今語『處於道德表率之地位』也。**小民乃惟刑用于天下**■惟，以也。刑，

《爾雅・釋詁》：『法也。』用，施行也。**越王顯**■越，於也。顯，《爾雅・釋詁》：『光也。』行甫按：此三句意謂：且爲王者所處之地位乃爲德之表率，其爲小民所效法，行用於天下，即於王之德乃爲光顯也。

〔六〕**上下勤恤**■上下，王與小民也。行甫按：舊說『上下』爲君臣，與本經語境不合，非也。勤，勤勉也。恤，相憂顧也。《地官・大司徒》『不恤之刑』，鄭司農曰：『恤，謂相憂。』《戰國策・秦策五》『不恤楚交』，高誘注：『恤，顧也。』是其義也。**其曰我受天命**■其，尚也，庶幾也。曰，言也，謂也。**丕若有夏歷年**■丕，大也。若，猶如也，如猶於也，說見吴昌瑩《經詞衍釋》。行甫按：此『若』，即上文『旅王若公』之『若』，於也。是『丕若』者，猶言『大於』也。**式勿替有殷歷年**■式，《爾雅・釋言》：『用也。』替，《爾雅・釋詁》：『止也。』郭璞注：『替、廢，皆止住也。』行甫按：『勿替』，猶言『不止』也，亦猶『丕若』之言『大於』也。**欲王以小民受天永命**■以，與也。王符《潛夫論・巫列》曰：『行者，己之質也；命者，天之制也。在於己者，固可爲也；在於天者，不可知也。』又曰：『人君身修正、賞罰明者，國治而民安；民安樂者，天悅喜而增歷數。故《書》曰：「王以小民受天永命。」』行甫按：王符之言，乃說本經此節之義也。

〔七〕**拜手稽首曰**■枚《傳》：『拜手，首至手；稽首，首至地。盡禮致敬，以入其言。』孔穎達《疏》：『此「拜手稽首」一句，史錄其事，非召公語也。召公設言未盡，爲此拜乃更言。鄭云：「拜手稽首」者，召公既拜，興曰「我小臣」以下。言召公拜訖而復言也。』**予小臣敢以王之讎民百君子越友民**■予小臣，孔穎達《疏》：『王肅曰：「我小臣，召公自謂。」是小臣爲召公之謙辭。』敢，自謙之詞，欲今所謂『斗膽』也。《儀禮・士虞禮》『敢用絜牲』，鄭玄注：『昧冒之辭。』賈公彥《疏》：『凡言「敢」者，皆是以卑觸尊，不自明之意。』以，與也。讎，《說文》：『猶應也。』《釋文》：『字或作酬。』行甫按：《史記・封禪書》『其方盡，多不讎』，司馬貞《索隱》引鄭德云：『相應爲讎。』《禮記・表記》『無言不讎』，鄭玄注：『讎，猶答也。』則『讎』之爲『應答』，猶『酬』之爲『答報』

也。《爾雅・釋詁》：『酬，報也。』郭璞注：『酬，此通謂相報答，不主于飲酒。』《易・繫辭上》『是故可與酬酢』，李鼎祚引《九家易》曰：『答報爲酬。』《大雅・抑》『無言不讎，無德不報』，是『讎』若『酬』，皆有『應答』、『答報』之義，故或本又作『酬』，無異義也。則『王之讎民』當指上文『王位在德元』而『小民乃惟刑用于天下』之『小民』也，意即效法王德之民，或曰與王德相讎報之民。枚《傳》訓『讎』爲『匹』，是也，即與王德相匹應之民。然則舊解『讎民』爲殷商遺民，恐非。百君子，鄭玄曰：『王之諸侯與群吏。』行甫按：此『百君子』當兼指上文『殷御事』及『周御事』也。越，與也。友民，與『讎民』相對，當爲順從周邦之民，或即《洛誥》『其大惇典殷獻民』之『殷獻民』。**保受王威命明德**■保，猶恃、持也。《左傳》僖公二十三年『保君父之命而享其生祿』，杜預注：『保，猶恃也。』《國語・周語下》『膺保明德』，韋昭注：『保，持也。』《呂氏春秋・誠廉》『阻丘而保威也』，高誘注：『保，持也。』受，猶服從也。《國語・楚語下》『顓頊受之』，韋昭注：『受，承服也。』《呂氏春秋・本生》『其於物無不受也』，高誘注：『受，猶承也。』威命，威嚴的命令。明德，光明的德行。行甫按：『保受王威命明德』乃錯綜爲文，猶云『保持王之明德，承受王之威命』也。

〔八〕**王末有成命**■末，終也。有，以也，已也。成，就也。命，天命也。**王亦顯**■亦，猶且也，且猶將也。顯，光也，彰也。行甫按：此與『王厥有成命，今休』相照應，上言『王若成就了天命，乃爲休美』，此言『王終成就了天命，王之豐功偉績，將光大而彰顯』也。

〔九〕**我非敢勤**■我，召公也。勤，郊勞也。前文『取幣錫周公』，本有周、召二公相敵而以郊勞之意，此言『非敢勤』，謂錫幣於周公，非爲郊勞也，乃另有其意在焉。召公之意，在下文也。**惟恭奉幣用供王能祈天永命**■惟，雖也。恭，敬也。幣，即前文所取之幣。用，以也。供，《爾雅・釋詁》：『具也。』行甫按：此『供』字與前文『旅王若公』相照應，即傳言於王，猶今所謂『提供』之意也。能，猶乃也，說見《經傳釋詞》。行甫按：二句意即：

我雖然贈送玄纁束帛與你，並非自我托大，對你制作與頒佈洛邑營建工程任務書之辛勞表示慰問；　其所以恭敬奉贈幣帛之禮與你，意在煩勞你將我所言備陳於王，乃祈天之福永保天命也。

此爲本篇最後一節，言成王即將親政，必於即政之初，及早勤修『敬』德，不可好殘輕殺，當以德臨民，爲下民之表率，上下同德同心，方可永保天命。　王者有此彪炳千秋之豐功偉業，乃爲王者之無尚榮光與無限福祉也。

【繹文】

召公接著說，『我們的君王，剛剛即位奉行天命，履職時日尚淺，作爲王者的德行，尚有較大的可塑性。唉——！　就像撫養孩子一樣，無不在其出生不久，即開始對他進行聰明智慧的傳教，若待其長大成人，某些性情和習性成型了，再要扭轉它就來不及了。　人的某些先天秉賦，比如是否有智慧，會遭遇什麼樣的禍福，以及年歲的壽夭長短，那是老天爺的安排，是我們所不可能知道的；　但後天的教育和修養及其人事的努力，這是我們所能夠把握住的。　我們所能知道的，就是我們的君王剛剛即位奉行天命，如果新邑落成將遷來新邑，在此天地之中治理民衆，那就必須以謹敬的德行爲急。　只有我們的君王施行謹敬的德行，方能祈求上天讓我們周邦永保天命。　希望我們的君王不可因爲底層民衆某些超越常規的過份行爲，就特别無所顧忌地以殘酷殺戮來統治民衆，還把這種血腥統治作爲治國的功績。恰恰相反，君王處在德行的表率地位，普天之下的底層民衆都會以君王爲楷模，倣效君王的行爲和作派，君王的德行和修養也會因天下民衆的效法與踐行而更加發揚光大。舉國上下同心同德，君長關心民衆疾苦，民衆也爲君長分憂，倘若舉國上下能夠如此齊心協力，也就可以說：我們周邦接受天命，一定會大大超過夏代的年數，因而也不會僅止於殷王朝的年數，祝願我們的君王與廣大底層民衆永遠享有天命。』

說到這裏，召公似乎頗爲激動，他又對周公行了一次空首稽首大禮後又接著說：『卑職我冒昧地表個態，我決心率領天下以我們君王的德行爲楷模的那些勤勞善良的底層民衆，以及各級各地的治事人員，還有那些順從親近我們周邦的殷商遺民，擁護和保持我們君王的光輝德行，貫徹和服從我們君王的威嚴命令。倘若君王最終成就了天命，把天下治理得有條不紊，那麽我們君王將會名垂青史，其豐功偉績也將彪炳千秋，永爲後世傳頌。我們雖然贈送你這些玄纁束帛，但並非自我托大來慰問你爲洛邑營建所付出的辛勞；其所以恭敬地奉贈幣帛之禮予你，就是想煩勞你，將我的這些肺腑之言如實地轉陳於我們的君王，使我們的君王祈天之福，永遠保有我周邦的天命。』

【後案】

章太炎曾經對本經主旨有過簡單概括，章氏曰：『此篇言雖多而要言不多，一言以蔽之，不過商周之民須和與王其疾敬德兩語而已。』章氏之說固然不錯，但考慮到本經可能在西周末年平王東遷之際綴合成篇，則洛邑的營建過程及其營建目的，也應該是本經的重要主題之一。不難想像，『我不可不監于有夏，亦不可不監于有殷』，與『以小民受天永命』及其『以德配天』的思想主題，乃至對待殷商遺民的寬優政策，即章太炎所概括的本經『要言』，應當是西周初年周公、召公等老成政治家從夏殷興亡的歷史教訓中總結而成的施政理念； 也是在平定管蔡之亂後，如何迅速化解與和緩殷周敵對情緒所必須採取的具體政治方略。但是，本篇貫穿於始終而一再强調的另一主題，即召公『相宅』、『攻位』，周公『書命庶殷』以及『其作大邑』，『其自時中乂』的諸多敘述與議論，就不能不説是西周末年平王東遷之際才特別强調的思想。

考西周自武王克商至幽厲失國，周王朝的政治中心始終在豐鎬，並不在洛邑。即如《短尊》銘文所述，『隹王五祀』，『隹王初遷宅于成周』，周成王也只是短期居留洛邑，並非長期宅於此以治國政。《周本紀》曰：『平王立，東遷於洛邑，辟戎寇。』《竹書紀年》亦云『東徙洛邑』，且謂『自東遷以後始記晉事，王即位不書』。顯然，平王東遷，實即區劃周王朝前後不同的政治歷史階段的分界線。

由於載籍簡略，我們無從得知『徙洛』的詳細史實，是僅王室朝堂宗廟之遷移，還是連帶舊時鎬京的國人子民同徙，當時的王公大臣對於東遷洛邑的意見是否一致，倘若意見不一，都有些什麼看法與爭議，今一概不可詳考。而據《史記》及《逸周書》的相關記載，營建洛邑也是當年周武王的未遂之願，且亦爲《短尊》銘文所載『余其宅兹中或，自之嬖民』的『武王廷告』所確證。以此爲據，容易形成一種判斷： 平王東遷洛邑，或者比較順利； 因而以《召誥》、《洛誥》爲東遷之際根據相關檔案材料綴合成篇，以明營建洛邑之歷史淵源，以證平王東遷之現實合理，似乎可徵之文獻尚嫌不足。

不過，值得慶幸的是，雖然相關材料比較欠缺，但細心的讀者從《詩經》的個別篇章以及《左傳》的某些間接記載之中，仍然可以窺見有關東遷的蛛絲馬跡。《小雅·雨無正》曰：『周宗既滅，靡所止戾。』又曰：『謂爾遷于王都，曰予未有室家。鼠思泣血，無言不疾。昔爾出居，誰從作爾室？』馬瑞辰謂此詩作在平王之世而上刺幽王，其說作詩背景是也。『謂爾遷于王都，曰予未有室家』，當是王室之臣以『未有室家』爲借口，不願隨平王而東遷，故詩人詰之曰：『昔爾出居，誰從作爾室？』譴責其人忘恩負義，不恤王室之艱。與此相印證者，則《大雅·桑柔》曰：『憂心慇慇，念我土宇。我生不辰，逢天僤怒。自西徂東，靡所定處。多我覯痻，孔棘我圉。』顯然，此乃東遷大臣對西土室家故宇的懷念，以及其人對東遷之後『靡所定處』之流離現狀有所怨忿之辭。當然，也有樂於從王東遷者。《左傳》襄公十年載周靈王卿士伯輿之大夫瑕禽曰：『昔平王東遷，吾七姓從王，牲用備具，王賴之，而賜之騂旄之盟。曰：「世世無失職。」若篳門閨竇，其能來東底乎？且王何賴焉？』杜預注：『平王徙時，大臣從者有七姓，伯輿之祖皆在其中，主爲王備犧牲、共祭祀，王恃其用，故與之盟，使世守其職。』此瑕禽乃以卿士伯輿能從平王東遷爲榮也，其『若篳門閨竇，其能來東底乎』，其炫耀自矜之情不免溢於言表矣。至於《小雅·瞻彼洛矣》則曰：『瞻彼洛矣，維水泱泱。君子至止，福祿如茨。韎韐有奭，以作六師。瞻彼洛矣，維水泱泱。君子至止，鞞琫有珌。君子萬年，保其家室。瞻彼洛矣，維水泱泱。君子至止，福祿既同。君子萬年，保其家邦。』《毛傳》以『洛』爲『宗周溉浸水也。』朱熹曰：『洛，水名，在東都，會諸侯之處也。此天子會諸侯於東都以講武事，而諸侯美天子之詩。君子，指天子也。六師，六軍也。天子六軍。』朱子以爲此詩之『洛』爲東都水名，不從毛《傳》『宗周溉浸水』之說。以詩之『君子至止』、『以作六師』言之，朱說或是（經籍『雒』與『洛』混而不別，其誤始於魏黄初之後，說見段玉裁《說文解字》『洛』字注）。此當爲東遷之後，其從王東遷大臣讚美平王之詩，則『君子萬年，保其家邦』，其樂於東都之情見乎辭矣。

由上引經傳可知，其時王室之臣，有樂從平王東遷者，亦有不樂從遷而怨恨其事者。則平王遷洛之際，必有異派相爭，從而形成主遷主留兩大陣營，未必如《史記》及《竹書紀年》所載之如此悄然平靜也。而《召誥》與《洛誥》有關營洛的敘述與議論，勢必成爲主遷派堅定東遷信心並壓倒反對派的强力佐證。

值得注意的是，相對周初其他文誥，本篇首次提到『節性』。所謂『節性』，亦即調節、節制性情，强調後天教育之重要。而于省吾則以爲『節』字乃『人』字之譌，謂『人』譌爲『卩』，再譌爲『節』。又謂『性』當讀爲『生』，本經『節性』當爲『人生』二字之譌。其繁辭巧説，標新立異，可謂苦心孤詣。然本經『節性』二字乃緊承『王先服殷御事，比介于我有周御事』而言，謂殷周治事之臣應當在性情上互相磨合，彼此適應，從而齊心協力，以敬德治民。且本篇又言『若生子，罔不在厥初生自貽哲命』，『自』字乃與『初』字相關聯，訓爲『始』而非訓爲『自己』或『自動』之意。因而此文亦在强調後天教育與人事努力的重要性，而非謂先天的『命』中注定。即如『天其命哲命吉凶命歷年』，其意仍在强調先天之命乃在不可知之數，唯所知者，在後天的德性修養與人事之努力而已，所謂『知今我初服宅新邑，肆惟王其疾敬德』，是也。清儒孫星衍、俞樾以爲『知』乃『矧』字之譌，當爲『語詞』，其説亦非是。因此，『上下勤恤』，方可『祈天永命』，與『以德配天』的周初思想亦不相悖。

洛誥

【解題】

洛，據《周禮·職方氏》「豫州，其川熒、雒」，字當作「雒」。然《史記》、《漢書》皆作「洛誥」，而石經《多士》「洛」字作「雒」。

亦如《召誥》，本篇雖以「誥」名，卻不類「誥體」，且其所涉之內容更其蕪雜，頭緒尤其紛繁，對話時空之隨意遊移與轉換，致使歷來注家頗感棘手。近人金兆梓曰：本篇之難讀，不在單辭隻義的訓釋，而在文本的編排。自「周公曰王肇稱殷禮」至「乃單文祖德」，幾佔全文三分之二以上篇幅，竟將周公與成王的說話，機械地匯成兩大堆，而又自說自話。此所以爲本篇難讀之主要原因。劉起釪亦就本篇所涉之時間與地點、文體及其主旨模糊等諸多問題，申言其所以難讀之因。且金氏、劉氏皆以爲本篇有錯簡，金氏據陳櫟《書傳折衷》與王夫之《書傳稗疏》之說，移篇末「戊辰」一節至「乃單文祖德」之下，且大刀闊斧地重編經文。劉氏則據朱駿聲《尚書古注便讀》之「或曰」，移「公，予小子其退，即辟于周，命公後」一句於「王入太室祼」之下。所以如此，其意皆在清理本篇文本編排上的邏輯混亂。

然而，正如《召誥》篇之【解題】所論，如果考慮到本篇與《召誥》同爲西周末年平王東遷之際據原始檔案材料綴合成篇的流傳背景，則本篇各節各段所言，不外乎强調洛邑營建之慎重及其鎮撫東土管控殷遺之政治目的。至於周公與成王各自的說話時間、說話地點及其具體的談話對象，則並非綴合者所特別關注之事項。因爲本篇並非首尾完整的誥語文體，不過是替平王東遷的當下行爲尋找歷史依據而已。也因此，文末『王命作冊逸祝冊』以及『作冊逸誥，在十有二月，惟周公誕保文武受命惟七年』云云，此爲《尚書》中唯一記載預事史官之名及其敘事時間背景的文字；但並不能作爲本篇寫作時間的確切說明。且『作冊逸誥』亦如王國維所解，爲『命史佚書王與周公問答之語並命周公時之典禮以誥天下』，不過其一事之紀錄文字，與文本之最後編排與寫定之時間並無關涉。如此編排綴合，無非是爲增强歷史的真實性與厚重感，爲平王東遷的當下行爲堆積更多的現實籌碼。正如《召誥》之以爲『召公之誥』一樣，不過是爲東遷增一重量級歷史人證而已。唯其如此，則本篇在西周末年的閱讀價值便可以充分實現了。而且，隨著平王東遷之實際行爲的終結，本文所承載的歷史使命也就圓滿地完成了。如果細心的讀者注意到本篇並不像周初其他文誥那樣，寓有更多深刻的哲學之思及其治國養民的訓誡之辭，則思過半矣。

當然，檔案材料的原始作意，與後來編排綴合的觀照取向，未必全然一致。此即篇首『復子明辟』及其相關文句之解說乃至全篇主旨之理解歷來衆說紛紜而莫衷一是的根本原因。是以本篇釋讀，將對檔案材料之原始作意與綴合編排之意義取向略作辨析。妥否，以俟來哲酌而定之。

周公拜手稽首曰：『朕復子明辟，王如弗敢及天基命定命，予乃胤保大相東土，其基作民明辟。〔一〕予惟乙卯朝至于洛師，我卜河朔黎水，我乃卜澗水東瀍水西，惟洛食。我又卜瀍水東，亦惟洛食。伻來以圖及獻卜。〔二〕』

王拜手稽首曰：『公不敢不敬天之休，來相宅，其作周匹休。公既定宅，伻來來視予卜休，恆吉，我二人共貞。〔三〕公其以予萬億年敬天之休。拜手稽首誨言。〔四〕』

【釋讀】

〔一〕**周公拜手稽首曰**■拜手稽首，跪而拱手，以頭俯手與心平；然後拱手至地，以左手覆於右手，而頭亦至地。**朕復子明辟**■朕，我也，周公自指。復，《爾雅·釋言》：『返也。』子，即下『孺子』、『沖子』之『子』，成王也。明，昭也，著也。徐鍇《說文繫傳》：『明，昭也。』《禮記·中庸》『著則明』，鄭玄注：『明，著之顯者也。』辟，《爾雅·釋詁》：『君也。』《後漢書·桓帝紀》載順烈梁后歸政詔曰：『遠覽「復子明辟」之義。』章懷注：『復，還也。子，謂成王也。辟，君也。謂周公攝政已久，故復還明君之政於成王也。』行甫按：『復子』與『明辟』二義並列，謂返還孺子之政而昭顯其君位也。成王本嗣立爲君，但因年尚幼沖，不能踐阼蒞政，而由周公攝位，則成王雖爲君而不顯也。今周公既救亂、克殷、踐奄、建侯衛，營洛邑，將還政於成王，昭其君，著其位也。**王如弗敢及天基命定命**■如，若也，假設之詞，猶言『如果』也。弗，不也。段玉裁曰：『《文選》沈約《謝靈運傳論》注引作「不」，下「不敢不敬天之休」、「予不敢宿」皆作「不」，似此以「不敢」爲長。』江聲曰：『嫌於斥王不能，故言不敢，使若謙沖退託者然。』行甫按：江氏之說是也。『弗敢』，委婉語，謂有所顧慮、有所擔憂也。及，徐鍇《說文繫傳》：『及前人也。』《國語·晉語二》『往言不可及也』，韋昭注：『及，追也。』行甫按：此『及』字，猶今所謂『追攀』也。基，《爾雅·釋詁》：『始也。』定，成也。《呂氏春秋·仲冬》『以待陰陽之所定』，高誘注：『定，猶成也。』基命，謂始受天命也。定命，謂成定天命也。行甫按：『基命』，謂文王受命而始造周邦也。『定命』，謂武王克殷而終成天命也。**予乃胤保大相東土**■乃，於是也，與上『如』字關聯爲用。胤，《爾雅・釋詁》：『繼也。』《漢書・揚雄傳上》『卹胤錫羨』，顔師古注引應劭曰：『胤，續也。』是其義也。保，守也。《大雅・崧高》『南土是保』，鄭《箋》：『保，守也，安也。』大，程度副詞，猶言極力也。相，治也。《左傳》昭公九年『火，水妃也，而楚所相也』，杜預注：『相，治也。楚之先祝融爲高辛氏火正，主治火事。』孔穎達《疏》：『相訓助也。主火而助君爲治，故以爲治也。』東土，謂洛邑以東殷商舊地也。《康誥》：『肆汝小子封，在茲東土。』《左傳》昭公九年：『及武王克商，蒲姑、商奄，吾東土也。』皆是其證。行甫按：戴鈞衡《書傳補商》訓『保』爲『輔』，引《文王世子》『保也者，慎其身以輔翼之而歸諸道者也』爲證，且謂下文『公明保予沖子』、『承保乃文祖受命民』、『誕保文武受命』諸『保』字皆訓『輔』。是『保』與『相』義近，則『胤保』與『大相』乃並列詞組作謂語，而『東土』前省『于』字。**其基作民明辟**■其，庶幾也。基，亦始也。作，爲也。明辟，即前『復子明辟』，行甫按：『其基作民明辟』者，猶言『庶幾開始昭然明著踐天子之位，成爲天下民衆名副其實的君王』。

〔二〕**予惟乙卯朝至于洛師**■惟，以也。乙卯，周公攝政五年三月十二日也。説見《召誥》釋讀。朝，清晨也。師，《爾雅・釋詁》：『衆也。』孔穎達《書疏》：『周公至洛之時，庶殷已集於洛邑，故云「至于洛師」。』**我卜河朔黎水**■我卜，枚《傳》：『我使人卜。』孫星衍曰：『召公先至洛，既得卜經營，乃後周公至洛，具觀新邑之營域，未嘗改卜，則經雖云「我乃卜」，實即召公所卜處。』河朔，河北也。黎水，金兆梓曰：《濬縣志》引《太平寰宇記》云：『衛河、淇水合流亦曰黎水，亦曰濬水，又謂之白溝。』行甫按：濬縣，今作浚縣，在河南省鶴壁東、濮陽西偏南之地。西周時大河在浚縣東大伾山麓折而北流，春秋時河道始南徙。**我乃卜澗水東瀍水西**■乃，然後也。孔穎達《書疏》：『黎水下不言吉凶者，「我乃」是改卜之辭，明其不吉乃改。故知卜河北黎水之上不吉也。』澗水，源出河南省新安縣南白石山，東南入于洛水。瀍水，源出河南省穀城縣北山，東與千金渠合，又東過洛陽縣南，又東過偃師縣，又東入于洛。**惟洛食**■惟，以也。食，俞樾《群經平議・尚書四》：『古謂用爲食，亦謂食爲用。』又《平議・論語二》：『焉能繫而不食，食當訓爲用。是食之訓用乃古義也。』屈萬里引簡朝亮《尚書集注述疏》曰：『食，用也。』並以《易・井・象傳》『井泥不食』虞翻注，及《戰國策・宋衛策》『食高麗也』高誘注爲證。行甫按：《大誥》既曰『予得吉卜』，又曰『矧亦惟卜用』，則『得吉卜』乃爲『用』。《説文》：『用，可施行也。从卜中，衛宏説。』是『食』爲『得吉卜』之『用』，『用』即『卜中』也。『惟洛食』，即以卜洛爲吉也。**我又卜瀍水東亦惟洛食**■孔穎達《書疏》曰：『得卜河朔黎水者，以地合龜，非就地內。此言所卜三處，皆一時事也。』又曰：『武王定鼎於郟鄏，已有遷都之意，而先卜黎水上者，以帝王所都不常厥邑，夏殷皆在河北，所以博求吉地，故令先卜河北，不吉乃卜河南也。其卜澗、瀍之間，南近洛，吉。今河南城也，基趾仍在，可驗而知。』行甫按：《召誥》『太保先周公相宅』，『戊申，太保朝至于洛卜宅』，而『乙卯周公朝至于洛，則達觀于新邑營』，此言周公『乙卯朝至于洛師』乃博求吉地，一時而三卜。彼此經文抵牾，孔穎達謂『周公追述立東都之事。我惟以七年三月乙卯之日朝至于洛邑衆作之處，經營此都。其未往之前，我使人卜河北黎水之上』云云，彌縫罅漏，可謂用心良苦。不知《召誥》、《洛誥》乃西周末年綴合成編，所敘之事，其時間之或在先或在後、地點之或在彼或在此，往來飄忽，混亂靡蹤。其所記干支日名，乃攝政之七年抑或攝政之五年，亦難究詰。因綴合編排之著眼點不在歷史細節，唯在凸顯洛邑擇地之慎重及其意義之深遠而已。且『我卜』者，周公自卜，或周公用召公卜，抑或周公使召公卜，或召公僅卜王城，而周公乃卜成周，諸事瑣瑣，紛紜衆説，莫衷一是，皆可作如是觀，毋庸細究也。**伻來以圖及獻卜**■伻，孫星衍曰：《爾雅・釋詁》：『抨，使也。』《釋文》云：『字又作伻。』來，來告成王也。孔穎達《書疏》：『周公既至，即遣使以所卜地圖及獻所卜吉兆來告於成王。言己重其事，並獻卜兆者，使王觀兆知其審吉也。』《漢書・劉向傳》引『伻來以圖』，孟康曰：『使人以圖來示成王，明口説不了，指圖乃了也。』章太炎曰：『使來告卜，則成王不在洛陽也。』王國維《洛誥解》曰：『圖，謀也。俾成王來雒，以謀定都之事，且獻卜兆於王。』行甫按：成王究在何處，已無須細究。唯孔穎達謂周公慎重其事，使王審定圖卜，其説最得經旨，此亦本篇編排綴合之微意所在。

〔三〕**王拜手稽首曰**■枚《傳》：『成王尊敬周公，答其拜手稽首而受其言。』**公不敢不敬天之休**■敬，謹慎也，敬重也。休，庇蔭也。行甫按：此『休』字乃就周公得吉卜『惟洛食』而言，非泛指『滅殷作周』，故下文接言『來相宅』也。**來相宅**■來，勤也。説見《召誥》『王來紹上帝』釋讀。戴鈞衡曰：『此時成王在鎬，周公在洛，王得公所獻圖卜而復公之語也。「來相宅」者，順公所在而言，猶上文「伻來」，順使者所至而言也。』行甫按：本經成王與周公對話的具體時空無可考。各家之説，皆屬無稽之談，今皆不取。**其作周匹休**■其，將也。作，造也，營建也。周，即指成周而言。曾運乾讀『作周匹、休』，訓『作』爲『爲』，『作周』亦即『爲周』，以『周』爲宗周。行甫按：本篇『周』字或指成周，或指宗周，説見下文『從王于周』及『在周工』釋讀。但此處『作周』即『營建洛邑成周』之意，否則『匹休』二字無解。曾氏句讀乃以『作周匹』爲『休』，則『休』與『作周匹』爲同位語，顯非經意。匹，配也。休，即上『敬天之休』之『休』，義爲上天之庇護、上天之福佑。是『其作周匹休』者，即《召誥》『旦曰：其作大邑，其自時配皇天』之意，亦與上文『不敢不敬天之休』相照應。謂將營建洛邑成周以匹配皇天之庇蔭也。裘錫圭《〈洛誥〉「其作周匹休……」新解》謂『休』爲動詞，當屬下讀爲『休公』，爲『下級讚美上級』之文例（文載《裘錫圭學術文集》第四卷，三九六頁）。劉起釪《校釋》從裘説。行甫按：裘文所據唐蘭引《召誥》『今休王不敢後，用顧畏于民碞』之句讀亦與《書》意無關，參見本書《召誥》相關文句釋讀。裘説非是，不可從。**公既定宅**■定宅，指『惟洛食』及『亦惟洛食』也。**伻來來視予卜休**■孔穎達《書疏》：『來來重文者，上「來」言使來，下「來」爲視我卜也。鄭云：「伻來來」者，使二人也。』章太炎曰：『下「來」字與賚義同，予也。』王國維曰：『上「來」謂周公使來，下「來」成王自謂己來也。』行甫按：各家之說大異，當以孔穎達說爲確。『爲視我卜也』之『爲』，應讀『爲了』之『爲』，因下『來』猶今表目的關係之連詞『來』字。視，孫星衍讀爲『示』。孫氏曰：『《曲禮》「幼子常視毋誑」，注云：「視，今之示字。」』行甫按：此『視』字當如字讀，猶探視、察看之意。予，成王自稱。卜休，所卜之休也。曾運乾曰：『休字句絕，猶言來視我卜休否也。』行甫按：曾說是也。『視予卜休』者，謂探視、察看我卜之吉與不吉也，與下『恆吉』、『共貞』相關聯。倘爲周公使人示成王吉卜，則『恆吉』、『共貞』乃成贅詞。**恆吉**■恆，曾運乾曰：『偏也，猶言並吉也。』行甫按：《易・序卦》：『恆者，久也。』亦即『恆常』、『長久』之意。與下『以予萬億年敬天之休』相關聯，非僅謂與周公所卜同吉也。**我二人共貞**■貞，《釋文》引馬融曰：『當也。』《說文》：『卜問也。从卜，貝以爲贄。一曰鼎省聲，京房所說。』郭沫若據許君及甲骨文『貞』字文例釋爲『卜問』，以『我二人共貞』爲『成王、周公同卜』。劉起釪謂其時成王在鎬，周公在洛，二人無法相與共貞，仍從馬融舊注及王國維『貞』通『鼎』而訓『當』。行甫按：舊注迂曲，郭說是也，劉駁甚無理。《說文》：『共，同也。』《禮記・內則》『共帥時』，鄭玄注：『共，猶皆也。』謂周公與成王異地而共卜一事，其吉皆同也。《召誥》『王來紹上帝，自服于土中』，『來』訓『勤』，『紹』通『卲』，即其證也，說見《召誥》釋讀。且成王之卜，不僅其休吉與周公同，乃更爲『恆久之吉』，下文『萬億年敬天之休』即照應『恆吉』之意。行甫又按：自『公既定宅』至『我二人共貞』，其文本邏輯與上文周公『予乃胤保大相東土，其基作民明辟』之許諾與擔保相關聯。知乎此，則編綴者之意無非是說，東遷洛邑將是千秋萬代江山永固之舉。

〔四〕**公其以予萬億年敬天之休**■其，猶庶幾也，表願望之詞。以，與也。萬億年，永久也。敬，敬重也。句意謂：公庶幾與我尊重上天之美意，永居洛邑而長治久安乃至子孫萬代也。**拜手稽首誨言**■誨，《說文》：『曉教也。』段玉裁注：『曉之以破其晦，是曰誨。』孔穎達《書疏》：『此一段史官所錄，非王言也。』章太炎曰：

『此又似成王周公對談之詞，不可解。前人敘事，往往有不甚明白者，據《正義》可知。』

此爲本篇第一節，當是周公還政之前與成王第一次談話的原始記錄。言周公將還政成王，恐其有所顧慮，乃謂繼續大治東土而輔相之以固其志。編綴者遂以『亂保大相東土』爲轉捩，將還政成王與卜洛之事相綴合，並以此爲線索，構成文本的邏輯關聯。至於『王拜手稽首』云云，既『似成王與周公對談之詞』，又似『史官所録』而非王之所實言。且其談話的具體時地，卻一概不可確指。然既述周公『卜宅』之反復選擇，又言成王『共貞』之審慎親卜，無非凸顯『作民明辟』與營建東都洛邑的重大政治關聯；從而將遥遠散亂的歷史碎片重新編綴成具有某種現實隱喻性的當下言説：東都洛邑是決定王朝千秋萬代永遠『敬天之休』的物理前提及其心靈依托。

【繹文】

這時，周公將要開口説話，先拱手平胸，將頭碰在手背向上的邊緣處，然後雙手按地，隨後便把頭也叩到地上。行過這般最爲尊敬的禮拜之後，周公對成王説：『自從你的先父武王駕崩，你便繼承了王位；因你年尚幼沖，不能親自處理朝政，我替你莅阼代行王事。現在你已經長大成人了，我也應該把處理朝政之事交還與你，讓你名副其實地做天下的君王。你如果還有什麼顧慮，覺得難以承擔與保有上天賦予文王的天命和武王所成就的偉大基業，我可以繼續輔助你，把東方的大片土地治理好，你就放心大膽地作爲天下萬民名副其實的君王吧。對了，我以乙卯那天一大早就到達了洛水北岸。那時，召公奭已經率領殷商的遺民群衆打好了洛邑的地基，我便全面巡視了洛邑各個工地成群結隊的殷商遺民的勞動情況，他們熱情高漲，一切工作都在順利進行之中。在此之前，我曾派卜人貞問河北的黎水旁邊，可否作爲東都成周的基址，沒有得到滿意的結果；我於是又讓卜問澗水的東面與瀍水的西面是否可以建都立邑，結果以洛水北面最爲吉利。我想能不能多選擇幾個地方，以備需要時可以有個回旋的餘地，又讓貞卜瀍水東面可否營建都邑，結果還是以洛水北面爲吉，可用來營建都邑。於是我便派人將洛邑的地理位置繪成地圖以及占卜的結果呈獻上來讓你審訂，並請你明確地提出決定性意見。』

成王非常尊敬爲他代攝王位的叔父周公旦，對周公行了拜手稽首大禮之後說：『您老人家真是非常虔誠地尊重上天的美意，非常珍惜上天對我們周邦的庇護和福佑；不辭勞苦地去洛水北岸，全面視察洛邑營建的施工現場。在那個天下的中心地帶，將要建造一座巨大的城邑，它將成爲我們周邦的政治中心，那是您老人家爲我們周邦配合上天美意而精心打造的宏偉傑作。您老人家通過多次嚴肅的占卜，慎重的選擇，確定了新大邑的地理位置，便委派使者給我送來地圖和占卜結果，同時也來探問我的占卜結果是否吉利。我可以告訴您老人家，我們二人的占卜結果完全一致，洛水北岸永遠是個吉利的都邑之地。您老人家完全可以與我一起在那裏恭敬地奉行上天的美意，我們周邦的宏偉基業將子子孫孫無所窮盡地傳承下去。此時此刻，我想恭請您老人家對我提出一些建設性的指導意見。』

成王說完，又恭敬地行了一次拜手稽首大禮。

周公曰：『王肇稱殷禮，祀于新邑，咸秩無文。〔一〕予齊百工，伻從王于周。予惟曰庶有事，今王即命曰：記功宗，以功作元祀。』惟命曰：汝受命，篤弼，丕視功載，乃汝其悉自教工。孺子其朋，孺子其朋，其往！〔二〕無若火始燄燄，厥攸灼，敘弗其絕。厥若彝，及撫事如。〔三〕予惟以在周工往新邑，伻嚮即有僚，明作有功，惇大成裕，汝永有辭。〔四〕』

公曰：『已，汝惟沖子，惟終。〔五〕汝其敬識百辟享，亦識其有不享，享多儀，儀不及物，惟曰不享。惟不役志于享，凡民惟曰不享。〔六〕惟事其爽侮，乃惟孺子頒，朕不暇聽。〔七〕朕教汝于棐民彝。汝乃是不蘉，乃時惟不永哉。〔八〕篤敘乃正父，罔不若。予不敢廢乃命，汝往敬哉。〔九〕茲予其明農哉，彼裕我民，無遠用戾。〔一〇〕』

王若曰：『公明保予沖子。公稱丕顯德，以予小子揚文武烈，奉答天命，和恒四方民。〔一一〕居師，惇宗將禮，稱秩元祀，咸秩無文。〔一二〕惟公德明光于上下，勤施于四方，旁作穆穆，迓衡不迷，文武勤教。予沖子夙夜毖祀。〔一三〕』

王曰：『公功棐迪篤，罔不若時。〔一四〕』王曰：『公，予小子其退即辟于周，命公後。〔一五〕四方迪亂未定，于宗禮亦未克敉，公功迪將其後，監我士師工，誕保文武受民，亂爲四輔。〔一六〕』王曰：『公定，予往。已，公功肅將祇歡。〔一七〕公無困哉，我惟無斁其康事，公勿替刑四方，其世享。〔一八〕』

【釋讀】

〔一〕**周公曰王肇稱殷禮**■肇，《爾雅・釋詁》：『始也。』稱，《爾雅・釋言》：『舉也。』殷禮，殷人之禮。《白虎通・禮樂篇》：『王者始起，何用正民。以爲且用先代之禮樂，天下太平，乃更制作焉。《書》曰：「肇稱殷禮，祀新邑。」此言太平去殷禮。』鄭玄曰：『王者未制禮樂，恆用先王之禮樂。是言伐紂以來，皆用殷之禮樂，非始成王用之也。』宋林之奇引王安石曰：『殷者，與「五年再殷祭」之殷同，非夏殷之殷也。』王國維曰：『成王至雒，始舉此禮，非有故事，故曰肇稱。』行甫按：此漢、宋之說不同，當從漢人。其一，漢人去古未遠，必有所承。其二，《大傳》云『周公攝政五年營成周，六年制禮作樂』，其時洛邑初成，周家禮樂未備，沿用殷禮，勢在必然。即使制作周禮，亦因殷禮，孔子曰『周因于殷禮』是也。其三，作大邑洛，本爲安置殷遺，以殷禮舉行親政祭祀大典，正是周人籠絡殷遺之政治策略。其四，『肇稱』者，成王復辟，始舉親政大典，非始舉殷家之禮也。王安石、王國維之說皆非。

祀于新邑咸秩無文■咸，《爾雅・釋詁》：『皆也。』文，王引之曰：『當讀爲紊，紊，亂也。《盤庚》曰「若網在綱，有條而不紊」，《釋文》：「紊，徐音文。」是紊與文古同音，故借文爲紊。咸秩無紊者，謂自上帝以至群神，循其尊卑大小之次而祀之，無有殽亂也。《風俗通義・山澤篇》曰：「五嶽視三公，四瀆視諸侯，其餘或伯或子男，大小爲差。《尚書》『咸秩無文』，王者報功，以次秩之，無有文也。」亦當作「無有紊也」。謂所視者，由公而侯而伯而子男，大小之差不紊也。』

〔二〕**予齊百工伻從王于周**■齊，戴鈞衡曰讀如『齊小大者存乎卦』之『齊』，辨別也。『古者天子將有大祀，必先習射於澤宮，以選助祭之臣。此時王往成周舉行祀典，百官不能皆從，故周公必辨別其能駿奔走者使從王往』。行甫按：戴氏說『齊』字之義是也，但以爲『辨別其能駿奔走者』則非。下文王命明言『以功作元祀』，則辨別其功之小大，以其大者從王而往也。百工，百官也。伻，使也。從，隨從也，王夫之曰：『扈從也。』于，往也。

周，即上『作周匹休』之『周』，成周洛邑也。王夫之以爲『豐鎬』，章太炎從其說。則一『從王于周』也，既以爲『迎王於宗周』，又以爲『王與迎者俱行』而『同往新邑』，其說臆斷無所憑據，實乃迂曲以圖自圓。說見下『在周工』釋讀。**予惟曰庶有事**■予，周公自稱也。惟，乃也。曰：言告也。庶，眾也。有事，執事也，王夫之曰：『謂百工也。』舊注以『有事』爲『有祭祀之事』，非其義也。下文『今王即命曰』云云，乃周公戒敕百工而宣王命之辭。**今王即命曰記功宗**■今，今日，現在也。即，則也，乃也。命，命令也，教命也。『曰』字以下，乃成王告令之辭。記，記載也。功，功勞也。宗，尊也。行甫按：此『記功宗』者，謂所記之功勞最爲突出者也。**以功作元祀**■以，因也，憑也。作，猶使之也，及也。《周禮・司士》『作六軍之事執披』，鄭玄注：『作，謂使之也。』《無逸》『作其即位』，王引之曰：『及也。』皆是其義也。元祀，大祀也。孫星衍曰：『《盤庚》云：「茲予大享于先王，爾祖其從與享之。」《周禮・司勳》云：「凡有功者，銘書于王之大常，祭于大烝，司勳詔之。」是功臣有配食之禮也。』行甫按：『記功宗，以功作元祀』，乃成王之命也。謂以其所記功勞之大小爲據，使之參與親政祭祀大典以助祭。**惟命曰汝受命篤弼**■惟，乃也。命，亦教令也。行甫按：『惟命』之『命』，乃周公『命』。汝，指因功受命參與助祭者。受命，受『以功作元祀』之命，亦即受王命也。篤，孫星衍據《釋詁》訓『厚』。行甫按：《呂氏春秋・孝行》『朋友不篤』，高誘注：『篤，信也。』《爾雅・釋詁下》：『篤，固也。』則『篤』乃誠信厚實專注之意。弼，《說文》：『輔也。』謂受命參與助祭者當篤誠專力輔助王室。行甫按：『惟命曰』以下，乃周公述王命既畢，就王命『記功宗，以功作元祀』而闡發其義也。**丕視功載**■丕，大也。丕視，猶今語所謂『重視』也。功，即上『記功宗』、『以功作元祀』之『功』。載，記也。蔡《傳》：『功載者，記功之載籍也。』行甫按：蔡說是也。『丕視功載』者，重視記功載籍也，即以登之載功冊籍爲榮也。意謂珍惜看重參與助祭之榮譽。**乃汝其悉自教工**■乃，是也。其，且也，將也。悉，劉淇《助字辨略》：『皆也，盡也。』自，從也，由也。教，《尚書大傳》引作『學』。行甫按：『教』、『學』皆從『爻』聲，可通用。《禮記·學記》『學學半』，孔穎達曰：『上學爲教，音教。』是其例也。《廣雅·釋詁》：『教、學，效也。』工，《大傳》引作『功』，是『教工』，即『效功』也。行甫按：上三句乃周公闡發成王『以功作元祀』之義，猶今所謂傳達上級指示而後闡説其精神大意也。意謂：爾等以功受命作元祀者，當篤誠專力輔助於王室，且登於載功簿册之殊榮不可輕視，是以爾等皆當自此盡其全力報效王室建立功勳。**孺子其朋孺子其朋其往**■孺子，王夫之《稗疏》：『稱孺子者，以尊臨卑之稱，抑親之之詞。猶孔子稱弟子爲小子。』朱彬《經傳考證》卷三：『古人親愛之辭，多以幼小稱之。《檀弓》舅犯曰「孺子其辭之」，秦穆公使人弔公子重耳曰「孺子其圖之」。《左氏傳》欒盈將叛曰「今也得欒孺子何如」。』行甫按：鄭玄曰：『孺子，幼少之稱，謂成王也。』歷來注者皆仍其説。王夫之以爲指百工，是也。其朋之『其』，猶乃也；朋，王夫之曰：『群也。』其往之『其』，猶而也。章太炎曰：『《吳語》「奮其朋勢」，韋解：「朋，群也。」群淫曰「朋淫」，群往曰「朋往」，正當言孺子其朋往，以告戒丁寧，故分爲三逗，正如口吃語矣。』行甫按：章氏補證『朋群』之説，且體貼經文『告戒丁寧』之意，亦頗有會心；唯以『孺子』爲成王，則仍沿舊説。『其朋其往』云者，迻爲今語，當是：『小子們，你們就一起去吧，就一起去吧，小子們！』

〔三〕**無若火始燄燄**■無，毋也，禁止之詞。若，如也，譬喻之詞。燄，《説文》：『火行微燄燄也。』行甫按：《漢書·梅福傳》福上書引《書》曰：『毋若火始庸庸。』顔師古注：『庸庸，微小貌也。言火始微小，不早撲滅之，則至熾盛。』錢大昕曰：『庸、燄聲相近。』是『燄燄』、『庸庸』，聲同義通，無異説也。**厥攸灼**■厥，其也，指火。攸，所也。灼，猶燃燒也。《淮南子·氾論訓》『不可灼也』，高誘注：『灼，燃也。』《慧琳音義》卷六十六『焦灼』注引《考聲》云：『灼，燒也。』**敘弗其絶**■敘，《説文》：『次弟也。』《爾雅·釋詁》：『順、敘，緒也。』行甫按：『敘』者，猶言『餘緒』也。其，猶以也。絶，《説文》：『斷絲也。从糸從刀從卩，𢇍古文絶，象不連體，絶二絲。』行甫按：此『弗絶』猶《公羊傳》僖公四年『南夷與北狄交，中國不絶若線』之『不絶』，即連綿不斷之意。**厥若彝■**厥，其也。其，猶將也、且也。若，如也，順也。彝，常也。行甫按：『彝』亦與『夷』通。《洪範》『是彝是訓』，《史記・宋微子世家》作『是夷是訓』。《說文》：『夷，平也。』是『彝』訓『常』，『夷』訓『平』，則『彝』之義猶今語『平常』、『恆常』也。行甫又按：『厥若彝』者，與上『無若火』之喻相關聯，即『將如常』，猶今語所謂『一如既往，再接再勵』，言過去雖有功勞，今當再立新功，戒其勿驕勿傲，勿封勿滿也，且預伏下文『明作有功』。**及撫事如■**及，猶『乃』也。《史記・吳王濞列傳》『王苟以錯不善，何不以聞，及未有詔虎符，擅發兵擊義國』，言『王何不以聞而乃擅發兵也』。行甫按：王念孫謂此『及』爲『乃』之譌，非也。《史記・朝鮮列傳》『將率不能前，及使衛山諭降右渠』，《漢書・朝鮮傳》作『乃使衛山諭降右渠』。《史記・刺客列傳》『非獨政能，及其姊亦烈女也』，《戰國策・韓策二》作『乃其姊』。《大戴禮記・保傅篇》『太子及生，固舉之禮』，《漢書・賈誼傳》作『廼生』。《平原君列傳》『虞卿料事揣情，爲趙畫策，何其工也！及不忍魏齊，卒困于大梁』，即『乃不忍魏齊』也。是『及』猶『乃』也，說見吳昌瑩《經詞衍釋》。撫，《說文》：『一曰循也。』行甫按：『撫循』皆訓『順』。如，《說文》：『從隨也。』《爾雅・釋天》『二月爲如』，郝懿行《義疏》：『如者，隨從之義，萬物相隨而出如如然也。』行甫按：『如』即『若』也、『然』也。《論語・鄉黨》之『恂恂如』、『踧踖如』、『勃如』，《易・離》九四『突如，其來如，焚如，死如，棄如』，《離》六五『出涕沱若，戚嗟若』之『如』也，『若』也，皆訓『然』，亦『從隨』義之引申也。後世迻佛家術語之言『如』者，亦是其義，即隨從其本來之相。王維《爲舜闍黎謝御題大通大照和尚塔額表》『理事皆如』，趙殿成《箋注》引《維摩詰經》僧肇注曰：『如，謂如本相也。隨順本相謂之如。』是其義也。行甫又按：『及撫事如』，亦與上『無若火』之喻象相關聯，意謂依循事情之内在規則及其本然程序處理政事，既不可躁進以急於求成，亦不可遲滯延誤以致不了了之；亦且預伏下文『惇大成裕』。行甫又按：『厥若彝，及撫事如』二句皆與『無若火始燄燄』之譬喻相關聯，但其義卻各取一邊。其喻體之意謂：不可如火，其始，則微弱無熱；其盛，則熱力過猛而有所燒灼；其末，則餘溫綿綿猶在，卻熾勢已去而不復可燃！其本體之意謂：周公告誡隨王赴洛助祭之功臣，要一如既往，再接再勵，戒驕戒躁，保持旺盛的工作精力與飽滿的辦事熱情，更立新功；不可如火，僅有片時之熾熱即萎頓頹靡，必持之以恆，是爲『厥若彝』也。但又必須遵循事理之既有矩矱與規則及其本來之次弟與程序，不疾不徐，不溫不火地盡力於王事，不可專固意必，以主觀代替客觀，是爲『及撫事如』也。

自『予齊百工伻從王于周』至此，乃周公就新邑舉行成王親政祀典所作人事安排而向成王稟報之辭。言周公已向宗周舊臣傳達了『以功作元祀』之王命，選拔相關功臣將往新邑參與助祭，並勉勵他們珍惜榮譽，一如既往，再接再勵；循規依矩，勿急勿躁，更立新功。

〔四〕**予惟以在周工往新邑**■予，周公自指也。惟，猶乃也。以，使也，猶言率領。周，章太炎曰：『舊都豐鎬也。』此說得之。行甫按：上文『作周匹休』及『從王于周』之『周』，皆指洛邑。此『在周工』之『周』又指宗周。王夫之曰：『雒之稱周，在東遷以後，當時但言「新邑雒」耳，《多士》可證也。』是混宗周豐鎬與成周洛邑皆爲『周』者，則平王東遷之後事也。猶之混雍州之『洛』與豫州之『雒』皆爲『洛』者，乃魏文帝曹丕黃初元年之後事也。知乎其類，則本篇乃西周末年東遷之際編綴而成者，又得一證也。前人不明於此，於是一『從王于周』也，說者以爲百工先迎王於宗周，王再隨迎者而往成周。實則執一難通，不得不曲爲之辭耳。**伻嚮即有僚**■伻，使也。行甫按：『伻』字通貫下三句。嚮，猶往也。《逸周書·小開》『汝謀斯何嚮非翼』，陳逢衡《補注》：『嚮，往也。』是其義也。行甫按：此『嚮』字與上文『其往』之『往』相照應。即，就也。有，戴鈞衡曰：『有僚，猶有虞、有夏之「有」，助詞也。』僚，通寮，即《毛公鼎》『役茲卿事寮太史寮』之『寮』。行甫按：卿事寮、太史寮乃西周王朝兩大行政機構，言使在周之功臣往新邑而各就其位，各司其職也。此當既就祀于新邑言，亦就治于新邑言。**明作有功**■明，通孟，

《禹貢》『導荷澤，被孟豬』，《史記・夏本紀》作『道荷澤，被明都』，是其證也。《爾雅・釋詁》：『孟，勉也。』有，通又，『明作有功』者，謂勉勵他們再立新功也。行甫按：此與上文『厥若彝』相照應，必『厥若彝』者方能『明作有功』。**惇大成裕**■惇，與敦通，《國語・周語上》『吾聞犬戎樹，惇率舊德』，《史記・周本紀》作『敦率舊德』，是其證也。《爾雅・釋詁》：『敦，勉也。』是其義也。《文選・西都賦》『命夫惇誨故老』，李善注引《爾雅》曰：『惇，勉也。』亦讀『惇』爲『敦』也。大，《唐風・椒聊》『碩大無朋』，鄭玄《箋》：『大，謂德美廣博也。』《孟子・盡心下》：『充實而有光輝之謂大。』裕，賈誼《新書・道術》：『包眾容易謂之裕，反裕爲褊。』行甫按：『惇』與『成』爲互文，則『惇大成裕』，猶言『惇成其大，惇成其裕』也。『大』與『裕』義近，『大』謂心胸寬廣，眼界開闊，不拘拘於枝節而失其大體以致陷於偏見；『裕』謂處事泰然，遊刃有餘，不汲汲於求成而悖離矩度甚且不擇手段。此與上文『及撫事如』相照應，必『惇大成裕』而後可『及撫事如』，亦必『及撫事如』者方能『惇大成裕』，乃互爲前件或互爲因果也。**汝永有辭**■汝，指成王。辭，枚《傳》：『汝長有嘆譽之辭於後世。』行甫按：後世注家多從枚說，然非經義也。此『辭』即《左傳》桓公六年『祝史正辭，信也』、《乾・文言》『修辭立其誠』、《離騷》『跪敷衽以陳辭』、《說文》『春祭曰祠，品物少，多文辭』之『辭』，謂陳於上天與鬼神之祝辭也。《左傳》襄公二十七年楚令尹子木問於趙孟：『「范武子之德何如？」對曰：「夫子之家事治；言於晉國無隱情；其祝史陳信於鬼神無愧辭。」子木歸，以語王。王曰：「尚矣哉！能歆神人，宜其光輔五君，以爲盟主也。」』杜預注：『祝陳馨香，德足副之，故不愧。』是『汝永有辭』者，謂舉行宗廟祭祀，汝於上天與神靈將永有陳信之文辭也。行甫又按：《左傳》桓公六年季梁曰：『聖王先成民而後致力於神，奉牲以告曰：「博碩肥腯。」謂其民力之普存也，謂其畜之碩大蕃滋也，謂其不疾瘯蠡也，謂其備腯咸有也。奉盛以告曰：「絜粢豐盛。」謂其三時不害而民和年豐也。奉酒醴以告曰：「嘉栗旨酒。」謂其上下皆有嘉德而無違心也。』是所謂『祝史陳信於鬼神而無愧辭』，亦即本經『有辭』之證也。

王削縣，侯免國。』是經史猶可互證也。**朕不暇聽**■暇，曾運乾曰：『暇讀爲假，攝也。』聽，屈萬里曰：『義猶聽政、聽獄之聽，即過問也。』行甫按：『國之大事，在祀與戎。』是周公以享祭識諸侯磨勵成王之施政能力。

〔八〕**朕教汝于棐民彝**■于，以也。棐，《說文》：『輔也。』棐民，曾運乾曰：『猶言輔世長民也。』彝，《爾雅・釋詁》：『常也。』行甫按：謂教汝以輔世長民之常法也。**汝乃是不蘉**■乃，若也。是，此也。蘉，孔穎達《書疏》：『蘉之爲勉，相傳訓也。鄭王皆以爲勉。』錢大昕《十駕齋養新錄》卷一：『《釋文》：蘉，莫剛反。蓋馬鄭舊音，而同訓勉，則蘉即孟，審矣！蘉從侵無義，疑即㝱字。孟夢音相近，皆黽勉之轉聲，隸變譌爲蘉耳。』行甫按：錢說精審，其自注亦云『江處士聲、邵學士晉涵皆采予說』，良有以也。**乃時惟不永哉**■乃，則也，即也。時，如字讀，謂享國之時日也。惟，其也，其，猶將也。永，久長也。

〔九〕**篤敘乃正父**■篤，舊訓『厚』，然『厚敘』則不辭。行甫按：此『篤』當系『督』之借字。《左傳》昭公十二年『司馬督』，《漢書・古今人表》作『司馬篤』，《史記・李斯列傳》『督責之術』，《鹽鐵論・詔聖》作『篤責』。《老子》十六章『致虛極，守靜篤』，馬王堆帛書乙本作『守靜督』，皆是其例。督，猶言督察也。敘，《說文》：『次弟也。』屈萬里曰：『敘，謂銓敘官爵。』行甫按：『篤敘』乃並列詞組，謂督察與銓敘也。乃，爾也，汝也。正，官長。《酒誥》『庶士有正』、『有正有事』，是也。父，孫星衍曰：『父者，《說文》云「家長率教者」，是父爲長也。《詩傳》云「天子謂同姓諸侯、諸侯謂同姓大夫，皆曰父」。』王國維曰：『《酒誥》『矧惟若疇：圻父薄違，農父若保，宏父定辟』，皆官長之稱。』行甫按：『正父』亦並列詞組，然《酒誥》以『庶士有正』與『若疇』之『圻父』云云分言，當是『父』之職位較『正』之職位有貴賤尊卑之差，故曰督敘之也。行甫又按：下文成王曰『監我士師工』，即回應周公『篤敘乃正父』之言。枚《傳》云『監篤我政事衆官』，是亦以『篤』爲『督』也。章太炎解下文『惠篤敘』之『篤』，亦謂『篤讀爲督』，引《春秋僖公傳》『余嘉乃勳，應乃懿德，謂督不忘』之『以督爲篤』，以證『篤亦可借爲督』。亦是其例也。**罔不若**■罔，猶莫也。若，順也。行甫按：『罔不若』，謂才德與職位相匹合也。**予不敢廢乃命**■予，我周公也。不敢，猶言不會也。廢，棄也，止也。命，猶言王命也。行甫按：周公自謂對成王於各級官長之督察與任命將不予過問也。**汝往敬哉**■往，往新邑，亦猶後也。《論語·八佾》『禘自既灌而往者，吾不欲觀之矣』，皇侃《義疏》：『往，猶後也。』敬，謹也，慎也。

〔一〇〕**茲予其明農哉**■茲，猶斯也，斯，猶則也。其，猶將也，且也。明，猶勉也。農，王夫之曰：『經理疆洫之事。如禹之任土，文王之即田功也。』行甫按：《小雅·信南山》『信彼南山，維禹甸之，畇畇原隰，曾孫田之。我疆我理，南東其畝』，《序》曰：『《信南山》，刺幽王也。不能脩成王之業，疆理天下以奉禹功，故君子思古焉。』《左傳》成公二年齊晉鞌之戰，齊師敗績，晉人欲『使齊之封內盡東其畝』，齊使曰：『先王疆理天下，物土之宜而布其利，故《詩》曰「我疆我理，南東其畝」。今吾子疆理諸侯而曰「盡東其畝」而已，唯吾子戎車是利，無顧土宜，其無乃非先王之命也乎！』是周初有順物土之宜，而或南北或東西治其田畝溝洫以疆理天下之事，周公致政成王乃欲爲之也。**彼裕我民**■彼，指『明農』之事也。裕，《荀子·富國》『節用裕民』，楊倞注：『裕，謂優饒也。』《漢書·揚雄傳上》『裕民之與奪民也』，顏師古注：『裕，饒。』行甫按：『彼裕我民』，謂治其田畝溝洫疆理天下而使我邦之民富裕饒足也。**無遠用戾**■用，以也，而也。戾，乖違不調也。賈誼《新書·道術》：『合得密周謂之調，反調爲戾。』行甫按：『無遠用戾』者，謂無使因地處偏遠而有所乖違不調，言即使偏遠之地亦當順物土之誼而治其田畝溝洫以疆理之也。行甫又按：周公所以言『其明農』者，乃與上文『復子明辟』而『亂保大相東土』之承諾相照應，而『裕我民』以『無遠用戾』，正爲『亂保大相東土，其基作民明辟』之具體舉措與基本保證。

〔一一〕**王若曰**■若，如此也。**公明保予沖子**■明，勉也。保，輔也。說見上『亂保大相東土』釋讀。**公稱**

丕顯德■稱，孫星衍曰：揚也。行甫按：《説文》：『偁，揚也。』是『稱』乃『偁』之借字也。丕，大也。顯，光明也。德，意即治國之才。『稱丕顯德』，猶今語所謂發揮偉大光明的治國才能。下文『公德明光于上下』，亦其意也。**以予小子揚文武烈**■以，使也。揚，《説文》：『飛舉也。』猶今語所謂『弘揚』之意。烈，業也。**奉答天命**■奉，承也。答，王先謙曰：『答對雙聲字。』報答也。**和恒四方民**■恒，猶言安也。《周禮·司弓矢》『恒矢庳矢用諸散射』，鄭玄注：『恒矢，安居之矢也。』是『恒』有『安』義之證。『和恒四方民』，謂和安四方之民也。此句補充『揚文武烈，奉答天命』之意。

〔一二〕**居師**■居，猶於也。《廣雅·釋詁》：『於，尻也。』王念孫《疏證》：『《荀子·君道篇》「其居鄉里也」，《韓詩外傳》「居」作「於」。』吳昌瑩《經詞衍釋》：『居與於聲相近，故《左傳》之「居安思危」，《楚策》引曰：「臣聞之《春秋》：於安思危。」《禮記》「其居人也曰養」，言其於人也。』師，章太炎曰：『京師，謂東都也。言京師者，或但稱京，《曹風》「念彼周京」是也。或但稱師，此篇「至于洛師」是也。』行甫按：『居師』，猶言『在京師』也。舊解屬上讀，釋『居』爲『居處』，於經文語勢不貫，今不從。**惇宗將禮**■惇，厚也。宗，通崇。《牧誓》『是崇是長』，《漢書·谷永傳》作『是宗是長』，是其證也。行甫按：『惇宗』，猶今言『隆重』也。將，行也。《大雅·文王》『祼將于京』，毛《傳》：『將，行也。』《孟子·萬章下》『以君命將之』，趙岐注：『將者，行也。』皆是其例。**稱秩元祀**■稱，舉行也。秩，次弟也。元，大也，首也。行甫按：『秩元』，猶言『於秩爲首』也。『稱秩元祀』，意即：舉行首次重大祭祀也。**咸秩無文**■咸，皆。秩，有次弟。文，通紊，亂也。行甫按：由此數語，知成王將往洛邑舉行親政大典也。

〔一三〕**惟公德明光于上下**■惟，以也。明光，同義複詞，與上文『丕顯』同意。上下，謂天地。**勤施于四方**

■勤，憂勞也。《呂氏春秋・古樂篇》『勤勞天下』，高誘注：『勤，憂也。』《楚辭・七諫》：『居愁勤其誰告兮，獨永思而憂悲。』是古謂『憂』爲『勤』。《左傳》僖公二十八年『令尹其不勤民』，杜預注：『盡心盡力，無所愛惜爲勤』，是『勤』乃憂勞之意也。施，延也，及也。**旁作穆穆**■旁，與並通。《老子》十六章『萬物並作，吾以觀其復。』馬王堆帛書甲、乙本皆作『萬物旁作』，是其證也。作，起也。穆穆，猶和悅、和順也。《大雅・烝民》『穆如清風』，鄭《箋》：『穆，和也。』《管子・君臣下》『穆君之色』，尹知章注：『穆，猶悅也。』俞樾《諸子平議》：『穆，順也。』《楚辭・九章・守志》『望太微兮穆穆』，洪興祖注：『穆穆，和順也。』**迓衡不迷**■迓，當爲『御』。段玉裁《古文尚書撰異》：『《魏志・文帝紀》裴注曰：「延康元年詔曰：今王纘承前緒，至德光昭，御衡不迷，布德優遠。」漢魏間多讀古文《尚書》，詔所引者古文《雒誥》也。《釋文》：「御，五嫁反。馬鄭王皆音魚據反。」按此字本作御，僞孔傳訓迎，則讀爲訝，故陸云五嫁反也。馬鄭王皆訓「八枋馭群臣」之馭，讀如字，故陸云魚據反也。衛包依孔訓改字作迓，而《釋文》故作御，至開寶中又改《釋文》大書作迓，以合衛包本，而小字仍之。殊不思今音迓可五嫁而不可魚據。今本《釋文》大書與小書横決不貫。』章太炎曰：『御從午聲，午者，屰也。古字以御爲訝，訝，逆也。逆亦言屰也。衡與横同。《大戴記・衛將軍文子》篇：「有道順君，無道横命。」《管晏列傳》作衡命。御横不迷，言遭横屰而心不亂，如《詩・狼跋》所詠是也。此成王贊周公之德，與《堯典》稱舜差似，而規摹爲遠。舜賓四門，四門穆穆，此則四方穆穆也。舜遭烈風雷雨不迷，此則處人事之變而不迷也。』行甫按：章說『御衡不迷』極精審，唯解『旁作穆穆』爲『普遍和穆』則與經義稍有隔。此二句乃讚美周公治國之才德。『旁作穆穆』與『迓衡不迷』爲對文，『旁作』者，常事雜然並起也；『御衡』者，變事突如其來也。『穆穆』者，和悅以對，遊刃而有餘也；『不迷』者，果決以斷，毫不猶豫也。**文武勤教**■文武，朱駿聲《尚書便讀》：『有文治武功，如《詩》云「文武吉甫，萬邦是憲」也。』勤，猶殷勤也。《天問》『何勤子屠母』，孫詒讓《札迻》：『此勤字當爲《詩・鴟鴞》「恩斯勤斯」之勤，鄭

《箋》釋爲殷勤。』行甫按： 此『勤』當是『懃』字之假借。《漢書·司馬遷傳》『意氣勤勤懇懇』，《文選·報任少卿書》作『懃懃懇懇』，是其例也。『文武勤教』者，謂周公既有文治亦有武功，又殷勤教誨下屬百官也。 **予沖子夙夜毖祀**■夙夜，猶言早晚也。毖，告也。毖祀，古人常語，猶言告祀也。古者祀而有告，例見上文『汝永有辭』釋讀。枚《傳》：『言政化由公而立，我童子徒早起夜寐，慎其祭祀而已，無所能。』孔穎達《書疏》：『此述留公之意，陳自今已後之事。言公若留住，政化由公而立，我童子徒早起夜寐慎其祭祀而已，於政事無所能，惟欲典祭祀，以政事委公。襄二十六年《左傳》云衛獻公使與甯喜言曰：苟得反國，政由甯氏，祭則寡人，亦猶是也。』劉起釪以爲： 衛獻公與權臣寧喜相約『政由寧氏，祀則寡人』，乃無可奈何之政治交易，套用以釋本經，殊爲不當。 行甫按： 劉氏之說，似是而實非也。『國之大事，在祀與戎』，而祭祀之禮，體現其時親親尊尊之主流意識形態，且卿大夫參與助祭，亦是因祭祀而培植黨羽及籠絡人臣之重要途徑。 焉知衛獻公與權臣相約而非用成王對周公之意而稍變其辭邪？ 劉說過泥，頗無趣味，非第失本經之奥旨，亦不得麟傳之微義也。

〔一四〕**王曰公功棐迪篤**■功，勞績也。《說文》：『以勞定國也。』《管子·明法解》：『凡所謂功者，安主上利萬民者也。』棐，《說文》：『輔也。』迪，《說文》：『道也。』段玉裁注：『道兼道路、引導二訓。』行甫按：『棐迪』亦近義複詞。《方言》卷六：『由迪，正也。胥、由，輔也。』段氏云：『由道疊韻。』是『迪』亦有『輔』義。孫詒讓《駢枝》說《尚書》之『棐』字皆通『匪』，謂『棐迪』猶言『不迪』、『罔迪』，執一義以繩之，尤窒礙而難通，不知《書經》多有同義、近義之複語也。篤，《爾雅·釋詁》：『厚也。』**罔不若時**■罔，無也，莫也。若，如也。時，是也。指其上所稱述也。 行甫按： 本篇記言，凡更端之處，皆用『曰』字領起。『周公曰』以下及『王若曰』以下，皆是也。其所以如此者，或如本篇【解題】所引金兆梓之說，乃周公與成王之多次談話，而史臣分類最錄也。 唯此二句與上文『王若曰』乃有分述與補充及其强調之性質，二句意謂： 公輔助誘導之誠，皆是如此，上述所言，皆非虛語。

〔一五〕**王曰公予小子其退即辟于周**■其，將也。退，返還也。即，就也。辟，君位也。周，宗周，豐鎬也。此成王自謂將於洛邑舉行祀典之後，便返還宗周就君位而親政。**命公後**■命，《說文》：『使也。』後，《說文》：『遲也。』《易・歸妹》『遲歸有時』，陸德明《釋文》：『遲，晚也，緩也。陸（績）云：待也。』則『後』字實含遲緩留待之意。行甫按：『命公後』承『予小子其退即辟于周』，謂成王將先行返還宗周以即君位而親政，使周公遲留於洛邑待以善後，即周公前之所言『亂保大相東土』也。然自漢唐迄於今世，注家於『退』字、『周』字、『後』字之說解，因其談話時空無所確指，竟致群言淆亂，糾纏不休。其間，清儒朱駿聲《尚書便讀》托言『或曰』，又疑此二句當在『王入太室祼』之下而『錯簡於此』，顧頡剛、劉起釪乃以爲『朱氏所引或說極是』，竟以不知其『何人之語』而大爲憾恨。然以今觀之，凡此種種，皆屬無事生非，故作解人，而朱氏尤其疑所不當疑。姑且不論成王與周公此番對話之實際發生於何時與何地無須細究，因爲東遷之際的編綴者根本就不關心此等瑣末之事；更何況就談話行爲之本身而論，其於未來之行動安排，完全可能進行言語預設與虛擬，正不必待事後始可言而及之。而且經文用一『其』字，『其』者，將也，正是針對未來行爲之擬設。知乎此，則對話發生之準確時間與具體地點，尚有追究之必要麼？亦何來錯簡之說？

〔一六〕**四方迪亂未定**■四方，四境也。迪亂，章太炎曰：『《釋詁》：「迪，作也。」四方作亂，謂三監及淮夷叛也。舊說必訓亂爲治者，蓋因時已太平，不宜言亂耳。不知三監淮夷之叛，去此固未久也。』王國維曰：『四方尚有未服者。』**于宗禮亦未克敉**■于，猶越也，與也，連及之詞。宗禮，章太炎曰：『宗祀文王于明堂之禮，亦兼統諸祭言之。』行甫按：屈萬里引《孝經》『宗祀文王於明堂，以配上帝』，《漢書・兒寬傳》『宗祀天地，禮薦百神』，以釋本經『宗禮』。是也，可爲章說作補充。亦，也詞也。克，能也。敉，彌也，終也，猶今語『完成』。說見《大誥》『以于敉寧武圖功』釋讀。行甫按：此二句言成王留周公之現實緊迫性。謂三監淮夷之叛亂雖平，而四方人心尚未有定，因而制禮作樂之事亦尚未最終完成。下文四句乃言所以留周公之歷史必要性。**公功迪將其後**■迪，即上『棐迪』之『迪』，輔也，導也。將，扶也，助也。《商頌·那》『湯孫之將』，鄭玄《箋》：『將，猶扶助也。』行甫按：『迪將』亦近義複詞，即上『棐迪』之義也。其，猶以也。說見吴昌瑩《經詞衍釋》。後，即『命公後』之『後』，謂留新邑以治東土也。孫星衍謂王引之云：『當以「四方迪亂未定」爲句，「于宗禮亦未克敉」爲句，「公功迪將其後」爲句。上文云「公功棐迪篤」，下文云「公功肅祇歡」，與此並以「公功」發句。』因《說文》『敉』字下引《周書》曰『亦未克敉公功』，是以孫氏不從王氏讀。章太炎曰：『今《述聞》不載其說，蓋已從刊削矣。』行甫按：《說文》所引《尚書》，其句逗多有參差。如『抲』字引《酒誥》文，即其例也。許氏云：『抲，撝也。從手，可聲。《周書》曰：「盡執抲。」』段玉裁曰：『《周書》當「盡執」爲逗。下云「抲以歸于周」。』而許君連下一字讀作『盡執抲』，其句逗之誤與『敉』字下『《周書》曰：亦不克敉公功』正同。王氏《述聞》削其舊說者，乃過信許君而不自信也。其舊說實勝，兹從之。**監我士師工**■監，督也。枚《傳》訓『監篤。』，『篤』與『督』通，說見上『篤敘乃正父』釋讀。士師工，王國維曰：『皆官也。』于省吾曰：『士謂卿士，師謂師尹，亦曰師師，亦曰師長。工謂百工，亦曰百執事。簡稱士師工。』**誕保文武受民**■誕，與『延』字通也。《無逸》『既誕否則侮厥父母』，《熹平石經》『誕』作『延』。《漢書·古今人表》『赧王延』，《史記索隱》作『誕』。皆是其例也。《爾雅·釋詁》：『延，長也。』是『誕保』亦即『長保』也。保，安也。受民，謂所受之於天之民也。行甫按：『受民』當是其時常語。《立政》『相我受民』、『以乂我受民』，《大盂鼎》『其遹省先王受民受疆土』，皆是其例。**亂爲四輔**■亂，章太炎曰：『《尚書》亂字不皆訓治，《詩》卒章稱亂，亂猶言終也。此成王留周公之辭。』四輔，枚《傳》：『四維之輔。』孔穎達《書疏》：『《文王世子》云「設四輔」，謂設眾官爲四方之輔助。周公一人事無不統，故一人爲四輔。《管子》云「四維不張，國乃滅亡」，《傳》取《管子》之意，故言「四維之輔」也。』孫星衍曰：《漢書·谷永傳》永對曰『四輔既備，成王靡有過事』，顏師古注云『輔、弼、疑、丞』，並引《洛誥》此文。章太炎曰：『周公先已兼四輔，故欲其終爲四輔也。』行甫按：舊說種種，皆無關經義。考《方言》卷六：『胥、由，輔也。』郭璞注：『胥，相也。由，正，皆謂輔持也。』錢繹《箋疏》：「『胥』與『疏』，『輔』與『附』，古並同聲。『胥輔』，猶『疏附』。《大雅·綿》篇云：『予曰有疏附。』」是『疏附』即『胥輔』，亦即『相輔』，則『輔』有『依附』之義也。《左傳》僖公五年『輔車相依，脣亡齒寒』，《古經解鉤沈》卷十七引服虔注：『輔，上頷車也，與牙相依。』《荀子·非十二子》『輔然端然』，楊倞注：『輔然，相親附之貌。』此漢唐舊說『輔』字義也。《大戴禮記·四代》『巧匠輔繩而斲』，孔廣森《補注》：『輔，依也。』《逸周書·柔武解》『維勢是輔』，朱右曾《集訓校釋》：『輔，附。』此清儒說『輔』字義也。是『輔』者，猶依附、親附之謂也。則『四輔』也者，猶言『四方之民來親附』，或『四方之國來依附』也。意即《君奭》『我咸成文王功于不怠，丕冒海隅出日，罔不率俾』也。『率俾』，亦猶順從也。又，《大雅·文王有聲》『自西自東，自南自北，無思不服』，亦是其義也。『誕保文武受民，亂爲四輔』，二句乃遞進關聯，猶《大雅·民勞》『惠此中國，以綏四方』之謂。故知章太炎訓『亂』爲終，極爲精審。且『四輔』即『四方來附』之句法，周漢文章亦多有之。《戰國策·魏策一》張儀爲秦連橫說魏王，言魏之『地四平，諸侯四通，條達輻湊』，即魏之地『四方諸侯皆可來通』也。又言『魏之地勢，故戰場也』，倘不與秦爲連橫，則『所謂四分五裂之道也』。其文曰『齊攻其東』、『趙攻其北』、『韓攻其西』、『楚攻其南』，是『四分五裂』，猶言『四方來分』、『五國來裂』也。又，《史記·酈生列傳》：『夫陳留，天下之衝，四通五達之郊也。』陳留亦爲魏地，意即『四方來通，五方來達』之意。皆與本經『四輔』文法一律，可以互證也。

〔一七〕**王曰■**　行甫按：此『王曰』二字亦本篇記言更端之標誌，其言未必與上文緊相承接，前人不明是理，故說此經頗多附會之辭。考《尚書》用『曰』或『又曰』以簡括、提點或回照與補充前文之意，不乏其例。《君奭》

『又曰天不可信』云云，及『又曰無能往來迪兹彝教』下至『惟兹四人昭武王惟冒丕單稱德』一節經文，皆是其例也。《康誥》『又曰要囚，服念五六日』下四句，亦是其例。參見各篇相關文句釋讀。此『王曰』，亦與之相類，説見下文各句釋讀。**公定**■定，即上文『公既定宅』之『定』，即洛邑之營建落成及元祀諸事皆『定』也。**予往**■往，即上文『汝往敬哉』之『往』，往洛邑也。行甫按：此四字即簡括上文周公『定宅』及成王將往洛邑『稱秩元祀』之意。**已**■嘆詞，爲下文讚美周公之功德起勢。**公功肅將祗歡**■功，治績也。行甫按：上既言『惟公德明光于上下，勤施于四方，旁作穆穆，迓衡不迷，文武勤教』，又言『公功棐迪篤，罔不若時』，則此『公功』猶言由公之德所生之公之功也。肅將祗歡，乃成王對周公功德之贊詞，以四字平列爲義，此類句式，《尚書》多有。《盤庚》『敗禍姦宄』，《康誥》『寇攘姦宄』，《無逸》『徽柔懿恭』、『譸張爲幻』、『嚴恭寅畏』，《吕刑》『鴟義姦宄』、『敓攘矯虔』、『劓刵椓黥』，皆是其例也。肅，《逸周書・謚法解》：『執心決斷曰肅。』《説文》：『肅，持事振敬也。』行甫按：此『肅』字當是照應上文『迓衡不迷』，故有『持事振敬』之義，亦有『執心決斷』之義焉。將，《商頌・長發》『有娀方將』，毛《傳》：『將，大也。』《小雅・北山》『鮮我方將』，毛《傳》『將，壯也。』《廣雅・釋詁》：『將，美也。』《大雅・既醉》『爾殽既將』，馬瑞辰《傳箋通釋》：『將、臧相近，臧爲美，將亦美也。』行甫按：此『將』字，當是照應上文『公德明光于上下』爲言，故有美大壯臧之義焉。又，《爾雅・釋言》『將，齊也。』郭璞注：『謂分齊也。』郝懿行《義疏》：『齊者，《少儀》注：和也。齊之爲言劑也。』是『將』亦有和調之義，則又與上文『旁作穆穆』相關聯，謂和調眾雜並作之事而遊刃有餘也。祗，《説文》：『敬也。』行甫按：『祗敬』之爲德，臨事而謹，反覆周洽也。周公定宅，枚卜異地，伻來以圖，是其事也。歡，《説文》：『喜樂也。从欠，雚聲。』又，『懽，喜歀也。从心，雚聲。《爾雅》曰：「懽懽愮愮，憂無告也。」』段玉裁注：『懽與歡音義皆略同。懽懽，即《大雅》之「老夫灌灌」。《傳》曰：「灌灌猶款款也。」懽本訓喜款，而㥶者款款然之誠，亦與喜樂之款款同其誠切。許説其本義，《爾雅》説其引申之義也。』行甫按： 此『歡』、『懽』字通，『喜樂』之義也，而有『款款之憂』者，猶『亂』之訓『治』、『落』之訓『始』也。然就其『喜樂』之義言之，則與上『旁作穆穆』之『和順與遊刃有餘』之義相照也。就其『款款之憂者』而言之，又當是照應上文『勤施于四方』之義也。彼『勤』即『憂勞』、『憂勤』之訓也，説已見上文釋讀。此四字平列，皆爲形容詞，是以上古載籍往往疊其字以爲連綿詞。『懽懽』、『灌灌』猶『歡歡』也，例已見諸上引《詩》章《雅》訓，乃無煩别舉。而《逸周書・大匡解》『戰戰惟時祇祇』，《漢書・廣陵厲王劉胥傳》『祇祇兢兢』，朱右曾《逸周書集訓校釋》及顔師古《漢書注》皆曰： 『祇祇，敬也。』《魯頌・閟宮》『犧尊將將』，王肅曰： 『將將，盛美也。』《大雅・烝民》『肅肅王命』，鄭《箋》： 『肅肅，敬也。』孔穎達《正義》： 『肅肅然甚可尊嚴而畏敬者，是王之教命嚴敬而難行者。』據其疊字之用，則本經四字之義各見也。準此，則『已，公功肅將祇歡』一句，乃簡括與總述上文『惟公德明光于上下』至『公功棐迪篤罔不若時』之意也。

〔一一八〕**公無困哉**■困，憂苦也。枚《傳》： 『公必留，無去以困我哉。』行甫按： 《逸周書・祭公解》『王曰： 公無困我哉！ 俾百僚乃心，率輔弼予一人』，孔晁注： 『言公當使百官相率和輔弼我，不然則困我。』考《漢書・元后傳》上報鳳曰： 『《書》不云乎？「公無困我。」』《杜欽傳》欽説王鳳曰： 『《書》稱「公無困我」。』劉昭《祭祀志》注： 『《東觀書》曰： 章帝賜東平憲王蒼書曰： 「宜勿隱，思有所承，公無困我。」』據此，則其一，漢讀本經同於《逸周書》，皆有『我』字； 其二，枚《傳》、孔《注》皆同漢讀，皆爲『公去則困我』以挽留周公與祭公。然無論《逸書》抑或本經，皆非漢讀及《傳》、《注》之意。而《逸書》之義尤明，謂『公無須以我爲憂苦也，我使百僚同心，皆輔弼於我而已』，意即慰勉祭公安心養疴，無須操心憂勞，有朝廷百官在也。而本經之意，則是成王慰勉周公無以我爲憂苦也，我當遵公之教『其退即辟于周』，將『無斁其康事』也。**我惟無斁其康事**■惟，猶乃也，乃猶將也。斁，《説文》： 『解也。从攴，睪聲。《詩》云「服之無斁」。斁，厭也。一曰終也。』行甫按： 『解』也、『猒』也、『終』也，即今所謂懈怠、厭倦、放棄之意，三說無異義也。其，猶於也，以也。康，章太炎曰：『康讀爲庚，《律書》：「庚者，言陰氣更萬物。」《律曆志》：「斂更于庚。」《說文》：「庸从用庚，庚，更事也。」此庚事即更事也。前已自承即辟，故言更事無斁。更事，即更習吏事。不言莅政言更事者，謙也。』行甫按：章氏讀『康事』爲『庚事』，即『更事』，是也。然以『更事』爲『更習吏事』，則非也。考『康』本從『庚』聲，音同義通，《戰國策·韓策二》『司馬康』，《史記·韓世家》作『司馬庚』，是其證也。『庚』亦通『賡』，《小雅·大東》『西有長庚』，《益稷正義》引作『長賡』。『庚』、『更』，皆通『賡』，續也。金文『更』字例皆用作『賡續』之字。《曶鼎》『令女更乃且考嗣卜事』，《班毁》『王令毛白更虢城公服』，是其例也。而《國語·晉語四》『姓利相更』，韋昭注：『更，續也。』是其證也。『我惟無斁其康事』，謂予於接替王位之事將不懈怠也，故公毋庸多慮也。此句照應前『即辟』之義，章氏曰『前已自承即辟，故言更事無斁』，其說甚確。**公勿替刑四方**[redacted]替，廢止也。刑，即『刑于寡妻』之『刑』，爲法則、作表率也。行甫按：此照應上文『勤施于四方』、『文武勤教』及『命公後』之意也。**其世享**[redacted]其，將也。世，世世也。享，猶『享國』之『享』，獻祭也。世主其祭，則國祚長久也。謂：公亦勿替，儀刑天下四方，必將世世享祀而不絕也。此回照上文『誕保文武受民，亂爲四輔』之意也。

此爲本篇第二節，當是周公還政之前與成王第二次談話的原始記錄。時間大約是離新邑即將落成之前不久，周公建議成王在新邑舉行祭祀大典，作爲親政改元的就位儀式。其中涉及周公的去留以及成王的態度與安排。談話的具體地點，亦不可知。編纂者不過以此説明：洛邑就是當年成王舉行親政大典的歷史聖地，那個地方，已然沈澱著周王朝臻於成康盛世的文化基因，當然也是周王朝再現成康之治的希望所在。

【繹文】

周公又對成王説：『君王可在親政之前用殷人的禮儀在新都洛邑舉行一次宗廟祭祀大典，作爲你改元親政與民更始的歷史標誌；自上帝及社稷群神以至三山五嶽江河四瀆，皆循其尊卑大小之次而享祀之，不可有所紊亂。我也將把豐鎬舊京的百官臣僚召集起來，從中挑選一批得力的功臣，讓他們跟隨君王前往洛邑參與首次親政祀典的助祭。

我於是對他們説：「各位臣工，今天我們的君王發出了指令説：『功勞簿冊上的記録應該得到充分的尊重，要根據功勞大小的次序，使他們參與新邑的改元親政祭祀大典。』我向他們傳達了你的指令之後，又把你的指示精神作了一些必要的闡述和發揮。我對他們説，「你們接受君王的命令，要忠實地履行職責，誠懇地輔助君王，要充分認識到功勞簿冊的重大意義，珍惜以功勞和勳績參與王朝助祭的美譽與榮光。因此，你們從此以後更要盡其全力報效王室，爭取建立更多更大的勳業。小伙子們，你們就一起結伴而行吧，一起前往新邑吧，小伙子們！」

我告誡他們，到了新邑之後，還要繼續努力，不要像火焰的燃燒那樣：開始時火勢極其微弱，幾乎沒有什麽熱度；等火勢旺盛的時候，又火力過猛，以致有所燒灼，但經過一陣猛烈燃燒之後，又大勢已去，雖然尚存微溫餘熱綿綿而不絕，但畢竟已是死灰餘燼，無所作爲了。從這裏可以悟出很多道理。第一，告訴他們，到了新邑之後要一如既往，再接再勵，戒驕戒躁，繼續保持旺盛的工作精力與飽滿的辦事熱情，爲王室再立新功，不能像那火焰的燃燒一樣，僅有片刻的熾熱便萎頓頹靡而無所事事，必須持之以恆。第二，告訴他們，要保持飽滿的工作熱情和積極的工作態度，但又必須遵循事物的客觀規律，不可以主觀代替客觀，因而蔑視規律以致輕浮躁進；也不可以客觀掩蓋主觀，以致畏葸懶惰，裹足不前。這也像火焰燃燒一樣，旺時過旺，造成灼傷與災難；弱時過弱，因無能爲力而無濟於事。與此同理，第三，還必須遵循辦事的既有程序，要不緊不慢，又要不溫不火；也不能像火焰燃燒那樣，忽快忽慢，忽冷忽熱；過慢過冷則喪失時機；過快過熱又欲速則不達。因此，我將派遣一批在豐鎬舊京便素質比較優良的官員去新都洛邑，參與助祭之後就留下來繼續在東都效力，讓他們各就各位，各司其職，勉勵他們在新的崗位上再立新功；勉勵他們開闊眼界，處事泰然，既不拘於枝節而陷於主觀偏見，也不急於求成以致不擇手段。使新都洛邑形成豁然寬鬆而又高效務實的官場風氣及其社會氛圍。這樣，你在舉行宗廟祭祀之時，祝史面對上天與神靈，將永遠不會缺乏善德與善政可陳。』

周公嘆了一口氣繼續說：『唉——，你雖然年尚幼沖，但你畢竟是君臨天下的邦國之王，因此你要有對各種人事的判斷標準與判斷方法。享祭和朝獻是國家大事，除了興兵作戰，再沒有比它更爲重要的事了。你要謹慎地觀察各地封疆大吏在朝廷宗廟大祭活動中的種種表現，便中識別他們誰是忠心懇懇誠摯虔敬地參與祭禮，誰只是守土自肥而與朝廷離心離德，參與朝廷宗廟大禮也不過是漫不經心地虛應故事。祭祀的禮文儀式頗有講究，有以多爲貴，有以少爲貴，有以大爲貴，有以小爲貴，有以高爲貴，有以下爲貴，有以文爲貴，有以素爲貴，五花八門，名目繁多，但關鍵是各種禮節儀式要與進獻的助祭禮品與貢物相匹合，禮儀簡陋卻品物精致，品物粗劣而禮儀周洽，都是對朝廷漫不經心的輕蔑與傲視，其實質等同於無祭。凡是對朝廷宗廟祭祀大禮掉以輕心，不花精力，不動腦筋，擱在任何人，都可以説就是不願參與朝廷祭祀。只不過事情的原委是有所不同的，有些人是文化水平有限，沒有意識到事情的嚴重性，是無意之中造成的遺憾；有些人卻是目無朝廷，我行我素，甚至故意辱沒朝廷，以爲朝廷無能。所有這些複雜情況，你作爲年輕的君王，都需要加以悉心分辨，我也就無暇再行過問了。當然，我會教給你如何把民衆引向正確的思想原則和生活軌道。你如果在這方面不多下功夫，不多作努力，那麼不僅你的享國時日不會長遠，恐怕連我們周邦的國祚也是難以長久的呀！不過，治民在治官。你要對你大大小小的各級官員實施監督，按照他們的才德與政聲進行嚴格考覈，以決定他們的去留與升遷，即使是對位極人臣的三公重臣，也無不如此，這才是合理有序的官場生態。對於你發佈的一切治國政令，包括你對各級官員的任免提拔及其人事調配與安排，我都不會倚老賣老，橫加干涉，一切都由你自己作主。你到新邑舉行祭祀大典之後，你就親自執掌政柄，希望你好自爲之，謹慎地處理一切政務吧！自此往後，我將要離開京城，去各地督辦疆理溝洫開墾農田興修水利之事，那也是使我們百姓富饒殷實的事情，即使是偏僻遥遠的地方都不可出現絲毫混亂，否則年成就會歉收甚至出現災荒。』

對於周公無微不至的精心安排以及多年來的勤勞憂國，周成王心存感激。成王如是説：『您老人家多年來一直盡心輔助愛護我這個少不更事的年輕人。您老人家充分發揚了您那偉大光明的崇高品德，輔助我這個年輕人弘揚我們的先輩周文王和周武王的光輝事業，報答上天賦予我們的天命，使天下風清俗正，百姓安居樂業。現在東都洛邑即將建成，在那裏，即將隆重地舉行盛大的祭祀活動，作爲我親政改元的標誌性宗祀大典，一切都安排得井井有條。這都是您老人家的偉大功勞。您老人家光輝品德覆天戠地，光耀千秋，因而心繫天下四方，憂勞國計民生。雖總攬全局，日理萬機，也是從容不迫，遊刃有餘；即使是國事突變，迅雷烈風，也是波瀾不驚，沈著果敢，應對自如。您老人家文可經緯天地，武可安邦定國，文韜武略，可謂千古一人啊！對下屬官員，勤於教誨，爲朝廷造就人才，也不遺餘力。您老人家總理國事，細大不捐，一切政務，皆由您老操持，我可以高枕無憂，垂拱而無事，唯有朝夕勤勉地主持祭祀而已。』成王又特別提點强調說：『您老人家對我輔弼教導之誠敬與勤勉，的的確確就是這樣，我所說的一點都沒有夸大不實之處。』

成王又說：『遵照您老人家的教導，我到東都洛邑完成了祭祀大典之後，便回到宗周鎬京正式踐阼親自處理朝政了，請您老人家繼續留在洛邑治理東都以及東土各地的諸侯。當前，經過武庚祿父的叛亂以及管蔡二叔之與朝廷反目，天下政局尚未完全穩定，邦國民眾也會顧盼生心而暫難安寧。再說，我們周邦宗祀天地配享文王的國家祭典，以及各級諸侯朝覲聘問的種種典制名物，也未能最終訂立頒行。因此，您老人家以後的重要功業仍然是繼續幫助我治理東都的政務，負責督察朝廷與地方的各級官員，長保我們文王和武王受之於天的廣大民眾，最終達到天下大治，四境邊陲小邦無不竭誠相率而來歸附。』

成王又說：『您老人家將邦國的一切政務以及新都洛邑的定宅營建及其祭祀大典都安排得如此周全而妥當，我將遵照您老人家的教導，如期前往東都洛邑舉行具有親政改元、與民更始之重大意義的祭祀大典。唉——！您老人家的高尚品德與豐功偉績，是怎麼形容都不過份的啊！您老平時處理政務，諸事並舉，有條而不紊； 即使是一髮千鈞的歷史緊要關頭，仍然從容果敢，雷霆不驚。其心胸之開闊，其氣韻之沈雄，經天緯地，摶運乾坤，其人格之大美堪比日月同其輝光。而勤勤懇懇，臨事以敬，不因將聖多能而睥睨萬物，更是您老一貫的品格與作風。您老款款其誠，懽懽其憂，心勞天下，情繫蒼生，人神共鑒而爲萬民宗仰，幽冥不渝而仇讎亦爲交贊。高山仰止，景行行止，您老人家的光輝品格，是我永遠的人生楷模。請您老放心，我已長大成人，我會毫不懈怠地努力做好自己該做的事情，接過您老肩上的重擔，繼承先輩的偉業，踵武前王，不斷進取。您老人家也要繼續爲我指引方向，繼續做天下萬民的表率。有您老的有力輔持，我們周邦的偉大基業一定會代代相傳，列祖列宗將世世血食永遠不絕獻享。』

周公拜手稽首曰：『王命予來承保乃文祖受命民，越乃光烈考武王弘朕。〔一〕恭孺子來相宅，其大惇典殷獻民，亂爲四方新辟。〔二〕作周，恭先曰其自時中乂。萬邦咸休，惟王有成績。〔三〕予旦以多子越御事，篤前人成烈，答其師，作周，孚先考朕。昭子刑，乃單文祖德。〔四〕』

【釋讀】

〔一〕**周公拜手稽首曰**■拜手稽首，先拜頭至手，後稽首至地也。枚《傳》：『拜而後言，許成王留。』**王命予**

來承保乃文祖受命民■命，即『命公後』之『命』，使也，令也。來，以也，目的連詞。與上『伻來來視予卜休』之次『來』字義同，解爲往來之實詞則非。承，猶繼續也。《秦風・權輿》『不承權輿』，《左傳》宣十二年『鄭師爲承』，毛《傳》、杜《注》皆云：『承，繼也。』《楚辭・招魂》『朱明承夜』，王逸注：『承，續也。』行甫按：公許成王留洛，故『承』爲繼續之意。保，安也。乃，汝也。文祖，謂文王也。馬融注《堯典》：『經緯天地謂之文。』行甫按：『文祖』猶言『已故之先祖』也。受命，受天命也。受命民，猶言受命於天之民，與上『受民』義同。行甫按：此句乃照應上文『誕保文武受民』，故以『承』言之也。**越乃光烈考武王弘朕**■越，揚也。《淮南子・俶真訓》『暴行越智於天下』，高誘注：『越，揚也。』《爾雅・釋言》『越，揚也。』郭璞注：『越，謂發揚。』是其義也。乃，汝也。烈，亦光也。《周頌・烈文》『烈文辟公』，毛《傳》：『烈，光也。』是其例也。考，父也。弘，大也。朕，孫星衍引莊氏寶琛曰：『朕』當作『訓』。《說文》：『⿰亻关，古文以爲訓字。』蓋《尚書》本作『⿰亻关』，後改爲『朕』。按《大傳》有云『以揚武王之大訓』，莊氏說是也。行甫按：《⿺鬼可尊》：『隹珷王既克大邑商，⿰鼎刂廷告于天曰：余其宅茲中或，自之辥民。』則武王之大訓，即於洛邑天下之中以治民，故周公言王命留治洛邑亦爲揚武王之大訓也。

〔一二〕**恭孺子來相宅**■恭，皮錫瑞曰：『當於「弘⿰亻关」絕句，「共」字屬下讀。共，奉也。「共孺子來相宅」，謂奉孺子來相宅也。段玉裁云「僞孔釋恭爲奉，則恭本是共字。」』行甫按：皮說是也。謂將行親政大典之前，周公奉成王來洛邑巡視也。**其大惇典殷獻民**■其，將也，乃也。惇，《說文》：『厚也。』典，讀爲『腆』，腆，厚也，善也。《左傳》僖公三十三年『不腆敝邑』，杜預注：『腆，厚也。』《儀禮・士昏禮記》『辭無不腆』，鄭玄注：『腆，善也。』行甫按：『惇典』爲同義複詞，猶今語『親善』、『敦睦』、『友好』之意也。獻，《廣雅・釋詁》：『進也。』行甫按：《酒誥》言『殷獻臣』，此言『殷獻民』，雖有臣與民之不同，其身份皆爲殷商舊人而進用歸順於周邦者。說見《酒誥》『殷獻臣』、『越獻臣』釋讀。此謂：周公奉成王來視察洛邑，其意在致力於親善殷商歸順進身之民，實爲籠絡殷民，以治洛邑之殷民爲『爲四方新辟』打基礎作鋪墊備功課也。下文『答其師』，則衆殷遺和洽，即治有所進矣。**亂爲四方新辟**■亂，章太炎曰：『終也。』四方，猶言天下也。新辟，新君也。行甫按：此言以『相宅』而親善殷遺，意在順利接替周公爲天下親政新君也。

〔三〕**作周**■作，猶治也。《地官·稻人》『作田』，鄭玄注：『作，猶治也。』《盤庚中》『汝共作我畜民』，枚《傳》訓『作』爲『治』，是也。周，即上『作周匹休』之『周』，成周也。行甫按：本篇混宗周與成周爲一，說已見上『予惟以在周工往新邑』釋讀。『作周』，謂治於成周新邑也。**恭先曰其自時中乂**■恭，奉行也，恭承也。《甘誓》『今予惟恭行天之罰』，枚《傳》：『恭，奉也。』《史記·孝景本紀》『城陽共王』，張守節《正義》引《謚法》：『嚴敬故事曰恭。』是『恭』猶『敬行』、『奉行』前人『故事』之意。先，先人。《漢書·禮樂志》『而背死忘先者衆』，顔師古注：『先者，先人，謂祖考。』行甫按：此『先』即上文『光烈考』及下文『孚先考朕』之『先考』，皆指武王也。曰，言也，謂也。《冠尊》武王『鼏廷告于天曰，余其宅茲中或，自之嬖民』。行甫按：『作周，恭先曰其自時中乂』，意謂：治於成周，奉行先考武王遺訓所謂自此天下之中以治理民衆也。**萬邦咸休**■萬邦，天下萬國也。咸，皆也。休，蔭庇也。行甫按：『萬邦咸休』，意謂：天下萬國皆蒙天命所蔭庇也。**惟王有成績**■惟，乃也。有，撫有、擁有也。成績，謂成就之功績也。

〔四〕**予旦以多子越御事**■予旦，我姬旦也，周公自稱。行甫按：前文周公多自稱『予』而不加『旦』者，皆不嫌『賜予』之『予』也。下文『予以秬鬯二卣』之『予』乃賜予也，而非周公自指，故於此別之。餘說見下文釋讀。以，使也。多子，衆子也，前往洛邑助祭並留以治洛之『孺子』，因其『朋往』，故言『多子』也。越，與也，及也。御，治也。御事，即上文『在周工』也。行甫按：由此『越』字，或前『孺子其朋，孺子其朋，其往』與『予惟以在周工往新邑』，則其『朋往』之『孺子』與『在周工』乃不同批次之往新邑者。前者或爲功臣，後者或爲干辦之臣。**篤前人**

成烈■篤，《爾雅·釋詁》：「厚也。」前人，謂文王、武王也。成烈，既成之業也。行甫按：此猶上「揚文武烈」之意也。**答其師**■答，章太炎曰：「凡答字古皆借爲合。合其衆者，《康誥》所謂『周公初基作新大邑于東國雒，四方民大和會』，《召誥》所謂『厥既命殷庶，庶殷丕作』是也。」行甫按：《左傳》宣公二年叔牂「既合而來奔」，杜預注：「叔牂言畢遂奔魯。合，猶答也。」《史記·貨殖列傳》「蘖麴鹽豉千答」，《漢書·貨殖傳》作「蘖麴鹽豉千合」。即「答」與「合」通用之證。章氏説字是也，釋義則泥。考「合」者，和洽也、合和也。《考工記·弓人》「春液角則合」，鄭玄注：「合，讀爲洽。」《堯典》「協和萬邦」，《五帝本紀》作「合和萬國」。則「答其師」者，謂合洽、合和其衆也。參見《牧誓》「昏棄厥肆祀弗答」釋讀。其，指新邑也。師，衆也，指殷獻民。「答其師」，謂消除其敵對情緒也。**作周孚先考朕**■作周，亦治於成周也。孚，《説文》：「卵孚也。从爪，从子。一曰，信也。」行甫按：「孚」訓「卵孚」，又訓「信」者，謂伏卵而必生子也，故《廣雅·釋詁》云「孚，生也」。則「孚」之訓「生」、訓「信」者，義猶今語所謂「必然實現」也。《大戴禮記·少間》「苟本正則華英必得其節以秀孚矣」，孔廣森《補注》：「發穉曰孚。」然則有其「本」必有其「孚」，是此「孚」字之義也。先考，即武王。朕，亦即「佚」字，訓也。行甫按：既已「篤前人成烈」而「和洽」衆殷遺，即使武王「宅茲中或，自之壁民」之遺訓得以確然而實現也，故曰「孚先考朕」。行甫又按：上言周公奉成王「爲四方新辟作周」，謂奉行武王遺訓「於天下之中治民」也。此言周公「以多子越御事」輔佐成王「篤前人成烈答其師」，謂使殷民和洽於周，消除殷人反側之患，是治而已成也，則武王之遺訓乃信然已實現矣。曰「先考」者，文省「乃」字。周公以成王言之，非謂周公之「先考」也。**昭子刑**■昭，明也，示也。子，即「復子明辟」之「子」，成王也。刑，法則也。行甫按：古今注家皆讀「考朕」二字屬此句首，非也。「先考朕」，乃「孚」之賓語，不可屬下爲讀。行甫又按：「昭子刑」者，與上文「于宗禮亦未克敉」相關聯，謂制訂周家禮法也。

乃單文祖德■乃，於是也。單，讀爲「蟬」。《方言》卷一：「蟬，續也。」錢繹《箋疏》曰：「蟬通作嬗。賈誼《服鳥賦》「形氣轉續兮，變化而蟺」。蘇林云：「轉續，相傳與也。」蟺音蟬，如蜩蟬之蛻化也。或曰蟺，相連也，是蟬爲續也。』行甫按：『昭子刑，乃單文祖德』，二句補充『作周孚先考朕』，猶如上文『作周恭先曰其自時中乂』乃補以『萬邦咸休，惟王有成績』也。此謂實現武王於天下之中以治民之遺訓，周公『以多子越御事』進而明示成王之致治之法，更以上繼文王之德也。《大戴禮記·盛德》：『聖王之盛德，人民不疾，六畜不疫，五穀不災，諸侯無兵而正，小民無刑而治，蠻夷懷服。』是『單文祖德』者，謂繼承文王之德而使天下大治，邦國無疫無災，無兵無刑，四方之民來附，亦即上文『亂爲四輔』之義也。

此小段言周公應允成王留洛邑治理成周東土，輔助成王爲新辟，實現武王遺訓，上繼文王之德而達於盛世之治。與開篇『復子明辟』相關聯，申述周公爲成王踐其『王如弗敢及天基命定命，予乃胤保大相東土，其基作民明辟』之諾言。

【繹文】

周公行了拜手稽首之大禮然後說：『蒙君王不棄，命令我以繼續保輔你先祖父周文王接受於上天的廣大民衆，弘揚你光輝的先父周武王的偉大遺訓。這是老臣的榮幸。我將恭敬地陪同你去洛邑視察東都，也就是對殷商進身歸順的那些遺民表示深切的友好和親善，爲你親自執掌朝政作天下的新君作好思想和輿論的準備。在成周洛邑治理民衆，將是奉行你的先父周武王所謂要在天下的中心治理民衆的遺願。天下萬邦的所有民衆，都接受了上天的福佑，沐浴了我們周王朝的恩德，那就是君王你擁有了成功的業績。我姬旦將率領隨來洛邑助祭的那些功臣以及從宗周調任洛邑的那些幹辦治事人員，全心全意地輔助你弘揚光大先輩的光輝事業，融洽團結洛邑的廣大殷商遺民，消除他們的抵觸情緒，防止動蕩再度發生，將洛邑和東土治理得井井有條，廣大殷遺民眾願意與我們周邦親密無間，和諧相處，你先父周武王的偉大遺願也就可以說真正地實現了。我將率領群臣制訂適合於我們周邦的一系列禮制和規章，讓你公佈和運用這些法律法規和典章制度，由此上繼你偉大先祖周文王的盛德，達到天下大治的文德之世。」

伻來毖殷，乃命寧，予以秬鬯二卣，曰：「明禋」。〔一〕拜手稽首休享，予不敢宿，則禋于文王武王。〔二〕「惠篤敘，無有遘自疾，萬年猒于乃德，殷乃引考。〔三〕王伻殷乃承敘，萬年其永觀朕子懷德。〔四〕」

【釋讀】

〔一〕**伻來毖殷**■伻，使也。行甫按：「使」下省「朕」字或「予」字，謂王使我也。「伻」字與前「命公後」之「命」字相關聯。來，目的連詞。毖，與「邲」、「弼」字通，輔弼、輔保也。說見《大誥》「天閟毖我成功所」釋讀。殷，庶殷也。行甫按：「伻來毖殷」，即「王命予來承保乃文祖受命民」也。**乃命寧**■乃，於是也。命，使也。寧，安也。章太炎曰：「寧字不可解。」王國維曰：「《詩》曰『歸寧父母』，《盂爵》曰『惟王初口于成周，王命盂寧鄧伯』，是上下相存問通稱寧也。」行甫按：此「命寧」即王以「饗醴」饗周公並命其爲周之大宗也。古者設盛禮以饗諸侯賓客，稱爲饗醴。饗，其初文象二人對飲之形，字亦作『享』。《左傳》莊公十八年『虢公、晉侯朝王。王饗醴，命之宥』，僖公二十八年『己酉，王享醴，命晉侯宥』，是『饗』與『享』同也。下文『拜手稽首休享』之『享』，即成王『饗醴』周公之明證也。饗用醴，醴非酒，濁而醲，甘甜如飴，是『王饗醴』者，即王與之共進甘醴，以示特別尊重。

予以秬鬯二卣■予，《爾雅・釋詁》：『賜也。』《荀子・修身》『喜不過予』，楊倞注：『予，賜也。』行甫按：此『予』字不可讀爲余、我之『予』，前文『予旦』之『予』乃周公自指，所以加『旦』字者，以文近於此賜予之『予』而別其嫌也。秬，《說文》作『𪏰』，黑黍，一稃二米，字或作秬。鬯，以黑黍所釀之酒，搗築鬱金香草和以煮之，取其芬芳條暢也。卣，中等盛酒之器，如犧象之形，故犧尊、象尊皆謂之卣。秬鬯盛以卣，故以卣爲計。行甫按：秬鬯非可飲之酒，祭祀所用。王策命諸侯大臣，往往賜以秬鬯。《左傳》僖公二十八年周惠王『享醴，命晉侯宥』，且策命晉文公賜秬鬯一卣。成王『命寧』而饗周公，賜『秬鬯二卣』，勞周公留治洛邑保輔東土兼策命周公爲周之大宗，其別子可繼爲宗後也。《大雅・江漢》述周宣王策命召穆公虎，亦云『釐爾圭瓚，秬鬯一卣，告于文人』。金文記『賜秬鬯一卣』，大抵或策命臣工繼嗣其祖考之職事，或申命其臣仍其舊職。又《文侯之命》乃周平王策命晉文侯之書，言『賚爾秬鬯一卣』，亦是其例也。餘說見本篇【後案】。**曰明禋**■曰，王命之辭也。明，勉也。禋，《說文》：『潔祀也。一曰精意以享爲禋。』行甫按：王者饗醴策命及其賞賜，皆有命辭。周惠王饗晉文公重耳，命尹氏及王子虎、內史叔興父策命晉文公爲侯伯，『賜之大輅之服，戎輅之服，彤弓一，彤矢百，玈弓矢千，秬鬯一卣，虎賁三百人。曰：「王謂叔父，敬服王命，以綏四國，糾逖王慝。」晉侯三辭，從命，曰：「重耳敢再拜稽首，奉揚天子之丕顯休命。」受策以出。』其『王謂叔父』云云，即內史叔興父所宣讀周惠王之命辭。《虢季子白盤》：『王各周廟宣榭，爰饗。王曰：「白父，孔顯又光。」王賜乘馬，是用左王。賜用弓，彤矢其央。賜用戉，用政蠻方。』此亦周王饗虢季子白，賜其弓矢，亦有命辭。是此『曰明禋』，即成王賜周公『秬鬯二卣』之命辭，令其勉力於祭祀。行甫又按：王夫之《尚書稗疏》曰：「詳其文詞簡質，有類鐘鼎銘識之文，蓋即後所謂『逸祝册』也。于此記其文，而後記其事，繫以日月，古史記事之文或如此。後云『惟告周公其後』，則誥公以世爲周公，而立其後以爲周之大宗也。按王命伯禽，自别有伯禽之誥，祝鮀所云『命以伯禽』者是。而君陳稱周平公，其後又有周公孔、周公黑肩，則《詩》之所謂『在宗載考』，《禮》之所謂『繼别爲宗』也。公既留雒以定周禮，王更封其别子爲宗後，而命史逸述其事與祝辭于册。」王氏之說，頗爲卓識，可破千年夢夢。其一，大宗之宗子方能主祭，如非命周公别子爲宗後則王無由賜以秬鬯。周惠王饗醴並策命晉文公爲侯伯，乃賜以秬鬯；而周王饗虢季子白，雖有所賜，但不賜秬鬯，是其異也。周宣王策命召穆公虎，「自召祖命」，「召」讀「紹」，亦是紹繼其祖也。其二，「曰明禋」者，即命其用於宗廟祭祀也。倘不命「宗後」爲大宗，則無權主祭，既不賜「秬鬯」，亦不命曰「明禋」。賜秬鬯必以告祭，《江漢》「秬鬯一卣，告于文人」，亦是其證。其三，下文「朕子懷德」之「朕子」亦周公自言其子，無由曲爲之說，以爲周公稱成王爲「朕子」。或說「朕子」爲「吾民」者，更謬。

〔二〕**拜手稽首休享**■拜手稽首，謂周公行此大禮以答謝成王之「饗醴」及賜「秬鬯二卣」也。休，美也，善也，即臣僚對王者或上司賞賜或饗醴的讚揚之詞。「休」字此種用法，金文中多有之。享，同饗，即成王之饗醴，說見上文釋讀。行甫按：晉文公答謝周惠王策命，曰「重耳敢再拜稽首，奉揚天子之丕顯休命」。此亦周公答謝成王「饗醴」，猶言：「拜手稽首，對揚王丕顯休享」，文有省略耳。**予不敢宿**■予，賜也。宿，枚《傳》：「經宿。」《說文》：「止也。」《周頌·有客》「有客宿宿，有客信信」，毛《傳》：「一宿曰宿。再宿曰信。」行甫按：「宿」，即今語所謂「隔夜」也。「予不敢宿」，謂王所賜予之物，不敢置之隔夜也。**則禋于文王武王**■則，即也。禋，潔祀也，精意以享也。即以所賜之「秬鬯二卣」祀於文王與武王廟。

〔三〕**惠篤敘**■惠，愛也。《邶風·北風》「惠而好我」，《鄭風·褰裳》「子惠思我」，毛《傳》皆曰：「惠，愛也。』《論語·里仁》『小人懷惠』，何晏《集解》引包曰：『恩惠也。』行甫按：此『惠』字即今所謂『承蒙您關愛』之意也。篤敘，督責與銓敘也。說見上文『篤敘乃正父』釋讀。行甫按：此指成王命周公留洛並立周公別子爲宗後，乃成王惠然愛我，對我加以督責並勉予重任也。**無有遘自疾**■無有，無或也。遘，遇也。自，章太炎曰：『自即辠之省借，辠疾連文見《春官·小祝》及《盤庚》中篇。謙不敢言受福，故言不遇辠疾耳。』行甫按：章氏說字是也，釋義則未達一間。此乃委婉語，意謂：王惠然愛我，督我以重責，委我以重任，戰戰兢兢，不敢奢望有所治績與成就，唯不出紕漏差錯以獲罪戾而已。**萬年猒于乃德**■萬年，猶言永遠也。猒，飽足也。《說文》：『飽也。』《國語·周語中》『不可猒也。』韋昭注：『猒，足也。』是其義也。于，以也。此『于』字阮刻注疏本原奪，茲據唐石經補。乃，汝也。指成王。德，福德、恩惠也。《禮記·哀公問》『百姓之德也』，鄭玄注：『德，猶福也。』《戰國策·秦策五》『是不敢倍德畔施』，高誘注：『德，恩也。』《論語·憲問》『何以報德』，何晏《集解》：『德，恩惠之德也。』行甫按：此『德』字與上文『惠』字相關聯。『無有遘自疾，萬年猒于乃德』，意謂：我將黽勉從事，不獲罪戾，永遠滿足於君王之恩德，僅思報效而已。**殷乃引考**■殷，洛邑之殷遺也。與上文『伻來毖殷』以及下文『王伻殷乃承敘』之『殷』從同。引，《爾雅·釋詁》：『長也。』考，《方言》卷十二：『引也。』行甫按：『引』與『考』乃同義複詞，其構詞猶今所謂『長久』、『永久』、『永遠』也。句意謂：洛邑之殷遺亦將因之長而久也。言其長治久安而無所反覆也。

〔四〕**王伻殷乃承敘**■伻，使也。乃，於是也。承，《說文》：『奉也，受也。』敘，《說文》：『次弟也。』行甫按：『伻殷乃承敘』，猶今語所謂『使洛邑殷遺於是納入周邦統治秩序』。此亦爲委婉語，即就成王命周公爲大宗，其別子可爲宗後繼之以治洛而言也。意謂：使殷遺的治理統系納入周王朝的畿服管控格局。**萬年其永觀朕子懷德**■其，將也。觀，《說文》：『諦視也。』朕子，我周氏宗族之子孫，即周公之別子以繼立爲周氏宗族之宗子者。懷，《説文》：『念思也。』德，即上『猷乃德』之『德』，恩惠也。行甫按：不言觀其治績，而言觀其『懷德』者，觀其感戴王恩，勤勉於王事也。此亦委婉語，猶上文不言戰戰兢兢，黽勉從事，乃言『無有遘自疾』也。

此小段言成王以饗醴慰勞周公，並策命周公爲周之大宗可擇其別子立爲宗後以長治洛邑。周公答謝成王之德，許其治洛將使殷遺長治久安。惟周公語多委婉，故歷來注家多不得要領，竟使本節文字不知所云，乃訓詁家不知文義之過也。

上兩小段乃本篇第三節，當是成王親政之前，成王與周公的第三次談話。至於談話的具體事實時空亦轉換頻數，依然無從稽考，且言事夾纏，釐清頗不易易。編綴者仍不過以此説明：東遷洛邑治於天下之中既是實現武王當年的遺訓，也是繼承成王與周公的治政方略，亦是再現成康盛世的希望所在。

【繹文】

成王使周公遲留於洛邑以輔治殷遺，於是爲了表示對周公的慰勞與表彰，也爲慶祝洛邑殷遺能夠長治久安，成王與周公一起共饗醇厚甘醲之醴，並以芬芳的秬鬯二卣頒賜與周公，命其爲大宗，可於長子之外擇立別子爲周氏之宗後，效命王室。成王因命周公説：『好好地舉行你們周氏宗族之廟祭吧。』周公行拜手稽首之大禮，感謝成王饗醴及命立大宗以擇其別子繼宗之恩德。周公認爲，既已命爲周之大宗，禮宜主祭，君王所賜不敢經宿隔夜，於是便以成王所賜秬鬯二卣分別祭於文王廟與武王廟。

周公對成王表白，『承蒙君王惠愛，督我以重責，委我以要職，立我以大宗，然自知駑鈍，難承大命，從今往後，唯思勤勉報效王室，戰戰兢兢，不敢有所疏忽，更不能出現半點紕漏以獲罪戾，子子孫孫萬年永遠沐浴感戴君王之隆恩大德，洛邑之殷遺亦將荷蒙沾溉君恩而得以長治久安。君王命我爲周之大宗而專治成周，乃使洛邑殷遺從此納入我們周邦的畿服管控系統，使他們虔敬地遵守我們周邦的治理秩序，君王也會永遠明白地看到我周氏宗族之子孫將是如何感念君王恩德以報效君恩的。』

戊辰，王在新邑，烝。祭歲，文王騂牛一，武王騂牛一。〔一〕王命作冊逸祝冊，惟告周公其後。〔二〕王賓，殺，禋，咸格。王入太室裸。〔三〕王命周公後，作冊逸誥。〔四〕在十有二月，惟周公誕保文武受命，惟七年。〔五〕

【釋讀】

〔一〕**戊辰王在新邑**■戊辰，《漢書·律曆志》引劉歆《三統曆》以爲成王七年十二月晦。枚《傳》：『成王既受周公誥，遂就居洛邑，以十二月戊辰晦到。』王夫之曰：『蓋孔氏以烝祭在仲冬，而以十二月爲建亥之月，故以晦日省牲，朔日行禮，遂懸定十二月之爲建亥，而戊辰爲其晦。乃周用天正，雖以建子之月爲歲首，而終不謂建亥之月爲十二月。況是年三月丙午朏，則甲辰朔，見于《召誥》者不妄。計其建亥月之晦日，非庚子則辛丑。即三月爲建寅之月，亦不過戊戌、己亥而止，安得有戊辰晦之理？則戊辰之烝，自在建子月之終，而「作冊逸誥」之在十有二月者，建丑之月也。蓋王祭畢歸周，又遲之一月，而始遣伻命公也。前以言烝，故知其爲仲冬，故戊辰不繫月。後言「在十有二月」，乃以終言一歲之事，與下「惟七年」相合成文。其不言日者，義不繫于日也。』郭沫若《甲骨文字研究·釋歲》曰：『《洛誥》之一例本稱「在十有二月」，然此乃「十有三月」之誤文也。因當年三月三日有丙午，十二月不應有「戊辰」。前人或以有閏月說之，然周初置閏當在年末，周代彝器中猶屢見十三月之文可證也。』行甫按：王夫之、郭沫若二氏皆根據《洛誥》『惟三月丙午朏』，質疑十二月無戊辰，然質疑十二月無戊辰者，又非僅二氏也，清儒中亦多有之，王鳴盛、江聲諸人皆是也。然如前《召誥》釋讀所述，《召誥》之史實年代在周公攝政五年，《洛誥》之史實年代當爲攝政七年，二者史實年代必不同在一年，是以據《召誥》之曆日推定《洛誥》之曆日，必爲不可行之事。而《尚書》注家乃至劉歆《三統曆》所以如此行之者，乃誤以二篇之編綴年代爲其史實年代也。倘以『烝』祭在仲冬建子之月，則此『戊辰』應爲七年十一月之某日，而《洛誥》『惟三月丙午朏』爲周公攝政五年之『三月三日丙午』也，且尤不可據之以推定此『戊辰』之具體日期應在七年建子之月初幾、十幾或二十幾，因其間是否置閏，或竟置幾閏，皆遽不可知之事。**烝祭歲**■烝，《禮記·祭統》及《爾雅·釋天》皆云：『冬祭曰烝。』《夏官·大司馬》云『中冬教大閱』，『致禽饁獸于郊，入獻禽以享烝』，是『烝祭』在仲冬之證。《釋文》曰：『王在新邑，馬孔絕句。鄭讀王在新邑烝。』行甫按：若從馬融句讀，則戊辰乃王來之日，非烝祭之時，以是而言之，戊辰未必在仲冬建子之月也。若從鄭玄句讀，則戊辰爲烝祭之日，理當在仲冬建子之月也。馬、鄭讀之不同，是尤不可以之確定具體之史實時日也。祭，《廣雅·釋詁》：『薦也。』歲，歲祭。行甫按：『烝祭歲』三字，說者不同。孔穎達《書疏》：『鄭玄以「烝祭」上屬，「歲文王騂牛一」者，歲是成王元年正月朔日，特告文武，封周公也。』鄭氏以『烝祭』與『歲祭』不同時日。劉歆曰：『是歲十二月戊辰晦，周公以反政，故《洛誥》曰「戊辰，王在新邑，烝祭歲，命作策。」』劉氏則以『烝祭歲』爲一時之事。茲以經文考之，鄭氏以『歲』與『烝』爲二，是也。然以『歲』爲歲首而非祭名，則非是。劉氏以『烝祭歲』爲一時之事，尤非。『烝』爲四時之祭，在仲冬建子之月。據甲骨卜辭，雖『歲祭』不限於年終，但此『祭歲』在『烝』祭之後，可知必在仲冬建子之月以後，經文所謂『在十有二月』者，當是指『祭歲』而言之，則『祭歲』必在季冬建丑之月無疑也。行甫又按：『烝』者，即回應上文周公言『王肇稱殷禮，祀于新邑，咸秩無文』。言『祭歲』者，爲『告周公其後』起地也。枚《傳》：『古者褒德賞功，必於祭日，示不專也，特加文武各牛一，告白尊周公，立其後爲魯侯。』《禮記·祭統》云：『古者，明君爵有德而祿有功，必賜爵祿於太廟，示不敢專也。』然不於『烝』祭『告周公後』者，孔穎達有說。《周頌·烈文序》曰：『成王即政，諸侯助祭也。』鄭《箋》：『新王即政，必以朝享之禮祭於祖考，告嗣位也。』孔《疏》：『案《洛誥》說周公致政之事云：「烝，至歲，文王騂牛一，武王騂牛一。王命作冊逸祝冊，惟告周公其後。」注云：「歲，成王元年正月朔日也。用二特牛祫祭文王武王於文王廟，使史逸讀所冊祝之書，告神以周公其宜爲後。謂封伯禽也。」彼言「正月朔日」，與此祭祖告嗣同日事也。此言「以朝享之禮」，彼言「祫祭文武」者，此言「即政助祭」，是王自祭廟，告己嗣位。彼祭文武，謂告封周公。此二禮必不得同也。何則？身未受位，不可先以封人。明是二者各自設祭。當是先以朝享之禮徧祭群廟以告己嗣位，於祭之末即勅戒諸侯。事訖，乃更以禮合祭文武於文王之廟，以告封周公也。必知彼與此非一祭者，此即政用朝享之禮，當各就其廟。彼封周公唯祭文武而已。故知不同也。彼注知合祭文武於文王廟者，以彼經云「文王騂牛一，武王騂牛一」，即云「王命作冊」，是並告二神，一處爲祭，卑當就尊，故知在文王廟也。此祭祖者，則徧告群廟，箋唯言祖考者，祖考揔辭，可以兼諸廟也。』行甫今按：古禮『烝』祭與『歲』祭之詳情不可得而知。《烈文》是否爲成王即政大典，『以朝享之禮祭於祖考』之詩，亦無從確證。鄭玄以『告周公其後』爲『封伯禽』更爲誤說。但孔氏謂『身未受位，不可以封人』，其說最是有理。則『烝』祭乃成王於仲冬建子之月以『殷禮』主祭，告其嗣位親政作元祀也。『歲』祭乃成王於季冬建丑之月以『周禮』舉之，牲用『騂』，即其證也，以『告周公其後』也。此雖懸揣之辭，但亦事理之所必然，非誣也。孫星衍乃謂孔氏《詩疏》『失之』，實曲從鄭玄『歲成王元年正月朔日』之誤說也，不可取。據此，經文當於『烝』字絕句，而『祭歲』屬下。**文王騂牛一武王騂牛一**■騂，赤色之牲牲也。《禮記・檀弓上》：『夏后氏尚黑，大事斂用昏，戎事乘驪，牲用玄。殷人尚白，大事斂用日中，戎事乘翰，牲用白。周人尚赤，大事斂用日出，戎事乘騵，牲用騂。』前『烝』祭不言牲，既爲『肇稱殷禮』，則用白色之牲牲無疑也。鄭玄曰：『用二特牛祫祭文王、武王于文王廟。』孫星衍曰：『下文云「王入大室裸」，則此當在明堂，明堂亦云文王廟，即謂文祖也。《大戴・明堂篇》云「或以爲明堂者，文王之廟也」。此祫非謂三年一祫之祭，止取義於「祫之言合」，文武異廟而合祭，自當遷卑就尊，故知於文王廟也。』行甫按：此爲『祭歲』也，特祭文武以『告周公其後』也。餘説見下文『王賓』釋讀。

〔二〕**王命作冊逸祝冊**■作冊，起草文書之史官職名，甲骨文中屢見，周初沿用之，又稱作冊内史，或省作冊而專稱爲内史。其長，則稱爲作冊尹，或内史尹，亦單稱爲尹氏。陳夢家謂至西周晚期乃稱尹氏。逸，作冊史官之人名。作冊逸，即史佚、尹佚也。祝，以言辭告神也。冊，以策書告神後授之於受策命者也。**惟告周公其後**■惟，以也。告，告神也。其，猶爲也。説見吴昌瑩《經詞衍釋》。其後，王夫之謂立周公爲周之大宗，擇其別子以爲宗後，非封伯禽於魯也。行甫按：王説是也。《左傳》定公四年衛人祝鮀曰：『分魯公以大路大旂』，『殷民六族』，『使之職事于魯』，『命以《伯禽》而封於少皡之虚』。是伯禽稱『魯公』，不稱『周公』也。諸侯以始封爲祖，則伯禽自爲魯之祖，而不得爲周公之後。而周公之子君陳稱周平公，其後王朝另有『周公孔』、『周公黑肩』，皆以周公而爲『後』者，是其的證也。

〔三〕**王賓殺禋咸格**■賓，羅振玉《殷虚書契考釋・禮制第七》曰：『其受享之祖稱「王賓」，卜辭中稱所祭者曰「王賓」，祭者是王，則所祭者乃王賓矣。《周書・洛誥》「王賓殺禋咸格」，猶用殷語。前人謂「王賓，賓異周公」者，失之。』（見羅振玉《殷虚書契考釋三種》上冊，中華書局二〇〇六年版，第三〇九頁）郭沫若《卜辭通纂・世系》曰：『《説文》「儐，導也，从人賓聲。擯，儐或从手。」《禮運》「禮者所以儐鬼神」，《洛誥》之「王賓」乃假「賓」爲「儐」也，「王賓」者，儐文武。舊説「賓異周公」固失，羅説爲名詞，則直爲文武。王國維《洛誥解》即采此説，亦未得。』（見《郭沫若全集・考古編》第二卷，科學出版社一九八三年版，第二四三—二四四頁。）行甫按：郭釋『賓』爲動詞，義爲迎神，其説自是，羅説亦非無啓迪之功。行甫又按：卜辭言『王賓某某』有與『歲』祭相關者，郭沫若《甲骨文字研究・釋歲》所列諸條有云：『丁酉卜，逐貞，王賓父丁歲五牢』，『癸酉卜，行貞，王賓父丁歲三牛』，皆是其例也（參見《郭沫若全集・考古編》第一卷，第一四九—一五〇頁）。由卜辭文例可證，此『王賓』即以『歲』特祭文王武王而以『告周公其後』也，蒙上文『祭歲』而省『文武』二字也。『歲』祭與上文『烝』祭確爲不同之二事。卜辭有『王賓某歲』及『王賓烝』之文例，羅振玉《殷虚書契考釋・卜辭第六》曰：『凡卜辭中不舉王賓之名者，皆合祭也。烝爲時祭，固非專祭一祖者矣。』（同上，第二五七頁。）羅説尤可證本經之『烝』祭與『歲』祭之别也。殺，殺牲也。禋，禋祀也。《春官・大宗伯》：『以禋祀祀昊天上帝，以實柴祀日月星辰，以槱燎祀司中司命風師雨師。』禋祀實即加牲體於柴薪之上焚燎之，取其煙氣上達於天也。咸，皆也，格，來也。『咸格』謂文王武王皆因禋祀而來歆享福禮。　**王入太室祼**■太室，《釋文》引馬融曰：『太室，廟中之夾室。』《禮記・月令》言太室在明堂中央，左青陽，右總章夾之也。蔡邕《明堂月令論》云：『取其宗祀之貌，則曰清廟；取其堂，則曰明堂。異名而同事，其實一也。』是以《書疏》引王肅曰：『太室，清廟中央之室也。』祼，灌也。以秬鬯之酒築鬱金香草煮之，謂之鬱鬯，祭祀時用之。皇侃《論語集解義疏》引鄭玄《尚書大傳注》云：『灌是獻尸。尸既得獻，乃祭酒以灌地也。』行甫按：先燔柴禋祀而後入太室祼，則『祼』爲獻鬱鬯之酒於尸，即『祼尸』，亦即歆神也。

（四）**王命周公後**■王以圭瓚酌鬱鬯以祼尸歆神之後，即命周公爲周之大宗立其别子以爲其宗後也。上文『王命作册逸祝册，惟告周公其後』者，言作册逸以『祝』與『册』告於神也。此『王命周公後』者，言王以辭命周公也。**作册逸誥**■誥，告也。王國維曰：『誥謂告天下。成王既命周公，因命史佚書王與周公問答之語，並命周公時之典禮，以誥天下。』行甫按：作册逸所誥於天下者，當自上文『伻來毖殷，乃命寧』至此節文末而止也。

〔五〕**在十有二月惟周公誕保文武受命惟七年**■惟，乃也。説見吳昌瑩《經詞衍釋》。誕，延也，長也。保，輔也。惟，爲也。七年，成王七年也。行甫按：『惟周公誕保文武受命惟七年』，謂武王既崩成王嗣，周公攝行政當國，至此年『十有二月』而止，乃爲第七年也。明年，成王即改元親政，與民更始，周公亦將留治洛邑以『胤保大相東土』也。周公致政，成王即辟，立周公之宗後，皆王朝大事，故書年月以紀之也，與本篇寫作編定之時日無關。

此爲本篇最後一節，言周公攝政之七年仲冬十一月建子之月，成王於新邑『肇稱殷禮』，舉行『烝』祭大典，以告嗣位。季冬十二月建丑之月，又特以『歲』祭『賓』文武以『告周公其後』，並命作册逸記其事與辭佈告於天下。再一次凸顯東都洛邑的歷史文化價值及其現實政治意義。

【繹文】

戊辰這一天，成王來到了新邑成周，並在仲冬十一月建子之月以殷禮舉行冬時之祭，以此冬時之烝祭大典，徧告列祖列宗及天地神祇，成王將於明年正月朔日即辟親政，改元更始。事後，又於季冬十二月建丑之月在文王廟依周禮舉行歲祭，合祭文王與武王，獻文王武王赤色牡牛各一頭。在祭禮上，成王命令起草文書的史官作册逸向文武之靈宣讀告辭與策命之書，將策命周公爲周族之大宗並擇其別子立爲宗後之事，上告文王與武王的在天之靈。成王舉行了迎接文王與武王的迎神儀式，即將獻祭文王與武王的兩頭赤色牡牛當庭殺死，然後把它們的肢體擱置在架起的薪柴之上，點火燔燎，使煙氣上達於天，文王與武王的在天之靈聽到巫祝的叫號並嗅到燔柴之煙氣，便一起降臨在新邑的文王廟歆享福禮。燔柴禋祀之後，文武皆降，成王便進入文王廟的中央太室，以圭瓚酌鬱鬯香酒授與代表文王與武王受祭之尸，尸以鬱鬯灌於地，然後淺嘗之，再放置在筵席之前，讓已經降臨的文王與武王之靈歆享其香氣，此即成王於太室所行祼尸之禮。祼尸之禮既畢，成王便口頭任命周公爲周族之大宗，在其長子魯公伯禽之外，另擇別子立爲周氏宗族繼承人，並命令起草文書的史官作冊逸記下命辭以及與策命典禮相關的歲祭儀式佈告於天下。此歲祭與策命的時日是周公輔助成王接受文武之天命而攝政爲王的第七年之十二月。周公致政成王，成王就君位而親臨朝政，舉行烝祭大祀，改元更始，以及以歲祭策命周公之後，皆爲王朝歷史上著名大事，故詳紀其時日及其起草文書之史官名，登於天府，藏於周宗，以備稽考焉。

【後案】

本篇與《召誥》皆是西周末年根據原始檔案材料編綴而成。由于其所涉之史實年代與其編綴年代不同，因而本篇顯然存在兩套不同的話語主題。其一，周公致政成王，成王策命周公之後；其二，周公營洛與治洛，成王稱殷禮作元祀舉祭洛邑。兩套話語主題，又以遵循與實現武王遺訓而治於天下之中相互勾聯而融爲一體，從而將遙遠散亂的歷史碎片重新編綴成具有某種現實隱喻性的當下言說。

東都洛邑已然成爲決定王朝千秋萬代永遠『敬天之休』的物理前提及其心靈依托。它不僅成就於遵循武王遺訓，也是當年成王舉行親政大典的歷史聖地，更是周公造就光輝燦爛的周代文化鑄就王朝豐功偉業的歷史見證。這個地方，已然沈澱著周王朝臻於成康盛世的文化基因，當然也是周王朝再現成康之治的希望所在。

歷史檔案材料的原始記録，與後來編排綴合的觀照取向，未必全然一致，這種歷史檔案與現實動因之間所存在的張力，造成了本篇細節上難以索解的無數困惑。

本篇在解讀方面分歧最大之處，莫過於『復子明辟』與周公致政之事。戰國秦漢儒先傳讀《尚書》者，皆以周公返政成王作解。然王莽篡漢，假周公攝政爲辭，後世學者則因此諱言『復辟』，而將周公致政成王的重大歷史主題，遷就屈從於周公營洛與治洛的次級主題，於是解『復子』之『復』爲『復逆』之『復』，或讀如《孟子・梁惠王上》『有復於王者曰』之『復』。蔡沈《書傳》曰：『復，如「逆復」之復。成王命周公往營成周，周公得卜復命於王也。』自宋儒始發此説，直至近代王國維作《洛誥解》亦云：『復，白也。《周禮》：「大僕掌諸侯之復逆，小臣掌三公及諸侯之復逆，御僕掌群吏之逆及庶民之復。」先鄭司農曰：「復，謂奏事也。」辟，君也。復子明辟，猶《立政》言告孺子王。時成王繼周公相宅至於雒，故周公白之。』劉起釪《尚書校釋譯論》亦從宋儒及近世王國維之説。

然此説既不爲『明辟』之『明』字作解，又不能通於下文『其基作民明辟』，更與『王曰：公，予小子其退，即辟于周，命公後』之經文直接抵牾而不能自圓。劉起釪既從宋儒及王國維氏之説，解『復』爲『回復』、『復白』，又説此句之意曰：『言予小子其去就君位於成周』，則自陷於矛盾之地而不知。更爲可笑的是，劉氏解『公無困哉，我惟無斁其康事』，又引章太炎之説，釋『康』爲『庚更』之字，且全抄其文：『此庚事即更事也。前已自承「即辟」，故言「更事」、「無斁」。更事，即更習吏事。不言「涖政」言「更事」者，謙也。次言「公勿替刑」，仍欲公爲儀刑，則自處於學習之地。』劉氏曰：『自以章説較確。』然章氏解『復子明辟』、『其基作明辟』以及『即辟于周』，皆以『周公歸政成王』而一以貫之，故釋『康』爲『庚』若『更』，亦以『周公致政成王、成王更習吏事』爲説，姑無論章氏此説是否全然合於經義，而劉氏好新尚奇，濫引衆家雜反之説，以致前後抵牾，矛盾自陷而不知其非。

與此相關，本篇『王命周公後』亦衆説紛紜。孔穎達《周頌·烈文》疏引鄭玄《洛誥》注云：『使史逸讀所冊祝之書，告神以周公其宜爲後。謂封伯禽也。』枚《傳》因循鄭注，亦謂『尊周公，立其後爲魯侯』，『王爲冊書，使史逸誥伯禽封命之書』。宋儒亦不苟於鄭説，既解『命公後』爲留周公治洛邑，又解『王命作冊逸祝冊，惟告周公其後』爲『史逸誥周公治洛留後也』。

然詳復前後經文，鄭玄以『封伯禽』爲『命周公後』之説固非，而宋儒僅以『誥周公治洛留後』爲説，不涉策命周公爲大宗之事，亦未爲全得也。而王夫之《尚書稗疏》之説最得經義，其識見超卓遠邁，振聾發聵，足破千古夢夢。則成王既留周公繼續治理洛邑以輔相東土，亦爲褒揚周公輔政營洛之功，而策命周公爲周之大宗，立其別子爲宗後，與封伯禽爲魯公之事無涉。此説既明何以兩周之際周公之後復有周公，又使『伻來毖殷乃命寧』一節經文諸多疑難困惑之處豁然而解。則成王策命周公立其宗後，有行饗醴並賜秬鬯二卣以命祀之事，由經文『拜手稽首休享』，即得其證也。『拜手稽首休享』云者，猶周公答謝成王『饗醴』而言『拜手稽首，對揚王休享』也。夷考《殷周金文集成》，有九件彝器涉賜秬鬯，除《吕方鼎》『王賜吕秬鬯三卣』之事由無考之外，其他八件彝器所述王賜秬鬯之事，大抵或爲冊命繼承祖考之舊職，或爲冊命申就既有之王命，即正式冊命繼續擔任某職。此類冊命皆有命宗命氏命職性質，故王賜以秬鬯，使行宗族祭祀之禮。因非大宗不可主祭，别子必命其宗之後，方可爲宗主以主其家族之祭，故成王賜周公以『秬鬯二卣』，爲『命其後』也。兹録相關彝器銘文於下，以備參證：

《录伯𢦚蓋》：王若曰：录伯𢦚，自乃祖考，有勛于周邦，右闢四方，惠弢天令，女肇不墜，余賜女秬鬯一卣，金車……鋚勒，录伯𢦚敢拜手稽首，對揚天子不顯休。

《三年師兑𣪘》：王乎内史尹冊令師兑，余既令女胥師龢父，嗣左右走馬，今余申就乃令，令女纘嗣走馬，賜女秬鬯一卣，金車……攸勒，師兑拜稽首，敢對揚天子不顯魯休。

《師訇𣪘》：王若曰……今余唯申就乃命，命女惠雝我邦小大猷……欲女弗以乃辟陷于艱，賜女秬鬯一卣、圭瓚……訇稽首，敢對揚天子休。

《牧𣪘》：王若曰：牧，昔先王既令女作嗣土，今余唯或□改，令女辟百寮……今余唯申就乃命，賜汝秬鬯一卣、金車……敬夙夕無灋朕令，牧拜稽首，敢對揚王不顯休。

《師克盨》：王曰，克，余唯經乃先祖考，克令臣先王，昔余既令女，今余唯申就乃命，命女更乃祖考，纘嗣左右虎臣，賜女秬鬯一卣，赤芾……敬夙夕勿灋朕令，克敢對揚天子不顯魯休。

《𤔲盨》：王曰：𤔲，敬明乃心，用辟我一人……賜女秬鬯一卣、乃父芾、赤舄……敬夙夕勿灋朕命，𤔲拜稽首，對揚天子不顯魯休。

《曶壺蓋》： 王乎尹氏冊命曶，曰： 更乃祖考，乍冢𤔲土于成周八師，賜女秬鬯一卣，玄衮衣……用事，曶拜手𩒨首，敢對揚天子不顯魯休。

《吴方彝蓋》： 王乎史戊冊命吴，𤔲旃眔叔金，賜女秬鬯一卣……吴拜手𩒨首，敢對揚王休。

由船山之說，不僅本經『秬鬯』、『休享』諸文得以通解，其『惠篤敘，無有遘自疾』、『王伻殷乃承敘，萬年其永觀朕子懷德』云云，周公委婉奉答成王『命其後』之語氣和語義，亦可得其確詁。則『王命作冊逸祝冊，惟告周公其後』，以及『王命周公後，作冊逸誥』，皆無容別解矣。是知船山《稗疏》之說，有功於經義非淺也。然乾嘉諸老或因其書流播未廣而不及見，有失於參考，故其宜也； 而當代儒先皆於王氏之說漠然以視之，其有失於抉擇，則不爲無憾也！

多士

【解題】

『多士』者，亦即衆士也。《周本紀》曰：『成王既遷殷遺民，周公以王命告，作《多士》。』據《召誥》，三月甲子，即三月二十一日，『周公乃朝用書命庶殷侯甸男邦伯』，則周公在分派洛邑工程任務書之前，當對洛邑殷遺有一番教訓性的宣講，而本篇開首即曰『惟三月周公初于新邑洛，用告商王士』，其時其事俱相吻合。《尚書大傳》曰：『周公攝政，一年救亂，二年伐殷，三年踐奄，四年建侯衛，五年營成周，六年制禮作樂，七年致政于成王。』則本篇之誥，當在周公攝政五年三月也。

皮錫瑞以《洛誥》爲轉捩，以爲排在《洛誥》以上者，『皆周公居攝時事，以下則周公致政後事』，故《多士》篇首『即變其文云「周公告商王士」，異於前之周公稱王』。皮氏以《召誥》、《洛誥》作於周公居攝之七年，而《多士》則作於成王親政之元年，其說殊不足信。姑無論《君奭》之作於周公居攝之二年，即如《多方》則明言『王來自奄至于宗周』，據《大傳》，其事在居攝三年。而漢初伏生傳本則將《君奭》排在第二十一，《多方》排在第二十二，遠在《洛誥》之第十八以後。而本篇既曰『昔朕來自奄』，顯與居攝三年之《多方》『王來自奄』相關，其時乃遠在居攝三年之後而無所可疑也。然伏生今文《尚書》又將《多士》排在第十九，遠在《多方》第二十二之前，則甚無理據。而皮氏竟說之如此，殊不可解。

本篇大旨，與《多方》相同，仍然是以天命歸周的理論武器與『明德恤祀』的政治倫理，威嚇與鎮撫殷商遺民，並以『有幹有年于兹洛』之承諾與利誘，奉勸他們臣服於周邦，安分守己。實在是明確地告誡他們，任何反抗都是徒勞的，皆無助於既有天命的失而復得，因而無容再叛。本篇之所以流傳，與《尚書》中大部分周初文獻從同，亦因其周公攝政時期之文誥，而與西周末年之政局動盪以及周召共和行政之歷史大背景戚戚相關。

惟三月周公初于新邑洛，用告商王士。〔一〕

王若曰：『爾殷遺多士，弗弔旻天大降喪于殷，我有周佑命，將天明威，致王罰，勑殷命終于帝。〔二〕肆爾多士，非我小國敢弋殷命。惟天不畀，允罔固亂，弼我，我其敢求位。〔三〕

惟帝不畀，惟我下民秉爲，惟天明畏。〔四〕我聞曰：「上帝引逸。」有夏不適逸，則惟帝降格，嚮于時夏。〔五〕弗克庸帝，大淫泆有辭，惟時天罔念聞，厥惟廢元命，降致罰。〔六〕乃命爾先祖成湯革夏，俊民甸四方。〔七〕自成湯至于帝乙，罔不明德恤祀，亦惟天丕建保乂有殷。殷王亦罔敢失帝，罔不配天其澤。〔八〕在今後嗣王，誕罔顯于天，矧曰其有聽念于先王勤家。〔九〕誕淫厥泆，罔顧于天顯民祗。惟時上帝不保，降若兹大喪。〔一〇〕惟天不畀，不明厥德。凡四方小大邦喪，罔非有辭于罰。〔一二〕」

【釋讀】

〔一〕**惟三月周公初于新邑洛**■惟，於也。三月，周公居攝五年三月。説見《召誥》釋讀。于，往也。**用告商王士**■用，以也。告，誥也。行甫按：周公作誥之日當在三月二十一日甲子也。商王，即《召誥》所謂「庶殷侯甸男邦伯」也。殷商舊時邦伯，故稱之爲王也。士，參與洛邑營建之工程技術官員，亦爲殷商舊人。所謂「商王士」者，即「商王」與「商士」也。行甫按：周人與殷遺當面談話稱之爲「多士」，背後周人之間談話則指之爲「多工」或「百宗工」。因此，「士」這一稱呼是周人爲歸順的先朝貴族遺民所特制的徽號，尤其是指殷商舊時之技術官員「多工」或「百宗工」。參見拙著《中國早期文化意識的嬗變》第二卷第十二章第一節《殷遺多士：士人群體的發生》（武漢大學出版社二〇〇五年版，第三至二八頁）。

〔二〕**王若曰**■王，周公也，攝王位。若，如此也，史臣之言。**爾殷遺多士**■爾，汝也。遺，餘也，《大雅・雲漢》「周餘黎民，靡有孑遺」，是此「遺」字義也，經過朝代鼎革與戰亂而幸存者，猶今語所謂「活下來」。在周人心目中，實指歸順於周邦之殷人。多，眾也。士，猶言優秀人才。行甫按：「爾殷遺多士」，周公講話之前表示客氣的呼告之辭，意即：你們這些經過朝代鼎革與戰亂而幸存下來的殷商優秀人才啊！**弗弔旻天大降喪于殷**■弗，不也。弔，淑也，善也。旻天，《釋文》引馬融曰：「秋曰旻天，秋氣殺也。」方言「降喪」，故稱「旻天」也。」劉熙《釋名・釋天》：「秋曰旻天。旻，閔也，物就枯落，可閔傷也。」行甫按：「弗弔天」，古人成語，猶今語所謂「無情的老天爺」。《大誥》亦云「弗弔天降割于我家」，《君奭》亦有「弗弔天降喪于殷」，因本書《君奭》篇釋讀撰寫在諸篇之前，故《大誥》釋讀亦云：說見《君奭》『弗弔天降喪于殷』釋讀。行甫又按：『弗弔旻天』較之單言『弗弔天』，其感情色彩更加强烈，即今語所謂：殘酷無情的老天爺。降，下也。喪，亡也。降喪，謂降下喪邦亡國之禍。**我有周佑命**■有，湊足音節之語助詞。佑，佐助也。《爾雅·釋詁》：『右，勴也。』右即佑也，勴即助也。命，天命也。章太炎曰：『佑命者，助天之命也。《僞孔》說非。』行甫按：章說是也，『我有周佑命』，即《牧誓》『今予發，惟恭行天之罰』也。**將天明威**■將，助也。《商頌·烈祖》『我受命溥將』，鄭《箋》：『將，猶助也。』明，顯也，昭也。威，畏也。《小雅·巧言》『昊天已威』，毛《傳》：『威，畏也。』《左傳》襄公三十一年：『有威而可畏謂之威。』《釋名·釋言語》：『威，畏也，可畏懼也。』行甫按：『我有周佑命，將天明威』，二句互爲補充，『佑命』，亦即助天昭顯其威也。**致王罰**■致，送詣也。王罰，王者之罰也。罰，上報下之罪也。**勑殷命終于帝**■勑，當作『敕』。章太炎引薛季宣《尚書古文訓》作『敕』。《咎繇謨》『敕天之命』，史公《夏本紀》作『陟天之命』，章氏曰：『此敕亦當讀陟，《釋詁》：「陟，升也。」正當言升聞殷命終于帝，不言聞者，詞略也。』終，終止也。帝，上帝也。行甫按：章氏之說是也。『勑殷命終于帝』者，意謂：報殷人以王者之罰，因以上聞於天帝使其終止殷人之天命也。

〔三〕**肆爾多士**■肆，故也，遂也。《爾雅·釋詁》：『肆，故也。』郝懿行《義疏》：『肆有申遂之義，故亦申事之詞。』行甫按：此『肆』字乃承上啓下之詞，即今語『於是』也。爾多士，亦爲呼告語。**非我小國敢弋殷命**■我小國，即我小邦周也。敢，豈敢也。弋，枚《傳》：『取也。』《釋文》：『馬本作翼，義同。』行甫按：『弋』本爲『繳射』，《鄭風·女曰雞鳴》『弋鳧與雁』，鄭《箋》：『弋，繳射也。』《呂氏春秋·功名》『善弋者，下鳥乎百仞之上』，高誘注：『弋，繳射之也。』《莊子·應帝王》『且鳥高飛以避矰弋之害』，成玄英《疏》：『弋，以繩係箭而射之也。』是則所謂『弋』者，即以下取上之謂也。周爲小邦，而商爲大邑，故曰『弋』也。孔穎達《書疏》：『鄭玄、王肅本弋作翼。王亦云：「翼，取也。」鄭云：「翼，猶驅也。非我周敢驅取汝殷之王命。」雖訓爲驅，亦爲「取」義。』孫星衍曰：『翼猶掩也，掩亦取也。』行甫按：『翼』當讀如『冀』，『翼』與『冀』皆從『異』聲，可通。《荀子·修身》『行而供冀』，楊倞注：『冀當爲翼。』是其證也。『冀』，猶『幸也』、『望也』。段玉裁《說文解字注》：『冀，假借爲望也、幸也，蓋以「冀」同「覬」也。』則『敢翼殷命』者，猶言豈敢覬覦、奢望殷之天命也。與『弋』之以下取上之意從同。**惟天不畀**■惟，以也，因也。畀，《說文》：『相付與之，約在閣上也。』《穀梁傳》僖公二十八年：『畀，上與下之辭。』是其義也。**允罔固亂**■允，《爾雅·釋詁》：『信也。』邢昺《疏》：『允，謂誠實不欺也。』罔，蔽也。《漢書·郊祀志下》、《資治通鑑·漢紀二十三》『不可罔以非類』，顔師古注：『罔，猶蔽。』胡三省注：『罔，欺也。欺人以所無曰罔。』行甫按：『允罔』者，以『欺罔』爲『誠實』也。固，《夏官·序官》『掌固』，鄭玄注：『固，國所依阻者也。國曰固，野曰險。』《夏官·大司馬》『負固不服』，鄭玄注：『固，險可依以固者也。』亂，惡也。《國語·魯語上》『亂在前矣』，韋昭注：『亂，惡也。』《左傳》隱公四年『不聞以亂』，杜預注：『亂謂阻兵安忍。』行甫按：『固亂』，以『阻兵安忍』之『惡』爲『險固』而『可依』也。**弼我**■弼，《爾雅·釋詁》：『重也。』郝懿行《義疏》：『重有二音，直隴切者，《說文》云：「厚也。」《玉篇》云：「不輕也。」直龍切者，《廣雅》云：「再也。」《內則》注：「陪也。」二者義亦相成，故《詩·大車箋》：「重猶累也。」重累即加厚之意，二讀俱通，故《大車》及《大明》、《釋文》皆兼二音，於義方備。弼者，《說文》：「輔也，重也。」又訓重者，《方言》：「弼，高也。」《廣雅》：「弼，上也。」上高俱加字之訓，又與崇義同矣。』行甫按：此『弼』字當從《雅》訓爲『重累』或『加厚』之意。謂殷人以欺罔爲誠實，以阻兵安忍之惡爲固而可恃，此佐助重累周邦以得天命也。《孟子·離婁上》：『爲淵驅魚者，獺也；爲叢驅爵者，鸇也。爲湯武驅民者，桀與紂也。』可爲本經『允罔固亂，弼我』之最佳注腳。我，我周邦也。**我其敢求位**■我，亦我周邦也。其，猶豈也。求位，校《傳》：『求天位。』行甫按：《易·繫辭下》『聖人之大寶曰位』，是此『位』字之義也，即天子之位也。

〔四〕**惟帝不畀**■惟，若也。帝，猶天也。不畀，不與也。**惟我下民秉爲**■惟，以也，因也。我，我人也。下民，章太炎曰：『下民云者，對天爲詞也。』秉，猶操也，持也。《鄘風·定之方中》『秉心塞淵』，毛《傳》：『秉，操也。』《禮記·禮運》『故天秉陽』，鄭玄注：『秉，猶持也。』爲，作爲也，行爲也。**惟天明畏**■惟，猶『乃』也。天，猶帝也。明畏，猶上『明威』也，昭顯其可畏之威也。行甫按：注者多從枚《傳》，以此三句屬上文爲義，非也。此三句乃本節之中心論點，非僅爲周之代殷而發也，亦兼攝下文殷之代夏而言之也。味此三『惟』字之義即可知也。然前賢多信高郵王氏語詞無義之説，故難以曲體經文微言奧旨也。三句意即：上帝之所以不願意付與天命，一定是我們下民的道德操守與行爲方式出了問題，於是上帝就要彰顯它的威力，給我們降下滅頂之災。

〔五〕**我聞曰**■我，周公自稱。**上帝引逸**■上帝，猶言『天帝』也，與上文『下民』相對爲言。引，俞樾曰：『《素問·五常政大論》「是謂收引」，王注曰：「引，斂也。」又《異法方宜論》「天地之所收引也」，注曰：「引，謂牽引使收斂也。」然則「上帝引逸」者，言上帝不縱人逸樂，有逸樂者則收引之，勿使大過也。』行甫按：俞説是也。《禮記·玉藻》『則必引而去君之黨』，鄭玄注：『引，卻也。』《文選·孔融〈論盛孝章書〉》『則士亦將高翔遠引』，呂延濟注：『引，去。』是『引』即『卻止』、『退去』之意也。逸，猶佚也，過失也，逸樂也。**有夏不適逸**■有夏，謂夏桀也。適，俞樾曰：『適之言節也。《呂氏春秋·重己篇》「故聖人必先適欲」，高注曰：「適，猶節也。」《管子·禁藏篇》「故對人之制事也，能節宫室，適車輿，以實藏」，是「適」與「節」同義。』行甫按：『有夏不適逸』，意謂夏桀不能節制其過失與逸樂也。與下『大淫泆有辭』相照應。**則惟帝降格**■則，猶『是』也，『此』也，説見吴昌瑩《經詞衍釋》。惟，猶以也。行甫按：『則惟』，猶言『是以』也。降，下也。格，《爾雅·釋詁》：『來、弔、格、戾，至也』。**嚮于時夏**■嚮，即《莊子·天地》『今也以天下惑，予雖有祈嚮，不可得也』之『嚮』字，章太炎曰：此

「鄉」字「即今鄉導字，謂指示趣鄉也」。行甫按：此太炎氏釋《酒誥》「有斯明享」之「享」也。「享」通「饗」，「饗」亦與「鄉」通。參見《酒誥》「有斯明享」釋讀。行甫又按：《儀禮・特牲饋食禮》「祝饗」，鄭玄注：「饗，勸强之也。」《儀禮・士虞禮記》「饗辭曰」，鄭玄注：「饗辭，勸强尸之辭也。」《文選・陸機〈五等論〉》「饗天下以豐利」，李善注：「饗，勸强之也。」是「享」、「饗」、「鄉」，皆有勸誘、引導、導鄉之意。時，猶夫也、彼也，遠指代詞。行甫按：「時」可近指，可遠指。二句意謂：是以上帝降臨下土，引導勸誘於彼夏桀。《漢書・董仲舒傳》載董氏對策曰：「國家將有失道之敗，而天迺先出災害以譴告之，不知自省，又出怪異以警懼之，尚不知變而傷敗迺至。以此見天心之仁愛人君而欲止其亂也。自非大無道之世者，天盡欲扶持而全安之，事在彊勉而已矣。」是此「鄉于時夏」之意也。

〔六〕**弗克庸帝**■弗，不也。克，能也。庸，用也。帝，上帝也。行甫按：蒙前省「時夏」二字，謂夏桀不能聽用上帝之勸誘與引導也。**大淫泆有辭**■大，更加，加大也。淫，《說文》「浸淫隨理也。一曰久雨曰淫。」行甫按：「淫」者，既久而過多也。泆，《說文》：「水所蕩泆也。」段玉裁曰：「古失、佚、逸、泆，字多通用。」行甫按：「淫泆」乃同義複詞。《釋文》「泆音逸，又作佾，注同。馬本作屑，云『過也』。」是「佾」、「屑」、「泆」、「佚」、「逸」亦音同義通也。有辭，孫星衍曰：「『辭者，《說文》云「訟也」』，「有辭」言有罪狀。《呂刑》「鰥寡有辭於苗」，《春秋左氏傳》襄公二十三年云「臧孫曰：無辭。」言己罪無可指斥也。」行甫按：孫說是也，下文「有辭于罰」，亦是其義也。**惟時天罔念聞**■惟，以也，因也。時，是也，此也。罔，不也。念，顧惜也。《釋名・釋言語》：「念，黏也。意相親愛，心黏著不能忘也。」聞，問也。《小雅・車攻》「有聞無聲」，《釋文》：「聞，本亦作問。」《文選・曹植〈與吳季重書〉》「往來數相聞」，呂向注：「聞，問也。」《王風・葛藟》「謂他人昆，亦莫我聞」，王引之《經義述聞》：「家大人曰：聞，猶問也，謂相恤問也。古字聞與問通。上文曰『亦莫我顧』、『亦莫我有』，『有』謂相親有也。此曰『亦莫我聞」，顧也，有也，聞也，皆親愛之意也。《旅·象傳》曰：「喪牛之凶，終莫之聞也。」謂莫之恤問也。解者多失之。《大雅·雲漢》篇「群公先正，則不我聞」，「聞」亦謂恤問也。上文曰「群公先正，則不我助」，下文曰「昊天上帝，則不我虞」，「虞」亦助也。意皆相近。解者亦失之。』行甫按：『念聞』亦同義複詞，謂相顧惜相恤問也。**厥惟廢元命**■厥，其也。惟，以也。廢，替也，止也。元命，上帝之元子之天命也。《召誥》『皇天上帝，改厥元子，兹大國殷之命』，即此『廢元命』之意也。**降致罰**■降，下也。致，送詣也。罰，上報下之罪也。

〔七〕**乃命爾先祖成湯革夏**■乃，於是也。命，令也。爾，爾殷也。成湯，《史記·殷本紀》『主癸卒，子天乙立，是爲成湯』，《索隱》：『湯名履，《書》曰「予小子履」是也。又稱天乙者，譙周云「夏殷之禮，生稱王，死稱廟主，皆以帝名配之。天亦帝也，殷人尊湯，故曰天乙。從契至湯凡十四代，故《國語》曰「玄王勤商，十四代興」。玄王，契也。』革，變改也，更代也。《殷本紀》：『桀敗於有娀之虚，桀奔於鳴條，夏師敗績。於是諸侯畢服，湯乃踐天子位，平定海内。』**俊民甸四方**■俊，《説文》：『材千人也。』《淮南子·泰族訓》：『智過千人者謂之俊。』行甫按：俊民，猶言才智之士也，或爲古人成語，《洪範》『俊民用章』、『俊民用微』，兩用之。而《君奭》亦曰『明我俊民』。甸，治也。《小雅·信南山》『維禹甸之』，毛《傳》：『甸，治也。』四方，猶言天下也。

〔八〕**自成湯至于帝乙**■帝乙，紂父也。《酒誥》亦云：『自成湯咸至于帝乙，成王畏相。』孫星衍曰：『帝乙，湯後第六世孫祖乙，見《易·乾鑿度》。先儒以爲武乙，紂父。據《殷本紀》，武乙爲偶人射天，震死，不合謂之「明德恤祀」，帝乙當爲祖乙也。』行甫按：《殷本紀》：『武乙震死，子帝太丁立。帝太丁崩，子帝乙立。帝乙崩，子辛立，是爲帝辛，天下謂之紂。』則武乙非紂之父，帝乙乃紂父也。祖乙乃湯九世孫，又非其六世孫也。且殷諸帝以『乙』爲名者四：河亶甲之子祖乙，一也。帝武丁之父小乙，二也。庚丁之子武乙，三也。武乙之孫帝乙，四也。此四乙皆可稱爲『帝乙』或『祖乙』，何以知此『帝乙』必爲『祖乙』而非『小乙』或其他名『乙』之帝？且本經『自成

【繹文】

時在周公居攝第五年的三月，周公首次到達新邑洛，視察了新邑的基址營建工作之後，於三月二十一日甲子這一天，召集參與洛邑營建工程的殷商遺民分派任務之後，便對歸順於周邦的舊時殷商各地方長官與舊時殷王朝的高級工程技術官員，發佈了一次重要的講話。

講話中，周公以攝位之王的身份對衆殷遺如此説：『你們這些在王朝鼎革的戰亂之中有幸活下來的殷商優秀人士啊，殘酷無情的老天爺給你們殷人降下了喪邦亡國的慘重災難，我們周邦順應天意輔助天命，替上天彰顯其威嚴，對你們殷邦施以王者之罰，將終結殷人天命的消息正式報聞於上帝。因此啊，你們都是些無比聰明的人，完全能夠想到，並不是我們地處西偏的小邦周膽敢覬覦你們大邑商的天命，而是因爲老天爺不看好你們，不願意繼續把天命給予你們了。你們商紂王將撒謊騙人的把戲表演得無比誠實，簡直是活靈活現，煞有介事，就跟真的一樣。把殘酷鎮壓民衆的反抗當作維持政權穩固的如法至寶，這不正好幫了我們周邦的大忙，把天下的老百姓統統都逼到我們周邦來了，哪裏是我們周人膽敢奢求天子的大位呢？

如果説上帝不願意付與其天命，那一定是因爲我們下民的道德操守與行爲方式出現大毛病了，所以上帝就要彰顯它的威力，給我們降下滅頂之災。我聽説，「上帝厭惡人類過度逸樂。」夏桀不知道節制淫樂，改正過失，於是上帝便下臨人間，給夏王朝降下災害與怪異以示警告，借此勸説與誘導那個夏王棄惡從善。可是夏桀根本不理睬上帝的警告，而且更加荒淫逸樂，造出許多罪孽。於是上天再也不願意顧惜他過問他，因而也就廢止了他那上帝之長子的天命，給他下達了嚴正的處罰，也就是命令你們的先祖成湯取代了夏桀的天子之位，讓天下最優秀的人來治理天下。當然，殷王朝從成湯以至商紂王的父親帝乙，無不勵精圖治，勤勉國事，恭敬謹慎地祭祀上帝鬼神，因此，上天也對殷王朝給予大力獎掖與扶植，特別無微不至地保佑輔助他們。殷代各位先王也不敢疏忽大意以免失去上帝的輔佐，因而無不努力地勤於治國，希望與上帝的恩澤相般配相匹合。可是到了剛剛故去不久的後繼者商紂王帝辛的時代，他的個人才能與德行並沒有什麼特別突出過人之處，老天爺對他也沒表示特別的青睞，更不用說他對先王們勤勞家國的優良傳統還有什麼刻意遵從與顧念的行爲表現了。反而比起夏代的末世君王夏桀來，更是有過之而無不及，尤爲肆無忌憚地放縱其逸樂加劇其過失，全然不顧忌下民遵仰敬畏的天憲大法。因此上帝也就不再保佑和輔佐殷紂王，給他降下了如此慘重的亡國之禍。夏殷兩代這些歷史事實，足以證明上面我所說的那個簡單道理：上天之所以不再托付其天命，就是因爲我們下民不勤勉地保其操守修其德行。因此可以肯定地說，凡是天下大大小小的邦國發生了喪邦亡國之禍，沒有哪一個不是因爲他們犯下了滔天之罪，讓老天爺有足夠的理由給予義正辭嚴的沉重處罰。』

王若曰：『爾殷多士，今惟我周王丕靈，承帝事。有命曰：割殷。告勑于帝。〔一〕惟我事不貳適，惟爾王家我適。〔二〕予其曰：惟爾洪無度，我不爾動，自乃邑。〔三〕予亦念天即于殷大戾，肆不正。〔四〕』

王曰：『猷告爾多士，予惟時其遷居西爾，〔五〕非我一人奉德不康寧，時惟天命無違。

朕不敢有後，無我怨。〔六〕惟爾知，惟殷先人有冊有典，殷革夏命。〔七〕今爾又曰：「夏迪簡在王庭，有服在百僚。」〔八〕予一人惟聽用德，肆予敢求爾于天邑商。〔九〕予惟率，肆矜爾。非予罪，時惟天命。〔一〇〕」

【釋讀】

〔一〕**王若曰爾殷多士**■爾殷多士，再一次呼告，以表親切，縮短情感距離，實爲政治籠絡也。**今惟我周王丕靈**■今，亦猶故也。承前「凡小大邦喪，罔非有辭于罰」之理而言「故」，因插入呼告語，史臣乃加「王若曰」也。惟，以也，因也。我周王，枚《傳》：「文武也。」丕，大也。靈，蔡《傳》：「善也。」行甫按：此「我周王丕靈」當與上文「俊民甸四方」相照應，此「靈」字義當訓爲「俊」。《漢書・敘傳上》「形氣發于根柢兮，柯葉彙而靈茂」，《離騷》「冀枝葉之峻茂兮，願竢時乎吾將刈」，「靈茂」亦即「峻茂」也。《文選》五臣本「峻」作「葰」。司馬相如《上林賦》「夸條直暢，實葉葰楙」，顔師古《漢書》注：「葰音峻。」郭璞《上林賦注》引司馬彪曰：「葰，大也，葰音峻。」葰、峻、俊古字通用，《堯典》「克明俊德」，《禮記・大學》引《帝典》曰「克明峻德」，是其例也。「靈」字義同「峻」若「俊」者，其本義亦高也、大也，引申之則爲才智過人之俊傑義。屈原《離騷》「靈」字用法，可爲旁證。屈原自述其名與字曰：「名余曰正則兮，字余曰靈均。」洪興祖《補注》：「正則以釋名平之義，靈均以釋字原之義。」王逸注：「高平曰原。」是「靈」之爲「高」而「均」之爲「平」也。《離騷》又云：「指九天以爲正兮，夫唯靈脩之故也」、「余既不難夫離別兮，傷靈脩之數化」，「靈脩」亦同義複詞。「靈」爲高峻，「脩」爲長大，則「靈脩」亦爲俊傑之義也。至於《詩》之所謂「靈臺」、「靈囿」、「靈沼」之「靈」，又皆由「峻」、「俊」之訓而引申爲或「高」或「大」之義。而

《古文苑·張衡〈冢賦〉》「靈木戎戎」，亦猶「峻木戎戎」也。「靈」之由「峻」、「俊」轉訓爲「高」爲「大」，猶「脩」之「長」既爲縱向之「長」亦爲橫向之「長」也。是以上述諸「靈」字，皆爲高大俊美之義。而漢唐以來舊注皆以「善」訓之，迂遠而不切，則古訓之沉湮者，久矣！ **承帝事**■承，奉也，受也。帝事，上帝之事也。行甫按：「承帝事」，猶言「恭行上帝之事」也。 **有命曰割殷**■有命，枚《傳》：「天有命。」行甫按：「有命曰」者，承前省其主語「我周王」也，非「天有命」也。割，《說文》：「剝也。」《湯誓》「率割夏邑」，《殷本紀》作「率奪夏國」。是「割」者，猶今所謂「剝奪」也。 **告勑于帝**■告，報也。勑，亦「敕」也，告敕于帝，猶上文「勑殷命終于帝」也，謂以剝奪殷政之事而告報上聞於天帝也。孫星衍曰：「《禮大傳》云『牧之野，武王之大事也。既事而退，柴于上帝』是也。」行甫按：孔穎達《書疏》引《武成》之篇云：「既克紂，柴於牧野，告天不頓兵傷士。」即此「告勑于帝」之事也。

〔二〕**惟我事不貳適**■惟，雖也。我，我周邦也。事，即上文「承帝事」之「事」也。貳，王夫之曰：『貳，猶「貳過」之貳，謂再舉也。』行甫按：王說是也。《孔子家語·弟子行》「行不貳過」，王肅注：「貳，再也。」《漢書·谷永傳》「毋貳微行出飲之過」顏師古注：「貳，謂重爲之也。」《禮記·曲禮上》「雖貳，不辭」，鄭玄注：「貳，謝罪重殽膳也。」是「貳」猶今語「再次」、「反覆」也。適，通「敵」。江聲曰：「適讀當皆爲敵。《禮記·雜記》云『大夫赴于同國適者，曰某不祿；赴于他國適者，曰吾子之外私寡大夫某不祿』，鄭注云：『適，讀爲匹敵之敵，謂爵同也。』又《論語·里仁篇》『無適也』，《釋文》云：『適，鄭本作敵。』是古者適、敵同字通用，故輒以適爲敵。」行甫按：江說是也。「適」若「敵」者，猶「相當」、「相對」也。錢大昕《十駕齋養新錄》卷三曰：「《文子·道德篇》云『一也者，無適之道也』，注云：『一者至貴，無適於天下。』《淮南子·齊俗訓》亦云『一者至貴，無適於天下』。古書適讀如敵，敵猶對也。一爲特，二爲對。無適者，無對也。」是此「適」若「敵」字，其義猶今所謂「與之爲敵」、「與之作對」也。句意謂：雖然我周邦奉行帝命之事不會再次與你們殷人作對爲敵。 **惟爾王家我適**■惟，猶乃也。爾王家，指武庚也。我適，猶言『與我爲敵』、『同我作對』也。

〔三〕**予其曰惟爾洪無度**■其，猶『如此』、『如是』也。説見吴昌瑩《經詞衍釋》。行甫按：『予其曰』與下文『予亦念』相關互足，意即：『我心裏就這樣想著説』。惟，猶『其』也，『是』也，『此』也。行甫按：『惟』之『此』也、『是』也，指『爾王家我適』之事。洪，大也，程度副詞。度，《爾雅·釋言》：『揆，度也。』行甫按：賈誼《新書·道術》云『以人自觀謂之度，反度爲妄。』是『洪無度』者，猶言『完全不自量力而恣意妄爲』也。舊解爲『法度』，不確。**我不爾動**■爾動，動爾也，否定句賓語前置。動，猶『驚動』、『震動』也。《左傳》宣公十一年『謂陳人無動』，《史記·陳杞世家》作『謂陳曰無驚』。《易·无妄·彖傳》『動而健』，李鼎祚《周易集解》引虞翻曰：『動，震也。』皆是其義也。行甫按：『我不爾動』，言『我周邦並没有首發難端以驚恐震動你們』。**自乃邑**■乃，爾也。乃邑，與上『爾王家』相關聯，謂『動自爾王家』也。

〔四〕**予亦念天即于殷大戾**■亦，也詞也。念，常思也。行甫按：『予亦念』與前『予其曰』相關聯，猶言：『我也常常這樣想著説』。即，王引之《經傳釋詞》：『即，猶今人言即是也。』劉淇《助字辨略》：『《漢書·高帝紀》「呂公女即呂后也」，此「即」字，猶俗云「就是」，言非有兩人也。』行甫按：劉氏説較王伯申『即是』之説準確。此『即』字，表示肯定與確認之意，猶今語所謂『就等于是』。于，猶『以』也，説見吴昌瑩《經詞衍釋》。『以』即『使』也。《戰國策·秦策一》『向欲以齊事王』，高誘注：『以，猶使也。』戾，乖違也，厲惡也。《小雅·節南山》：『昊天不傭，降此鞠訩。昊天不惠，降此大戾。』鄭《箋》：『戾，乖也。』《大雅·瞻卬》：『瞻卬昊天，則不我惠，孔填不寧，降此大厲。』毛《傳》：『厲，惡也。』行甫按：二《雅》詩意相同，一云『大戾』，一云『大厲』，則『戾』亦即『厲』也。《大誥》言武庚管蔡之亂亦曰：『不弔天降割于我家。』又曰：『矧今天降戾于周邦。』是『戾』者，即乖違反叛之意。《淮南子·覽冥訓》『舉事戾蒼天』，高誘注：『戾，反也。』《太玄·戾》司馬光《集注》：『戾者，相乖反也。」皆是其義也。參見《大誥》「矧今天降戾于周邦」釋讀。行甫又按：此句意即：我也不得不時常這樣想：上天等於就是要讓殷人大規模地反叛，給我們周邦降下大麻煩，增添大動亂了。**肆不正**■肆，故也，於是也。不，屈萬里曰：「讀爲丕，語詞。」行甫按：屈氏讀「不」爲「丕」，是也；而以「丕」爲無義之「語詞」，則大非。「丕」，猶「誕」也，「大」也。正，征也。《地官·司門》「正其貨賄」，鄭玄注：「正，讀爲征。」行甫按：「肆不正」者，猶言於是大規模征討之也。《大誥》曰「肆朕誕以爾東征」，而「肆」也、「誕」也、「征」也，其遣詞造句及其語氣語義與此經大同。

〔五〕**王曰猷告爾多士**■猷，《爾雅·釋詁》：「謀也。」《釋言》：「圖也。」《大誥》「猷大告爾多邦」，孔穎達《疏》：「訓道也。」邢昺《爾雅疏》曰：「猷者，以道而謀也。」此「猷」字兼此四義焉，乃古人召集會議發佈講話，於開首或轉換談話內容時所用之習語，故《大誥》、《多方》皆有其例。餘說參見《大誥》「猷大誥爾多邦」及《多方》「猷告爾四國多方」釋讀。句意謂：之所以給你們這些優秀人士講這番話，目的在讓你們明白下面這些道理。**予惟時其遷居西爾**■惟，以也，因也。時，是也，此也。其，猶「乃」也；「乃」猶「而」也。說見吳昌瑩《經詞衍釋》。遷，徙也。居，往也。西，孫星衍曰：「成周在紂城朝歌之西南，故云西。」爾，通耳，猶「而已」、「罷了」。

〔六〕**非我一人奉德不康寧**■奉，猶「秉持」也、「操守」也。康，安也；寧，亦安也。「康寧」乃同義複詞。行甫按：此句意與《多方》「非我有周秉德不康寧，乃惟爾自速辜」從同。**時惟天命無違**■時，是也，寔也，實也。行甫按：「時」與「寔」通，《無逸》「其在高宗，時舊勞于外」，《中論·夭壽》引作「寔舊勞于外」。是其例也。惟，猶「乃」也。天命無違，謂天命不可違背也。行甫按：枚《傳》以「無違」屬下讀，非也。茲從章太炎屬讀。此與上「予亦念天即于殷大戾」相關聯，謂一切所以如此，皆屬天命，是以遷徙你們到西方成周，亦非我個人或我周邦之品德操守反覆無常，喜歡興師動眾，勞民傷財；而實在是因爲天命不可違背，並非如孫星衍所謂「汝無違去此遷所」

也。**朕不敢有後**■不敢，猶『不願』也。有後，枚《傳》：『有後誅。』孫星衍曰：『我不敢復有後命。』行甫按：『後誅』、『後命』之說雖無大錯，但非此『後』字之確義也。注者有以爲『遲緩』之義者，則更非經義。《呂氏春秋·長見》『知古則可知後』，高誘注：『後，來也。』是其義也。言爾等先前既有乖戾反叛之行，保不定來日必無也。周公諱言『再反』、『再叛』，故作委婉之語曰：『朕不敢有後。』謂我不願爾等來日還會做出些什麼事來。**無我怨**■無我怨，猶『不怨我』也，否定句代詞賓語前置。謂無怨我令汝遠離故土而遷居於西也。

〔七〕**惟爾知**■惟，《說文》：『凡思也。』知，猶今所謂『知道』、『了解』也。行甫按：句意謂：想來你們應當知道。**惟殷先人有冊有典**■惟，以也，因也。先人，先祖也。冊，冊書也。典，《說文》：『五帝之書也。从冊在丌上，尊閣之也。莊都說：典，大冊也。』行甫按：『典』字『從冊在丌上』，則『典』與『冊』之義別矣。『冊』者，常行之書冊也。『典』者，閣藏之書冊也。**殷革夏命**■革，更也，代也。行甫按：此三句謂：想來你們應當知道，因爲你們殷人祖先留下了大量典冊文籍，必然有殷人取代夏朝天命的記載。

〔八〕**今爾又曰**■今，故也。又，有也，或也。王先謙《尚書孔傳參正》曰：『「今爾又曰」云云者，「謂殷士有此怨言」，「言殷革夏命，時夏之人有進擇在王庭而大用者，有服事在百官而小用者。舉前事以形周之不用殷士」。』行甫按：王氏誤讀經文。此句與上文『惟爾知』相關聯，因『殷先人有冊有典』，故由典冊所載，爾等既知『殷革夏命』之事，亦知『夏迪簡在王庭，有服在百僚』之事。是以我周亦效法殷用夏人故事而進用殷之有德。《多方》先於本誥二年，既曰『我有周惟其大介賚爾，迪簡在王庭，尚爾事，有服在大僚』，亦謂周邦將進用殷人於王庭而令其『有服在大僚』也。可謂『周之不用殷士』邪？參見《多方》釋讀。**夏迪簡在王庭**■夏，夏之遺民也。迪，進也。簡，選也。王庭，殷之王庭也。**有服在百僚**■服，職事也。僚，即寮也，《毛公鼎》銘文『卿事寮、大史寮于父即尹』，字作『寮』。行甫按：卿事寮、太史寮，乃周代官制體系中兩大重要職能部門。卿事寮乃武官系統，太史寮爲文官系統。此言『百僚』者，即在王朝各級官府擔任各種官職之謂也。以此『夏迪簡在王庭，有服在百僚』之言觀之，周初王朝職事設卿事寮與太史寮，當是沿襲殷代官制。餘說參見《多方》『有服在大僚』釋讀。

〔九〕**予一人惟聽用德**■惟，以也，因也。聽，猶遵從、順從也。行甫按：『聽』字最爲吃緊，不可唐突讀之。此與上文『聽念于先王勤家』之『聽』義同，皆有『遵從傳統』、『順從先例』之意。用，任用也。行甫按：此與上文『惟爾知』云云爲因果關聯，謂我周邦所以進用爾殷之有德，正爲遵從與效法殷人簡擇進用夏之有德也，援引『殷革夏命』之先例而已。**肆予敢求爾于天邑商**■肆，於是也。求，請也。《穀梁傳》定公元年：『求者，請也。』《禮記・學記》『求善良』，鄭玄注：『求，謂招來也。』皆是其義也。天邑商，大邑商也。行甫按：二句意謂：我因援引殷人進用夏之有德之先例，所以斗膽把你們從天朝大國之殷商請到我們周邦來。此實爲委婉語。其一，殷人喪邦亡國，爾由殷而歸周，非我有周請之、求之也。其二，昔者殷用夏人，實因『殷革夏命』；今我所以用爾殷人，亦周革殷命而已。爾之由殷而歸周，我之進用爾等於周之王庭百僚，皆天意也。爾必無可怨，亦當認命。故下文曰『非予罪，時惟天命』。前人所注皆不了。

〔一〇〕**予惟率**■惟，猶『乃』也。率，《爾雅・釋詁》：『循也。』《逸周書・大匡解》『三州之侯咸率』，孔晁注：『率，謂奉順也。』行甫按：此『率』字與上文『惟聽用德』之『聽』字相照應。枚《傳》曰『惟我循殷故事』，是也。意謂：予乃遵循奉從前人之先例也。清儒及今之注者皆以『率』爲語詞，與『肆矜爾』連讀，非其義也。**肆矜爾**■肆，故也。矜，哀憐也，撫恤也。《方言》卷一：『矜，哀也。齊魯之間曰矜。秦晉之間或曰矜。』錢繹《箋疏》：『經典多以哀、矜連文，是矜、哀同義也。案：矜古音讀如憐。』《爾雅・釋訓》：『矜、憐，撫掩之也。』皆是其義也。爾，汝也。行甫按：王充《論衡・雷虛篇》引《尚書》作『予惟率夷憐爾』。段玉裁《撰異》曰：『夷、肆古音同在第十五部。憐、矜古音同在第十二部。矜從令聲，讀如憐；自誤從今聲而古音亡矣。』**非予罪時惟天命**■時，寔也。惟，乃也。行甫按：謂周革殷命，故遷爾於西，及奔走效力於我周邦，皆非我之罪，實乃天命。爾必安於天命，不可心生怨毒而再行反叛也。

此爲本誥第二節，言周之代殷亦猶殷之代夏，夏、殷所以喪邦失國，皆爲咎由自取。周之代殷，其合理性與合法性，正如『殷革夏命』，皆無可質疑。是以爾殷多士，唯安分守己，服從天命，效力於我周邦而已。

【繹文】

周公以攝位之王的身份說：『所以呀，你們這些優秀聰明的殷朝人士啊，正是由於我們周邦的文王和武王是天下最爲優秀的傑出人物，能夠奉行上帝的旨意，因此他們便發出命令說：「翦滅殷邦，剝奪殷人的天命！」並把這一壯舉及其結果奉告上聞於天帝。雖然我們周邦舉事不願意兩次對你們殷人採取敵對行動，可是你們王家的武庚祿父卻偏要與我周邦作對爲敵。因此，我可以這樣說，武庚祿父這種愚蠢的行爲的確是太不自量其力了，並不是我們周邦單方面對你們殷人有什麼過激行爲，而是從你們那邊首先發動了叛亂。因而我也時常這樣想，老天爺怕是要讓你們殷人給我們周邦製造不小的麻煩了，所以我不能掉以輕心，必須派出軍隊進行大規模的征討了。

周公以攝位之王繼續說：『我想告訴你們這些聰明優秀人士的是，我之所以將你們遷徙到這西邊的洛邑來，並不是我個人的品德操守特別愛折騰，不喜歡安安穩穩地過日子，而實在是因爲天命不可違背。我也不願意在以後的日子裏還會有什麼不愉快的事情發生，所以才讓你們遠離故土，你們不要對我心生怨恨。想來你們也應該知道，因爲你們殷人的祖先留下了大量的典册文籍，有關殷人取代夏朝天命的事情，一定有很詳細的記載；所以你們有人説，「夏人也曾被進用選擇在殷人的朝廷，在殷王朝的各個部門都有夏人服職效勞。由於我遵循你們殷人以德行任用夏人的傳統與先例，我才斗膽把你們從天朝大邑文化先進的殷商故都請到這裏來擔任各種事務。這樣説來，我不過是模仿殷夏更迭的往事，援引殷人任用夏人的舊例，才對你們表示憐憫與同情。因此，遷徙你們西來洛邑，任命你們效力於周邦，這一切都不是我有什麼罪過，實在是天命的安排就是如此。這也就是説，認命與服從，才是你們的正確抉擇。」

王曰：『多士，昔朕來自奄，予大降爾四國民命，我乃明致天罰，移爾遐逖，比事臣我宗多遜。』〔一〕王曰：『告爾殷多士，今予惟不爾殺，予惟時命有申；〔二〕今朕作大邑于茲洛，予惟四方罔攸賓；亦惟爾多士攸服奔走臣我多遜，爾乃尚有爾土，爾乃尚寧幹止。〔三〕爾克敬，天惟畀矜爾。爾不克敬，爾不啻不有爾土，予亦致天之罰于爾躬。〔四〕今爾惟時宅爾邑，繼爾居，爾厥有幹有年于茲洛。〔五〕爾小子乃興，從爾遷。〔六〕』

王曰：『又曰：時予乃或言。爾攸居。』〔七〕

【釋讀】

（一）**王曰多士昔朕來自奄**■昔，周公攝政之三年也。奄，王國維《北伯鼎跋》曰：『奄地在魯。《左襄二十五年傳》：魯地有弇中。漢初古文禮經出於魯淹中。《尚書疏》及《史記索隱》皆引汲冢古文「盤庚自奄遷于殷」，則奄又嘗爲殷都，故其後皆爲大國，武庚之叛，奄助之尤力。』是奄地在今之曲阜也。朕來自奄，《多方》曰：『惟五月丁亥，王來自奄，至于宗周。』由此知本誥在《多方》之後也。**予大降爾四國民命**■降，猶言發佈也。四國，四域，亦即四境也。行甫按：國也、域也，皆以或字爲初文而孳乳之，此乃字學常識，無須辭費。命，命令也。《多方》曰：『猷告爾四國多方，惟爾殷侯尹民，我惟大降爾命。』又曰：『今我曷敢多誥，我惟大降爾四國民命。』是本誥與《多方》之誥相關聯也。參見《多方》上述相關文句釋讀。**我乃明致天罰**■乃，因也。明致，猶言『清楚而明白地傳達過或表示過』。天罰，上天之罰也。**移爾遐逖**■移，猶言遷徙也。遐，遠也；逖，亦遠也。二字爲同義複詞。行甫按：《多方》曰：『乃有不用我降爾命，我乃其大罰殛之。』又曰：『則惟爾多方探天之威，我則致天之罰，離逖爾土。』所謂『大罰殛之』，所謂『離逖爾土』，皆與本誥『移爾遐逖』之意從同，皆謂遷流於遠方，無使安居於洛邑也。餘說參見上引《多方》相關文句釋讀。**比事臣我宗**■比，俾也，使也。《大雅·皇矣》『克順克比，比于文王』，《禮記·樂記》作『克順克俾，俾于文王』，《小雅·漸漸之石》『月離于畢，俾滂沱矣』，《論衡·明雩篇》作『比滂沱矣』，皆『比』、『俾』相通之證。《爾雅·釋詁》：『俾，使也。』事，動詞，與『臣』字構成同義複詞，猶言服事、奉事也。臣，臣服也。宗，族也。《天官·大宰》『五曰宗，以族得民』，鄭玄注：『宗，繼別爲大宗收族者。』是『宗』亦『族』也。**多遜**■多，讀爲祇，祇，適也。《左傳》襄公二十九年『祇見疏也』，孔穎達《正義》：『「多見疏」，猶《論語》云「多見其不知量也」，服虔本作「祇見疏」，解云：「祇，適也。」晉宋杜本皆作「多」。古人「多」「祇」同音。』王引之《經傳釋詞》：『家大人曰：襄十四年《左傳》荀偃曰「吾令實過，悔之何及？多遺秦禽」，「多」讀爲

「祇」。祇，適也。言若不班師，則適爲秦所禽獲而已。」江聲《尚書集注音疏》：「多與祇通，多亦可訓適也。」行甫按：此「多」之爲「祇」爲「適」，猶今所謂「只能」、「只有」、「只可」也。遜，順也，服從也。

行甫按：枚《傳》：「四國君叛逆，我下其命，乃所以明致天罰。今移徙汝於洛邑，使汝遠於惡俗，比近臣我宗周，多爲順道。」枚氏以「移爾遐逖」爲「移徙汝於洛邑」，又解「比事臣我宗」之「比」爲「比近」，意謂遷洛乃「比近」於「我宗周」，其說非也。後世注《尚書》者多從枚說，是以不可不辨。《多方》既言「爾乃自時洛邑，尚永力畋爾田」，又言「迪簡在王庭，尚爾事，有服在大僚」，而後乃曰「爾乃惟逸惟頗，大遠王命，則惟爾多方探天之威，我則致天之罰，離逖爾土」。則所謂「離逖爾土」云云，謂褫奪其田畝，趕出洛邑，流放邊遠之地耳。是此數句經文即復述和發揮《多方》語意，即下文「我惟時命有申」也。其意乃謂：過去我平定奄君叛亂之後回到宗周，就曾對你們這些各地的先朝遺民廣泛地發佈過一次講話，你們以後將居住在洛邑，要在自己的土地上努力耕耘稼穡，有在朝廷百僚中擔任職務者，也要做好你們的本職工作。否則，我將奉行上天之罰，把你們趕出洛邑，遠離你們的居所，褫奪你們的土田。當時我這樣説，現在我仍然這樣説，就是要讓你們明白，只有服服貼貼並且老老實實地事奉和臣服我們周邦，才是你們唯一的選擇；否則你們沒有別的出路，只可能處境更糟！

〔二二〕**王曰告爾殷多士■**反覆呼告，不啻耳提面命。**今予惟不爾殺■**惟，猶雖也。不爾殺，不殺爾。行甫按：此「殷多士」曾參與武庚之亂，因赦免其罪，故曰「惟不爾殺」。**予惟時命有申■**惟，猶乃也。時，猶是也，是猶夫也、彼也。行甫按：此「時」字與「昔朕來自奄，予大降爾四國民命」相照應，亦即《多方》之所命也。故此「時」字與上文「嚮于時夏」之「時」意同，皆爲遠指而非近指也，是以「時命」猶言「彼命」也。有，如字，亦通「又」。申，《爾雅・釋詁》：「重也。」江聲曰：「前歸自鄘，大降民命，故爲此重命也。」行甫按：江説是也。意謂：現在我雖然不殺你們，但我還是要把當年所發佈的命令再重申一次。

〔三〕**今朕作大邑于兹洛**■今，現在。兹，此也，兹洛，近指也。行甫按：周公作《多方》之誥時，洛邑尚未建成，故云『爾乃自時洛邑』，『時』乃遠指而非近指，說見《多方》相關文句釋讀。而此言『今朕作大邑于兹洛』，即有兑現當年的承諾之意。**予惟四方罔攸賓**■惟，以也，因也。四方，四境也。行甫按：『四方』猶言『四方之民』也，實指周邦之外的異族人士而言。罔，無也。攸，所也。賓，《釋文》引馬融曰：『卻也。』江聲曰：『如馬誼，則「賓」讀爲「擯」也。《戰國策》蘇秦說趙王曰「六國從親以擯秦，秦必不敢出兵於函谷關以害山東矣」，《史記·蘇秦傳》則云「六國從親以賓秦」，則古字「賓」與「擯」通也。』孫星衍亦曰：『《六國表》云「秦小僻遠，諸夏賓之，比於戎翟」，是賓義爲擯卻也。』行甫按：江、孫二氏說是也。枚《傳》云：『今我作此洛邑以待四方，無有遠近，無所賓外。』是亦讀『賓』爲『擯斥於外』之『擯』矣。**亦惟爾多士攸服奔走臣我多遜**■亦，特詞也，猶今所謂『特別』、『尤其』之意。惟，因也，以也。攸，由也，猶也，若也，假設之詞。說見吴昌瑩《經詞衍釋》。服，從也。奔走，猶言勤勞、效力也。臣，臣服也。我，我周邦也。多，衹也，適也。遜，亦馴服也、順從也。**爾乃尚有爾土**■乃，於是也。尚，庶幾也，猶今之所謂『有幸』也。有，擁有也。有爾土，謂在洛邑擁有土田居室也。**爾乃尚寧幹止**■寧，安寧也。幹，孫星衍曰：『幹，俗字，當爲榦。《楚辭·招魂》云「去君之恒幹」，注云：「體也。」則「寧幹」謂安其身體。』行甫按：《公羊傳》莊公元年『搚幹而殺之』，陸德明《釋文》：『幹，脅也。』《左傳》僖公二十三年『曹共公聞其駢脅』，杜預注：『駢脅，合幹。』《釋文》：『聞其駢榦絶句。《廣雅》云：「脅幹謂之肋。」《通俗文》云：「腋下謂之脅。」』則陸氏所見本『駢脅』作『駢幹』。孔穎達《正義》：『《說文》云：「駢脅，並幹也。」肋，脅骨也。幹是肋之别名。』《左傳》昭公二十五年『唯是楄柎所以藉幹者』，杜預注：『幹，骸骨也。』孔穎達《正義》：『所言藉幹者，舉脅而言耳，非獨爲脅，故云「幹，骸骨也。」』是則『幹』本爲肋骨之名，引申之而爲全副身體，此訓詁之以部分代全體之例也。止，句末語已之詞，猶『耳』也。宋人史浩《尚書講義》曰：『「爾乃尚寧幹止」，循此當身幹安佚也。』行甫按：史氏解『爾乃尚』爲『循此當』，非也。然謂『寧幹』爲『身幹安佚』則是也。此或爲江聲、孫星衍說所本。

〔四〕**爾克敬**■克，能也。行甫按：此與上『亦惟爾多士攸服奔走臣我多遜』相關聯，亦爲假設之辭，猶言『爾如能敬』也。是此『克』字實含『如』字、『若』字之義。劉淇《助字辨略》卷五：『《史記·律書》「且兵凶器，雖克所願，動亦耗病」，此「克」字猶云「如」也。』敬，恭敬也，謹慎也。**天惟畀矜爾**■惟，乃也。畀，與也，予也。矜，憐憫也。謂：你們如能恭敬其事，謹慎其行，天乃給予你們同情與哀憐。**爾不克敬**■克，亦能也，如也。反面假設。意謂：若爾不能恭敬其事，謹慎其行。**爾不啻不有爾土**■啻，孫星衍曰：『啻者，但也。《無逸篇》云：「不啻不敢含怒」，鄭注作「不但不敢含怒」。』行甫按：『不啻』猶言『非特』、『非僅』也。**予亦致天之罰于爾躬**■亦，與『不啻』相照應，言非特不使爾有其土，還必加之以上天之罰。躬，身也，與『寧幹』之『幹』相關聯。謂罰及爾身，爾身即不得安寧也，隱伏下文『從爾遷』。

〔五〕**今爾惟時宅爾邑**■今，故也。惟，唯也，獨也。時，寔也，實也。宅，《說文》：『所託也。』行甫按：『宅』猶安也，謂安居於爾邑也。**繼爾居**■繼，嗣續也，傳承也。居，居業也。江聲曰：『「宅爾邑」既謂安其居處，則「繼爾居」不得復爲居處，故以爲所居之業。《易·文言·象》云：「修詞立其誠，所以居業也。」是業可言「居」也。《蟋蟀》詩云「職思其居」，亦謂所爲之事爲「居」也。繼爾所居業者，謂所執以謀生之常業，若班固《西都賦》所云「家承百年之業，士食舊德之名氏，農服先民之畎畝，商循族世之所債，工用高曾之規矩」也。』宋人史浩《尚書講義》曰：『今爾之時不可失，能宅爾邑，自然懷念子孫而繼爾居矣。《斯干》之詩「乃安斯寢」而繼之以「乃占我夢」者此也。』行甫按：史浩氏解『時』爲『時機』，非是。引《斯干》以證『繼爾居』爲將其居業傳承於子孫，則是矣。下文云『有幹有年』者，即含此意焉。而江氏說『居』字之義是也，其明達經義，則不若史氏。**爾厥有幹有**

年于兹洛■厥，其也，將也。有幹，能安其身，亦自保有其身也。有年，吳汝綸曰：『有壽命也。』行甫按：史浩《尚書講義》曰：『先言「有爾土」、「寧幹止」，其居、其身之可保者，以其敬也。後言「不啻不有爾土」、「致罰于躬」，其居、其身之不可保者，以其弗敬也。』又曰：『能保其身，自然得終其壽而有年矣。《洪範》之書「康寧壽考」者，不可偏廢者此也。』此當爲吳氏之說所本。

〔六〕**爾小子乃興**■小子，猶言年幼之人，斥其年少無知也。乃，若也。興，作也，起也。行甫按：《左傳》哀公十六年『使興國人以攻白公』，陸氏《釋文》：『興，謂興發也。』又，哀公二十六年『大尹興空澤之士千甲』，《釋文》：『興，發也。』此『興』字猶今所謂『興風作浪』之『興』，即群起而動以發難也。**從爾遷**■從，《廣雅·釋詁》：『從、命，使也。』行甫按：此言：你們這些年幼無知之人，如果不安分守己而興風作浪，就讓你們遷出洛邑，流放遠地。此與上文『移爾遐逖』相照應，亦與《多方》『大罰殛之』、『離逖爾土』相照應，是所謂『時命有申』者也。

〔七〕**王曰**■江聲曰：『「王曰」下蓋有脫文。』行甫按：或者周公繼續有所申述，因内容相重，故史臣無記，僅以『又曰』記其稍變其辭者。**又曰**■《尚書》中『又曰』之義有二：一是對前文所言作概括與總結，如《君奭》『又曰：天不可信，我道惟寧王德延，天不庸釋于文王受命』是也。二是補充與申述上文所言之内容，如《君奭》『又曰：無能往來』以下數句即是也。皆爲史臣補記之文，以提示與上述内容之關聯。此『又曰』亦不例外，唯改換語氣，態度較緩而已。**時予乃或言爾攸居**■時，是也。乃，且也，又也。說見吳昌瑩《經詞衍釋》。或，有也，又也。段玉裁《古文尚書撰異》曰：『唐石經「或言」二字，初刻是三字。摩去重刻，致每行十字者成九字矣。初刻隱然可辨，「或言」之間多一字，諦視則是「誨」字，與《傳》「教誨之言」合。《雒誥》亦有「誨言」二字也。』行甫按：唐石經初刻因枚《傳》而誤增一『誨』字，後乃摩改。段氏以爲與《傳》合，且謂《洛誥》亦有『誨言』二字，則倒因爲果，顛也。殊不知石刻因枚《傳》而誤，枚《傳》因《洛誥》有『誨言』二字而生解也。『乃或』即虚詞連用之例。《尚書》『曷何』、『克堪』，《左傳》『克能』、『其抑』，皆是其例，不勝枚舉。『時予乃或言』者，猶『是我且又言』也。攸，《說文》：『行水也。从攴从人水省。』段玉裁注：『戴侗曰唐本作「水行攸攸也」，其中从水。按當作「行水攸攸也」。行水順其性，則安流攸攸而入於海。水之安行爲攸，故凡可安爲攸。又借爲逌，氣行皃。水行之攸，氣行之逌，皆主和緩，故或用攸，或用逌。』行甫按：『爾攸居』者，猶『爾安居』也。周公申述《多方》之誥，語氣凌厲峻急，至此則稍緩其氣，以慰其心。然其語意卻與上文『予惟不爾殺』以及『移爾遐逖』相關聯，於平緩之中亦含威峻。

此爲本誥最後一節，重申《多方》之誥，命居洛之殷遺老老實實臣服於周邦，謹慎恭敬，猶可安其身居其業，如若興風作浪，心懷不軌，則趕出洛邑，流放遠方。

【繹文】

周公以攝政之王的身份繼續說：『諸位優秀人士啊！你們應該記得三年前，我從伐奄歸來，回到宗周，曾經廣泛召集四境之內各邦國的首領以及殷商故族的頭頭腦腦們發佈過一次重要講話。在那次講話中，我非常明確地表達了我的態度和教令。我對你們說，我將在洛水北岸營建一座巨大的城邑，讓你們安居在新建的洛邑，給你們授土授田。你們可以在自己的土地上耕耘稼穡，也可以在朝廷百僚中擔任職務。但是你們必須安分守己，努力做好你們的本職工作。否則，我將奉行上天的旨意懲罰你們，把你們趕出新大邑，遠離你們的居所，褫奪你們的土田。我當時就是這樣對你們說的，你們應該是清楚地記得的！　我現在仍然對你們這樣說，就是要讓你們都明白，只有服服貼貼老老實實地奔走效力於我們周邦，才是你們唯一正確的選擇；　否則你們沒有別的出路，處境只會更糟！』

周公繼續說：『告訴你們這些殷商的聰明人士吧，現在我們雖然不會殺死你們，但我還是要將當年發佈的命令再給你們重申一遍：　現在我們在洛汭營建這座大都邑，是因爲我們要廣泛接納四境之內各邦各族的優秀人士；　特別是因爲你們這些殷商的優秀人士如果能夠老老實實地臣服於我們周邦，或者更加確切地說，只要你們能夠勤勉地奔走於王事，真心實意地效力於我們周邦，你們就有幸能夠在洛邑擁有一片屬於你們自己的土地，你們就有幸能夠在洛邑安身立命了。　如果你們能夠恭敬其心，謹慎其行，上天就會給予你們一份應得的同情與憐憫。　如果你們做不到恭敬其心，謹慎其行，一定要倒行逆施，犯上作亂，與上天的旨意對著幹，你們非但不能擁有你們自己的土地，我還要把上天給予你們罪有應得的懲罰，毫不姑息地施加到你們身上。　所以你們只有老老實實地安住在你們自己的居邑，將你們賴以爲生的田邑家業讓你們的後輩子孫能夠平平安安地傳承下去。　只有這樣，你們才可以指望在這繁華的新都洛邑福壽康寧，安度晚年。　如果你們這幫小子膽敢居心不軌，興風作浪，不願意安心安身居家過日子，那就讓你們遷出洛邑，遠遠地滾蛋吧！』

周公又繼續說了許多話，但語氣稍有改變，態度也有所緩和。　最後周公說，『這就是我所要說的話：　你們安心居住吧！　至少現在我們不會殺掉你們，也不會無故把你們趕走。』

【後案】

本篇既曰『昔朕來自奄，予大降爾四國民命』，所指即《多方》之所謂『惟五月丁亥，王來自奄，至于宗周』，『猷告爾四國多方，惟爾殷侯尹民』也。且本篇又曰『予惟時命有申』，亦是針對《多方》所『降』之命而重申其令。然二篇誥文，亦有所不同，主要有如下幾點：

其一，《多方》之誥，乃周公攝政三年踐奄之後回到宗周所作；本篇所誥，則是周公攝政五年營建洛邑之初，作於『新邑洛』。而《尚書》編排者，卻將《多方》編排在《無逸》與《君奭》之後，又將《多士》編排在《無逸》與《君奭》之前。其時序之倒錯，編次之孱亂，既有明文可稽，何以顛倒舛誤如此，不得而知。

其二，所誥之對象亦非全然相同。《多方》曰『告四國多方，惟爾殷侯尹民』，本篇則專言『用告商王士』。則本篇所誥，主要是針對《多方》所謂『爾殷侯尹民』，即參與洛邑營建繼而留居於洛邑的部分殷遺，而『四國多方』則不是本篇重點誥告對象。誥文曰：『予惟四方罔攸賓，亦惟爾多士攸服奔走臣我多遜。』就是說，居於洛邑，對於『四國多方』而言並沒有附加條件，只要足夠優秀，就可以廣收並蓄，不至拒絕擯斥。但對於『殷遺多士』而言，除了必須足夠優秀之外，還必須『攸服奔走臣我多遜』。前人讀此『攸服』之『攸』爲無義語詞，實在不通文理。不知此『攸』字乃表條件關係之連詞，與下文『爾乃尚有爾土，爾乃尚寧幹止』之『乃』相關聯而構成條件複句，即『如果你們心甘情願地臣服於我們周邦，爲我們周邦奔走效力，老老實實，服服貼貼，你們才有幸在此洛邑擁有你們的土田，你們才有幸在此洛邑安身立命』。

其三，作《多方》之誥，洛邑尚未動工，祇在謀劃與預期之中。故兩篇誥文雖然都提到洛邑，但用詞卻不同。本篇既曰『惟三月，周公初于新邑洛，用告商王士』，又曰『今朕作大邑于茲洛』，其告於殷多士亦曰『爾厥有幹有年于茲洛』。兩言『茲洛』，皆用『茲』以爲近指，與『初于新邑洛，用告商王士』一氣相貫。《多方》則曰『爾乃自時洛邑，尚永力畋爾田』，其時洛邑未建，周公探後而言，故用『時』字遠指，而不用『茲』字作近指，『時洛』猶言『彼洛』也。『時』字用於遠指，本篇『嚮于時夏』即是其例，倘解爲『嚮于是夏』、『嚮于此夏』，顯然於文理事理皆有所不通。本篇『予惟時命有申』，即指《多方》之所『命』，亦爲遠指。又《多方》『乃惟有夏，圖厥政，不集于享，天降時喪，有邦間之。乃惟爾商後王，逸厥逸，圖厥政，不蠲烝，天惟降時喪』，兩言『降時喪』，一指有夏，一指有殷，皆爲遠指。亦是其例。前人不明是理，以爲《多方》『爾乃自時洛邑』爲《多士》篇之錯簡，既不免顧此失彼，亦不知『茲』爲近指，而『時』則可近指，亦可遠指，隨語境之不同而意義有所不同而已，不可執一而論之。

本篇與《多方》皆主要是針對殷人而作誥，與《康誥》以及《君奭》諸篇爲周邦内部談話有所不同。《康誥》曰『天威棐忱』，又曰『惟命不于常』；《君奭》亦曰『天不可信』，又曰『天難諶』，皆言『天命』是不可靠的。本篇及《多方》則要求喪邦亡國的殷人必須絕對服從『天命』，臣服於周邦。《尚書》中這些關於『天命』的不同說法，郭沫若曾經有所注意。他說，周人言『天命不于常』，是『對天取著懷疑的態度』，但『周人一面在懷疑天，一面又在倣效著殷人極端地尊崇天』。並認爲周人『極端尊崇天的說話是對待著殷人或殷的舊時的屬國說的，而有懷疑天的說話是周人對著自己說的』。郭氏說，『這就表明著周人之繼承殷人的天的思想只是政策上的繼承，他們是把宗教思想視爲了愚民政策。自己儘管知道那是不可信的東西，但拿來統治素來信仰它的民族卻是很大的一個方便』。其實，周人并非對天『取著懷疑的態度』而不信天命，反而是篤信天命。他們對殷人大講『天命』，是用『天命』的信仰來脅迫殷人，讓他們在『天命』的重壓之下老老實實地臣服於周邦。而他們周邦內部講『天命不可信』，則表明周人面對無常的『天命』抱有更深的敬畏，因而具有極爲深重的憂患意識。這就促使他們思考如何才能長期永保既有之『天命』，從而形成周人『明德配天』的德治主義思想。因此，他們并不懷疑『天命』的存在。這一點，可參閲拙著《中國早期文化意識的嬗變》第一卷第六章的相關論述，茲不贅。

本篇以『明德配天』的歷史邏輯，不僅解釋了有殷何以取代了有夏的『天命』，也解釋了周邦何以成功地完成了『割殷』的壯舉。如果殷人肯定『殷革夏命』的正當與合理，那麽也就必須承認周人『割殷』同樣正當與合理。因而喪失『天命』的殷人必須老老實實地臣服於周邦，正如當年夏人所以有幸獲得『迪簡在王庭，有服在百僚』的生存際遇，無非是心甘情願地奔走效力於殷邦，自認喪亡而甘願忍恥含垢，以服從『天命』的殘酷安排而已。於是周公以『明德配天』的理論智慧將殷遺多士推向了邏輯的『兩難』境地：要麽採取歷史虛無主義，否定本民族的光輝歷史，違心地指責『殷革夏命』之非義；要麽接受喪邦亡國之既成事實，直面當下的慘淡人生，俯首貼耳地臣服於周邦，無怨無悔，奔走效力以自求多福。而尤爲弔詭的是，周公將明明白白地强迫殷人效力於周邦，演繹成周人的懷柔與寬大，用『刀下留人』的招數，賺得殷遺感戴周人的不殺之恩。又將虐用殷遺多士的智慧與才能，說成是援引因循『殷革夏命』的舊例，那也是借用你們老祖宗曾經役用夏人的手段。因而無論是『刀下留人』以沾寬大懷柔之名，還是借殷人之故技以役使殷遺之才智，都是以其人之道還治其人之身。面對如此詭譎的政治韜略，如此窘人的邏輯困境，以致無論周公的講話態度如何强硬，語氣多麼凌厲，那些喪邦亡國的殷遺多士也只好忍氣吞聲，有口難辯了。

無逸

【解題】

無逸,《史記·周本紀》作『無佚』,《魯周公世家》作『毋逸』,《漢書·梅福傳》『留意《亡逸》之戒』,《熹平石經》殘篇『毋劮于遊田』,其字則作『亡逸』若『毋劮』。用字不同,而音同字通,無别義也。《魯周公世家》曰:『周公歸,恐成王壯,治有所淫佚,乃作《多士》、作《毋逸》。』枚《傳》曰:『成王即政,恐其逸豫,本以所戒名篇。』是皆謂《無逸》乃周公戒成王而作也。一篇之中三致意者,乃在『先知稼穡之艱難』,『聞小人之勞』,『即康功田功』而已。考《國語·周語上》曰:『宣王即位,不籍千畝。虢文公諫曰:「不可。夫民之大事在農,上帝之粢盛於是乎出,民之蕃庶於是乎生,事之供給於是乎在,和協輯睦於是乎興,財用蕃殖於是乎始,敦庬純固於是乎成,是故稷爲天官……是時也,王事惟農是務,無有求利於其官,以干農功。三時務農,而一時講武,故征則有威,守則有財。若是,乃能媚於神而和於民矣,則享祀時至而布施優裕也。今天子欲修先王之緒,而棄其大功,匱神之祀而困民之財,將何以求福用民?」王不聽。三十九年,戰於千畝,王師敗績於姜氏之戎。』

據此,則《無逸》『先知稼穡之艱難』者,與虢文公之諫宣王不籍千畝之説,乃異時而同調也。是知此篇所以流傳於後世者,當與周宣王即位而不籍千畝大爲相關。《國語·周語上》所謂『史獻書』者,是其事也。參見拙作《西周末年的鑒古思潮與今文〈尚書〉的流傳背景》(《漢學研究》第十九卷第一期)以及拙著《中國早期文化意識的嬗變——先秦散文發展綫索探尋》第一卷相關章節。

周公曰:『嗚呼,君子所其無逸,〔一〕先知稼穡之艱難,乃逸,則知小人之依。〔二〕相小人,厥父母勤勞稼穡,厥子乃不知稼穡之艱難,〔三〕乃逸乃諺,既誕否則侮厥父母,曰昔之人無聞知。〔四〕』

【釋讀】

〔一〕**周公曰**■周公,文王之子,武王之弟。**嗚呼**■《熹平石經》篇末『公曰於戲』,今文也。鄭玄曰:『嗚呼者,將戒成王,欲求以深感動之。』行甫按:『嗚呼』、『於戲』,皆感嘆象聲詞,其字今讀撮口,按之上古韻語,魚模部與歌麻部同韻,當讀開口。曹大姑讀曹大家,其例也。《管子·小問》東郭牙望見齊桓公『口開而不閉』乃知其伐莒,是『莒』古讀開口,今讀撮口也。**君子所其無逸**■君子,鄭玄曰:『止謂在官長者。』所其,王引之曰:『所,語助也。「君子所其無逸」,言君子其毋逸也。』吴昌瑩曰:『何休文公十三年《公羊傳注》:「所,猶時也。」「君子所其無逸」,其,且也。言君子時且無逸豫也。』于省吾曰:『金文「啓」或不從「口」,與「所」形似而訛。「啓」、「肇」二字同用,「肇其」即「啓其」,金文習見,乃周人語例。君子所其無逸者,君子啓其無逸也。』劉起釪據之而譯其文曰:『做君主的自始就不該貪安逸呀!』是于、劉二氏以『所』爲『啓』若『肇』字之訛變,而釋爲『開啓』、『肇始』之義。行甫按:王、吴之説固非,于、劉之説亦誤。覆檢《殷周金文集成》,有用『肇其乍某器』者,如

五．二五三八（即冊數・器物編號，下同）／七．四一一五／一一．五九五三／一六．一〇二五一諸器是也；有用『肇諆乍某器』者，如四．二三七五／七．四〇二一、四〇二二（同冊者以頓號間隔）諸器是也；有用『諆肇乍某器』者，如四．二四一〇之器是也；有用『其肇乍某器』者，如七．三八八八、三八八九／九．四四三七、四四五八諸器是也。有單用『肇乍某器』者，其例甚夥。如一．一四一、二五一—六／四．二〇六六、二〇七一、二〇七八、二〇八一、二三九九、二四八五／五．二五七二、二五八七、二六〇一、二六三九、二六八〇、二七三三／七．三九三九、三九四四、三九四九、四〇九一—四〇九四、四一一〇、四一一一／九．四四一五、四四二三、四四四〇、四四四一、四四五八、四四八五、四五六五、四五七〇、四五七一／一一．五九七六、六〇〇七／一五．九五八五、九六六二／一六．一〇一一六、一〇二七五諸器皆是也。有單用『諆乍某器』者，如一二．六五一五之器是也；有單用『其乍某器』者，如八．四一四七—四一五一／九．四四四六、四四四七／一五．九七一六、九七一七諸器是也。『肇』字省作『攺』字者，有一一．五九五八／一六．九八八九二器是也。比較各器文例，單用『肇』字或『其』若『諆』字者，其意有二：一者，與金文『台乍』或『用乍』同，『因』也，『以』也。此義於一五．九四五五器『用肇乍尊彝』最爲明晰，『用肇』乃同義複語。一者，與『所』字義同，尤其僅爲『某肇乍某器』、『某其乍某器』之單句銘文，皆可用『所』字替换『肇』字或『其』字。至於『肇其』或『肇諆』以及『諆肇』或『其肇』，則更爲複語，顛倒爲用，義亦與單用者無異，單句銘文皆可用『所』字替换；多句銘文可以『用乍』或『台乍』替换。此外，一一．五九六八器：『服肇夙夕明享，乍文考日辛寶尊彝。』此『肇』字，亦即『以』字義無疑。又，一一．五九五二器：『叀肇諆爲御，乍父甲旅尊。』援上述字例用法，其意當是説：『叀因以爲御而乍父甲旅尊。』其語序及用法與『君子所其無逸』文例相當接近。因此，《無逸》『所其』與金文『肇其』抑或『其肇』用法及語義雖存在某種因革與承變關係，但決無『肇始』或『開啓』之意，而仍然與『所』字與『其』字的紙質文獻意義無所區别。是『所其』者，所以也，表原因或條件之連詞，與下文『則知小人之依」構成條件關係複句。無逸，王應麟《困學紀聞》曰：「《尚書大傳》作『毋佚』，毋者，禁止之詞，其義尤切。」行甫按：此逸字有二義：一爲安逸，「不知稼穡之艱難」是也。一爲逸樂，「惟耽樂之從」是也。

〔二〕**先知稼穡之艱難**■稼穡，《詩·伐檀》「不稼不穡，胡取禾三百廛兮」，毛傳：「種之曰稼，斂之曰穡。」《枚傳》：「農夫之艱難事」，則「稼穡」云者，泛指農事也。**乃逸**■乃，然後，與「先知」之「先」爲對文。王充《論衡·儒增篇》云：「《尚書·無佚》曰：『君子所其毋逸，先知稼穡之艱難乃佚。』佚者，解也。人之筋骨，非木非石，不能不解。故張而不弛，文王不爲；弛而不張，文王不行。一弛一張，文王以爲常。」行甫按：仲任解「乃逸」之「逸」爲鬆弛、懈怠。其說字雖與經意稍有所偏，其說理則與經旨無異也。是以王先謙曰：「先知乃佚，與一張一弛義合，謂先勞後逸，習之然後知之也。」**則知小人之依**■。小人，與上「君子」相對，庶民、平民也。依，孫星衍曰：「《白虎通·衣裳篇》云『衣者，隱也』，《說文》云『衣，依也』。謂知小人之隱也。《周語》云『勤恤民隱』，注云『隱，痛也』。古音哀如依，故依亦作哀。《康誥》曰『兄亦不念鞠子哀』，言不念稚子之隱也。《說文》『㥧，痛聲也。《孝經》曰：哭不㥧。』今《孝經》作『偯』。」

〔三〕**相小人**■相，視也。行甫按：此「相」字乃舉例之用，「小人」亦非指斥其身，乃謂其家也。「相小人」，猶言「看看那些平民家庭的情況吧」。**厥父母勤勞稼穡**■厥，其也。勤亦勞也，同義複詞。**厥子乃不知稼穡之艱難**■乃，異之之詞也，猶今言「竟然」也。下「乃逸乃諺」之「乃」用法從同。

〔四〕**乃逸乃諺**■諺，枚《傳》：「叛諺不恭。」行甫按：《論語·先進篇》孔子謂子路「由也喭」，「喭」、「諺」通。孔子用語必有《詩》、《書》傳統，故「諺」若「喭」之義，當於子路其人仿佛以求之。果敢好勇，不拘禮節，直率過人，其優點也，然亦其缺點。優點者，天真質樸，快言快語；缺點者，目無尊長，其言不讓。漢石經「諺」作「憲」，段玉裁謂「其義未聞」。然考之《大雅·板》「天之方難，無然憲憲；天之方蹶，無然泄泄」，《爾雅·釋訓》「憲憲、泄泄，制法則也」，《雅》訓之義雖無當于《詩》旨，然可知『憲憲』猶『泄泄』也。《孟子・離婁上》引此《詩》而釋之曰：『泄泄猶沓沓也。事君無義，進退無禮，言則非先王之道者，猶沓沓也。』則『憲憲』、『泄泄』、『沓沓』，非毀禮義，言語不遜之意也。故《板》下四句云『辭之輯矣，民之洽矣。辭之懌矣，民之莫矣』，皆就言辭之輯、洽與懌、莫相對爲說。知孟子所說與《詩》旨乃合，其用語亦有《詩》、《書》傳統之故也。準此，則『乃逸乃諺』者，義即好逸惡勞，言辭不遜也。**既誕否則侮厥父母**■既，與暨通，及也。《顧命》『既彌留，恐不獲誓言嗣』，謂及彌留之際也。誕，漢《熹平石經》作『延』。俞樾曰：『《漢書・古今人表》「赧王延」《史記索隱》作「誕」。「由逸豫而叛諺而欺誕，事本相因，何不曰「乃逸乃諺乃誕」而變其文曰「既誕」乎？《爾雅・釋詁》「延，長也」，長與久同義。言其始逸豫遊戲叛諺不恭而已，及既長久則且輕侮其父母也』。行甫按：『誕』與『延』互用，俞說自不誤，其析文理亦中肯。然石經之『延』亦未必不是『誕』字之假。考《爾雅・釋詁》：『誕，大也。』郝懿行《義疏》曰：『誕者，詞之大也。《詩》、《書》「誕」皆訓「大」。「何誕之節兮」，《毛傳》「誕，闊也」，闊亦大也。』《毛傳》以《詩經》語詞之『誕』字皆訓『大』，雖未能確切達其微旨，然『誕』有『大』訓則無疑也。且如俞氏以『誕』爲『延』而訓『長』，而上古『成長』與『延長』亦無異讀，後世乃有所分耳。是此『誕』字，猶今語『長大成人』之意。『既誕』，即『逮及長大成人』。否，大也，表程度之副詞。則，即也，於是也，與下文『丕則有愆』之『丕則』同。俞樾曰：『「不」、「丕」、「否」，古字通用，「不」乃語詞，枚《傳》以「不欺」解之，未得其旨。』行甫按：『不』『丕』『否』古字通用，俞氏之說是也，唯以『不』爲無義之語詞，則沿襲王伯申引之之說，非也。『否則』，猶今語所謂『甚而至於』也。下文『時人丕則有愆』之『丕則』，『民否則厥心違怨，否則厥口詛祝』之『否則』，其語用語義皆同。**曰昔之人無聞知**■昔，老舊也。聞知，見識。行甫按：『昔之人』乃『厥子』詛咒其父母之言，猶《左傳》僖公三十二年秦穆公之咒蹇叔曰：『中壽，爾墓之木拱矣。』

因武王之子姬誦年尚幼少，周公旦擔心他涉世未深，貪圖安逸和享樂，繼位之後，貽誤政事。故告誡他當知『稼穡之艱難』、知平民百姓之憂隱。

【繹文】

周公不無感慨地對周成王這樣説：『哎呀！擔任著某個官職承擔著一定責任的官員們之所以不應該貪圖安逸和享樂，只有他首先懂得了農事稼穡的艱辛和勞苦，然後才可以考慮他自己的休息和娛樂；就是爲了讓他們真正了解平民百姓們艱難困苦的生活狀況，真正理解庶民們生存維艱的悲哀和苦痛。這樣，他們在考慮自己的安逸和享樂之時，才會有所顧忌，才會心有不忍；才會考慮到大多數民衆尚未達到溫飽，甚至有些人還在死亡線上掙扎。你看看那些對孩子缺乏教養的百姓家庭吧，做父母的辛辛苦苦面朝黄土背朝天，一年四季，春忙種，秋忙收，在田地裏櫛風沐雨，辛勤勞作。由於他們爲了生計而奔波忙碌，疏忽了對孩子們的教育，他們的孩子竟然絲毫不懂得農事的艱辛，從小就養成了好逸惡勞，懶惰貪玩的壞毛病，又不服管教，常常出言不遜，與父母頂嘴，等到他們長大成人之後，就更是肆無忌憚地謾駡甚至凌辱他們的生身父母，常常大聲地呵斥他們的父母説：「你們這些老不死的東西見過什麽世面，你們懂得個啥呢！」這就是從小不懂得農事艱辛好逸惡勞養成的忤逆不肖之子。你想想，邦國之中，那些有職有位的官吏們要是不懂得農事的艱辛，貪圖安逸和享樂，他們必然也會肆無忌憚地坑害平民百姓，可認真説起來，其實這些平民百姓都是他們真正的衣食父母呢！』

周公曰：『嗚呼，我聞曰：昔在殷王中宗，嚴恭寅畏，天命自度，治民祇懼，不敢荒寧，肆中宗之享國七十有五年。〔一〕其在高宗，時舊勞于外，爰暨小人。〔二〕作其即位，乃或亮陰，三年不言，其惟不言，言乃雍。〔三〕不敢荒寧，嘉靖殷邦，至于小大，無時或怨。肆高宗之享國五十有九年。〔四〕其在祖甲，不義惟王，舊爲小人，作其即位，爰知小人之依，能保惠于庶民，不敢侮鰥寡。肆祖甲之享國三十有三年。〔五〕自時厥後，立王生則逸，生則逸，不知稼穡之艱難，不聞小人之勞，惟耽樂之從。〔六〕自時厥後，亦罔或克壽，或十年，或七八年，或五六年，或四三年。〔七〕』

【釋讀】

〔一〕**昔在殷王中宗**■中宗，《戩壽堂所藏殷虚文字》有斷片『中宗祖乙牛吉』之刻辭，《太平御覽》卷八十三引《竹書紀年》『祖乙滕即位是爲中宗』，王國維《殷卜辭所見先公先王續考》據此謂祖乙爲中宗。祖乙系河亶甲之子，祖辛之父，商湯七世孫第十四位殷王。舊說從《殷本紀》以中宗爲太戊，非是。**嚴恭寅畏**■嚴，《說文》：『教命急也。』猶今言嚴厲。恭，《說文》：『肅也。』嚴肅也。寅，段玉裁謂《尚書》之『寅』皆爲『夤』之通假字。《說文》『夤，敬惕也。』肅敬也。畏，《廣雅·釋詁》：『懼也。』敬畏也。行甫按：嚴恭寅畏，四字皆爲恭敬謹慎之意。江聲謂『嚴恭在貌，寅畏在心，表裏純一』，是也。**天命自度**■度，制也，量也。《詩·皇矣》『帝度其心』，《毛傳》：

『心能制義曰度。』《左傳》文公十八年：『事以度功』，杜注：『度，量也。』漢《熹平石經》作『亮』。段玉裁謂『亮』讀『量』。行甫按：『天命自度』者，謂以天命爲法度審查而衡量自己。**治民祇懼**■祇，《説文》：『敬也。』懼，猶『畏』也。**不敢荒寧**■荒，大也，廢也，因大而有所廢也。《孟子·梁惠王下》曰：『從獸無厭謂之荒。』即下文『淫于田』也。寧，安逸也。馬融曰：『知民之勞苦，不敢荒廢自安也。』行甫按：今標點本《史記》讀爲：『嚴恭寅畏天命，自度治民，震懼不敢荒寧。』與馬融、枚《傳》及裴駰《集解》皆不同。今從古讀。**肆中宗之享國七十有五年**■肆，故也。享，《熹平石經》作『饗』，祭祀也，猶《盤庚》『兹予大享先王，爾祖其從與享之』之『享』。行甫按：享國，在位主持邦國祭祀大典也。殷墟卜辭及殷代彝銘紀殷王之年皆曰『隹王若干祀』，如『隹王五祀』，即在位之王舉行第五輪祭祀大典之時段也。後世以『享國』爲在位，猶是也；然釋『享』爲『受』者，則誤矣。

〔二〕**其在高宗**■其，王引之曰『更端之詞也』。行甫按：此更端之『其』與上『我聞曰』相關聯，就『昔在殷王中宗』而另舉其例，下『其在祖甲』，用法從同，猶今語『再説』、『又如』也。高宗，武丁，小乙之子，祖庚之父，湯十一世孫第二十三位殷王。**時舊勞于外**■時，是也。是者，夫也。夫者，彼也。皆常訓。舊，久也。外，《説文》：『遠也。』《穀梁傳》宣公九年『其地，於外也』，范寧注：『外，謂國都之外。』**爰暨小人**■爰，于是也。暨，與也。裴駰《魯周公世家集解》引馬融曰：『武丁爲太子時，其父小乙使行役，有所勞苦於外，與小人從事，知小人艱難勞苦也。』行甫按：馬説大段不差，然謂武丁爲太子時其父小乙使行役，則未必然。説見下。

〔三〕**作其即位**■作，王引之曰：『及也』。其，代指高宗。即位，就位。**乃或亮陰**■乃，于是也。或，表推測之疑詞，猶今言『可能』也。亮陰，或作『諒陰』，或作『凉陰』；或作『亮闇』，或作『諒闇』，或作『梁闇』。段玉裁謂古『亮』、『諒』、『凉』、『梁』四字同音，不分平仄；古『陰』、『闇』二字同音，不分侵覃。郭沫若《駁〈説儒〉》：

『陰同闇是假借爲瘖，口不能言謂之瘖，闇與瘖同從音聲，陰與瘖同在侵部，《文選・思玄賦》「經重瘖乎寂寞兮」，舊注「瘖古陰字」。亮和諒大約也是明確、真正的意思。』董作賓《從高宗諒陰說到武丁父子們的健康》亦謂武丁之瘖啞症或爲舌疾所致。行甫按：郭說是也，然猶有未盡之誼。考『亮』乃『喨』之借，『亮陰』亦即『喨喑』。《方言一》：『平原謂啼極無聲謂之唴哴，齊宋之間謂之喑。』錢繹《箋疏》曰：『《說文》「秦晉謂兒泣不止曰唴」，《廣雅・釋詁三》「唴、喨，悲也」。《衆經音義二》引「喨」作「悢」。玄應音「力尚反」，云「悢悢然愁悲也」。「哴」、「喨」、「悢」，古字並通。合言之則曰「唴哴」。』是『亮』也，『陰』也，皆『瘖啞』之意。**三年不言**■汪中《釋三九》曰：『生人之措辭，凡一、二之所不能盡者，則約之三，以見其多。三之所不能盡者，則約之九，以見其極多。此言語之虛數也。』顧頡剛《浪口村隨筆》曰：『三年云者，非真三年也，狀其久也。《楚世家》「莊王即位，三年不出號令」，亦以三年狀其久，然則高宗之三年不言又豈必果爲三年耶！』**其惟不言**■其，亦代指高宗。惟，雖也。**言乃雍**■雍，《魯周公世家》及《禮記》之《檀弓》、《坊記》引之皆作『讙』。孔穎達《書疏》引鄭玄曰：『其不言之時，時有所言，則群臣皆和諧。』鄭玄注《檀弓》曰：『讙，喜說也。言乃喜說，則民臣望其言久。』鄭注《坊記》亦曰：『讙當爲歡，聲之誤也。其既言，天下皆歡喜，樂其政教也。』《孔子家語・正論》『言乃雍』，王肅注：『雍，歡聲貌。』孔穎達《檀弓疏》曰：『雍讙字相近，義得兩通，故鄭隨而解之。』行甫按：『雍』者，古文也；『讙』乃今文。然『雍』之爲和，『讙』之爲悅，今古文實無異義也。

〔四〕**嘉靖殷邦**■嘉，《說文》：『美也。』《爾雅・釋詁》：『善也。』《魯周公世家》作『密』，段玉裁謂『密』乃『宓』之借，《說文》『宓，安也。』《詩・公劉》『止旅乃密』，《毛傳》『密，安也。』行甫按：『嘉』之與『密』，無異義也。《禮記・禮運》『昔者仲尼與於蜡賓』，陸德明《釋文》：『夏曰清祀，殷曰嘉平。』孔穎達《禮疏》：『嘉，善也；平，成也。以歲終萬物善成就而報功。』是『嘉』有安平善成之義，與『靖』爲同義複詞，與上『勤勞』、『祗懼』之構詞從同。**至于小大**■枚《傳》：『善謀殷國，至於小大之政。』行甫按：《太平御覽》九十一引《東觀漢紀序》曰『密靜天下，容於小大，高宗之極至也』，段玉裁謂此乃『檃栝《無逸》篇文』，則『小大』者，乃天下『小大』之邦，非殷國之『小大之政』也。』**無時或怨**■時，是也。或，有也，或有某人、或有某邦也。行甫按：『無時或怨』乃『無或是怨』之倒文，謂天下小大邦國皆無有怨之者。《易・既濟》曰：『高宗伐鬼方，三年克之。』爭戰三年，方其克之，則小大衆邦服從武丁調遣，于此可見一斑。**肆高宗之享國五十有九年**■漢《熹平石經》作『肆高宗之饗國百年』，《漢書・五行志》、《楚元王傳》、《杜周傳》及《論衡》之《氣壽篇》、《無形篇》皆謂高宗享國百年。今文說也。而《魯周公世家》作『五十五年』，與今文不同，亦與古文不合。然與『五十有九年』，差別不大。

〔五〕**其在祖甲**■祖甲，枚《傳》：『湯孫太甲，太甲亦以知小人之依，故得久年。此以德優劣立年多少爲先後，故祖甲在下』。孔穎達《書疏》引王肅說亦以祖甲爲太甲。考《殷本紀》太甲稱太宗。是漢末古文《無逸》述殷代三王之序，乃以太宗太甲敘在高宗武丁之後也。漢《熹平石經》『肆高宗之饗國百年』後緊接『自時厥後』，洪适《隸釋》卷十四曰：『孔氏敘商三宗以年多少爲先後。此碑獨闕祖甲，計其字蓋在中宗之上。以《傳》序爲次也。』是漢末今文《無逸》述殷三王之序乃太宗太甲、中宗祖乙、高宗武丁也。段玉裁據洪氏之說而證以《漢書・韋玄成傳》王舜、劉歆所議『於殷太甲曰太宗，大戊曰中宗，武丁曰高宗。周公爲《毋逸》之戒，舉殷三宗以勸成王』，謂『今文《尚書》「祖甲」二字作「太宗」二字，其文之次，當云「昔在殷王太宗」、「其在中宗」、「其在高宗」』。行甫按：段氏之說或是，唯中宗爲祖乙而非太戊，已見於卜辭。漢人舊說有誤。鄭玄乃依馬融之說（馬說見《魯周公世家集解》所引），以祖甲爲武丁之子，祖庚之弟帝甲也。謂『武丁欲廢兄立弟，祖甲以此爲不義，逃於人間，故云久爲小人。』孔穎達據《殷本紀》『帝甲淫亂，殷復衰』及《國語・周語下》『帝甲亂之，七世而隕』，謂鄭玄『臆造此語，是負武丁而誣祖甲也』。行甫又按：漢末今文與古文《無逸》文序迥然不同，今文以時代先後爲序而古文以享國久暫爲序，各有其理。然據下『自時厥後，立王生則逸』、『自時厥後，亦罔或克壽』，則古文以享國久暫爲次者乃合周公所戒之意。今仍依孔氏《尚書正義》之古文本，無須移前挪後，變亂古經也。而馬融、鄭玄之所以以祖甲爲武丁之子帝甲者，乃混古文與今文而一之，以爲古文與今文同以時代先後爲序也；不知周公之戒，實以享國久暫之差爲立說之基也。餘說見下。**不義惟王**■義，皮錫瑞《今文尚書考證》曰：『古儀字，擬也。「不義維王」，謂不擬居王位。《孟子》曰：「湯崩，太丁未立，外丙二年，仲壬四年。」殷法兄終弟及，立子不立孫，使外丙、仲壬或有一人永年，則太甲無次立之勢，故太甲不自擬維王。殷時王子多在民間，太甲未立之時，或亦在外，故云「久爲小人于外，知小人之依」也。』惟，亦作『維』，爲也。**舊爲小人**■舊，久也。小人，亦平民也。**作其即位**■作，亦及也。其，指祖甲，亦即太宗也。**爰知小人之依**■爰，於是也。依，隱痛。**能保惠于庶民**■保，《說文》：『養也。』《詩·南山有臺》『保艾爾後』，《毛傳》：『保，安也。』惠，《爾雅·釋詁》：『愛也。』庶，眾也。**不敢侮鰥寡**■侮，欺也。《釋名·釋親屬》：『無妻曰鰥，無夫曰寡。』鰥寡，泛指貧窮無所告訴者。**肆祖甲之享國三十有三年**■肆，故也。司馬貞《魯周公世家索隱》以祖甲非太甲，引《竹書紀年》謂『太甲唯得十二年，此云祖甲享國三十三年，知祖甲是帝甲明矣。』行甫按：殷王在位之年數，世遠年淹，無從確知。《紀年》雖爲魏國史記，其年代應不早於《無逸》。且也，據王國維說，殷人之稱『帝與祖者，亦諸帝之通稱』，故『自大父以上諸先王』皆可『通稱爲祖』。而殷代諸王之以『甲』爲名者凡六：太甲一也；小甲二也；河亶甲三也；沃甲四也；陽甲五也；祖甲六也。凡以『甲』名之諸王在帝乙、帝辛之時皆可稱爲『祖甲』。然則此篇之『祖甲』，究爲殷王六『甲』之何『甲』，亦無可確知。無論今文家說以爲湯孫太宗『太甲』，抑或古文家說以爲武丁之子『祖甲』，亦皆爲漢人揣度之詞，頗難採信。要之，《無逸》所言殷王之享年，當以古文之次序爲是，至於『祖甲』究爲殷先公之何代日名爲『甲』的君王，既無由確考，亦無關大旨，闕疑可也。至於今人《夏商周斷代工程》以此祖甲爲誰某之甲，亦無須究詰矣。

〔六〕**自時厥後**■時，是也。厥，王引之曰：「之也。」行甫按：「自時厥後」之「時」，若依今文以年代先後爲序，則「是時」者，乃高宗武丁之後也。若依古文以在位久暫爲序，則「是時」者，乃祖甲之後也。**立王生則逸**■立，位也。《周禮・小宗伯》「掌建國之神位」，鄭玄注：「故書『位』作『立』，鄭司農云：『立』讀爲『位』」，古音「立」「位」同字。古文《春秋經》「公即位」爲「公即立」。」又，《頌壺》銘：「王各大室，即立。宰引右頌入門，立中廷。」「立」皆爲「位」字。立王，即在位之王也。生，出生，活著。《呂氏春秋・懷寵篇》「能生死一人」，高誘注：「生，活也。」**生則逸**■皮錫瑞據徐幹《中論・夭壽篇》所引，謂今文不重「生則逸」三字。劉起釪謂古人引書簡省，未引重複之句未必即爲原文所無。是也。**不知稼穡之艱難**■此句與上「君子所其無逸，先知稼穡之艱難乃逸」及「厥子不知稼穡之艱難」相關照應，故王先謙曰：「言與小人之子同其敝。」**不聞小人之勞**■勞，讀如《詩・凱風》「母氏劬勞」之「勞」，《毛傳》：「劬勞，病苦也。」**惟耽樂之從**■惟，唯也，獨也。耽，《論衡・語增》引作「湛」。行甫按：耽、湛音同通用，而湛亦可通沈，《微子》「沈酗于酒」，《漢書・霍光傳》引作「湛」。是則耽樂也者，猶湛樂、沈樂也，亦即沉湎於樂也。之，是也。從，追逐也，《齊風・還》「並驅從兩肩兮」，《毛傳》：「從，逐也。」亦讀如縱，放縱也。《禮記・曲禮上》「樂不可從」，陸德明《釋文》：「從，放縱也。」

〔七〕**自時厥後**■時，亦「是」也。厥，亦「之」也。然此「自時厥後」乃就「享國之年」而言，則之「時」也、之「是」也，即自「祖甲享國三十有三年」之後也。**亦罔或克壽**■亦，也辭也。劉淇《助字辨略》卷五曰：「《孟子》：『聖人之於民亦類也。』又云：『治亦進，亂亦進。』又云：『不受於褐寬博，亦不受於萬乘之君。』此『亦』字，然後是不殊上事之文。《正字通》訓『亦』爲『又』，誤也。『亦』，是也辭；『又』，是更辭，不相涉也。」行甫按：劉氏辨「亦」之爲「也」抑或爲「又」甚析。此「亦」字與上一「自時厥後」相照應，謂「立王」既「惟耽樂之從」，也「罔或克壽』。所謂『不殊上事之文』也。罔或，無有也。克，能也。壽，長壽也。**或十年或七八年或五六年或四三年**■皮錫瑞據徐幹《中論·夭壽篇》所引末四字作『或三四年』，謂當從《中論》爲是。《漢書·杜欽傳》載杜欽説王鳳『女德不厭，則壽命不究於高年。《書》云「或四三年」，言失欲之生害也』。皮氏謂經文『或四三年』者，『疑傳寫誤倒』。行甫按：皮氏説是也。考《尚書》經文數詞羅列，皆由小至大，《牧誓》『今日之事，不愆於六步七步』、『不愆于四伐五伐六伐七伐』，《康誥》『要囚，服念五六日至于旬時』，皆是其例也。

此節以殷代君王享國永之不永爲例，戒成王不可貪圖安逸而自取短命。

【繹文】

周公説：『哎！我聽説呀，過去在殷代的時候，那個稱爲中宗的祖乙，做事非常嚴格認真，態度格外小心謹慎，常常提心吊膽，總是擔心事情做不好。他時時刻刻用天命亦即上天的命令來反省、審查和衡量自己，生怕有任何一件事情做得不合天意；因而他處理政務，治理民衆，也就格外地謹小慎微，決不敢爲省心省力圖方便，就粗心大意，造成不必要的過失。更不會想到那些聲色狗馬，酒池肉林，長夜飲宴之事了。所以中宗祖乙嗇身勤政，體魄健壯，老壽年高，在位時間竟長達七十五年。再説殷代另一位君王，就是那位稱爲高宗的武丁，他是盤庚的弟弟帝小乙的兒子，在沒有即位之前，曾經有很長一段時間跟一般平民一樣，在外面服勞役，做苦力，所以他整天跟一幫平民百姓混在一起，和他們同吃同住同勞動。大概是因爲生活太苦，或者是因爲苦日子過得太久了，或者是因爲别的什麼原因，影響了他的身體健康，等到他做了國君之後，突然發現自己的嗓子啞了，說不出話來了。他那種說話很困難的病況，一直持續了好長一段時間，聽說差不多有三年之久吧。群臣百姓，都爲他身體不好而擔心著急，巫師卜官也三天兩頭地爲他灼龜命卜，卜問他今晚能不能順利地說話。只要聽到他能說出話來的時候，百官們就非常高興，都恨不得要山呼萬歲了。可是即使這樣，高宗武丁也不敢粗心大意，荒廢政事，也不敢貪圖享樂，仍然勵精圖治，不僅大邑商的本邦政治清明，社會安定，其他大大小小與殷國結盟聽命的邦國，也都對殷商大國以及高宗武丁本人沒有任何怨言，都是心悅誠服地以殷邦爲自己的龍頭老大，歸服於他們的統領，聽從於武丁的指揮。高宗曾經率領殷商盟軍討伐鬼方，一仗就打了三年，這既說明武丁的組織和統帥能力，也說明聯盟各邦都服從聽任武丁的調遣。事情說來也巧，雖然高宗武丁的身體不是很好，健康狀況欠佳，可他仍然也享有高壽，在位時間也幾乎六十年之久，甚至還傳說他活到一百多歲，當然，如果加上他在位以前久勞于外的年齡，這個說法或者也是有可能的。另外，殷代還有一位日名爲「甲」的先王，順便說一句，殷代日名爲「甲」的君王，前後有六個，而且殷人對他們祖父以上的先公先王都稱呼爲「祖」，所以也不知道這個叫作「祖甲」的殷王，是這六個「祖甲」之中的哪個「祖甲」。也順便告訴你，殷代的王位繼承制度跟我們周朝的不一樣，他們是兄終弟及，是沒有所謂太子這一說的。王位傳給誰，那要看王室同代兄弟之中誰的經歷豐富，辦事能力強。所以，不僅現任君王的兒子們從來就沒有做國君的想法；同樣，那現任國君最小的弟弟，也不可能覬覦王位，不會去想國君的位置到哪天才可以輪到自己頭上來。所以那位稱爲「祖甲」的君主，當時絲毫沒有要做國王的打算和想法，因此，他也就長期過著一般平民百姓一樣的生活。等到他有機會做國君以後，由於他曾經像一般平民那樣生活過，所以他對一般下層平民的生活疾苦，了解得非常清楚。因此，在他爲君執政期間，他就能夠盡力爲庶民百姓興辦實事，施行了很多惠民政策，他特別關心民衆疾苦，決不允許欺侮貧窮無告的孤寡老人這樣令人髮指的惡性事件發生。所以這位祖甲也得壽很高，在位時間也有三十三年。你看我給你講的殷代這三位賢明的君主，他們的共同特點就是勤政恤民，不貪圖逸樂，所以他們一個個年齡都活得很大。可是自此之後，情形就大不一樣了，殷代後來的那些在位之君，一個比一個更會享樂。因爲他們出自娘胎就開始過著衣來伸手，飯來張口的安逸享樂的日子，之後當然就養成了驕奢淫佚的腐朽生活習慣。所以他們登上王位之後，壓根兒就不知道農事生計的艱辛，從來就沒有聽說過平民百姓的艱難困苦。只是一味地追求荒淫的享樂生活，沈湎在聲色狗馬、酒池肉林之中，跟那些沒有教養的小人之子沒有兩樣。這結果也就可想而知了，除了上面說的那二三個高壽的君王之外，殷王朝就再也找不出一個活得長一點的國君了。在位稍長一點的也不過十年，有的七年八年，有的五年六年，有的就更加短命了，在位不到三四年時間，就中途夭折了。』

周公曰：『嗚呼，厥亦惟我周，太王、王季，克自抑畏；〔一〕文王卑服，即康功田功，徽柔懿恭，懷保小民，惠鮮鰥寡。〔二〕自朝至于日中昃，不遑暇食，用咸和萬民。〔三〕文王不敢盤于遊田，以庶邦惟正之供。〔四〕文王受命，惟中身，厥享國五十年。〔五〕』

【釋讀】

〔一〕**厥亦惟我周**■厥，其也，之也，指示代詞。指代上述勤政恤民而享國日永之君。亦，也辭也。惟，雖也。我周，即我們周邦。周人、周邦以及周王朝，皆因太王遷居岐山之地曰周原而得名。《詩·大雅·綿》：「古公亶父，來朝走馬，率西水滸，至于岐下。」又曰：「周原膴膴，堇荼如飴。」**太王王季**■太王，古公亶父，居豳地，又稱豳公，文王姬昌之祖父。王季，季歷也，太王古公亶父第三子，文王之父。《周本紀》曰：「古公有長子曰太伯，次曰虞仲。太姜生少子季歷，季歷娶太任，皆賢婦人，生昌，有聖瑞。古公曰：「我世當有興者，其在昌乎？」長子太伯、虞仲知古公欲立季歷以傳昌，乃二人亡如荊蠻，文身斷髮，以讓季歷。」**克自抑畏**■克，能也。自，自我或自動也。抑，貶抑，即曲己以從人之謂也。畏，敬畏，即不敢怠惰以自安之意也。自我貶抑，曲己以從人者，下「徽柔懿恭」云云是也；心懷敬畏，不敢怠惰以自安者，下「不遑暇食」、「不敢盤于遊田」云云是也。

〔二〕**文王卑服**■卑，《經典釋文》曰：「如字。馬本作『俾』，使也。」《爾雅·釋詁》：「俾，使，從也。」然則今本用借字，馬本用正字而據《爾雅》爲訓也。行甫按：《大雅·皇矣》「克順克比，比于文王」，《禮記·樂記》作「克順克俾，俾于文王」，然則「比」之與「俾」，亦猶「順」也，與《雅》訓「從」及馬訓「使」同其義也。服，事也，行也，亦可訓「從」。《左傳》文公十八年「服讒蒐慝」，杜預注「服，行也」，孔穎達疏之曰：「服，從；是奉行之義也。」行甫按：「文王卑服」，意謂文王秉承太王、王季「克自抑畏」的精神品德以從事於下述事業。**即康功田功**■即，就也。康，古與荒通，襄公二十四年《穀梁傳》「四穀不升謂之康」，《韓詩外傳》「康」作「荒」。荒，《說文》「蕪也。」蕪謂之荒，墾治蕪穢亦謂之荒。功，《說文》：「以勞定國也。」是「功」亦「勞」也。康功，拓荒之勞也。《周頌·天作》：「天作高山，大王荒之。彼作矣，文王康之。彼徂矣岐，有夷之行。子孫保之。」此即太王、文王於岐山拓荒開道之事也。楊樹達說此詩之意謂：天作成高峻之岐山，太王墾闢其荒蕪。太王爲始之功，而文王又庚續而治之。是以彼岐山雖爲險阻，亦有平夷之道路矣。彼先人創業拓荒之艱難，子孫宜其善保之也。說見楊氏《積微居小學述林》。田功，耕作之勞也。《周頌·良耜》『畟畟良耜，俶載南畝，播厥百穀，實函斯活。或來瞻女，載筐及筥，其饟伊黍，其笠伊糾，其鎛斯趙，以薅荼蓼。荼蓼朽止，黍稷茂止，穫之挃挃，積之栗栗，其崇如墉，其比如櫛，以開百室。』此即周人耕作之勞也。章太炎曰：『康功者，謂平易道路之事。田功者，謂服田力穡之事。前者職在司空，後者職在農官，文王皆親莅之。』**徽柔懿恭**■徽，美也，善也。《小雅·角弓》『君子有徽猷』，《毛傳》：『徽，美也。』《舜典》『慎徽五典』，陸德明《經典釋文》引馬融曰：『徽，善也。』柔，安也。《周頌·時邁》『懷柔百神』，《毛傳》：『柔，安也。』《國語·周語中》『以懷柔之』，韋昭注：『柔，安也。』懿，《說文》：『專久而美也。』《逸周書·謚法》：『柔克爲懿』，『溫柔聖善曰懿』。又，與『抑』字通。《國語·楚語上》『於是乎作懿戒以自儆也』，韋昭注：『懿，讀曰抑。』是『懿』者，溫柔謙抑之美也，與『恭』字義近。恭，謹敬也。行甫按：漢《熹平石經》作『共』。段玉裁曰：『《尚書》、《毛詩》、《史記》，恭敬字皆作「恭」，不作「共」。漢《石經》之存者《無逸》一篇中「徽柔懿共」、「惟正之共」皆作「共」。「嚴恭寅畏」作「恭」。此可以知古之字例矣。』如段說，則此『共』字作『恭』當是唐人誤改。然此『共』字與『恭』字改與不改，亦可兩通。餘說見下。**懷保小民**■懷，柔也，安也。保，養也，安也。小民，平民也。**惠鮮鰥寡**■惠，愛也，恩利也。《論語·里仁》『小人懷惠』，皇侃《義疏》：『惠，恩惠利人也。』鮮，《爾雅·釋詁》：『善也。』行甫按：《熹平石經》『鮮』作『于』，今文也，《漢書·景十三王傳》、《谷永傳》皆作『惠于鰥寡』。竊疑今文『于』乃『訏大』之『于』字，《方言一》：『訏、于，大也。』《大雅·生民》『實覃實訏』，《毛傳》『訏，大也。』《尚書大傳》羲伯之樂名曰『朱于』，鄭玄注：『于，大也。』《禮記·文王世子》『況于其身以善其君乎』，鄭玄注：『于讀爲迂，迂，猶廣也，大也。』《檀弓》『易則易，于則于』，孔穎達《禮疏》：『于謂廣大。』《孔子家語·曲禮子夏問》『況于其身』，王肅注：『于，寬也，大也。』皆是其例也。凡從『于』得聲之字皆有『大』義，《呂氏春秋·仲夏紀》：「調竽笙壎篪」，高誘注：「竽，笙之大者。」是也。則《石經》「惠于鰥寡」者，惠愛寬待鰥寡也，則與古文「惠鮮鰥寡」無所異也。「惠鮮」若「惠于」與「懷保」爲對文，作虚詞「於以」之「于」則不侔矣。

〔三〕**自朝至于日中昃**■朝，早晨。日中，正午。昃，同仄，偏西也。《易·豐》：「日中則昃。」**不遑暇食**■遑，亦暇也；暇，亦遑也。遑暇，與閒隙一聲之轉，遑暇、閒隙皆雙聲連綿詞。**用咸和萬民**■用，以也。咸，俞樾曰：「『咸亦和也。《詩·常棣》鄭箋曰：「弔二叔之不咸。」孔穎達《正義》曰：「咸，和也。」』蓋咸即諴字之省，《說文》言部：「諴，和也。」『用咸和萬民』者，『用諴和萬民』也。」行甫按：「咸」乃「諴」之省也。《召誥》「其丕能諴于小民」，《說文》：「諴，和也。从言，咸聲。《周書》曰：『不能諴于小民。』」是其義也。

〔四〕**文王不敢盤于遊田**■盤，《爾雅·釋詁》：「樂也。」行甫按：盤即般之借字也。《說文》：「般，辟也。象舟之旋，从舟从殳，殳令舟旋者也。」是般辟者，即盤旋也，回旋不進，盤桓不退。則「盤」之爲「樂」也，流連忘返，沈湎迷溺之謂也。遊，樂也。《呂氏春秋·貴直篇》：「在人之遊」，高誘注：「遊，樂也。」又，遊觀也。《逸周書·小明武》：「遊觀崇臺」，朱佑曾《集訓校釋》云：「遊觀，可遊衍觀望者。」田，畋獵也，亦作畋。行甫按：遊即田，田亦遊也。司馬相如《子虛賦》與《上林賦》又名《天子遊獵賦》。遊獵亦即田獵，則遊亦田也。此「遊田」連用，乃同義複詞，與下「于遊、于田」之「遊」或有不同。說見下。**以庶邦惟正之供**■以，因也。庶邦，衆邦也。惟，獨也。正，亦作「政」。《國語·楚語上》左史倚相引《周書》「文王至於日中昃，不皇暇食。惠於小民，唯政之恭」而後論之曰：「文王猶不敢驕。」之，是也。供，《熹平石經》有「共毋兄曰今日」殘字，即下文「以萬民惟正之供，無皇曰今日耽樂」之殘存者，是《石經》作「共」也。行甫按：「正」與「政」，「共」與「恭」，皆可通假互用，然經文以何爲本字，何爲假借字，則當依經文語境以斷之。此當以「惟正之共」爲本字，今本作「供」者，乃古今字，爲唐人據文意所改也。上「徽柔懿共」，《盤庚》「各共爾事」，唐人皆改作「恭」而不改作「供」，而此篇兩「惟正之共」皆改爲『供』，其義見矣。『共』者，《爾雅·釋詁》：『供，峙，共，具也。』郭璞注：『皆謂備具。』《說文》亦曰：『具，共置也。』枚《傳》釋此經曰：『文王不敢樂於遊逸田獵，以衆國所取法，則當以正道供待之故。』差爲得之。《楚語》左史倚相因往見申公子亹，子亹不出迎相見，故倚相謗之於其門，責申子亹依老而驕横不恭。其所引《周書》乃斷章取義，又巧用通假字以成己意，不可爲典要，實不足以據之説此經也。且『以庶邦惟政之恭』猶可言之，然下『以萬民惟政之恭』，則不辭矣。考《大雅·綿》曰：『虞芮質厥成，文王蹶厥生。』《毛傳》：『質，成也，成，平也。蹶，動也。虞芮之君相與爭田，久而不平，乃相謂曰：「西伯，仁人也，盍往質焉！」乃相與朝周。入其竟，則耕者讓畔，行者讓路；入其邑，男女異路，斑白不提挈；入其朝，士讓爲大夫，大夫讓爲卿。二國之君感而相謂曰：「我等小人，不可以履君子之庭。」乃相讓，以其所爭田爲閒田而退。天下聞之而歸者四十餘國。』可與此『以庶邦惟正之供』相參證。

〔五〕**文王受命**■受命，孔穎達《詩·文王·正義》引鄭玄曰『謂受殷王嗣立之命』，《書疏》引王肅謂『文王受命，嗣位爲君』，孔穎達曰：『受先君之命。』行甫按：『文王受命』，即《大盂鼎》『不顯玟王受天有大令』，謂文王受天之大命也。**惟中身**■惟，雖也。中身，身處中年也。枚《傳》曰：『文王九十七年而終，中身即位，時年四十七。言中身，舉全數。』行甫按：《禮記·文王世子》謂文王九十七而終，故枚《傳》以爲中身受命乃四十七歲也。**厥享國五十年**■厥，其也。《孟子·公孫丑上》『且以文王之德，百年而後崩，猶未洽於天下。』《呂氏春秋·制樂篇》：『文王立國八年，歲六月，地動。改行重善，無幾何，疾乃止。文王即位八年而地動，已動之後四十三年，凡文王立國五十一年而終。』其説當有所本。

此節乃以本朝先王爲例，以戒成王勤政恤民，亦將享國日永。

【繹文】

周公又對成王不無感嘆地說：『哎！ 這種勤政恤民不圖逸樂以致長壽年高的事例，即使在我們周邦短暫的歷史上也是有過的。 文王的老祖父古公亶父，那時還居住在豳地，所以當時稱爲豳公，後來爲了回避戎寇的騷擾，就把周邦從豳地遷到岐山的周原了，我們之所以稱爲「周」，就是用那個「周原」的地方命名的。 後來沒過多久，你的祖父文王就出生了，他從小聰明，才華超群，古公亶父覺得以後能夠興盛周邦的人物，大可能就是你的祖父姬昌，就打算把邦君的位置傳給你的祖父。 但是古公亶父當時有三個兒子，老大叫太伯，老二叫虞仲，老三叫季歷。 爲了能夠順利地將邦君之位傳給孫子姬昌，古公便將君位直接傳給了老三季歷，既不用殷人的兄終弟及制，也不是純粹的嫡長子繼承制，而是一切從權的臨時創舉。 當然，季歷當了邦君之後，也像古公太王一樣，也能夠曲體人情，務爲周全，克制自己而尊重別人，對於邦國內外的各項大小事務，也都謹慎處理，從來不敢怠惰以自安。 而古公亶父以及王季歷的所有這些良好品質，都被文王繼承下來並發揚光大了。 文王就是憑著這些難能可貴的品格，帶領我們周邦的民眾繼承太王和王季的事業，繼續在險峻的岐山周圍劈山開道，在肥沃的岐周平原墾荒耕農。 你的祖父周文王真是一個非常了不起的偉大人物，他心地善良，性情溫和，做事刻苦自勵，專心致志，待人謙恭謹敬，樂助無私。 這樣的美好品質，體現於治國治民，那就是心繫百姓，造福蒼生，惠愛鰥寡，撫恤孤獨。 從早到晚，忙得連喫飯的時間都沒有，常常是大清早起來就處理政務，直到午後太陽都偏西了還沒吃早餐，他這樣廢寢忘食，操勞國事，就是爲了社會安定，萬民和樂。 文王之所以從來不敢沈湎於聲色狗馬，醉心於遊觀田獵的娛樂活動，是因爲他要給周邊其他邦國的君主做表率，給他們示範治國治民的正確方法和應有的態度。文王接受上天的大命爲我們周邦之君的時候，他幾乎要年屆半百了，但他仍然主持國政長達五十年之久。』

周公曰：『嗚呼，繼自今嗣王，〔一〕則其無淫于觀、于逸、于遊、于田，以萬民惟正之供。〔二〕無皇曰今日耽樂，乃非民攸訓，非天攸若，時人丕則有愆：〔三〕「無若殷王受之迷亂酗于酒德哉！」』〔四〕

【釋讀】

〔一〕**繼自今嗣王**■繼，《說文》：『續也。』自，用也，由也，因也。《吴越春秋》：『子胥曰：「吾蒙子前人之恩，自至於此。」』言我荷蒙你家先人之恩惠以至於此也。今，當今。嗣，繼也。嗣王，謂繼立之王也。行甫按：此緊承上節，故『繼』也者，繼太王王季文王也。繼自今嗣王，即繼以今嗣王，意謂：繼承太王王季及文王之後而有天之大命，由今日繼位之王。

〔二〕**則其無淫于觀**■則，承上啓下之詞，即也。其，代嗣王。無，毋也，禁止之詞。淫，孔穎達《書疏》引鄭玄注：『放恣也。』觀，遊觀也。《左傳》隱公五年：『公將如棠觀魚者，臧僖伯諫曰：「凡物不足以講大事，其材不足以備器用，則君不舉焉。」公曰：「吾將略地焉。」遂往陳魚而觀之，僖伯稱疾不從。書曰「公矢魚于棠」，非禮也。』又，《左傳》莊公二十三年：『公如齊觀社，非禮也。曹劌諫曰：「諸侯有王，王有巡守，以大習之，非是君不舉矣。君舉必書，書而不法，後世何觀？」」此『觀魚』、『觀社』者，皆爲遊觀之事也。**于逸**■逸，安樂也。孔《疏》曰：『逸謂逸豫。』**于遊**■孔《疏》曰：『遊謂遊蕩。』行甫按：此『遊』字當與上『遊田』連文之『遊』有所不同。竊疑此『遊』或近乎《論語·述而篇》『遊于藝』之『遊』。朱熹《論語集注》曰：『遊者，玩物適情之謂。』則『無淫于遊』者，乃謂毋溺於玩好以致玩物喪志也。**于田**■孔《疏》曰：『田謂田獵。』**以萬民惟正之供**■《熹平石經》作『酒毋劮于遊田維』，《漢書·谷永傳》對災異引經曰『繼自今嗣王，其毋淫于酒，毋逸于遊田，惟正之供』，且論之曰：『未有身治正而臣下邪者也。』與《石經》文字同，則今文《書》與古文大異之如此也。因谷永所引及《石經》皆無『以萬民』三字，說者以爲上『以庶邦惟正之供』亦無『以庶邦』三字。行甫按：今古文《書》之不同，各有其是也。今文有『毋淫于酒』，則與下文『無若殷王受之迷亂酗于酒德哉』相關聯，文勢較暢，而古文『無若殷王受』云云者，略顯孤懸而突兀。古文『以庶邦』與『以萬民』分爲文王與嗣王兩層次，則不僅文理密察，猶與史實相符。夫文王者，西伯也，有大邑商在，則猶重『庶邦』之歸附以待日後與大邑商相構難也。夫嗣王者，繼父祖翦商之餘烈，封建親戚，『庶邦』猶有在者，然已名存而實亡，是以猶重『萬民』之私德。此古文勝今文之處也，學者用心體察則知其意矣。

〔三〕**無皇曰今日耽樂**■無皇，《熹平石經》作『毋兄』，下『則皇自敬德』，《石經》作『則兄曰敬德』。段玉裁曰：『鄭注：「皇，暇也。言寬暇自敬。」王肅本「皇」作「況」，注曰：「況，滋益，用敬德。」王蓋據今文以改古文也。此「皇」字鄭亦當訓暇，王亦當作「況」訓「滋益」。《詩·小雅·常棣》「況也永嘆」或作「兄」，「兄」是古字，「況」是今字。《大雅·桑柔》「倉兄填兮」，《召旻》「職兄斯引」，三《毛傳》皆云「兄，滋也。」韋昭《國語注》云：「況，益也。」「毋兄曰」者，毋益曰云云也。《秦誓》「我皇多有之」，《公羊傳》作「而況乎我多有之」。尋《秦誓》詞義，則「兄」亦訓「皇暇」矣。《尚書大傳》曰「君子之於人也，有其語也，無不聽者，皇于聽獄乎」，鄭注：「皇猶況也。」』行甫按：　皇之與兄，雖古音相同通用，然字義各有側重。皇，暇也，『無皇曰』者，無暇曰也，猶今語所謂『哪還有工夫說』。兄，滋益也，『毋兄曰』者，毋更曰也，猶今語所謂『那就更不用說』。然『哪還有工夫說』與『那就更不用說』，語用與語義全然相同，皆程度遞進也。今日耽樂，枚《傳》曰：『惟今日樂，後日止。』是也，意即『今天痛痛快快地樂一回，明天就不能再樂了』，實爲沈湎之樂找借口而已。**乃非民攸訓非天攸若**■乃，是也，此也。民，在下之民，此與天爲對，則有『天聽自我民聽』之意。攸，所也。訓、若，皆順也。俞樾云：『《廣雅·釋詁》曰：訓，順也，「非民攸訓」，言非民所順也。「非天攸若」，若，亦順也，言非天所順也。文異義實不異。』王先謙曰：『言今日湛樂之，言民與天皆不順之。』**時人丕則有愆**■時，是也，此也。丕，大也。則，即也。愆，過錯，此作動詞。有愆，即有所指責。下文『無若殷王受迷亂酗于酒德哉』，即人所指責之詞。

〔四〕**無若殷王受之迷亂酗于酒德哉**■無，毋也，禁止之詞，殷王受，《殷本紀》曰：『帝乙崩，子辛立，是爲帝辛，天下謂之紂。』裴駰《集解》引《謚法》曰：『殘義損善曰紂。』梁玉繩《史記志疑》曰：『紂有二名，曰辛者，殷以生日名子也。曰受者，別立嘉名也，猶天乙又名履，上甲又名微也。史不書名受，偶失也。而紂、受音近，故天下共稱之，蓋即以爲號，先儒謂紂爲謚，非。』行甫按：　史公既言『天下謂之紂』者，則『紂』非帝辛之名，明矣。《夏本紀》曰：『帝發崩，子履癸立，是爲桀。』《集解》亦引《謚法》曰：『賊人多殺曰桀。』曰桀曰紂者，皆多力之詞。《衛風·伯兮》『伯兮朅兮，邦之桀兮』，是桀者，乃孔武有力也。而史稱帝紂亦『材力過人，手格猛獸』，是亦多力之人也。知桀也、紂也，皆非其本名而天下爲之號也。逮及後世謚法之興，則以其既有之號而爲之謚，此亦順理成章之事也。紂、受音近，乃偶然耳，桀與履癸亦音近乎？知梁說未爲通論也。迷，惑也，失也。亂，治也，理也。迷亂，猶失理也。解爲『惑而失理』亦可。酗，枚《傳》：『以酒爲凶謂之酗。』德，謂『迷亂酗於酒』之德也。《殷本紀》謂商紂王『好酒淫樂，嬖於婦人』，『以酒爲池，懸肉爲林，使男女倮，相逐其間，爲長夜之飲』。

此節以繼立之君的使命和責任告誡嗣王：作爲即位之新君，決不可過度沈湎於逸樂。

【繹文】

周公說：『哎！繼承太王、王季以及文王有天之大命，當然要靠從今往後每個接替先君之位的新王。因此，繼承王位的新君，他的使命和責任是重大的，他要繼往開來，推進先王未竟的事業，決不可恣意遊觀，也不可縱情享樂，也不可醉心玩好，玩物喪志，也不可肆志狗馬，田獵無厭；他要給天下樹立道德的楷模，要給萬民提供學習的榜樣。所以，他就更不能自欺欺人自我寬慰地說什麼「就今天痛快地玩一次，明天就戒掉這個壞毛病」。他作爲繼立新君要是這樣自欺欺人的話，那就要招致人神共憤了！不僅人不會贊同他，天也不會向著他，這樣，人們甚而至於就忍不住對他有所指責了，就要對他說：「你可千萬不要像商紂王那樣失理亂性沈湎酒色以至道德敗壞啊！」』

周公曰：『嗚呼，我聞曰：古之人猶胥訓告，胥保惠，胥教誨。〔一〕民無或胥譸張爲幻。〔二〕此厥不聽，人乃訓之，〔三〕乃變亂先王之正刑，至于小大。〔四〕民否則厥心違怨，否則厥口詛祝。〔五〕』

【釋讀】

〔一〕**古之人猶胥訓告**■猶，尚也。胥，相也。訓，教導也。告，忠告也。訓告與《盤庚》『予訓汝告汝』之訓告義同，即『説釋而教之』也，『忠告而善導之』也。**胥保惠**■保，珍惜，愛護也。行甫按：《周禮・地官・保氏》『保氏掌諫王惡』，鄭玄注引《文王世子》曰：『保也者，慎其身以輔翼之而歸諸道也。』《周禮》『保氏』之職及鄭氏所引《禮記》之文，乃此經『保』字之最爲確切之義涵。惠，慈也，愛也，善也。《孟子・滕文公上》：『分人以財謂之惠。』則導人以善亦可謂之惠也。**胥教誨**■教，《説文》：『上所施，下所效也。』𧥺，古文教，从言。𤕝，亦古文教。』誨，《説文》：『曉教也。』段玉裁注：『曉教者，明曉而教之也。訓以柔克，誨以剛克。《周書・無逸》「胥訓告」、「胥教誨」是也。曉之以破其晦是曰誨。』行甫按：段説是也。此『胥訓告，胥保惠，胥教誨』，義各有所安。訓告者，以溫和悦懌之語相引導也；保惠者，諫其過惡而導其爲善也；教誨者，敲朴提耳而破其愚暗也。

〔二〕**民無或胥譸張爲幻**■無或，沒有，或，即有也。胥，相也。《説文》：『譸，詶也，从言壽聲，讀若醻，《周書》曰：無或譸張爲幻。』又，『𠄔，相詐惑也，从反予。《周書》曰：「無或譸張爲幻」』。段玉裁《古文尚書撰異》曰：『此句無「胥」字爲是，上文三「胥」皆君臣相與之詞，此「胥」字不倫。下文「人乃或譸張爲幻」，亦無胥字。《爾雅・釋訓》：「侜張，誑也。」郭注：「《書曰》：無或侜張爲幻。」亦無「胥」字。蓋因僞孔傳有「相」字而增之也。「譸」，《釋文》曰：「馬本作輈。」考楊雄《三老箴》作「侏張」，《詩・陳風》傳箋作「侜張」，《後漢書・皇后紀》作「輈張」，皆同音隨用。』王先謙曰：『段氏置「民」字不言，案無「民」字是也。「無或」者，泛論之詞，統臣民言之。』行甫按：段、王之説是也，此文當無『胥』字。但有之亦不害文意，姑仍舊。而『民』字則決不當無，此『民』字與前『古之人』之『人』相對爲言。『人』指在上之人，而『民』則爲在下之民，無相混也。在上之人如何，則在下之民亦效之如何也。上之人『胥訓告胥保惠胥教誨』，則下之民乃『無或譸張爲幻』。王氏葵園以爲許君及郭璞皆不引『民』字即以爲『民』字當無，故以『統臣民言之』爲說，不知許、郭引《書》之意不在『民』字而徑節其文耳。王氏之說，棼亂文脈，非是。 譸張爲幻，皮錫瑞曰：『《說文》：「侜，有壅蔽也。」是壅蔽爲侜之本義。《尚書大傳》云：「舟張辟雍。」舟即侜之省字。 雍即壅字，辟雍蓋以有雍蔽得名。「舟張辟雍」者，謂其有壅蔽而張大也。凡有壅蔽，則有欺誑，故侜張引申爲誑。 爲與僞通，《漢書・王莽傳》引《堯典》作「南僞」，《史記索隱》本作「南爲」，是其證。「侜張爲幻」蓋即侜張僞幻四字平列爲義，與上訓告、保惠、教誨皆二字平列義同。』行甫按：皮氏之說是也。『譸張爲幻』四字，當爲近義詞並列爲用，其義又各有所安，《書》中之例甚夥，如『寇賊姦宄』、『徽柔懿恭』、『嚴恭寅畏』、『敗禍姦宄』、『敓攘矯虔』，皆是其例也。 譸即侜，壅蔽閉塞以爲欺也；張，自大也。《左傳》桓公六年『隨張，必棄小國』，杜預注：『張，自侈大也。』《楚辭・卜居》『讒人高張』，洪興祖《補注》亦曰：『張，自侈大也。』則『張』也者，侈張自大以爲欺也。《後漢書・皇后紀》董皇后詈斥何皇后曰：『汝今輈張，怙汝兄也。』謂何后恃其兄大將軍何進而壅蔽自大以欺人也。 僞者，造假作僞以售欺也。 幻之爲言化也，故《說文》以爲詐惑也，則幻也者，設巧詐騙以爲欺也。

〔三〕**此厥不聽**■此，指上『訓告』、『保惠』、『教誨』也。 厥，之也，其也；然之也、其也，皆訓若也。 說見吳昌瑩《經詞衍釋》。 不聽，即不從也。《熹平石經》作『不聖』。 行甫按：《禮記・樂記》『小人以聽過』，《釋文》曰：『聽，本或作聖。』《老子》『是以聖人處無爲之事』，《帛書老子》乙本『聖』作『耶』。 高亨曰：『耶是古聽字，從耳從口。』則『聖』之與『聽』乃通假互用。 然『不聽』之與『不聖』，何爲本字，則有異說。 皮錫瑞曰：『《東觀漢紀序》曰「密靜天下，容於小大」乃檃栝經文「密靖殷國，至于小大無怨」二句文義，蓋能容則小大無怨，不能容則至于小大民，丕則厥心違怨，丕則厥口詛祝也。《洪範五行傳》曰：「思心之不容，是謂不聖。」《石經》作「不聖」，與《五行傳》「不聖」義同。《東觀漢紀序》「容于小大」之「容」字，即容作聖之「容」。 以經文前後合而觀之，能容之效與不能容之弊，乃正相反。』皮氏考證兩漢今文家遺説，確乎有功於漢學。然據之以説本經，以爲『不聽』爲借字，『不聖』乃爲本字，其義爲『容』，説雖辯巧，卻尤其穿鑿。即使『嘉靖殷邦，至于小大』確如今文家説乃『包容小大』之意，亦與此處『聖』之『不聖』或『容』之『不容』無涉，更何況此『不聽』乃『不聽從訓告，不聽從保惠，不聽從教誨』，語境文意皆至爲明晰，無須牽附殷高宗爲説！且唐人改『聖』之爲『聽』，亦據經文文義而改，並非胡亂塗抹，輒改經文。正如『共』之通『恭』亦通『供』，唐人或改之爲『恭』，或改之爲『供』，皆視其文意而定。今人劉起釪從皮氏之説，既譯作『如果此心不能容物』，又用括號作補充：『（不接受別人的勸導）』，多此一舉，實爲好奇有餘而識斷不足之過。**人乃訓之■**人，與上『古之人』意同，亦在上之人。乃，猶『若』也。訓，順字之假借，而義則爲循。《釋名・釋言語》：『順，循也，循其理也。』是其義也。行甫按：『人乃訓之』，連上下文意即：不聽從訓告，不聽從保惠，不聽從教誨，在上之人若順此而往，乃至變亂先王之正刑也。

〔四〕**乃變亂先王之正刑■**乃，則也。變亂，歪曲，篡改。刑，軌範，法則。正刑，正確的規範。**至于小大■**小大，即小大之刑。小刑者，猶今語法規也；大刑者，猶今語法律也。

〔五〕**民否則厥心違怨■**民，與上『民無或胥譸張爲幻』之『民』同，在下之民人也。否通丕，大也。則，即也，於是也。厥，其也，代『民』。違，王引之《經義述聞》曰：『《廣雅》：怨、愇、很，恨也。愇與違同。班固《幽通賦》「違世業之可懷」，曹大家注曰：「違，恨也。」《邶風・谷風》「中心有違」，《韓詩》曰：「違，很也。」很亦恨也。「厥心違怨」，「違」與「怨」同義。』**否則厥口詛祝■**詛祝，王引之曰：『詛與祝同義。』《周禮・春官・序官》『詛祝下士二人』，鄭玄注曰：『詛，謂祝之使沮敗也。』孔穎達《書疏》：『詛祝，謂告神明令加殃咎也。以言告神謂之祝，請神加殃謂之詛。』

此節告誡嗣王要接受臣民的教誨，有錯必改，絕不可怙惡不悛，敗壞政俗民風，招致民怨沸騰。

【繹文】

周公説：『哎！我聽説呀，古代的君臣之間還有一個好傳統，那就是他們互相誘導也相互忠告，互相愛護也互相幫助，如果對方有了缺點和錯誤，他們就互相批評，互相指正。而且批評起來還非常嚴厲，一點也不留面子。所以舉國上下，政治一派清明之光，民風一團祥和之氣，官吏們没有欺上瞞下、弄虚作假的行爲；百姓們也没有爾虞我詐、坑蒙拐騙的事件。可是，如果君臣之間，互相封閉，缺乏交流，聽不進不同意見，只想聽好話，只想聽與自己相同的意見，有了缺點錯誤，又不願虚心接受别人的批評指正，當然他就没有機會也不願意改正自己的錯誤。這樣任其發展，他就會沿著錯誤的道路越滑越遠，最終就會敗壞老祖宗們立下的正確法則，以致把老祖宗們所訂立的大大小小一切正確的法律和法規，全部都歪曲和篡改了。於是舉國上下，官場一片污濁昏暗，社會一派混亂無序，老百姓一個個都在内心裏無比痛恨他們的官吏，甚至咬牙切齒地詛咒他們，恨不得他們一個個早死，省得他們留在世上禍害百姓！』

周公曰：『嗚呼，自殷王中宗及高宗及祖甲及我周文王，兹四人迪哲，〔一〕厥或告之曰：「小人怨汝詈汝」，則皇自敬德。〔二〕厥愆曰：「朕之愆允若時」，不啻不敢含怒。〔三〕此厥不聽，人乃或譸張爲幻，曰「小人怨汝詈汝」，則信之〔四〕。則若時不永念厥辟，不寬綽厥心，亂罰無罪，殺無辜。〔五〕怨有同，是叢于厥身。〔六〕』

周公曰：『嗚呼，嗣王其監于兹。』〔七〕

【釋讀】

〔一〕**自殷王中宗及高宗及祖甲及我周文王**■自，從。及，到也。從殷王中宗到高宗到祖甲以至於我周之文王，此古文經次序，今文或不如是。説見上。**兹四人迪哲**■兹，此也。迪，從由得聲，古可與攸、悠相通。《老子》『悠兮其貴言』，《經典釋文》：『悠，孫登、張憑、杜弼俱作由。』《景龍碑》亦作由。《多方》：『不克終日，勸于帝之迪。』《釋文》：『迪，馬本作攸。』而攸、悠、修亦互爲通假，是此『迪』乃久遠之意。哲，智也。『迪哲』，即深謀遠慮之智慧也。

〔二〕**厥或告之曰**■厥，之也，其也，若也。或，有人。告，語也。**小人怨汝詈汝**■小人，平民、庶民。或爲霄小之人。怨，恨也。詈，罵。汝，你。**則皇自敬德**■則，即也。皇，《熹平石經》作『兄曰』，『皇』與『兄』音同通假，『兄』，兹益也，即今所謂『更加』也。自，《熹平石經》作『曰』。行甫按：曰，于也，以也。自，用也，以也。古今文用字不同，其義無異。敬，通儆。《大雅·常武》『既敬既戒』，《周禮·夏官·序官》鄭注引之作『儆』。《説文》：『儆，戒也。』德，品德，德行。

〔三〕**厥愆曰**■厥，與上『厥或告之』之厥同，若也。愆，過也，動詞，即指責也。曰，前省『則』字。曰者，四王皆如此言之也。**朕之愆允若時**■朕，我也。愆，名詞，過錯也。允，信也，誠也。猶今語『的確』。若，如也。時，是也。行甫按：漢《熹平石經》殘字作『朕之愆允』，《魏三體石經》『允』作『兄』，誤字，不可從。學者反據之而並改《君奭》『告汝朕允』及『予不允』二『允』字爲『兄』，非也。決不可從。參見本書附錄《〈尚書〉『予不惟』『予不惠』『予不允』文例释义》。**不啻不敢含怒**■啻，《說文》：『語時不啻也。』玄應《一切經音義》引《蒼頡篇》曰：『不啻，多也。』行甫按：王引之曰：襄公二十九年《左傳》『祇見疏也』，《正義》：『祇』作『多』。猶《論語·子張篇》『多見其不知量也』，服虔本作『祇見疏』，解云『祇，適也。』晉宋杜本皆作『多』。古人『多』『祇』同音。襄公十四年《左傳》荀偃曰：『吾令實過，悔之何及？多遺秦禽。』『多』讀爲『祇』。祇，適也。言若不班師，則適爲秦所禽獲而已。據王引之說，則『不啻』猶言『不祇』，『不啻不敢含怒』，意即：不僅僅是不敢含怒而已。含，蓄也。怒，憤怒。

〔四〕**此厥不聽**■此，指上『厥或告之曰』、『厥愆曰』云云也。厥，之也，其也，若也。聽，察也。《戰國策·秦策一》『王何不聽乎』，高誘注：『聽，察也。』《洪範》『四曰聽』，枚《傳》曰：『察是非。』孔《疏》曰：『聽者，受人言察是非也。』**人乃或譸張爲幻**■人，即上文與『民』字相對之『人』，亦即『不聽不察』之『人』。乃，於是也。或，有也，又也。譸張爲幻，說已見上，此亦壅蔽閉塞，侈張自大，弄虛作假，設巧詐騙之意。**曰小人怨汝詈汝**■曰，亦『厥或告之曰』之『曰』，此省『厥或告之』。**則信之**■則，即也。之，指『或告之』讒言。

〔五〕**則若時不永念厥辟**■則，亦即也。若，此也。《公羊傳》定公四年『則若時可矣』，《穀梁傳》作『則若此時可矣。』是『若時』者，此時也。永，永遠，永久也。念，懷念，牢記也。厥，其也，辟，法也。其辟，劉起釪引顧頡剛曰：辟，法也，型也。即指迪哲之四王言，謂其所垂之典型也。行甫按：顧氏之說是也，《爾雅·釋詁》列『辟』字三訓：君也，法也，大也。永念厥辟，意即：永遠牢記那四位偉大君王彪炳千秋的模範行爲。**不寬綽厥心**■《爾雅·釋言》：『寬，綽也。』王先謙曰：『寬綽連文同義。』**亂罰無罪**■亂，《管子·君臣下》曰：『爲人君者，倍道棄法而好行私，謂之亂。』**殺無辜**■辜，亦罪也。段玉裁《説文解字注》：『辜本非常重罪，引申之凡罪皆曰辜。』

〔六〕**怨有同**■同，共也，齊也。《説文》：『會合也。』**是叢于厥身**■是，如是也，則也。叢，聚集也。

〔七〕**嗣王其監于兹**■監，鑒也，本意爲以水照面，引申爲鑒戒。兹，此也。

最後一節戒嗣王要以殷周四位先王爲楷模，聞過乃以自警，不可亂殺無辜。否則積怨甚多，後果必將不堪。

【繹文】

周公説：『哎！從殷王中宗祖乙，到高宗武丁，再到祖甲以至我們周邦的周文王，這四個偉大的君王，無不深謀遠慮，燭照幽微，具有深遠的歷史智慧。如果有人對他們説：「有些個宵小之人在背後怨恨你，咒罵你。」他們不僅不會急於去爲自己辯解，急於去尋找機會向衆人澄清和洗刷自己的無辜，反而更加注重自己的德行，檢束自己的行爲。如果有人批評他們，指責他們的過錯，他們也總是深刻地反躬自省，勇敢地向批評者承認自己的錯誤，態度非常誠懇地對批評者説：「我的過錯的確就是你所説的那樣啊！」他們不僅不會對批評者懷恨在心，更不會找茬對批評者進行打擊報復。可是，如果對此類批評和指責既不能反躬自省，又不能明察是非，而是偏聽偏信，這樣的話，他就會慢慢變得越來越壅蔽自大，越來越虚驕聲氣，越來越文過飾非。如果有人向他大進讒言説，「有些個宵小之人老是躲在背後對您不滿，怨恨您，惡毒地攻擊您，詛咒您，您應該好好地查一查，把他們一個個給揪出來！」他就會深信不疑，決不會動腦子好好想一想事情的真相。在這個時候，他也決不會想起先前提到的那四個偉大的君王，他早就把他們那些可以永垂後昆的光輝典範忘得一乾二淨了。在這個時候，他的心胸就變得非常狹猛，一聽到有不同意見，一聽到對他有所批評，他就以爲是別人故意跟他過不去，就是跟他對著幹！於是便無視道義與法律，完全根據他個人的私意，大開殺戒，看著誰不順眼就抓誰，想除掉誰就除掉誰。他這樣亂罰無罪，亂殺無辜，勢必要引起全社會的公憤，所有的憤恨和積怨就會不約而同地聚集在他一個人身上。』周公最後長嘆一口氣，深有感觸地說：哎——！『我們周邦每個繼位的新君，都要以此爲戒啊！』

【後案】

本篇用語頗爲嚴格，是正確理解經文的關鍵。一是『君子』與『小人』相對爲用。『君子』指在位有職之人，『小人』指在下之平民。二是『人』與『民』相對爲用。『人』爲在上之人，『民』爲在下之民。如『時人丕則有愆』，『古之人猶胥訓告』，『人乃訓之』，『人乃或譸張爲幻』，此四句中『人』字皆指在上之人。而前後兩言『譸張爲幻』，前者指『民』，後者指『人』，區分甚爲明晰。如此明晰區分者，其意則在『上行下效，如影隨形』，所以强調在位有職官吏之素質養成也。此即《書經》之所以爲經的意義所在。《論語・憲問篇》子張曰：『《書》云：「高宗亮陰，三年不言」，何謂也？』子曰：『何必高宗，古之人皆然。君薨，百官總己以聽于冢宰三年。』又，《論語・陽貨篇》宰我問：『三年之喪，期已久矣。君子三年不爲禮，禮必壞；三年不爲樂，樂必崩。舊谷既沒，新谷既升，鑽燧改火，期可已矣。』子曰：『食夫稻，衣夫錦，于女安乎？』曰：『安。』『女安則爲之！夫君子之居喪，食旨不甘，聞樂不樂，居處不安，故不爲也。今女安，則爲之！』宰我出。子曰：『予之不仁也！子生三年，然後免于父母之懷。夫三年之喪，天下之通喪也。予也，有三年之愛于其父母乎？』孔子提倡孝道，要求『三年之喪』，以爲『子生三年，然後免于父母之懷』，而以《無逸》『高宗亮陰，三年不言』爲根據，謂『何必高宗，古之人皆然』，且曰：『夫三年之喪，天下之通喪』，從而對『高宗亮陰』形成一種新的闡釋傳統，對後世影響甚巨。當然，孔子並非故意曲解文獻經典，而是因年代久遠，事實真相淹沒無聞，《國語·楚語上》載楚靈王大夫申公子亹亦以爲高宗『三年默而思道』，『恐言之不類，兹故不言』。這種背離文本的闡釋和理解，是經典傳承過程中的常見現象，無可厚非。但決不能以後世的理解和闡釋作爲《尚書》文本本身的理解依據。

殷代王位繼承，乃兄終弟及，嗣王皆已成年，即位之前的磨礪固然重要，但即位之後的教育並非如何迫切。而周代的嫡長子繼承制，沒有挑選的餘地，尤其是新王繼位之年尚在幼沖之中，因而對王儲或幼主的教育，就是邦國興衰成敗的關鍵。這大約是周代之所以全面重視國子之教的根本原因。職是之故，周公戒王子姬誦勤政恤民而以『君子所其無逸』爲始，而所謂『無逸』又以『知稼穡之艱難』爲先，且舉小人之子『乃逸乃諺既誕否則侮厥父母』爲例，其口吻語氣，皆爲幼教之詞。如果成王此時已經即位親政，如《魯周公世家》所說『周公歸，恐成王壯，治有所淫佚』乃作《毋逸》，或如枚《傳》『成王即政，恐其逸豫』，則周公大可呼之爲『我王』，或如《洛誥》直呼爲『王』，不必稱爲『嗣王』。『嗣王』者，將嗣爲王也。則此篇當告於成王幼少之時，文中稱周之先王舉太王、王季以及周文王而不列周武王則是武王尚在而太子誦方爲儲君，即其明證。且本篇記周公之語，皆用『周公曰』，而不如他篇徑稱周公爲『王』，似亦可爲本篇誥於成王即位之前得一旁證。然世遠年淹，不敢懸揣，唯好學深思之士有以知之也。

當然，殷人兄終弟及，雖無幼主，但王位承襲無序，則弟子爭立，故司馬遷曰：『自中丁以來，廢適而更立諸弟子，弟子或爭相代立，比九世亂，於是諸侯莫朝。』其實『弟子或爭相代立』，原因並非『廢適』，乃在兄終弟及而『諸弟子』皆强悍所致。有鑒於此，周代改爲嫡長子繼承制，以免群弟爭立，乃有所懲也。

本篇中心大旨乃告誡嗣王勤政恤民，不可貪圖逸樂。然自『古之人猶胥訓告胥保惠胥教誨』而下，乃就聞諫態度爲說，所謂『正意已盡於前』（吳闓生《尚書大義》），似乎文章斷爲兩橛。其實，這正是周公戒幼主之深意所在。其一，鞏固上述勸誡，促使嗣王高度重視；其二，周公借以自保，避免嗣王日後報復。觀管蔡流言，周公東征，而後有『金縢』之書，皆是成王疏遠周公的具體事實，可見成王先存芥蒂，然後流言易於爲用。果如此，則周公之聖，尤有先見之明，於此可見一斑。

君奭

【解題】

《燕召公世家》曰：『成王既幼，周公攝政，當國踐祚，召公疑之，作《君奭》。君奭不説周公，周公乃稱「湯時有伊尹，假于皇天；在太戊時，則有若伊陟、臣扈，假于上帝，巫咸治王家；在祖乙時，則有若巫賢；在武丁時，則有若甘盤；率維兹有陳，保乂有殷」。於是召公乃説。』《書序》曰：『召公爲保，周公爲師，相成王爲左右，召公不説，周公作《君奭》。』《漢書·孫寶傳》曰：『周公上聖，召公大賢，尚猶有不相説。著於經典，兩不相損。』僞《列子·楊朱篇》亦曰：『武王既終，成王幼弱，周公攝天子之政，召公不説，四國流言。』是今古文諸家所説此篇之寫作背景，皆在成王幼弱，周公攝政之時，大抵不虚也。蓋新主幼弱，老臣攝政，群臣之間，難免有所猜忌。況於周邦新造之初，制禮作樂而未遑，殷人兄終弟及之制，影響猶在，意識形態尚處於混亂時期。四國流言，管蔡之亂，亦因之而起。而《逸周書·度邑篇》明載：『王曰：「旦，乃今我兄弟相後。」旦恐，泣涕共手。』則流言之出，並非無據。不過武庚與管蔡，思謀作亂，特借此爲口實而已，非真爲兄終弟及而起也。周公爲穩定政局，抵制流言，平定叛亂，鞏固新朝之基業，於此時勸説召公與之和衷共濟，共赴時艱，實有所不得已也。以其時情事考之，此篇當在《大誥》之前。篇名《君奭》者，乃以篇首之字爲題也。然觀篇中語氣，此乃周公與召公之面談記錄，非周公手作之書也。而此篇之流傳，與厲王失國而宣王初登大位『周召共和行政』之歷史背景相關。亦參拙作《西周末年的鑒古思潮與今文〈尚書〉的流傳背景》（《漢學研究》第十九卷第一期）以及拙著《中國早期文化意識的嬗變》第一卷相關章節。

周公若曰：『君奭，〔一〕弗弔天降喪于殷，殷既墜厥命。〔二〕我有周既受，我不敢知曰厥基永孚于休，〔三〕若天棐忱，我亦不敢知曰其終出于不祥。〔四〕嗚呼，君，已曰時我，我亦不敢寧于上帝命，弗永遠念天威越我民罔尤違，惟人。〔五〕在我後嗣子孫，大弗克恭上下，遏佚前人光；在家不知天命不易，〔六〕天難諶，乃其墜命，弗克經歷嗣前人恭明德。〔七〕在今予小子旦，非克有正，迪惟前人光施于我沖子。〔八〕』又曰：『天不可信。我道惟寧王德延。天不庸釋于文王受命。』〔九〕

【釋讀】

〔一〕**周公若曰**■若，如也，亦史臣記敘之詞，謂轉述周公所言之大要也。**君奭**■君，尊之之詞，古音讀如威。《說文》：『莙，牛藻也，从草，君聲，讀若威。』是其證也。又，《說文》：『威，姑也，《漢律》曰婦告威姑。』惠士奇《禮說》曰：『威姑者，君姑也。』《易·革·上六·象傳》『君子豹變，其文蔚也；小人革面，順以從君也。』『蔚』與『君』協，則『君』之讀如『威』可知也。奭，召公之名。《釋文》：『始亦反。』《說文》『奭，盛也。此燕召公名，讀若郝。《史篇》名醜。』《史記·燕召公世家》曰：『召公奭與周同姓，姓姬氏。周武王之滅紂，封召公於北燕。』王充《論衡・氣壽篇》曰：「邵公，周公之兄也，至康王之時，尚爲太保，出入百有餘歲矣。」裴駰《史記集解》引譙周曰：「周之支族，食邑於召，謂之召公。」秦嘉謨輯補本《世本》卷七曰：「召氏，周文王子召公奭，支庶。食邑於召，爲周卿士，以國爲氏。」則召公乃周文王庶子，與周公同輩，有嫡庶之分。故《穀梁傳》莊公三十年曰：「燕，周之分子也。」「分子」亦即「別子」，別於大宗之世子，爲別子。行甫按：周公以「君」字加於召公「奭」名之上以當其面而稱其人，其意猶謂「威嚴而尊敬的奭」，則周公與召公交談之時，其窘急迫切之情見乎辭矣。本篇周公面呼召公，或稱「君奭」，或單稱「君」，稱「君奭」者，猶今語所謂「尊敬的召公奭」；單稱「君」者，猶今語所謂「您老人家」。此外，亦呼「保奭」，則稱其「太保」之官職。而周公自稱乃曰「予小子旦」，其隱曲深衷尤不難知之也。

〔二〕**弗弔天降喪于殷**■弗，不也。弔，淑也，善也。《左傳》莊公十一年魯弔宋大水，襄公十四年魯弔衛侯出奔齊，其辭皆曰：「若之何不弔？」成公二年晉弔衛穆公之卒，則曰：「如何不淑？」而《左傳》哀公十六年「旻天不弔」，鄭衆注《周禮・春官・大祝》引作「閔天不淑」。蓋古音弔在豪部，叔在覺部，二部音近，故其字可以通假，銅器銘文皆以「弔」爲叔伯之叔，猶經傳「弔」與「淑」通作互用也。說見楊樹達《積微居小學述林》。王國維《與友人論〈詩〉〈書〉中成語書》曰：《詩》、《書》有當時之成語者，不可「合其中之單語解之」，古弔淑同字，「若之何不弔」，亦即「如何不淑」也。「如何不淑」，古之成語，於弔死唁生皆用之。謂遭此不幸，將如之何也。行甫按：王氏之說是也，然猶有未盡之誼。人可謂其「遭此不幸」，天則不可謂其「遭此不幸」也，而經傳每言「弗弔天降割于我家」（《大誥》）、「弗弔天降喪於殷」（《君奭》）、「不弔昊天，不宜空我師」（《詩・節南山》）、「旻天不弔，不憖遺一老，俾屏余一人以在位」（《左傳》），倘謂「不幸昊天」或「旻天不幸」，則不辭。竊以爲「弗弔天」或「不弔昊天」或「旻天不弔」云云者，即今俗語所謂「無情的老天爺」或「老天無情」也，不可以「不幸的老天爺」或「老天不幸」與之對譯。喪，亡也。「弗弔天降喪于殷」，意即：「無情的老天爺把滅亡的災禍降臨給殷王朝了。」**殷既墜厥命**■

既，已經。墜，失落。厥，其。命，天命。《大盂鼎》：「我聞殷述令。」「述」與「遂」通，《魯周公世家》「東門遂殺適立庶」，《索隱》：「遂，《系本》並作述。」「遂」與「墜」通，《晏子春秋・雜上》「溺者不問墜」，《荀子・大略》作「溺者不問遂」。

〔三〕**我有周既受**■既，已也。受，承受。**我不敢知曰厥基永孚于休**■不敢知，即「罔知」，古人習語，猶今語所謂「不能肯定」，有緩和語氣之意味。厥，其，代指我有周。基，《爾雅・釋詁》：始也。厥基，與下「其終」相對。孚，《說文》：「采，古文孚，从禾，禾，古文保，保亦聲。」是古文孚也、俘也，采，保也，聲同通用。此處意即「保有」，此意今皆用「葆」字。于，以也，以猶有也。休，《說文》：「息止也，从人依木，庥，休或从广。」是「休」之義即「蔭庇」也。句意謂：我很難說我們新建的周邦能不能夠永遠葆有上天的庇護。

〔四〕**若天棐忱**■若，如果，倘若。棐，與「匪」通。忱，與「諶」通，《大雅・蕩》「天生烝民，其命匪諶」，《說文》：「忱，誠也。《詩》曰天命匪忱。」**我亦不敢知曰其終出于不祥**■亦，也詞也。祥，福也，善也。《熹平石經》作「詳」，通假字。句意謂：我也很難說我們周邦最後會不會出現不好的結局。章太炎曰：「若天棐忱，如天匪信也。我不敢知曰厥基永孚于休，我亦不敢知曰其終出於不祥，所謂成敗利鈍，非所逆覩也。」

〔五〕**嗚呼**■嗚呼，慨嘆之詞。**君**■單呼之，猶言「您老人家」，召公爲周公庶兄，年齡或比周公較長，周公尊之。又因要求召公共赴時艱，故語氣尤其款誠。**已曰時我**■已，既也。劉淇《助字辨略》卷三：「《書・梓材》「已若茲」，《史記・夏本紀》「召湯而因之夏臺，已而釋之」，諸「已」字猶云既也。」曰，言也。時，猶《大雅・蕩》「匪上帝不時」之「時」，陳奐《詩毛氏傳疏》曰：「匪上帝不時，時，善也，是也。」行甫按：「已曰時我」，承上啓下之文，中間夾有嘆詞與呼語，故古今說之者多不得其解。近人屈萬里曰：「此言天已善我周室也。周已代殷受命，故云。」是也。此句猶謂：雖然說上帝已經福佑了我們，把天之大命降臨給我們周邦了，但「若天棐忱」，則「我亦不敢寧于上帝命』也。**我亦不敢寧于上帝命**■亦，也詞也。寧，安也。上帝命，謂上帝給予的天之大命。**弗永遠念天威越我民罔尤違**■永遠，同義複詞，長久。念，考慮，顧及。威，畏也。天威，天命可畏也。因『旻天不弔』、『若天棐忱』，故曰天命可畏也。越，及也，與也。民，在下之民衆也。罔，無也。尤違，同義複詞，尤，怨恨；違通愇，亦怨恨也。**惟人**■惟，唯也，亦爲也。意即：唯在于人也。行甫按：『天威越我民罔尤違』以及『惟人』，皆作『念』的賓語。天聽自我民聽，天威亦在於民違，而天威也罷，民違也罷，皆在我人之作爲。

行甫又按：自『嗚呼』至『惟人』，乃承上意而言所以『不敢知曰』、『亦不敢知曰』之理由。意謂：雖說上帝已經庇佑於我們周邦，將殷之大命交給了我們，但我仍然不敢相信天命是一成不變的，我們就可以放心大膽地安享天命，而不永久地顧念上天的可畏以及我們周邦的民衆會不會怨恨和背離我們。因此，我們周邦能不能永葆初期的天命，最終會不會出現不好的結局，唯在人的德行操守及其所作所爲了。

〔六〕**在我後嗣子孫**■在，在於也。我後嗣子孫，即在我們後面接替我們周邦基業的子子孫孫。行甫按：此句之『在』字，直轄下文至『嗣前人恭明德』止。下『在今予小子旦』之『在』字，直轄至『施于我沖子』止。兩『在』字構成兩個層次，從憂慮與對策兩方面說明『惟人』的道理。前人之所以於『弗永遠念天威越我民罔尤違惟人在我後嗣子孫』二十字之句讀及釋義紛紜衆說者，原因就在不明文章上下脈絡之關聯及段落層次之分際所致。**大弗克恭上下**■大，非常；弗，不；克，能；恭，謹敬。上下，即前『天威』與『民尤違』，則上者，天也，下者，民也。**遏佚前人光**■遏，遮蔽。佚，失去。前人，前輩。光，光輝，喻美好之德行，即下之所謂『明德』是也。**在家不知天命不易**■在家，章太炎曰：『在家不知者，長於深宮之中，不知外事也。』行甫按：章氏讀『知』字絕句，故添『不知外事』以足成其意，雖未必不是，然以《無逸》周公之戒『立王生則逸，生則逸，不知稼穡之艱難，不聞小人之勞，惟耽樂之從」解「在家」之意，則無須添「不知外事」爲說也。且此句猶如《大誥》「爾亦不知天命不易」，當以「在家不知天命不易」爲句。「在家」而「不知稼穡之艱難，不聞小人之勞，惟耽樂之從」，必然「不知天命不易」也。「在家不知天命不易」，亦即上「弗永遠念天威」也。《周頌・敬之》云「敬之敬之，天維顯思，命不易哉。無曰高高在上，陟降厥士，日監在茲」，可與此經互相參也。

〔七〕**天難諶**■諶，與忱通，誠也，《大雅・大明》亦云「天難忱斯」，即上「若天棐忱」之意也。**乃其墜命**■乃，若也。其，將也。墜，失落。命，天命。**弗克經歷嗣前人恭明德**■弗克經歷，枚《傳》曰：「不能經久歷遠。」吳汝倫曰：「經歷者，長久也。」行甫按：「弗克經歷嗣前人」者，與上「弗永遠念天威」之句法一律，是「經歷」亦即「永遠」也。嗣，繼也。前人，先輩也。恭，奉行也。枚《傳》曰：「繼先王之大業，恭奉其明德。」是也。章太炎曰：「恭當作龔，奉也。」明德，光明之德也。行甫按：《周頌・敬之》曰：「維予小子，不聰敬止。日就月將，學有緝熙于光明。佛時仔肩，示我顯德行。」曰「光明」、曰「顯德行」，即此經之「前人光」與「明德」之謂也。

〔八〕**在今予小子旦**■小子，年輕人。行甫按：「小子旦」，對召公奭尊稱爲「君」、爲「君奭」，周公自謙之稱，則曰「予小子旦」，意即：我姬旦年輕不懂事，見識能力皆不如君，故下即云「非克有正」也。周公以此自稱，一是召公年齡確比周公爲長，王充曰邵公乃周公之兄，或有據也。二是周公必欲援召公共赴時艱，表其款誠之至也。**非克有正**■正，正大、平正、中正也。此「正」字乃就德而言，亦即正大光明之德也。行甫按：此「正」字與下「施」字相對。說見下。**迪惟前人光施于我沖子**■迪，由也，因也。惟，以也。行甫按：「迪惟」乃虛詞複用之例也。施，移也。沖子，猶童子也，說見錢大昕《十駕齋養新錄》卷五「舌音類隔之說不可信」。沖子即成王也。行甫按：《說文》謂「施」爲「旗皃，从㫃，也聲」，則「施」之爲言「移」也「易」也者，即有傾斜之意。《詩・葛覃》「葛之覃兮，施於中谷」，謂葛引蔓而斜延於谷中也。《史記・屈賈列傳》載賈誼《鵩鳥賦》「庚子日施兮」，司馬貞

《索隱》曰：『《漢書》作斜也。』是其例也。此之所以上用『正』而下用『施』，謂傾斜而下施於晚輩之意也。是『非克有正，迪惟前人光施于我沖子』者，意即：並非我小子旦有多麼崇高中正之德，只是想把先輩們光明正大的美好德行傾移延注給我們年紀尚幼的君王而已。

〔九〕**又曰**■又，亦也。與上『周公若曰』相照應。**天不可信**■即上『若天棐忱』、『天難諶』。**我道惟寧王德延**■道，《釋文》：『馬本作我迪。』魏《三體石經》殘字亦作『我迪惟寧王德囗』，當從馬本及石經作『迪』也。惟，以也。寧王，文王也。晚清諸耆宿以金文字形考訂『寧』字乃『文』字隸定之訛誤，今人裘錫圭亦主其說，見裘錫圭《談談清末學者利用金文校勘〈尚書〉的一個重要發現》(《裘錫圭學術文集》第四卷，復旦大學出版社二〇一二年版)。然章太炎認爲『寧王』乃『文王』之別號，非爲字誤。章氏曰：『「我迪惟寧王德延，天不庸釋于文王受命」，二句相連，何故一誤一不誤。然則文王、寧王，本自並稱，安得指爲字誤？蘇望所摹《石經·文侯之命》「追孝前文人，無荒寧」，何故「文人」不誤爲「寧人」，且「無荒寧」可讀爲「無荒文」邪？《說文》引《書》「在受德忞」，何故今本不誤爲「受德寧」，而從聲轉爲敃也？推此言之，「寧」斷非「文」之誤。文王稱寧王者，古人謚之與號，往往隨意迭稱。如湯一人，《商頌·玄鳥》稱「武湯」，《長發》稱「武王」，《殷武》稱「成湯」，或謚或號，必居一于此，古文「武」「成」亦相似，何故不以成湯爲武湯之誤也？』行甫按：章氏之說，理據確鑿，域外漢學家高本漢亦謂『寧』非『文』之誤，與章說同。『寧王』之爲『文王』決非字誤。晚清之言古器與古字者，往往自高其所學，復以其所學以自溺。此其一例也。延，引而長之也，與上『施』字爲照應。『我迪惟文王德延』，亦即上『迪惟前人光施于我沖子』也。**天不庸釋于文王受命**■庸，《爾雅·釋詁上》：『常也。』郝懿行《義疏》：『常，經典借爲久長字。蓋尋常，俱度長之名，因訓爲長。』釋，《爾雅·釋詁上》：『悅懌也。』『釋』讀如『懌』。『庸釋』乃當時成語，故《多方》兩用之，猶今語所謂『永遠眷顧』之意。《大雅·皇矣》：『上帝耆之，憎其式廓，乃眷西顧，此維與宅。』是『乃眷西顧』，

《詩》中正有其辭。魏《三體石經》『釋』作『澤』，聲同通假，無別義也。行甫按：此句承『我迪惟寧王德延』之後而逆接『天不可信』以補充其理由。句意謂：天是不可信賴的，我們要設法將文王之德延長下去，不可使其失墜，文王受命不是一勞永逸的，天不會永久眷顧我們周邦。前輩學人誤以爲順承『我迪惟寧王德延』而解『不庸釋』爲『不舍棄』，故非經義。于省吾假『釋』爲『斁』，解『庸釋』爲『用厭』，又不解『厭』字義，是猶治絲而益棼之，知其《尚書》金文兩不通也。曾運乾《尚書正讀》亦解『庸釋』爲『厭斁』，謂『天不庸釋于文王受命者，決天可信也』，亦不知所云，或有手民之誤歟？諸家紛紜衆説，莫可究詰，今皆不取。《毛公鼎》銘文：『不顯文武，皇天引猒氒德，配我有周，膺受大命。』《叔尸鐘》與《叔尸鎛》銘文：『余引猒乃心，余命女政于朕三軍。』是銘文『引猒』即《書》之『庸釋』也。『引』與『庸』雙聲，義皆爲長。『猒』與『懌（釋）』雙聲，皆爲悦懌、滿意之義。其字面意義即『長久悦愛』或『永遠滿意』也。《洛誥》『萬年厭于乃德，殷乃引考』，則『厭』若『猒』與『引』雖爲雙聲聯綿詞，亦可分用，如『猶豫』雙聲，《老子》十五章乃用作『豫焉若冬涉川，猶兮若畏四鄰』，即其例也。日人白川靜釋《毛公鼎》『引猒』爲『弘猒』，證以《洛誥》之文，亦知白氏之釋誤也。《詩》、《書》文辭，可助金文釋讀，于氏《新證》不知此義，反其道而行，無怪乎其治絲益棼也。白氏知引《洛誥》而不知『引猒』雙聲之用，失之交臂。行甫又按：『又曰』之後三句，乃周公對上述談話内容的概括和總結，是换一種表達方式重申和提點前述大意，故史臣以『又曰』補記之。

此爲本篇第一節，揭明『天命不可依賴』的憂患意識，强調以德配天而經人事的努力以延長天命。

【繹文】

周公對召公説：『尊敬的召公奭啊，無情的老天爺已經把亡國的災禍降臨給殷王朝了，殷王朝已經失掉了他們先前所擁有的天命。現在我們周邦雖然説已經把上天之命從殷人那裏接受過來了，但是我很難説我們這剛剛建立起來的周邦能不能夠永遠葆有上天的福蔭和庇護。如果上天没有誠信的話，我也很難説我們周邦最後會不會出現什麽不好的結局。一想到這些，我就非常擔心著急，我們的德行能不能夠讓我們周邦配得上永久地擁有天命呢？哎——，尊敬的您老人家啊！雖然説上帝已經福佑了我們，眷愛了我們，現在把天之大命降臨給我們周邦了，可我們也不能就此放心大膽心安理得地享有上帝給予我們的天命，而不永遠牢記上天的可畏，也不要以爲我們的民衆永遠不會對我們產生怨恨。所有這一切，都是事在人爲的呀。如果在我們身後接替我們周邦基業的子子孫孫們非常不成器，不能恭敬謹慎地處理邦國的各項政務，上違天心，下悖民意，弄得天怒人怨，那就會把先輩們的光明美好之德完全隔斷了，喪失了。他們生下來就關在深宫大院，養尊處優，不知道稼穡的艱難，不知道民衆的疾苦，那就不知道保有天命是多麽地不容易。天是靠不住的，是不能過份信賴的，一旦天命喪失了，我們的後嗣子孫就不能永遠繼承先輩們的偉大事業，就没有機會奉行先輩們光明美好的德行了。現在，在這個節骨眼上，並不是我姬旦這個能力有限的年輕人能有什麽崇高中正的德行，只是想把先輩們光明美好的崇高品德轉移傾注給我們年紀尚幼的童年君王而已。』周公説到這裏，又把自己的話簡單地作了歸納，重申了一遍，他説：『天是不可信賴的。我們要把文王的美德長久地延續下去。文王受命不是一勞永逸的，老天爺不會對我們周邦永遠垂以青眼，永遠眷顧。』

公曰：『君奭，我聞在昔，成湯既受命，時則有若伊尹，格于皇天。在太甲，時則有若保衡。〔一〕在太戊，時則有若伊陟、臣扈，格于上帝，巫咸乂王家。〔二〕在祖乙，時則有若巫賢。在武丁，時則有若甘盤。〔三〕率惟兹有陳，保乂有殷，故殷禮陟配天，多歷年所。〔四〕天惟純佑命，則商實百姓王人，罔不秉德明恤，小臣屏侯甸，矧咸奔走。〔五〕惟兹惟德稱，用乂厥辟，故一人有事于四方，若卜筮罔不是孚。〔六〕」

公曰：「君奭，天壽平格，保乂有殷。〔七〕有殷嗣，天滅威。〔八〕今汝永念，則有固命，厥亂明我新造邦。〔九〕」

【釋讀】

〔一〕**成湯既受命**■成湯，《殷本紀》：「主癸卒，子天乙立，是爲成湯。」《索隱》：「湯名履，《書》曰『予小子履』是也。又稱天乙者，譙周云『夏殷之禮，生稱王，死稱廟主，皆以帝名配之。天亦帝也，殷人尊湯，故曰天乙。』」受命，受天命而有天下也。成湯爲商代開國之君，故曰「受命」。**時則有若伊尹**■時，當時。行甫按：此「時」字乃遠指，猶言「彼」也。則，即也。有若，有如也，不盡列舉，故曰「有若」，謂其時賢臣尚復眾多，不僅此一人也。伊尹，《殷本紀》：「伊尹名阿衡。阿衡欲奸湯而無由，乃爲有莘氏媵臣，負鼎俎，以滋味説湯，致于王道。或曰：伊尹處士，湯使人聘迎之，五反然後肯往從湯，言素王及九主之事。」《索隱》：「皇甫謐曰：『伊尹，力牧之後，生於空桑。』又《呂氏春秋》云：『有侁氏女採桑，得嬰兒于空桑，母居伊水，命曰伊尹。』尹，正也，謂湯使之正天下。」**格于皇天**■格，孫星衍曰：陞也。謂湯得伊尹輔佐成功，升配於天也。下文云「陟配天」，陟亦陞也。皇天，大天也。《大雅·文王》曰：「文王陟降，在帝左右。」即此「格于皇天」之義也。**在太甲**■湯孫，太丁子，殷商第五位君主。**時則有若保衡**■保衡，亦曰阿衡，舊說以爲伊尹之名。司馬貞《史記索隱》曰：『阿，倚也，衡，平也。言依倚而取平。《書》曰「惟嗣王弗惠于阿衡」，亦曰保衡，皆伊尹之官號，非名也。』然《古本竹書紀年》：『仲壬崩，伊尹放太甲于桐，乃自立也。伊尹即位，放太甲七年，太甲潛出自桐，殺伊尹，乃立其子伊陟、伊奮，命復其父之田宅而中分之。』則保衡或阿衡非伊尹也。陳夢家《卜辭綜述》以爲『衡』與『黃』通假，保衡即殷墟卜辭中的黃尹，可能是伊尹之子。行甫按：『保衡』者，『保』，其職也，『衡』，其名也。《周禮・地官》既有『師氏』，亦有『保氏』，皆掌國子之教。則『保衡』，當以太傅而兼執政也。

〔二〕**在太戊**■太甲之孫，太庚之子，小甲、雍己之弟，殷商第十位君主。**時則有若伊陟**■據《古本竹書紀年》，伊陟、伊奮二人皆伊尹之子。**臣扈**■臣扈蓋與伊陟同爲太戊之臣，故周公舉之也。《書序》曰：『湯既勝夏，欲遷其社，不可，作《夏社》。《疑至》。《臣扈》。』孔穎達據此而曰：『湯初有臣扈已爲大臣矣，不得至今仍在與伊尹之子同時立功。蓋二人同名，或兩字一誤也。』段玉裁曰：『凡後人所謂數篇同一序，皆有目無序者廁其間。按其實，則《疑至》、《臣扈》不統于此序，所以作《疑至》、《臣扈》者，不傳也。』是《臣扈》篇名，乃有目無序，非統于《夏社序》之後，孔氏以臣扈爲湯之臣，非也。**格于上帝**■格，亦陞配於天也。上帝，亦即皇天也。**巫咸乂王家**■巫咸，《經典釋文》引馬融曰：『巫，男巫也。名咸，殷之巫也。』乂，治也。《殷本紀》：『帝太戊立，伊陟爲相。亳有祥桑穀共生於朝，一暮大拱。帝太戊懼，問伊陟。伊陟曰：「臣聞妖不勝德，帝之政其有闕與？帝其修德。」太戊從之，而祥桑枯死而去。伊陟贊言于巫咸。巫咸治王家有成，作《咸艾》，作《太戊》。』《集解》引馬融曰：『艾，治也。』行甫按：『艾』即『乂』也。《書序》：『伊陟贊于巫咸，作《咸乂》。』《漢書・郊祀志》『天下艾安』，顏師古注：『《漢書》皆以艾爲乂。』王家，王之家也。枚《傳》曰：『巫咸治王家，言不及二臣。』行甫按：『巫咸』以『巫』爲其職，故稱爲『巫』，商代之『巫』，實爲當時聰明睿智出類拔萃的知識人士，頗類於今之所謂哲學家。又，

『巫咸乂王家』者，或伊陟、臣扈治外事，而巫咸治內事與？

〔三〕**在祖乙**■太戊之孫，祖辛、沃甲之父，殷代第十四位君主，亦即殷之中宗。**時則有若巫賢**■巫賢或爲巫咸之子。《殷本紀》：『帝祖乙立，殷復興，巫賢任職。』**在武丁**■武丁，即殷高宗，殷代第二十三位君主。**時則有若甘盤**■甘盤，枚《傳》：『高宗即位，甘盤佐之，後有傅說。』孔《疏》曰：『《孔命篇》高宗云「台小子舊學于甘盤，既乃遯於荒野」，高宗未立之前已有甘盤，免喪不言，乃求傅說。明其即位之初，有甘盤佐之。甘盤卒後有傅說。此惟數六人（孔以伊尹與保衡爲一人），不言傅說者，周公意所不言，未知其故。』金兆梓曰：『自伊尹到甘盤等六位賢臣，都因在新王即位初攝過王政，故周公引以自比，告訴召公自己只是攝政，不是真的即王位，藉以祛召公之疑。不然，殷的賢臣，他未舉出的成湯太甲時還有仲虺、咎單，太戊時還有原，武丁時還有祖己，又豈僅傅說？』行甫按：金氏之說或是，然亦有未盡也。周公稱甘盤而不稱傅說者，因高宗即位前甘盤乃其師，《孔命篇》所言『學于甘盤』者，是也。而殷墟卜辭中又有『自般』亦即師盤其人，董作賓、陳夢家皆以爲即甘盤。甘盤而稱師盤，可證《孔命篇》所言不虛。而周公亦爲成王之師，《無逸》爲幼教之辭，乃周公於成王爲王儲時之戒辭，則新王即位之前爲師保，即位後乃爲輔政倚重之臣，則甘盤與周公之身份地位相若，故周公舉以自比而不及傅說，不其宜乎！

〔四〕**率惟兹有陳**■率，由，自也。惟，有也。兹，此也。有，語助也，一字爲單音詞，則加『有』字配之以成雙音詞，使脣吻調利也，猶『有居』之『有』也。陳，列也，見《周禮·掌客》『皆陳』鄭玄注。眾也，見《廣韻·真韻》。行甫按：『率惟兹有陳』，意即：正是由於有此眾位大臣。**保乂有殷**■保，安也，守也。乂，治也，輔也。保乂，亦即保艾。《爾雅·釋詁下》『艾，相也。』即是其義。于省吾曰：『凡《詩》、《書》「保乂」「保艾」，即金文保辭之譌。金文辭係輔佐之義。』行甫按：于氏之說，似是而實非也。此當云金文之『保辭』，即《詩》、《書》之『保乂』若

『保艾』耳。金文『辥』字皆依《詩》、《書》之『乂』字爲讀，否則金文之『辥』無從知其何意也。《詩》、《書》棄繁文『保辥』而作『保乂』，乃語言文字之演變從簡，非所謂『字譌』也。且金文『辥係輔佐之義』，《詩》、《書》之『乂』又何嘗無『輔佐之義』！于氏號稱以金文『新證』《詩》、《書》，實則以《詩》、《書》讀識金文耳。故其偶有所得，或有助於金文，而無益於《詩》、《書》，且每於《詩》、《書》解讀造成不必要的混亂，乃治絲而益棼之，是學者不可不知也。**故殷禮陟配天**■禮，祭祀之禮也。陟，陞也。配天，謂行祭天之禮而以先公先王同享。俞樾曰：『殷禮陟配天者，謂殷人之禮，死則配天而稱帝也。《竹書紀年》「凡帝王之終，皆曰陟」，此經「陟」字，義與彼同。言殷有賢臣爲之輔佐，故有殷之君，無失德者，死則配天稱帝，其子孫享國長久多歷年所也。』**多歷年所**■歷，經也。所，許也。《漢書·疏廣傳》「問其家金餘尚有幾所」，顔師古注：『猶言幾許。』黄生《義府》卷下曰：『所、許又同從數字而來，蓋約計其數如此耳。《周書·君奭》「多歷年所」，此用所之自。隋煬帝詩「聞名爾許時」，猶如許時也。昭明太子詩「念人一去許多時」，則意似近人俚語矣。』行甫按：黄生之説是也。《小雅·伐木》「伐木許許」，《説文》所字下引作「伐木所所」。是所、許音同義通之證。此表計數之用，意即許多也。

〔五〕**天惟純佑命**■惟，以也，因也。純，一而不雜也，此常訓。又，《禮記·郊特牲》『貴純之道也』，鄭玄注：『純，謂中外皆善。』此引申之義也。佑，佐助也。命，天命也。行甫按：孫星衍讀『天惟純佑命則』爲句，析言破辭，不足爲訓。又『純佑』二字，或解爲『良臣輔佐』，或牽扯金文『屯右』爲説，義皆未安。校《傳》『惟天大佑助其王命』，其説未必不是，無須别生異説。意即：『天以純德者乃佑助其天命也』。所謂『純』德者，乃『中外皆善』也。而『中外皆善』之『純』字，與下『商』字相關聯（説見下）；而『商』字又與下『百姓王人罔不秉德』、『小臣屏侯甸矧咸奔走』，『一人有事于四方』而『罔不是孚』，即所謂『中外皆善』之『純』德相關聯也。真所謂草蛇灰線，前後蟬聯若一，古人行文，鍼腳綿密如此，惜乎今人未之知也。**則商實百姓王人**■則，猶而也，乃也，順接連詞。商實，校《傳》解爲『商家百姓豐實』，金兆梓曰：『合《君奭》全文，對殷邦只稱殷或有殷，不應忽稱「商」，此字必有誤。』行甫按：金氏所疑有理，然此『商』並非誤字。《說文》：『商，从外知内也，从冏，章省聲。』徐鍇《說文繫傳》曰『商略之也，以内知外，言不出也』。徐氏『以内知外，言不出也』，乃釋『从冏』之意，謂『口』在『内』中也（按即『呐』字也）。此經『商』字正用『从外知内』之本義，引申之則爲『商略』、『計度』之義，故《漢書・趙充國傳》『虜必商軍進退』，顏師古注：『商，計度也。』《後漢書・宦者傳論》『先史商之久矣』，章懷注：『商，謂商略也。』實，寔也，是也，之也，此也。是『商實百姓王人』者，『商度此百姓王人』也。百姓，各家族或宗族自治之長，按某種文化習俗于家族或宗族内部自然產生，既非任職于朝廷之公卿大吏，亦非由朝廷任命指派之官員。參見《盤庚》『汝不和吉言于百姓』釋讀。王人，與上『百姓』相反，乃官家之人。江聲曰：『百姓，異姓之臣；王人，王之族人，同姓之臣。』行甫按：江氏之說非也。『百姓』與『王人』，即宗族頭人與低級官吏之別。行甫又按：『商』即『商略計度而知之』之意，猶今語所謂『通盤考量而後知之』也。故此『商』字轄『百姓王人』以及下文『小臣屏侯甸』爲義，謂由外而内及由内而外通盤考量，知殷王朝自下層平民與低級官吏『罔不秉德明恤』，知其朝中之重臣以至畿外侯甸之正長，亦『矧咸奔走』。**罔不秉德明恤**■罔不，即無不也。秉，持也。德，優良品格。明，勉也。王引之《經義述聞》：『古多謂勉爲明，重言之則曰明明。』恤，慎也。**小臣屏侯甸**■小臣，由甲骨及金文材料知『小臣』乃朝中重要臣工，《天問》『成湯東巡，有莘爰極，何乞彼小臣，而吉妃是得』，王逸注：『小臣，謂伊尹也。』屏，並也。《三體石經》作『并』。侯甸，即畿外之侯服與甸服。**矧咸奔走**■矧，《說文》作『矤，況詞也』，況即兄也，滋益也。則『矧』者，猶今語『更加』也。咸，皆。奔走，謂黽勉從事，猶今言效力也。

〔六〕**惟兹惟德稱**■惟兹，惟，以也，因也。兹，此也，即上述『百姓王人』以及『小臣侯甸』也。惟德稱，惟，其也。稱，相符也，相副也。《國語・晉語六》『稱晉之德』，《漢書・公孫弘傳》『此大臣奉職不稱也』，《魏相吉丙傳贊》『公卿多稱其位』，諸『稱』字皆此『惟德稱』之意，故韋昭及顔師古皆注曰：『稱，副也。』則『惟德稱』者，其德副其位，其德稱其職也。**用乂厥辟**■用，以也。乂，通艾，輔政，佐治也。《爾雅・釋詁下》：『艾，相也。』是其義也。厥，其也。辟，君也。**故一人有事于四方**■一人，君主也，與上『辟』字相應。事，政事、政令也。四方，猶言天下也。**若卜筮罔不是孚**■若，如也。卜，龜卜；筮，蓍占。罔不，無不也。是，此，指代上『有事』之『事』。孚，信也。

〔七〕**天壽平格**■壽，或通讎，《左傳》文公十三年『魏壽餘』，《史記》之《秦本紀》及《晉世家》皆作『魏讎餘』。讎亦通酬，《召誥》『敢以王之讎民』，《釋文》：『讎字或作酬。』又或通儔，《公孫龍子・通變論》『黄其正矣，是正舉也。其有君臣之於國焉，故强壽矣』，譚戒甫曰：『壽，當讀爲儔。』《楚辭・九懷》『覽可與兮匹儔』，是其義也。行甫按：此『壽』字前人多以『久壽』之意説之，然下文曰『有殷嗣，天滅威』，則何『久壽』之有？或以爲通『迪』，解爲『天迪格保』，比『久壽』更其迂曲難通。知此『壽』即酬讎之義，或即儔匹之義者，即上『天惟純佑命』也。此『壽』字即彼『佑』字之意，無可疑也。平，正也，和也。《商頌・那》『既和且平』，《毛傳》：『平，正平也。』言『既和且平』，則『平』亦『和』義可知也。而所以釋爲『和』者，即下有『惟文王尚克修和我有夏』之『和』也。又，《周禮・大司馬》『大喪，平士大夫』，鄭玄注：『平者，正其職與其位。』則此『平』字，乃上『惟兹惟德稱』之『稱』字義也。由是知此『平』字實含上『稱』字與下『和』字之二義焉。格，當與恪字相通，《論語・爲政》『有恥且格』，《隸釋・山陽太守祝睦碑》作『有恥且恪』，洪适曰：『與《魯論》不同，殆亦借用。』而『恪』亦即『愙』字，《説文》『愙，敬也，从心客聲。《春秋傳》曰「以陳備三愙。」』所引《春秋傳》，即《左傳》襄公二十五年『而封諸陳，以備三恪』。杜預注：『周得天下，封夏殷二王後，又封舜後謂之恪。示敬而已，故曰三恪。』是『格』、『愙』、『恪』三字音同通用也。而此『格』若『恪』者，正爲《商頌・那》『自古在昔，先民有作，溫恭朝夕，執事有恪』之『恪』也。行甫按：『天壽平格』者，亦即『天儔（讎）平恪』也，意謂：上下修和，内外輯睦，德稱其位，能稱其職，恭忠其事，敬慎其身；天乃引之以爲同類，而讎酬之，而報賞之。前人以『至』『假』『徦』『嘉』或『格保』釋之者，與本篇語境不合，故皆所不取。**保乂有殷**■上云『率惟兹有陳，保乂有殷』，乃衆位賢臣安保輔佐有殷也，此云『天壽平格，保乂有殷』，則是天引『平格』者爲儔匹而讎酬佑助之，因以安保輔佐有殷也。其文各有所當。

〔八〕**有殷嗣**■嗣，繼也。有殷嗣，謂殷之末裔紂王受也。**天滅威**■滅，滅亡之。威，可畏也。意謂：有殷代之後嗣紂王受，未能保其天命，於是天乃滅亡之而顯其可畏也。

〔九〕**今汝永念**■汝，召公奭也。永念，永遠牢記亡殷之鑒也。**則有固命**■固，牢固、堅固也。命，天命，或文王受天之命。行甫按：所以言『固命』者，因上言『天不可信』而『天不庸釋于文王受命』也。**厥亂明我新造邦**■厥，其也。亂，終也。行甫按：枚《傳》以『亂』爲『治』，謂『則有堅固王命，其治理足以明我新成周矣』。王引之以爲『亂』通『率』，語詞無義。章太炎解『厥亂』爲『其終』。反復文意，此『厥亂』乃照應前文『我亦不敢知曰其終出于不祥』，則章説是也。明，光也，顯也。行甫按：此『明』字與上『前人光』之『光』字相照應。新造邦，周武王克殷之後，二年而崩，成王嗣位，周邦仍爲新造也。三句意謂：今汝召公奭當永遠牢記殷亡之鑒，則文王所受於天之大命才得以牢固而不替，我們新建之周邦最終才可獲光大顯揚。

此節乃敘周公以殷代曾有賢臣佐命以及朝臣上下協力，因而殷邦獲得上天的庇佑故能多歷年所，勸勉召公以殷賢爲楷模，與自己齊心協力輔助成王，以鞏固和延長文王之大命，光大顯揚新創的小邦周。

【繹文】

周公說：『尊敬的召公奭啊，我聽說在過去，殷商的天乙帝成湯履開國之初，其時便有像伊尹這樣的賢能之臣，輔助成湯，勵精圖治。因此，成湯之世，初建的殷王朝各項事業便很快地興旺起來。成湯去世之後，他的英靈便上達於天庭，陪伴在上帝的左右了。在太甲初立的時候，便有一個曾經負責過他的生活起居及其學習教養的賢臣輔佐他。太甲的這位輔政大臣，他的名字叫作衡，因爲他曾擔任過師保之職，所以又稱他爲「保衡」或「阿衡」。在太戊初立的時候，也有像伊尹的兒子伊陟以及另一個名叫扈的大臣，在朝堂上共同輔政，另外還有一個名字叫作咸的大賢聖哲，專在王宮内負責管理王宮的一應大小事務。因此，殷王朝在太戊的時代，也興旺發達，所以太戊去世之後，他的靈魂也升了天，也與成湯一樣，去天庭陪伴上帝了。再比如，在祖乙初立的時候，則有大哲人巫咸的兒子巫賢，他不僅繼承了他父親巫咸的職位，也和他的父親一樣聰明睿智，也是一位了不起的賢人大哲，太戊時代的朝政及其王宮的一應事務都是由巫賢一手處理的。至於殷高宗武丁初立的時候，由於先前長期在民間艱苦勞作，累壞了身子，很長一段時間患了瘖啞症，所以朝中一切政務都由他以前的師保甘盤全權代理。正是由於有了上述衆位賢臣的合力輔佐，安保治理殷商王國，所以殷代的帝王們死後，他們的靈魂都上升去了天庭，陪伴在上帝左右，歷經許多年以來，他們長期與上帝一道享受著人間的祭禮。上天只有對那些内外皆善因而具有純粹之德的邦國才會給以天命的護持和佑助，因此從上到下，從内到外全面考察當時那個殷商王朝，我們就會發現，他們那時的宗族頭人乃至底層官吏，沒有哪一個不具備美好的德行和操守，人人都是努力地爲國效命，個個都是謹慎地持身做人。從朝廷中各類執事衙門的秉政重臣到畿外侯服甸服的封疆大吏，更是人人努力奔走於王事，效命於朝廷。正是由於有這些德配其位、人稱其職的大臣們，盡心盡力地輔佐他們的君王治理邦國之政，平民百姓亦皆善良純樸，所以殷商王朝的君主們發號施令於天下，天下之人無不聽從命令，響應號召，就像灼龜問卜和揲筮占卦那樣靈驗有應，屢行不爽，讓人堅信而無所置疑。』

周公說：『尊敬的召公奭啊，老天爺僅僅是把那些上下修和，內外輯睦；其朝廷衆臣皆德稱其位，能稱其職；其封疆大吏皆恭忠其事，敬慎其身的邦國與邦君視爲自己的同類，從而讎酬之，從而報賞之，這就是殷王朝之所以獲得上天保佑和輔佐的根本原因。可是到了殷之末造，特别是商紂王繼位之後，殷商王朝早年所擁有的這些美好的德政傳統便蕩然無存了，於是上天便大顯其靈威，把滅亡的災禍降臨給他們了。尊敬的召公奭啊，您應該永遠牢記殷王朝遭受天威遭到滅亡的歷史教訓，這樣我們就可以把文王從上天那裏承接而來的殷之大命牢牢地鞏固起來，讓它永遠不致失落；那麽，最終我們方興未艾的新建周邦才可以顯揚和光大起來。』

公曰：『君奭，在昔上帝，割申勸寧王之德，其集大命于厥躬。〔一〕惟文王尚克修和我有夏，〔二〕亦惟有若虢叔，有若閎夭，有若散宜生，有若泰顛，有若南宫括。〔三〕』又曰：『無能往來，兹迪彝教；文王蔑德，降于國人。亦惟純佑、秉德、迪知天威，乃惟時昭文王迪見，冒聞于上帝。惟時受有殷命哉。〔四〕武王惟兹四人尚迪有禄，後暨武王誕將天威咸劉厥敵。〔五〕惟茲四人昭武王惟冒，丕單稱德。〔六〕」

「今在予小子旦，若游大川，予往，暨汝奭其濟。〔七〕小子同未，在位誕無我責，收罔勗不及。〔八〕耇造德不降，我則鳴鳥不聞，矧曰其有能格。〔九〕」公曰：「嗚呼，君肆其監于茲，我受命無疆惟休，亦大惟艱。〔一〇〕告君乃猷裕，我不以後人迷。〔一一〕」

【釋讀】

〔一〕**在昔上帝**■在昔，段玉裁曰：「宋本作「昔在」。」今新出郭店楚簡《緇衣》引作「昔才」。「才」即「在」，則作「昔在」是也。**割申勸寧王之德**■今本《禮記·緇衣》引作「周田觀文王之德」，鄭玄注：「古文「周田觀文王之德」爲「割申勸寧王之德」，今博士讀，爲「厥亂勸寧王之德」，三者皆異。古文似近之。割之言蓋也。言文王有誠信之德，天蓋申勸之。」郭店楚簡《緇衣》作「戡紳觀文王悳」。行甫按：此句當讀作「割申觀寧王之德」。「勸」當從《緇衣》讀爲「觀」，「勸」與「觀」皆从「雚」得聲，二字通假，古書其例甚夥，參高亨《古字通假會典》「觀與勸」字條。此當以「觀」爲本字，「勸」爲假借字。今本《禮記》及郭店楚簡作「觀」，皆用本字也。「寧王」即「文王」，亦非字誤，魏《三體石經》亦作「寧」。章太炎曰：「《說文》悉字，彝器偶借爲文，壁中古文自作「文」，不得與「寍」相涉致誤。且《尚書》言文王者多，何故《大誥》、《君奭》二篇讀者獨誤爲寧字。《緇衣》作文王者，古人引經，多以訓詁、事實代之，不必純依正文。故知《尚書》爲本文，《緇衣》代以常稱，不得據彼改此。」楚簡作「文王」者，戰國禮說家以意改之，非引《書》經之原文如此。且所引「觀」字不作「勸」字，以本字易借字，即章太炎所謂「以訓詁、事實代之」也，其易「寧」爲「文」亦「以事實代之」之比也。至於楚簡無「之」字者，與段玉裁所言傳是樓藏宋本《禮記》

岳珂所謂舊監本作『厥亂勸寧王德』無『之』字，當是抄寫傳刻偶奪之，非必經文無『之』字也。割，段玉裁曰：『古字「割」、「害」通用，如《堯典》「方割」，割，害也。《大誥》「降割」，馬本作「害」。「害」與「周」篆體略相似，此古文作「害」，《禮記・緇衣》作「周」之理也。』行甫按：《周南・葛覃》『害澣害否』，《毛傳》：『害，何也。』是其義也。申，重也，常訓。猶言『不斷』也。《緇衣》作『田』，乃『申』字之譌誤耳。觀，《說文》：『諦視也。』行甫按：漢博士讀『割申』爲『厥亂』，『厥』猶『其』也，複指上帝；『亂』猶『終』也，是『亂勸』亦即『終觀』也，語雖不同，亦與『申觀』義無二致也。**其集大命于厥躬**■其，乃也，於是也。集，聚也，就也。大命，天命也。厥，其也。躬，身也。楚簡『厥躬』作『氒身』，亦以訓詁字代之也。

〔二〕**惟文王尚克修和我有夏**■惟，爲也，因也。尚，常也。《史記・司馬相如列傳》『余尚惡聞若說』，《文選・喻巴蜀檄》作『余常惡聞若說』。《淮南子・主術》『尚與人化』，《文子・自然》作『常與人化』。皆是其例。『尚』若『常』者，長久也。行甫按：此『尚』字與『申』字相照應。克，能。修，治也。和，和睦，和洽，與上『惟純佑命』之『純』相照應。有夏，周人自稱爲夏，《康誥》『用肇造我區夏』，《立政》『乃伻我有夏式商受命』，皆是其事。

〔三〕**亦惟有若虢叔**■亦，也詞；惟，因也，爲也。與上『惟』字並列，故曰『亦惟』。有若，亦列舉未盡之詞。《周本紀》：『太顛、閎夭、散宜生、鬻子、辛甲大夫之徒皆往歸之。』又《論語・微子篇》：『周有八士：伯達、伯适、仲突、仲忽、叔夜、叔夏、季隨、季騧。』皆周之名輔也。虢叔，文王之弟。《左傳》僖公五年：『虢仲、虢叔，王季之穆也，爲文王卿士，勳在王室。』**有若閎夭**■閎夭，文王之臣，本爲獵戶。《墨子・尚賢上》：『文王舉閎夭、泰顛于罝罔之中，授之政。』《國語・晉語四》：『文王在傅弗勤，處師弗煩，事王（季）不怒，孝友二虢。』又曰：『及其即位也，詢於八虞，而諮於二虢，度於閎夭，而謀於南宮。』**有若散宜生**■孔穎達曰：『凡言人之名字，皆上氏下名。故閎、散、泰、南宮，皆氏；夭、宜生、顛、括，皆名。』王應麟《困學紀聞》引《漢書・古今人表》『女皇，堯妃，散宜氏女」，認爲『當以散宜爲氏』。然出土彝器有《散氏盤》、《柀季𣪘》，則當以孔說爲是。**有若泰顛**■泰顛，亦作太顛，據墨子說，太顛亦爲獵戶，與閎夭同時爲文王所舉也。《說苑·君道篇》：『文王以武王、周公爲子，以泰顛、閎夭爲臣。』**有若南宮括**■南宮括，《尚書大傳》：『文王以閎夭、太公望、南宮括、散宜生爲四友。』行甫按：『昔在上帝割申勸寧王之德』至『有若南宮括』，乃周公設問而自答之辭，欲以引發召公深思也。其意謂：以前上帝何以屢觀文王之德而後成就天之大命於文王之本人？乃因文王長期以來一直和睦地治理我們夏人，也因爲有如虢叔、閎夭諸賢臣相輔也。

〔四〕**又曰**■此『又曰』與前『又曰』，文法與文意皆同，亦爲周公對上述天所以集大命于文王之身云云的另一種表述，且既有對上述內容的反面假設陳述，亦有對前述殷周兩朝賢君賢輔內容的節省引用，以重申天所以集大命于文王之原由。故史臣以『又曰』另記之以存其異也。**無能往來**■無，沒有，此假設之詞，即倘若無有也。能，賢能，指上述所舉文王之五臣及未舉之衆賢臣。往來，猶言先後奔走，注家多引《大雅·綿》『予曰有疏附，予曰有先後，予曰有奔奏，予曰有御侮』爲說，是也。毛《傳》：『率下親上曰疏附，相道前後曰先後，喻德宣譽曰奔奏，武臣折衝曰御侮。』鄭《箋》：『予，我也，詩人自我也。文王之德，所以至然者，我念之曰：此亦由有疏附、先後、奏奔、御侮之臣力也。疏附，使疏者親也。奔奏，使人歸趨之。』是其義也。行甫按：此『無能往來』與上『矧咸奔走』相照應而以假設之詞出之。**茲迪彝教**■茲，滋多也。迪，《說文》：『道也。』徐鍇曰：『又爲引道之道也。』彝，法也，常也。教，教誨也。**文王蔑德**■蔑，亡也，無也。《論語·雍也》『亡之，命矣夫』，《漢書·楚孝王劉囂傳》作『蔑之，命矣夫』，顏師古注：『蔑，無也。』德，即下『造德』，亦即成德也。**降于國人**■降，下也，即上『修和』之意。國人，邦國之人。行甫按：『無能往來，茲迪彝教，文王蔑德，降于國人』，即從反面假設，倘若沒有上述衆賢輔佐，則文王亦不能『修和我有夏』也。**亦惟純佑秉德迪知天威**■亦，也詞也。惟，以也，爲也。純佑，乃上

『天惟純佑命』之意，省節其字詞而全用其文意。秉德，乃上『百姓王人罔不秉德明恤』之意，亦節省其字詞而全用其文意。迪，用也，以也。迪知天威，乃上『念天威』及『天滅威』之變詞，雖變其詞而仍用其意也。行甫按：宋人黄倫《尚書精義》引無詬（張九成）之說曰：『「純佑」，即前「天惟純佑命」之意，「秉德」，即「百姓王人罔不秉德」之意，其詳已前陳于商家矣，故此以「亦惟」一語該之，使召公自會也。』此說頗精審，可一掃清儒及近代諸公有關「純佑」一語之各種穿鑿附會。不過，無詬『使召公自會』之說，則不符周公當時直陳肺腑之實情。因『又曰』者，或於前述有所補充，或於前述有所闡釋，或於前述有所重申。於其重申者，史臣不欲行文重複而累贅，故省略提點而記之也。此乃上古之世，言文有別之證也。**乃惟時昭文王迪見冒聞于上帝**■乃，於是也。惟，以也。時，猶『學而時習之』之『時』也，猶『以時』或『時時』也。昭，王引之讀如《爾雅·釋詁》『詔亮左右』之『詔』，謂佐助也。迪，《爾雅·釋詁》：『進也。』邢昺曰：『迪者，以道而進也。』見，顯然明著之謂也，讀『現』。行甫按：此『見』字與上『割申觀寧王之德』之『觀』字相照應。文王之德顯然明著而現於上帝，則上帝乃能見而觀察之也。冒，王鳴盛《尚書後案》曰：『《說文》卯部云：「二月萬物冒地而出」，《漢書》言治田有「陳根脈發，土長冒橛」之語，是「冒」有上進義，故曰「冒聞」。』行甫按：此句即隱栝並補充前文『昔在上帝割申觀寧王之德，其集大命于厥躬』下及『亦惟有若虢叔』云云之意。**惟時受有殷命哉**■惟，以也。時，是也。受，接受。有殷命，即有殷之天命。行甫按：此句亦即上『其集大命於厥躬』之變詞也。周公重申之詞至此完結，以下轉入武王時因賢輔猶有幸存於世者，故能與之『咸劉厥敵』也。

〔五〕**武王惟兹四人尚迪有禄**■惟，以也。兹，此也，代指上五人。四人，謂五人餘四人也。《墨子·尚賢下》：『武王有閎夭、泰顛、南宫括、散宜生。』鄭玄謂武王時虢叔已死，兹其據也。尚，庶幾也。吴昌瑩《經詞衍釋》曰：『尚訓「庶幾」，庶幾則爲幸詞。《左傳》文十八年：「尚無及期。」言幸無及出師之期也。』行甫按：此

「尚」字亦庶幾之幸詞也。迪，從辵由聲，與猶通，猶，而也。行甫按：「尚迪」，猶言「幸而」。有祿，未死也，士死曰不祿，是「有祿」即仍然活著。**後暨武王誕將天威咸劉厥敵**■暨，與也。誕，詞之大也，此猶今語「大張旗鼓」之意。將，秉持，威，威力也。行甫按：「誕將天威」，即《牧誓》所謂「今予發，惟恭行天之罰」，意即高舉「恭行天之罰」的大旗，以弔民罰罪的理由相號召。咸，孫星衍曰：「咸」與「滅」通，《廣雅·釋詁》：「殺，滅也。」《左傳》文公十七年「克滅侯宣多」，昭公二十六年「則有晉、鄭，咸黜不端」，《疏》云：「咸，諸本或作滅。」王引之亦曰：「咸」者，滅絕之名。《說文》「𢦔，絕也，讀若咸。」聲同而義亦相近。《趙世家》曰「帝令主君滅二卿」，皆謂滅絕也。劉，《說文》所無，但有從「劉」得聲之「瀏」字，許君於「鎦」字說曰：「殺也。」王引之曰：咸劉猶言遏劉、虔劉也。《周頌·武篇》「勝殷遏劉」，《左傳》成公十三年「虔劉我邊垂」，杜注皆曰：「殺也。」是咸劉皆滅絕之義。行甫按：《說文》「𢦔，絕也，从从持戈，讀若咸。一曰讀若《詩》『攕攕女手』。」則𢦔即殲之初文，咸之有滅絕義者，與殲音同互通之故也。是經傳之言「咸劉厥敵」、「咸劉商王紂」者，即殲殺也。至于《廣雅》訓「殺」爲「滅」本不誤，即「親親之殺」之「殺」，義爲衰減。「殺」雖可訓「減」，而「減」不可訓「殺」。其有殲殺義之「滅」，則又爲「咸劉」之「咸」之再假借也。孫、王混二義而一之，則有未諦也。厥，其也。敵，《說文》「仇也。」《左傳》桓公二年：「嘉耦曰妃，怨耦曰仇。」

〔六〕**惟茲四人昭武王惟冒丕單稱德**■惟，是也。昭，猶上「乃惟時昭文王迪見」之「昭」，佐助也。惟，乃也。冒，《說文》：「䁋，氐目視也。从目冒聲。《周書》曰「武王惟䁋」。」行甫按：或壁中古文作「䁋」，故許君引以說其字義也。「低目視」者，謂心無旁騖，惟當下是視也，引申之則有專心一志、黽勉從事之意。猶《邶風·谷風》「何有何亡，黽勉求之。凡民有喪，匍匐救之」，乃以「匍匐」狀「黽勉」也。孫星衍謂許君以「低目視」釋「䁋」，乃詁字而非釋經，則未爲讜論也。丕，大也，此「丕」字猶今語「非常」也。單，通殫。《荀子·宥坐》「廢不能以單之』，楊倞注：『或爲殫。』《説文》：『殫，殛盡也。』是『殫』即『盡』也。稱德，即前『惟茲惟德稱』之『德稱』也，亦德副其位、德稱其職之意。行甫按：《周本紀》言武王克商，『散宜生、太顛、閎夭皆執劍以衛武王』。又言『命南宫括散鹿臺之財，發鉅橋之粟，以振貧弱萌隸。命南宫括、史佚展九鼎保玉，命閎夭封比干之墓。』《逸周書·克殷篇》亦曰：『泰顛、閎夭，皆執輕呂以奏王。』又曰：『乃命南宫忽振鹿臺之錢，散巨橋之粟。乃命南宫百達、史佚遷九鼎三巫。乃命閎夭封比干之墓。』是皆言四人『丕單稱德』也。行甫又按：南宫百達，即伯達。南宫忽，即仲忽。忽即怱，忽、怱即緫、總之省，緫亦總之異體字，總即括也。則南宫名括，而字總，省作忽，乃南宫伯達之弟，故曰仲忽也。而《論語》所謂『周之八士』有伯達、伯适、仲突、仲忽者，乃後人湊合言之，非有實據也。

〔七〕**今在予小子旦**■今在，與上『昔在上帝割申觀寧王之德』相照應。小子旦，仍爲周公自謙之詞。**若游大川**■游，泅渡也，孔穎達《疏》曰：『游者，入水浮渡之名。』大川，大江大河也。行甫按：此喻流言氾濫，如同江河，人言可畏，溺斃其人。**予往**■往，適也，之也。《小雅·小明》『昔我往矣』，孔穎達《正義》：『往者，從此適彼之辭。』**暨汝奭其濟**■暨，與也。其，將也。濟，渡也。引申之則爲『成』、爲『遂』，《左傳》文公十八年『世濟其美』，杜預注：『濟，成也。』《逸周書·皇門篇》『乃而予于濟』，孔晁注：『濟，遂也。』皆是其例。

〔八〕**小子同未**■小子，即上『予小子旦』之『小子』，亦周公自稱也。同未，章太炎曰：『同即侗，《論語》「侗而不願」，孔云：「未成器。」《法言》序「倥侗顓蒙」，李軌注：「倥侗，無知也。」《淮南子·天文訓》：「未者，昧也。」《漢·律曆志》：「昧薆於未。」』是『同未』者，乃『侗昧』之假借字也。曾運乾亦引《莊子·山木》『侗乎其無識』、《釋名》『未之言昧』曰：『同未猶梼昧也。』行甫按：二氏之説是也。『同未』，意即梼昧無知也，此亦周公自謙之辭。**在位誕無我責**■在位，猶《盤庚》『敷于民由乃在位』之『在位』，謂居官服職者。誕，詞之大也，誕無，猶今語所謂『完全沒有』。我責，即責我，否定句代詞賓語前置。責，《三體石經》古文作『束』。章太炎謂『束即諫，

《說文》「數諫也」。』行甫按：諫，即今諷刺字，刺行而諫廢矣。責，從朿得聲，亦有誅責、責備之意。慧琳《一切經音義》卷二『詰責』注引《說文》『責，求也，問罪也。』《周禮·司救》『掌萬民之衺惡過失而誅讓之』，鄭玄注：『古者重刑，且責怒之。』孫詒讓《正義》：『責怒，即誅讓也。』是責者，謂誅責其過也。**收罔勗不及**■收，孫詒讓疑爲攸之訛，但其説迂曲難通，是以近代諸公皆不之信而紛紛另覓新解。屈萬里以《文選》任彦昇《天監三年策秀才文》『嗚鳥蔑聞』李善注引本經『收』字正作『攸』以證成孫說。屈氏曰：『攸爲語詞而用於句首者，如《詩·皇矣》「攸馘安安」之例。』行甫按：屈氏之說，有功於本經不淺，自爲不易之論。然『攸』者，『所』也，亦即『所以』之意，並非無義之語詞。罔，無也，猶『莫』也。勗，勉力也。及，逮也，至也。此承上文之意而謂：我本人年輕幼稚，生性不敏，蒙昧無知，在位諸臣完全沒有人誅求責讓於我，因而亦無人勉勵我去做我一人之力所不能逮之事。亦即：無人鼓勵我以爲難能之事也。此乃周公委婉之辭，猶言朝中大臣無人幫助我、支持我。

〔九〕**耇造德不降**■耇，與苟通。古今注者皆以爲『耇老』之字，非也。尤袤刻本《文選》李善注任彦昇《天監三年策秀才文》『嗚鳥蔑聞』引本經作『攸罔勗弗及，苟造德弗降』，其字正作『苟』。行甫按：屈萬里用李注之『攸』字以證成孫仲容說，又狃於『耇老』之舊注，乃於李注之『苟』字失之交臂，大爲可惜。嗟乎，讀書豈其易哉！造，成也。《左傳》成公十三年『則是我有大造于西也』，杜預注：『造，成也。』《周頌·閔予小子》『遭家不造』，鄭《箋》：『造，猶成也。』是『造德』乃『成德』也。降，下也，亦猶『修和』也。行甫按：『造德不降』，與上『文王蔑德降于國人』相照應。文王因衆賢所輔，德有所成，故曰『造德』。『不降』，謂不下降於國人，亦即不能『修和』於國人也。**我則鳴鳥不聞**■我，我周邦也。則，轉折連詞，與上『苟』字相關而用，乃也，其也，將也。鳴鳥，枚《傳》曰：『我周則鳴鳳不得聞，況曰其有能格于皇天乎！』孔《疏》曰：『政無所成，祥瑞不至，我周家則鳴鳳不得聞。則鳳是難聞之鳥，必爲靈瑞之物。故以鳴鳥爲鳴鳳。』行甫按：《傳》、《疏》之說，皆是也。《國語·周語上》內史過曰：『周之興也，鸑鷟鳴于岐山。』韋昭注引三君曰：『鸑鷟，鳳之别名也。』《大雅・卷阿》亦曰：『鳳凰鳴矣，于彼高岡。梧桐生矣，于彼朝陽。菶菶萋萋，雝雝喈喈。』《論語・子罕》『子曰：鳳鳥不至，河不出圖，吾已矣夫！』孔子當日之話語體系，其必有《詩》、《書》傳統存焉，乃無所可疑也，是則『鳴鳥』者，必以祥瑞之徵解之而後可，無須另尋别解而流於穿鑿。**矧曰其有能格**■矧，況也。其，將也。格，即上『格于皇天』、『格于上帝』之『格』。行甫按：上三句乃一氣貫注，意謂：倘若文王之成德不能繼續和降於國人，則我們周邦將聽不到瑞鳥鳳凰的吉祥鳴叫了，就更談不上有什麽更大的成就升聞於皇天上帝了。

〔一〇〕**君肆其監于兹**■肆，故也、今也。《爾雅・釋詁下》『肆、故，今也』，郭璞注：『肆，既爲故，又爲今。今亦爲故，故亦爲今，此義相反而兼通者。』其，將也。監，取鑒自照而知然否也。兹，此也，代指上自『昔在上帝割申觀寧王德，其集大命于厥躬』以至『耇造德不降，我則鳴鳥不聞，矧曰其有能格』之大段道理。**我受命無疆惟休**■我，我周也。受命，受天命也。疆，邊界也，止境也。惟，雖也。休，蔭庇也。**亦大惟艱**■亦，也詞也。大，猶尤其也。惟，有也。艱，艱難也。《召誥》『無疆惟休，亦無疆惟恤』，是其義也。行甫按：據卜辭文例，『艱』字之初義，乃指軍事警報而言。此雖以『艱』字之引申義釋之，但商周之際所謂『艱』者，實有戰亂或軍警之意。此處亦暗示管、蔡將亂也。説見《大誥》『有大艱於西土』釋讀。

〔一一〕**告君乃猷裕**■告，告白也。君，亦尊稱而省其名。乃，是也。猷裕，雙聲聯綿詞，《方言》：『裕、猷，道也。東齊曰裕，或曰猷。』錢繹《箋疏》曰：『裕、猷，一聲之轉。』行甫按：『猷裕』皆訓爲『道』，或單用，或並用，古之聯綿詞多有此用法。然『道』之云者，乃一言而含三義焉，曰道理，曰圖謀，曰誘導也。隨語境之不同，而其義亦各有所偏。故此『猷裕』之爲言，則既爲『道理』，亦含『圖謀』，是『告君乃猷裕』者，意即：『告訴您我的這些理由和想法』。**我不以後人迷**■以，使也。後人，後來之人。迷，疑惑也。白居易《放言》『周公恐懼流言日，王莽謙恭未篡時。向使當時身便死，一生真僞復誰知』，雖非解經，實爲經意也。行甫按：『我不以後人迷』者，乃委婉語，謂我上述這些想法和理由，後人未必能夠理解，之所以與您召公奭一吐衷腸，意在不使後人對我産生疑惑也，實囑望於召公奭本人能體諒其情而毋生疑竇與猜忌也。則『後人』者，實影指召公，故而爲委婉之詞也。

此節謂文王之所以擁有天命，乃因文王身邊聚有衆多賢臣輔其成德而修和於國人，武王之所以克殷殺紂，亦因幸有文王舊臣多有健在而盡力相助。從而勸勉召公奭毋生疑竇，與己和衷共濟，盡心輔國，以使周邦興旺發達，長有天命。

【繹文】

周公說：『尊敬的召公奭呀，您知道上帝先前爲什麼經過屢屢考察文王之德，而後將天之大命成就在文王本人身上嗎？就是因爲上帝發現文王能夠長久地和睦融洽我們周邦所有國人，而文王之所以能長久地和睦融洽周邦的國人，也是因爲在文王身邊聚集了一批有如虢叔、閎夭、散宜生、泰顛、南宫括這樣賢能的大臣輔助他。』說到這裏，周公又對文王之所以擁有天命的原因作了進一步的分析和補充。他說，『假如沒有文王身邊的那些大臣們盡心輔佐，沒有他們前後左右地盡力奔走於國事，沒有他們在戰場上衝鋒陷陣拼死抵御强敵的侵擾，沒有他們爲凝聚民心團結民衆所做的大量宣傳鼓動工作，沒有他們經常向文王進言獻策，以建立系統的法則與規範，那麼文王也就沒有任何功德下惠於國人。也正像殷代全盛之時上下一致，齊心協力，內外皆善，因而獲得了上帝的天命佑助一樣，文王也獲得了他那些德稱其位、能稱其職因而也深畏天命不易的百官臣僚以及遠在邊垂的封疆大吏們的奔走效力； 正是由於這些臣僚與大吏們對於文王的盡心輔佐，才使得文王之功德顯然而明著，從而進聞於天聽，上達於天聰，於是文王便從上帝那裏接受了殷人的天命！』說到這裏，周公便繼續交待這些賢臣的去向以及日後在武王克商事業中的重大作用：『到了武王之時，因爲這些著名的賢臣幸好還有四人健在，日後他們與武王一起，高舉「恭行天罰」的大旗，以弔民伐罪相號召，便把與之相抗爲敵的商紂王的軍隊全部殲滅了，並且在滅殷之後，還協助武王做了大量的繕後工作。由此可見，這四位賢臣輔助武王就像輔助文王一樣，仍然如此之專注而勤勉，如此之殫精竭慮、鞠躬盡瘁，如此地德副其位、能稱其職。』

『現在，在這個非常時期，卻流言四起，誤會叢生，我姬旦年紀輕，見識有限，就像泅渡在大江大河之中一樣，漂浮無定，我要想趟過這條大江大河，只有你召公奭施以援手，平息流言，化解誤會，才可以幫助我渡過這道難關。我是個冥頑不靈、檮昧無知的年輕人，在位公卿大臣沒有一個人對我提出當面的批評指責，也沒有人鼓勵我支持我去從事非我一人之力所能完成的偉大事業。如果文王所成就的偉大功德，不能下施惠及邦國之人，那麼，我們就別指望聽到鳳凰瑞鳥雝雝喈喈的吉祥和鳴了，更談不上讓我們周邦的各項事業蒸蒸日上，升聞於皇天上帝，達到一個美好的理想大同境界了。』說到這裏，周公又發出一聲長嘆，說：『哎——！ 您老人家一定要好好想想，把我們自己的做法與前輩聖君賢輔的事蹟認真對照一下，看看我們有哪些不足之處。我們周邦受有上天的大命，應該是沒有止境的；雖然我們已經得到了上天的蔭庇和福佑，但前途並不是一帆風順的，仍然還有許多艱難困苦，需要我們去克服；甚至還有巨大的險灘惡浪，需要我們去戰勝。之所以給您老人家講了這些意圖和想法，無非是不希望後人因不明事實真相從而對我姬旦產生一些不必要的猜疑和誤解而已。」

公曰：『前人敷乃心，乃悉命汝，作汝民極，〔一〕曰：「汝明勖偶王，在亶。」乘茲大命，惟文王德丕承，無疆之恤。〔二〕』公曰：『君，告汝朕允，保奭，〔三〕其汝克敬，以予監于殷喪大否，肆念我天威。〔四〕予不允，惟若茲誥，予惟曰：襄，我二人，汝有合哉。〔五〕言曰：「在時二人，天休滋至，惟時二人，弗戡。」〔六〕其汝克敬德，明我俊民，在讓後人于丕時。〔七〕嗚呼，篤棐時二人，我式克至于今日休。〔八〕我咸成文王功于不怠，丕冒海隅出日，罔不率俾。〔九〕』公曰：『君，予不惠，若茲多誥，予惟用閔于天越民。〔一〇〕』公曰：『嗚呼，君，惟乃知：民德亦罔不能厥初，惟其終。〔一一〕』

『祗若茲，往敬用治。〔一二〕』

【釋讀】

〔一〕**公曰前人敷乃心**■前人，謂武王也。敷，佈也。乃，其也。心，意圖、想法。**乃悉命汝**■乃猶而也、且也。悉，全也，盡也。命，猶言臨終顧命也。汝，你。**作汝民極**■作，使爲之也。極，《説文》：『棟也。』徐鍇曰：『極，屋脊之棟也。』引申之乃爲中正、準則之義。行甫按：『前人敷乃心』者，武王生前所決定，以嫡子姬誦繼承王位也。而『乃悉命汝，作汝民極』者，猶言全權委託於汝，使汝爲下民之棟梁，處高位而立準則也。然此亦委婉之辭，實則周、召二公當並受武王遺命而輔佐幼主耳。而獨言『汝』者，周公之意，謂汝召公奭值此危難之際，不可袖手旁觀，責其任重也。

〔二〕**曰汝明勗偶王**■曰：周公復述武王之命辭也。明，勉也，明勗，亦黽勉也。偶，孫星衍曰：『與耦通。』行甫按：孫說是也。古人以二人相嚮共作謂之耦，共耕曰耦耕，共射曰耦射。《左傳》莊公二十八年『晉人謂之二五耦』，即外嬖梁五與東關嬖五，二人共謀立驪姬之子奚齊也。又，兩俱無猜亦謂之耦，《左傳》僖公九年荀息曰『送往事居，耦俱無猜也』，謂安葬死者與服侍生者，兩無疑恨也。本篇《書序》『召公爲保，周公爲師，相成王爲左右』，則二公夾輔成王，是耦而事王，謂之『偶王』也。行甫又按：武王遺命之『汝』，當爲『汝二人』之『汝』，而周公所述之『汝』，則爲偏棄之『汝』，亦責召公之任重也。**在亶**■在，《爾雅·釋詁下》：『終也。』郝懿行《義疏》曰：『在者，察也，是察之終也。《尚書大傳》云「察者，至也」，至亦極也，極亦終也。《書》「平在朔易」，在亦訓察。按春夏秋皆言「平秩」，唯冬言「平在」，冬爲歲之終，察之訓終，此亦其證。左氏成公十六年《傳》「多怨而階亂，何以在位」，昭十二年《傳》「將何以在」，在亦終矣。』亶，篤也，誠也。《爾雅·釋詁》曰：『誠、信也。』又曰：『篤、腹、厚也。』行甫按：『在亶』，謂自始至終以誠相待，推心置腹也。**乘茲大命**■乘，承也。俞樾曰：『《文子·上德篇》：「月望日奪光，陰不可以承陽」，陰之承陽，乃是正理，何言不可乎？「承」當爲「乘」。《顏氏家訓·音辭篇》「劉昌宗《周官音》讀乘若承」，是承、乘音同也。《淮南子·說山篇》正作「乘」。』行甫按：乘，床母字，承，禪母字，古音床禪不分。《莊子·逍遥游》『乘雲氣，御飛龍』，《文選》謝靈運《七月七日夜詠牛女詩》注引作『承雲氣』，《讓王篇》『乘以玉輿』，《北堂書鈔》卷一五八、《太平御覽》卷五四皆引作『承』。是古『乘』『承』音同互用之證也。命，武王臨終之顧命也。**惟文王德丕承**■惟，唯也，丕，猶是也，『惟文王德丕承』，即『惟文王德是承』

也。行甫按：丕，亦大之詞也，『丕承』，猶言盡最大努力繼承。**無疆之恤**■疆，邊界也。恤，慎也，憂也。

〔三〕**公曰君告汝朕允**■朕，周公自稱。允，誠也。行甫按：枚《傳》『告汝以我之誠信也』，其說是也。此乃周公據武王顧命之辭『在亶』而爲言，意謂我已與你坦誠相見，告訴你我的真實想法。與上『告君乃猷裕』相照應也。近人以『允』爲『兄』之誤者，非也。**保奭**■保，即本篇《序》『召公爲保』之『保』也，加其『保』職於其名而呼之，亦據『偶王，在亶』之武王遺命而爲辭。則『我之爲師，汝之爲保』，其職其責與我同其重也。周公所用之語，足見其良苦深心也。

〔四〕**其汝克敬**■其，通期，期待、期望也。敬，謂敬遵武王之遺命也。**以予監于殷喪大否**■以，與也。予，我也。監，戒也。喪，亡也。否，惡也。《左傳》宣公二十八年『執事順成爲臧，逆爲否』，是其義也。行甫按：『殷喪』與『大否』，爲同位語，『殷喪』即是『大否』也。**肆念我天威**■肆，《爾雅·釋言》：『窕，肆也。肆，力也。』郭璞注：『肆，極力。』郝氏《義疏》曰：『肆又訓力者，力猶極也。《説文》「肆，極陳也」，「窕，深肆極也」，皆以極肆連言，可知肆有極義。故《小爾雅》云「肆，極也。」』念，慮也。行甫按：『肆念』也者，謂極力深遠而念慮之也。我，我周邦也。天威，天畏，即天命之可畏也。

〔五〕**予不允**■允，《爾雅·釋詁下》：『佞也。』《説文》：『佞，巧讇、高材也。』郝懿行《爾雅義疏》曰：『佞有二義：《廣雅》云：「佞，巧也。」《韓詩外傳》云：「佞，諂也。」與《説文》前義合也。左氏成十三年《傳》「寡人不佞」，《魯語》云「寡君不佞」，服虔及韋昭注並云：「佞，才也。」與《説文》後義合也。』行甫按：俞樾《群經平議·爾雅一》：『此經允任壬同訓佞而義實不同。《爾雅》此例甚多。允之爲佞，乃巧讇之義；任壬之爲佞，乃高材之義。任壬文異義同。佞之言能也、勝也。古人自謙不佞，猶言不任矣。』俞氏分《雅》訓爲二義，是也。但『予不允』即『予不佞』，則既有言語高材善於辭令之意，亦有阿諛諂媚花言巧語之意。是周公言『予不允』若『予不佞』者，謂『予不才，不善言辭，不會巧言諂說也』。故下言『惟若茲誥，予惟曰』也。行甫又按：此『予不允』，即下『予不惠』也。『允』古在喻紐，『惠』在匣紐，二字聲轉義通，是『允』有『惠』字義，『惠』猶聰慧（説見下），故《爾雅》訓『允』爲『佞』也。是以益知近人以此篇『允』字皆爲『兄』字之訛，其誤不可以道里計也。**惟若茲誥**■惟，唯也，獨也，僅也。若，如也。茲，此也。誥，言語、言說也。**予惟曰**■惟，唯也，獨也，祇也。亦僅詞也。**襄**■襄，助理也。朱駿聲《說文通訓定聲》曰：『襄，假借爲𨸏，助理也。《書·皋陶謨》「思日贊贊襄哉」。』又曰：『經傳贊襄、匡襄字以襄爲之，相助、相將字以相爲之。』行甫按：此『襄』字實兼『贊襄、匡襄』與『相助、相將』之二義焉。**我二人**■我，我們也。二人，周公與召公也。**汝有合哉**■合，耦合也。與上『偶王』之『偶』相照應。行甫按：『襄我二人汝有合哉』，亦可讀爲『襄我，二人，汝有合哉』，或『襄我二人，汝有合哉』，或『襄我，二人汝有合哉』，或『襄，我二人汝有合哉』。要之，皆可表周公言詞簡切而質直，語氣明晰而誠懇。行甫又按：自『予不允』以下云云者，意謂：我不才，不善辭令，我只會像這樣質直簡單地和您說話，我可以直截了當不用拐彎抹角地說：互相幫持吧，我們二人，您要積極主動地與我相配合呀！

〔六〕**言曰**■言，或爲當時流行之諺語。**在時二人**■在，察也。時，是也。二人，指互相幫持配合之二人。**天休滋至**■天休，上天的庇護，滋，多也。至，來也。**惟時二人**■惟，通唯也，只有。時，是也。二人，泛謂人數過少也，與上『我二人』之『二人』之義稍稍不同。**弗戡**■戡，蔡沈《書集傳》曰：『勝也，戡、堪古通用。』行甫按：此二句乃周公所引當時諺語，其意謂：視這二人，相幫相襯，天助其人，多降福蔭。僅此二人，終難勝任。

〔七〕**其汝克敬德**■其，猶期也。敬德，謂敬用有德之人。**明我俊民**■明，顯揚也。俊，《說文》：『材千人也。』俊民，即才智秀出之人。行甫按：《堯典》亦云『克明俊德』，枚《傳》曰：『能明俊德之士任用之。』即此『克敬德』、『明俊民』，其義從同也。**在讓後人于丕時**■在，終也。讓，曾運乾讀『引退讓賢』之『讓』。後人，後來之人也。丕，不也；　不者，非也；　非者，夫也；　夫者，彼也。時，如字。丕時，猶彼時也。

〔八〕**嗚呼篤棐時二人**■篤，誠也。棐，非也。時，是也，止也，只也。《爾雅・釋詁下》『時，寔，是也。』郝懿行《義疏》曰：『時又與只同。《詩・南山有臺》及《采菽》箋並云：「只之言是也。」《樛木釋文》：「只猶是也。」蓋之、只聲有輕重，亦猶時之與是矣。寔者，是聲之弇而下者也。寔從是聲而訓止，《說文》云：「寔，止也。」止亦是也。』二人，即上『惟時二人』之『二人』也。**我式克至于今日休**■我，我周邦也。式，詞之用也，猶因也、以也。與上『棐』字相關聯。克，能也。至，到也。今日休，今日之休也。休，亦指上天之庇佑也。行甫按：　此二句意謂：　誠然並非止有二人，我周邦便因此而能獲得今天的福佑的。

〔九〕**我咸成文王功于不怠**■我，我們也。咸，皆也。行甫按：　所明俊民亦在内，故以『咸』字賅之也。成，成就也。怠，懈怠也。**丕冒海隅出日**■丕，詞之大也。冒，猶覆蓋也。《邶風・日月》『下土是冒』，《毛傳》：『冒，覆也。』是其義也。隅，《說文》：『陬也。』又，《呂氏春秋・有始》『齊之海隅』，高誘注：『隅，猶崖也。』出日，謂日出之處也。**罔不率俾**■罔不，無不也。率，循也。俾，從也。率俾，近義詞並列爲用，猶順從、親附也。

〔一〇〕**公曰君予不惠**■惠，與慧通，聰慧也。《資治通鑑・陳紀》『深亦聰惠』，胡三省注：『惠，與慧同。』行甫按：　『不惠』，猶上言『不允』也。**若兹多誥**■若兹，如此也。誥，猶話語、言詞也。章太炎曰：『愚人多言，故周公言若兹多誥也。』行甫按：　裘錫圭《閱讀古籍要重視考古資料》一文曾舉本句爲例，認爲此『惠』、『惟』二字與甲骨文用例一樣，是『一對音義皆近的虚詞』（《裘錫圭學術文集》第四卷，第四〇八—四〇九頁），然夷考本篇之『予不允，惟若兹誥』、『予不惠，若兹多誥』，及《酒誥》『予不惟，若兹多誥』、《多方》『予不惟，多誥』之文例，所謂『不允』、『不惠』、『不惟』者，乃古人與人談話時所常用之成語，以表自謙也。允、惟二字皆喻紐，惠字在匣紐。上古音，喻三歸匣，三字聲轉義通，則『予不惟』、『予不惠』、『予不允』者，皆不可以虚詞目之也。說見《酒誥釋讀》。

參本書附錄《『予不惟』、『予不惠』、『予不允』文例釋義——兼與裘錫圭先生商榷》。**予惟用閔于天越民**■惟，唯也，獨也。用，因也，以也。閔，憂也，傷也。《左傳》宣公十二年『寡君少遭閔凶』，杜預注：『閔，憂也。』《公羊傳》文公十五年『其言來何，閔之也』，何休《解詁》：『閔，傷也。』越，與也。行甫按：『予惟用閔于天越民』，與上『弗永遠念天威越我民罔尤違』相照應。

〔一一〕**公曰嗚呼君惟乃知**■惟，若也。行甫按：此『惟』即《論語·先進篇》『惟求則非邦也與』、『惟赤也非邦也與』之『惟』也。吳昌瑩曰：『言若求、若赤也。』乃，你也。『惟乃知』，猶言『如你所知』也。**民德亦罔不能厥初**■民，人也。德，品性也。亦，特詞也。厥，其也。初，始也。**惟其終**■惟，乃也。《大雅·蕩》『靡不有初，鮮克有終』，是其義也。行甫按：《召誥》曰：『若生子，罔不在厥初生自貽哲命。』召公言人在初生之時乃由天定其慧命，故周公言『惟乃知民德亦罔不能厥初』也。然周公言『惟其終』，則謂有始固不易，能終乃實難。此亦委婉之詞，欲勉召公『偶王在亶』有始有終，不可中道而廢乃與己有離德也。

〔一二〕**祇若茲**■祇，僅詞也。若，如也。茲，此，指上述所言也。江聲曰：『我所告，祇如此而已。』**往敬用治**■往，猶言自今以後也。敬，謹也、慎也。用，以也。治，治事。行甫按：『往敬用治』，乃周公與召公共勉之語，非偏指一方而已。

最後一節，周公以武王臨終遺命，勉勵召公與自己精誠合作，輔助成王，善始善終，將文王之偉業遍及天涯海角。爲此，我們還應該作不懈的努力。

【繹文】

周公說：『已故的先王已經開誠佈公地交待了他的意圖和想法，他的臨終遺命，就是全權委託你，讓你做天下民衆的楷模和表率。武王說：「你們要黽勉從事，夾輔君王，你們兩位輔君重臣，更要推心置腹，以誠相待。」既然承擔了如此重大的歷史使命，只好盡心盡力完完全全地繼承文王的高尚品德，日復一日，戰戰兢兢，殫精竭慮，勤勞國事，鞠躬盡瘁，輔助幼君。』周公說，『尊敬的老人家啊，按照武王臨終的期待，我在此告訴您我的真實想法吧：作爲今王的太保，您召公奭肩上的擔子並不輕鬆，您要高度地警覺起來，和我並肩努力，接受殷人喪命亡國的慘痛教訓，深深地牢記上天的威嚴和可畏。我這個人拙口笨腮，不善言辭，不會花言巧語盡揀好聽的話說，只會像這樣直來直去，有啥說啥，我只想說：彼此幫扶，互相支持吧，我們二人，你要積極主動地配合我。俗話說：「看這二人，相幫相襯，天助其人，多降福蔭。僅此二人，終難勝任。」因此，您還必須能夠尊賢敬德，善於發現才華出衆的人才，提拔和任用才智之士，讓他們早日爲國效力，邦國的事業，必須後繼有人，我們這些人終究是要退出歷史舞台的，到時候都是要讓給他們後人的。』這時，周公不無感慨地嘆口氣說：『哎——，我們邦國今天的事業，的確不是僅有兩個人便可以輕易地獲至上天的庇佑的。所以，無論是我們這些年事稍長閱歷稍富的人，還是那些將要舉薦和提拔上來的年輕人，都要爲發揚和光大文王的宏偉事業作出不懈的努力，要把文王的偉大事業，遍及和覆蓋人間的天涯海角，讓天底下的每個角落，只要是有人的地方，無不服從和愛戴偉大的周文王。』周公說，『尊敬的您老人家啊，我的確很愚笨不會說話，這樣囉里囉嗦地說了許多，我不過是因爲憂懼上天的威嚴無情以及擔心我們的民心向背而已。』說到這裏，周公又禁不住長嘆一聲説：『吁——，老人家啊，正如您所知也如您所説的那樣，人們的品性的確没有誰不是有一個好的開頭的，但是能夠善始善終，有個好的結局卻是尤其不容易的。』

『我所要説的，也就是這些了，從今以後，我們要充分地警惕起來，以謹慎的態度處理好一切政務。』

【後案】

前人説本篇經義，多與《召誥》相關聯，以爲此篇即周公針對召公之言所作回復之書，於是於《君奭》一文，尋行數墨，析辭破句，細細剔發何處爲召公之言，何處爲周公之答辭，强古人而就己意，以煉成其説。所以如此者，乃因學者誤讀誤斷『君已曰時我』一句經文所致。又不明史臣記述之體，於『公曰』、『又曰』者，横生枝節，以『又曰』爲周公所引召公之語，繁辭碎義，實在不足爲訓也。

此外，學者所以認此篇爲答召公之辭者，亦因《墨子》引有召公關於天命之説。《非命中》原文曰：『於召公之執令於然，且敬哉，無天命，惟予二人，而無造言，不自降之哉得之。』然此文訛誤較多，孫詒讓校讀之：『於召公之非執命亦然，曰：「敬哉！無天命，惟予二人，而無造言，不自天降，自我得之。」』因所引文字中有『惟予二人』，與本篇『在時二人』云云相似，孫氏曰：『墨子多引逸書，疑召公先有作書，而周公作此以答之。惜古書亡佚，不可考也。』自孫氏發『召公先作，周公後答』之論，學者多以此思路讀本經。

毋須諱言，召公與周公所言，都涉及到當時『召公爲保，周公爲師』之歷史事實，且二人皆有天命不可信賴之歷史觀和天命觀，這是周初的政治家在思考夏殷滅國之後所得之思想結論，可以説，這是周初的有識之士普遍所持之觀念意識，與是否召公先作周公後答，並無直接關係。更何況本經所言大旨，並非專門討論天命問題，而是談論二人應該精誠合作，同舟共濟的現實重要性。在關係到新造周邦生死存亡的關鍵時刻，周公找召公決非侈談什麽不切實際的哲學問題，而是當下四國流言，管蔡將亂的政治危機。殷人兄終弟及的意識形態，仍然頑强地存在著；周人嫡長繼承制只在初步實行之中，尚未形成慣例與定制，知王季之承於古公而太伯逃逸以避之，則思過半矣。且《尚書大傳》曰：『管叔、蔡叔監祿父。武王死，成王幼，周公盛養成王，使召公奭爲傅，周公身居位聽天下爲政。管叔疑周公而流言于國曰：「公將不利於王。」奄君薄姑謂祿父曰：「武王既死矣，今王尚幼矣，周公見疑矣，此百世之一時也，請舉事。」』因此，邦國新造，君主幼弱，其時既有勝國敵對勢力企圖顛覆，又有周人内部人士相互猜忌，勢必在所難免。因此，周召二公顧命輔國的根基決不能動摇。倘若二公有隙，則國本摇動，新造周邦便危在旦夕。這是本篇經文的微旨所在。因此，知本篇之製作背景，及其所以流傳於西周之末的原因，則無須繁事析辭碎義，横生枝節矣。

本篇結構謹嚴，説理透僻，章法綿密。用字講究而前後照應，真可謂草蛇灰線，蟬聯若一，爲古今文章之範。學者熟玩之，涵詠其文，必能深造之而自得之也。

多方

【解題】

『方』之爲言邦也，『多方』亦即多邦。《書序》：『成王歸自奄，在宗周，誥庶邦，作《多方》。』《周本紀》亦曰：『召公爲保，周公爲師，東伐淮夷，殘奄，遷其君薄姑。成王自奄歸，在宗周，作《多方》。』《書序》乃據本篇篇首『王來自奄，至于宗周』敷衍而成，對於此篇之製作背景，沒有任何參考價值。史公序此篇於成王歸政之後，當亦因『王來自奄』一語而定『東伐淮夷，殘奄』乃成王親征，是必在周公還政於成王之後。枚《傳》仍史公之說，謂『周公歸政之明年，淮夷、奄又叛。魯征淮夷，作《費誓》。王親征奄，滅其國。五月，還至鎬京』而作。然《隋書·李德林傳》引《尚書大傳》曰：『周公攝政，一年救亂，二年伐殷，三年踐奄，四年建侯衛，五年營成周，六年制禮作樂，七年致政于成王。』其紀年順序分明，則踐奄之事，當在成王即位之三年，而非七年之後。且『四年建侯衛』，即封建諸侯之事，而《左傳》定公四年謂分魯公以殷民六族，因商奄之民，而封於少皞之虛。倘七年歸政之後始乃踐奄，則四年建侯衛之時，何能『因商奄之民』而『封於少皞之虛』，知史公《周本紀》及枚氏僞《傳》皆非也。枚《傳》又以《費誓》與本篇同時，其說尤非，說見《費誓》【解題】，兹不贅。《君奭》當誥於攝政二年伐殷平叛之前，而《多方》誥於三年踐奄之後，西漢今文編此篇於《君奭》之後，其時與其事皆合。

本篇主旨乃言夏、殷滅亡與周邦興起的原因及其理由，亦所謂『殷鑒不遠，在夏后之世』也。其所以流傳於後世者，蓋因此篇乃周公攝位當國所佈之文誥，與西周末年政治動盪及『周召共和行政』的歷史大背景有關。亦參拙作《西周末年的鑒古思潮與今文〈尚書〉的流傳背景》（《漢學研究》第十九卷第一期）以及拙著《中國早期文化意識的嬗變》第一卷相關章節。

惟五月丁亥，王來自奄，至于宗周。〔一〕

周公曰：『王若曰：猷告爾四國多方，惟爾殷侯尹民，〔二〕我惟大降爾命，爾罔不知。〔三〕洪惟圖天之命，弗永寅念于祀，惟帝降格于夏。〔四〕有夏誕厥逸，不肯慼言于民，乃大淫昏，不克終日勸于帝之迪，乃爾攸聞。〔五〕厥圖帝之命，不克開于民之麗。〔六〕乃大降罰，崇亂有夏，因甲于內亂，不克靈承于旅，罔丕惟進之恭，洪舒于民。〔七〕亦惟有夏之民叨懫，日欽劓割夏邑。〔八〕天惟時求民主，乃大降顯休命于成湯，刑殄有夏。〔九〕

【釋讀】

〔一〕**惟五月丁亥**■惟，猶是也，時也。吳昌瑩曰：『凡年月上皆繫以惟字，祇《牧誓篇》發語則曰「時甲子未爽」，《泰誓》下篇發語曰「時厥明」亦然。厥，之也，謂時戊午之明日也。蓋承中篇惟戊午句言。可見此「時」字乃「惟」字之變文。惟字即時字義也。』五月丁亥，即周公攝政之三年五月丁亥日也。**王來自奄**■王，據《書序》及

《周本紀》說，則此『王』即成王。近人顧頡剛、劉起釪謂『王』爲周公。奄，在今曲阜。王國維曰：『奄即《史記》所云「魯淹中」之淹，亦即《左傳》所云「及武王克商，薄姑商奄，吾東土也」之奄。』行甫按：本篇既爲周公攝政三年踐奄歸後所誥，則『來自奄』者，當爲周公而非成王。《尚書大傳》曰：『武王死，成王幼，周公盛養成王，使召公奭爲傅，周公身居位聽天下爲政。管叔疑周公而流言于國曰：「公將不利於王。」奄君薄姑謂祿父曰：「武王既死矣，成王尚幼矣，周公見疑矣，此百世之一時也，請舉事。」然後祿父及三監叛。奄君導之。』據此，則策動武庚祿父勾結三監叛亂者，奄君薄姑實爲主謀。故『周公身居位聽天下』，其伐殷平叛之後，即東進翦滅商奄，乃勢在必然也。是知伐殷與踐奄乃相先後之事，則『來自奄』者決非成王而定爲周公無疑也。又《太炎文錄初編》卷二《與簡竹居書》曰：『及論周公居攝之事，云攝政非攝位，此爲以時制隱度先民，乃與古今文一切乖異，竊以爲未可也。《記·文王世子》曰，成王幼，不能涖阼，周公相，踐阼而治之。踐阼者，則攝位之明文。成王何故不能涖阼？古《尚書》說，武王崩，時成王年十三，蓋約以《金縢》之文，說王與大夫盡弁，是爲已加元服，天子諸侯十二而冠，則武王崩，時成王宜十二三也。天子之堂九尺，雖成人爲君者，上除陛則有瑗以援之，懼其傾隊以隋容止，猶登車之有綏，其在兒僮，固弗勝是，是故不能涖阼。朝會祭祀，不可曠年廢闕，故周公從而踐之。若踐阼非攝位者，此位竟虛之七年耶？當是時，禮樂未定，別嫌明微之道未著也。故《康誥》之篇，無嫌于稱代治。古法不可以概今茲，今事亦不可以推古昔。周公之事，行之晚世，則滋篡奪之耑。豈直周公，雖堯舜禪讓之事亦然。世人以爲周公攝位稱王，由王莽所增竄，唐虞之事，復魏文帝所增竄乎？徵之晚周，六藝未燔，而孫卿又將聖之材，禮義之師也，其言曰：「大儒之效，武王崩，成王幼，周公屏成王而及武王以屬天下，惡天下之倍周也。履天子之籍，聽天下之斷，偃然如固有之，而天下不稱貪焉。成王冠成人，周公歸周反籍焉，明不滅主之義也。」所謂「聽天下之斷」者，即仲尼所謂攝政，所謂「履天子之籍」者，即《記》文所謂踐阼，所謂「反籍」者，謂以阼階主位歸之。故有踐阼之形，斯有攝位之名。阼者主階，非稱王亦不可踐。曩令周公不制禮樂，無周道傳子之義，則始終稱王爾。」章氏力主周公踐阼攝位而稱王，其說甚精審，可爲定論。是『王來自奄』者，周公來自奄也，史臣據事實而記之，猶魯隱公攝位而稱公，《春秋》亦書之曰『公』，其比也。**至于宗周**■宗周，豐鎬也。《詩·大雅·文王有聲》曰：『文王受命，有此武功，既伐于崇，作邑于豐。文王烝哉。』又曰：『考卜維王，宅是鎬京，維龜正之，武王成之。武王烝哉。』《史記·周本紀》因之而曰：『明年伐邘，明年伐崇侯虎，而作豐邑，自岐下而徙都豐。』裴駰引徐廣曰：『豐在京兆鄠縣東，有靈台。鎬在上林昆明北，有鎬池。去豐二十五里。皆在長安南數十里。』張守節引《括地志》云：『周豐宮，周文王宮也。在雍州鄠縣東三十五里，鎬在雍州西南三十二里。』是以枚《傳》言本篇『宗周』爲『鎬京』，而釋僞《周官》『歸于宗周』又曰『還歸於豐』。據《詩》言『豐』爲『文王烝之』，而『鎬』爲『武王烝之』，則豐爲文王所都，鎬爲武王所都，二都相距二十五里，皆在今西安西南。終西周之世，豐鎬爲周王朝之首都。

〔二〕**周公曰王若曰**■二『曰』字，枚《傳》：『周公以王命順大道告四方，稱周公以別王自告。』行甫按：成王年幼不能莅阼視事，周公既踐阼攝位而稱王，則作誥無須別嫌而稱『王若曰』之理，而史臣既已書周公歸自奄爲『王來自奄』矣，亦無由再別周公與成王之孰爲王孰爲輔也。此『周公曰』或爲西周末年本篇由王室檔案庫尋檢而出之時，史臣從後追而補之也。果如此，則西周末年的『周召共和』與西周初年的周公攝位稱王，其本質乃迥然不同。周公攝位稱王而無所嫌，而『周召共和行政』乃在二百餘年之後，其時周道傳子之義，早已深在人心矣，史臣追補『周公曰』，其微意蓋在兹也。此亦爲本篇之所以在西周末年得以流傳的原因所在。姑識之於此，以備後學商兑焉。**猷告爾四國多方**■猷，《爾雅·釋詁》：『謀也。』《釋言》：『圖也。』《大誥》『猷大告爾多邦』，孔穎達《疏》：『訓道也。』邢昺《爾雅疏》曰：『猷者，以道而謀也。』行甫按：此『猷告爾四國多方』與《大誥》『猷大告爾多邦』，句法文例從同，『猷』爲修飾之詞，兼有此『謀』、『圖』、『訓道』、『以道而謀』之四義焉，以表作誥之目的，故置於句首。修飾詞置於句首者，不獨《尚書》周初文誥多有，周末詩文亦有其例。《左傳》隱公元年「爾有母遺，繄我獨無」，杜預注：「繄，語詞也。」此「繄」實即「亦」，徒也，特也，謂「爾有母可遺，徒我獨無有也」。《離騷》「紛吾既有此内美兮，又重之以脩能」，「羌内恕己以量人兮，各興心而嫉妒」，王逸注：「羌，楚人語詞也，猶言卿何爲也。」「紛」字、「羌」字，皆句首修飾詞例也。王引之以爲「猷」字當在「告」字下，後經一改再改而誤置於句首，説經者多以爲不易之論，實不可信也。四國，四域，亦即四境也。多方，即衆多邦域之君也。行甫按：國也、域也，皆以或字爲初文而孳乳之，此古文字之常識，無須辭費。多方亦即多邦，在四域亦即四境之内。**惟爾殷侯尹民**■惟，與也，及也。殷，武王克商之殷遺也。侯，即殷遺之貴族長老也。尹，正也，長也。民，人也。尹民，即正長之人。行甫按：「殷侯尹民」，即「殷侯」與「尹民」也。「殷侯」乃殷商舊時「侯甸男衛邦伯」，即《酒誥》之所謂「越在外服」者；「尹民」乃故殷之「百僚庶尹惟亞惟服宗工」，即《酒誥》之所謂「越在内服」者。

〔三〕**我惟大降爾命**■惟，其也，乃也。大，既表程度，亦表範圍。降，下也，居高臨下而誥誡之。命，誥令也。**爾罔不知**■罔，無也。知，知曉也。行甫按：此四句謂：周公以王的身份説，試圖給予你們四境之内的邦君們以及殷商舊時的封疆大吏和百官臣僚們一些正確的引導和忠告，因而我將要對你們大家廣泛而誠摯地發佈有關誥令，你們每個人都要深刻理解，切實明白。

〔四〕**洪惟圖天之命**■洪，大也，亦爲修飾詞而置於句首者，實是修飾「圖」字。惟，以也，因也。圖，啚也，即今之鄙字也。行甫按：古圖字、今鄙字古文皆作啚。玄應《一切經音義》卷八「所圖」注引《詔定古文官書》曰「圖、啚二形同」，是其例也。《説文》「啚，嗇也。」段玉裁曰：「凡鄙吝字當作此，鄙行而啚廢矣。」又，《説文》：「鄙，五酇爲鄙。」段玉裁注亦曰：「鄙夫字古作啚，今則鄙行而啚廢矣。」是「圖」即「啚」，亦即今之「鄙」字也。古音與「否」同部，故「鄙」與「否」通假爲用也。《莊子·齊物論》「滑疑之耀，聖人之所圖也」，謂「使人昏亂疑惑之明，乃爲聖人所鄙薄之也』。天之命，即天命也。**弗永寅念于祀**■永，長也。寅，段玉裁謂《尚書》之『寅』皆爲『夤』之通假字。《説文》『夤，敬惕也。』念，顧念。**惟帝降格于夏**■惟，乃也，於是也。格，《方言》卷三：『正也。』《孟子・離婁上》『惟大人爲能格君心之非』，趙岐注：『格，正也。』是其義也。枚《傳》釋『降格于夏』爲『下至戒於夏以譴告之，謂災異』，乃釋經義而非詁文詞也。行甫按：『洪惟』及『弗永』主語皆夏桀，蒙『格于夏』而省。三句意謂：由於夏桀大爲鄙視天之大命，長期不把對上帝的祭祀恭敬地放在心上，於是上帝便對夏桀有所規正。

〔五〕**有夏誕厥逸**■有夏，夏也，指夏桀。誕，大也，猶言『更加』也。厥，其也。逸，逸樂也。**不肯感言于民**■肯，劉淇《助字辨略》卷三：『願詞也。』感，憂也。《左傳》僖公二十四年『自詒伊感』，杜預注：『感，憂也。』感言，撫恤之言。謂不恤民隱也。**乃大淫昏**■乃，猶如是、然後也。大，與上『誕』字相對，亦『更加』也。淫，《説文》『浸淫隨理也。』段玉裁注：『浸淫者，以漸而入也。』《月令》「淫雨蚤降」，鄭曰：「淫，霖也，雨三日以上爲霖。」』昏，迷也，亂也。《呂氏春秋・貴直》『先生之老歟昏歟』，高誘注：『昏，亂也。』又《誣徒》『昏於小利』，高誘注：『昏，迷也。』**不克終日勸于帝之迪**■克，能也。終日，終其一日也。勸，勉力也。迪，道也。《爾雅・釋詁》『迪，進也。』邢昺《疏》：『迪者，以道而進也。』蔡沈《傳》曰：『啓迪也。』又，《廣雅・釋言》：『迪，蹈也。』『蹈』猶行也。行甫按：此『迪』字乃兼上數義也。『勸于帝之迪』，謂對於上帝的教導和啓迪勉力而推行之也。**乃爾攸聞**■乃，是也。攸，所也。聞，聽也。行甫按：此五句意謂：夏桀不顧忌上天的規正，更加奢侈地享樂，不願意對下民進行好言慰撫，毫不關心民生疾苦，於是很快就發展到昏聵迷亂，對於上帝的啓迪和教導一刻也不能勉力而行之。這些都是你們所聽説過的。

〔六〕**厥圖帝之命**■厥，其也，指代夏桀。圖，鄙視、鄙薄也。圖帝之命，與上『圖天之命』意同。帝即天也。

不克開于民之麗■克，能也。開，闢也，啓也。枚《傳》：「不能開，言昏昧。」行甫按：「不克開」與上「大淫昏」相照應，則枚《傳》是也。麗，《廣雅·釋詁》：「麗、設、布、張，施也。」又，「鋪、散、敷、陳、列、播，布也。」又，「敷，數也。」行甫按：據《廣雅》所釋，則「麗」與「敷」通。而「敷」有二義：其一爲「施」，其一爲「數」。《方言》與《說文》皆曰：「敷，數也。」然此經之「麗」，於「施」與「數」二義，實不相外而相兼也。「民之麗」，謂與民衆相關之衆多政教設施也。枚《傳》：「不能開於民所施政教。麗，施也。」僅得其一偏耳。桂馥《札樸》解「不克開于民之麗」爲「敷」，是也，然謂《說文》「敷，數也」之「數當爲敷」，則誤也。此句與上「不肯慼言于民」相關聯。句意謂：夏桀淫亂昏昧，不能開啓與民衆相關的衆多政教設施。謂其貪於荒淫逸樂而不牖民憂民也。

〔七〕乃大降罰■乃，而也，轉折之詞。大，詞之大也，猶濫也。降，下也。罰，刑罰也。崇亂有夏■崇，重也，倍也。因甲于內亂■因，複也，仍也。甲，狎也。《衛風·芄蘭》「能不我甲」，毛《傳》：「甲，狎也。」《釋文》：「《韓詩》作狎。」狎者，習也、褻也。內亂，宮內之穢亂也。鄭玄曰：「習爲鳥獸之行於內爲淫亂。」《國語·晉語一》：「昔夏桀伐有施，有施人以妹喜女焉，妹喜有寵，於是乎與伊尹比而亡夏。」韋昭注：「伊尹，湯相伊摯也，自夏適殷也。」何焯曰：「此即《汲冢書》『伊尹交妹喜』之說。」此「甲于內亂」，或是其事也。不克靈承于旅■靈，《廣雅·釋詁上》：「善也。」又《廣雅·釋言》：「福也。」《左傳》昭公七年「今君若步玉趾，辱見寡君，寵靈楚國」，王引之曰：「靈，福也。言寵楚國而賜之以福也。凡《傳》稱『以君之靈』、『以大夫之靈』者，靈皆謂福也。昭三十二年《傳》曰『今我欲徼福假靈於成王』，哀二十四年《傳》曰『寡君欲徼福於周公，願乞靈於臧氏』，靈，亦福也。」承，與乘通。古音床母與禪母不分，承與乘音同通用，說見《君奭》「乘茲大命」釋讀。《說文》：「乘，覆也。」旅，《爾雅·釋詁》：「衆也。」章太炎謂此「旅」字與上「民之麗」之「麗」字，「其義相應」，是也。行甫按：「不克靈承于旅」者，不能以福善覆被恩養民衆也。此「旅」字在此語境，乃就民言，非就帝言也。于省吾援《多士》「靈承帝事』爲說，以爲『靈承』語例乃『自下奉上之詞』，執一之論，先有所不通也。劉起釪乃謂『自以于氏說爲確』，失於簡擇矣。《多士》『今惟我周王丕靈，承帝事』之『靈』訓『俊』，句當於『靈』字逗，說見《多士》釋讀。**罔丕惟進之恭**■罔，無也，常訓。丕，不也。惟，唯也。進，章太炎曰：『《漢書·高帝紀》「蕭何主進」，即此「進」字。進同盡，贐也。』之，是也。恭，崇奉，歆慕也。行甫按：『惟進之恭』，猶今語所謂『唯利是圖』也。**洪舒于民**■洪，詞之大也。舒，孫星衍曰：『《困學紀聞》曰：古文作「荼」。此宋次道家古文。《考工記》注云：「荼，古文舒。」』行甫按：《困學紀聞》卷二謂古文作『洪荼』，並引薛季宣《書古文訓》曰：『大爲民荼毒也。』古『舒』與『荼』通假互用。《荀子·大略》『諸侯御荼』，楊倞注：『荼，古舒字。』《魯頌·閟宮》『荊舒是懲』，《史記·建元以來侯者年表》引作『荊荼是懲』，《索隱》曰：『荼音舒。』皆是其例也。荼，《廣雅·釋詁》：『毒也』、『痛也』。行甫又按：自『乃大降罰』至『洪舒于民』，乃謂夏桀濫施刑罰而大肆殺戮，倍增夏朝之亂，又因寵妹喜，穢亂春宮，內外交亂，更不能恩覆下民，且無不唯利是圖，百般荼毒百姓。

〔八〕**亦惟有夏之民叨懫**■亦，也詞也。惟，以也，因也。叨，《說文》：『饕，貪也，叨，俗饕，从口，刀聲。』懫，《說文》所無也，有『𡐓，忿戾也。从至，至而復孫，孫遁也。《周書》曰：「有夏氏之民叨𡐓。」𡐓讀若摯。』是『懫』當爲『𡐓』，唐人所改也。**日欽劓割夏邑**■日，每日也，日益也。欽，孫星衍謂『與廞通，《釋詁》云：興也』。行甫按：『欽』，如字，《爾雅·釋詁》『欽，敬也』，則爲『欽慕』之義也。《秦風·晨風》『未見君子，憂心欽欽』，毛《傳》：『思望之，心中欽欽然。』鄭《箋》：『始未見賢者之時，思望而憂之。』是其義也。此當與『惟進之恭』相照應，謂上有好之，下必甚焉。在上位者唯利是圖，在下位者亦貪財好貨爲富不仁，亦日日唯『劓割夏邑』是尚也。劓，刈也，割也。割，如字。劓割，同義複詞，謂割剝也。行甫按：此二句謂夏朝百姓亦越來越利欲熏心，貪財好貨，忿戾不仁，日以割剝夏邑，損公利己爲事。

〔九〕**天惟時求民主**■惟，乃也，爲也。時，是也。惟時，猶言『爲此』也。求，尋找。民主，民之主。**乃大降顯休命于成湯**■乃，於是。大降，多下也。顯，光芒顯著也。休，蔭庇也。命，天命也。**刑殄有夏**■刑，《説文》：『罰罪也。』謂殺戮夏桀也。殄，《爾雅·釋詁》：『絶也。』謂推翻夏朝也。行甫按：此三句意謂：於是上天因夏朝之黑暗昏亂而爲民衆尋覓能替他們當家作主的人，於是便多多賜與光明與庇護給予成湯，讓他去討伐夏桀，滅絶夏王朝。

此爲本誥之首節，交待了作誥之時間地點與作誥之理由，以及成湯所以代夏的歷史原因。

【繹文】

史臣記其事説，時值周公翦滅踏平奄君薄姑老巢的這年五月丁亥，周公從奄地班師凱旋，回到了宗周豐鎬之京師。於此時，周公以攝位稱王的身份召集四境之内舊時邦國的君主以及殷商時代的封疆大吏與各級官員，目的是要訓導他們循規蹈矩，讓他們心平氣和地遵守周王朝的法度，安居樂業；如果他們膽敢蠢蠢欲動，以身試法，將要給他們施以嚴厲的懲罰，奄君薄姑就是他們的下場。

周公以攝位之王的身份這樣説：『我之所以把你們各位大佬們召集起來開會，目的是要十分嚴肅認真地給你們講明一些道理，讓你們認清某些事實真相，你們所有人都要認真領會，理解清楚。首先，由於夏桀極端地鄙視上天的旨意，長期以來一直没有把對上帝的祭祀恭敬地放在心上，因此，上帝便給他發出了糾正他的某些信號，給他降下了以示警告的某些不祥之兆，可是夏桀不僅不理睬上帝的警示，反而更加放肆地貪圖享樂，不願意憂恤民衆的疾苦，甚至連一句口惠的話都不肯説。於是便更加肆無忌憚地奢侈荒淫，簡直鬧得天昏地暗，對於上帝的啓迪和勸告，完全没有想花半日工夫去勉力施行的意思。所有這些事情，都是你們以前早就聽説過的。正是由於夏桀鄙薄上天的命令，不能有效地設置和啓動誘民導民的各種政教舉措，一方面肆意妄爲，濫施刑罰，大開殺戒，加倍地滋生了社會動亂；另一方面又宫闈不檢，狎習内寵，穢亂深宫，以致小人用事。於是夏桀便内外交困，疲於奔命，不僅完全没有時間和精力去做一些造福於社會，恩及於百姓的民生事業；反而唯利是圖，大肆搜刮民脂民膏，殘害百姓。這樣，也就極大地敗壞了社會風氣，那夏朝的百姓也就没有一個是道德淳厚的，也一個比一個貪財好貨，一個比一個爲富不仁。民風一天比一天磽薄，社會一天比一天混亂。人心趨利，嘲貧羡富的必然結果，就是朝野上下，由官到民，一天到晚就是挖空心思想著如何才能損人利己，如何才能損公肥私。在這個時侯，上天就考慮重新選擇能夠替人民當家作主的人了，於是上帝找到了成湯，就多多地賜與他出類拔萃的聰明才智以及浩大無邊的蔭庇護佑，讓他去討伐夏桀，剿滅夏王朝。』

惟天不畀純，乃惟以爾多方之義民不克永于多享。〔一〕惟夏之恭多士，大不克明保享于民，乃胥惟虐于民至于百爲，大不克開。〔二〕乃惟成湯，克以爾多方，簡代夏作民主，慎厥麗，乃勸厥民刑，用勸。〔三〕以至于帝乙，罔不明德慎罰，亦克用勸。〔四〕要囚，殄戮多罪，亦克用勸，開釋無辜，亦克用勸。〔五〕今至于爾辟，弗克以爾多方享天之命。嗚呼！』〔六〕

【釋讀】

〔一〕**惟天不畀純**■惟，若也，猶《孟子·滕文公下》「惟士無田，則亦不祭」及《告子上》「惟耳亦然」、「惟目亦然」之「惟」也，吴昌瑩皆解爲「若」。行甫按：此「若」之「惟」者，乃表原因之語詞也，與下「乃惟」搭配爲用，相當於今語所謂「至於何事，乃因何故」也。畀，給予也。純，與屯通。《召南·野有死麕》「白茅純束」，鄭《箋》：「純讀如屯。」《左傳》「執孫蒯于純留」，《漢書·地理志》引作「屯留」，是其例也。《廣雅·釋詁》：「屯，難也。」《後漢書·皇后紀》「冢嗣遘屯」，《班固傳》「紹百王之荒屯」，章懷太子並注曰：「難也。」行甫按：「惟天不畀純」者，謂天不救助人之難，即「旻天不弔」之意也。**乃惟以爾多方之義民不克永于多享**■乃惟，與上「惟天不畀純」之「惟」搭配，猶「乃由於」也。以，憑也，用也，據也。義，高郵王氏曰：「義與俄同，衺也」，俞樾亦從其説。近人于省吾獨不以爲然，于氏曰：「蓋誼、義、儀、宜、且、俎、祖、阻，古並通。《一切經音義》九引《字詁》：『古文誼，今作義。』《多方》、《立政》『義民』之『義』，英倫隸古定本並作『誼』。《吕刑》『鴟義』之『義』，東瀛隸古定本作『誼』。《儀禮·大射儀》『且左還』，古文『且』作『阻』。《詩·文王》『宜鑒于殷』，《大學》作『儀鑒于殷』。《詩·假樂》『宜君宜王』，《釋文》作『且君且王』。金文『祖考』之『祖』多作『且』。惟《大豐毁》『大祖』作『大圀』，圀即俎字。《堯典》『黎民阻飢』，『阻』徐廣作『祖』，鄭康成讀『阻』爲『俎』。《爾雅·釋詁》：『阻，難也。』然則阻民猶言難民。以大小言則曰小民，以上下言則曰下民，以遷徙言則曰播民，以遭難言則曰阻民。《多方》系成王所以誥庶邦，不應直接稱庶邦之民爲衺民。」行甫按：于氏以「義民」爲「阻民」，又以「阻民」爲「難民」，雖與余説「天不畀純」爲「天不救助人之難」之字面亦有所合，但「阻民」既不見於經傳，乃于氏自造之詞，經傳亦不見「義」與「阻」相通之書證。且《大豐毁》之「大圀」是否釋讀爲「大祖」，未可遽定；即使可讀爲「大祖」，亦爲孤證。于氏之説不可信，此「義民』仍當以王氏父子及俞氏之説爲是。『義民』若『衺民』者，乃與上『有夏之民叨懫，日欽劓割夏邑』相照應，試問『叨懫』之民，貪財好貨，忿戾不仁，日以割剝夏邑、損公利己爲事，非衺民而何？故王先謙曰：『上文言「叨𡔲」，即是夏民之俄者，又日思劓割夏邑，故不克永于多享也。』王説是也。享，謂主祭也，説見《無逸》『肆中宗之享國七十有五年』釋讀。『乃惟以爾多方之義民不克永于多享』者，意謂：就憑爾多方之民衺惡，天亦不能使夏桀永於在位多主祭祀也。

〔二〕**惟夏之恭多士**■惟，與也，及也。恭，章太炎曰：『《石經》古文例作「龔」，此經正當作龔，當時以例誤讀爲恭耳。《説文》：「龔，給也。」亦通作共、作供。《釋詁》：「供、峙、共，具也。」龔多士者，龔猶漢言給事，唐言供奉。』多士，謂衆士也。夏之恭多士，謂夏之供職衆士也。**大不克明保享于民**■明，明白，猶今言『認識到』。保，安也，葆也。享，祀也，能祭祀即有國也。于，猶『以』也。行甫按：『明保享于民』者，謂明白地認識到民衆對於安葆享祀之不輟乃大有關係也。《左傳》桓公六年隨國季梁曰：『夫民，神之主也，是以聖王先成民而後致力於神。』即此經之遺意也。**乃胥惟虐于民至于百爲**■乃，承上『大不克明』言，於是也。胥，皆也。惟，爲也。虐，暴虐也。百爲，猶言無惡不作，什麼事都幹得出來。**大不克開**■即上『不克開于民之麗』之省也。行甫按：上言有夏之民邪惡，此言有夏之供職官吏亦不明安葆享祀與民相關之理，因而暴虐於民以至於無惡不作，全然不能開設誘民導民的政教舉措。

〔三〕**乃惟成湯**■乃，於是也。惟，有也。成，《説文》：『就也。』《太玄·玄錯》：『成者，功就不可易也。』**克以爾多方**■克，能也。以，率也。**簡代夏作民主**■簡，亦代也。《爾雅·釋詁》：『間，代也。』簡與間同音假借。《淮南子·要略》『故節財薄葬，間服生焉』，《文選·夏侯常侍誄》李善注引作『簡服生焉』。是簡代者，同義複詞也。行甫按：此『簡』字即下『有邦間之』之『間』也。**慎厥麗**■麗亦爲『施』與『數』二義之兼，謂各種政教手段也，既含牖民導民之舉措，亦含刑民罰民之設施。**乃勸厥民刑**■勸，勉勵也。刑，儀法，表率也，行甫按：『刑』，讀如《周頌·我將》『儀式刑文王之典』之『刑』，毛《傳》『法也』，鄭《箋》釋句意謂：『我儀則式象法行文王之常道。』則鄭玄以『法行』釋『刑』字，正爲此經『刑』字之義也。『乃勸厥民刑』者，謂勉勵其民循政教以爲儀則而依法行之也。**用勸**■用，以也。勸，與上『勸厥民刑』之『勸』義有不同，此『勸』乃爲『慎厥麗』的指導原則，猶言以正面引導鼓勵其民爲善，而不恃刑罰專伺人之惡爲其指導思想也。行甫按：『用勸』二字爲句，不與上文『厥民刑』相連讀，文例與下三『用勸』同。『慎厥麗，乃勸厥民刑』，實爲『用勸』原則的具體做法。

〔四〕**以至于帝乙**■帝乙，商紂王之父也。《殷本紀》曰：『帝太丁崩，子帝乙立。帝乙立，殷益衰。』此謂自成湯以至於帝乙之前也。行甫按：劉起釪以帝乙『爲湯第六世孫祖乙，商王朝第十四任國王』，非也，説見下。**罔不明德慎罰**■明，勉也。明德，勉於德化也；慎罰，慎於刑罰也。**亦克用勸**■亦，也詞也。謂自成湯至於帝乙之前，歷代商王皆勉於德教而慎於刑罰，也能以正面教化與引導爲主要手段。

〔五〕**要囚**■要，王國維謂古要幽同音，《幽風·七月》『四月秀葽』，《夏小正》作『四月秀幽』，《楚辭·湘君》『要眇』，即『幽眇』，《韓非子》『要妙』，即『幽妙』。行甫按：王説是也。《易·困》初六『入于幽谷』，馬王堆帛書本《周易》作『入于要谷』。是『幽』通『要』之證，則『要囚』亦即『幽囚』。『幽囚』者，謂拘執囚禁也。**殄戮多罪**■殄亦即戮，同義複詞，刑殺也。多罪，罪之多者，重犯也。**亦克用勸**■亦，也詞也。用，以也。勸，勉其爲善也。**開釋無辜**■開釋，釋放也。無辜，無罪也。**亦克用勸**■無罪繫獄，當庭釋放，亦可勉人爲善也。

〔六〕**今至于爾辟**■辟，君也。爾辟，殷紂也。行甫按：爾辟，即你們的君主，上言『以至于帝乙』，此言『今至于爾辟』，以『爾辟』殷紂直承『帝乙』，則『帝乙』即紂父而非祖乙無疑也。**弗克以爾多方享天之命**■以，率也。亨，亦由祭祀享獻之義引而申之乃爲享有之義也。《漢書·谷永傳》『所行不享上帝』，顔師古注：『享，當也。』《後漢書·郅惲傳》『劉氏享天永命』，章懷太子注：『享，受也。』曰『當』曰『受』，皆『享有』之意也。句意謂：不能率領你們衆邦祭祀獻享上帝而擁有天命也。**嗚呼**■感嘆詞置於文後，此一例也。

此爲本誥之第二節，言殷商所以滅亡的原因。謂商湯所以取代夏桀，乃在於商湯能夠明德慎罰，以正面引導鼓勵其民爲善，而不單恃刑罰專伺人之惡，但成湯以正面勸勉的優良傳統，卻爲商紂王所斷棄，因而商王朝也遭到了夏王朝同樣的結局。

【繹文】

周公繼續說：『至於說到老天爺是不會大發慈悲幫助和拯救人的困頓和災難，那可是千真萬確的。就憑著你們衆邦的那些道德敗壞的邪惡之民，天也不會使夏桀長久地祭祀上帝而永享於夏邦；再就是夏王朝那些任職的官吏們，也完全不能明白葆有天命享祀上帝與民衆的關係有多麼密切，反而相互勾結起來殘害百姓，他們賣官鬻爵，壟斷市利，敲骨吸髓，盤剝百姓，以至無惡不作，全然不能開啓各種誘民向善的政教舉措。他們置民於死地，陷民於罪惡，然後舉起屠刀，甚至濫殺無辜。夏桀王朝的這一切所作所爲，都是往深水裏趕魚，往叢林裏驅雀的愚蠢行爲，於是便正好成就了商湯的事業，商湯所以號爲成湯，就是能率領你們衆多邦國，取代了夏王朝的暴政而替天下民衆當家作主。成湯取代夏朝之後，謹慎地開啓了各種誘民導民的政教措施，於是大力鼓勵他領導下的民衆遵紀守法，給他們樹立道德楷模和正確榜樣，讓他們學習和效法，以這些政教舉措鼓勵百姓爲善，而不是像夏王朝那樣陷民於惡然後加以誅罰。這樣一直到商紂王的父親帝乙，商王朝的君主們無不是繼承成湯的政治傳統，都是以道德教化爲先，而謹慎地運用刑罰，也都能夠以教育和引導鼓勵民衆爲善。即使是在拘禁囚徒，辦理訟案的時候，也只是處決和刑斬那些罪孽深重的重犯和要犯，也能以此勸勉百姓爲善；至於對那些被脅從被逼迫而陷於牢獄的無辜者，則當庭釋放他們，這也是能夠勸勉百姓爲善的好方法。可是到如今你們的君主商紂王之時，成湯以來開創的這些優良政教傳統就喪失殆盡了，也就無法率領你們衆多邦國繼續享獻上帝而擁有天命了，這就跟夏王朝的滅亡結局没有兩樣了。哎——，真是可嘆！』

王若曰：『誥告爾多方，非天庸釋有夏，非天庸釋有殷，乃惟爾辟以爾多方大淫圖天之命，屑有辭。〔一〕乃惟有夏圖厥政，不集于享，天降時喪，有邦間之。〔二〕乃惟爾商後王逸厥逸，圖厥政，不蠲烝，天惟降時喪。〔三〕

惟聖罔念作狂，惟狂克念作聖。〔四〕天惟五年，須暇之子孫誕作民主，罔可念聽。〔五〕天惟求爾多方，大動以威，開厥顧天，惟爾多方罔堪顧之。〔六〕惟我周王靈承于旅，克堪用德，惟典神天。〔七〕天惟式教我用休，簡畀殷命，尹爾多方。〔八〕

【釋讀】

〔一〕**王若曰**■校《傳》將上節『嗚呼』二字置於『王若曰』之前，非是。今從章太炎讀屬上文。**誥告爾多方**■嘉慶刊本『告』字在下句『非』字下，兹據道光重刊本校正。誥告，作誥而告之也。《召誥》亦有『誥告』二字連用之例。**非天庸釋有夏，非天庸釋有殷**■庸，常也，長也。釋，懌也，悦也。『庸釋』乃當時成語，金文作『引猒』，其字面意義爲『長久悦愛』或『永遠滿意』，猶今語所謂『永遠眷顧』也。説見《君奭》『天不庸釋于文王受命』釋讀。行甫按：『非天』二句與下『乃惟』三句相關爲義，意謂：不可能上天永遠眷顧夏王朝，也不可能上天永遠眷顧殷王朝，其原因就在下『乃惟爾辟』、『乃惟有夏』、『乃惟爾商』云云也。**乃惟爾辟以爾多方大淫圖天之命**■乃，猶是也。惟，以也，因也。行甫按：『乃惟』，猶今語『是因爲』也。爾辟，你們的君主。以，將也，率也。大淫，二字皆爲程度副詞，猶今語所謂『非常過份地』。圖，亦鄙薄、鄙棄也。天之命，上天的命令。**屑有辭**■屑，《方言》：『猶也。』錢繹《箋疏》：『詐與猶同義。』辭，讀如《論語·季氏》『君子疾夫舍曰欲之而必爲之辭』之『辭』，孔安國注：『舍其貪利之説，而更作他辭，是所疾也。』行甫按：『辭』，猶今語所謂『找理由爲自己的錯誤辯護』之意。『屑有辭』，謂多邦之君鄙薄天命，卻仍然狡猾地找理由爲自己辯護。《西伯戡黎》祖伊曰：『今我民罔弗欲喪，曰：「天曷不降威？大命不摯，今王其如台？」』紂王曰：『嗚呼！我生不有命在天！』祖伊反曰：『嗚呼！乃罪多參在上，乃能責命于天！』商紂王『屑有辭』，是其例也。

〔二〕**乃惟有夏圖厥政**■上『乃惟』言多邦之君，此『乃惟』言夏桀也。圖厥政，謂鄙棄其政事也。**不集于享**■集，安也。《左傳》昭公十七年『辰不集于房』，杜預注：『安也。』享，祭祀也。行甫按：祭祀乃上古政事之大者，故《左傳》成公十三年劉康公曰『國之大事，在祀與戎』。不安于祭祀，正如周宣王不籍千畝也。**天降時喪**■

時，是也。行甫按：此『是』之『時』爲遠指，猶言『彼』也。**有邦間之**■有邦，另有其邦，謂殷人成湯之邦也。間，《爾雅・釋詁》：『代也。』行甫按：上文『簡代夏作民主』，借『簡』爲之。

〔三〕**乃惟爾商後王逸厥逸**■乃惟，與上『乃惟』意同，亦『是以』也，商後王，商後嗣之王，謂紂王受也。逸厥逸，與前『誕厥逸』意同，前『逸』同『佚』，過也。『厥逸』之『逸』，安樂也。謂過分貪圖安樂。**圖厥政**■圖，亦鄙薄、鄙棄也。厥，其也。政，謂政事也。**不蠲烝**■蠲，《釋文》引馬融曰：『蠲，明也。』行甫按：馬氏用《爾雅・釋言》。邢昺《疏》：『蠲除垢穢使令清明。』《小雅・天保》『吉蠲爲饎』，朱熹《集傳》：『蠲，謂齋戒滌濯之潔也。』是『蠲』也者，謂滌除垢穢令明潔而清淨也。烝，《釋文》引馬融曰：『升也。』行甫按：『烝』本冬祭之名，《爾雅・釋天》『冬祭曰烝』，郭璞注：『烝，進品物也。』馬融解『烝』爲『升』者，《禮記・月令》『大飲烝』，鄭玄注：『烝，謂有牲體爲俎也。』《左傳》宣公十六年『殽烝』，杜預注：『烝，升也。』孔穎達《正義》：『升殽于俎皆謂之烝。』是『烝』者，乃祭祀程序中升牲體于俎，此代指祭祀也。言『商後王』鄙棄其政，而以不潔淨其祭品爲說，猶『有夏圖厥政』而言『不集于享』也，此亦『國之大事，在祀與戎』之意也。**天惟降時喪**■惟，以也。時，是也，彼也。喪，亡也。

〔四〕**惟聖罔念作狂**■惟，只有。聖，《洪範》曰：『聽曰聰，思曰容。』又曰：『聰作謀，容作聖。』枚《傳》：『於事無不通謂之聖。』行甫按：『聖』本從『耳』得聲，而『耳』即『聽』字。說見《無逸》『此厥不聽』釋讀。是所謂『聖』也者，即耳目聰明，思慮周全通達之人也。罔，無，沒有，相當於無定代詞『莫』。念，思也。作，爲也。狂，與『聖』相對，即耳目不聰明而心思狂悖妄亂之人。**惟狂克念作聖**■惟，與上『惟』字意同，只有也。克，能也。行甫按：枚《傳》云：『惟聖人無念於善，則爲狂人。惟狂人能念於善，則爲聖人。』行甫按：枚《傳》以『念於善』解『念』字，實爲增字解經。此二句或爲當時成語與格言，意即：唯有聰明通達之人不思行狂悖妄亂之事，而唯有狂悖妄亂之人能思爲聽明通達之事。此二句爲下『罔可念聽』張本。

〔五〕**天惟五年**■惟，以也。五年，枚《傳》：『武王服喪三年，還師二年。』行甫按：《周本紀》謂文王受命稱王，七年而崩，與《尚書大傳》說同。則『五年』者，文王受命之後七年至十一年武王乃伐紂也。然武王伐紂，因文王之喪且紂尚强大，故徭延時日，以至五年之久；此則爲歷史之事實也。然湯之伐桀，未必亦徭延時日以至五年也。則此所謂『五年』者，乃泛指時間之長，未必是實數也。**須暇之子孫誕作民主**■須，待也。暇，寬也，孔壁古文作『夏』。《大雅・皇矣》『上帝耆之』，鄭玄《箋》：『天須假此二國，養之至老，猶不變改。』孔穎達《疏》：『言須暇者，《多方》云：「天維五年須夏之子孫。」注云：「夏之言暇。天覬紂能改，故待暇其終至五年，欲使復傳子孫。」』又《周頌・武》『耆定爾功』，鄭《箋》：『年老乃定女之此功，言不汲汲於誅紂，須暇五年。』孔《疏》亦曰：『《多方》云：「維爾商後王逸厥逸，天惟降時喪，惟聖罔念作狂，惟狂克念作聖，天惟五年須暇湯之子孫。」注云：「天待暇其終至五年，欲使傳子孫。」』阮元校勘記曰：『「須暇湯之子孫」，閩本、明監本、毛本同。浦堂云：湯，衍字。是也。《皇矣・正義》引作「須夏之子孫」，注云：「夏之言暇。」此直作「暇」者，以破引之。』之，其也，代指有夏與有殷，由下文『罔』字知之也。劉起釪謂『有「湯」字是』，則『之』爲結構助詞，而非指示代詞。行甫按：此『之子孫』乃指有夏與有殷之子孫，不僅指湯之子孫也。因本節首言『非天庸釋有夏，非天庸釋有殷』，則兼說夏殷，不單就殷湯而言也。是知『湯』字當爲衍文，劉氏之說非也。誕，通延，繼續也。**罔可念聽**■罔，無，沒有。行甫按：《書》用『罔』字往往爲無定代詞，相當於『莫』，其述說之對象常爲多數，意即在所有人之中沒有人，此處指在有夏與有殷之子孫中沒有人『可念聽』。可，《說文》：『肯也。』念，思也。聽，通聖，說見《無逸》『此厥不聽』釋讀。『念聖』，即『念作聖』。行甫按：上言『惟聖罔念作狂，惟狂克念作聖』，此言雖天以五年等待有夏與有殷之子孫，欲令其繼續爲民之主，但有夏與有殷之子孫狂悖妄亂，無人肯思爲聽明通達之事。意即他們皆不思進取，仍然繼續『作狂』，不肯『作聖』。

〔六〕**天惟求爾多方**■惟，乃也。求，猶前『天惟時求民主』之『求』，亦尋覓之意。行甫按：此句或有省略，當爲：『天惟求民主于爾多方』。**大動以威**■動，震動也。威，威嚴也。行甫按：『大動以威』，意謂天降災異驚動多方以顯其威嚴也。**開厥顧天**■開，開導、啓示也。厥，其也，指多方之君。顧，迴視也。天，天之意也。**惟爾多方罔堪顧之**■惟，以也。罔，無也，莫也。堪，劉淇《助字辨略》卷二：『猶云可也。』『可』者，肯也。又，『堪』之言克也，能也。下文『克堪用德』，正以『克堪』連言，是其證也。行甫按：《詩譜序》曰：『至于大王、王季，克堪顧天。文武之德，光熙前緒，以集大命於厥身，遂爲天下父母。』孔穎達《正義》引《多方》此文以釋之，又引鄭玄《多方》注云：『顧，由視念也。其意言：天下災異之威，動天下之心，開其能爲天以視念者，衆國無堪爲之，惟我周能堪之。』『由』，即猶也。『視念』，亦即『視』而『念』也。

〔七〕**惟我周王靈承于旅**■惟，獨也。我周王，謂太王、王季、文王、武王也。靈承于旅，說見上『不克靈承于旅』釋讀。靈，福也、善也。承，與乘通，《說文》：『乘，覆也。』旅，《爾雅·釋詁》：『衆也。』行甫按：『惟我周王靈承于旅』者，惟獨我周王能以福和善覆被恩養民衆以爲民主也。**克堪用德**■克，能也。堪，亦克也，能也。用，以也。德，謂『靈承于旅』之『德』也。**惟典神天**■惟，以也，亦也，也辭也。典，主也，司也。神，人神也；天，天神也。行甫按：『惟典神天』者，謂主祭人神與天神也。

〔八〕**天惟式教我用休**■惟，乃也，轉辭也；亦也，也辭也。式，《說文》：『法也。』引申之則有『法象』之意，此作副詞修飾『教』，表示『教』的方法或途徑。教，告命也。『式教』也者，意即『天垂象，示吉凶』，謂通過某種法象或曰事象以告命也。我，我周邦也。用，以也。休，蔭庇也。行甫按：句意謂：上天通過某種法象將上天的庇佑告命於我們周邦。《泰誓》所謂『太子發升舟，中流，白魚入于舟中』，『既渡，有火自上復于下，至于王屋，流爲烏，其色赤，其聲魄，五至以穀俱來』，是其事也。**簡畀殷命**■簡，選也，擇也。畀，予也。殷命，殷人之天命。句意謂：上天選擇了我們，並將殷人之天命給予了我們周邦。**尹爾多方**■尹，《說文》：『治也。』又，《左傳》定公四年『以尹天下』，杜預注：『尹，正也。』

此爲本誥第三節，言唯有周邦獲得了天命，具有統治天下的合理性。謂夏桀與商紂王鄙棄政事，不安心專一地潔其祭祀，於是有夏與有殷皆喪失了天命，周人能以善覆下民，以德主祭，因此周人獲得了上天的庇護。

【繹文】

周公以周王的身份繼續對衆邦人士說：『之所以與你們作這次談話，就是想告訴你們一些道理：上天不會永遠眷顧夏王朝，也不會永遠眷顧殷王朝，那是因爲你們的君主引領著你們衆多邦國非常過份地鄙棄上天的意旨，不僅不思悔改，反而還要振振有辭地爲自己的罪惡辯護，就像商紂王那樣，不是曾經叫囂說『我是生來就擁有天命的』嗎！就是因爲夏桀鄙棄政事，不關心民生疾苦，不安心祭祀上帝神祇，上天就把滅亡的災難降臨給夏桀了，讓其他的邦國取代了他的天命。就是因爲你們殷商後來的繼體之王無度地追求過份的享樂，既不關心政事民生，也不乾乾淨淨用心專一地祭祀上帝和神靈，上天也給他們降下了喪亡的災難。

俗話說，只有聰明通達、思慮周全的人，才不至於想入非非，做出一些狂妄悖亂、不近情理的事情； 反而狂妄悖亂、不通情理的人，倒是可能因一時心思開竅，也會表現出一些聰明睿智、通情達理的行爲。可是，上天耐心地等待了五年，有夏和有殷的子孫後輩們卻沒有一個人迷途知返，仍然行爲狂悖，怙惡不悛，不肯做出任何周全通達的智慧選擇。上天也曾在你們衆多邦國中尋覓可以爲民作主的君王，曾經給你們衆多邦國降下過非常大也非常明顯的警示，希望借此震動天下人心，開導和啓發他們，使他們能夠清楚地體察到上天是如何地用心良苦。然而，你們衆多邦國的君主們沒有一個人能夠心思開竅，識破天機； 能夠懂得上天的用意，對於上天的警示完全無動於衷！這樣，上天當然也就不會眷顧你們了。只有我們周邦的太王和王季、文王和武王能夠普遍地用大福和大善恩覆天下民衆，只有他們才能用他們的德政上合天心，也只有他們的德行才配得上主持人鬼與天神的祭祀大典。於是上天便通過白魚赤烏之類垂象示吉的方法，將上天的庇護和福佑顯白無誤地教告於我們周邦。上天就是這樣選擇了我們周王，把殷人的天命轉送給我們周邦，讓我們周人來統領和治理你們衆多邦國。』

今我曷敢多誥，我惟大降爾四國民命。〔一〕爾曷不忱裕之于爾多方，爾曷不夾介乂我周王享天之命。〔二〕今爾尚宅爾宅，畋爾田，爾曷不惠王熙天之命。〔三〕爾乃迪屢不靜，爾心未愛。〔四〕爾乃不大宅天命，爾乃屑播天命，〔五〕爾乃自作不典，圖忱于正。我惟時其教告之，〔六〕我惟時其戰要囚之，至于再，至于三。〔七〕乃有不用我降爾命，我乃其大罰殛之。〔八〕

非我有周秉德不康寧，乃惟爾自速辜。〔九〕』

【釋讀】

〔一〕**今我曷敢多誥**■曷，何也。敢，表敬副詞，猶今語所謂『冒昧』、『斗膽』。多誥，猶多説或多言也；據下文，又兼多次誥命之意。**我惟大降爾四國民命**■惟，亦，特，僅詞也，不過。大降，謂廣泛發佈。爾四國民，你們處在四境之内的多邦之民。命，教令。金兆梓解『命』爲『天命』，金氏曰：『倘照舊訓，作「教令」言，不知何以解於「曷敢多誥」？不能剛説完了「何敢多誥」，緊接著就説大降下爾四國民以教令也。所以「降命」只能作降授爾等以天命所在言。』蔡沈《集傳》：『我惟大降宥爾四國民命』，以『命』爲『生命』，故增一『宥』字。劉起釪依違其説，又附以己意，以『降命』爲『降給以好處，降下賜予之事物』。行甫按：蔡氏、金氏、劉氏之説皆非經義也。『多誥』者，非僅謂一次作誥而話語過多，亦指反覆多次作誥也。即下文『我惟時其教告之，我惟時其戰要囚之，至于再，至于三』之事也。是『降爾四國民命』之『命』，乃指下文所要强調的重點誥辭。意即：我何以不憚其煩地反覆對你們發佈誥命講許多話呢？我不過是要讓你們四境多邦之民普遍地明白我以下所要講的這些事實和道理。是知劉氏之説尤與本經之旨風馬牛不相及也。

〔二〕**爾曷不忱裕之于爾多方**■爾，爾多邦之君也，即你們衆多邦國之君主。曷，害也，何也。忱，孫星衍曰：『《詩傳》云：信也。』是孫氏以『忱』爲如字讀。近人楊筠如曰：『「忱裕」即「猷裕」也。《康誥》「遠乃猷裕」，又曰「乃由裕民」。《方言》：「裕、猷，道也。」「猷裕」之變爲「忱裕」，與「猶豫」之變爲「冘豫」相同。《後漢・竇武傳》注：「冘豫，不定也。」《來歙傳》注：「冘豫，不定之意也。」是「冘豫」即「猶豫」之明證。則「忱裕」

當即「猷裕」，亦爲勸導之意。」行甫按：由、猶、冘、猷、迪、裕、欲，皆爲一聲之轉，義得相通，皆爲道、導、訓、謀之意。然此『忱』與『裕』分而釋之亦可，『忱』可從孫釋爲『誠信』，而『裕』則可依楊説爲『勸道』，即『以誠信之道訓導之』，是『忱』者，兼此二義亦可通也。之，代詞，代指爾多邦之民。于，對於也，介詞。爾多方，你們衆多邦國也。

爾曷不夾介乂我周王享天之命■爾，亦爾多邦之君也。曷不，何不也。夾，《説文》：『持也。从大，夾二人。』段玉裁注：『夾持人，故从二人。大者，人也。一人而二人居其亦，猶一人二亦間裹物也。』行甫按：段氏所謂『亦』，即今『腋』字。『夾』之與『介』，雙聲連綿詞，『介』亦有『夾』之意也。『介』字《説文》訓『畫』，然字形乃以一『人』夾於二者之間爲會意，是『介』之爲言『夾』也。就『夾』者言，則兩邊爲『夾持』，就被『夾持』者言，則中間爲『界畫』爲『間廁』也，其義相因。《史記・十二諸侯年表》『楚介江淮』，《索隱》：『介音界，言楚以江淮爲界。一云介者夾也。』是二義相因之證也。則『夾介』云者，即『夾持』、『輔佐』、『協助』之意也。乂，通『艾』，《爾雅・釋詁》：『相也。』享，獻祭也，亦通作『饗』，説見《無逸》『肆中宗之享國七十有五年』釋讀。是『享天之命』者，謂遵上天之命而獻祭於天也。劉起釪引衆家釋義而後曰：『這些都在盡量找文字訓義來企圖解通此句，然中間有「夾輔左右」、「相我周王」等釋是顯然錯誤的。「四國之民」是居四國之地的曾隨武庚叛亂的諸族遺民，決無左右輔助周王之理。』行甫按：劉氏尋行數墨，死於句下，其説非也。其一，『夾輔左右』、『相我周王』者，其落脚點在『享天之命』，乃諸侯助祭之義也。説見《盤庚》『茲予大享于先王，爾祖其從與享之』釋讀。其二，『夾輔左右』、『相我周王』乃就『多方之君』言，非就『四國之民』言也。其三，周人對待殷遺貴族以及多邦舊君之策略，一則以天命恐嚇而彈壓之，再則以利禄勸誘而安撫之。若依劉氏之説，則下『迪簡在王庭，尚爾事，有服在大僚』，又當何解邪？是知劉氏之説大非也。

〔三〕**今爾尚宅爾宅**■尚，庶幾也，幸詞也。行甫按：『尚』字通用於下『畋爾田』也。云『庶幾』之『幸詞』

者，謂其幸而有其宅，有其田，有可居，亦有可耕也。此相對遭咸劉虔殺而死者言之。宅，動詞，爾宅，名詞。《爾雅·釋言》：『居也。』動詞之『宅』，居住也；名詞之『宅』，居室也。**畋爾田**■畋，耕種也，亦作『田』，《齊風·甫田》『無田甫田』，孔穎達《正義》曰：『言「無田甫田」，猶《多方》「宅爾宅，田爾田」。』又曰：『上「田」謂墾耕，下「田」謂土地。』《説文》：『畋，平田也。从攴田。《周書》曰「畋爾田」。』**爾曷不惠王熙天之命**■惠，《爾雅·釋詁》：『愛也。』《邶風·北風》『惠而好我』，毛《傳》：『惠，愛也。』是其義也。熙，舊注或訓『廣』，或訓『光』，劉起釪以『經師承用「廣」義者多』，故從『廣』訓。行甫按：《方言》：『紛怡，喜也。湘潭之間曰紛怡，或曰巸已。』錢繹《箋疏》：『《衆經音義》卷七引《方言》云：「怡，喜也。湘潭之間曰紛怡，或云熙怡。」又卷二十五引云：「怡，喜也。湘潭之間曰紛熙，或熙怡。」《説文》：「嫛，説樂也。」《左傳》襄公十年杜預注：「子駟所殺公子嫛之黨。」《釋文》：「嫛，本亦作熙；又音怡。」《左傳》襄二十九年「廣哉，熙熙乎」，杜預注：「熙熙，和樂聲。」「巸」、「嫛」、「熙」，並字異義同。《説文》「嬉」或作「[illegible]」。「巸」與「喜」，亦相近。「已」郭音「怡」，是「巸已」猶「熙怡」也。』清人戴鈞衡《書傳補商》亦曰：『熙，説也。古熙怡、熙禧通用。怡，熙皆有喜悦意。《堯典》「庶績咸熙」，《膠東令王君碑》作「庶績咸喜」。』是此『熙天之命』者，意當爲『怡悦天之命』。因『爾尚宅爾宅，畋爾田』，於理當『惠愛我周之王』而『怡悦上天之命』也。

〔四〕**爾乃迪屢不靜**■乃，異之之詞也，猶今語『反而』也。此句與下『爾乃不大』、『爾乃屑播』、『爾乃自作』構成排比句式，其『乃』字皆同。迪，章太炎曰：『《雅》訓爲道，亦訓爲進。』行甫按：章氏訓《書》之『迪』爲『進』，是也。此『迪』字與上三『曷不』句式相關聯，意即：不僅不如何如何，相反更進而如何如何也。屢，多次也。靜，安也。不靜，謂騷動與暴亂也。**爾心未愛**■枚《傳》曰：『汝所蹈行，數爲不安。汝心未愛我周故。』孫星衍曰：『愛者，《説文》云：「㤅，惠也。」《釋言》云：「惠，順也。」』且釋其句意曰：『汝數作不靜，汝心無愛順之意。』行甫按： 此句與上文『今爾尚宅爾宅，畋爾田，爾曷不惠王熙天之命』相關聯爲義； 下文『爾乃不大宅天命，爾乃屑播天命』二句，則與上文『爾曷不夾介乂我周王享天之命』相關爲義； 而下文『爾乃自作不典，圖忱于正』，則與上文『爾曷不忱裕之于爾多方』相關爲義。是皆兩兩相對，層次井然。由此而觀之，則知諸家僅以『愛順我周』釋此『愛』字，猶未達本經之旨也。此『愛』有二義，其一，即今語所謂『珍惜』也。《呂氏春秋・長利》『我國士也，爲天下惜死；子不肖人也，不足愛也』，高誘注：『愛亦惜也。』是其例也。其二，即今語所謂『惠愛』也。《史記・鄭世家》『古之遺愛也』，裴駰引賈逵曰：『愛，惠也。』『惠』者，『恩惠』之意。此『愛』乃兼此二義，而與上『惠王』相關聯。則『爾心未愛』者，爾心未知珍惜，亦不知感戴也。諸家之說，流於一偏。此句與『曷不惠王而熙天之命』相關聯，意謂：你們尚且擁有自己的田與宅，居住生業，兩不爲憂，你們應當爲你們現在的安寧而感戴我周王而欣悅上天之命，然而，恰恰相反，你們不僅不擁戴我王而欣悅上天之命，卻進而屢次興風作浪，擾亂不安，你們心中仍然不知道珍惜你們今天的安寧和福祉，不知道感戴你們所擁有的天命。

〔五〕**爾乃不大宅天命**■大，與『屑』字相對成文，意乃今語所謂『整體地』、『高度地』、『長遠地』三義之綜合。宅，通『度』。《堯典》『宅西曰昧谷』，《周禮・縫人》注引作『度西曰柳穀』；『五流有宅』，《五帝本紀》作『五流有度』。是皆『宅』、『度』相通之證。『度』者，揆度、謀度也。『不大宅天命』，意即今語所謂：不能從整體長遠的歷史發展高度來窺測揣度天命。**爾乃屑播天命**■屑，《說文》：『動作切切也。』又，《荀子・儒效》『屑然藏千溢之寶』，楊倞注：『屑然，雜碎眾多之貌。』王先謙《荀子集解》引郝懿行曰：『屑，瑣細之貌。』播，棄也、散也。行甫按：『屑』之爲言『切』也『細』也，乃兼此『動作切切』及『雜碎瑣細』之二義焉。且『屑播天命』與『不大宅天命』相照應，意謂：在思想意識上不能從整體長遠的思想高度揆度天命由夏而殷、由殷而周之遷移與轉變，又時時事事處處在社會生活中方方面面的具體行爲上違背天命、播棄天命。此二句與上『曷不夾介乂我周王享天之命』相關聯，意即爾多邦之人不僅不能夾輔佐助我周王共同享祭天命；相反，又進而從思想上到行動上都不願與我們周邦合作。在思想上認識不到我們周邦乃天命所歸，不能心悅誠服地順應天命的變遷；在行爲上也事事處處與天命相違背，不能老老實實地遵從天命的安排。

〔六〕**爾乃自作不典**■爾，與上『爾乃』之『爾』從同，皆指爾多邦之君。自，爾多邦之君本人，相對於爾多邦之民而言。作，爲也。典，孫星衍曰：『法、常也。』行甫按：此與上『爾乃不大宅天命』同，據『爾乃迪屢不靜』文例，皆省略『迪』字。補齊句式，此句則爲：『爾乃迪自作不典』。**圖忱于正**■圖，亦啚、鄙之字，鄙棄也。忱，即上『忱裕』之『忱』，此處省略『裕』字。或徑可視爲兼『道義』與『誠信』之二義亦通。于，對於也。正，君也，長也。行甫按：『自作不典，圖忱于正』，意即：你們多邦之君長本人之所作所爲皆不合法度，對於治民之君長而言，則是放棄了誠信與道義。此二句與上『爾曷不忱裕之于爾多方』相關聯，句意謂：你們衆邦之君，對於你們所治下的衆邦之民，爲什麽不用誠信和道義去訓導他們，讓他們循規蹈矩，遵守法度呢？相反而有甚於是者，你們自己作爲治理民衆的君長本人，卻率先違法亂常，放棄了作爲治民之君長所應有的誠信與道義。

〔七〕**我惟時其教告之**■惟，以也，爲也。時，是也，此也，指代上文。其，猶『而』也，承上之詞。教，訓導也。告，告誡也。之，代指爾多邦之君。**我惟時其戰要囚之至于再至于三**■惟時其，亦『爲此而』、『因此乃』也。戰，于省吾曰：『《尚書》「單」多讀「殫」。「戰」亦應讀如《洛誥》「乃單文祖德」之「單」，訓「盡」。王念孫謂《國語》「戰以錞于丁甯」，「戰」讀爲「憚」。蓋「單」、「殫」、「戰」、「憚」古並通。』屈萬里、金兆梓、劉起釪皆從其說。行甫按：于氏祖述王念孫而釋此『戰』字爲『殫』，訓之以『盡』，然『幽囚以致殫盡』，既不合當時之事實情理，亦不合經文之語言環境，其説固非，然猶可啓人心智。三覆其文，此『戰』字當讀爲『禪』若『嬗』也。《史記·秦楚之際月表》『號令三嬗』，司馬貞《索隱》：『嬗，古禪字。』考古『單』聲與『亶』聲，音同可以互作。『禪』之與『禮』、『癉』之與『瘨』、『蟬』之與『蟺』皆是其例也。『禪』之爲『嬗』，亦若『蟬』之爲『蟺』也。《方言》卷一：『蟬，續也。』錢繹《箋疏》曰：『「蟬」通作「蟺」。賈誼《服鳥賦》「形氣轉續兮，變化而蟺」。蘇林云：「轉續，相傳與也。」「蟺」音「蟬」，如蜩蟬之蜕化也。或曰蟺，相連也，是蟬爲續也。』則『戰』之與『禪』若『蟬』若『蟺』若『嬗』者，音同義得相通也。故知『戰』者，連續不斷、相傳而相代之意也。要囚，即『幽囚』，謂拘繫之，囚禁之也。『戰要囚之』，意謂：反覆拘而又釋，釋而又拘，以至於再，以至於三也。至于再，至于三，謂拘繫一批，釋放後又拘繫一批，非謂於一人而反覆拘而釋之也。

〔八〕**乃有不用我降爾命**■乃，於是也。有，又也。不用，不遵循也。我降爾命，謂我周不僅僅爲拘繫之而已，亦降佈勸誘及訓導之教令也。段玉裁曰：『《漢書·文三王傳》：「廷尉賞、大鴻臚由移書梁王傅相中尉曰：《書》曰至于再三，有不用我降爾命。」師古曰：「此《周書·多方篇》之辭也。言我教汝至于再三，汝不能用，則我下罰黜汝命也。」』皮錫瑞引段氏說而後案之曰：『《論衡·譴告篇》曰：「管蔡篡畔，周公告教之，至于再三。」與《漢書》合。』行甫按：《漢書》及顔讀『我降爾命』爲『我下罰黜爾命』，非《書》意也。王充讀爲『周公教告之』，是也。皮氏謂《論衡》作『至于再三』乃『與《漢書》合』耳。**我乃其大罰殛之**■乃，於是也。其，猶『而』也。罰，《墨子》：『上報下之罪也。』殛，《釋文》：『本又作極。』段玉裁曰：『作「極」者是也。昭七年《左氏傳》「昔堯殛鯀于羽山」，《釋文》：「本又作極」。《小雅·菀柳》「後予極焉」，毛《傳》：「極，至也。」鄭《箋》：「極，誅也。」王信讒不察功考績，後反誅放我，是言王刑罰不中，不可朝事也。』』行甫按：『殛』與『極』，皆從『亟』得聲，乃『建類一首，同意相受』之轉注字，猶『考』之於『老』，義可互通，是『殛』之爲言『極』也，『誅放』以『至』于遠也。

〔九〕**非我有周秉德不康寧**■秉，持也，執也。德，德操，品德也，亦有政策、政令之意。秉德，亦即『奉德』，

《多士》作『奉德』。康，安也。寧，亦安也。行甫按：《尚書》多用同義複詞。本經『克堪』、『要囚』、『夾介』、『教告』、『忱裕』，皆是其例也。**乃惟爾自速辜**■乃，而也，轉折連詞。惟，獨也，爲也。自，亦『單獨』之意，與『非我』相應爲用。速，召也。見《召南・行露》『何以速我獄』毛《傳》。則『速』有『招致』之義。辜，罪也。《周禮・掌戮》：『殺王之親者，辜之。』鄭注：『辜之言枯也，謂磔之。』是『辜』之罪，乃受肢解之罰也，故段玉裁《說文注》：『辜本非常重罪。引申之凡有罪皆曰辜。』

此爲本誥第四節，言周邦既已擁有天命，又對你們動武，實屬無奈，因爲你們太不安分守己，不願意過安寧的生活，將你們遷徙和流放，正是你們自己罪有應得，自作自受。

【繹文】

周公以周王的身份繼續說：『我哪敢過多地叨擾你們，三番五次地對你們講許多話，我不過是要廣泛地向你們這些四境多邦的君長們講明某些事實和道理。第一，我不明白的是，你們爲什麼不對你們四域多邦的廣大民衆進行誠信和道義的教誨和引導呢？第二，我不明白的是，你們爲什麼不能真心誠意地輔助我們周王，和我們周王共同享祭上帝所賜的天命呢？第三，我不明白的是，在當今你們既已歸順於我們周邦，我周邦仍然讓你們有幸安然居住在你們自己的家園廬舍，仍然讓你們有幸在你們自己的土地上耕耘收獲，讓你們安居樂業，衣食無憂，過著幸福安寧的生活，可你們爲什麼就不對我們周王感恩戴德，就不能爲擁有上天之命而歡欣喜悅呢？可是，對照你們的行爲表現，你們就做得太過份了。其一，你們不僅不對我們周王表示感激，不對上天之命表示歡欣鼓舞，恰恰相反，你們卻進而多次興風作浪，屢次發生騷亂，可見你們根本不知道珍惜你們的安寧和幸福，對我們周王也沒有一點心懷感激之恩，對上天之命也沒有一點心存喜悅之情。其二，你們不僅不能夾輔佐助我周王，與我周王共同享祭天命； 相反，你們還進而從思想到行爲，都不願與我們周邦合作。你們在思想上既不能從整體的歷史發展高度來認識我們周邦乃是天命所歸，因而不能心悅誠服地順應天命的轉移和變遷； 又在具體的行爲上時時事事處處違棄上天之命，因而也不能老老實實地遵從天命的安排。其三，你們不僅沒有對於你們所治下的眾邦之民，進行誠信和道義的訓導，教誨他們循規蹈矩，遵守法度； 反而更加糟糕的是，你們自己作爲治理眾邦民眾的君長本人，卻帶頭違犯國法，擾亂綱常，放棄了作爲治民之君長所應有的誠信與道義。我爲此而多次對你們進行訓導和告誡，我爲此而多次連續不斷地拘繫你們： 苦口婆心地勸誘你們，雷霆震怒地拘繫你們； 如此反反覆覆，一而再地勸誘拘押，再而三地拘押勸誘，可你們根本就沒把我對你們的勸誘和告誡放在心上，仍然要鋌而走險，無是生非，那我也實在沒有別的辦法，只好採取嚴厲措施，對你們加以必要的處罰，讓你們離開自己安適的家園，把你們遷徙到我們周人的視線之內就近看管起來。這並不是我們周邦之人不願與你們相安無事，喜歡自找麻煩，朝令夕改，而是你們自己給自己招來的罪孽。』

王曰：『嗚呼，猷告爾有方多士暨殷多士，〔一〕今爾奔走臣我監五祀，越惟有胥伯小大多正，爾罔不克臬，〔二〕自作不和，爾惟和哉！ 爾室不睦，爾惟和哉！ 爾邑克明，爾惟克勤乃事。〔三〕爾尚不忌于凶德，亦則以穆穆在乃位，克閱于乃邑謀介。〔四〕爾乃自時洛邑，尚永力畋爾田。〔五〕天惟畀矜爾，我有周惟其大介賚爾。〔六〕迪簡在王庭，尚爾事，有服在大僚。〔七〕』

【釋讀】

〔一〕**猷告爾有方多士**■『猷』，修飾詞，兼『謀』、『圖』、『訓道』、『以道而謀』四義，表作誥之目的，置於句首。說見本經篇首『猷告爾四國多方』釋讀。有，語助詞，即『有夏』、『有殷』之『有』。有方多士，即篇首之『四國多方』。**暨殷多士**■暨，與也，及也。殷多士，即篇首之『殷侯尹民』。行甫按：篇首稱『爾四國多方』者，即稱之爲『四國多邦之君長』也，乃稱其人在殷商舊時之身份。篇末稱『爾有方多士』者，乃稱其人於周邦當下之身份也。同理，篇首稱『爾殷侯尹民』，亦稱其於殷商舊時之身份；而篇末稱『爾殷多士』者，亦稱其人於周邦之現時身份也。『士』這一稱呼，是周人爲歸順的先朝貴族遺民所特制的徽號。參見拙著《中國早期文化意識的嬗變》第二卷第十二章《士人群體與士人文化》之相關論述。此以『多士』爲呼，則談話氣氛有所變換，由嚴厲指責而轉向和言慰撫，由數落過去而變爲許諾將來。

〔二〕**今爾奔走臣我監五祀**■奔走，效力也。臣，臣服也。我，我周邦也。監，監督、監管也。《漢書·地理志》曰：『周既滅殷，分其畿内爲三國，《詩》風邶、庸、衛國是也。邶以封紂子武庚。庸，管叔尹之。衛，蔡叔尹之。以監殷民，謂之三監。』孔穎達《大誥正義》引鄭玄曰『三監爲管蔡霍』，與《地理志》所言異也。又，《衛康叔世家》曰：『武王已克殷紂，復以殷餘民封紂子武庚祿父，比諸侯，以奉其先祀勿絶。爲武庚未集，恐其有賊心，武王乃令其弟管叔、蔡叔傅相武庚祿父，以和其民。』皆是其事也。是殷滅之後，周人設有監管殷民之人事機構，稱爲

『監』。五祀，《爾雅・釋天》云：『夏曰歲，商曰祀，周曰年。』『五祀』即五年也。蔡沈曰：『不曰年而曰祀者，因商俗而言也。』行甫按：蔡說是也。今所見商代銅器銘文紀年皆曰『隹王若干祀』，是其證也。殷人所以稱年爲『祀』者，說見《無逸》『肆中宗之享國七十有五年』釋讀。以殷人之舊俗稱其年，猶武王克商而於殷人之宗廟舉行祭祀之禮，乃籠絡殷遺之意也。行甫又按：言『奔走臣我監五祀』者，武王克殷，立三監，後二年而崩；成王立，周公攝政，三年踐奄，則克殷以至『王來自奄』，周匝五年矣。**越惟有胥伯小大多正**■越，及也。惟，雖也。胥伯小大多正，《尚書大傳》引作『胥賦小大多政』。江聲從《大傳》之文曰：『「胥」謂繇役，繇役亦「賦」也。故曰「胥賦」。』王國維曰：『《毛公鼎》云「埶小大楚賦」，「楚」、「胥」皆以「疋」爲聲，是《大傳》作「胥賦」爲長。而「小大多正」，當亦指布縷粟米力役諸徵。』于省吾曰：『「伯」本應作「貟」，以六書之誼求之，當作從貝白聲。《兮甲盤》「毋敢不出其貟其積」，是「貟」自當爲財賦之義。』行甫按：『伯』與『帛』通假。《左傳》隱公二年『紀子帛莒子盟于密』，《公羊傳》、《穀梁傳》『帛』作『伯』。《戰國策・秦策二》『大敗秦人於李帛之下』，《史記・張儀列傳》『李帛』作『李伯』。是『胥伯』亦即『胥帛』也。『胥』者，謂力役、勞役、徒役也，乃泛指一切有關人力之徵調。《周禮・小司徒》曰：『凡起徒役，毋過家一人，以其餘爲羨，唯田與追胥竭作。』是其事也。『帛』者，即布帛、布縷也，乃泛指一切實物賦稅，故《大傳》作『賦』字，『帛』與『伯』皆可與『賦』字聲轉義通，『賦』者，『布』也。《孟子・盡心下》曰：『有布縷之徵，粟米之徵，力役之徵。』趙岐注：『徵，賦也。』是其例也。惟『力役之徵』當屬『胥』而不歸『帛』。然『布』或有『夫布』、『里布』之『賦』也。正，《大傳》作『政』，皆爲『徵』字之假借，『徵』即『賦』也。**爾罔不克臬**■克，能也。臬，《釋文》曰：『馬本作剌。』孫星衍曰：『剌亦臬之借字。臬者，《廣雅・釋詁》云：「法也。」言汝無不能奉法，謂奉正長供繇賦也。』江聲曰：『克，任也，臬，准也。』曾運乾曰：『臬，准的也，通作藝。《春秋傳》云：「貢之無藝。」是也。』行甫按：《左傳》昭公十三年子產曰：『貢之無藝，小國有闕。』杜預注：

『藝，法制也。』孔穎達曰：『貢有法制定數，徵求無限則不可共也。』此『藝』即《毛公鼎》『執小大楚賦』之『埶』字。『埶』與『臬』可互通。《説文》：『甈或作𦉥。』是其證也。『埶』又作『槷』，《考工記·匠人》『置槷以縣』，鄭玄注：『槷，古文臬假借字。』是『臬』、『埶』、『槷』、『藝』，皆音同通用也。『罔不克臬』者，謂無不能按法定期限服役，依法定數額貢賦也。

〔三〕**自作不和**■自，自己，本人。作，起也。和，《爾雅·釋詁上》：『諧、輯、協，和也。』行甫按：此『和』乃就其人心志之是否調和言，非就其人際之是否和睦言也。《呂氏春秋·達鬱》『心志欲其和也』，高誘注：『和，調也。』是其義也。此句蒙下省略『爾』字。且言『自』者，相對下文『爾室』、『爾邑』爲言也。意謂：你們自己心裏產生抵觸情緒。**爾惟和哉**■惟，猶『乃』也。行甫按：『惟』下當承前省略『自』字。和，動詞，調和、平息也。哉，之也。《爾雅·釋詁下》：『哉、之、言，間也。』是『哉』亦猶『之』也。行甫按：此假設之辭，意謂：如果你們本人內心產生了抵觸情緒，有什麽想不通了，你們就設法調和自己的情緒，消除自己的抵觸吧。餘説見下。**爾室不睦**■室，家室也，此指代家室之人。睦，亦『和』也。《左傳》昭公七年『衛事晉爲睦』，杜預注：『睦，和也。』是其證。**爾惟和哉**■惟，乃也。和，亦『睦』也。行甫按：《説文》：『睦，目順也。』則『睦』之『和』者，就外在感覺之『和順』言，而『自作不和』之『和』者，就內在心志之『和調』言。據此，則此二句與上二句乃互文，意即：如果你們本人有什麽看不順眼，心裏產生什麽抵觸，你們就要設法調整自己的心態，消除你們內心的抵觸。如果你們的家人和族人覺得有什麽不順暢，產生什麽抵觸情緒，你們也要設法幫他們調整心態，解除他們的心結。**爾邑克明**■邑，居邑也，此亦代指居邑之人。明，潔也。《禮記·中庸》『齊明盛服以承祭祀』，鄭玄注：『明，猶潔也。』是其義也。又爲『蠲除之明』。《爾雅·釋言》：『蠲，明也。』郝懿行《義疏》：『《方言》云：「病愈或謂之蠲。」郭注：「蠲亦除也。」是蠲爲除之明也。《周禮·宮人》云：「除其不蠲。」鄭注：「蠲猶潔也。」是蠲爲潔之明也。故

《書》云「不蠲烝」、左氏襄十四年《傳》云「惠公蠲其大德」，馬融及杜預注並云：「蠲，明也。」《爾雅》邢《疏》引樊光云：「蠲，除垢穢使令清明。」是樊注亦兼潔除爲義矣。」行甫按：此「爾邑克明」之「明」，當爲蠲除垢穢而使令清明之意，亦即蠲除勝國遺民之身份意識，放棄懷念舊邦之情感負擔，掃清恐懼新朝之心理障礙，以潔淨清明之身心狀態與新造周邦竭誠合作。**爾惟克勤乃事**■惟，乃也。克，堪也。勤，憂勞也。《周禮·小司寇》「七曰議勤之辟」，鄭玄注：「勤謂憔悴以事國。」乃，爾也。事，職事也。行甫按：此二句與上四句一氣貫注，亦謂：你們的邑人如果都放棄了懷念故國的情感重負，消除了抵觸周邦的心理障礙，那你們才算得上盡心盡力，忠於職守，憂勞其事了。

〔四〕**爾尚不忌于凶德**■尚，庶幾也，勉勵之詞。《說文》引作「上」，「尚」與「上」音同通假。忌，《說文》心部：「憎惡也。」又言部：「諅，忌也。从言其聲。《周書》曰：「上不諅于凶德。」」行甫按：《說文》心部「忌」字下不引《周書》曰，而於言部「諅」字下引之，則許氏所據壁中古文作「諅」，而枚氏古文則以訓詁之字易其本字也。此「忌」字有二義：一爲「憎惡」，一爲「忌諱」。凶德：謂很戾不服，居心不良也。句意謂：爾庶幾無須憎惡於邑人之有凶德者。**亦則以穆穆在乃位**■亦，又也，也詞也。則，即也。以，憑借也。穆，和也，敬也。行甫按：此「穆」字與上文「睦」字相照應，《說文》：「睦，目順也，从目坴聲。一曰敬和也。」則「敬和」之「睦」，即「穆」也。「穆」與「睦」音同通用。《史記·司馬相如列傳》「旼旼睦睦」，《漢書·司馬相如傳》、《文選·封禪文》皆作「穆穆」。穆穆，猶肅肅也。《爾雅·釋訓》：「穆穆、肅肅，敬也。」在乃位，在你們的職位上。行甫按：此二句謂：邑人之有凶德者，希望你們不要憎惡他們，亦只須在你們的職位上克盡職守，以和睦莊敬的態度對待他們。**克閱于乃邑謀介**■克，可也。黃生《字詁》：「克與可同義，但轉其聲耳。」閱，簡選也。《左傳》桓公二年「大閱」，陸德明《經典釋文》：「閱，簡車馬也。」是其義也。謀，謀求、圖謀也。介，輔也，助也。《周頌·酌》「是用大介』，鄭《箋》：『介，助也。』行甫按：凡《詩》『以介眉壽』、『介爾景福』、『以介我黍稷』、『以介景福』諸『介』字，鄭箋皆釋爲『助也』。又，《周禮・大行人》『介九人』，鄭玄注：『介，輔己行禮者也。』《儀禮・鄉飲酒禮》『主人就先生而謀賓、介』，胡培翬《正義》曰：『介，輔也，佐也，所以輔佐賓者。』是『介』有輔相、佐助之意。句意謂：可以在你們所居住的城邑之中挑選賢能者以謀求輔助。元陳櫟《書集傳纂疏》釋此三句曰：『又告以和之道：爾庶幾寬綽其心，不忌嫉凶德者，亦則以和敬居爾位，蓋服凶人莫如和敬也。又能簡閱爾邑求賢以謀自介助。和敬盡於己，而介助資於人，庶凶德化而人和洽矣。』行甫按：陳氏之說是也。《論語・爲政》：『季康子問：「使民敬忠以勸，如之何？」子曰：「臨之以莊則敬；孝慈則忠；舉善而教不能，則勸。」』是孔子話語體系實涵《詩》、《書》傳統之又一證也。

〔五〕**爾乃自時洛邑**■爾，孫詒讓《駢枝》屬上讀，曰：『「謀介爾」，謂謀所以助爾，此以「謀介爾」句。猶下云「畀矜爾」、「介賚爾」也。孔、蔡並讀「謀介」句，甚不辭。』行甫按：孫讀雖可備一說，但讀『謀介』句，並非不辭。此『介』字乃自動詞，無須帶賓語。《周頌・酌》『是用大介』，『介』字亦無賓語，即其例證也。又，此『介』亦可解爲『賓、介』之『介』，則爲名詞，猶今之所謂『副手』，倘讀『謀介爾』，反不辭矣。乃，若也。時，是也。行甫按：此『時』之『是』，猶言『彼』也，『夫』也，遠指而非近指也。洛邑，《多士》曰：『惟三月，周公初于新邑洛，用告商王士。』又曰：『昔朕來自奄，予大降爾四國民命，我乃明致天罰，移爾遐逖，比事臣我宗，多遜。』則『誥四國多方』時，尚未營建洛邑。而篇首言『王來自奄，至于宗周』，此又言『自時洛邑』，故顧頡剛以爲此『爾乃自時洛邑，尚永力畋爾田』二句爲《多士》篇之錯簡。行甫按：《召誥》篇既言『太保乃以庶殷攻位于洛汭』，又言『厥既命庶殷，庶殷丕作』，則必先遷殷民於洛汭，而後營邑也。且《𩲃尊》銘文：『隹珷王既克大邑商，𠟭廷告于天曰：「余其宅兹中或，自之辥民。」』是『作大邑成周于土中』，乃武王時先定之謀，周公此時乃據武王意以探後預爲言之也。下文『我有周惟其大介賚爾』之『其』，意即『將來』，又據《多士》『我乃明致天罰，移爾遐逖』云云，可知周公於《多方》對營建洛邑已有所預告，尤可爲『自時洛邑』乃周公探後預先爲言之證也。是以『時』者，猶言『彼』也、『夫』也，乃遠指而非近指。至於誥作於宗周，其言則針對洛邑之頑民，是必所誥之『殷侯尹民』亦即『殷多士』，乃將遷居洛邑之殷人，特召來宗周聽周王之誥而已。準此，則顧氏錯簡之說，必不可信也。**尚永力畋爾田**■尚，庶幾也，亦表希望之幸詞。永，長久也。力，努力也。畋，耕種也。行甫按：『永力畋爾田』的言下之意，是說專心一意耕田勞作，而不思其他。

〔六〕**天惟畀矜爾**■惟，乃也。畀，給予也，賜與也。矜，憐憫也。畀矜，猶垂憐也。行甫按：『天惟畀矜爾』蓋當時成語，故《多士》篇亦有之，猶今所謂『老天爺可憐你』。**我有周惟其大介賚爾**■惟，亦『乃』也。其，將也。介，亦大也。賚，《爾雅·釋詁》：『賜也。』俞樾《古書疑義舉要》卷五『一字誤爲二字例』曰：『枚氏因大介連文，而以「大大賜汝」釋之，不詞甚矣。《說文》大部：「夰，大也。从大，介聲，讀若蓋。」凡經傳訓大之介，皆其假借字也。此經疑用本字，其文曰：「我有周惟其夰賚爾。」夰賚，即大賚也。後人罕見「夰」字，遂誤分爲「大介」二字。』行甫按：俞氏謂『經傳訓大之介』，皆爲『夰』字之假借，其說是也。然以此『大介』乃『夰』字之誤分，實則似是而非之論也。『大介』，猶《康誥》『洪大誥治』之『洪大』，乃同義複詞，《尚書》多有之，本篇之例亦夥，說見上『非我有周秉德不康寧』釋讀。『其大介賚爾』，猶言『將重重地賞賜你們』，而枚氏以『大大賜汝』釋之，並非不是。俞氏必譏其『不詞』，乃務成己說而已。

〔七〕**迪簡在王庭**■迪，進也。簡，選擇也。王庭，周王之朝庭也。**尚爾事**■尚，上也。事，職事也。行甫按：『尚爾事』，即『以爾之職事爲上』，猶今語之所謂『以你們的本職工作爲重』。又，『尚爾事』亦可解爲『使爾之職事居於上』，則猶今語之所謂『使你們的本職工作居於領先地位』。二義兼而有之。**有服在大僚**■服，政事也。《大雅·蕩》『曾是在服』，毛《傳》：『服，服政事也。』僚，孫星衍曰：『「僚」即「寮」俗字。』孫說是也。《毛公鼎》銘文『卿事寮、大史寮于父即尹』，正爲『寮』字。行甫按：卿事寮、太史寮，乃周代官制體系中兩大主要部門。卿事寮乃武官系統，太史寮爲文官系統，即以『戎』與『祀』兩大職能部門爲分也。且太史寮之文職官員乃由『宗祝卜史』所構成，多由殷遺多士擔任，《大雅·文王》所謂『殷士膚敏，祼將于京』，以及《牆盤銘》所載『微史』家族的升遷經歷，即是其例，皆即本經所謂『有服在大僚』也。參見拙著《中國早期文化意識的嬗變》第二卷第十三章第一節。

此爲本誥第五節，勸之以爵賞祿位也。意在鼓勵和慰撫勝國衆士，希望他們繼續爲周邦奔走效力，努力消除遺民的身份意識，做好本邑內部的引導轉化工作。倘若如此，將會得到上天的憐憫和周邦的獎賞，還可有幸在周邦的中央朝廷獲得高位升遷的機會。

【繹文】

周公長嘆一聲之後，以周王的身份又接著說：『之所以向你們四國衆邦的各位優秀人士以及你們這些從殷商舊朝過來的衆多優秀份子講這番話，目的是要告訴你們，到現在爲止，你們在我們周邦的監護和照看之下奔走效力已經有五個年頭了，雖然說這五年來，你們也承擔了很多的徒役勞作之事，也交納了大大小小的多項貢賦，可見你們都能夠按照規定的時間完成服役勞作的任務，也都能夠按照規定的量額繳納各項應繳的賦稅。當然，我也知道，你們心裏多多少少還是有些抵觸和不滿情緒的。如果你們本人心裏產生了什麽抵觸情緒，有什麽地方想不通了，你們就設法調整自己的心態，消除那些抵觸，平息自己的情緒吧。如果你們宗族內部家人、族人及其親屬覺得有什麽不順暢，產生什麽不滿情緒，你們也要設法做好他們的思想轉化工作，幫助他們調整不良心態，解除他們的遺民心結。如果你們的邑人都解除了勝國遺民的身份意識，放棄了懷念舊邦的情感負擔，掃清了恐懼我們新朝的心理障礙，都能夠以清朗明潔、輕鬆爽快的身心狀態與我們新造周邦竭誠合作，那你們才算得上是盡心盡力，忠於職守，勤勞其事了。究竟應該怎樣才能讓所有的勝國人士放棄遺民意識與懷舊心態呢？我想不外乎要做兩個方面的工作：第一，對於那些圖謀不軌、居心不良的人，你們最好既不要憎惡和痛恨他們，也不要害怕和擔心他們。相反，你們要在你們所處的職位上，用和藹可親的態度接近他們，讓他們產生如沐春風的心靈感動；用嚴肅端正的作風對待他們，讓他們產生莊嚴敬畏的心靈警覺。第二，你們可以在你們邑人中進行廣泛的調查和了解，努力發現那些具有孝悌忠信品質的賢良人士，把他們選拔出來，樹立爲榜樣，號召邑人向他們學習，用群衆身邊的模範去打動群衆，感化群衆。如果是特別優秀的，還可以考慮讓他們作爲你的副手，幫助你做更大範圍的勸導教化工作。如果你們將來能夠在爲你們營建的成周新邑裏，長久地專心一意地用力墾種你們的土地，不作絲毫於人於己皆有不利的非份之想，那麽，老天爺就會垂愛於你們，給你們降賜福祉，我們周邦也將會對你們重重有賞，也可能進一步把你們選拔到朝廷任職，如果你們對於你們的職責和事業非常上心，非常重視，在本職工作上有超常的創造性建樹的話，還可以把你們升遷到太史寮或卿事寮的更高職位上來。』

王曰：『嗚呼，多士，爾不克勸忱我命，爾亦則惟不克享。〔一〕凡民惟曰不享，爾乃惟逸惟頗，大遠王命，則惟爾多方探天之威，我則致天之罰，離逖爾土。〔二〕』

王曰：『我不惟，多誥。我惟祇告爾命。』〔三〕

【釋讀】

〔一〕**王曰嗚呼多士**■嘆而呼之，欲嚴辭警告，引聽者認真傾聽也。**爾不克勸忱我命**■克，能也。勸，勉勵也。忱，信也。命，即『大降爾四國民命』之『命』，教令也。**爾亦則惟不克享**■亦，也詞也。則，即也，就也。惟，以也，因也。享，獻祭於上天與先祖也。行甫按：『不克享』，即不能『血食』，所謂『禮不下庶人』也。因褫奪其貴族身份，沒收其財產，降爲庶人，則無資格祭祀神靈與先祖也，《左傳》宣公四年子文曰『若敖氏之鬼不其餒而』，是其義也。

〔二〕**凡民惟曰不享**■凡民，一般脅從之人。惟，獨也，徒也。曰：王引之《經傳釋詞》云：『猶爲也，謂之也。』吳昌瑩《經詞衍釋》云：『詞之爲也。』行甫按：此承上『不克享』而言，意謂：如果只是一般的脅從作亂之人，也不過是褫奪其身份，沒收其財產，降爲庶人而已。『凡民』，與下『爾』字爲對比。『爾』，即『爾四國多方』之君長，以及『爾殷侯尹民』之人也。如果是你們這些爲君爲長、居職任事之人，那就不僅僅是褫奪身份、沒收財產之『不克享』而已。自來注家釋此句皆不甚了了，餘説見下文釋讀。**爾乃惟逸惟頗**■乃，則也。惟，是也，爲也。『惟頗』之『惟』義同。逸、頗，近義詞，意皆『過份』之『過』。**大遠王命**■大遠，甚相違背也。此句補充『惟逸惟頗』之意。**則惟爾多方探天之威**■則，即也，就也。惟，是也，爲也。爾多方，爾衆邦之君長也，實包含『爾殷侯尹民』在内。探，《爾雅・釋詁》：『取也。』威，即前『大動以威』之『威』，亦天之威嚴也。枚《傳》釋此句曰：『則惟汝衆方取天之威。』于省吾乃譏之曰：『不詞甚矣。』行甫按：枚《傳》解『探天之威』爲『取天之威』，説本不誤。『探取』之『取』，即今語所謂『自取其咎』、『自取其辱』、『自取滅亡』之『取』。且『探天之威』與下『致天之罰』爲對文，『探取』之『探』與『致達』之『致』相關爲義，意即：『爾等探而取之，我則致而達之。』一定滿足爾等之要求，讓爾等心想事成。』文勢綿密而緊湊，語氣恢諧而幽默。于氏《新證》乃漫引經籍，不僅治絲益棼，經意全晦，且前引《説文》『遠取』之『撢』，又謂『探』乃『罙』之訛，『從手爲後人所增』，主觀臆斷，毫無根據，其説亦不能自圓！**我則致天之罰**■則，即也，就也。致，與上『探天之威』之『探』爲對文，送也，達也，詣也。謂：你欲遠取上天之威嚴，我則如你所願，送給你上天的懲罰。**離逖爾土**■離，流離也。逖，通『逿』，《爾雅・釋詁》：『逿，遠也。』行甫按：『離逖爾土』爲『致天之罰』之惡劣後果，與上『尚宅爾宅，畋爾田』相對應，則爾等爲君爲長之人若『大遠王命』，又非如『凡民』僅爲褫奪爵祿，沒收財産之『不克享』而已，乃流放邊遠之地，不復宅居於洛邑矣！

〔三〕**我不惟**■不惟，即不惠、不允也。『惟』、『允』喻母三等字，『惠』爲匣母字，『喻三歸匣』，三字音同通用。説見《君奭》『予不允，惟若茲誥，予惟曰』釋讀以及『予不惠，若茲多誥，予惟用閔于天越民』釋讀。『不惟』，即不聰慧也。**多誥**■此『多誥』亦猶《君奭》『若茲多誥』之『多誥』。謂：我不聰慧，不善於言辭，囉里囉嗦説了許多話。**我惟祇告爾命**■惟，爲也。祇，僅也。命，教令也。此二句爲本篇誥辭之結束語。行甫按：此『命』與上『我惟大降爾命』、『我惟大降爾四國民命』、『乃有不用我降爾命』之『命』字義同，即整篇誥辭所涵之事實與道理。其一，夏殷之亡，乃其咎由自取；其二，有周『尹爾多方』乃天命所歸；其三，勝國之士須奔走效力於周邦；其四，順我者昌，逆我者亡。

此爲本篇誥辭最後一節，對『有方多士暨殷多士』發出嚴厲警告，與上節撫慰之辭形成强烈對比，是所謂恩威並重也。

【繹文】

周公以周王之身份繼續說：『哎——，各位聰明優秀的才能之士啊！如果你們對我們周邦三心二意，不能努力地踐行我對你們的教告之辭，不相信我對你們所講的這些事實和道理，那麼，你們也就要爲此付出代價，你們就沒有資格繼續安穩地享祭你們的先祖，你們的禄位將被褫奪，你們的財産將被沒收，定把你們打成庶人，你們祖先的靈魂就得不到你們的享祭，他們就要在天國挨餓了。如果你們再次蠢蠢欲動，那些一般的脅從之人，也僅僅只是遭到沒收財産，褫奪食禄的處罰，他們也只是沒有資格享祭他們的先祖而已。至於你們這些衆邦的有職有位之人，如果行爲極端，處事過激，嚴重地違背了周王的旨意和教令，那就是你們這些爲君爲長的人一定要自取上天的喪亡之威，我們也不會對你們講什麼客氣，我們一定會讓你們想什麼就來什麼，把你們想要得到的上天嚴厲的懲罰奉送給你們：把你們流放到邊遠苦寒之地，就別想留在那新建的洛邑安享清泰平安的好日子了。這可不是只像一般脅從之民那樣，僅僅只是褫奪名籍，沒收財産，讓他們的祖先不能血食便可了結的事兒！』

最後，周公又以比較謙遜的態度和言辭結束了他的講話。他說，『本人生性不聰慧，不善言辭，囉里囉嗦地說了許多話。我只不過是要告訴你們上面所說的那些事實和道理而已。』

又曰：『時惟爾初，不克敬于和，則無我怨。』〔一〕

【釋讀】

〔一〕**又曰**■此『又曰』者，史臣補記周公誥辭之遺也。**時惟爾初**■時，實也，寔也，皆『是』字之假借。惟，以也。初，《爾雅·釋詁》：『始也。』**不克敬于和**■敬，敬於天也。于，王引之《經傳釋詞》：『猶「越」也，與也。連及之詞。』和，和於民也。**則無我怨**■則，即也。怨，恨也，忌也。《史記·仲尼弟子列傳》『克伐怨欲不行焉』，裴駰《集解》引馬融曰：『怨，忌也。』《荀子·致士》『隱忌雍蔽之人』，楊倞注：『忌，謂妬賢。』《詩·召南·小星序》『夫人無妬忌之行』，鄭箋：『以色曰妬，以行曰忌。』

此三句爲周公本篇誥辭之補遺。考其文意，既似全篇之概括，亦似僅爲第四節誥辭即自『今我曷敢多誥，我惟大降爾四國民命』至『非我有周秉德不康寧，乃惟爾自速辜』之簡括語。因其要言不繁，故史臣錄而存之。又因無所歸，故以『又曰』置於篇末，以示不遺。如果是全篇之概括，則『時惟爾初』之『初』，乃指『殷之未喪師，克配上帝』之時，即武王克殷之前。倘爲第四節誥辭之簡括語，則『時惟爾初』之『初』，乃爲武庚祿父以及商奄薄姑未叛之前。竊以爲，就『則無我怨』與『非我周秉德不康寧，乃惟爾自速辜』之聯繫更爲緊密而論，作爲第四節誥辭的複述語，似乎更爲合理。果如此，則史臣當記之於本節之下，如《君奭》篇兩處『又曰』各歸本節之例，不當繫之於全文之末。當然，或者史臣以爲乃全篇之簡括，亦未可知。

【繹文】

在講話過程中，周公還說到：『實在是因爲你們當初沒有敬於天，也沒有和於民，所以你們才遭到如此悲慘的結局：既喪失了上天之命，又失去了民眾的擁戴。這都是你們咎由自取，與我周邦沒有關係，不要怨恨與妬忌我們周邦獲得了上天的庇佑。』

【後案】

本篇誥辭鎮撫與彈壓心懷不服的先朝遺民，其要點便是論證周邦執政的合理性與權力的合法性。其執政的合理性在於爲民作主：『惟我周王靈承于旅，克堪用德，惟典神天』；其權力的合法性則在於天命所歸：『天惟式教我用休，簡畀殷命，尹爾多方』。當然，執政的合理性與權力的合法性，是表裏合一的。因爲『天惟時求民主，乃大降顯休命于成湯』，是以『惟成湯克以爾多方簡代夏作民主』。而『商後王逸厥逸，圖厥政，不蠲烝』，則天亦爲『降時喪』。故勤政明德，享祀神天，是政權得以延續的根本保證。

不過，本誥在論證周邦執政合理性與權力合法性的過程中，揭示了某些亙古不變的事實和道理：政權機構與執政官員的腐敗必然導致世道人心的邪惡與社會道德的失範。執政者既不能恩覆百姓，關心民生疾苦，反而唯利是圖，殘害百姓，就會極大地敗壞社會風氣。而其治下的百姓也就必然上行下效，貪財好貨，爲富不仁。世風日見磽薄，民心日趨混亂。人心趨利，嫌貧羨富的必然後果，就是朝野上下，由官到民，無不挖空心思虧人以自利，損公以肥私。有夏政權『不克靈承于旅，罔丕惟進之恭，洪舒于民』，則『有夏之民叨懫，日欽劓割夏邑』。歷史的前車之鑒，在夏殷之世，《書》之所以爲經，乃不刊之弘教，其在於是矣！

本誥通篇章法嚴謹，邏輯緊湊。首以天命與民心論證夏商喪亡與周邦上位執政的合理與合法；繼而闡明不能順應天命，接受周人執政的事實，必然招致嚴厲的懲罰；再繼之以好言慰撫，用利祿與爵賞誘其入彀與就範。否則，一切後果皆是咎由自取。且論證周之代商的合理性，乃以商之代夏爲前提，實是給殷遺多士與四國多士出了一道邏輯難題。也就是説，如果承認商之代夏的合理性，亦必承認周之代殷的合理性。如果不承認周之代殷的合理性，也就是否定了殷之代夏的合理性。於是在思想方法上陷殷遺多士與四國多士於邏輯悖論。這是周人的思維智慧與邏輯技巧。

尤其第四節誥辭，頗具錦心，『爾曷不忱裕之于爾多方？爾曷不夾介乂我周王享天之命？今爾尚宅爾宅畋爾田，爾曷不惠王熙天之命？』三個反詰長句，以示先朝遺民不識天命所歸，不知順應時勢，亦洪惟悖理。又進而逐條比對陳述，以不自愛不感恩，照應『曷不惠王熙天之命』；以不知天命所歸而每事播棄天命，從思想意識到行爲舉止皆不與新朝合作，照應『曷不夾介乂我周王享天之命』；而有職在位之人卻率先違棄典刑，以照應『曷不忱裕之于爾多方』。可謂絲絲入扣，有條不紊。後世科舉制藝，八股時文，簡練揣摩，嘔心瀝血，亦未必如此天成。是知六藝經典，非徒不刊之弘教，實乃後世辭章之軌範，良有以也！

立政

【解題】

《史記·魯世家》：『成王在豐，天下已安。周之官、政未次序，於是周公作《周官》，官別其宜；作《立政》，以便百姓。百姓説。』孫星衍曰：『「以便百姓」者，便猶辨也。百姓，百官也。』王引之曰：『政與正同。正，長也。立正，謂建立長官也。篇內所言皆官人之道，故以立正名篇。所謂「惟正是乂之」也。』王説是也。官之長曰『正』，官之職事曰『事』，二者相因。是所謂『立政』者，猶言『立正』也，設官長，任職事以爲治也。

應劭《風俗通義·十反》載周舉代司徒朱倀奏曰：『周公將沒，戒成王以左右常伯、常任、準人、綴衣、虎賁。言此五官，存亡之機，不可不謹也。』謂此篇爲周公將歿而戒成王之言。據王利器考證，周舉之父周防師事徐州刺史蓋豫，受古文《尚書》。則周舉此説，當本古文師説。皮錫瑞曰：『《史記·魯世家》於「作《立政》」後即云：「周公在豐，病，將沒。」則《立政》爲公臨沒之言，應仲遠説可信。』考本經篇末，周公呼太史與司寇蘇忿生共同訂立國家的司法條例，以備後世承平守成之君用爲常行之典，亦疑似周公臨終爲計深遠之言。宋人呂祖謙《書説》亦云：『《立政》而後，周公不復有書納忠於王，此其絕筆也。』據此，則本篇爲周公臨終告成王以設官分職所當戒慎之事，史臣録而存其篇也。

本篇乃周公戒成王『立政任人』，固然與周公有關，其流傳背景或與西周末年共和行政之歷史不無關聯，但《國語·周語上》既載：『厲王説榮夷公，芮良夫曰：「王室其將卑乎！夫榮夷公好專利而不知大難……榮公若用，周必敗！」既，榮公爲卿士，諸侯不享，王流於彘。』則此篇之流傳於世，或與厲王用榮夷公而敗周之事關係更爲密切。

周公若曰：『拜手稽首，告嗣天子王矣。』用咸戒于王曰王左右：常伯、常任、準人、綴衣、虎賁。〔一〕周公曰：『嗚呼，休兹，知恤鮮哉！〔二〕

古之人迪惟有夏，乃有室大競籲俊尊上帝，迪知忱恂于九德之行，乃敢告教厥后曰：拜手稽首后矣。曰：宅乃事，宅乃牧，宅乃準，兹惟后矣。〔三〕謀面用丕訓德，則乃宅人，兹乃三宅無義民。〔四〕桀德惟乃弗作往任，是惟暴德罔後。〔五〕

亦越成湯，陟丕釐上帝之耿命，乃用三有宅，克即宅。曰三有俊，克即俊。嚴惟丕式，克用三宅三俊。〔六〕其在商邑，用協于厥邑，其在四方，用丕式見德。〔七〕嗚呼，其在受德，暋惟羞刑暴德之人，同于厥邦；乃惟庶習逸德之人，同于厥政。〔八〕帝欽罰之，乃伻我有夏式商受命，奄甸萬姓。〔九〕

【釋讀】

（一）**周公若曰拜手稽首**■若，如此也。行甫又按：『周公若曰』，史臣記事之語，猶『周公如此說』也。拜手稽首，先跪而拱手，以頭俯手與心平；然後拱手至地，以左手覆於右手，而頭亦至地。是先空首而後稽首也。說見《召誥》『曰拜手稽首誥告庶殷』釋讀。孔穎達《書疏》曰：『周公既拜手稽首而後發言，還自言「拜手稽首」者，示己重其事，欲令受其言，故盡禮致敬以告王也。』王肅曰：『於時周公會群臣共戒成王，其言曰「拜手稽首」者，是周公讚群臣之辭。』行甫按：此當爲周公戒成王及成王左右近臣以共聽其戒，下文所謂『用咸戒于王曰王左右』者，是其事也。王肅之說，未達一間。**告嗣天子王矣**■告，與誥通。《說文》：『誥，告也。』《爾雅・釋言》：『誥、誓，謹也。』郭璞注：『皆所以約勤謹戒衆。』《漢書・刑法志》『誥四方』，顔師古注：『誥，字或作告，告，謹也，以刑治之令謹敕也。』王引之《經義述聞》曰：『《鹽鐵論・世務》篇引《詩》云：「誥爾民人，謹爾侯度。」《說苑・修文》篇引《詩》云：「告爾民人，謹爾侯度。」誥、告並與謹同義。』行甫按：此『告』即『約勤謹戒』，與下文『咸戒』之『戒』義同。嗣，繼也。嗣天子，猶言『繼嗣以立爲天子』也。王，動詞，爲王也。矣，表完成之語氣。行甫按：句意謂：『謹誥戒繼嗣之天子，爾今已爲王矣。』言不可不慎也。**用咸戒于王曰王左右**■用，以也，因也。咸，皆也，偏也。戒，亦告也。《說文》：『警也。』《儀禮・鄉飲酒禮》『主人戒賓』，鄭玄注：『戒，警也，告也。』是其義也。曰，與也，及也。吴昌瑩《經詞衍釋》：『曰，猶越也，及也。《詩》：「其未醉止，威儀反反；曰既醉止，威儀幡幡。」《經典釋文》云：「曰，音越，及也。」言及既醉也。下文「曰既醉止」之「曰」義同。《詩》：「維曰于仕，孔棘且殆。」維，若也。言若及于仕也。』行甫按：此『曰』字與前『咸』字相照應，『咸戒于王曰王左右』者，謂偏戒於王及王之左右近臣也。王左右，猶言『王之左右』也。左右，近臣也。**常伯**■《說文》：『敀，迮也。从攴，白聲。《周書》曰：「常敀常任。」』章太炎曰：『敀即迫字，常伯，常迫近者也。』皮錫瑞曰：『杜佑《通典》曰：

「侍中者，周公戒成王《立政》之篇所云『常伯常任』，以爲左右，即其任也。」又云：「直侍左右，分掌乘輿服物，下至褻器虎子之屬。」據此則常伯、常任正與贅衣、虎奔同列，故進戒首及之。或疑常伯、常任明分二職，何以皆爲侍中？不知《漢書・百官表》云：「侍中、中常侍皆加官，亡員，多至數十人，得入禁中。」應劭注曰：「入侍天子，故曰侍中。」考侍中在漢時分爲左右曹，或又爲散騎，或又爲中常侍，後又合爲散騎常侍。安知周成王時不分大小二職？師古注《谷永傳》「執常伯之職」云：「一曰常任使之人，此其長也。」言常伯爲常任之長，正足爲大小二職之證。衛覬《受禪碑》曰：「延公侯、卿士、常伯、常任、納言、諸節、岳牧、邦君。」以常伯、常任別出於公侯、卿士、岳牧、邦君之外，亦必以爲侍中、常侍之官也。」行甫按：章氏與皮氏之説可相備互補，侍中、常侍，正爲常迫近天子之人，爲左右也。**常任**■常於禁中任事之人，直侍左右，即漢之中常侍也。**準人**■江聲謂『準人』即下文文武時之準夫，所謂『宅乃準』也。準者，《説文》：『平也，从水。』又云：『瀀，平也，平之如水。』《莊子・德充符》『平者，水停之盛也，其可以爲法也。』漢《熹平石經》『常伯常任辟[下闕]』，孫星衍曰：『辟亦法也。則準人即主治獄之官也。』皮錫瑞曰：『王出入必有執法之官，《周禮》有朝士，屬秋官司寇，故辟人與贅衣、虎奔同列。』章太炎曰：『準同埻，即《周禮》之射人。』行甫按：《説文》：『埻，埻的，射臬也。从土，𦎫聲，讀若準。』又，『臬，射埻的也。』段氏注曰：『埻的，各本作準的。埻、準；旳、的，皆古今字。《上林賦》「弦矢分，藝殪仆」，文穎曰：「所射準的爲藝。」』鄭玄注《周禮・司裘》『皆設其鵠』云『又方制之以爲𦎫，謂之鵠，著于侯中』，陸德明《經典釋文》：『𦎫，諸允反，本亦作準。』是『準』與『埻』、『𦎫』相通之證。行甫又按：《史記・宋微子世家》『休公田二十三年卒，子辟公辟兵立』，司馬貞《索隱》：『案《紀年》作「桓侯璧兵」，則璧兵謚桓也。又《莊子》云「桓侯行，未出城門，其前驅呼辟，蒙人止之，後爲狂也」，司馬彪云「呼辟，使人避道。蒙人以桓侯名辟，而前驅呼『辟』，故爲狂也」。』漢《熹平石經》作『辟人』，或即此『呼辟』之『前驅』，驅趕路人爲王『避道』，亦爲王之左右近臣。所以稱『辟人』者，以其職事爲官名，猶後世『大鴻臚』之比也。考《周禮·射人》之職，『若有國事，則掌其戒令，詔相其事，掌其治達』；若『大師，令有爵者乘王之倅車』；若『大喪，與僕人遷尸，作卿大夫掌事，比其廬，不敬者苛罰之』。是則『準射人。』『是則（䢅）人』或『辟人』者，即《周禮》之『射人』，乃王之近侍而執法之官，且負有上傳下達之責；若王有事出行，乃爲前驅『呼辟』。其爲近侍之官，故與『綴衣』、『虎賁』同列也。**綴衣**■孔穎達曰：『此歷言官人，知綴衣是掌衣服者，此言親近大臣，必非造衣裳者。《周禮》太僕下大夫，掌正王之服位，出入王之大命。此掌衣服者，當是大僕之官也。』孫星衍曰：『揚雄《雍州牧箴》、班固《西都賦》、崔瑗《北軍中侯箴》皆作「贅衣」。疑似以綴衣名官，是侍帷幄之臣。《後漢書·百官志》：「內者令一人，六百石。」本注曰：「掌中布張諸衣物。」疑即此官，皆近臣也。』皮錫瑞曰：『古贅、綴通用。《公羊傳》「贅旒」，《張衡傳》引作「綴旒」，《顧命》「綴路」，鄭司農《周禮注》引作「贅路」，是其證。《漢書·王莽傳》「又置大贅官，主乘輿服御物」，莽蓋用今文說，仿古贅衣之官。』章太炎曰：『綴衣即《周禮》之節服氏。』行甫按：『綴衣』當即王莽所謂『主乘輿服御』之物者，亦爲王之近臣。**虎賁**■賁，同奔。惠棟曰：『《毛詩》「鶉之奔奔」，《左傳》作「賁賁」。』劉昭《續漢書·百官志》注引蔡質《漢儀》曰：『虎賁，舊作虎奔，言如虎之奔也。』《周禮·夏官》有虎賁氏，『掌先後王而趨以卒伍』，『舍則守王閑，王在國則守王宮』。是亦爲王之近臣。

〔一二〕**周公曰嗚呼**■枚《傳》：『嘆此五者立政之本。』行甫按：枚說非也。周公嘆此五者乃王之近臣，近朱者赤，近墨者黑，擇其人尤須慎之又慎也。**休兹**■休，《説文》：『息止也，從人依木。』行甫按：注者皆訓此『休』爲『美』，非也。因上述五者皆王之左右近侍之臣，則此『休』乃『燕息』之意。《酒誥》『矧惟爾事，服休服采』，鄭玄注：『服休，爲燕息之近臣，服采爲朝祭之近臣。』餘說參見《酒誥》釋讀。兹，此也。行甫按：『兹』複指上述近臣五職，與『休』字爲同位語。『休兹』，猶言『兹休』，意謂：『此皆王左右服休之近臣也。』因感嘆句而倒其

『辟』、『嬖』相通之證。且釋『準人』爲『嬖人』，與上文『左右』字相合。金氏之説可與皮氏、章氏之説互證，亦與上文『休兹』之義相合也。**兹惟后矣**■兹，此也。惟，乃也，爲也。行甫按：此數句乃一氣貫注，謂：古之人如有夏之初，其卿大夫皆極力呼吁告教其君尊事上帝，均知依九種良好品德誠信而行，於是能告教其繼立之君曰：以拜手稽首之禮，慶賀爾已爲君矣！此其意乃謂：爾將謀度選擇爾之政事官長、畿服地方官員、宮廷近侍人員，有此三類官員，乃爲繼立之君。

〔四〕**謀面用丕訓德**■漢《熹平石經》作『亂謀面用［下闕］』，是『謀面』前有『亂』字。章太炎曰：亂，終也，卒也。行甫按：《説文》：『亂，治也』，是『亂』之訓『治』，猶『落』之訓『始』也。此『亂』字訓『終』訓『卒』，亦可訓『始』訓『初』。《洛誥》『恭孺子來相宅，其大惇典殷獻民，亂爲四方新辟』，此『亂』字既可訓『終』訓『卒』，亦可訓『始』訓『初』，即是其證。王引之以諸篇『亂』字爲『率』字之借，以爲無義語詞，非也。謀，謀度也，與本經『宅』字義同。面，讀如《離騷》『偭規矩而改錯』之『偭』，背也，反也。《召誥》『面稽天若』，鄭玄注：『猶迴向也。』行甫按：『面』既訓『向』，亦訓『背』，《漢書·項羽傳》顔師古注：『面之，謂背之不面向也。』《左傳》僖公六年『許男面縛銜璧』，惠棟《左傳補注》：『面縛之，亦謂反偝而縛之。』顔氏所謂『背之不面向』與惠氏所謂『反偝』，皆即鄭玄所謂『迴向』之意。是此『面用丕訓德』之詞法句法，與《召誥》『面稽天若』從同。餘説參見《召誥》『面稽天若』釋讀。用，任用也。丕，大也。訓，愻也，順也，馴也，遜也。《堯典》『五品不遜』，《説文》：『愻，順也。从心，孫聲。《唐書》曰：「五品不愻。」』《史記·五帝本紀》作『五品不馴』。《殷本紀》作『五品不訓』。《學記》『不陵節而施之謂孫』，《説苑·建本》『孫』作『馴』。是孫、遜、愻、訓、順、馴，皆相通互用。行甫按：『訓德』猶言『遜德』，遜讓謙恭之德也，與下文『暴德』，即暴戾兇悍之德相對。『亂謀面用丕訓德』，意謂：初始謀度即有背任用大爲馴良之德。**則乃宅人**■則，若也。説見王引之《經傳釋詞》。乃，猶『以』也。吴昌瑩《經詞衍釋》：『《韓子·難三》篇：「今待堯舜之賢，乃治當世之民；待古之王良，以御今之馬；待越人之善游者，以救中國之溺人。」「乃」與「以」相對成文，「乃」實「以」義也。』宅，選擇也，謀度也。**兹乃三宅無義民**■兹，此也。乃，則也，即也。三宅，即前『宅乃事，宅乃牧，宅乃準』也。無，猶『非』也。義，宜也。《大雅・蕩》『不義從式』，毛《傳》：『義，宜也。』是其例也。行甫按：『謀面用丕訓德，則乃宅人，兹乃三宅無義民』，有二種不同之説解途徑。其一，江聲解『義民』爲『儀民』，而讀『丕』爲『不』，釋『謀面用丕訓德』爲『向用不順之德，居其人於位，如此則三宅之官無以儀型於民矣』。皮錫瑞從江説釋『丕』爲『不』，而解『義民』爲『賢人』，謂『向用不賢之人，此乃三度無賢者矣』。其二，王念孫解『義民』爲『邪民』，謂『無義民』即『無邪民』。孫星衍從其説，曰：『察其言，觀其色，用大順德之人，乃以官居人，此乃職事、作牧、平法之人皆無邪民。』至章太炎則釋『義』爲『冒』，謂『三宅無冒進之人，言銓叙得其理也』，其解釋路徑與王念孫同。今人劉起釪亦以爲高郵王氏之説『較妥』。考慮到《熹平石經》作『亂謀面』，且『面』猶『違背』之意，則二説乃不可通矣。此三句謂：初始謀慮即違悖任用大有遜德之用人原則，若以選擇任用官吏，是則朝廷内外三類官員皆無宜用之人。

〔五〕**桀德惟乃弗作往任**■桀，夏桀也。德，猶品性，作爲也，亦指其治國舉措。惟，唯也，爲也。乃，以也。説見吴昌瑩《經詞衍釋》。弗，不也。作，行也。《大雅・常武》『王舒保作』，鄭《箋》：『作，行也。』往，過往、已往也。任，用也。**是惟暴德罔後**■是，時也，彼也。惟，猶『以』也。暴德，暴戾兇悍之德，與上文『訓德』即謙恭遜讓之德相反。罔後，無後也，謂國滅無嗣而絶也。行甫按：自『古之人迪惟有夏』至此，乃周公以夏初與夏之末造相較，謂夏初之君新立，其卿大夫皆競相勸誘教告其新立之君，須慎重選擇朝中執事大臣與地方官吏以及近侍人員。若起始之初即與任用遜德之人背道而馳，則朝廷内外皆無宜用之人。正因夏桀没有繼承夏初君主既往一貫的用人原則，所以夏朝就在夏桀手裏亡國絶嗣了。

〔六〕**亦越成湯**■亦，又也，且也。越，猶『惟』也，說見王引之《經傳釋詞》。行甫按：『亦越』者，與上文『古之人迪惟有夏』之『迪惟』相照應，即更舉『古之人』成湯爲例，猶言『又如成湯』也。**陟丕釐上帝之耿命**■陟，升也，登也。屈萬里曰：『義如《堯典》「汝陟帝位」之「陟」，謂登天子之位也。』丕，大也。釐，猶『謹慎』、『憂懼』也。《逸周書·謚法》：『小心畏忌曰釐。』行甫按：舊注多訓『釐』爲『治』爲『理』。然『治理上帝之耿命』，不詞之甚。《呂氏春秋·貴因》『孔子道彌子瑕見釐夫人』，高誘注亦引《謚法》云：『小心畏忌曰釐。』是此『釐』字乃與上文『知恤者鮮哉』之『恤』字相關聯。耿，《說文》：『耳箸頰也。从耳，炷省聲。杜林說：耿，光也。从光、聖省。凡字皆左形右聲，杜林說非也。』行甫按：舊注多從杜林說，釋『耿』爲『光』，非其義也。此『耿』字正用許君『耳箸頰』之義。《大雅·抑》：『於乎小子，未知臧否。匪手攜之，言示之事。匪面命之，言提其耳。』鄭《箋》：『於乎，傷王不知善否。我非但以手攜掣之，親示以其事之是非；我非但對面語之，親提撕其耳。此言以教導之孰，不可啓覺。』則提斯其耳以面命之，即許君所謂『耳箸頰』之意，是『釐上帝之耿命』者，猶言『謹慎聽從上帝所提耳親命之事，唯恐有失』也，與上文『有室大競籲俊尊上帝』及下文『以敬事上帝』之意從同。意謂：又如成湯，登天子之大位，尤爲謹慎，唯恐上帝提耳面命之事有失。**乃用三有宅**■乃，猶『其』也。用，任用也。有，即『有夏』之『有』，助語詞。宅，名詞，所居之官職也。三有宅，即『宅乃事、宅乃牧、宅乃準』，亦即朝廷政務官、畿服地方官與左右近侍官也。**克即宅**■克，堪也，可也。行甫按：《說文》『克，肩也』，徐鍇《繫傳》：『能勝此物謂之克。』是此『克』乃形況之詞，猶今語所謂『勝任』、『合適』之意。即，則也。宅，度也，居也。行甫按：『乃用三有宅，克即宅』，謂：其任用朝廷政務官、畿服地方官以及左右近侍官之三類官職，有合適堪任者，即選擇任用之。**曰三有俊**■曰，猶『越』，於也。俊，名詞，才德過人者。行甫按：『三有俊』，謂『事』、『牧』、『準』三宅之中才德過人者。**克即俊**■俊，動詞，升也，擢拔也。《禮記·王制》：『司徒論選士之秀者升之學，曰俊士。』行甫按：『曰三有俊，克即俊』，意謂：『於三類官員之中有才德秀出者，可堪提拔擢升者，即擢拔任用之』。行甫又按：下文『灼見三有俊心，以敬事上帝』，據《熹平石經》殘字，作『有會心以敬事』，則此『三有俊，克即俊』，《石經》當作『三有會，克即會』，其說見下文釋讀，兹不贅。**嚴惟丕式**■嚴，嚴格，嚴肅也。《管子・小問》：『堅中外正，嚴也。』賈誼《新書・道術》：『臨制不犯謂之嚴。』皆是其義。惟，以也，爲也。丕，大也。式，法式也。**克用三宅三俊**■克，亦猶『勝任』、『合適』也。用，任用也。行甫按：此二句意謂：以『堪任用者任用之』以及『堪擢拔者擢拔之』爲大制大法，嚴格施行，無使三類官員有所庸濫以及三類才德優異者有所黜落也。

〔七〕**其在商邑**■其，此也，是也，指上文『克用三宅三俊』之『丕式』而言也。商邑，商之都邑。**用協于厥邑**■用，以也。協，和洽也。厥，其也。厥邑，其都邑京師之地也。**其在四方**■四方，都邑以外畿服之地也。**用丕式見德**■丕，大也。式，動詞，爲法爲式也。行甫按：『丕式』者，猶言作爲制度法則大力推行也。見，現也。德，得也。行甫按：『見德』，猶今所謂出現良好治理效果之意也。

〔八〕**嗚呼**■嘆殷紂用人不當以致政衰國亡也。**其在受德**■其，轉折連詞，猶『乃』也，『而』也。受，商紂名，《牧誓》『今商王受』，是也。德，品行，亦指治國舉措。行甫按：『受德』，與上文『桀德』構詞從同，謂夏桀、商紂之品行及其施政措施也。《逸周書・克殷解》、《呂氏春秋・當務》皆以紂名『受德』，非是。**暋惟羞刑暴德之人**■暋，《爾雅・釋詁》：『强也。』《說文》：『忞，自勉彊也。从心文聲。《周書》曰：「在受德忞。」讀若旻。』許君所見古文與今《尚書》不同。行甫按：此『暋』即《康誥》『暋不畏死』之『暋』，皆從黽勉之褒義而引申爲怙惡不悛之貶義。勉力行善是爲『暋』，拚命作惡亦爲『暋』。行甫又按：舊注多從許氏所引，讀此句爲『其在受德暋』，且訓『暋』爲『昏』，非是。此『暋』字當屬下爲讀。《說文》所引《尚書》，其讀多有破句，說見《酒誥》『盡執，拘以歸于周』釋讀引段玉裁說，以及《洛誥》『公功迪將其後』釋讀。又，此『暋』字所修飾者乃『惟羞』與『惟庶』二句，故不可釋爲『其在受德昬』。惟，猶『以』也，『以』猶『於』也。説見吴昌瑩《經詞衍釋》。羞，《爾雅·釋詁》：『進也。』刑，通『形』，見諸載籍其例甚夥。『形』又通『行』，《列子·湯問》『太形王屋二山方七百里』，張湛注：『形當作行』，其例也。朱駿聲《説文通訓定聲》：『形，叚借又爲行。』行甫按：『羞刑暴德之人』，猶言『進用行暴德之人』，與下文『庶習逸德之人』相對。章太炎曰：『惡來有力，蜚廉善走，所謂暴德之人也。』章説是也。**同于厥邦**■同，共也。《國語·鄭語》『以同于王庭』，韋昭注：『共處曰同。』是其義也。**乃惟庶習逸德之人**■乃，猶『且』也，『又』也。惟，以也，於也。行甫按：此句亦受上『暋』字修飾，猶言『乃暋惟庶習逸德之人』也。庶，讀若『摭』，拾也，取也。《釋名·釋親屬》：『庶，摭也，拾摭之也，謂拾摭微陋待遇之也。』《説文》：『拓，拾也，陳宋語。从手石聲。摭，拓或从庶。』是『摭』乃『拓』之或體，段玉裁謂『石』與『庶』古音同部。《方言》卷一：『摭，取也。陳宋之間曰摭。』行甫按：舊解此『庶』字爲眾庶之『庶』，非也。此『庶』與上『羞』字相對，爲動詞，猶言苟且摭拾品行低劣之人也，其義正同劉熙『拾摭微陋待遇之』之説。習，學也。《呂氏春秋·審己》『退而習之三年』，高誘注：『習，學也。』《周禮·地官·胥》『襲其不正者』，鄭玄注：『故書襲爲習。』賈公彦疏：『習是習學之習。』皆是其義也。行甫按：此『習逸德』與上『刑暴德』乃互文見義。逸，泆也，猶今所謂『過分』、『不檢點』之意。章太炎曰：『逸德，謂淫泆之德也。』是也。**同于厥政**■同，亦共處也。章太炎曰：『《呂氏春秋·先識覽》「武王告諸侯曰，商王大亂，妲己爲政」，故云「同于厥政」，亦或有緣妲己而起者，費仲之徒是也。《晉語》：「殷辛伐有蘇，有蘇氏以妲己女焉。妲己有寵，於是乎與膠鬲比而亡殷。」然則膠鬲非賢臣，豈亦費仲類歟！』行甫按：『羞刑暴德之人』，乃指『宅乃事，宅乃牧』言之，故曰『同于厥邦』也。『庶習逸德之人』，乃指『宅乃準』言之，謂近侍濫德之人干政，故曰『同于厥政』也。

〔九〕**帝欽罰之**■欽，敬也，飭也。黄生《義府》卷上：『《堯典》下有「帝曰：欽哉」字，欽即飭也。』行甫按：黄生之説，正此『欽』字之義也。《匡謬正俗》卷八：『飭者，謹也，敬也。』即是其證。又，徐鍇《説文繫傳》：『飭，修整之也。』則『帝欽罰之』，謂上帝謹敬以整飭之、修正之、懲罰之也。**乃伻我有夏式商受命**■乃，於是也。伻，使也。我有夏，周人自稱夏人，《君奭》『惟文王尚克修和我有夏』，《康誥》『用肇造我區夏』，皆是其證。式，讀同『拭』。《荀子・禮論》『不浴則濡巾三式而止』，楊倞注：『式與拭同。』是其例也。《説文》：『飾，㕞也。从巾从人，从食聲，讀若式。』《管子・輕重甲》『君請式璧而聘之』，此『式』亦當讀爲『拭』，義同於『飾』。行甫按：『拭』若『飾』者，即今語所謂『揩拭』、『涂刷』也，既有清除污垢之義，亦有涂刷飾新之義。是則『式商』也者，猶言清除涂刷殷商，亦即整飭修治殷商之亂象與惡政也。此『式』字義爲『清除涂刷』，正與上文義爲『飭正修整』之『欽』字相關照應。則上帝欲整飭懲罰之，乃使我有夏清除取代之。受命，謂接受天命也。行甫按：『式商』與『受命』爲連動式述謂語。**奄甸萬姓**■奄，《説文》：『覆也，大有餘也。』甸，《小雅・信南山》『維禹甸之』，毛《傳》：『甸，治也。』蔡《傳》：『甸者，井牧其地，什伍其民也。』行甫按：蔡氏因《周禮・小司徒》『經土地而井牧其田，野九夫爲井，四井爲邑，四邑爲丘，四丘爲甸，四甸爲縣，四縣爲都』之説，是也。毛《傳》訓『甸』爲『治』，乃『經土地而井牧其田』之概括引申也。

此乃本篇第一節，言周公首告成王，既已爲王，當謹慎以擇人，而身邊近侍之臣，尤其不可隨私所好，率意任用；並歷敘夏商往事，以見家邦興亡之繫，全在任人得失之間。

【繹文】

周公行拜手稽首大禮而後如此説：『所以行此大禮而後説話，目的在引起君王重視，不可將我所告之辭等閒視之而已。既已繼天子之位而爲一國之王，其身份就與先前做太子大爲不同。分職官人，謀擇得當，就是王者所應考慮的頭等大事。』因此，爲鄭重起見，周公要求召集成王左右衆臣包括常在宮中伺候起居的近侍之臣以及隨王出行的護衛之臣，與成王一起聆聽誥辭。於是周公不無感慨地說：『唉——！這些人物可不能小覷。雖然他們並非國之重器，身份也比較低微，但都是在王者前後奔走服勞的貼身近侍之臣，其行爲是否規矩，其人品是否端直，對於年輕君王的影響卻十分巨大而深遠！可是古往今來，不僅能夠兼顧這類官員之選擇任用的君王實在太少；即使能夠爲此憂心而拳拳忠言的大臣也實在不算太多啊！

勉强說來，古時候的人，比如在夏王朝的初期，當時朝中有些具有遠見卓識的卿大夫，就努力地競相告教他們的君王，要求他尊重上帝的旨意，他們都能充分地認識到：任用官吏，必須不折不扣地嚴格依照官員的九種德目來選拔相關人才。於是他們才有資格理直氣壯地告誡與教導他們的君王說，之所以對你行此拜手稽首大禮，意在喚醒你的身份意識：既已爲君爲王了，設官分職，任人治事，就是王者當務之急。所以說，認真考慮選擇你朝中治事的政務官員，慎重選擇你各地治民的地方官員，嚴格任用你身邊服勤的近侍人員，只有把這些官職人員都處置得當了，你才是真正的爲君爲王了。如果在繼立之初，一開始設官任人便有悖於任用謙恭遜讓之德的用人原則，依照錯誤的方法途徑選拔任命官吏，這樣無論是朝中政務官、地方治民官，還是宮中近侍官，也就沒有一個品才與官職相適應的人了。正是由於夏桀沒有繼承夏初設官任人的優良傳統，所以夏桀所任用的各級各類官吏皆是殘暴兇悍之人，於是夏朝就在夏桀的手上喪邦亡國了。

再比如殷商初年的成湯，登上天子大位以後，也十分謹慎地聽從上帝的旨意，唯恐對上帝耳提面命之事有失，因而在任用朝中政務官、地方治民官以及宫中近侍官三類官員之時，只要其才德堪任某官，就任用他擔任某職。而無論哪類官員，其中如有才德超出儕輩，能升任更高官位，擔負更大職責者，便提拔他升任更高職位，讓他擔負更爲重要的職責。成湯還將才德堪任何官便任何官，適合升遷即以升遷，訂立爲重要的制度規則加以嚴格施行。其施之於商都京邑，則京師上下和洽，官得其人，人盡其職；其行之於各地，則舉國以爲大法，遵循不違；因而朝野上下，治績顯著，官無庸濫，吏治清明。唉——！可惜到了商紂王，則作風大變。商紂王拚命推行高壓政策，進用許多行爲殘暴凶悍之人參與國家管理；又爲滿足個人私欲，隨意濫用那些沒有絲毫品行操守的無良小人，使之身居要津高位，顢頇干預國家政治。上帝要整肅人間的政治混亂，懲罰天下昏瞶的無恥君王，於是就讓我們周邦掃清了天下的種種妖氛，革除了商王朝的種種弊政，接受了上天的大命，經天緯地，重整乾坤，保撫天下蒼生。』

亦越文王武王，克知三有宅心，灼見三有俊心，以敬事上帝，立民長伯。〔一〕立政任人：準夫、牧作三事。〔二〕虎賁、綴衣、趣馬、小尹，左右攜僕，百司庶府。〔三〕大都、小伯、藝人、表臣百司。〔四〕太史、尹伯、庶常吉士。司徒、司馬、司空、亞旅。〔五〕夷微盧烝，三亳阪尹。〔六〕

文王惟克厥宅心，乃克立兹常事司牧人，以克俊有德。〔七〕文王罔攸兼于庶言庶獄庶慎，惟有司之牧夫，是訓用違，〔八〕庶獄庶慎，文王罔敢知于兹。〔九〕

亦越武王，率惟敉功，不敢替厥義德；率惟謀從容德，以竝受此丕丕基。〔一〇〕

【釋讀】

〔一〕**亦越文王武王**■亦，又也，且也。越，猶『惟』也。行甫又按：『亦越文王武王』，與上文『亦越成湯』從同，即『又如文王武王』也。**克知三有宅心**■克，能也。知，明了，懂得。心，道也，理也。《吕氏春秋·誣徒》『以章則有異心』，高誘注：『心，猶義也。』行甫按：《莊子·天地》『必忘夫人之心』，陸德明《經典釋文》：『心，或作道。』則『心』字可以『道』字置换，則『心』有『道』之意，與高注《吕覽》解『心』爲『義』從同。句意謂：文王武王皆能懂得認真選擇政務官、地方官與近侍官的道理，明白各類官員的不同品質於邦國興衰關係密切。**灼見三有俊心**■灼，《説文》：『焯，明也，从火卓聲。《周書》曰：「焯見三有俊心。」』俊，《熹平石經》作『會』，當是今文，許氏所引乃古文。行甫按：『會』當讀如『會計』之『會』，《周禮·司會》『掌邦之六典、八法、八則之貳，以逆邦國都鄙官府之治』，『以周知四國之治，以詔王及冢宰廢置』，鄭玄注：『本逆邦國之治，亦鉤考以告。』則『會』當爲統計與考覈之意，謂對官吏政績進行考覈課計之後，以決定廢置黜陟也。德能勤績超出儕輩者，即可升遷，乃與『俊』字之義從同。然古文經作『俊』字義較今文經作『會』字爲顯豁也。**以敬事上帝**■事，奉也。蔡《傳》：『夏之「尊帝」，商之「丕釐」，周之「敬事」，其義一也。』行甫按：蔡説是也。此與上文『尊上帝』、『丕釐上帝之耿命』意同。**立民長伯**■立，置也。伯，《爾雅·釋詁》：『長也。』

〔二〕**立政任人**■政，通『正』，長也。任，用也。孫星衍曰：『立政任人，言文武立政以任人也。』**準夫**■準，今文當亦作『辟』，『準夫』即上文『準人』，近侍官，即下文自『虎賁』至『百司庶府』也。**牧作三事**■牧，即下文所謂『牧夫』，地方長官及其屬官，即『大都、小伯、藝人』是也。作，猶『及』也。《無逸》『作其即位』，王引之曰：『作，及也。』是其義也。三事，《小雅·雨無正》稱『三事大夫』，《小雅·十月之交》作『三有事』，即下文『三司』及其屬官。行甫按：此總言設官分職，任用官吏，有此三類也，即前文『宅乃事、宅乃牧、宅乃準』之意，次序稍有不同而已。下文即雜述各類官員中較重要者以作提點，未必爲當時各類官職之全也。

〔三〕**虎賁**■即虎奔，見前釋讀。**綴衣**■亦即贅衣，見前釋讀。**趣馬**■枚《傳》：『掌馬之官。』**小尹**■簡朝亮曰：『尹，正也。小官之正長，如周官虎賁氏之下有旅賁氏，趣馬之下有牧師也。』**左右攜僕**■《禮記·檀弓上》『扶君，卜人師扶右，射人師扶左』，鄭玄注：『謂君疾時也。卜當爲僕，聲之誤也。僕人、射人，皆平時贊正君服位者。』章太炎曰：『攜即扶也。故左右攜僕，即僕人師、射人師也。』行甫按：陸德明《檀弓釋文》：『卜人師，依注音僕。師，長也。謂太僕也。』是『左右攜僕』者，即太僕與射人，則爲王出行或作戰時負責駕車之御僕與負責保衛之車右也，與前『虎賁、綴衣、趣馬、小臣』皆屬近侍之臣。**百司庶府**■司，猶主也。府，猶藏也。江聲曰：『若《禮記·曲禮》云「天子之六府，曰司土、司木、司水、司草、司器、司貨」，是也。《周禮》則官名言司者尤多，府則有太府、玉府、内府、外府、泉府、天府之屬。言「百」言「庶」，皆凡括諸官之詞也。』行甫按：『百司庶府』，即掌管王宫内部各種庶務雜役之吏。自『虎賁』以下至『百司庶府』，屬上文所謂『準夫』之範疇，乃宿衛王宫之近侍諸官與庶務之官。

〔四〕**大都小伯**■《周禮·載師》『以家邑之田任稍地，以小都之田任縣地，以大都之田任畺地』。鄭玄注：『家邑，大夫之采地。小都，卿之采地。大都，公之采地、王子弟所食邑也。』章太炎曰：『大都小伯，互見其文也。

景亳之命。」李善《文選注》云：「景山在緱氏縣西南七里。」杜預亦云：「鞏縣西南有湯亭。」湯之居偃師也亡疑。」王氏又曰：『按上文兼言文王、武王之事，則三亳自言武王已事。「三亳」者，殷之故都也。』阪，王夫之曰：『安邑之阪，夏之故都也。武王初定天下，于二代之墟立王官以尹之，所以安輯之也。商都西亳，而南北二亳皆設尹者，意商嘗建二亳以爲亳輔，故皆以亳名之。亳亦大也，與京同義。其猶雒邑之稱周，而漢、唐之有兩都，宋之有四京與？』行甫按：『夷微盧烝』者，乃外服諸侯，當由王朝委派官吏監管。『三亳阪尹』者，如王夫之說，則亦由王朝委派官吏尹之。《矢令方彝》：『隹八月辰在甲申，王令周公子明保尹三事四方，受卿事寮。丁亥，令矢告于周公宮：公令出同卿事寮。隹十月月吉癸未，明公朝至於成周，出令。舍三事令，眔卿事寮，眔者尹，眔里君，眔百工；眔者侯：侯田男，舍四方令。』據周公之子明保『尹三事四方，受卿事寮』，則『四方』之行政亦由『卿事寮』之政務系統所管轄。而明保『舍三事令』，乃包括『卿事寮』、『諸尹』、『里君』及『百工』，乃爲内服之諸臣；而其『舍四方令』乃爲外服之『諸侯』，即『侯、田、男』。由此可知，『夷微盧烝，三亳阪尹』，皆屬『卿事寮』所管轄之『四方』外服諸侯，故列於『三事』及其屬官『亞旅』之後。準此，則本經所述官職，其排列方式乃先總述『準夫、牧作三事』，然後依此序而首列『虎賁綴衣』等近侍官，即『準夫』之職；次列『大都小伯』等公卿大夫之食邑之官，即『牧』。後列『太史寮』與『卿事寮』所屬之官，『太史寮』掌祭祀，即『太史、尹伯、庶常吉士』；『卿事寮』掌『三事四方』之政務，即『司徒、司馬、司空』之『三事』與其屬官，以及監管『夷微盧烝』及『三亳』與『阪』地之『四方』諸侯。餘說參見本篇【後案】。

〔七〕**文王惟克厥宅心**■惟，以也，因也。克，能也。厥，其也，指文王。宅心，謂謀度官人之心也。行甫按：《熹平石經》無『克』字，當從之。句意謂：文王以其謀度官人之心。是古文有『克』字反爲贅文。**乃克立茲常事司牧人**■乃，猶『於是』也。克，能也。立，設置也。茲，此也。常，即上文『常伯』、『常任』之『常』。事，治事者。

司，即下文『有司』，主管官員也。牧，即下文『牧夫』也，公卿大夫王子弟之食邑采地即『大都、小都』之官及其稅務官『藝人』。**以克俊有德**■以，猶『而』猶『則』，『而』與『則』並訓『乃』，故『以』亦同『乃』義。說見吳昌瑩《經詞衍釋》。俊，亦擢拔、升遷之意。行甫按：上『三有俊心』漢《石經》作『會心』，此經亦當作『會』，亦謂由審覈考課而後擢拔提升之意。

〔八〕**文王罔攸兼于庶言庶獄庶慎**■罔，無也。攸，所也。兼，《說文》：『並也。从又持秝。兼持二禾，秉持一禾。』行甫按：此『兼』字意即今語所謂『越職侵權』、『包辦代替』、『職責不明』也。枚《傳》云『勞於求才，逸於任賢』，蔡《傳》云『文王不敢下侵庶職』，其說皆是也。庶言，枚《傳》：『毀譽眾言。』蔡《傳》：『號令也。』孫詒讓曰：『謂凡論議教誨之官若師氏、保氏之屬。』章太炎曰：『蓋漢議郎之類，言論之官也。』行甫按：枚、蔡之說皆非，孫氏之說差爲得之，而最以章說爲是。所謂『庶言』也者，乃後世議郎、拾遺、諫議大夫之類所謂言官系統之眾職也。庶獄，孫詒讓曰：『即刑官，謂司寇、士師之屬。』行甫按：孫說是也。『庶獄』，司法系統之眾官也。庶慎，孫詒讓曰：『謂凡掌典法之官。』于省吾曰：『「慎」應讀「訊」。「庶獄庶慎」者，「庶獄庶訊也」，「訊」與「罰」文固相屬也。』章太炎曰：『庶慎者何也？公羊[家]董仲舒《官制象天》曰：「三臣而成一慎，故八十一元士爲二十七慎，以持二十七大夫。二十七大夫爲九慎，以持九卿。九卿爲三慎，以持三公。三公爲一慎，以持天子。天子積四十慎以爲四選。選一慎三臣，皆天數也。」然則慎者三之別稱。夫慎者，三物之稱。自上以下，積乘以三，故曰庶慎。』蘇輿《春秋繁露義證》：『《御覽》六百二十一《治道部》引韋昭《釋名》：「臣，慎也。慎于其事，以奉上也。」』行甫按：孫氏『法典之官』，與于氏『慎』訓『訊』訓『罰』，皆與『庶獄』無別，恐非是。章氏之說差爲近之。此『庶慎』，當爲與言官系統及司法系統相區別之行政系統之眾官也。**惟有司之牧夫**■惟，獨也，僅也。有司，主管其事者。之，猶『與』也。《孟子・萬章上》『得之不得曰有命』，是其例也。行甫按：『有司之牧夫』，即上文『常事司牧人』也。**是訓用違**■是，猶『乃』也。訓，《說文》：『說教也。』用，《說文》：『可施行也。』違，《說文》：『離也。』行甫按：『用』與『違』乃反義並列詞組，『是訓用違』，謂文王設官分職，各有其職責範圍，文王不敢下侵庶職，不干涉下屬幹辦公事，唯訓導『有司之牧夫』履行其本職，不可離開本職而越權侵官也。

〔九〕**庶獄庶慎文王罔敢知于兹**■罔，無也。敢，猶『願』也。知，猶『過問』也。兹，此也，指『庶獄庶慎』職責與權限範圍内之事。行甫按：此謂文王對於整個司法系統與政務系統，皆任其自履其職，既不允許互相越職侵權，亦不過問各部門之具體事務。

〔一〇〕**亦越武王**■亦，也詞也。越，猶『惟』也、『及也』。行甫按：此『亦越』者，與上文『惟文王克厥宅心』至『文王罔敢知于兹』云云相並列，故用『亦』字。句謂：及武王又復如文王也。**率惟敉功**■率，循也。惟，猶『以』也。敉，讀『弭』，終止，完成也。功，功業也。句意謂：亦因武王遵循文王之既往方針政策不改，最終完成了文王的功業。**不敢替厥義德**■替，廢棄也。厥，其也，指文王。義，宜也，善也。德，治國舉措，即立政任人之思想與做法。行甫按：『不敢替厥義德』者，與上文『文王乃惟克厥宅心，乃克立兹常事司牧人，以克俊有德』云云相關聯照應，謂武王不敢廢棄文王立政任人的正確思想及其正當適宜的具體做法。**率惟謀從容德**■率，循也，與『不敢替』之意從同。惟，《說文》：『凡思也。』謀，《說文》：『慮難曰謀。』行甫按：『惟謀』乃同義複詞，謂思慮，圖謀也。從，順從，聽從也。《說文》：『从，相聽也。』是此『從』字之義也，『從』與『从』音義同。容，寬容、容受也。劉逢祿《今古文尚書集解》曰：『寬也。』《易·臨·象傳》『容保民無疆』，孔穎達《疏》：『容，謂容受也。』行甫按：『從容』亦爲同義複詞，猶言聽從寬容也。文王不過問下屬官員之具體事務，是之謂『從容德』也。行甫又按：『率惟謀從容德』者，與上『文王罔兼于庶言庶獄庶慎』云云相照應，謂武王亦遵循文王想方設法不過問各部門之具體政務，任其主事有司按其職責範圍自行履職之開明傳統。**以竝受此丕丕基**■以，因也。竝，音義同

『並』,《説文》:『並,相从也。』行甫按:王引之讀『竝』爲『普』,非也。此謂武王相繼於文王之後也,正是《説文》『相从』之義。丕,大也。以『丕丕』而重言之,猶今所謂『偉大』也。基,基業也。《熹平石經》作『其』,乃『基』之省。

此爲本篇第二節,言文王與武王立政任人的基本思想及其具體设官分職,尤其是武王能夠繼續推行文王不干預、不過問各部門之具體政務的優良用人傳統,因而武王才繼文王之後接受了天命,創下了周王朝的宏偉基業。周公以此告誡成王,欲其繼承與光大其父祖輩文王與武王以來的優良傳統。

【繹文】

周公接著説:『再比如我們的周文王和周武王,他們都能懂得認真選擇政務官、地方官與近侍官的道理,明白各類官員的不同品質之於邦國興衰關係密切;也確切地懂得根據各級各類官吏政績進行考覈課計以決定廢置黜陟的原則與方法,對於那些德能勤績超出儕輩的官員尤其注重提拔與超遷任用。文王和武王就是用這種任人唯賢的方式尊敬地事奉上帝,選擇民衆的各級官長。設官分職,任命官吏,主要分爲三類:「準夫」類、「牧夫」類以及「三事」類。「準夫」類是宮廷近侍官員,這類官員擔負宮廷事務,主要負責王者的生活起居以及外出巡狩的安全保衛。「牧夫」類是各級地方官員,這類官員主要是親民之官,負責各級地方蔽訟斷獄與平民教化以及貢賦税務管理。「三事」類是包括太史寮與卿事寮在內的朝廷官員,太史寮主要負責國家重大祭祀典禮;卿事寮主要負責國家政務以及派遺與監督公卿大夫與王子王弟等大小封地采邑之特別區域的管理官員，還要負責外服諸侯的監管。「準夫」類宮廷近侍官，主要有「虎賁」——負責王宮宿衛及王者巡行之鹵簿儀仗；「綴衣」——負責王者各類服裝諸如朝服、祭服、獵裝及冬夏燕服褻衣之管理；「趣馬」——負責王宮車馬管理；「小尹」——負責王者的日常膳食起居之服侍與管理。還有負責爲王駕車的太僕，以及負責乘車安全與保衛如同戰車之「車右」的射人，他們是王者乘車出行之安全護衛的直接執行者，如同王者的左膀右臂。此外，還有爲數眾多的宮中各種倉儲府庫之管理官員，負責採購貯藏以及按規定分派與發放宮中一應物資用度。「牧夫」類地方行政官員，主要有管理包括三公之采地以及王子王弟所食采邑的朝廷命官——「大都」、管理包括卿之采地甚至大夫采地在內的朝廷命官——「小伯」，還有負責管理貢賦稅收的「藝人」，以及「六鄉」與「六遂」的各級各類官員。朝廷官員分爲兩大系統，一是太史寮，負責國家祭祀典禮以及朝覲會同之禮儀，包括龜卜筮占等禍福預測，以及望氣推步等觀象授時事宜。其官員主要有總管朝中禮儀祀典的「太史」，負責起草朝中各種文書與册命的「尹伯」，以及負責各項具體禮樂儀式包括殺牲烹鼎、祼尸獻祭、相禮奏樂等眾多執事人員即所謂「庶常吉士」。二是卿事寮，負責管理國家土地人口資源、組織訓練國家軍隊、保衛國家安全、維護邦國秩序、興建國家大型土木工程、鑄造國家重型禮器。其主要官員有總管國家土地資源、負責勞役徵調的「司徒」官；總管國家軍隊的組建訓練，負責調集軍隊阻擊抵抗內侵的邊陲異族、征討不服朝廷管束的各地諸侯邦君的「司馬」官；總管國家大型土木建設與大型器物營造，開發各種具體製作技藝的「司空」官；以及「三司」衙門的各大副職——「亞」與數目龐大的辦事人員——「旅」。此外，曾經協助周邦參與牧野之戰的友好盟國如

「夷」、「微」、「盧」、「烝」等周邊邦國，以及爲夏殷後裔所立的「三亳」與「阪」等特殊封君，其負責溝通監管之官員的委派任命，及其朝貢歸胙之事宜的處置辦理，也皆屬卿事寮的職責範圍。

在上述各類官員的選擇任命過程中，文王首先是始終依據和貫徹他自己設官分職的思想和原則，於是能夠有條不紊地設置了這個有效行使日常政務管理的職官體系，並且能夠及時發現和提拔德能勤績超越同儕的優秀人才，使他們能夠及時進入更爲重要的高級崗位，履行更爲重大的治理職能。其次是文王從來不干涉甚至混淆言官系統、司法系統、政務系統的職責與權限，更不會以高高在上的態度指手劃腳，硬性要求有關部門處理其職責範圍之外的事情以及辦理不合程序規定的事情。他只是對各職能部門的主辦人員及其負責人規定他們的職責範圍與具體權限，教導他們什麼是他們該做的，什麼是他們不該做的。對於司法系統與政務系統的正常事務，文王也從來不自以爲是，對他們隨意亂發指令，從而變亂他們的職責範圍，干擾他們的正當權限。

及至武王，也和文王一樣。武王繼承了文王的一切優良傳統和開明作風，最終完成了文王創建的偉大事業。一方面，武王不敢違背文王設官分職任人行政的正確思想和有效做法，繼續推行周文王任人唯賢、德以配位的思想原則，如果某人堪任某官，即命以某官；如果某人適合提拔，即加以提拔。另一方面，武王也繼承了文王信任與寬容下屬官員的開明作風與高尚品德，也盡量想方設法保證各部門的相關職責及其正當權限，也從不干預和過問各部官員的日常政務。正是由於文王和武王相繼不斷的努力，我們周邦才得以從上帝那裏接受了這片偉大的基業。』

嗚呼，孺子王矣！繼自今，我其立政：立事、準人、牧夫，我其克灼知厥若，丕乃俾亂。〔一〕相我受民，和我庶獄庶慎，時則勿有間之。〔二〕自一話一言，我則末惟成德之彦，以乂我受民。〔三〕嗚呼，予旦已受人之徽言，咸告孺子王矣！繼自今文子文孫，其勿誤于庶獄庶慎，惟正是乂之。〔四〕

自古商人，亦越我周文王立政：立事、牧夫、準人，則克宅之，克由繹之，茲乃俾乂。〔五〕國則罔有立政用憸人，不訓于德，是罔顯在厥世。〔六〕繼自今立政，其勿以憸人，其惟吉士，用勱相我國家。〔七〕今文子文孫，孺子王矣。其勿誤于庶獄，惟有司之牧夫；〔八〕其克詰爾戎兵，以陟禹之迹，方行天下，至于海表，罔有不服。以覲文王之耿光，以揚武王之大烈。〔九〕嗚呼，繼自今後王立政，其惟克用常人。〔一〇〕

周公若曰：『太史，司寇蘇公式敬爾！〔一一〕由獄以長我王國，茲式有慎，以列用中罰。〔一二〕』

【釋讀】

〔一〕**嗚呼孺子王矣**■嗚呼，嘆詞，《熹平石經》作『於戲』。枚《傳》：『嘆稚子今以爲王矣，不可不勤法祖考之德。』行甫按：枚氏之説是也。下文乃以文王與武王之事一一照應爲説也。**繼自今**■繼，續也。自，從也。行甫按：『繼自今』，猶言從今往後也。**我其立政**■我，我周邦，或包成王與周公在內之『我們』也。其，猶『之』也。

立政，建立正長也。曾運乾曰：『立政，冒下三事也。』**立事準人牧夫**■立，建立也。事，即上文『作三事』之『事』。曾運乾曰：『「準人、牧夫」，蒙上「立」字爲義。言建立事、準、牧三官也。』行甫按：曾氏之説是也。本經『三宅』之官『事』、『準』、『牧』，或單稱，或複稱，詞例非一。『事』或複稱『三事』；『準』或複稱『準夫』，又複稱『準人』；『牧』亦複稱『牧夫』。且其排列順序亦先後不一，或言『宅乃事、宅乃牧、宅乃準』，或言『準夫、牧作三事』，而此言『立事、準人、牧夫』，下文又言『立事、牧夫、準人』，不一而足。上文羅列文武所建衆多官職，乃按『準』、『牧』、『事』三大類之次序排列。**我其克灼知厥若**■我，與上『我』字同，此則偏指『我們』。其，猶『殆』也，即今語所謂『大抵』也。克，堪也，猶今語所謂『理當』也。灼，明也。知，猶了解、掌握也。厥，其也，指代所立『三宅』之官。若，如也。行甫按：『知厥若』，即掌握和了解三類官職的不同性質及其實際要求，從而對不同官員作出恰如其份的職位任命。**丕乃俾亂**■丕，否也。行甫按：丕、不、否，三字可通用，此『丕』字即用『否』字義也。乃，則也，於是也。行甫按：此『丕乃』與下文『時則』詞意相反，猶上文『不敢替』與『率』之比也，皆變其文法也。『丕乃』猶『否則』也。俾，使也。亂，紊亂、紛亂也。行甫按：諸家皆訓此『亂』爲『治』，大非。此承上『我其克灼知厥若』而言之也。意即：如果不能『灼知厥若』，即不了解各類官職的不同性質與要求，不了解任職官員之素質與才德是否與之相適配，乃使整個職官系統發生德不配位、官失其人之紊亂也。行甫又按：此與上文『文王惟克厥宅心，乃克立茲常事司牧人，以克俊有德』以及武王『不敢替厥義德』相照應，謂今我倘若不遵循文王、武王設官分職之思想原則及其具體做法，則『亂』矣。古今注家不知『丕乃』猶今語『否則』之意，訓『亂』爲『治』，遂使本經文脈晦而不彰也。由此亦知所謂虚詞者，決不可輕忽也。

〔二〕**相我受民**■相，《爾雅·釋詁》：『導也。』《左傳》昭公九年『而楚所相也』，杜預注：『相，治也。』行甫按：此『相』即兼『導』與『治』二義焉，即下文『又我受民』之意也。受民，受之於天之民也。**和我庶獄庶慎**■

和，《爾雅·釋詁》「諧，和也。」郝懿行《義疏》：「和者，調也，適也，不爭也。」行甫按：「和我庶獄庶慎」，謂使我司法系統及行政系統相協調，各司其職，互不侵官越權也。**時則勿有間之**■時，是也。「是」猶「如是」也。則，即也。有間，有所替代也。行甫按：「勿有間之」，謂必欲「相我受民」，唯在「和我庶獄庶慎」也，如是則勿須我爲間代之也。行甫又按：「相我受民，和我庶獄庶慎，時則勿有間之」與上文「文王罔攸兼于庶言庶獄庶慎，惟有司之牧夫，是訓用違；庶獄庶慎，文王罔敢知于兹」及武王「率惟謀從容德」相照應，謂治民之事，乃由各職司自治之也，亦當如文王與武王意，設官分職，互不侵官，如是則無須過問各部門之具體事務，亦即無須親自聽獄蔽訟與處理政務以直接治民也。此即「勞於治人，逸於治事」之意也。

〔三〕**自一話一言**■自，猶「雖」也。說見吴昌瑩《經詞衍釋》。話，《爾雅·釋詁》：「言也。」行甫按：「一話一言」，猶今所謂「隻言片語」也。「自一話一言」，意即：文王和武王有關設官分職的思想原則及其具體做法，哪怕僅僅是隻言片語，也足令後繼者受用無窮。下文「我則末惟成德之彦」云云，即是其義也。**我則末惟成德之彦**■則，即也。末，猶「終」也。《逸周書·皇門篇》「萬子孫用末被先王之靈光」，孔晁注：「末，終也。」是其義也。惟，猶「爲」也。成，完成、成就也。德，國家治理也。彦，《說文》：「美士有彣，人所言也。」《爾雅·釋訓》：「美士爲彦。」郭璞注：「彦，人所彦詠。」邢昺《疏》引舍人曰：「國有美士，爲人所言道。」行甫按：此「彦」字注家多據《爾雅》訓爲「美士」，然「自一話一言」乃爲「成德之彦」，則「彦」當指「言」，而非指「士」。細審經文，當即今語所謂「隻言片語，亦足爲寶」之意。則所謂「成德之彦」者，實爲「成就國家治理之美言」而非謂「成就國家治理之美士」也。後世「諺語」一詞，其義差可當之，老子所謂「治大國若烹小鮮」，或孔子所謂「道之以刑，齊之以政，民免而無恥；道之以德，齊之以禮，有恥且格」，皆是其例也。則「一話一言」乃「成德之諺」也。**以乂我受民**■以，用也，目的連詞，猶言「用來」也。乂，治也。

〔四〕**嗚呼予旦已受人之徽言**■予，周公自指。旦，周公自名。曾運乾曰：『《禮》「君前臣名」，故稱「予旦」。』已受，《熹平石經》作『以前』，楊筠如曰：『已、以古通。前、受古文並從舟，蓋以形近致譌，而今文義較長。』行甫按：楊說是也。『前人』即周文王、周武王也。由下文『勿誤于庶獄庶慎，惟正是乂之』以知之也。徽言，孫星衍曰：『徽者，《詩傳》云：「美也。」《熹平石經》作「前人之微言」者，《漢書・藝文志》云：「孔子沒而微言絕。」《文選》注引《論語崇爵讖》曰：「子夏等六十四人共撰《仲尼微言》」。』微與孅聲義相近，孅言，亦美言也。』**咸告孺子王矣**■咸，皆也。**繼自今文子文孫**■文，猶美也，善也。見《禮記・樂記》『以進爲文』鄭玄注。楊筠如曰：『「文」者，美稱。「文子文孫」，猶彝器中之稱「文祖文考」也。』**其勿誤于庶獄庶慎**■其，猶『庶幾』也。誤，差謬也，過誤也。蔡《傳》：『誤，失也。有所兼、有所知，不付之有司而以己誤之也。』**惟正是乂之**■惟，獨也、僅也。正，官長也。是，猶『乃』也。乂，治也。蔡《傳》：『不以己意誤庶獄庶慎，惟當職之人是治之。』是也。

〔五〕**自古商人亦越我周文王立政立事牧夫準人**■自，從也。古，古昔之時也。行甫按：說者以『古』爲『虞夏』，非也。此『古商人』之詞法猶『我周文王』之比，偏正詞組，古之商人也。亦，猶『且』也，『且』猶『而』也。越，及也，至也。**則克宅之**■則，即也。宅，選擇也，謀度也。**克由繹之**■由，從也。繹，通『釋』。從『睪』之字可互通。《顧命》『王不懌』，《釋文》：『馬本作釋。』《小雅・頍弁》『庶幾說懌』，《釋文》：『懌又作繹。』《史記・宋微子世家》『常倫所斁』，《集解》引徐廣曰：『斁一作釋。』《魯頌・泮水》『徒御無繹』，《釋文》：『本又作射，又作斁，或作懌，皆音亦，厭也。』是『繹』通『釋』之證也。參見《康誥》『我惟有及，予一人有懌』釋讀。『繹』亦通『舍』，猶措置也。《禮記・射義》『射之爲言者，繹也；或曰舍也。繹者，各繹己之志也。』是其證也。行甫按：『由繹之』，古今說者多門，皆非是。唯于省吾謂『繹乃擇之訛』，屈萬里亦曰『繹、擇互通』，學者多從之。然『則克宅之』之『宅』既有『謀度』、『選擇』之意，不容復贅『擇之』。此『由繹』與上文『率惟謀從容德』之『從容』義近，『從容』即聽從寬容，『由繹』即聽任信從放手不加干涉之意。是『則克宅之』者，設官分職，擇人委事也；『克由繹之』者，聽其自主，鬆手放權也。**茲乃俾乂**■茲，此也。乃，即也。俾，使也。乂，治也。

〔六〕**國則罔有立政用憸人**■憸，《說文》：『憸詖也。憸利於上佞人也。』段玉裁曰：『憸蓋險之字誤，詖同頗，古文以詖爲頗也。』《釋文》：『本又作𢙣。馬云：憸，利佞人也。』《說文》：『𢙣，疾利口也。』行甫按：『憸』與『𢙣』，音同字通。『憸詖』、『利口』，其義相因。是『憸人』者，善言辭，逞口辯，持義偏頗，阿諛逢迎，華而不實之徒也。餘說參見《盤庚上》『相時憸民』釋讀。**不訓于德**■訓，與『順』通，猶言『符合』也。德，品德，才能也，即作爲官員所必備的品德與才能。行甫按：此『德』字實爲官職對官員品德與才能之要求，故言『順』也。**是罔顯在厥世**■是，此也，指代『不訓于德』的『憸人』。顯，猶言『顯揚』也。厥世，其世，當世也。行甫按：『罔顯在厥世』，猶言不可能使那些不符官員才德規範的奸佞憸人身居要路，讓他們在當世出人頭地。

〔七〕**繼自今立政其勿以憸人**■其，庶幾、尚也。幸詞也，『其勿』，猶今所謂『最好不要』之意。以，用也。《說文》：『譣，問也。从言，僉聲。《周書》曰：「勿以譣人。」』是許君所見作『譣人』，當爲『憸人』之假借也。**其惟吉士**■其，亦幸詞也。惟，爲也，是也。『其惟』，猶言『最好是』也。吉，善也，上文言『庶常吉士』，此單言『吉士』，下則單言『常人』，其義一也。**用勱相我國家**■用，以也。勱，《說文》：『勉力也。从力，萬聲。《周書》曰：「用勱相我邦家。」讀與厲同。』相，與上文『相我受民』之『相』義同，治也，導也。

〔八〕**今文子文孫孺子王矣**■重申王者身份，以言其承先啓後，任重道遠，殷切告誡之也。**其勿誤于庶獄惟有司之牧夫**■其勿，亦猶『幸勿』也。之，與也。行甫按：此與上文『其勿誤于庶獄庶慎惟正是乂之』從同，而殷勤之意尤切。

〔九〕**其克詰爾戎兵**■其，亦幸詞也。詰，《説文》：「問也。」爾，你也。戎兵，軍事與武備也。行甫按：「其克詰」者，與上文「其勿誤」之意相反。前人「或疑此一節與前後文意不接，恐有脱簡」，非也。周公反覆告誡成王「勿誤于庶獄庶慎」，不可干涉司法與行政幹辦公事，恐成王以爲一切皆不可過問，以致馳於武備，内不知防奸，外不能禦敵，而國爲顛爲滅也。故誡其「詰戎兵」也，文武之道，一張一馳，文治與武功，皆不可偏廢也。**以陟禹之迹**■以，用也。陟，登也，進也。行甫按：「陟禹之迹」，謂達於九州一統，猶《禹貢》「東漸于海，西被于流沙，朔南暨，聲教訖于四海」之謂也。**方行天下**■方，朱駿聲曰：「旁也，溥也。」**至于海表**■海，四海也。表，外也。海表，猶言「四海之外」也。行甫按：「方行天下，至于海表」二句，互相解釋補充。此其意，猶今之所謂「條條大路通北京」，猶言寬闊大道由京城而旁通曲達天下四方也。經注家以「王者巡狩」説之，義亦近之。**罔有不服**■服，服從、服事也。《周禮·職方氏》「乃辨九服之邦國」，鄭玄注：「服，服事天子也。」《呂氏春秋·先己篇》「有扈氏服」，高誘注：「服，從也。」皆是其例也。行甫按：《國語·晉語二》「大國道，小國襲焉曰服」，則大國以道臨天下，小國乃入而事之，謂之「服」。是「罔有不服」者，就四裔邊遠蠻夷化外而言也。**以覲文王之耿光**■覲，《爾雅·釋詁》：「見也。」《堯典》「肆覲東后」，《史記·五帝本紀》作「遂見東方君長」，《漢書·郊祀志》作「遂見東后」，是其義也。耿，亦光也。「耿光」，同義複詞，猶今所謂「光輝」也。《熹平石經》作「鮮」。行甫按：「鮮」猶「明」也，與「光」亦爲同義複詞。**以揚武王之大烈**■揚，發揚也。烈，《爾雅·釋詁》：「業也。」行甫按：此二句，乃立政任人之最終目的，一爲文治，一爲武功。

〔一〇〕**嗚呼**■以感嘆作結，爲後世立教。**繼自今後王**■後王，後所繼立之王，非獨謂成王也。**立政其惟克用常人**■其，庶幾也，幸詞也。行甫按：本篇表幸詞「庶幾」之「其」字，皆可解爲願詞之「寧」，亦貼合語境語氣，猶今語『寧願』也，希冀之詞。惟，凡思也，謀慮也。常，善也，呂祖謙《書説》：『常人，有德之人。與吉士異名而同實也。』金履祥曰：『常人、憸人，二者相反，凡憸利便捷者，憸人也；凡持重守正者，常人也。』行甫按：『常人』猶『吉士』也，與『憸人』相反。

〔一一〕**周公若曰**■若，如此也。**太史**■呼太史而有所命也。孫星衍曰：『周公呼太史者，以其記言、記動，嘉蘇公之慎獄平法，欲使書之，故先呼之也。』行甫按：孫説非也。《周禮·太史》：『掌建邦之六典，以逆邦國之治；掌法，以逆官府之治；掌則，以逆都鄙之治。凡辨法者，攷焉；不信者，刑之。凡邦國都鄙及萬民之有約劑者，藏焉；以貳六官，六官之所登。』是太史負責起文書草，掌典、掌法、掌則，是所謂『掌官書以贊治』者也。其職掌乃在協助各部門制訂政令法規，收藏文書以備考信，以其副本送於六官，以便施行。則周公所以呼太史者，命太史與司寇蘇公共同擬訂斷獄蔽訟之程式及其法則也。劉起釪用吴汝綸、吴闓生之説，以爲蘇忿生以司寇兼太史，決不可信。太史屬太史寮，司寇屬卿事寮，不可能兼官。果如此，則大悖周之文武設官分職之本意。是知其説非也。**司寇蘇公式敬爾**■司寇，刑官之長。蘇公，蘇忿生。《左傳》成公十一年：『昔周克商，使諸侯撫封，蘇忿生以溫爲司寇，與檀伯達封于河。』蘇忿生乃武王司寇，成王親政時尚在世也。式，法式也。徐鍇《説文繫傳》：『《尚書》「百官承式」，規榘也。』行甫按：説者多以此『式』字爲語詞之『用』，非也。『司寇蘇公式』，謂司寇蘇忿生之法式、法則也，亦即蘇忿生現已實際執行之具體做法；下文『茲式』乃指經由太史與蘇忿生共同擬訂整理之成文法。敬，嚴肅、謹慎也。賈誼《新書·道術》：『接遇肅正謂之敬。』《説文》：『敬，肅也。』《周頌·閔予小子》『夙夜敬止』，鄭《箋》：『敬，慎也。』爾，表肯定之句末語氣詞，猶『矣』也。行甫按：句意謂：司寇蘇公之治獄方法，非常嚴肅、謹慎。

〔一二〕**由獄以長我王國**■由，因也。説見吴昌瑩《經詞衍釋》。行甫按：此『由』字總領下文三句，乃述説所以使太史與蘇公擬訂獄訟之法的原因或理由。獄，獄訟也，猶今所謂『司法工作』。以，猶『使』也。《左傳》僖公二十六年：『凡師，能左右之曰以。』《公羊傳》桓公十四年：『以者何？行其意也。』《國語·魯語下》『魯人以莒人先濟』，韋昭注：『能東西之曰以。』行甫按：此『以』字，猶今語所謂『關係到』、『影響到』之意。長，長久也。**茲式有慎**■茲，此也。式，指經由太史與司寇蘇忿生所共同擬訂之獄訟程式及其法則也。有，爲也，表性質判斷。慎，與上文『敬爾』之『敬』同義，謂此法縝密嚴整，無懈可擊，無倚輕倚重及濫出濫入之蔽。**以列用中罰**■以，爲也。列，《禮記·服問》『《傳》曰：罪多而刑五，喪多而服五，上附下附，列也。』鄭玄注：『列，等比也。』《釋文》：『列，本亦作例。』章太炎曰：『列即今例字。』行甫按：此『列』若『例』者，或爲法律條例，或爲刑獄案例，以備稽考查詢比對之用也。用，《說文》：『可施行也。』中罰，猶言『中典』也。《周禮·大司寇》：『掌建邦之三典，以佐王刑邦國詰四方。一曰刑新國用輕典；二曰刑平國用中典；三曰刑亂國用重典。』鄭玄注：『平國，承平守成之國也。用中典者，常行之法。』是『中罰』乃不輕不重之『中典』，作爲『常行之法』，用於『承平守成』之時也。

此爲本篇最後一節，言周公將自古商人以及周文王與周武王立政任人的歷史經驗，總結爲三點告誡成王：一是必須按照各類官職的職責要求，選擇才德兼備並與其所擔職責相適宜的常吉之士，使之充任政務官員或者近侍官員乃至地方官員；二是充分信任並放開手腳發揮各類官員的能動性與自主性，不干預各部門的具體事務；三是不可輕忽武備，文治與武功，兩者不可偏廢，這是弘揚文武大業提升綜合國力的可靠保證。最後，周公認爲王朝的司法系統關係到國運的盛衰，認爲司寇蘇忿生現行的司法原則與司法程序值得肯定，要求太史與蘇忿生共同擬訂平正常行的法規條例，以備後世承平守成之君參照施行；　借以告誡成王：　繼體守文之君，無須屢屢變亂法律法規。

【繹文】

周公不無感嘆地接著說，『唉——，年輕人啊，你已經成爲我們的君王了！　從今往後，我們邦國任命官員，無論是行政官員、近侍官員，還是地方官員，我們都應該非常清楚地了解他們各自的才能和品德，使他們的才能品德與他們所任官職相適配；　否則，德不配位，官失其人，整個官僚系統就會發生紊亂，整個國家治理也會陷入混亂無序。　治理和領導我們受之於天的廣大民衆，實事上就是讓我們的司法系統以及行政系統既要相對獨立，各司其職，互不侵官越權；　也要他們相互協調、相互配合，不可相互推諉，甚至扯皮掣肘。　這樣，整個國家治理就會正常運轉，作爲最高領導者也就無須代替各部門直接行政了。　勞於治人，逸於治事；　這就是周文王和周武王立政任人的歷史經驗。　所以前人關於治國行政的歷史經驗，哪怕僅僅是隻言片語，我們最終也應當把它作爲安邦治國的指導法寶，用於治理我們受之於天的廣大民衆。　唉——，我姬旦已經把前人有關國家治理的奧秘，無所保留地全部告訴我們年輕的君王了，從今往後，繼承先人祖業的後輩子孫們，希望能夠遵守先輩們正確的治國理念，不要自以爲是，顢頇干預國家司法部門以及政務部門的具體事務，讓各個職能部門的負責人全權自主處理。

從古代商湯再到我們的周文王設官命職，無論是行政官員、地方官員以及近侍官員，只要他們的才德堪任何種官職，便任命他們擔任何種官職，並且還能做到鬆手放權，完全信任他們，任其自主理政處事，不加任何干涉，這樣才能使國家治理有條不紊。任何國家用人行政，都不會任用那些吹牛拍馬，阿諛逢迎的姦佞之徒；好話說盡，壞事做絕，不遵守作爲官員起碼的道德規範與行爲準則，這種人是永遠也不會讓他們擔任要職，讓他們出人頭地的。從今往後用人行政，任命官員，千萬不要任用那些姦佞小人，要選擇那些善良人士，努力建立好人政府，讓善人來治理我們的國家，而不是讓惡人當道。現在你這個年輕人，作爲繼承先人祖業的後輩子孫，已經成爲名副其實的君王了。千萬不要自以爲是干預國家的司法原則與司法程序，就讓有關方面的主管官員以及相關地方官員自行處理就可以了。但作爲君王，你卻應該關心國家的軍隊建設，加强武備。不干涉司法與行政幹辦公事，並不意味著連整軍講武也不加過問，以致放鬆警惕，馳於武備，內不知防奸，外不能禦敵，國家就會有被顛覆被滅亡的危險。文武之道，一張一馳，文治與武功，是不能有所偏廢的。我們的國家最終要實現大一統，達到大禹時期那樣九州一同的偉大盛世，寬闊的道路四通八達，甚至最爲偏僻邊遠的地區也有大道可通，周邊大大小小的國家都主動內附，服膺我們的政治主張，接受我們的治國理念，使周文王創造的文明之光，照亮世界的每一個角落；讓周武王建立的偉大基業，延伸到無限遙遠的地方，强大的軍事力量乃是我們事業的最終保障。唉——，從今往後，繼立爲君王的後輩子孫們用人行政，任命官員，一定要選擇任用持重守正的善良之輩。』

最後，周公呼太史出列，對太史這樣說：『太史啊，司寇蘇忿生現行的司法原則與司法程序是非常嚴謹周密的。由於司法系統斷訟蔽獄是否公正與公平直接關係到國家命運的盛衰，決定著國家是否長治久安，請你與溫國公大司寇蘇忿生共同參訂國家的司法條例；這個司法條例必須縝密周全，無懈可擊，沒有倚輕倚重或者濫出濫入的蔽端，不能讓別有用心的人有機可乘，鑽法律的空子；要把它作爲國家正常狀態下的司法準則，讓後世繼體守文之君參照施行，無須屢變法條，擾亂人心。』

【後案】

本經言王朝的『立政任人』，就大體言之，其官職系統即所謂『三宅三俊』，這是沒有爭議的。但就中所涉及的某些具體官職而言，歷來注家卻有不同看法。其一，本經首節所謂『常伯、常任、準人、綴衣、虎賁』的官職性質，是雜舉『三宅』，還是僅爲其中一類。其二，與周文王、周武王時代相關的一連串職官排列，是否雜亂無序，應該如何分類。

首先，關於首節五官的性質，顧頡剛曰：『這些官是經常跟隨在周王的左右的。其中「綴衣」即後世的「尚衣」，掌管王的衣服，「虎賁」護衛王的安全，都只是近侍小官。還有上面三位，看下文說：「宅乃事，宅乃牧，宅乃準，茲惟后矣。」可以知道他們都是高級的官吏；「準」的意義是公平，「準人」當是司法的長官；「任」是執掌政務的長官，故云「事」；「伯」是管理民事的長官，故云「牧」。古籍簡奥，它的意義固難確定，但這三個官必然是最高的行政長官。可能是王朝的司徒、司馬、司空，也即是金文裏的「三有事」。下文又說：「立民長伯，立政：任人、準夫、牧，作三事……」……勉强說來，「任人」即常任，「準夫」即準人，「牧」即常伯。「作三事」即《詩經·雨無正》中的「三事大夫」，都是機要大臣。』劉起釪《尚書校釋譯論》於節錄皮錫瑞《今文尚書考證》關於此五職與漢代文獻相校的一些資料之後，仍從其本師顧頡剛之說，曰：『皮氏所輯相校資料以常伯等三職與綴衣、虎賁同爲低級職，實誤。當如頡剛師據本篇自身材料證其爲高級機要大臣，始確。』劉氏又引『舊的注經家已有明於此者』如蘇軾《書傳》、林之奇《全解》、蔡沈《書經集傳》等宋人之説以佐證顧氏。

不過，劉氏所謂『舊的注經家』其實都是宋人的新説，漢人經説並非如此。皮氏所引資料皆爲漢人舊説，茲可不贅。此外，應仲遠《風俗通義》卷五《十反》載周舉草奏曰：『周公將没，戒成王以左右常伯、常任、準人、綴衣、虎賁。言此五官，存亡之機，不可不謹也。臣願陛下思周旦之言，詳左右清禁之内，謹供養之官，嚴宿衛之身，申敕屢省，務知戒慎，以退未萌，以此無疆。』周舉以爲此篇爲周公將没之前告誡成王之詞，其説或是。參見本篇【解題】，茲可不贅。言其重要性則曰：『此五官，存亡之機，不可不謹』，言其職掌則曰：『左右清禁之内』、『供養之官』、『宿衛之身』，顯然皆指宫廷之内掌管王者起居、膳食供養、值宿護衛的近侍官員。此類官員『朝夕與王處，苟非其人，則王德以之而蠹』(林之奇語)，因此周公首以近侍官員爲誡。而列舉此五官之後，周公又大加感嘆曰：『嗚呼，休茲，知恤鮮哉！』倘若『常伯、常任、準人』乃『三有事』之『機要大臣』，是王朝『最高級的官吏』，何以『知憂恤者鮮少哉』？此不可通。反而因其近侍之官，其於才幹能力之要求不甚急，僅唯唯諾諾，勤於事務奔走而已，是以常遭忽視，故周公乃有『知恤鮮哉』之感嘆。其次，注家皆以『休美』之常訓解『休茲』之『休』，這是導致起首五官遭到嚴重誤解的重要原因。事實上，此『休』即《酒誥》『服休服采』之『休』，鄭玄所謂『燕息之近臣』耳，並非『休美』之意。第三，此句以『嗚呼』之感嘆領起，但感嘆的落腳點並非在『休茲』，而在『知恤鮮哉』。劉起釪不解『茲』字，先引孫詒讓《尚書駢枝》曰：『休茲知恤以下，始是周公戒成王語，謂當休嘉之時，而能知憂恤，其人甚少。猶《召誥》云「惟王受命無疆惟休，亦無疆惟恤」，即此意也，此乃泛說。』繼而大加引申，曰：『是知這句字面上的意義是說：知道這美好的事物，又能知道它有可憂恤之處，能有這樣認識的人很少。用意是說，現在形勢很好，我們國家的政權建設正在順利進行，但在設官分職、用人行政方面，能憂慮「知人則哲」這重大問題的卻很少呵！』孫氏以『無疆惟休，亦無疆惟恤』說此『休』字本屬援引不當，而劉氏繼而發揮其說，離題遠甚，顯爲過度詮釋。至於屈萬里引吳汝綸《尚書故》用姚永樸說，釋『兹』爲『哉』，解『休兹』爲『美哉』，雖平實可取，但仍將『嗚呼』之感嘆落腳在『休兹』，以爲嘆五官之『美』，故有是說。其實，這仍然與解『常伯、常任、準人』一樣，既然是『機要大臣』，乃爲『美』仕大任，何以又『知憂恤者鮮少』呢？因此，正確的解釋是：此五官皆爲王宫近侍之臣，常在王之左右，『休兹』，猶言『兹休』，不過因感嘆而急言之，詞序顛倒而已。史官記其言，頗爲傳神矣。

中官近侍之人，對於政治善惡與國運興衰具有重大影響，清朝順治十二年立有一道《鐵牌令》，可爲佐證。兹録其全文以結束這一討論。其文曰：『中官之設，雖自古不廢，然任使失宜，遂貽禍亂。近如明朝王振、汪直、曹吉祥、劉瑾、魏忠賢等，專擅威權，干預朝政，開廠緝事，枉殺無辜；出陣典兵，流毒邊境，甚至謀爲不規，陷害忠良，煽引黨類，稱功頌德，以致國事日非，覆轍相尋，足爲監戒。朕今裁定内官衙門及員數執掌，法制甚明，以後但有犯法干政，竊權納賄，屬托内外衙門，交結滿漢官員，越分擅奏外事，上言官吏賢否者，即行凌遲處死，定不姑貸。特立鐵牌，世世遵守。』（見《國朝宫史》卷一。行甫按：此條材料咨詢過故宫博物院章宏偉所長。特此誌謝）周公既於二千餘年之前，即以中官之任爲誡，並感嘆其『知恤鮮哉』，歷史證明，周公的政治智慧，前無古人，後來者，僅前清順治帝福臨一人而已。

其次，關於文武之時職官的排序，亦是衆説紛紜，莫衷一是。其間因理解不同，而句讀亦大爲不同。劉起釪從顧頡剛讀『立政任人準夫牧作三事』爲『立政：任人、準夫、牧，作三事』，謂『任人』即『常任』，『準夫』即『準人』，『牧』即『常伯』，『作三事』即『《詩經·雨無正》中的「三事大夫」』。並認爲『都是機要大臣，這是第一組』。自『虎賁、綴衣』至『百司庶府』，認爲『都是王的侍從，所謂宮中之官，爲第二組』。自『大都小伯』至『庶常吉士』，認爲『都是辦理政務的，所謂府中之官，爲第三組』。自『司徒』至『亞旅』，認爲『別於任人、準夫、牧而言，恐是指諸侯的三卿，「亞」是位次於卿的大夫，「旅」是位次於亞的衆大夫。這些人大概都是侯國之官。爲第四組』。而『夷微盧烝三亳阪尹』，『這些都是封疆之官，爲第五組』。

顧、劉師徒之説其所以是錯誤的，一是不明此節經文前後之總與分的層次關係，因而出現句讀錯誤；二是不明其時職官體系的實際狀況及其各自的管轄範圍，因而理解發生偏差從而導致分類混亂。

事實上，這段經文的理解並不困難。首先，『立政任人：準夫、牧作三事』，這是總言設官用人，就是『準夫、牧及三事』，即前文所謂『宅乃事、宅乃牧、宅乃準』之『三宅』之官。此『準、牧、事』的排列順序雖然與『事、牧、準』的『三宅』順序不同，但下文所列之衆職，正是按此宮中近侍官、畿服地方官及朝廷政務官的順序羅列。是以自『虎賁綴衣』至『百司庶府』，皆爲宮中近侍官，屬於『準夫』或『準人』範疇。而自『大都小伯』至『表臣百司』，乃畿服地方官，屬『牧』或『牧夫』範疇。而『太史尹伯庶常吉士』，屬於朝廷政務官中的太史寮，掌管起文書草及祭祀禮樂之官，實爲禮官文員系統；『司徒司馬司空亞旅』，即朝廷政務官中的卿事寮，掌管具體的治理事務，而下文『庶獄庶慎』包括『庶言』大抵皆屬卿事寮的具體工作部門。而『夷微盧烝三亳阪尹』這些周邊外服異姓『四方』侯國，其官吏的派遣及其管轄亦屬卿事寮。因此，《夨令方彝》載『王令周公子明保尹三事四方，受卿事寮』，其『舍三事令，眔卿事寮，眔者尹，眔里君，眔百工；眔者侯：侯田男，舍四方令』。楊樹達曰：『「眔諸侯：侯田男」，羅振玉以屬下「舍四方令」讀。謂「舍三事令」於內服諸臣，「舍四方令」於外服君長。其説是也。文當云：舍四方令，眔諸侯，侯，田，男。而文卻倒言之，致文字錯綜，不相配稱，令人迷惘。』由此銘文可知，西周初年，『四方』外服之行政亦由『卿事寮』之政務系統所管轄。明保『舍三事令』，包括『卿事寮』、『諸尹』、『諸里君』及『諸百工』，是爲內服諸臣；其『舍四方令』乃爲外服『諸侯』，即『侯、田（甸）、男』。既如此，則『夷微盧烝，三亳阪尹』，皆屬『卿事寮』所管轄之『四方』外服諸侯，故列於『三事』及其屬官『亞旅』之後。

由本經與《夨令方彝》銘文參讀，則西周初年職官系統脈絡分明，有條不紊。『三宅三俊』，即宮中近侍官、畿服地方官、朝廷政務官。而畿服地方官無論內服諸臣，抑或外服諸侯之官長，皆由朝廷委派，由朝廷政務官統領管轄，此乃西周初年職官體系之大經大脈。而朝廷政務官又分爲太史寮與卿事寮兩部，卿事寮中又有負責『庶獄』與『庶慎』甚至『庶言』之不同政務部門。內服諸臣以及外服封君之長官，皆由卿事寮負責委派與管理。此乃西周王朝職官之大緯大絡。

這個判斷，弟令不中，當亦不遠。唯循此大經緯、大脈絡，方可於本經衆多職官之排列方式作出比較合理的解釋。

顧命

（並康王之誥）

【解題】

司馬遷《史記·周本紀》曰：『成王將崩，懼太子釗之不任，乃命召公、畢公率諸侯以相太子而立之，成王既崩，二公率諸侯，以太子釗見於先王廟，申告以文王、武王之所以爲王業之不易，務在節儉，毋多欲，以篤信臨之，作《顧命》。太子釗遂立，是爲康王。康王即位，徧告諸侯，宣告以文武之業以申之，作《康誥》。故成康之際，天下安寧，刑錯四十餘年不用。』史遷之説，涉及《尚書》兩個篇目及其寫作背景。一是《顧命》。孔穎達《書疏》引鄭玄曰：『迴首曰顧。顧是將去之意。此言臨終之命曰顧命。言臨將死去，迴顧而爲語也。』是『顧命』者，成王臨終前之遺命也，即命召公、畢公等率諸侯輔立太子釗即王位，史稱周康王者，是也。二是《康[王之]誥》，段玉裁謂『《康誥》當云《康王之誥》』。蓋《史記》誤奪『王之』二字，否則與周公封康叔之《康誥》篇名相重。《康王之誥》即康王即位之後，徧告諸侯之辭。

但史公提到的《康[王之]誥》於伏生二十九篇中並無其目。孔穎達《書疏》曰：『伏生以此篇

（《康王之誥》）合於《顧命》共爲一篇，後人知其不可，分而爲二。馬、鄭、王本此篇自「高祖寡命」已上，內於《顧命》之篇；「王若曰」已下，始爲《康王之誥》。』《經典釋文》於今本《康王之誥》『王若曰庶邦侯甸男衛』句下亦曰：『馬本從此已下爲《康王之誥》』，又云：「與《顧命》差異敘，歐陽、大小夏侯同爲《顧命》。」』歐陽、大小夏侯皆傳伏生《尚書》，且僞《孔安國尚書序》亦謂伏生以『《康王之誥》合於《顧命》』。因此，伏生所傳二十九篇《尚書》只有合今本《康王之誥》全篇文字在內的《顧命》一篇，別無所謂《康王之誥》一目。是則司馬遷所言之《康［王之］誥》，伏生無傳，或早已亡佚。今之《康王之誥》乃從《顧命》中析分而出。

蔣善國曰：『大約《康王之誥》在漢代始終沒有發現，就是司馬遷也沒有見到。按馬、鄭所注《尚書》都從古文經，而這二十九篇，原是今、古文相同，所差也不過一、二字句，絕不能在經文本身上有分合的不同，使篇目發生歧異。歐陽、大小夏侯三家經文既從「王若曰」以下同爲《顧命》，馬融又怎能擅自分「王若曰」以下爲《康王之誥》？馬融既不分篇，他的弟子鄭玄又豈能違師說來分篇？《尚書正義》說：「鄭所注皆同賈逵、馬融之學，題曰《古文尚書》，篇與夏侯等同，而經字多異。」（卷二）鄭注既與夏侯等篇同，它原不分《顧命》「王若曰」以下爲《康王之誥》，是很明顯的。不然的話，如鄭注多了一篇《康王之誥》，豈不成三十篇，與兩漢今、古文《尚書》實際均以二十九篇傳授不合。』

蔣氏說馬融注《古文尚書》，篇目爲二十九篇，如果分《顧命》『王若曰』以下爲《康王之誥》，則篇目爲三十篇。以此爲馬融不分《顧命》爲《康王之誥》之證。但事實上，馬融確分《顧命》『王若曰』以下爲《康王之誥》。馬氏既自云《康王之誥》『與《顧命》差異敘，歐陽、大小夏侯同爲《顧命》』，即信《書序》

之分而不苟三家之合，乃曰：『成王崩，康王既尸天子，遂誥諸侯，作《康王之誥》。』此正是馬融分篇的直接證據。此後，鄭玄、王肅注《尚書》，皆從馬融於『王若曰』以下分《顧命》爲《康王之誥》矣。

皮錫瑞曰：『僞孔古文雖分《顧命》、《康王之誥》爲二，而以「王出在應門之内」以下屬之《康王之誥》，欲示異於馬、鄭，而與史公之説亦不合，則其非伏生《尚書》之舊，斷斷然也。』皮氏以爲，伏生傳本，有《顧命》與《康王之誥》二篇而無《泰誓》，因歐陽、大小夏侯加入後得之《泰誓》，於是乃合伏生《顧命》與《康王之誥》二篇爲一。皮氏之説容有可商，因伏生今文《尚書》有《泰誓》；但謂東晉晚出之《古文尚書》欲與馬、鄭立異，以造成真古文之假象以惑衆，又從『王出在應門之内』以下分爲《康王之誥》，既『與史公之説不合』，亦『非伏生《尚書》之舊』，則差爲得之。顧炎武《日知録》亦曰：『王出在應門之内』，承上文『諸侯出廟門俟』，乃『一時之事也』，而斷爲兩橛，『妄也』。

兹於馬融及枚氏僞書所分一皆不取，乃還伏生及歐陽、大小夏侯之舊，以《康王之誥》並於《顧命》，不再别爲二篇。

本篇涉及西周開國之初的某些重大歷史隱痛，武庚叛亂以及管蔡附逆的歷史陰影，直到成王臨終之際，也没有徹底抹去。當然，在權力交接過程中，或者的確會出現某些始料未及的艱難與風險，這是歷代新君都可能會面臨的客觀實際，也是本篇經文之所以雖遭割裂與誤解卻終究歷千祀而未絶滅的歷史文化根源。

惟四月哉生魄，王不懌。甲子，王乃洮頮水，相被冕服，憑玉几。〔一〕乃同召太保奭、芮

伯、彤伯、畢公、衛侯、毛公、師氏、虎臣、百尹御事。〔一〕

王曰：『嗚呼，疾大漸惟幾，病日臻，既彌留，恐不獲誓言嗣，兹予審訓命汝。〔三〕昔君文王武王宣重光，奠麗陳教，則肄肄不違，用克達殷，集大命。〔四〕在後之侗，敬迓天威，嗣守文武大訓，無敢昏逾。〔五〕今天降疾，殆弗興弗悟，爾尚明時朕言，用敬保元子釗，弘濟于艱難。〔六〕柔遠能邇，安勸小大庶邦，思夫人自亂于威儀，爾無以釗冒貢于非幾。〔七〕』

兹既受命，還，出綴衣于庭。〔八〕

【釋讀】

〔一〕**惟四月哉生魄**■惟，是也，時也。説見吴昌瑩《經詞衍釋》。《漢書·律曆志》引劉歆《三統曆》曰：『成王元年正月己巳朔，此命伯禽俾侯于魯之歲也。後三十年四月庚戌朔，十五日甲子哉生霸。故《顧命》曰「惟四月哉生霸，王有疾不豫。甲子，王乃洮沬水」，作《顧命》。翌日乙丑，成王崩。』孔穎達《書疏》引鄭玄曰：『此成王二十八年。』孫星衍曰：『成王在位年數，《史記》無文。劉歆説以哉生霸爲十五日，亦不可信。』行甫按：哉，始也。魄，《説文》作『霸』云：『霸，月始生魄然也。承大月二日，承小月三日。从月䨣聲。《周書》曰：「哉生霸。」』馬融注：『魄，朏也。謂月三日始生兆朏。名曰魄。』參見《康誥》『惟三月哉生魄』釋讀。**王不懌**■懌，《爾雅·釋詁》：『樂也。』《釋文》：『馬本作「不釋」，云：「不釋，疾不解也。」』段玉裁曰：『釋、懌同字。』劉歆《三統曆》引作『王有疾不豫』，段玉裁曰：『此蓋今文《尚書》也。』行甫按：『不豫』即『不懌』，《爾雅·釋詁》：『豫，樂也。』是其義也，則『不懌』若『不豫』者，猶今方俗語謂『生病』爲『不舒服』。**甲子**■孔穎達《書疏》：『甲子是發命之日，爲洮頮張本耳。』呂祖謙《書說》：『去崩才一日耳。』**王乃洮頮水**■乃，於是也。洮頮，馬融曰：『洮，洮髮也。頮，頮面也。』《說文》：『沬，洒面也。从水未聲。頮，古文沬，从廾从水从頁。』枚《傳》：『王將發大命，臨群臣，必齋戒沐浴，今疾病，故但洮盥頮面。』孔穎達《書疏》：『禮，洗手謂之盥，洗面謂之靧。頮是洗面，知洮爲盥手。言水，謂洮盥俱用水。』行甫按：馬以『洮』爲『洮髮』，孔以『洮』爲『盥手』，劉起釪無所折衷，以爲『今天但知其爲古禮細節之異說即可，不用去究其是非』。考《周禮·守祧》鄭玄注云：『古文祧爲濯。』王鳴盛《後案》：『古者借濯爲祧字，亦或又借濯爲洮字。』段玉裁《撰異》：『洮讀爲濯者，《周禮·守祧》注：「古文祧爲濯。」《爾雅》郭本「珧」，衆家本皆作「濯」，是其例也。兆聲、翟聲同在第二部。』則『洮』即通『濯』也。《大雅·桑柔》『誰能執熱，逝不以濯』，鄭《箋》：『當如手持熱物之用濯。』《左傳》襄公三十一年『《詩》云「誰能執熱，逝不以濯」，禮之於政，如熱之有濯也。濯以救熱，何患之有？』杜預注：『濯，以水濯手。』則『洮』當爲『濯手』，亦即『盥手』也。成王因疾篤，不能齋戒沐浴，故僅以人持水盥手頮面，以示禮到之意而已。則馬以『洮』爲『洮髮』者，未必是也。至於段玉裁《詩『執熱』解》謂『沐以濯髮，浴以濯身，洗以濯足，皆得云濯』，乃據《左傳》『濯以救熱』的泛化引申之義，以證『執熱』爲『觸熱、苦熱』，乃不無本末倒置之嫌！『執』字實無『觸』、『苦』之訓。**相被冕服**■相，鄭玄注：『相者，正王服位之臣，謂太僕。』行甫按：鄭以『相』爲名詞，非也。此『相』乃動詞，助也。《大雅·生民》『有相之道』，毛《傳》：『相，助也。』是其義也。謂助王被冕服也。被，猶今所謂『穿戴』也。冕，冠也，加諸王首。服，衣裳也，加諸王身。冕服，鄭玄以爲即玄冕服，孔穎達以爲乃袞冕服，謂《覲禮》『王服袞冕而有玉几』，此既憑玉几，明服袞冕。行甫按：《周禮·司服》言『王之吉服』有六，即冕服有六也。鄭玄注：『凡冕服，皆玄衣纁裳。』然冕服所以有六，既有儀式尊卑之別，其所繪之紋飾亦各有不同。鄭玄注云：『玄冕者，衣無文，裳刺黻而已，是以謂之玄焉。』鄭司農曰：『袞，卷龍衣也。』孫星衍曰：『冕服有六，玄冕爲下，皆祭服也。《覲禮》云「天子衮者，以受諸侯朝覲于廟中，故服冕服之尊者。」比尋常視朝當加一等，則是玄冕矣。』既云『玄冕爲下』，又云『比尋常視朝當加一等』，仍是『爲下』之『玄冕』。不知所云。此當依孔穎達說，以『憑玉几』，爲衮冕服也。**憑玉几**■憑，依也。《說文》：『凭，依几也。从任几。《周書》曰：「凭玉几。」讀若馮。』是『憑』乃『凭』之假借。玉几，玉飾之几案也。孔穎達《書疏》：『《周禮·司几筵》「凡大朝覲，王位設黼扆。扆前南嚮設左右玉几」，是王見群臣當憑玉几以出命。』

〔二〕**乃同召太保奭**■乃，於是也。同，同時、一起也。楊樹達讀『乃同』二字爲句，曰：『同謂會同，所謂「殷見曰同」也。』行甫按：從諸重臣至御治事，各級官吏同時召見，故曰『同』也。《墨子·經上》及《經說上》：『同，異而俱于之一也。說：侗。二人而俱見是楹也，若事君。』墨子所謂『異而俱』、『若事君』，正是此『同』字之義，與『殷見曰同』之禮制無關。太保奭，召公奭也。召公爲保，周公爲師。周公已逝，召公猶在，以其年高位尊，故爲群臣之首也。**芮伯**■《毛詩·桑柔序》『芮伯刺厲王也』，鄭《箋》：『芮伯，畿内諸侯，王卿士也。』孔穎達《正義》：『《書序》云「巢伯來朝，芮伯作《旅巢命》」，武王時也。《顧命》同召六卿，芮伯在焉。成王時也。桓九年「王使虢仲、芮伯伐曲沃」，桓王時也。此又厲王之時。世在王朝，常爲卿士，故知是畿内諸侯爲王卿士也。』《書敘》注云「芮伯，周同姓，國在畿内」，則芮伯姬姓也。杜預云「芮國在馮翊臨晉縣」，則在西都之畿内也。』**彤伯**■王肅曰：『彤，姒姓之國。』孫星衍曰：『《路史·國名紀》五云：「彤，伯爵，成王子。」《唐韻》作「彤」，云「成王支庶」。《書疏》引王肅云「姒姓之國」，肅蓋據《夏本紀》禹後有彤城氏言之，未必是此彤伯也。』**畢公**■名高。《史記·魏世家》：『魏之先，畢公高之後也。畢公高與周同姓。武王之伐紂，而高封於畢，於是爲畢姓。』司馬貞《索隱》：『《左傳》富辰說文王之子十六國有畢、原、酆、郇，言畢公是文王之子。此云與周同姓，似不用《左傳》之說。馬融亦云畢、毛，文王庶子。』裴駰《集解》：『杜預曰：畢在長安縣西北。』張守節《正義》：『《括地志》云：畢原在雍州萬年縣西南二十八里。』行甫按：杜預言長安縣西北，《括地志》言萬年縣西南，所言方位雖有不同，其地則一也。**衛侯**■即康叔封也。參見《康誥》釋讀。**毛公**■名鄭。《史記·周本紀》：『毛叔鄭奉明水，衛康叔封布兹，召公奭贊采，師尚父牽牲，尹佚筴祝。』江聲曰：『鄭注《周禮·太宰》職云：「都鄙，公卿大夫之采邑，王子弟所食邑。周、召、毛、聃、畢、原之屬在畿内者。」是畢、毛亦皆畿内諸侯也。』由《毛公鼎》知毛叔後人有毛父厝，爲周宣王時重臣。此鼎於清道光末年出土於陝西岐山縣，則毛叔鄭之封地當在岐山縣境可知也。**師氏**■武官，已見《牧誓》。**虎臣**■枚《傳》：『虎賁氏。』宿衛王宫及護衛王身之近侍之臣，亦爲武職。**百尹**■尹，正也，長也。枚《傳》：『百官之長。』是也。**御事**■御，治也。王肅曰：『治事，蓋群士也。』孔穎達曰：『諸御治事，謂諸掌事者，蓋大夫士皆被召也。』行甫按：『御事』之職，相當於今所謂『幹事』或『有關人員』，故本《釋讀》各篇皆以『辦事人員』或『各類幹辦』紬繹其義。

〔三〕**王曰嗚呼**■嗚呼，嘆息之聲。枚《傳》：『自嘆其疾大進篤，惟危殆。』**疾大漸惟幾**■大，嚴重。漸，浸漬也，漫延也。《荀子·王制》『然後漸慶賞以先之』，楊倞注：『漸，進也，言進勉以慶賞也。』王先謙《集解》引郝懿行曰：『漸，子廉切，讀若「漸民以仁」之「漸」，其訓漬也、浸也、深染入也。楊注凡「漸」皆訓「進」，故多失之。』行甫按：郝訓即此『漸』字之義，猶言積漸而深入也。惟，乃也，於是也。幾，近也。與《莊子·齊物論》『近死之心』之『近死』從同，今所謂『差不多快死了』，是也。**病日臻**■病，《説文》：『疾加也。』日，日日，每日也。臻，《爾雅·釋詁》：『薦，臻也。』王引之《經義述聞》：『《墨子·尚同篇》曰：「飄風苦雨薦臻而至。」《節南山傳》曰：「薦，重也。」重亦仍也。是薦臻並與仍同義。』行甫按：《大雅·雲漢》『饑饉薦臻』，馬瑞辰《毛詩傳箋通釋》：『薦與荐同，《爾雅·釋言》：「荐，再也。」故《傳》訓薦爲重。臻，亦重也。薦臻，猶今言頻仍也。《説文》：「增，益也。」臻、增二字雙聲，臻即增字之假借，故義同薦，訓仍，猶溱洧之溱字亦通作潧也。薦、臻亦雙聲字，故《爾雅·

釋詁》又曰「薦，臻也」。」則此「日臻」即「日漸頻仍增益」之意，乃承上文「大漸」以言之也。**既彌留**■既，已也。彌，《爾雅·釋言》：「終也。」郭璞注：「終竟也。」《國語·周語下》「其飾彌章」，韋昭注：「彌，終也。」留，《說文》：「止也。」《漢書·霍去病傳》「常留落不耦」，顔師古注：「留，謂遲留。」行甫按：「既彌留」者，意謂：「已經到了最後的滯留階段了。」**恐不獲誓言嗣**■恐，擔心。獲，得也。誓，《說文》：「約束也。」《左傳》文公十八年「作誓命曰」，杜預注：「誓，要信也。」嗣，繼嗣，後嗣也。行甫按：此「嗣」即《無逸》「繼自今嗣王」、「嗣王其監于兹」之「嗣」，無須别解。句意謂：擔心没有機會與衆位大臣約言繼嗣之事。**兹予審訓命汝**■兹，承上啓下之詞，猶「於是」、「因此」也。審，《說文》：「宷，悉也，知宷諦也。从宀，从釆。審，篆文宷，从番。」是「審」乃「詳悉」、「明確」之意。訓，《說文》：「說教也。」命，使爲之也。《周禮·内小臣》「掌王后之命」，鄭玄注：「命，謂使令所爲。」是其義也。句意謂：「因此我乃詳明地告教你們，使你們按我所言行之。」

〔四〕**昔君文王武王宣重光**■昔君，猶昔之先君也。宣，顯揚也。重光，《釋文》引馬融曰：「日月星也。太極上元十一月朔旦冬至，日月如疊璧，五星如連珠。故曰重光。」行甫按：馬說大而無當，成王將死，托孤心切，無由漫說天象。此與《立政》「以覲文王之耿光，以揚武王之大烈」二句之意相同。「重光」猶言文王之「耿光」，武王之「大烈」，「烈」亦「光」也。「光烈」引申之則爲「功業」。文王武王相繼顯揚文治與武功，故曰「宣重光」也。**奠麗陳教**■奠，《說文》：「置祭也。」段玉裁曰：「引申爲凡置之稱。」徐鍇《說文繫傳》：「奠，置定也。」《召南·采蘋》「于以奠之」，毛《傳》：「奠，置也。」是其例也。麗，《廣雅·釋詁》：「麗、設、布、張，施也。」又，「鋪、散、敶、陳、列、播，布也。」又，「敶，數也。」行甫按：此「麗」既有「布列」、「設施」之意，亦有「數」即衆多之意，猶言「衆多政教設施」也，說見《多方》「不克開于民之麗」釋讀。陳，布也。教，教化也。行甫按：此「奠麗」與「陳教」乃相關互足爲義。「奠麗」，猶言「建立多種政教設施」；「陳教」，猶言「開展各項教育活動」。後者依托於前者，猶今所謂『建立各類學校，開展國民教育』之比也。**則肆肆不違**■則，乃也。肆，《說文》：『習也。』近人金兆梓曰：『我意「習」本義爲數飛，故有重義，與上重光照應。「肆肆」云者，文王奠麗、武王重之也。至於《僞傳》訓「肆」爲「勞」，且將兩肆字分爲一屬上讀，一屬下讀，似無謂。』行甫按：金氏之説，差爲得之。此『肆習』之『肆』，當爲重襲、因仍之義。《周南・汝墳》『伐其條肆』，毛《傳》：『肆，餘也，斬而復生曰肆。』則重襲也、因仍也，與『斬而復生』之義相覆。違，叛也。《逸周書・芮良夫》『無道左右臣妾乃違』，孔晁注：『違，畔也。』『畔』即『叛』字。《說文》：『咈，違也。』段玉裁注：『違，與韋同，相背也。』行甫按：『肆肆不違』者，當於重襲因仍而不變改之外，亦有歷盡艱危而堅定不移之意，由『斬而復生曰肆』知之也。**用克達殷**■用，因也。克，能也。達，章太炎曰：『《商頌》「撻彼殷武」，《韓詩》作「達」。此達殷即撻伐字。』行甫按：《熹平石經》『達』作『通』，當是漢人誤讀，以『達殷』之『達』爲『通達』之『達』，乃以訓詁字代本字耳。枚《傳》『故能通殷爲周，成其大命』，是其證。行甫又按：此『達』當讀『撻以記之』之『撻』，與『銛取』、『支取』之字音同義通，説見《皋陶謨》『撻以記之』釋讀。『用克達殷』者，因能取殷也。**集大命**■集，就也。《熹平石經》作『就大命』，義同。

〔五〕**在後之侗**■《說文》：『詷，共也。从言同聲。《周書》曰：「在后之詷。」一曰譀也。』《釋文》：『侗，馬本作詷，云：「共也。」』章太炎曰：『侗，馬本作詷，訓共。其字蓋古本，其訓則非也。《僞孔》釋爲侗稚，是。』行甫按：此句徐鉉本《說文》引作『在夏后之詷』，徐鍇本引作『在后之詷』，當以鍇本無『夏』字爲是。『後』與『后』通假互用；『侗』與『詷』亦通。枚《傳》：『在文武後之侗稚，成王自斥。』其説是也。蘇軾《書傳》曰：『侗，愚也。揚雄曰：「倥侗顓蒙。」』説亦是也。字亦通『同』，參見《君奭》『小子同未』釋讀。**敬迓天威**■敬，謹也。迓，段玉裁以爲天寶以前必作『御』，今作『迓』者，乃唐人所改。行甫按：『御』與『迓』、『訝』，本爲通用字，《公羊傳》成公二年『使跛者迓跛者，使眇者迓眇者』，《穀梁傳》作『使跛者御跛者，使眇者御眇者』，《周禮・掌訝》

注引鄭司農云：『訝，讀爲跛者訝跛者之訝。』是其證也。考唐人改經文用字，往往改通假字爲本字，如『共』字或改爲『恭』，或改爲『供』，皆依其文本語境而改之也。說見《無逸》『以庶邦惟正之供』釋讀。此改『御』爲『迓』字，亦是其例也。『迓』者，迎也。猶今語所謂『面對』也。《洛誥》『御衡不迷』之改『迓衡不迷』，其義亦爲『面對』，謂『面對橫逆而不迷惑』也。天威，天之威嚴也。**嗣守文武大訓**■嗣，繼也。守，猶『守文之君』之『守』，遵循也。《漢書・外戚傳上》『自古受命帝王及繼體守文之君』，顏師古注：『守文，言遵成法，不用武功也。』是此『守』字之義也。大訓，猶『偉大教導』也。**無敢昏逾**■昏，亂也，惑也。《呂氏春秋・貴直》『先生之老歟昏歟』，高誘注：『昏，亂也。』《漢書・五行志中之上》『禮失則昏』，顏師古注：『昏，惑也。』是其例也。逾，《說文》：『𨒫進也。从辵俞聲。《周書》曰：「無敢昏逾。」』段玉裁注：『𨒫進，有所超越而進也。』行甫按：『𨒫』即『越』也。『無敢昏逾』，猶言不敢惑亂而冒進也，與上『守文大訓』之『守』字及下文『無以釗冒貢于非幾』之『冒貢』相照應，意謂按部就班，不疾不徐也。

〔六〕**今天降疾殆弗興弗悟**■殆，王引之《經傳釋詞》：『近也，幾也，將然之詞也。』楊筠如曰：『殆猶將也。《檀弓》「夫子殆將病也」，殆將重言，其義相同。』弗，不也。興，起也。悟，覺也。屈萬里曰：『即今語清醒之意。』**爾尚明時朕言**■尚，庶幾，幸詞也。明，猶顯著也。《禮記・中庸》『著則明』，鄭玄注：『明，著之顯者也。』行甫按：此『明』字即今所謂『明白，明確』之意。時，是也，寔也。句意謂：『汝等幸須明白此實朕之言也。』因成王自言病重將『弗興弗悟』，恐臣下以爲昏瞶之言而不信，故告誡衆臣，此乃『朕』神志清醒之時所『言』，毋以彌留之際胡言亂語視之也。**用敬保元子釗**■用，以也。敬，慎也。保，猶輔也。元子，長子也。釗，成王長子之名，即康王也。行甫按：『元子』嗣位，理所當然，成王所以臨終如此鄭重者，監於殷人兄終弟及之遺俗及懲於武庚管蔡之亂，故下文乃曰『弘濟于艱難』也。**弘濟于艱難**■弘，大也。濟，渡也。艱，即《大誥》『有大艱于西土』及『予造天役，遺大投艱于朕身』之『艱』，即邊關有警也。參見《大誥》『有大艱于西土』釋讀。難，與『艱』意相關，即庶邦構難也。行甫按：成王即位之初，既有武庚叛亂，又有管蔡附逆，實是邊關有警而庶邦構難也。因此，成王臨終最爲關切之事，乃在『元子釗』嗣位執政是否順利。職是之故，其『顧命』遺言，無非特別强調『柔遠能邇』即妥善處理周邊小大庶邦之關係而已。蔡《傳》：『爾庶幾明是我言，用敬保元子釗，大濟於艱難。曰「元子」者，正其統也。』其體會經義，雖不完全準確到位，實有所悟。劉起釪反謂『末句「正其統」顯係加上經師語言』，昧於經義之論也。

〔七〕**柔遠能邇**■柔，《爾雅・釋詁》：『安也。』能，善也。王引之《經義述聞》：『古者謂相善爲相能。襄二十一年《左傳》曰「范鞅與樂盈爲公族大夫而不相能」、《康誥》曰「亦惟君惟長，不能厥家人」，並與「柔遠能邇」之「能」同義。』邇，近也。行甫按：此『遠』與『邇』，或並非指地域之遠近，乃指血緣之親疏。則『遠』者，當指異姓諸侯也；『邇』者，乃指同姓諸侯也。下文以『小大庶邦』言之，即其證也。**安勸小大庶邦**■安，《説文》：『靜也。』勸，與『觀』通。《君奭》『割申勸寧王之德』，《禮記・緇衣》引作『周田觀文王之德』，郭店楚簡《緇衣》作『戡紳觀文王悳』，是『觀』、『勸』通假之證也。參見《君奭》『割申勸寧王之德』釋讀。小大庶邦，即上文所指『遠』與『邇』之衆邦也。**思夫人自亂于威儀**■思，《説文》：『容也。』行甫按：段玉裁《説文注》本作『睿也』。桂馥《説文義證》曰：『容也者，《春秋繁露》王者貌曰恭，言曰從，視曰明，聽曰聰，思曰容。容者，言無不容。容作聖，聖者，設也。王者心寬大無不容，則聖能施設，事各得其宜也。《漢書・五行志》思心之不睿，是謂不聖。思心者，心思慮也。容，寬也。孔子曰居上不寬，吾何以觀之哉！言上不寬大包容，臣下則不能居聖位。馥案：睿本作容，故曰寬大曰包容。後人因《尚書》作睿，疑容字誤，故作睿。幸容字之形未盡沒也。』蘇輿《春秋繁露義證》曰：『睿亦當作容，從、恭、明、聰、容爲韻。《説文》「思，容也」，本此。』則段氏改『容』爲『睿』，非也。參見《洪範》『思曰睿』及《秦誓》『昧昧我思之』釋讀。行甫又按：各家注此『思』字爲語詞，亦非是。此『思』之爲『容』也，與上『安勸』即『靜觀』相照應之字，正用『思』字之本義。夫，猶『彼』也，『夫』、『彼』二字互通，說見吳昌瑩《經詞衍釋》。行甫按：『夫人』者，指『小大庶邦』之『人』也，即小大眾邦之君也。經注家或以爲泛指『人人』，或以爲特指『康王』，非經義也。唯孔穎達《書疏》以『夫人衆國』說之，差爲有得。自，自己也，自行也。亂，如字，錯亂、混亂也。行甫按：古今注家皆訓此『亂』爲『治』，大悖經旨。參見本篇【後案】。于，猶『其』也。說見吳昌瑩《經詞衍釋》。威儀，枚《傳》：『有威可畏，有儀可象。』行甫按：于省吾謂『威儀』是與古人飲酒相關的專用詞彙，且釋『安勸』爲『宴觀』，以爲經文之意是說，在酒宴上觀察小大邦君之禮儀細節，以『瞻興衰之所由』，並謂『此篇言宴觀庶邦與自治威儀相對成文』，其釋義固然鄙陋可笑，但以『威儀』與飲酒相關，不爲無見。事實上，此言『自亂于威儀』，乃是以小喻大，暗示庶邦之君（實指殷商舊部）在王朝新舊交替之際或者有所蠢動，向新王發難而圖謀不軌。關於成王臨終顧命之真實意圖以及通篇旨趣，可參本篇【後案】，茲不支蔓。**爾無以釗冒貢于非幾**■無，毋也。祈使之詞。以，使也。冒，《說文》：『冢而前也。从冃从目。』行甫按：『冒』字以蒙目爲會意，即今所謂『盲目冒進』之義也。貢，當讀『戇』，愚也。《釋文》：『馬、鄭、王作贛，音敕用反。馬云：贛，陷也。』段玉裁曰：『謂鄭王本字作贛而讀爲戇也。《說文》心部曰：「戇，愚也。」《漢書・高帝紀》曰：「王陵少戇。」《汲黯傳》曰：「甚矣，汲黯之戇也。」《集韻》「去聲三用」曰：「戇，亦省作贛。丑用切。」此本《尚書音義》也。《聲類》、《韻集》「丑巷切」與「丑用」雙聲。《釋文》又云「馬云：陷也。」此謂馬本字亦作贛，而其說又與鄭王不同也。贛从貝，竷省聲。竷，苦感切。《說文》引《詩》「竷竷舞我」，即《小雅》之「坎坎鼓我」，「舞」系字誤。師古注《漢書》曰「戇，古音下紺反」，是與「陷」音同。馬讀爲坎，訓爲「陷」，本《說卦傳》。《公羊》莊二十四年傳「贛諫」，贛讀如坎，即《白虎通》之「陷諫」。贛，陷也。此與《顧命》馬注相發明。』行甫按：『貢』與『贛』通，又與『戇』通，讀下紺反，字又作『憨』，《爾雅

・釋鳥》『鵽鳩，寇雉』，郭璞注『爲鳥憨急群飛』，陸德明《釋文》引《字書》云：『憨，愚也。』是古今字之形變也。且『憨急』與『盲目冒進』之『冒』，其義從同，則『冒貢』亦同義複詞也。于，以也。幾，《易・繫辭下》：『幾者，動之微也。』《繫辭上》『唯幾也，故能成天下之務』，韓康伯注：『適動微之會則曰幾。』行甫按：此『幾』字之義，即今所謂『機會』、『機遇』之『機』。《荀子・解蔽》『危微之幾』，楊倞注：『幾，萌兆也，與機同。』是其證也。此『機會』、『機遇』之『幾』又與『期』義同，故『幾』又有『期』義、『時』義也。《小雅・楚茨》『如幾如式』，毛《傳》：『幾，期也。』《玉篇》：『幾，時也。』皆是其例。今所謂『時機』者，亦是其義也。句意謂：爾等不可使元子釗作不合時宜之冒進與盲動也。是『無以釗冒貢于非幾』者，正與上文『安勸』即『靜觀』及『思容』之義相照應也。

〔八〕**茲既受命**■茲，於是也，承上啓下之詞。既，已也，終也。既受命，群臣受成王顧命已畢也。**還**■退也。

出綴衣于庭■出，撤出也。綴衣，枚《傳》：『幄帳。群臣既退，徹出幄帳於庭。』《周禮・幕人》『掌帷幕幄帟綬之事』，鄭玄注：『在旁曰帷，在上曰幕；帷幕皆以布爲之，四合象宮室曰幄。王所居之帳也。』《禮記・喪大記》『疾病，外內皆埽，君大夫徹縣，士去琴瑟，寢東首於北墉下，廢牀，徹褻衣，加新衣，體一人。男女改服，屬纊，以俟絕氣』，鄭玄注：『廢，去也。人始生在地，去牀，庶其生氣反。徹褻衣，則所加者新朝服矣。體，手足也，四人持之，爲其不能自屈伸也。纊，今之新綿，易動搖，置口鼻之上以爲候。』此言人之臨終預備後事，尊卑同也。『出綴衣于庭』，即徹寢宮之幄帳而置於庭，亦是臨終預備後事之意。所不言『寢東首於北墉下，廢床，徹褻衣，加新衣』、『屬纊』諸事者，史以苛細文繁而不錄也，獨以『出綴衣于庭』總言之耳。

此乃本篇第一節，言成王將崩，召群臣宣佈遺命，囑群臣輔太子釗順利繼嗣王位，妥善處理周王朝與大小眾邦之關係。

【繹文】

在四月月光初露的這一天，周成王姬誦的病情已經很嚴重了，他感到渾身不自在，又覺得還有最後一件大事必須趕緊交待，可他已經没有氣力進行齋戒沐浴的繁雜禮儀了。就在甲子這天，命人端來清水，沖洗一下雙手，又擰一把布巾，隨便擦擦臉，然後讓人幫助自己穿戴上禮服禮帽，無力地靠在玉飾的几案上，要人傳令讓太保召公奭率領芮伯、彤伯、畢公高、衛侯封、毛叔鄭，以及師氏、虎臣等一干武職官員，還有各大衙門的長官和幹辦人員，一起進宫聽命。

成王誦長嘆一口氣説：『唉——！病情已經漸漸地非常嚴重了，離大限之日也差不多没幾天了。眼看病情一天天加重，終於到了生命的盡頭了。我擔心没有機會跟衆位大臣約定王位繼承人的事情，也要交待新王登極之後你們所須謹慎小心之處。因此，我要乘著這最後的時光，正式地把這件事情詳細而明確地告訴你們：我們的先君周文王和周武王，經過先後不懈的努力，把我們周邦的事業不斷地發揚光大。他們創辦了很多政教設施，開展了不少教化活動，最大限度地獲得了民心，爭取到廣大民衆的支持。經過他們孜孜不倦、百折不迴的不懈努力，終於能夠取代商紂王，推翻殷王朝，成就了偉大的天命，創建了周王朝。我作爲後繼者，雖然冥頑不才，但依然戰戰兢兢，如履薄冰，謹慎地面對上天的威嚴，努力繼承并且嚴格遵守文王和武王的偉大教導，不敢有半點疏忽和絲毫躁進的行爲。現在，老天爺給我降下了絶症，再也没有好轉的可能了。大概過不了多久就會動彈不得，不省人事了，所以你們要趁我還没有完全喪失清醒意識之時，聽我把這些話説明白。我死了之後，你們要謹慎地輔佐太子釗登上王位，盡最大的努力去克服一切困難，渡過這段艱難時刻。因爲在新舊交替之際，很容易出現一些意想不到的艱難和風險，你們要善待那些遠近大小諸侯邦君，正確處理王朝與小大眾邦的關係，要安撫懷柔異姓遠邦，關愛友善同姓近鄰；同時也要冷靜地觀察那些小大邦君的行爲舉止，掌握他們的各種動向，只要不是重大原則性問題，就要寬容他們在生活作風上的某些小小過失。太子釗爲人端方正直，嫉惡如仇，又正處在血氣方剛，年輕氣盛的人生階段，初登王位，難免會採取一些不切實際的過激行爲。你們在輔助太子釗登極繼位之後，一定不要讓太子釗急躁冒進，輕舉妄動，顢頇地對形勢和時局發生誤判，從而對那些小有過失的庶國邦君發生不必要的猜忌，採取了不適當的處理方式，以致激而生變，釀成大禍，從而斷送了先君文武開創的偉大基業。』

於是，首輔大臣太保召公奭，以及同時受召的文武群臣，接受了成王遺命之後，紛紛退出成王寢宮。並命有關執事人員將成王平時在寢宮所用的帷幄帳幔以及其他用具統統徹出來放置在堂下大庭之中，臨終之前，處理各項應盡事宜，以待其氣絕。

越翼日乙丑，王崩。〔一〕

太保命仲桓、南宮毛，俾爰齊侯呂伋以二干戈，虎賁百人，逆子釗於南門之外，延入翼室，恤宅宗。〔二〕丁卯，命作冊度。〔三〕

越七日癸酉，伯相命士須材，狄設黼扆綴衣。〔四〕牖間南嚮，敷重篾席，黼純，華玉仍几。〔五〕西序東嚮，敷重底席，綴純，文貝仍几。〔六〕東序西嚮，敷重豐席，畫純，雕玉仍几。〔七〕西夾南嚮，敷重筍席，玄紛純，漆仍几。〔八〕

越玉五重陳寶：赤刀、大訓、弘璧、琬琰在西序；大玉、夷玉、天球、河圖在東序。〔九〕胤之舞衣、大貝鼖鼓在西房；〔一〇〕兑之戈、和之弓、垂之竹矢在東房。〔一一〕大輅在賓階面，綴輅在阼階面。先輅在左塾之前，次輅在右塾之前。〔一二〕

二人雀弁執惠，立于畢門之内。四人綦弁執戈上刃，夾兩階戺。〔一三〕一人冕執劉，立于東堂；一人冕執鉞，立于西堂。〔一四〕一人冕執戣，立于東垂；一人冕執瞿，立于西垂；〔一五〕一人冕執鋭，立于側階。〔一六〕

【釋讀】

〔一〕**越翼日乙丑**■越，於也。翼，本應作『翌』，唐衛包誤改。『翌日』即『明日』，今所謂『第二天』也。乙丑，甲子日之明日也。**王崩**■《釋文》：『馬本作成王崩。』《漢書·律曆志》及《周禮·司几筵》鄭司農引《顧命》皆爲『成王崩』。行甫按：『成王』乃其生稱，非爲死謚，當以有『成』字爲是。崩，《春秋》記周王死曰崩，本國君主死曰薨，他國君主死曰卒。

〔二〕**太保命仲桓南宫毛**■太保，召公奭也。時周公已逝，召公爲成王顧命之首輔大臣，治理喪事及冊命新王，皆由召公主之。命，使令。枚《傳》：『冢宰攝政，故命二臣。桓、毛，名。』孔穎達《書疏》：『桓、毛二人必是武臣宿衛。』是以召公命此二人執干戈率虎賁迎太子釗也。**俾爰齊侯呂伋以二干戈**■俾，使也。爰，猶『與』也，『及』也。說見吳昌瑩《經詞衍釋》。呂伋，齊侯，太公呂尚之子，史稱丁公。《說文》：『玎，玉聲也。从王丁聲。齊大公子伋謚曰玎公。』《左傳》昭公十二年楚靈王曰『昔我先王熊繹與呂級、王孫牟、燮父、禽父並事康王』，《釋文》：『級，本亦作伋。』俞樾《平議》：『蓋桓、毛及呂伋三人皆受命逆子釗。先書桓、毛二臣者，王人也，不以外先內也。從於齊侯者，齊侯尊也，不以卑臨尊也。』行甫按：俞氏釋『俾』爲『從』，故說之如此。實則此爲雙重祈使句式，即『召公命某某人使與某人以某方式爲某事於某處』，其敘事之邏輯必當如此，俞氏之說，不無過度詮釋之嫌。以，猶『用』也。二干戈，桓、毛二臣各執干戈也。**虎賁百人**■虎賁，武士。**逆子釗於南門之外**■逆，迎也。南門，南端之門，即臯門也。行甫按：周天子宮室有五門，《周禮・天官・閽人》『掌守王宮之中門之禁』，鄭玄注：『中門，於外內爲中，若今宮闕門。鄭司農云：「王有五門，外曰臯門，二曰雉門，三曰庫門，四曰應門，五曰路門。路門一曰畢門。」玄謂：雉門，三門也。《春秋傳》曰「雉門災，及兩觀。」』賈公彥《疏》曰：『中門於外內爲中者，雉門外有臯、庫，內有應、路，故云於外內爲中也。鄭司農云「王有五門」，庫門在雉門內爲中門；路門一曰畢門者，取《尚書・顧命》云「二人爵弁立於畢門之內」。言路門者，路，大也，人君所居皆曰路，以大爲名。言畢門者，從外而入，路門爲終畢。玄謂「雉門爲三門」者，破先鄭雉門爲二門。』據鄭康成及賈公彥說，天子五門，由外而內，即臯門、庫門、雉門、應門、路門。此『南門』者，當從曾運乾說爲『臯門』也。曾氏《正讀》：『天子五門，臯門最南，故曰南門。江聲云：王既崩，世子猶在外。世子蓋以王未疾時奉使而出，比反而王崩。憂危之際，故以兵迎之于南門外云。又云：據上文王命群臣時，太子實不在左右也。今按江說是也。晚出《孔傳》謂南門爲路寢門，如僅爲路寢門，則二人往迎，不必盛陳儀衛也。或又謂南門即廟門，《史記》所云「二公率諸侯以太子釗見於先王廟」者。不知廟門本文稱畢門，下文「立于畢門之內」，「諸侯出廟門俟」，即其證。此時成王方崩，不導嗣王先入殯宮，反先導之入廟，非禮之節次也。』曾説是也，路門既以『從外而入』，爲『終畢』之門而稱『畢門』，以天子宮室南嚮，是『皋門』以其最在南端而稱爲『南門』，亦其當然之理也，今從之。**延入翼室**■延，引也。翼室，枚《傳》：『明室，路寢。』蔡《傳》：『路寢旁左右翼室也。』王夫之曰：『蔡氏謂路寢旁左右室。今嗣子既爲喪主而入側室，于禮非安。』章太炎曰：『《後漢書・袁紹傳》注引作「翌室」，案僞《傳》訓明，故作翌。《班固傳》注引《尚書》「延入翼室恤度宗」，此本之蔡邕注，自作翼，不作翌也。以翼室爲翌室，訓爲明室路寢。路寢有此名，古未聞也。或云《文選・西京賦》注引《説文》「翼，屋榮也。」《士冠禮》注：「榮，屋翼也。」則翼室爲屋之有榮者。然此命士以上所同，亦不待別言。今謂翼當讀爲廙，古字翼廙通借。丁廙字敬禮，劉廙字恭嗣，《篇》、《韻》皆訓廙爲敬，並以廙爲翼。《説文》：「廙，行屋也。」行屋即楃，《周官》所謂次。時先君未殯，故未居倚廬。數當馮尸，故不得遠離牖。身未嗣立，故不得正位内朝。就近設楃，制事之宜。《天官・幕人》：「大喪共帷幕帟綬。」幕與楃別言有殊，通言則一。《春秋・昭公傳》「子産以楃幕九張行」，是楃亦稱幕。子釗居此，則幕人所共者也。鄭注幕人但云「爲賓客飾」，不思天子七日而殯，此七日中，主人能無所休舍乎？其楃不華云爾。』行甫按：『翼室』之解，衆説紛紜，兹不備引。章氏之説是也。《説文》『廙，行屋也。』段玉裁注：『行屋，所謂幄也。許書巾部無幄篆。《周禮》「帷幕幄帟」，注云：「四合象宮室曰幄。王所居之帳也。」木部曰：「橦者，帳柱也。」帳有梁柱可移徙，如今之蒙古包之類。廙字本義如是。魏晉後用爲翼字。如魏丁廙字敬禮，是用爲小心翼翼字也。《篇》、《韻》皆曰：「廙，敬也。」』《説文》：『楃，木帳也。』段玉裁注：『《周禮》巾車、翟車有楃，字從木。《釋文》及各本從手，非也。許書無幄有楃，楃蓋出《巾車職》。《釋名》云：「幄，屋也。以帛衣版施之，形如屋也。」故許曰木帳。』是則『翼室』猶言『廙室』，即臨時所設於路寢旁邊之幄帳，由『幕人』所供，且由『掌次』張設之，供喪主就近以便馮尸及休憩之用也。此當爲倚廬之前段或前事也，殯殮之後乃有倚廬耳。倘無殯殮前之『翼室』，則並不可有殯殮後之倚廬也。

恤宅宗■恤，憂也。宅，居也。宗，主也。孫星衍曰：『《後漢書·班固傳》、《典引》云：「正位宗度。」注云：「《尚書》曰：『延入翼室，恤度宗。』度，居也。宗，尊也。」江氏聲云：「宗者，《白虎通·宗族篇》云：『宗，尊也，爲先祖主也。』是宗猶主也。」憂居爲喪主。』行甫按：此『恤』之爲『憂』者，即喪主行馮尸、迎弔、拜送、哭踊之事。『宅宗』，即居喪主之位也。今文作『度宗』，古文作『宅』，今文例皆作『度』，乃『宅』與『度』通也。

〔三〕**丁卯命作冊度**■丁卯，成王崩於乙丑，歷丙寅而丁卯，是第三日也。命，使令也。仍是太保召公命之也。作冊，史官之一，西周初以內史任之，故謂『作冊內史』，負責起草文書者。度，動詞，謀也，揆也。《儀禮·士喪禮》『度茲幽宅』，鄭玄注：『度，謀也。』《國語·晉語三》『謀度而行』，韋昭注：『度，揆也。』行甫按：此『度』字，義猶今語所謂『制訂方案』也。『命作冊度』者，命作冊史官將成王口頭顧命形成文本，並起草與傳達顧命相關之儀式及其器物用度之規劃預案也。

〔四〕**越七日癸酉**■越，於也。癸酉，丁卯之後第七日也。成王於乙丑日崩，迄茲已九日矣。孔穎達《書疏》：『於九日始傳顧命，不知其所由也。鄭玄云：「癸酉蓋大斂之明日也。」鄭以大夫已上殯斂，皆以死之來日數。天子七日而殯，於死日爲八日。故以癸酉爲殯之明日。』行甫按：成王當以壬申大殮，大殮之後即行顧命儀式。倘顛倒行之，則成王尸蟲出矣。**伯相命士須材**■伯相，枚《傳》：『邦伯爲相，則召公。』王肅曰：『召公爲二伯，相王室。故曰伯相。』行甫按：言『伯相』者，猶言首輔也。『伯』乃『伯仲叔季』之『伯』，非『邦伯』或『二伯』之『伯』也。章太炎曰：『商周有家宰而無相，《顧命》稱召公爲伯相，說者遂以是疑《顧命》。不知宰自實職言，從其定名，相自差遣言，從其假名也。』命，令也。士，猶《周禮·夏官·司士》『作士』之『士』也。考『司士』掌『正朝儀之位，辨其貴賤之等。司士擯。凡會同作士從，賓客亦如之。作士適四方，使爲介。大喪作士，掌事。國有故，則致士而頒其守。』須，待也。材，用也。《國語·周語下》『讓，文之材也。』韋昭注：『材，用也。』《呂氏春秋·異用》『故聖人於物也無不材』，高誘注：『材，用也。』《史記·仲尼弟子列傳》『無所取材』，裴駰《集解》引欒肇曰：『適用曰材。』行甫按：舊注皆從枚《傳》『召公命士致材木，須待以供喪用』爲説，唯王夫之《稗疏》獨存異議。王氏曰：『《檀弓》言「虞人致百祀之木」爲棺槨之用者，則事在未殯之前。今業已殯而始須之，何爲？若《士喪禮》所云獻明器之材，則事在筮宅之後，啓殯之前日。天子之喪九月而葬，乃急須于九日内，又何其太速耶？且致棺槨之材則有虞人，治明器則甄、弓矢、琴瑟各有司存以上統于司空，而何以命士？况此篇經文上下皆未言及喪紀，故九日之内，所爲復、含、大小斂、哭臨、殯塗，一概不書于篇，何爲獨于喪用之材而特記其須？揆之本文前後，殊爲不倫。彼含斂奠殯，其事之大且百倍于須材，逸其重而記其輕，不已傎乎？蓋此篇爲紀顧命而作，則所重在嗣子之受命，而喪禮概所不紀，固其宜也。所謂「士」者，《周禮》之司士也。司士之職，國有故，則致士而頒其守。「材」者，材武之士。「須」，待也。新君將立，國之大戒，故選材武之士，頒其所守，以待命焉。而正朝儀之位，擯王行禮，皆司士之職，故特命之。後之「執惠」「執戈」者，皆其類也。尋文繹義，斯爲可通爾。』行甫按：王氏之説極是，本篇言成王顧命及康王嗣位之事，非記喪禮，故君臣皆冕服也。後世所以譏本篇之『失禮』者，由不知此篇乃紀康王受成王遺命以嗣王位之禮，非紀成王殯喪之儀故也。餘説參見本篇【後案】。劉起釪以大量篇幅引用前人陳説『討論』康王是否『失禮』又無所折衷，以周公『草創』與後世『定型』之別爲説，闡釋路徑既已誤入歧途，則差之毫釐而不啻謬以千里矣！

狄設黼扆綴衣■狄，翟也。《禮記·祭統》：『翟者，樂吏之賤者也。』《釋文》：『翟，狄也，樂吏也。』《禮記·喪大記》：『狄人設階。』王夫之曰：『設張之事，自幕人所掌。狄之爲官，不見于《周禮》，唯《喪大記》言之，則《周禮》所謂「夏采」者是已。《祭統》所謂翟，乃籥師之別名，不與此同。狄不典黼扆綴衣，而特司其陳設，故《喪大記》云「狄人設階」。此云「設」者，兼下文而言。黼扆綴衣，四席四几，有司備之，而皆授狄人使之排設也。』行甫按：王氏言『狄不典黼扆綴衣，而特司其陳設』，是也。但王氏既主『此篇爲紀顧命而作，所重在嗣子之受命』，又以爲『狄』即『夏采』，兼命『夏采』者，『以方在殯，禮雜吉凶』，又謂『狄司復事，爲神所依，亦使求神而授命也』，不免臆説無憑且自相矛盾矣。考《喪大記》言『狄人設階』者，備招魂者升降所用，未必即是『掌始死而復』的『夏采』本人也。設，陳設，佈置也。黼扆，《爾雅・釋宫》：『牖戶之間謂之扆。』郭璞曰：『窗東戶西也。禮云斧扆者，以其所在處名之』。《釋名・釋牀帳》：『扆，倚也。在後所依倚也。』《儀禮・覲禮》：『天子設斧依於戶牖之間，左右几。天子袞冕負斧依。』鄭玄注：『依，如今綈素屏風也，有繡斧文，所以示威也。斧謂之黼。』孔穎達《書疏》：『先儒相傳黼扆者，屏風畫爲斧文，在戶牖之間。《考工記》：「畫繢之事，白與黑謂之黼。」是用白黑畫屏風，置之於扆地，故名此物爲黼扆。』郝懿行《爾雅義疏》：『《明堂位》注「斧依」爲斧文屏風於戶牖之間。《釋器》云：「斧謂之黼。」是黼與斧、扆與依，並音同字通也。石經《尚書》殘碑作「黼衣」，即扆字之省。《魏書》本謐《明堂制度論》引鄭氏《禮圖》説扆制曰：「縱廣八尺，畫斧文於其上，今之屏風也。」然則屏風與扆形制同，但屏風不畫爲異。古者屏風通名爲依，故《詩》「既登乃依」，鄭箋《公劉》：「既登堂負依而立。」《士虞禮記》云：「佐食無事則出戶負依南面。」是皆屏風稱依。依即扆也。唯天子畫斧文於上，故獨名黼扆耳。』綴衣，帷幄帳幕也，張設於黼扆之前。

〔五〕**牖間南嚮**■牖，窗也。堂後爲室，室有窗有門，窗在西，門在東。黼扆即設於室外堂上窗與門之間。南嚮，面朝南。室内以東嚮爲尊，堂上以南嚮爲尊。**敷重篾席**■敷，鋪也。重，重疊。篾席，當作蔑席，極細之竹篾或蒲草所編之席。《説文》：『蔑，火不明也。从苜从火，苜亦聲。《周書》曰：「布重蔑席。」蔑席，纖蒻席也。讀與蔑同。』段注：『今作敷重篾席，衛包又改爲篾，俗字也。纖與蔑皆細也。蔑者，蔑之假借。』段氏《尚書撰異》：『許據壁中古文也。敷布古通用；蔑蔑古通用。《禮器正義》引鄭注《尚書》曰：「筍，析竹青皮也。」是析其最外之青皮爲席謂之筍席，析其次青者爲席謂之蔑席，鄭意蔑同禮注之篾字也。底席，鄭云：「底，致也。蔑，纖致席也。」此蒙上文蔑席爲言，蔑席之纖致者，則謂之厎席。致者，今之緻字。厎，致也。比傅字義以立說。鄭又云：「豐席，刮湅竹席也。湅當是涑之字誤。涑，治也。刮涑亦合下筍爲言。筍席，用竹外青皮而不刮治，豐席用竹外青皮而刮治使浮筠色澤姅容可觀，故曰豐席。鄭君四席皆主竹而言，豐筍以外青刮治不刮治爲別；厎蔑以次青緻與不緻爲別。」行甫按：本經四座所設之席，歷來經師皆憑臆而斷，無所質證。實則四席之限定語，皆爲形況之字，非關制作材質之名詞也。參見下文『敷重豐席』及『敷重筍席』釋讀。**黼純**■黼，繡有黑白兩己字相背的圖案。純，緣也。猶今所謂『以布條包縫邊緣』。《周禮·司几筵》：『凡大朝覲、大享射，凡封國命諸侯，王位設黼依，依前南鄉設莞筵，紛純；加繅席，畫純；加次席，黼純。左右玉几。』鄭玄注：『於依前爲王設席，左右有几，優至尊也。』行甫按：據《司几筵》，此所謂『敷重篾席』之『重』，當爲三重。鋪之於地者爲莞筵（賈公彥《周禮疏》曰：『凡敷席之法，初在地者一重即謂之筵，重在上者即謂之席。』已下皆然。故鄭注《序官》云：敷陳曰筵，藉之曰席。』），紛純。其中間則爲繅席，畫純。最上爲次席，黼純。則此『黼純』者，乃就最上層言之也。**華玉仍几**■華，有華彩也。華玉，以五彩華玉飾之也。仍，枚《傳》：『因也。因生時几，不改作。』孔穎達《書疏》：『禮之於几，有變有仍，故特言仍几，以見因生時几不改作也。』行甫按：《司几筵》：『凡吉事變几，凶事仍几。』鄭玄注：『鄭司農曰：變几，變更其質，謂有飾也。乃讀爲仍，仍因也。因其質，謂無飾也。《書·顧命》曰翌日乙丑成王崩，癸酉牖間南鄉，西序東鄉，東序西鄉，皆仍几。玄謂：吉事，王祭宗廟裸於室，饋食於堂，繹於祊，每事易几。神事文，示新之也。凶事謂凡奠几，朝夕相因，喪禮略。』鄭衆解『仍几』爲『因其質』而無飾；顯然與《司几筵》『凡喪事，設葦席，右素几，其柏席用萑，黼純』之說相符契，此二句乃總結几筵使用之法，先鄭之說未必爲非也，後鄭之說反而無據。枚《傳》孔《疏》乃至鄭玄皆以本經所言黼扆几席儀衛爲殯喪之禮，故有是說，實則皆非也。此『仍几』者，既非『因生時几』，亦非《司几筵》『素几』之謂，因有『華玉』爲飾也。今考『仍』者，重也。《國語·晉語四》

『晉仍無道』，韋昭注：『仍，重也。』《爾雅·釋親》『昜孫之子爲仍孫』，郭璞注：『仍亦重也。』皆是其例也。重几云者，左右几也。《司几筵》言天子左右玉几，諸侯或右几，或左几。喪事則『右素几』而不重也。此經乃如王夫之所言，記成王顧命及康王嗣位之事，非記喪禮也。是『仍几』即『重几』，猶『左右几』也，且以『華玉』爲飾而非『素几』也，則爲吉事而非凶事，明矣。此黼扆重席仍几，乃《司几筵》『凡大朝覲、大亨射，凡封國命諸侯』之王位也。《儀禮·覲禮》：『天子設斧依於戶牖之間，左右几，天子衮冕負斧依。』亦是也。本經乃冊命康王嗣位之禮，禮雖成於路寢殯宮，但非記喪葬之禮也。

〔六〕**西序東嚮**■序，《說文》：『東西牆也。』段玉裁注：『堂上以東西牆爲介，禮經謂階上序端之南曰序南，謂正堂近序之處曰東序西序。』《爾雅·釋宮》：『東西牆謂之序。』郭璞注：『所以序別內外。』孔穎達《書疏》引孫炎曰：『堂東西牆所以別序內外也。』行甫按：此位設於堂上近西牆之處，故爲『東嚮』。**敷重厎席**■厎席，《釋文》：『馬融云：厎，青蒲也。』孔穎達《書疏》引王肅曰：『青蒲席也。』段玉裁《撰異》：『蔑席之纖致者，則謂之厎席。致者，今之緻字。厎，致也。』行甫按：『厎席』者，精緻細編之席也，與材質無關。**綴純**■綴，枚《傳》：『雜彩。』孔穎達《書疏》：『綴者，連綴諸色，席必以彩爲緣，故以綴爲雜彩也。』行甫按：『綴純』，連綴雜彩繒帛以包緣其邊爲飾也。此『敷重厎席綴純』云者，亦當爲三重之席，最上層乃以不同之純飾爲別。**文貝仍几**■文貝，枚《傳》：『有文之貝飾几。』孔穎達《書疏》：『貝者，水蟲，取其甲以飾器物。《釋魚》於「貝」下云：「餘蚳，黃白文。餘泉，白黃文。」李巡曰：「貝甲以黃爲質白爲文彩名爲餘蚳。貝甲以白爲質黃爲文彩名爲餘泉。」有文之貝飾几，謂用此餘蚳餘泉之貝飾几也。』仍几，重几，左右几也。枚《傳》：『此旦夕聽事之坐。』孔穎達《書疏》：『牖間是見群臣覲諸侯之坐，見於《周禮》。其「東序西嚮養國老饗群臣之坐」者，案《燕禮》云坐於阼階上西嚮，則養國老及饗與燕禮同其西序之坐。在燕饗坐前，以其旦夕聽事重於燕飲，故西序爲旦夕聽事之坐。』

行甫按：枚《傳》孔《疏》乃依《燕禮》「小臣設公席于阼階上西鄉，設加席。公升，即位于席，西鄉」而推下文「東序西嚮敷重豐席」同於「燕禮」所設之坐；又因「西序東嚮」敘述於「東序西嚮」之前，以爲重於燕饗，必爲「旦夕聽事之坐」。古禮茫昧，無所稽考。然古人於堂上設坐，必於戶牖之間、西序、東序此三方可設，揆諸古宫室結構無所可疑也；其坐於何處而行某事，當亦有輕重緩急之分，按之情理亦可知也，唯其具體情事則不可知矣。

〔七〕**東序西嚮敷重豐席**■豐席，枚《傳》：「莞。」孔穎達《書疏》：「《釋草》云：『莞，苻蘺。』郭璞曰：『今之西方人呼蒲爲莞，用之爲席也。又云蓎鼠莞。』樊光曰：『《詩》云「下莞上簟」』，郭璞曰『似莞而纖細，今蜀中所出莞席是也。』」王肅亦云：「豐席，莞。」鄭玄云：「豐席，刮凍竹席。」」行甫按：本經「蔑席」、「底席」、「豐席」(「筍席」見下文《釋讀》)，或者並非與製作材料之爲竹爲蒲，可能與筵席製作工藝及其質性相關。「蔑」者，質性纖細柔軟之謂也，故《釋文》引馬融曰：「纖蒻」。孔《疏》引王肅亦曰：「纖蒻苹席。」皆强調其纖細之質性也。「底」，做工精良密緻之謂也，故鄭玄曰：「底，致也，蔑纖致席也。」至於「豐席」者，「豐」猶言「厚」也。《周禮・大司徒》「其民豐肉而庳」，鄭玄注：「豐，猶厚也。」《楚辭・大招》「豐肉微骨」，王逸注：「豐，厚也。」皆是其例。則「豐席」云者，乃謂豐肉厚實之席也。若諸席皆以製作材料爲言，何不直言「竹席」、「蒲席」、「萑席」耶？是以行甫有所疑焉。**畫純**■畫，枚《傳》：「彩色爲畫。」孔穎達《書疏》：「《考工記》云：「畫繢之事，雜五色。」是彩色爲畫。蓋以五彩色畫帛以爲緣。鄭玄云：「似雲氣，畫之爲緣。」」**雕玉仍几**■雕，《爾雅・釋器》：「玉謂之雕，金謂之鏤，木謂之刻。」謂刻鏤玉石以爲飾也。枚《傳》：「此養國老饗群臣之坐。」

〔八〕**西夾南嚮**■西夾，西序之西，與前堂及西房相隔之夾室。此夾室由西階上堂即左轉後行數步再右轉，北面而入之。若自阼階上，則左轉後直行過堂前兩楹，再過西序後右轉，北面而入也。南嚮，背朝北而面嚮南。此夾室之北，直抵與房室後牆相齊之北墉。與西房深度相當部分即爲夾室，與堂深相當之部分則爲西廂。東夾與東廂，在東序之東，與西序之西之西夾及西廂相對稱。**敷重筍席**■敷重，與上文同，亦鋪三重席也。筍，《說文》：「竹胎也。」段玉裁注：「醢人注曰：『筍，竹萌。』按許與鄭稍異。胎言其含苞，萌言其已擂也。《吳都賦》曰：『苞筍抽節。』引申爲竹青皮之稱。《尚書》云『敷重筍席』，《禮器》『如竹箭之有筍』，《聘義》『浮筍旁達』，皆是。其音『爲贇切』。今字作筠。」《釋文》引馬融曰：「箬箬也。」鄭玄曰：「析竹青皮也。」行甫按：「竹胎」、「竹萌」或「箬箬」者，今之竹筍，恐脆嫩不可爲席也。鄭以爲「析竹青皮」及段氏「引申爲竹青皮之稱」，皆不得其解而臆爲之說耳。正由馬融、鄭玄以如字讀「筍」，故上文「蔑席」、「厎席」、「豐席」皆連帶以製作材料爲解，其說恐大非也。今考「筍」當讀爲「選」，《周禮·典庸器》「帥其屬而設筍虡」，鄭玄注引杜子春云：「筍，讀爲博選之選。」《禮記·檀弓上》「有鐘磬而無簨虡」，《儀禮·既夕禮》鄭注引「簨」作「筍」，是「筍」與「選」、「簨」古讀相通之證。「選」與「算」亦通。《論語·子路》「斗筲之人，何足算也」，《鹽鐵論·雜事》作「何足選哉」，是也。《小雅·車攻》「之子于苗，選徒囂囂」，王引之《經義述聞》曰：「選，具也。字本作僎。《說文》：『僎，具也。』又云：『巽，具也。』巽與僎古同聲。《周官·內饔》『選百羞醬物珍物以俟饋』，謂先具百羞等物以俟饋也。字亦作撰，《大司馬》『群吏撰車徒』，謂具車徒也。此言『選徒』，亦謂具卒徒。《史記·司馬相如傳》『王駕車千乘，選徒萬騎』，謂具騎兵萬人也。」據王氏之說，則與「選」、「簨」相通之「筍」亦可與「僎」、「撰」、「巽」相通也。「選」與「算」亦通，「筍」、「選」、「算」，皆一聲之轉。則「筍席」猶言「選席」，「選席」猶言「算席」或「具席」也，謂備具以充數之席也。則夾室之「筍席」非如上述堂上「蔑席」、「厎席」、「豐度」之諸席精細柔軟肉厚而舒適也。是以其所緣之純及所配之几，皆無華飾也。枚《傳》謂此夾室之席乃王與其「親屬私宴之坐，故席几質飾」，其說並非無理也。漢人以席之質料言之，則整個解說路徑誤入歧途矣。**玄紛純**■玄紛，枚《傳》：「黑綬。」孔穎達《書疏》：「紛則組之小別。鄭玄《周禮注》云：『紛如綬，有文而狹者也。』」然則紛綬一物，小大異名，故《傳》以「玄紛」爲黑綬。鄭於此注云：「以玄組爲之緣。」』行甫按：『玄紛純』即以黑色絲繩緣邊爲飾也。《司几筵》『依前南鄉設莞筵，紛純；加繅席，畫純；加次席，黼純』，則以『紛純』爲緣飾者，乃設於最下層較粗糙之『莞筵』，足證此『筍席』非上等精緻之席也。**漆仍几**■漆，髹漆也。行甫按：『漆仍几』者，謂僅塗以漆防水防腐而已，無文飾也。與『筍席玄紛純』相搭配也。枚《傳》：『此親屬私宴之坐，故席几質飾。』孔穎達《書疏》：『《周禮·大宗伯》云：「以飲食之禮親宗族兄弟。」鄭玄云：「親者，使之相親。人君有食宗族飲酒之禮，所以親之也。」《文王世子》云：「族食，世降一等。」是天子有與親屬私宴之事，以骨肉情親，不事華麗，故席几質飾也。』枚氏、孔氏之說，得經旨矣。

自『狄設黼扆』至此『漆仍几』，乃敘述鋪設几筵座位之事。所以設四座者，嗣王位爲天子，即須處理諸侯朝覲、群臣聽治、尊賢養老、親屬宴私之四類政治事務，並非『兼設先王平生之坐』也。

〔九〕**越玉五重陳寶**■越，猶『於』也，『於』猶『以』也。玉，玉器或玉石也。行甫按：《釋文》引馬融曰：『越地所獻玉也。』以『越』字屬『玉』字爲讀，恐非是。此句乃總起西序東序、西房東房而言之。序以列玉，房以陳寶，玉亦寶也。賈公彥《周禮·天府·疏》云：『陳寶是總目語，即赤刀已下是也。』賈說甚確。重，猶言『對』或『雙』也。行甫按：『五重』者：『赤刀大訓』當爲對是爲一重；『弘璧』自爲對是爲二重；『琬琰』爲對爲三重；『大玉夷玉』爲對即爲四重；『天球河圖』爲對乃爲五重。在西序者三重，在東序者二重，是爲『五重』也。陳，列也。寶，猶言『寶物』、『寶器』也。《說文》：『宲，藏也。从宀呆聲，呆，古文保。《周書》曰：陳宲赤刀。』段玉裁《古文尚書撰異》：『按《史記》一書，寶字皆作葆，亦其理也。許君蓋據壁中真本，後人易以同音之寶字。』王國維《陳寶說》：『《史記·秦本紀》：「文公十九年獲陳寶。」而《封禪書》言：「文公獲若石云，於陳倉北坂城祠之，其神或歲不至，或歲數來。來也常以夜，光輝若流星。從東南來集於祠城，則若雄雞，其聲殷云，野雞夜雊。以一牢祠，名曰陳寶。」是秦所得陳寶，其質在玉石間。蓋漢益州金馬碧雞之比。秦人殆以爲《周書·顧命》之陳寶，故以名之。是陳寶亦玉名也。』行甫按：裴駰《史記集解》引韋昭曰：『在陳倉縣寶而祠之，故曰陳寶。』是秦人所獲『若石云』者，乃於陳倉城祠之，故曰『陳寶』，與本經『陳寶』無涉也，而王氏以本經當之而已。孔穎達《書疏》引鄭玄曰：『陳寶者，方有大事，以華國也。』其說是也。此句意即：又以玉器五套陳列寶器也。**赤刀大訓**■赤刀，赤色刀形玉器也。王國維曰：『內府藏古玉赤刀，屢見於高宗純皇帝《御制詩集》，又洩陽端氏舊藏一玉刀，長三尺許，上塗以朱，赤色爛然。《書》之赤刀，殆亦此類也。』是晚清內府及顯貴之家猶有赤色玉刀之收藏。大訓，屈萬里曰：『蓋即上文所謂「文武大訓」而著之於玉版者。』行甫按：『赤刀』象徵武功，『大訓』代表文治，是以『赤刀』與『大訓』相對爲『重』。**弘璧琬琰在西序**■弘，大也。璧，《說文》：『瑞玉圜也。』段玉裁注：『瑞，以玉爲信也。《釋器》：「肉倍好謂之璧。」邊大孔小也。鄭注《周禮》曰「璧圜象天」。』行甫按：《周禮·典瑞》言璧乃侯氏所執，『子執穀璧，男執蒲璧』，『以朝覲宗遇會同于王』。則璧有穀璧與蒲璧爲對，是自爲一『重』。琬琰，圭也。《典瑞》『琬圭以治德以結好；琰圭以易行以除慝』，鄭司農云：『琬圭無鋒芒，故治德以結好。琰圭有鋒芒，傷害征伐誅討之象，故以易行除慝。』琬、琰皆指圭而言，則有鋒無鋒，自以爲對，故亦爲『重』。枚《傳》：『大璧、琬琰之圭爲二重。』孔穎達《書疏》：『大璧、琬琰之圭爲二重，則琬琰共爲一重。』行甫按：枚、孔之說是也，然圭璧乃瑞玉之器，雖各自爲『重』，但吉、凶、賓、軍、嘉各種禮儀場合皆有所用，實乃王者統御諸侯執掌政柄之瑞信工具，則璧與圭皆爲王權之象徵無疑也。**大玉夷玉天球河圖在東序**■大玉，孔穎達《書疏》引鄭玄曰：『華山之球也。』行甫按：『大玉』與『夷玉』爲對，自爲一『重』。劉起釪據台灣《故宮文物月刊》第一四一期（一九九四年十二月）載鄧淑蘋《古玉的認識與賞析》之說，認爲『大玉』即『華山所產可制磬之玉』，因爲『周人屬華夏集團的一支，所以稱自己文化傳統的玉器爲大玉』。其說有現代考古依據，可從。夷玉，陸氏《釋文》：『馬云：東夷之美玉。《說文》：夷玉，即珣玗琪。』孔穎達《書疏》引鄭玄曰：『東方之珣玗琪也。』又引王肅曰：『夷玉，東夷之美玉。』賈公彦《周禮・天府・疏》引鄭玄曰：『夷玉，東北之璞。』鄧淑蘋曰：『由玉器資料顯示，夷的老窩或在遼河流域』，『漢代文獻中的醫無閭山，今日仍沿用，正在遼河西岸。山的西麓即爲有名的考古遺址阜新縣，曾出土興隆窪文化和紅山文化的玉器』，『夷人的大本營在遼河流域，可能是中國最早開始雕玉的氏族』，『由今日考古資料看，紅山文化玉器呈現較明確的風格特色』。行甫按：『夷玉』或泛指西北華夏集團之外所産之玉。一九八六年浙江餘杭良渚文化遺址反山墓地十一座墓葬中出土五件玉鉞及其他精美玉器，反山墓地屬良渚文化的中期偏早階段，距今約五千至四千八百年，即是其證。行甫又按：此『大玉』與『夷玉』相對爲『重』者，以象徵周王朝一統天下之意。天球，《釋文》：『馬云：玉磬也。』孔穎達《書疏》引王肅説亦同。唯鄭玄以爲與『大玉夷玉』同爲未經雕琢之玉。鄭氏曰：『大玉，華山之球也。夷玉，東方之珣玗琪也。天球，雍州所貢之玉，色如天者，皆璞未見琢治，故不以禮器名之。』行甫按：《禹貢》雍州所貢：『球琳琅玕。』《商頌・長發》『受大球小球』，毛《傳》：『球，玉也。』是皆鄭玄之説所本。《皋陶謨》：『戛擊鳴球。』此馬融、王肅之説所本。然馬、鄭及王肅之説皆非。『鳴球』可解爲『玉磬』，乃『天球』則不可解爲『玉磬』。『天球』與『河圖』相對爲『重』，顯然亦不可如鄭玄僅以『色如天者』説之。經文以『天』與『河』相對成文，則所謂『天球』當爲刻有天文星象之玉，或爲觀察天文星象之玉器。《堯典》所謂『在璿璣玉衡，以齊七政』，《史記・天官書》云：『北斗七星，所謂旋璣玉衡，以齊七政。』《晉書・天文志》言北斗云：『魁四星爲琁璣，杓三星爲玉衡。』之所以稱北斗七星爲『璿璣玉衡』，當與觀察工具爲玉器有關。是所謂『天球』者，當是與觀測天象相關之玉器。河圖，胡渭《易圖明辨》卷一《論古河圖之器》引俞琰（字玉吾）曰：『天球，玉也。河圖而與天球並列，蓋玉之有文者。』王國維《陳寶説》亦曰：『河圖則玉之自然成文者。』行甫按：『河圖』既與『天球』相對，則與九州山川之圖相關。商周既有『禹敷土，隨山刊木，奠高山大川』之歷史傳説，則據傳説以繪山川之形於玉版，則未始沒有可能。此『天球』與『河圖』相對爲『重』者，既象徵著周人的宗教思想，也體現著周人的科學精神。是則『天球』與『河圖』，寄託著周人深邃的哲學觀念，是以於康王嗣位大典陳之。因此，爲今之計，既不可牽扯象數易學所謂『河圖洛書』爲説以致妄誕不經；也不可視爲純粹的骨董玩好或一般天然圖案之奇石，以致輕易否定其思想價值及其文化意義。更不可如孔穎達之説，以爲『別無他義』。孔氏《書疏》曰：『此西序東序，各陳四物，皆是臨時處置，未必別有他義。下二房各有二物，亦應無別義也。』孔氏未得經義，其説非也。説見下文釋讀。

〔一〇〕**胤之舞衣大貝鼖鼓在西房**■胤，賈公彥《周禮・天府・疏》引鄭玄曰：『胤也、和也、垂也，皆古人造此物者之名。』賈氏所引『胤也』後疑奪『兌也』二字，孫星衍《尚書今古文注疏》所引或以意補之。枚《傳》：『胤國所爲舞者之衣，皆中法。大貝，如車渠。鼖鼓，長八尺。商周傳寶之。』鄭説與枚《傳》不同，劉起釪從鄭説，謂『鄭玄已注明「胤」爲作器者之名，僞孔豈未見鄭注而提出誤説』。行甫按：枚氏讀『舞衣』、『大貝』及『鼖鼓』爲三物，故不從鄭説，乃以三者皆爲胤國之物，而『商周傳寶之』也。倘如鄭説，此三物當云『大貝鼖鼓胤之舞衣在西房』，後接『兌之戈』云云，於文乃順。若以『大貝』與『鼖鼓』皆爲『胤』之所始造，勢必不可。乃枚説之大致腮理也。鄭玄以『大貝』與『鼖鼓』爲一物，故以『舞衣』及『大貝鼖鼓』皆爲『胤』所造之物也。是枚鄭之所以不同也。餘説見下文釋讀。舞衣，枚《傳》：『舞者之衣。』孔穎達《書疏》：『胤是前代之國，舞衣至今猶在，明其所爲中法，故常寶之，亦不知舞者之衣是何衣也。』大貝，孔穎達《書疏》：『大貝，必大於餘貝。伏生《書傳》云：散宜生之江淮取大貝，如大車之渠，是言大小如車渠也。《考工記》謂車罔爲渠。大小如車罔，其貝形曲如車罔，故比之也。』行甫按：《説文》：『貝，海介蟲也，居陸名猋，在水名蜬。象形。古者貨貝而寶龜。周而有泉，至秦廢貝行錢。』近人于省吾亦引《豐鼎》銘文『王賞作冊豐貝，大子錫東大貝』證之。然即使如伏生所言散宜生所取於江淮大如車輞，乃以泉貨之『大貝』與『舞衣』及『鼖鼓』相並列陳於西房，則顯然於類不倫。上文西序、東序所陳，皆以玉爲大類。下文東房『戈』與『弓』、『矢』乃以兵器爲類。獨西房所陳之物雜亂無章，何耶？職是之故，若依枚氏之說，此三物當在功能上同類。考『貝』字或讀爲《周禮》『帗舞』之『帗』或《說文》之『翇』字。《地官・鼓人》『凡祭祀百物之神，鼓兵舞帗舞者』，鄭玄注：『兵，謂干戚也。帗，列五采繒爲之，有秉，皆舞者所執。』《春官・樂師》『凡舞，有帗舞有羽舞有皇舞』，鄭玄注：『故書皇作䍿。司農云：帗舞者，全羽。羽舞者，析羽。皇舞者，以羽冒覆頭上，衣飾翡翠之羽。社稷以帗，宗廟以羽，四方以皇。䍿讀爲皇，書亦或爲皇。玄謂：帗，析五采繒，今靈星舞子持之是也。皇雜五采羽如鳳皇色，持以舞。』《說文》：『翇，樂舞，執全羽以祀社稷也。从羽，犮聲。讀若紱。』段玉裁注：『《樂師》「有帗舞有羽舞」，注：「故書帗作翇、皇作䍿。鄭司農云：翇舞者，全羽。」今本脫「帗作翇」三字，又將大鄭注翇改爲帗，非也。《舞師》注亦有脫。大鄭及許皆從故書作翇，以字從羽，故知爲全羽毛。後鄭從今書作帗，以字從巾，故知析五采繒也。』《說文》另有『帗』字，云『一幅巾也。从巾，犮聲，讀若撥。』段玉裁注：『此與鄭注《周禮》帗舞義絕殊。蓋許君《周禮》作翇舞，與鄭司農說同。』然無論作『帗』抑或作『翇』，皆從『犮』聲無疑也。考『犮』聲之字與『市』聲之字相通。《周禮・大司馬》『中夏教茇舍』，鄭玄注：『茇讀如萊沛之沛。』《商頌・長發》『武王載旆』，《說文》：『坺，坺土也。一臿土謂之坺。从土犮聲。《詩》曰：「武王載坺。」』《說文》『市』字下曰：『韍，篆文市，从韋从犮，俗作紱。』段玉裁注：『犮，聲也。』是『犮』聲與『市』聲之字相通之證。而從『市』得聲之『沛』字讀如『貝』。《左傳》莊公八年『遂田于貝丘』，《史記・齊太公世家》作『沛丘』。《說文》『帗』字『从巾，犮聲，讀如撥』，《荀子・議兵》又引《長發》『武王載旆』作『武王載發』，楊倞注：『發讀爲旆。』且從『發』之字與從『犮』之字多通，見諸載籍者，其例甚夥。則從『發』、從『犮』、從『市』之字，有互通之者。而『撥』與『敗』亦通。《大雅・蕩》『本實先撥』，《列女傳》七引作『本實先敗』。若『大貝』讀如『大翇』或『大帗』，則與『舞衣』及『鼖鼓』乃爲同類之三物矣。然『翇』或『帗』以『大』爲限定修飾，載籍不見其例，而舞者手持之舞具，亦不可能『大』。是知枚氏之說非也。若以『大貝』與『鼖鼓』爲一物，即以『大貝』爲『鼖鼓』之飾，猶上文『文貝仍几』之比也，則鄭說是也。且孔穎達既謂『下二房各有二物』，則孔氏當亦以『大貝鼖鼓』爲一物，當以『和之弓』與『垂之竹矢』合爲一物也。如此，則西房、東房所陳者，皆爲同類之物，而孔穎達以爲『臨時處置』，則又未深究經旨也。鼖鼓，大鼓也。賈公彥《周禮・天府・疏》引鄭玄注：『此鼖非謂《考工記》鼖鼓長八尺者，鼖是周物，何須獨寶守？明前代之物，與周鼖鼓同名耳。大貝者，《書傳》曰「散宜生之江淮之浦取大貝如車渠」，是也。』行甫按：鄭玄先釋『鼖鼓』，後說『大貝』，意即『鼖鼓』以『大貝』爲飾明矣。孔穎達以爲『二房各二物』，亦當從鄭說也。

〔一一〕**兑之戈**■兑，造戈之工匠名。**和之弓**■和，制弓之匠人名。**垂之竹矢在東房**■垂，作弓之工匠名。字亦作『倕』，《荀子・解蔽》『倕作弓，浮游作矢』，是也。行甫按：『西房』所列『舞衣』與『大貝鼖鼓』，乃禮樂之器，與祭祀相關。『東房』所列『戈』與『弓矢』乃兵器，與戎事相關。所謂『國之大事，在祀與戎』，是也。孔穎達以爲序與房之所列『皆是臨時處置，未必別有他義』，其說非也。

〔一二〕**大輅在賓階面**■輅，當作『路』，《周禮・春官》有『巾車』與『典路』之職，皆作『路』，不作『輅』，段玉裁謂乃唐人衛包所改，其說是也。《巾車》：『王之五路，曰玉路、金路、象路、革路、木路。』鄭玄注：『王在焉曰路。』賈公彥《巾車疏》：『若路門、路寢、路車、路馬，皆稱路，故廣言之云「王在焉曰路」。路，大也。王之所在，故以大爲名。諸侯亦然。左氏義以爲：行於道路，故以路名之。若然，門、寢之等，豈亦行於路乎？』《典路》『若有大祭祀，則出路贊駕說；大喪、大賓客亦如之』，鄭玄注：『鄭司農說以《書・顧命》曰：「成王崩，康王既陳先王寶器，又曰大路在賓階面，贅路在阼階面，先路在左塾之前，次路在右塾之前。」』賈《典路疏》：『又曰「大路在賓階面」，注云：「大路，玉路。」』賓階，西階也。江聲《集注音疏》：『《曲禮》云「主人就東階，客就西階」，又《檀弓》云「周人殯于西階之上」，則猶賓之也，是西爲賓位，故西階謂之賓階也。』面，枚《傳》：『前，皆南向。』行甫按：『大輅』即『大路』，亦即《巾車》之『玉路』，鄭玄注：『玉路以玉飾諸末。』賈公彦曰：『凡車上之材末頭皆飾之，故云諸末也。』《巾車》：『玉路，錫，樊纓，十有再就；建大常，十有二斿；以祀。』玉路陳於堂下西階前之庭中，駕車之馬面向南方也。**綴輅在阼階面**■綴輅，鄭司農引《顧命》作『贅路』，賈公彦《典路疏》：『注云：贅，次。次在玉路後，謂玉路之貳也。』枚《傳》：『綴輅，金。』孔穎達《書疏》：『綴輅，繫綴於下，必是玉輅之次，故爲金輅也。』金路，以銅飾諸木末也。阼階，東階也。《説文》：『阼，主階也。』行甫按：東階謂之『主階』，又謂之『阼階』者，《士冠禮》『主人玄端爵韠立于阼階下』，鄭玄注：『阼，猶酢也。東階所以答酢賓客也。』《巾車》：『金路，鉤，樊纓九就。建大旂，以賓，同姓以封。』綴輅陳於堂下東階前之庭中，駕車之馬亦面對南方也。行甫又按：據鄭玄『大路』乃『玉路』、『贅路』爲『金路』之説，則二路所陳之處與《巾車》所言『以祀』及『以賓，同姓以封』之用恰爲相反。疑『大路』當爲『金路』，『贅路』當爲『玉路』也。或者《巾車》之説，乃出周末制度亡失之後耶？或鄭氏之注有誤，僅以經文所陳之序在先，即以《巾車》之『一曰玉路』之序當之耶？要之，『以祀』者當陳『阼階』；『以賓同姓，以封』者當陳『賓階』爲是也。**先輅在左塾之前**■先輅，賈公彦《典路疏》『注云：先路，象路。門側之堂謂之塾，謂在路門内之西，北面，與玉路相對也。』左塾，孔穎達《書疏》：『《釋宫》：「門側之堂謂之塾。」孫炎曰：「夾門堂也。」塾前陳車，必以轅向堂。左塾者，謂門内之西；右塾者，門内之東。故以北面言之爲左右。』《巾車》：『象路，朱，樊纓七就，建大赤，以朝，異姓以封。』行甫按：左塾之前，門内西塾之前也，在庭中，與賓階前大輅相向爲對。**次輅在右塾之前**■次輅，賈公彦《典路疏》：『注云：象路之貳，與玉路之貳相對，在門内之東，北面。』行甫按：賈氏云『象路之貳，與玉路之貳相對』，不云於《巾車》『五路』之『革路』與『木路』爲何路。枚《傳》則曰：『先輅，象。次路，木。金、玉、象皆以飾車，木則無飾，皆在路寢門内，左右塾前，北面。』《巾車》：『革路，龍勒，條纓五就，建大白，以即戎，以封四衛；木路，前樊鵠纓，建大麾，以田，以封蕃國。』

雖『戎』與『田』性質相同，但『戎』比『田』重要，此『次輅』或當爲『革路』而爲『木路』也。行甫又按： 此四輅所陳，『大輅』與『先輅』相向爲對，在堂下庭中之左，與賓階相對。『綴輅』與『次輅』相向爲對，在堂下庭中之右，與阼階相對。然據《巾車》所言『五路』所用，則『先輅』與『次輅』所陳位置較當，唯『大輅』與『綴輅』位置須調換，方與『賓階』與『阼階』相適配。行甫又按： 『大輅』爲王之主車，『綴輅』爲主車之副貳；『先輅』乃開路前驅，又行於『大輅』之前，『次輅』又爲『先輅』之副貳； 故前驅者置於門塾當庭之前，而『大輅』與『綴輅』乃置於庭之後而近於堂也。據此，則本經『四輅』與《巾車》『五路』之各有所用者不相涉也。說經者兩相牽合，或有不妥； 以爲『大輅』與『綴輅』當調換其位置，其說亦牽合《巾車》『玉路』與『金路』之意，非本經之義也。前人訢訢交爭于此，甚無謂也。行甫又按： 庭中車馬陳列，既體現著王者出入自專、自行決斷的個人意志； 也體現著人君的威儀與國家的尊嚴。

〔一三〕**二人雀弁執惠**■雀弁，亦作『爵弁』，『雀』與『爵』字通也。《白虎通義・紼冕》： 『爵弁者，何謂也？其色如爵頭，周人宗廟士之冠也。』《儀禮・士冠禮》『爵弁服，纁裳純衣緇帶韎韐』，鄭玄注： 『爵弁者，冕之次，其色赤而微黑，如爵頭然，或謂之緅，其布三十升。』《士冠禮》『爵弁皮弁緇布冠各一匴』，鄭玄注： 『爵弁者，制如冕，黑色，但無繅耳。』則『雀弁』與冕制相同，其別在有『繅』無『繅』也。《周禮・弁師》『五采繅十有二就』，鄭玄注： 『繅，雜文之名也。合五采絲爲之繩，垂於延之前後，各十二，所謂邃延也。』惠，枚《傳》： 『三隅矛。』孔穎達《書疏》： 『鄭玄注云： 「惠狀蓋斜刃，宜芟刈。」』俞樾《群經平議》： 『惠爲兵器，必假借字，而未有得其本字者。《說文》叀部「惠」篆下有重文「𢡆」曰「古文惠」。疑此即執惠之本字。其字从芔者，象三隅之形，从惠者，其聲也。壁中古文本作「𢡆」，孔安國以今文讀之作「惠」，許氏遂誤以「𢡆」爲「惠」之古文，而此經「惠」字無得其本字者矣。』行甫按： 俞氏之說是也，金文中『惠』字上皆從『芔』作，象三隅之形。則『惠』字之初義，當爲某種生有三股棘刺形狀之植物名，轉以此形狀之兵器亦稱爲『惠』也，若矛之狀如茅草，故稱之爲『矛』也。**立于畢門之內**■畢門，路寢之門。天子五門，臯庫雉應路也。下云『王出在應門之內』，出畢門，始至應門之內，知畢門即是路寢之門，一名畢門也。參見上文『逆子釗于南門之外』釋讀。行甫按：畢門內兩旁，相向各立一人，以防入門之有不測也。**四人綦弁執戈上刃**■綦，《釋文》：『音其。馬本作騏，云青黑色。』『綦』、『騏』音同通用，《曹風・鳲鳩》『其帶伊絲，其弁伊騏』，即是其證。綦弁，亦爲士之冠，其形制當與『雀弁』相同，唯其色不同而已。前人所作禮圖，繪『雀弁』與『綦弁』之形，未必可信。上刃，蔡《傳》：『刃外嚮也。』行甫按：孔穎達《書疏》引鄭玄注：『戈即今勾孑戟。』是『戈』乃勾兵與刺兵相合之兵器，『上刃』即內外（或曰上下）皆有刃以兼砍斫功能也。**夾兩階戺**■兩階，西階與東階，亦謂賓階與阼階。夾兩階，謂二人各夾一階，兩階故四人也。戺，枚《傳》：『堂廉曰戺，士所立處。』孔穎達《書疏》：『廉者，棱也。所立在堂下，近於堂稜。』程瑤田《通藝錄・釋宮小記》有《夾兩階戺圖說》云：『戺謂階之兩旁。自堂至庭地，斜安一石，摒階齒而輔之，如今樓梯，必有兩髀以安步級，俗謂之樓梯腿也。以是經文義言之，兩階四戺，故四人執戈夾之。蓋二人夾於東階之二戺，二人夾於西階之二戺，故謂之「夾兩階戺」也。』俞樾《群經平議》：『《傳》曰：「堂廉曰戺。」按凡側邊皆謂之廉。堂有堂之廉，階有階之廉。此云「夾兩階」，則「戺」者，階廉也，非堂廉也。《儀禮・聘禮》「鼎九設于西階前，陪鼎當內廉」，此階亦有廉之證。蓋東階以西邊爲內廉，西階以東邊爲內廉。「當內廉」者，當西階東邊之廉也。此《傳》疑本作「階廉曰戺」，學者知有堂廉，不知有階廉，遂誤改爲「堂廉」，而「戺」義遂失矣。程氏瑤田《釋宮小記》有《夾階戺圖說》，最爲明確，當從之。』行甫按：劉起釪從程、俞二氏之說，是也。此四綦弁執戈之士各兩兩相向而立於堂下庭中東階與西階兩側升階之處，以防升堂之時發生不測也。

〔一四〕**一人冕執劉立于東堂**■冕，《說文》：『大夫以上冠也，邃延垂瑬紞纊。』行甫按：冕之形制與雀弁相似，唯有纔無纔之別，即許君所謂『垂堥』也。天子與諸侯及孤卿大夫共之，故曰『大夫以上冠也』，而以『垂堥』多寡爲等級之別。劉，校《傳》：『鉞屬。』東堂，堂上之東，近於東序也。孔穎達《書疏》引鄭玄注云：『序内半以前曰堂。』行甫按：鄭玄所謂『序内』，即兩序之内也；『半以前』，即兩序之中以前，靠近北面黼扆之處，亦即『中堂』也。執劉之大夫立於堂上靠近東序之處。**一人冕執鉞立于西堂**■鉞，斧也。西堂，堂上之西，近於西序也。

〔一五〕**一人冕執戣立于東垂**■戣，《説文》：『周制，侍臣執戣立於東垂，兵也。从戈，癸聲。』垂，《説文》：『遠邊也。』段玉裁注：『辵部曰：「邊者，行垂崖也。」垂者，遠邊也，崖者，高邊也。邊本謂行於垂崖，因之垂崖有遠邊高邊之稱，厓有山邊之稱矣。《漢書》「千金之子，坐不垂堂」，謂坐不於堂之邊也。』行甫按：『東垂』，謂東半堂廉臨庭之處也。**一人冕執瞿立于西垂**■瞿，校《傳》：『戣、瞿皆戟屬。』孔穎達《書疏》：『鄭玄注云：戣、瞿蓋今三鋒矛。』行甫按：劉起釪大量引用沈融《顧命所列兵器考》論定『戣』與『瞿』爲戈類兵器，而本經屬儀仗兵器範疇，比實用兵器更多體現文化特色。然據『戣』與『戳』從『戈』，即以爲戈類兵器，未必可信。考陸氏《釋文》曰：『戣，音逵。』以『戣』、『瞿』之音求其命名之由，當可悟其形制。《爾雅·釋宮》曰：『四達謂之衢』，『九達謂之逵』。《釋名·釋道》曰：『四達曰衢，齊魯間謂四齒杷爲欋。欋杷地則有四處，此道似之也』，『九達曰逵，齊魯謂道多爲逵，師此形然也』。然則曰『戣』曰『瞿』者，當形如今之所謂『九齒釘杷』或『四齒鋼叉』之類兵器也。此乃漁獵所用之器，商周之際容或有之。後世兵器漸形發達，此類早期兵器遂汰而不用，故後世無傳焉。西垂，謂西半堂廉臨庭之處也。行甫按：本經『東垂』、『西垂』與『東堂』、『西堂』四人所在之位置，當視『堂』與『垂』相對位置而定。『東堂』、『西堂』位在堂中近東序與西序之處，則『東垂』、『西垂』之位置，當在由『東堂』、『西堂』到堂廉的垂線交叉點上，此位置正值東階與西階登堂之處；是以『東垂』之人，在東階與堂廉相交之堂上西隅，背對西階而立；『西垂』之人，在西階與堂廉相交之堂上東隅，背對東階而立。此二處正爲由東階升堂者左轉、由西階升堂者右轉，而後進入中堂所必經之位置。且『東垂』、『西垂』二人與『東堂』、『西堂』二人成呼應之勢；又與堂下『夾兩階戺』之四人各自成呼應之勢。此理勢也，前人所繪顧命位置圖皆不之悟，其誤不言自明。

〔一六〕**一人冕執鋭立于側階**■鋭，《説文》：『鈗，侍臣所執兵也。从金，允聲。《周書》曰：「一人冕執鈗。」讀若允。』段玉裁注：『《顧命》作「執鋭」。僞孔《傳》云：「鋭，矛屬也。」陸氏《音義》云：「鋭，以税反。」不言「《説文》作鈗，讀若允」。與其詳引許書之例不合。顧氏《玉篇》無鈗字，有鋭字。云「徒會切，矛也。」與《説文》列字次弟同，惟易「鈗」爲「鋭」耳。《廣韻》十七準無「鈗」字，惟十四泰「鋭，杜外切，矛也。」是可知陸法言《切韻》、孫愐《唐韻》皆無「鈗」矣。《集韻》十四太「鋭，徒外切，矛屬。」毛氏《禮部韻略》、黄氏《韻會》皆同。以至毛居正《六經正誤》云：「鋭，矛屬。許氏《説文》音兑，《廣韻》徒外切，今音以税切，非也。當從《説文》、《廣韻》音。」岳珂《九經三傳沿革例》云：「《顧命》執鋭，《説文》以爲兵器，注中釋爲矛屬」。是則南宋時所據許書古本尚有釋鋭爲兵器，讀若兑者。非純用大小徐本也。竊謂《顧命》本作「鋭」，《説文》亦本有「鋭」無「鈗」。「鋭」篆廁於「鋋」下「鉈」上，訓曰「矛屬，从金，兑聲。《周書》曰：一人冕執鋭。一曰芒也。」次出「剡」篆，訓云「籒文鋭也。」今校《説文》當如是改移，徑删「鈗」篆。又「徒外切」者，執鋭舊音。必許云「讀若兑」，故相沿如此音也。「以税切」者，訓「芒」之音。《尚書音義》「以税反」，恐是李昉、陳鄂所擅改，而非陸氏本書也。』行甫按：據段氏所考，『鋭』，矛屬兵器，讀若『兑』，不可從今本《説文》作『鈗』也。側階，枚《傳》：『北下，立階上。孔穎達《書疏》引鄭玄、王肅以『側階』爲『東下階』而駁之曰：『然立于東垂者，已在東下階上，何由此人復共並立？故《傳》以爲「北下階上」，謂堂北階。北階則惟堂北一階而已。側，猶特也。』劉起釪從枚《傳》與孔《疏》，且引鄒衡《試論夏文化》一文相關考古資料：河南偃師二里頭夏文化遺址中發現一處大型宫殿建築群基址。『最近又在殿堂後面的廊廡北牆距東北拐角不遠處找出了一座角門，而戴氏《宗廟圖》所繪「闈門」恰好也在東北角。』劉氏曰：『按《禮記・雜記》

載諸侯夫人奔父母喪，歸本國，「入自闈門，升則側階」，是知側階即對著東北拐角處的闈門，與之相近，諸侯夫人歸來後經過闈門即走上側階，是側階確在堂之北靠近東北處。則側階之在殿堂後面的東北角，信而有徵，足以破在東西兩側之說。』行甫按：『側階』經由鄒氏考古基址發現與戴震《宗廟圖》互證，在東房背後之東北角，可成定論。又，此經堂上堂下所陳儀衛，程瑤田《釋宮小記》言其功能曰：『侍臣執兵，防不虞也。故以經文次弟觀之，自外而內，始畢門內，防之於入門時也；次夾兩階戺，防之於升堂時也；次東西堂，防之於受顧命時也；次東西垂，防其從兩旁上也；次側階，防其從北階而上也。侍臣在堂者著冕，大夫也；在庭者著弁，士也。堂上堂下，宜有貴賤之殊。』程氏所言差爲得之，唯『東垂』、『西垂』之二人，乃配合策應『東堂』、『西堂』及『東階』、『西階』而設，非『防其從兩旁上也』，兩旁無階何由而上邪？

此爲本經第二節，言成王崩，太保召公奭派人迎接太子釗入宮爲喪主，並於成王殯殮之第二日，命相關人員佈置陳設與儀衛，以備與太子釗傳達成王臨終遺命。

【繹文】

於第二日乙丑，成王便駕崩棄世了。

太保召公奭命令仲桓和南宮毛二人，讓他們各持干戈與齊侯呂伋率領虎賁百人，於宮廷最南端的皋門之外迎接太子釗進宮，並把他帶領到臨時搭就的帳篷內，居喪主之位，履行有關喪葬的一系列活動。第三天丁卯，太保召公奭命作冊內史負責起草有關傳達成王臨終遺命以及冊立太子釗即王位的相關文書，並安排相關禮節儀式。

又過了七日，於癸酉這天，作爲王朝大喪之期的首席負責人太保召公奭命令朝中所有士級人員隨時作好聽任調用的準備；並命令狄這類下級事務執行人員佈置與傳命和立嗣相關的一應設施。在堂上靠正室的門與窗之間，擺放了上面畫有黑白顏色相間之斧子形狀的素質屏風，這是設在王位背後體現王者威嚴的重要標誌性物件，在屏風前的王位上方還懸掛了帳幔，這帳幔除了用來體現王者的威儀，沒有任何實際功能。在屏風和王位之前，面向南邊，鋪設有三重用纖細竹篾絲編成的席子，最上面一層，是其邊緣包著繡有黑白兩已相背圖案布條的席子。席上東西兩端，相對擺放著以彩色玉石裝飾的兩個几案。這是王者召見群臣接見地方諸侯所坐的席位。在堂上靠近西牆的地方，面朝東邊，又鋪設有三重做工精緻細密的席子；最上一席，連綴雜彩繒帛以包緣其邊爲飾；席上南北兩端擺放著以彩色貝殼裝飾的一對几案。這可能是王者處理日常政務所坐的席位，但禮無明文。在堂上靠近東牆的地方，面朝西邊，也鋪設有三重比較柔軟寬大的席子，最上一席，以五彩畫帛作爲邊緣的包飾，席上南北兩端，擺放著一對雕刻精美的玉石作爲裝飾几案。這是王者宴享國中德高望重的賢人長老以及招待國中重要人士的座位。西牆之西，在堂與西房隔壁，與西房與前堂同深的空間是西夾室，在靠近北牆的地方，面朝南邊，也鋪設著三重做工不很考究的席子，邊緣的裝飾也比較簡單，僅以黑色的絲繩緣邊爲飾；席的東西兩端，擺放著一對沒有文飾的几案，僅僅只是簡單塗上防水防腐的樹漆而已。夾室是王者與其親屬及其宗族子弟舉行私宴的地方，所以几席都比較質樸粗糙，不需要過多的裝飾。

又以五類象徵國家文治武功的玉器玉石，以及與祭祀與戰伐所謂『國之大事』相關而代表著國家重要意識形態及其哲學觀念的寶物陳列在相關位置：赤色刀形玉器，是武功的象徵；刻有先祖以及文王與武王重要遺訓的玉版，這是本朝文治的基礎。這『赤刀』玉器與『大訓』玉版，是一類，當然象徵文治與武功。大型圓形玉璧，這是職級較低的諸侯朝見時所持的瑞信，有『穀粒』與『蒲草』兩種不同的紋飾，分別爲子爵與男爵諸侯進宮朝覲晉見時所執。這類玉器，自成其類，象徵著王朝對各級地方諸侯的統轄之權。而無鋒的琬圭與有鋒的琰圭，相對成爲一類；前者代表修德結好，後者代表征伐誅討，也是天子王權的象徵之物。這些寶物，皆從天府大庫中搬移過來，陳列在堂上西邊靠牆之處。『大玉』和『夷玉』成對，自爲一類。所謂『大玉』，是出產在周王朝畿服地區的美玉，象徵著周王朝由來已久、淵源有自的華夏文明傳統；所謂『夷玉』，是出產在周王朝周邊少數族裔地區的良玉，象徵著周王朝一統天下、四夷來賓的盛世與繁榮。『天球』與『河圖』成對，自成一類。『天球』是刻有天文星象的玉器，大抵用作王朝『觀象授時』的天文觀測儀器，代表著當時最爲先進的科學技術；『河圖』是刻有山川大地形貌的玉版，代表著時人對山河大地的基本認識。所以『天球』與『河圖』相對爲類，既象徵著周人的宗教思想，也體現著周人的科學精神，也更加深刻地寄託著周人有關天、地、人的宇宙觀念與哲學觀念。這些相關寶器與寶物，也從天府大庫中搬移過來，陳列在堂上東邊靠牆之處。在堂後正室的西邊是西房，房中陳列著古代名叫胤的服裝工匠製作的精美舞衣，還有用奇特而巨大的貝殼裝飾的大鼓。西房所陳之物，皆是象徵著國家禮樂文明的寶物。在堂後正室的東邊是東房，房中陳列的是古代著名工匠們製造的狩獵與爭戰工具：有兌氏所製作的戈，有和氏所製作的弓，還有垂氏所製作的竹箭。西房與東房所陳列的物件，都是與禮樂與征伐即與『國之大事，在祀與戎』有關的國家最高意識形態的物化形式。至於王者外出巡狩的車馬，則陳列在堂下大庭之中。王者乘坐的主車，稱爲『大輅』，放在西階前面，也就是賓客升堂所經之賓階之前，駕轅之馬面對著南邊；陪王主車的副車，稱爲『綴輅』，放在東階前面，也就是主人升堂所經之阼階之前，駕轅之馬與主車並排而面對著南邊。此外，爲王主車開道引路的馬車，稱爲『先輅』，放在路寢門左邊稱爲『左塾』的房間前面，駕轅之馬與西階之前陳放的『大輅』之馬正面相對；而附屬開道先驅之『先輅』的副車，稱爲『次輅』，則放在路寢門右邊稱爲『右塾』的房間前面，駕轅之馬與東階之前陳放的『綴輅』之馬正面相對。這些車馬陳列於庭中，既體現王者行動自專的個人決斷意志，也體現著人君的威儀與體面，更體現著國家的聲威與尊嚴。

爲保證傳命典禮順利進行，太保於各要沖之處派設了護衛武士：二位身著赤黑色爵弁服的下級武士，手持三叉戟的兵器，站立在王宫最後一道大門，也就是王者居住的路寢門内兩旁，以防備出入有所不測。四位身著青黑色綦弁服的下級武士，手持雙刃戈的兵器，分别站立在堂下東階與西階的兩邊，以防備上階升堂時發生意外。一位身著冕服的高級武官，手持長柄大斧，站立在東堂上；一位身著冕服的高級武官，手持長柄板斧，站立在西堂上，以防備堂上發生不測。一位身著冕服的高級武官，手持形如九齒釘杷的兵器，站立在堂上東邊邊沿上。一位身著冕服的高級武官，手持形如四齒鋼叉的兵器，站立在堂上西邊邊沿上。這兩位站立在堂邊的高級武官，既與站立在東堂和西堂之上的兩位高級武官，又與站立在東階與西階之下的四位下級武士，形成彼此援手與上下呼應之勢；堂上如有不測，則照應增援堂上；堂下升階之前如有不測，則照應增援堂下升階之前。另有一位身著冕服的高級武官，手持鋭利的長矛，站立在後堂東北角的北階之上，以防備由北階進東房入中堂而發生意外。

所有這些用途各異的座位几席鋪設停當，各種名類的寶物與車駕陳列完畢，各要害關鍵之處的武備儀衛也已佈置完成，只待傳命儀式屆時舉行。

王麻冕黼裳，由賓階隮。〔一〕卿士邦君，麻冕蟻裳，入即位。〔二〕太保、太史、太宗，皆麻冕彤裳。〔三〕太保承介圭，上宗奉同瑁，由阼階隮。〔四〕太史秉書，由賓階隮，御王冊命，曰：『皇后憑玉几，道揚末命，命汝嗣訓，臨君周邦，率循大卞，燮和天下，用答揚文武之光訓。』〔五〕王再拜，興，答曰：『眇眇予末小子，其能而亂四方，以敬忌天威。』乃受同瑁。〔六〕王三宿三祭三咤，上宗曰：『饗。』〔七〕太保受同，降；盥，以異同秉璋以酢，授宗人同，拜。王答拜。〔八〕太保受同，祭嚌宅，授宗人同，拜。王答拜。〔九〕太保降，收。諸侯出廟門俟。〔一〇〕

【釋讀】

〔一〕**王麻冕黼裳**■王，康王也。上言『子釗』，此時稱『王』者，前爲喪主，故稱『子』；此將受顧命而踐大位，故稱『王』。史臣如實而記之也。麻冕，《白虎通義·紼冕》：『麻冕者何？周宗廟之冠也。』孔穎達《書疏》：『績麻三十升以爲冕，故稱麻冕。』行甫按：《儀禮·喪服傳》『冠六升』，鄭玄注：『布八十縷爲升。』則三十升麻，面料相當精細。黼裳，孔穎達引鄭玄注：『黼裳者，冕服有文者也。』行甫按：『黼』者，黑白兩己相背之圖案，以爲上下衣邊之飾，是謂『黼裳』。**由賓階隮**■賓階，西階也。賓客由西階上下堂，故謂之『賓階』。隮，升也，登也。枚《傳》：『用西階升，不敢當主。』孔穎達《書疏》：『禮，君升阼階。此用西階升者，以未受顧命，不敢當主也。』

行甫按：　孔氏《書疏》：『凡諸行禮，皆賤者先至，此必卿下士邦君即位既定，然後王始升階。但以君臣之序，先言王服，因服之下即言升階，從省文。』孔説似是而實非也。事實上，凡朝會行禮，皆職級低者先至，職級高者後至，職級最高者最後至。至於行文，則反之，由高至低次弟以敘。非『先言王服』而及『升階』也。

〔二〕**卿士邦君**■卿士，泛指朝中執政，《左傳》隱公三年『鄭武公爲平王卿士』，即是其證。邦君，泛指諸侯。枚《傳》：『公卿大夫及諸侯皆同服。』**麻冕蟻裳**■蟻裳，枚《傳》：『蟻，裳名，色玄。』孔穎達《書疏》：『禮無蟻裳，今云蟻者，裳之名也。蟻者，蚍蜉蟲也。此蟲色黑，知蟻裳色玄，以色玄如蟻，故以蟻名之。』**入即位**■入，由畢門進入路寢庭中也。即位，蔡《傳》：『各就其位也。』孔穎達《書疏》引鄭玄『卿西面，諸侯北面』而論之：『鄭玄惟據經卿士邦君言之，其公亦北面，孤東面也。』行甫按：　大抵上古貴族民主政治，一般朝臣與諸侯當分東西兩班面向北立於庭中，以北邊離王最近爲上，依尊卑之次，由北而南站立。但公孤重臣當與王坐堂上，共議國是，未必如鄭玄與孔穎達所言也。然古禮茫昧，也無須强説。

〔三〕**太保太史太宗**■太保，召公奭也。太史，史官之長。太宗，即下文『上宗』也。枚《傳》：『即宗伯也。』行甫按：　枚説是也。《周禮·春官》之長有『大宗伯』與『小宗伯』，禮官也。蔡《傳》：『太保受遺，太史奉冊，太宗相禮。』是也。**皆麻冕彤裳**■彤，赤色。孫詒讓《尚書駢枝》：『此經爲康王即位柩前之禮，於喪中而行即位之吉禮，不可以無變於常。故服齊服玄冕，而易玄裳爲黼裳。《禮記·郊特牲》云：「玄冕齋戒。」《大戴禮記·哀公問五義篇》：「端衣玄冕而乘路者，志不在於食葷。」此並説天子諸侯齊服玄冕玄裳也。卿士邦君無事陪位，則服正齊服玄冕玄裳。蟻裳，即玄裳也，亦見鄭注云：「蟻，謂色玄也。」惟太保太史太宗以方行冊命之盛典，不得不吉服，則玄冕而彤裳，此其義也。』行甫按：　孫氏言此經於凶禮中行吉禮，故其服亦隨而有吉凶之不同。其説甚得經旨，可從。

〔四〕**太保承介圭**■承，《説文》：『奉也。』介，大也。孔穎達《書疏》：『《考工記・玉人》云：「鎮圭，尺有二寸，天子守之。」鎮圭，圭之大者，介訓大也。故知是彼鎮圭，天子之所守，故奉之以奠康王所位，以明正位爲天子也。』王國維《顧命考》：『介圭與瑁，皆天子之瑞信。奉先王之命，授天下之重，故以天子之瑞信將之。』**上宗奉同瑁**■上宗，即太宗也。同，盛圭之器，兼以酌酒，與『瑁』爲同物異名。瑁，覆圭之器，與『同』爲同物而異用。故或單名『同』，或單名『瑁』，或兼名『同瑁』，唯便所適也。行甫按：古今説此二字者，可謂歧中又歧，莫可究詰。或以『同』與『瑁』爲一物而字有訛誤，或以爲二物；或以爲酒器，或以爲覆圭之器，或以爲銅壺，或以爲副璽。劉起釪《尚書校釋譯論》引古今衆家之説十分詳備，且劉氏認爲『同』是酒器，『瑁』爲衍文。古今衆説，雖各有理據，終皆未得其實。綜合諸説，細加考量，則知『同』與『瑁』實爲一物二名，因其異用而名之不同也。兹略加申論如次：孔穎達《書疏》：『諸侯來朝，執圭以授天子，天子以冒之刻處冒彼圭頭，若大小相當，則是本所賜。其或不同，則圭是僞作，知諸侯信與不信。故天子執瑁所以冒諸侯之圭，以齊瑞信，猶今之合符然。』孔氏以『瑁』爲驗證諸侯執圭之真僞，其説形同兒戲，自不必深論。但言古之諸侯執圭來朝，天子以『瑁』覆而受之，則爲可信。伏生《大傳》亦言之：『天子執瑁以朝諸侯，見則覆之。』是諸侯執圭初見，天子以『瑁』覆之，然後天子倒轉此『瑁』而置之，則成盛圭之用，而器名亦由之變而爲『同』矣。是則一器也，就其覆之而言，則稱爲『瑁』；就其聚而盛之而言，則稱爲『同』。『同』者，合也，聚也。諸侯來朝，合諸侯之圭聚而藏之也，待其歸國，乃分而班之也。是則『瑁』之與『同』，一事之先後而異其用而異其名也。郭沫若《兩周金文辭大系圖録・洹子孟姜壺考釋》曰：『「羞銅」者，即《書・顧命》「上宗奉同瑁」之「同」。《白虎通・爵篇》引作「銅」。鄭玄解「同」爲酒杯，《書傳》襲之以「同」爲爵名。《吴志・虞翻傳》注引《别傳》以爲「天子副璽」。今此器爲壺而釋之以「銅」，用知古者壺有銅名，省之則爲「同」。酒器之鍾，盛算之中，均是一音之轉變。』郭氏以『同』爲『壺』，雖然大可商榷，但『酒器之鍾，盛算之中，均是一音之轉變』，足以點醒夢中人。此『盛圭之器』豈不可謂之『同』邪？『鍾』、『中』、『同』，古亦一聲之轉。天子以此物覆諸侯之圭，而後盛其圭以置之。而後又以此物酌酒饗神，而後太保以酢。以此覆圭盛圭之物饗神及酢天子，較之用無覆圭盛圭功能之尋常爵觶類酒器以饗以酢，其所蘊之義乃無所區別邪？是以余謂『同』與『瑁』一物而異用，就其盛圭盛酒之用言之，則皆爲『同』，不復爲『瑁』也。故酌酒之時，皆言『同』不言『瑁』。以覆圭之『瑁』而又盛圭之『同』酌酒饗之酢之，其融神權與王權於一體之文化象徵，豈非更其顯白邪？而諸家及劉起釪氏皆以『瑁』爲『衍字』，失經旨矣。鄭玄又以『同』與『瑁』爲二物，更謂『上宗』乃有二人，其誤自不待言而知之也。《說文》：『瑁，諸侯執圭朝天子，天子執玉以冒之，似犁冠。《周禮》曰：「天子執瑁四寸。」』許君所引即《考工記·玉人》之文。然以四寸之『瑁』以『同』尺二寸之圭以盛之而置之，亦恐不無顛墜之嫌。或『瑁』之規格隨圭之形制而有不同。或《考工記》所言之『瑁』，乃後世禮變之制，覆圭之後不以『同』盛之唯平置於几案而已。是則以『瑁』之『同』酌酒，後世亦絕不用而無傳，而『同』之一名亦僅見於本經也。故不可以後世之《考工記》繩《顧命》『同瑁』一物而多用之義也。**由阼階隮**■阼階者，東階也。孔穎達《書疏》：『謂之阼者，鄭玄《士冠禮》注云：「阼猶酢也，東階所以答酢賓客。」是其義也。』行甫按：太保與太宗奉圭瑁以傳成王遺命於康王，有攝主之理，故由阼階升堂也。而太保奉圭，太宗奉瑁，同由阼階升者，王國維曰：『儐也。《周禮·大宗伯》職：「王命諸侯則儐。」古彝器記王冊命諸臣事，必有右之者。器所謂「右」，即《大宗伯》所謂「儐」也。周冊命之制，王與受冊者外，率右者一人，命者一人。故冊嗣王亦用是禮也。』王說是也，下文『上宗曰饗』，知太宗爲贊禮之儐相，故隨太保升於阼階也。

〔五〕**太史秉書**■秉，執持也。書，冊書也。王國維曰：『古者命必有辭，辭書於冊，謂之命書。』**由賓階隮**■賓階，西階也。太史由西階升堂者，王國維曰：『《頌鼎》、《寰盤》皆云：「尹氏受王命書。」《冘敦》：「王受作冊尹書，俾冊命冘。」是命書本王或攝王者所持。此「大史秉書」者，大保承介圭，介圭重器，不能復持命書，以授大史，故大史秉之。「由賓階隮」者，大史居大保右也。《覲禮》：「天子賜侯氏以車服，大史是右。」《少儀》：「贊幣自左，詔辭自右。」《祭統》：「史由君右，執冊命之。」是大史位在大保之右。時大保在阼階上西面，大史後升，不可越大保而趨其右，故由賓階也。」行甫按：以王氏之説，則冊命之書當由王授，成王之殯在西階堂上，此或太史秉書由西階而升之邪？謂『不可越大保而趨其右』，獨可越王殯而趨其右邪？是知有所不通也。行甫又按：本經乃傳成王遺命冊立康王，不可與尋常冊命金文相比附也。即如太保太宗同隮阼階，亦因其奉圭與奉瑁，圭瑁乃配套之物故也。**御王冊命**■御，孔穎達《書疏》引鄭玄曰：『御猶嚮也。王此時正立賓階上少東，太史東面於殯西南而讀策書以命王嗣位之事。』王國維不信鄭説，以爲本經冊命之禮，非行於殯所而在宗廟，故太史『由賓階隮』爲『不可越太保而趨其右』也。其説未必可信，上文『畢門』釋讀即已明之。王氏曰：『以禮言之，則大保當在阼階上，西面，大宗居左，大史居右。王在賓階上，東面，大史迎面命之。御之言，迓也、迎也。故彝器紀王命諸臣事，皆王即位，受命者立中廷北鄉。《祭統》亦云「所命北面」。此冊命王，用賓主禮者，大保雖攝先王，身本是臣，故於堂上以賓主之禮行之。攝主者禮不全於君；受冊者禮不全於臣、全於子。此實禮之至精極微而無可擬議者矣。』行甫按：王氏『不全於君』、『不全於臣、全於子』之説，誠然精審，然其言王與太史之面嚮，與鄭氏之失也均。以情理推之，既『不全於君』、『不全於臣、全於子』，則太史奉冊書而由西階升者，以成王之殯在西階上也。而此時康王未受冊命，子也，臣也，當立於殯之東以少南而面嚮北；而太史『御冊命』者，如君也，當立於北，亦在太保之右少西而南面以向康王也。待太史宣命畢，王再拜而起以作答辭，受冊書於太史。即轉向東面於太宗『受同瑁』，以瑁覆於太保所奉之圭，並於太保受覆瑁之圭，而後轉身面嚮西，以示禮成於阼階之義也，亦即所謂『踐阼』之義也，於是則嗣王冊命大典即已告成矣。是由北面而東面再西面之過程，乃康王釗由元子而向王者身份轉換之次弟也。然後乃進入新王所履程序，以行『三宿三祭三咤』之禮。以事勢言之，於行禮之際，決非如鄭、王之説，如此僵硬而彆扭，以致立於堂上而絕無進退動轉之理也。**曰皇后憑玉几道揚末命**■曰，太史所宣命書之辭也。皇，大也，美也。后，君也。枚《傳》：『大君，成王。』劉起釪曰：『從殷墟甲骨文中看出，商代在世的王稱王，死去的王稱后（字作毓）。西周承商代用法，自不會稱在世的王爲后。因此此處「皇后」只能是指已死的成王，不能指在世的康王。』憑，《說文》：『凭，依几也。从几，从任。《周書》「凭玉几」，讀若馮。』道，言也。揚，舉也。行甫按：『道揚』，近義複詞，猶『稱舉』也。末，終也。末命，臨終之命也。行甫按：冊命之書，首敘成王病體不支，憑玉几而稱說遺命也。枚《傳》：『憑玉几所道，稱揚終命，所以感動康王。』孔穎達《書疏》：『言憑玉几所道，以示不憑玉几則不能言，所以感動康王，令其哀而聽之，不敢忽也。』皆是其義也。**命汝嗣訓**■嗣，繼也。訓，教訓也。蔡《傳》：『命汝嗣守文武大訓。』行甫按：上文成王自言其『敬迓天威，嗣守文武大訓，無敢昏逾』，下文又命康王『用答揚文武之光訓』，是此『嗣訓』之義也。**臨君周邦**■臨，《說文》：『監臨也。』《戰國策·西周策》『君臨函谷而無攻』，高誘注：『臨，猶守也。』君，猶『長』也。行甫按：古『君』字讀如『威』。《說文》：『威，姑也。从女，从戌。《漢律》曰：「婦告威姑。」』《爾雅·釋親》：『婦稱夫之父曰舅，稱夫之母曰姑。在則曰君舅君姑，沒則曰先舅先姑。』是『威姑』即『君姑』也。《說文》：『莙，牛藻也。从艸，君聲，讀若威。』則『臨君』者，即監臨而威守之謂也。**率循大卞**■率，《爾雅·釋詁》：『循也。』循，《說文》：『行順也。』行甫按：『率循』乃同義複詞，猶『遵循』也。大卞，枚《傳》：『大法。』孔穎達《書疏》：『卞之訓法，無正訓也。告以爲法之道，令率群臣循之，明所循者法也。故以大卞爲大法，王肅亦同也。』劉逢祿《尚書今古文集解》：『案《堯典》「於變」，漢《孔宙碑》作「於卞」，是今文以「卞」爲「變」也。』章太炎《尚書說》：『卞之訓法，非有所出。《孔宙碑》「于卞時廱」，今《尚書》各本皆作「於變時雍」，則知卞得通「變」。《莊子·天運》云：「怨恩取與諫教生殺八者，正之器也，唯循大變無所湮者爲能用之。」此率循大卞，即循大變，謂因時制宜也。《易》曰：「通其變，使民不倦，神而化之，使民宜之。」如是，故可以燮和天下。足利古本作「大辨」，要同爲借字爾。」行甫按：劉與章二氏說「卞」通「變」是也。「率循大卞」與上文成王臨終所言「弘濟于艱難」及「無以釗冒貢于非幾」云云相關聯，意即順應事態變遷之大勢，因其勢而利導之，不可作不合時宜之冒進與盲動也。**燮和天下**■燮，《爾雅·釋詁》：「和也。」行甫按：《洪範》「燮友柔克」，史公以「内」訓「燮」，而「燮」有「幽隱」之義，則「燮和」云者，猶言隱忍而和洽之也。此「燮和天下」與上文成王臨終遺言「柔遠能邇，安勸小大庶邦，思夫人自亂于威儀」云云相照應，謂隱忍寬容天下邦君無關乎弘旨大義之小節，無須小題大作，以圖協洽和輯天下也。則冊文二句乃誡康王即位之際，若遇重大事變，須寬容隱忍，因勢利導，不可衝動冒進。是成王即位之初，武庚管蔡之亂，乃其一生揮之不去的陰影，斯其言也，要非「因事制宜」之泛談也。**用答揚文武之光訓**■用，以也。答，對也。揚，發揚也。行甫按：「答揚」猶「對揚」也，「對揚」亦即報答與弘揚也。光訓，猶今語所謂「光輝教導」也。行甫按：「用答揚文武之光訓」與上文成王遺言「昔君文武宣重光，奠麗陳教」相關照也，意謂唯沈穩應變，隱忍和洽天下邦君諸侯，方能答報文王與武王之光輝教導，將文王與武王之光輝事業更加發揚光大。

〔六〕**王再拜興**■拜，《說文》：「捧，首至手也。」行甫按：「拜」者，雙膝據地而後拱手低頭以至於手，與心平，所謂空首是也。亦稱「拜手」。「再拜」，謂兩次低頭俯至於手，非跪兩次也。興，起也。跪拜而後起身站立也。**答曰**■答，應也。《白虎通義·爵篇》引作「對」。行甫按：今語所謂「回答」，古曰「對」，猶「應對」也。「答曰」即「應對說」。**眇眇予末小子**■眇眇，枚《傳》：「微微我淺末小子。」蔡《傳》：「眇，小。」末，淺也。《公羊傳》僖公三年「曷爲末言爾」，何休注：「末者，淺耳。」小子，猶言年幼無知之人。行甫按：說者皆訓「眇眇」爲「微」爲「小」，非其義也。《說文》：「眇，一目小也。从目，从少，少亦聲。」《易·履》六三「眇能視，跛能履」，《釋文》引《字書》云：「眇，盲也。」《公羊傳》成公二年「使跛者迓跛者，使眇者迓眇者」，是其例也。則「眇」乃「目盲」也，引申之則爲目光短淺，識見卑陋之意，非謂身份低微也。故以『予末小子』補充之，『末小子』，謂年幼淺末無知也。枚《傳》是也。**其能而亂四方**■其，猶『豈』也。能，耐也，堪也。《周禮・大司寇》『上能糾職』，鄭玄注：『能，能其事也。』《漢書・嚴助傳》『中國之人不能其水土也』，顔師古注：『能，堪也。』《趙充國傳》『漢馬不能冬』，顔師古注：『能，讀曰耐也。』皆是其例也。而，猶『以』也，與下文『以』字相對爲文。此作『以』之『而』用爲介詞，其後省賓語『之』字，謂『以之亂四方』、『以之敬忌天威』也。亂，治也。常訓。四方，猶言『天下』也。**以敬忌天威**■敬，慎也。忌，畏也。天威，天之威嚴。行甫按：『答曰』至此，乃康王答命書之辭，枚《傳》：『謙詞託不能。』是也。意謂：我這個目光短淺、見識卑陋而淺末無知的年輕人，哪堪用以擔任治理天下之大任，哪堪用以敬畏上天之威嚴？『亂四方』，謂執掌政柄；『敬天威』，謂主持祭祀。爲君者，不外乎此二事也。**乃受同瑁**■乃，於是也。受，受之於太宗也。同瑁，兼名也。下文用之酌酒以饗以酢，皆單名『同』，無『瑁』之用，故不復兼名『同瑁』也。王國維曰：『大保之介圭與大史之册書，當於此時同授王，不書者略也。』行甫按：王氏之說恐非也。太史宣讀册書畢，康王對答後，太史即授册書於康王。康王既受册書，乃受同瑁於太宗；以所受之同瑁，覆之於太保手中之介圭，太保乃以覆瑁之介圭授之於康王，康王乃以其同瑁而履行下文『三宿三祭三咤』之禮。且必有取置傳送之事雜於其間，然此等細節複雜瑣屑，史臣記之，僅以『受同瑁』捎帶前後，讀者可想見全程之事。此等敘事技法，《春秋傳》之所謂『盡而不汙』者，是也。

〔七〕**王三宿三祭三咤**■宿，通『肅』。《少牢饋食禮》『前宿一日，宿戒尸』，鄭玄注：『宿讀爲肅。』《爾雅・釋詁》：『肅，進也。』孔穎達《書疏》引鄭玄云：『王徐行前，三祭，又三卻，復本位。』是鄭亦讀『宿』爲『肅』而訓『進』也。祭，獻也。咤，枚《傳》：『王三進爵，三祭酒，三奠爵。』孔穎達《書疏》引鄭玄云：『徐行前曰肅，卻行曰咤。』《說文》：『詫，奠酒爵也。从宀，託聲。《周書》曰：「王三宿三祭三詫。」』《釋文》：『咤，陟嫁反。字亦作宅。又音姤。徐又音託。又豬夜反。《說文》作託，丁故反，奠爵也。馬作詫，與《說文》音義同。』行甫按：王夫之《尚書稗疏》云：『言「三宿」者，自阼階肅進于几筵之前。凡三獻，則三進而三降也。其降以凝立待神之享，因洗同而又進也。「三祭」者，謂三實酒于同而拜送于神也。「三奠」者，謂三置酒于牖間几筵之右也。統言之而不詳記儀，史事尚簡，非猶記禮者之必詳其進止之容，以詔後之行禮者也。』據王夫之說，則『三奠爵』與『三卻復本位』者，必先『奠爵』而後退『復本位』，是『奠』與『卻』乃一事之二節也。知許慎、馬融、鄭玄乃至枚氏之說，皆可互相備也。**上宗曰饗**■上宗，即太宗也。饗，飲神之酒以受其福也。枚《傳》：『祭必受福，讚王曰：「受福酒。」』孔穎達《書疏》：『禮於祭末，必飲神之酒，受神之福。其大祭則有受嘏福之禮。《特牲》、《少牢》：主人受嘏福，是受神之福也。其告祭小祀，則不得備儀，直飲酒而已。此非大祭，故於王三奠爵訖，上宗以同酌酒進王，讚王曰：「饗福酒也。」王取同嚌之。乃以同授太保也。』行甫按：『上宗曰饗』者，王行三獻三奠之禮畢，當嚌其獻於神而後置奠於几筵之右之酒，即一一取其盛酒之同，皆輕觸於唇而淺嘗至齒，謂之『受福酒』，以示王之獻祭至此告終。孔穎達所謂『必飲神之酒，受神之福』者，是其義也。上宗相禮，命王飲福酒，非上宗另酌酒以進王也。孔穎達謂『上宗以同酌酒進王』，因『上宗曰饗』而想當然也，其說未必可信。若另酌之酒，未經神之歆享，可謂『福酒』邪？

〔八〕**太保受同降**■受同，枚《傳》：『受王所饗同。』降，下堂也。枚《傳》：『下堂反於篚。』孔穎達《書疏》：『祭祀飲酒之禮，爵未用皆實於篚，既飲皆反於篚，知此下堂反於篚也。』王夫之《尚書稗疏》曰：『三獻而凡用三同，祭畢而徹同，太保受之。此禮爲受命而舉，同爲天子之大器，不可同于凡祭之爵。故宗奉以上，而太保受以藏也。』行甫按：王氏謂『同爲天子大器，不可同於凡祭之爵』，其說極是。然王氏不知奠酒之『同』即是覆圭之『瑁』，王以覆圭盛圭之『同瑁』獻祭而又自飲，實爲王權與神權相貫之義也。是以王饗畢即授太保以反藏於篚也。**盥**■《說文》：『澡手也。』行甫按：孔穎達《書疏》云：『禮：凶事設洗於西階西南；吉事設洗於東階東南。』今太保受同降，必由阼階，則洗在東階東南也。《鄉飲酒禮》：『設洗于阼階東南。南北以堂深，東西當東榮。水在洗東，篚在洗西，南肆。』是其證也。**以異同秉璋以酢**■異同，非王所饗之同也。秉，執也。璋，猶言『璋瓚』也，單名曰『璋』，兼名曰『璋瓚』。枚《傳》：『半圭曰璋，臣所奉。』行甫按：古以尊罍盛酒，以爵觶飲酒，酌尊罍之酒於爵觶之飲器，必用瓚。《考工記・玉人》『有瓚，以祀廟』，鄭玄注：『瓚，如盤，其柄用圭，有流前注。』是瓚即酌酒之具，類於今所謂勺子而較淺。瓚必有柄，或以圭，稱爲圭瓚；或以半圭之璋，稱爲璋瓚。君以圭瓚，臣以璋瓚。此『秉璋』者，猶言執璋瓚也，以示尊嗣王也。酢，賓答主人之獻也。枚《傳》：『報祭曰酢。』行甫按：古人賓主飲酒，主人進酒於賓曰獻，賓答主人之獻曰酢，賓主俱飲而主人先舉曰酬。『酢』乃賓客答主人之獻，故『酢』又爲『報』也。此以成王遺命冊立嗣王之典，非祭非喪。然成王在殯，康王受命，故禮雜吉凶。『酢』之爲『報』，猶賓報主人之獻而曰『酢』也。則太保，賓也；康王，主也。主當獻賓，賓當報主之獻而酢主，因成王在殯，康王在喪，實免獻賓之節，然其意猶在也，故太保獨以璋瓚用臣禮酌酒以『酢』王也。此與祭禮之有亞獻無涉也，知枚氏『報祭曰酢』之說，非也。太保『酢』王，王當答拜舉酒卒爵，然初喪無舉爵之禮，不可同於虞祭之酢孝子可受爵也，故太保自飲其『酢』。**授宗人同**■宗人，即太宗、上宗也。太保卒飲同中之酒，不敢以同奠於地，故授其同與宗人，便於拜也。**拜**■太保拜也。枚《傳》：『太保拜，白已傳顧命，故授宗人同拜。』孔穎達《書疏》：『太保所以拜者，白成王言己已傳顧命訖也。將欲拜，故先授宗人同。拜者，自爲拜神，不拜康王，但白神，言已傳顧命之事。』行甫按：太保拜者，拜康王受『酢』之義也。康王雖不受同卒飲，然禮意猶在也。孔氏『白神』即告神之說，非也。上文『上宗曰饗』，即示傳顧命已畢，無容太保『酢』王之後乃爲傳命之畢也。孔氏說之如此者，由『報祭』或『亞獻』之說橫亙於胸之故也。**王答拜**■枚《傳》：『王答拜，尊所受命。』行甫按：『王答拜』者，拜太保之『酢』

也。王夫之《稗疏》：「『王答拜』者，答酢拜也。」是也。

〔九〕**太保受同**■受，受於太宗也。同，太保致『酢』之同也。受同，以行酬賓之禮也。行甫按：賓既酢主，主當酬賓。酬賓之禮，主自先舉以勸酒。賓對主之酬，其應答之禮有先後二式。《小雅·小弁》『君子信讒，如或醻之』，鄭《箋》曰：『醻，旅醻也。』孔穎達《正義》曰：『酬酢皆作酬，此作醻者，古字得通用也。酬有二等：既酢而酬賓者，賓奠之不舉，謂之奠酬。至三爵之後，乃舉嚮者所奠之爵以行之。於後交錯相酬，名曰旅酬，謂衆相酬也。』據孔氏之説，則主酬賓，賓應酬，先爲奠酬，即主先舉，賓置而不飲，待主三舉之，殷勤備至，而後乃舉而飲之。此之謂『奠酬』。既飲『奠酬』之後，則賓主交錯互相酬酢，稱爲『旅酬』。王夫之《稗疏》云：『禮之有酢，則必有酬，酬則必旅。今以凶故，又受命而非祭，則旅酬以廢。然廢禮不廢酬，以酢之不可無酬，嫌于嗇神惠也。經再云「太保受同」者，又一異同，蓋酬酒也。亦用同者，尊太保之爲神酢也。太保受王之酬同，不言王酬太保者，亦省文也。』王氏謂『太保受同』爲『酬酒也』，其説極是。但謂『以酢之不可無酬，嫌于嗇神惠也』，以及『不言王酬太保者，亦省文也』，説皆非是。王酬太保之酢，無酬則不可成禮，非『嫌于嗇神惠』也，既非祭禮，何嫌於嗇神惠邪？又因康王初處喪而無舉爵之禮，故實未有酬，而『太保受同』，則王酬太保之禮意猶在焉。是『不言王酬』者，非省文也。因王實無行酬而酬之禮意猶在，則太保以行『祭嚌宅』三節之禮者，乃合『奠酬』與『旅酬』於一，實則省略『旅酬』而已。**祭嚌宅**■祭，猶『察』也，奠酬而默察王之舉也。行甫按：《春秋繁露·祭義》：『祭者，察也，以善逮鬼神之謂也。善乃逮不可聞見者，故謂之察。』凌曙注引《尚書大傳》云『祭者，至也。至者，人事至然後祭。』王念孫《廣雅疏證》卷一引《書大傳》云：『祭之爲言察也。』是『祭』訓『察』之證也。奠酬之際，王必三舉，故太保察而待之也，實置同於几筵以察，待王酬之三舉也。嚌，《説文》：『嘗也。从口齊聲。《周書》曰：「大保受同祭嚌。」』校《傳》：『嚌，至齒。』孔穎達《書疏》：『嚌以至齒。禮之通例：啐入口，是嚌至於齒，示飲而實不飲也。』王夫之

《稗疏》：『不卒飲者，凶也。祭且嚌者，異臣于子，以敬殺哀，受酬于王，不敢虛君貺也。』行甫按：王氏不知此『祭』乃『默察待王三舉』之『察』，以爲享獻之常訓，故曰『祭且嚌』，容有可商，餘說皆是也。宅，《釋文》：『宅，如字，馬同。徐殆故反。』枚《傳》：『太保居其所，授宗人同。』孔穎達《書疏》：『宅訓居也，太保居其所，於受福酒之處足不移。』行甫按：枚《傳》如字，屬下爲讀。然此『宅』即上文『三咤』之『咤』，亦即《說文》之『詫』也。上文『三咤』，鄭注爲『三卻行』，枚氏釋爲『三奠爵』，王夫之解爲『三降洗』，知其事實相因而各依一節以言之也。此『宅』字義亦與之同。俞樾《群經平議》曰：『《說文》宀部：「詫，奠爵也，从宀託聲。《周書》曰：王三宿三祭三詫。」是壁中古文，字本作詫。奠爵之說，亦古文家舊義。王肅訓咤爲奠爵，枚《傳》從之，自非無據。鄭君本爲古文之學，而不用舊說，別爲卻行之義者，正以下有「宅授宗人同」之文。若既奠矣，又何授焉？故以咤爲卻行，則「宅授宗人同」，義亦可通，足徵鄭注之精也。枚《傳》非不知咤、宅同字，但于「三咤」既從奠爵之說，則此文「宅」字不得不更爲之說。《正義》以「足不移」申明之，失之迂曲矣。』俞氏平議諸家是非，其說甚確。先奠之而後取以卻行，義亦不悖也。　**授宗人同**■王夫之《稗疏》：『「授宗人同」者，禮畢反同，不復舉酬也。』**拜**■太保拜也。王夫之《稗疏》：『「拜」者，拜王酬也。』是也。　**王答拜**■王答太保之拜酬也。王夫之《稗疏》：『「王答拜」者，以賓禮禮太保也。』是其義也。行甫按：自『上宗曰饗，太保受同』以至此，王夫之《稗疏》以賓主酬酢之禮爲說，條分縷析，甚得經旨，可掃歷來注家迷霧。唯其以『祭嚌宅』之『祭』爲『祭始制飲食之人』，則不免節外生枝也。

〔一〇〕**太保降收**■降，下堂也。收，徹也。枚《傳》：『太保下堂，則王下可知。有司於此盡收徹。』王國維曰：『此云「大保降」，知大保自酢在堂上也。不言王與太宗太史降者，略也。』行甫按：王夫之《稗疏》曰：『其問進退登降之文，尊罍洗篚之設，籩豆俎鉶之薦，皆所不紀，則以非義所繫，不足紀也。』是所謂『收』者，撤去典禮所用以酬酢之一切器具也。因『不足紀』，故以『收』統言之也。　**諸侯出廟門俟**■諸侯，指上文『入即位』之『卿士邦君』也。江聲曰：『邦君謂畿内諸侯，兼有畿外之齊侯』；『卿士中有衛侯，是外土諸侯』；『餘皆食采畿内，皆畿内諸侯，食采畿内者亦諸侯也』。行甫按：江説是也。此『諸侯』與下文『西方諸侯』及『東方諸侯』爲畿外『諸侯』之身份有所不同。廟門，路寢門也，以成王之殯在焉，爲殯宫，故稱『廟門』。王鳴盛《尚書後案》：『出至路門外，則在應門内矣。』行甫按：王説是也。出路門而在應門之内，以下文『王出在應門之内』知之也。卿士邦君由路門出而待新王朝見於應門之内，無由遠出應門之外而後折回應門之内也。俟，待也。蔡《傳》：『俟者，俟見新君也。』江聲《集注音疏》：『俟，待也，待王出視朝也。』行甫按：蔡、江二氏之説，可互相備也。應門之内爲治朝，新王視朝必在應門之内，故『俟』者，等待新君視朝也。

此乃本經第三節，記太保、太宗、太史於成王殯宫即路寢舉行康王嗣立册命之典。其事分爲三節：一是太保奉圭、太宗奉同瑁、太史宣讀成王臨終遺命以册立康王，及康王受册而應答命書之辭。二是康王行告嗣之禮。三是康王爲答謝太保傳命之勞，與太保召公奭行賓主酬酢之禮。

【繹文】

康王頭戴面料精細做工考究的麻制禮帽，身著上下衣邊帶有黑白兩己相背之圖案紋飾的禮服，從西邊的賓階拾級而上堂。其他眾朝臣以及各地諸侯，也如康王一樣，頭戴面料精細的麻制禮帽，只是禮服不一樣，他們身著如同螞蟻一樣顏色的黑色禮服，從路寢門魚貫而入，按朝臣與邦君之不同身份以及其職級小大所規定的位置面朝北嚮分班站立。召公奭太保、太史和太宗三人是舉行册命儀式的重要人物，他們三人也戴著和大家一樣面料精細做工考究的麻制禮帽，身著紅色禮服。召公奭作爲太保手捧一尺二寸的大圭，太宗手捧覆圭所用的同瑁，從東邊的阼階拾級而上堂。他們二人站立在靠近阼階的堂上，面朝西邊，正對著成王殯柩以及從西階上堂的康王。太宗站在太保召公奭的左邊。

太史手執冊命之書，由西邊的賓階拾級而上，從成王殯柩的西邊嚮東北方，繞到太保召公奭的右邊，略偏於西，面向南方，正面對著站立在靠近西階面朝北方的康王，嚮康王宣讀冊命之書。太史宣讀冊書說：『已故的偉大君王生前於重病之際，倚靠在玉几上，努力提高嗓門，大聲宣佈他生平最後一道命令。命令你元子釗繼承先王遺訓，嗣立爲王，君臨周邦。作爲一國君王，遇事不可急躁盲動，要因勢利導，循序漸進，有條而不紊地推進各項治國舉措；心志不可狹猛褊急，要胸懷寬闊，雍容豁達，以涵藏萬有的博大心胸，包容慈愛天下臣民，讓天下百姓安居樂業，以此報答與弘揚文王和武王的光輝教導。』

太史宣命完畢，康王雙膝著地，兩次拱手平心，拜頭至手，然後站起身來，接過太史手中的冊命之書，回答太史說：『我這個目光短淺識見卑陋淺末無知的年輕人，何知何識，堪爲君王，以當治理四方和洽天下之大任！又何德何能，堪爲祭主，以行敬事天命畏忌天威之大事！』康王說完，放下冊命之書，轉身接過太宗手裏的同瑁，覆蓋在太保手中的大圭上，然後從太保手中接過覆有同瑁的大圭，倒轉同瑁大圭置放在几案上。於是，原來的覆圭之瑁，便倒轉而成盛圭之同了。

太宗從几案上取下盛圭之同，作爲酒具，從東階下堂到臺階東南角洗同酌酒，送給康王行告嗣之禮。所以用覆圭盛圭之同瑁作爲獻祭之酒同，其意當然在於王權與神權的兩相貫通，表明執掌政柄與主持祭祀是相互依存彼此不分的。於是康王從東階堂上，慢慢走到戶牖之間的几席邊，行跪拜之禮，獻上酒同，然後又將酒同置放在几筵的右邊，默默後退，回到阼階上，屏氣凝神，安靜地等待神靈的歆享。康王如此這般地接連跪進三次，薦獻三次，置同後退三次。然後負責相禮的太宗便大聲宣佈說：『受福酒。』於是康王便依次從几筵右邊舉起剛才置放的三隻酒同，淺嘗至齒，似飲而實非飲，以示接受神靈所賜之福。冊命典禮，到此基本就算完成了。因此，康王受福完畢，即將三隻酒同交給太保，太保接了酒同便從阼階下堂，將它們放回到盛酒器的筐篚之中了。

康王接受了命書，飲用了福酒，也就正式成爲周邦繼任君王了。於是，康王便作爲主人，以太保爲賓客，因其主持冊命大典而對他行答謝之禮了，也就是康王與太保行賓主飲酒之禮。但康王因爲大喪在身，不能舉杯飲酒，也不可以他人代替，只好程序省略，僅是通過作爲賓客身份的太保單方面完成這套儀式。

賓主行飲酒之禮，其細節雖然甚爲繁縟，但大體過程僅有三段：主人先進酒於賓客，稱爲『獻』；賓客爲報答主人之獻，回進於主人，便稱爲『酢』。主人『獻』賓客，賓客飲之，主人不飲以示敬；賓客『酢』主人也是一樣，主人飲而賓客不飲以示敬。主一『獻』賓一『酢』，賓主先後飲完，主人再進酒於賓客，乃可與賓客俱飲，則稱爲『酬』。但主人『酬』賓的禮節則有『奠酬』與『旅酬』兩種形式。主人進酒於賓客，主人舉酒勸賓客飲酒，但賓客先舉起酒爵，馬上放下，並不立刻就飲；待主人第三次舉爵勸飲，賓客才舉酒，與主人一同飲完各自杯中之酒。這個程序就稱爲『奠酬』。行畢『奠酬』之禮，賓主便開始交錯互進而飲，就稱爲『旅酬』，主人也與其他賓客交相酬酢，所以『旅酬』也可以是與衆賓相酬酢。由於康王初臨大喪，不可行賓主之禮，所以主人先進酒於賓客的『獻』這個環節就不得不省掉了。不過，禮儀雖然省掉了，但禮意尚在。太保將康王飲福酒時用過的酒同放回筐篚之後，就在靠近筐篚東邊的盛水洗盤内洗了洗手，從筐篚中取出另一隻酒同，拿起以半圭之璋爲柄的璋瓚，也就是專爲臣子所用的酒勺子，從酒尊中舀上酒，再回到堂上，舉起酒同嚮康王作進酒動作，然後自己將酒飲盡，以表示對康王獻酒的報答，所以稱爲『酢』。太保飲畢，不敢直接將酒同置於地，於是交給太宗，然後對康王行跪拜之禮，對康王受『酢』，也就是接受了自己的回敬之意表示拜謝。而康王雖然實際上並沒有受同卒飲，但此番禮意還是存在的。康王也行跪拜之禮，對太保報酢與拜酢之禮，表示答謝。

太保報酢之後，本該由康王行酬酒之禮，即康王再進酒於太保，以表酬答。康王先舉同三次，太保等康王舉同三次之後，康王就應該與太保一起飲下各自同中之酒。這就是主人對賓客所行的『奠酬』之禮。也因爲康王初遭大喪，成王殯柩尚在，康王舉酒獻酬這個儀式，也就省略了。但禮節雖省，禮意仍在。因此，太保從相禮的太宗那裏接過盛酒的酒同，放在自己面前良久，意思是觀察並等待康王完成三次舉同勸飲的動作，這就是禮之所謂『奠酬』。靜察片刻之後，太保便舉起酒同輕碰嘴唇，接著嘗酒至牙齒，做出似飲非飲的動作，然後再將酒同置於几筵之右，待退回到自己原來的位置上，將酒同交給太宗之後，跪地拜謝康王酬酒之禮。太保將酒同交給太宗，送回堂下筐篚之中，以表示酬酒之禮結束，康王無須再行『旅酬』之儀了。太保跪拜之後，康王即行跪拜，答謝太保拜酬之禮。

一切儀式皆已完成，太保便從賓階下堂。康王則從阼階下堂。而太宗與太史也皆從賓階下堂。整個冊命典禮以及酬賓儀式也就此告終，相關人員便將行禮的一應器具撤除。而諸侯邦君與所有參加儀式的朝中官員皆依次走出路寢大門，等待康王舉行的首次正式朝見之禮。當然，康王太宗太史諸人之下堂，以及有關人員如何撤除禮器，這些無關緊要的細支末節，史臣也就無須縷縷了。

王出在應門之内，太保率西方諸侯入應門左，畢公率東方諸侯入應門右，皆布乘黄朱。〔一〕賓稱奉圭兼幣，曰：『一二臣衛，敢執壤奠。』〔二〕皆再拜稽首，王義嗣德，答拜。〔三〕太保暨芮伯咸進，相揖，皆再拜稽首，〔四〕曰：『敢敬告天子，皇天改大邦殷之命，惟周文武誕受羑，若克恤西土。〔五〕惟新陟王，畢協賞罰，戡定厥功，用敷遺後人休，〔六〕今王敬之哉！張皇六師，無壞我高祖寡命。〔七〕』

【釋讀】

〔一〕**王出在應門之内**■枚《傳》：『出畢門，立應門内之中庭，南面。』孔穎達《書疏》：『出在門内，不言王坐，諸侯既拜，王即答拜，復不言興，知立庭中南面也。』江聲《集注音疏》：『應門之内爲治朝，是正朝，謂之「宁」，故《爾雅》云「正門謂之應門」，郭注以爲朝門。』行甫按：古天子宫室之制，有所謂五門三朝之説。五門：皋、庫、雉、應、路。三朝：庫門之外皋門之内爲外朝；應門之内爲内朝。内朝又分二處：路門之外應門之内，爲治朝；路門之内，爲燕朝。上文行顧命大典之處，即在燕朝。此『應門之内』，即在内朝之治朝。外朝與治朝之庭，皆爲平地，無堂階。治朝有石碑，稱爲『宁』，讀如『竚立』之『竚』，爲君王所『竚立』之處，故無坐而立也。行甫又按：枚《傳》僞古文本自此句以下分爲《康王之誥》。然本經前後一氣貫注，實分所不當分也。餘説見本經【解題】。**太保率西方諸侯入應門左**■西方諸侯，畿外西方之侯甸男衛之邦君。入應門左，由應門入而立於庭中西側也。**畢公率東方諸侯入應門右**■東方諸侯，畿外東方之侯甸男衛之邦君。入應門右，由應門入而立於庭中東側也。行甫按：《史記·燕召公世家》云：『其在成王時，召公爲三公，自陝以西，召公主之；自陝以東，周公主之。』裴駰《集解》：『何休曰：「陝者，蓋今弘農陝縣。」是也。』周公於成王末期已逝，當以畢公繼任其職。康王即位，則召公與畢公分掌朝政並分治諸侯，故各率其所屬諸侯分班北面而朝見新王也。**皆布乘黃朱**■『布乘黃朱』，今文《尚書》有異文。《白虎通義·紼冕篇》：『紼者，何謂也？紼者，蔽也，行以蔽前者爾。有事因以別尊卑彰有德也。天子朱紼，諸侯赤紼。《詩》曰「朱紼斯皇，室家君王」，又云「赤紼金舄，會同有繹」，又云「赤紼在股」，皆謂諸侯也。《書》曰「黼黻衣，黃朱紼」，亦謂諸侯也。並見衣服之制，故遠別之，謂黃朱亦赤矣。』孫星衍曰：『「別於天子，謂之黃朱，黃朱亦赤矣。」是今文「布乘」作「黼黻」，解之者以爲衣也。布與黼聲相近，乘與芾形相近。解黃朱以紼者，《詩傳》云：「朱芾，黃朱芾也。」于《斯干》又曰：「芾者，天子純朱，諸侯黃朱。」《漢書》韋孟《諷諫詩》云：「黼衣朱黻。」正用今文說也。』楊筠如《覈詁》：『按布、黼同聲相假。乘字當本作黻。黻者，韍之假字。古黻、韍通。古文作市。《說文》：「市，韠也。上古衣蔽前而已，市以象之。天子朱市，諸侯赤市，卿大夫蔥衡。从巾，象連帶之形。凡市之屬皆从市。韍，篆文市，从韋，从犮。俗作紱。」《文選·楊荊州誄》注：「黻與紱，古今字。」是假黻爲韍之證。字或作紼，或作芾。《詩·采芑》「朱芾斯皇」，毛《傳》：「朱芾，黃朱芾也。」《斯干》鄭《箋》：「芾者，天子純朱，諸侯黃朱。」《采菽》「赤芾在股」，鄭《箋》：「冕服謂之芾。芾，大古蔽膝之象也。」《候人》「三百赤芾」，毛《傳》：「芾，韠也。」《釋文》：「祭服謂之市。」《白虎通·紼冕篇》：「紼者，行以蔽前者爾。有事因以別尊卑，彰有德也。天子朱紼，諸侯赤韍。」《漢書·輿服志》注：「韍，如巾，蔽膝。」皆其明證。此諸侯朝王，故必佩芾，黃朱言其色，布言其質。古韍亦從韋，從韋之字，不必皆爲皮韋也。疑韍之從韋，本取圍繞膝前之意。《說文》：「韓，井垣也，从韋，取其帀也。」是其證。」行甫按：諸家以『布乘黄朱』爲諸侯之服飾，其説是也。唯楊氏從古文讀『布』如字，謂『布言其質』，則其説非是。頗疑此句本當作『皆黼黻黄朱』，《白虎通》云『《書》曰黼黻衣，黄朱紼』，乃引此句而以意增『衣』、『紼』二字，以説其『紼冕』之義，非今文《顧命》本如此作也。布與黼，古讀皆爲重唇，音同通假，本字作黼，黑白相間畫績以爲飾也。乘乃芾字之形譌，芾與黻通，本字當從《白虎通》作黻，繡有兩弓相背如亞形之圖案也。黼黻，指衣裳顔色及其圖案花紋，《荀子·富國》『故爲之雕琢刻鏤，黼黻文章以藩飾之』，其證也。黄朱，則以顔色代指赤芾。是『黼黻』者，衣裳也；『黄朱』者，蔽芾也，亦即蔽膝也。是『皆黼黻黄朱』，其言服飾，乃與上文『麻冕黼裳』、『麻冕蟻裳』、『麻冕彤裳』句式一律。

〔二〕**賓稱奉圭兼幣曰**■賓，掌賓客之官也。《洪範》『七曰賓』，孔穎達《書疏》引王肅云：『掌賓客之官也。』《宋微子世家》『七曰賓』，裴駰《史記集解》引鄭玄曰：『掌諸侯朝覲之官。』行甫按：此『賓』即《説文》及《禮》書之『儐』若『擯』字。《説文》：「儐，導也。从人賓聲。擯，儐或从手。」《周禮·内小臣》『若有祭祀賓客喪紀，則擯』，孫詒讓《正義》：『凡《禮經》言擯，或接賓，或詔禮，皆取導引贊侑之義。』則『賓』爲朝廷接待來朝諸侯之官也。孔廣森《經學卮言》卷二：『賓讀爲擯。《覲禮》曰「嗇夫承命告于天子」，注：「嗇夫爲末擯，承命于侯氏。下介傳而上，上擯以告天子。」又曰「侯氏入門右，坐，奠圭，再拜稽首，擯者謁」，注：「謁猶告也。」然則王見諸侯，皆擯者傳辭。故此亦擯者以共圭幣告王，並稱其辭曰「一二臣衛，敢執壤奠」也。古字多省，《玉藻》「必與公士爲賓」，即通作擯。而《多士》篇「予惟四方罔攸賓」，徐仙民依馬義音「擯卻」之「擯」。此於本經有可證者。』據此，則與王『賓』傳辭者相對，侯氏之傳辭者爲『介』。王之辭傳於『賓』，『賓』傳於『介』，『介』傳於侯氏也。此『賓』所傳之辭，亦當由『下介傳而上，上擯以告天子』也。稱，舉也。枚《傳》：『舉奉圭兼幣之辭。』行甫按：審枚氏之意，當謂『稱』爲『稱説』、『稱道』之意。其説是也。《戰國策·趙策一》『乃稱簡之塗以告襄子』，鮑彪注：『稱者，舉其說也。』《策》文以『稱』與『告』相關爲用，與本經以『稱』與『曰』相配爲用，文法正同。奉，進也，獻也。《周禮·大司徒》『奉牛牲』，鄭玄注：『奉，猶進也。』《廣雅·釋詁二》：『奉，進也。』是其例也。幣，馬皮錦帛之類禮物。《周禮·小行人》：『合六幣：圭以馬，璋以皮，璧以帛，琮以錦，琥以繡，璜以黼。此六物者，以和諸侯之好。』是也。**一二臣衛**■一二，衆多也。枚《傳》：『言一二，見非一也。』臣衛，猶言『四方蕃屏拱衛之臣』也。枚《傳》：『爲蕃衛，故曰臣衛。』孔穎達《書疏》：『諸侯之在四方，皆爲天子蕃衛。故曰臣衛。』**敢執壤奠**■敢，猶『願』也。壤，土地也。奠，獻也。枚《傳》：『敢執壤地所出而奠贄也。』孔穎達《書疏》：『諸侯朝見天子，必獻國之所有，以表忠敬之心。』

〔三〕**皆再拜稽首**■皆，東西方所有在場諸侯也。拜稽首，即『拜手稽首』也。跪而拱手，以頭俯手與心平；然後拱手至地，以左手覆於右手，頭亦至地也。枚《傳》：『諸侯拜送幣而首至地，盡禮也。』行甫按：『賓』者稱說諸侯『奉圭兼幣』之辭畢，諸侯皆兩次拜手稽首，以示敬送圭幣之意。**王義嗣德答拜**■義，宜也。意動用法，猶『以之爲宜』也。嗣，繼位爲天子也。德，品格、資質也。行甫按：此『德』字，猶今所謂『資格』、『身份』之意。答拜，回拜也。枚《傳》：『康王以義繼先人明德，答其拜受其幣。』孔穎達《書疏》：『「義嗣德」三字，史言王答拜之意也。康王先是太子，以義繼先王明德，今爲天子無所嫌，故答其拜受其幣，自許與諸侯爲王也。』蔡《傳》：『義，宜也。「義嗣德」云者，史氏之辭也。康王宜嗣前人之德，故答拜也。』吳氏曰：穆公使人弔公子重耳，重耳稽顙而不拜。穆公曰：「仁夫，公子！稽顙而不拜，則未爲後也。」蓋爲後者拜，不拜，故未爲後也。弔者、含者、襚者，升堂致命；主孤拜，稽顙，成爲後者也。康王之見諸侯，若以爲不當拜而不拜，則疑未爲後也，且純乎吉也。答拜，既正其爲後，且知以喪見也。』劉起釪節引《檀弓下》『秦穆公使人弔晉公子重耳』一文而後曰：『由上一段對話，知古代有一共同遵守的禮俗，即國君的兒子必須確定獲得嗣位的繼承權，才能對來弔的賓客下拜否則只能稽顙而不能拜。拜，則表示已獲得嗣位之權。此語載於本篇中，知西周早期已有此禮俗。才知道「王義嗣德答拜」的含意，是由於周康王確切嗣位了，他才有資格答拜，也應該答拜，以表示自己已經嗣位爲王了。』行甫按：劉氏將古人注疏作了通俗轉述。句意謂：康王以明確的適宜繼承王位的資格及其新王的身份，回拜諸侯之拜且表示接受其禮幣。

〔四〕**太保暨芮伯咸進**■暨，及也，與也。芮伯，太保與芮伯、彤伯同列，芮伯班與太保最近，故可與太保同奏也。咸，皆也。進，前也，出列進前，欲有所陳奏也。**相揖**■相，互相，太保與芮伯也。揖，《說文》：『攘也。从手，咠聲。一曰手箸匈曰揖。』段玉裁注：『鄭《禮》注云：推手曰揖，凡拱其手使前曰揖。凡推手小下之爲土揖；推手小舉之爲天揖；推手平之爲時揖也。』行甫按：太保與芮伯二人進前出列後相揖讓者，古人禮數如此，猶《禮》之賓主『每曲每門揖』也。楊筠如《覈詁》：『「群公既皆聽命，相揖趨出」，是退朝時亦有此儀也。』其說是也。**皆再拜稽首**■皆，太保與芮伯也。再拜稽首，拜於康王也，既非太保與芮伯互拜，亦非與群臣互拜也。

〔五〕**曰**■曰者，亦二人同奏也。行甫按：太保與芮伯代諸侯邦君及百官群僚進戒於王，故爲二人同奏也。以『曰』字與上文『咸』字、『相』字、『皆』字一氣貫注而知之也。或二人陳奏有先後，但因内容相似，故史氏不必分而錄之也。**敢敬告天子**■敢，願也，表敬副詞，猶今所謂『斗膽』也。敬，謹也。**皇天改大邦殷之命**■皇，大也。命，天命也。**惟周文武誕受羑**■惟，因也，以也。誕，大也。羑，通『牖』，讀若『天誘其衷』之『誘』，猶今所謂『啓發』也。《史記·殷本紀》『紂囚西伯羑里』，張守節《正義》本作『牖里』，曰：『牖作羑。』《淮南子·氾論訓》『而悔不殺文王於羑里』，高誘注：『羑，古牖字。』《大雅·板》『牖民孔易』，《史記·樂書》引作『誘民孔易』。皆『羑』、『牖』、『誘』互通之證。《左傳》僖公二十八年『今天誘其衷，使皆降心以相從也』，本經『羑』字即此『誘』字之義也。**若克恤西土**■若，猶『乃』也，於是也。克，《說文》：『肩也。』段玉裁注：『肩謂任，任事以肩，故任謂之肩，亦謂之克。《釋詁》云：「肩，克也。」又曰：「肩，勝也。」《周頌・敬之》「佛時仔肩」，傳曰：「仔肩，克也。」鄭箋云：「仔肩，任也。」許云：「勝，任也；任，保也；保，當也。」」行甫按：此『克』字非能願動詞也。『克恤』二字，乃並列近義複詞，當連讀，猶言『保任憂恤』也。恤，憂恤也。《説文》：「恤，憂也，收也。从心，血聲。」段玉裁注：『「收」當從《玉篇》作「救」。』《周禮・大司徒》『八曰以誓教恤』，鄭玄注：『恤，謂災危相憂。』西土，岐周豐鎬之地也。行甫按：自來説此二句者，既不明訓詁，亦不知文法，是以皆不得其解。各家之説，劉起釪之書抄撮甚詳，兹不備引。『惟』字句與『皇天』句爲因果關聯，意即：皇天將要改變大邦殷之天命，因而周邦之文王武王乃大受誘啓；於是保任憂恤西土之民。此乃文字表層之義也。若蔡《傳》云『曰「大邦殷」者，明有天下不足恃也』，則文字之深層意藴也。乃劉起釪氏不之信，以爲『恐原文不一定有此義，只是説殷的天命改歸於周了』。若涵詠其文，知劉氏之説反流於輕淺矣。味二伯之意乃謂：文王與武王於商紂不恤其民而大受啓迪，頗悟皇天變改殷命之意，因而保任憂恤我西土之民，於是雖我西土小邦，文武猶以之而有天下也。

〔六〕**惟新陟王畢協賞罰**■惟，與也，及也。陟，登也，升也，猶言『登遐』也。《禮記・曲禮下》『告喪，曰天王登假』，鄭玄注：『登，上也。假，已也。上已者，若僊去云耳。』《釋文》：『假，音遐。』新陟王，猶言『新登遐之王』，謂成王也。蔡《傳》：『成王初崩，未葬未謚，故曰新陟王。』章太炎《尚書説》：『蔡沈以爲「新陟王」如後世所稱大行皇帝，是也。』行甫按：蔡、章二氏説是也。唯蔡氏『未謚』之説不確，周初先王皆以生稱，未有謚號。畢，盡也，皆也。協，合也。蔡《傳》：『好惡在理不在我，故能盡合其賞之所當賞，罰之所當罰。』**戡定厥功**■戡，《爾雅・釋詁》：『克也。』《説文》：『戡，刺也。』行甫按：此『戡』字當讀『西伯戡黎』之『戡』，《説文》作𢦟：『𢦟，殺也。从戈，今聲。《商書》曰：「西伯既𢦟黎。」』是此『戡』若『𢦟』，義即『克勝』，今語所謂『戰勝』、『平定』，是也。厥，其也。功，業也。劉起釪引王充耘《書管見》：『文武能受命以有天下耳。定天下致太平以遺後人者，成王也。其所戡定者無他，惟「畢協賞罰」而已。蓋刑賞乃人君之大權，使賞必當功而不僭，刑必當罪而不濫，則天下不勞而定矣。』行甫按：王説固當，但猶不知此言另有深意也。謂成王「畢協賞罰，戡定厥功」，非泛言刑賞也，由『戡定』二字，乃知其暗指平定管蔡之亂以定天下之意也。否則，下文乃言『張皇六師』，甚無謂也。餘説參見本經【後案】。**用敷遺後人休**■用，以也。敷，《説文》作『𢾭』：『𢻫也。从攴，尃聲。《周書》曰：「用𢾭遺後人。」』許氏以『𢾭』、『𢻫』二字轉注互訓：『𢻫，𢾭也，从攴，也聲。讀與施同。』行甫按：『敷遺』亦同義複詞，猶言『遺留』也。休，蔭庇也。

〔七〕**今王敬之哉**■今王，猶後世所言『今上』也。敬，慎也。**張皇六師**■張，讀如『張弓』之『張』，張大、擴張也，皇，大也。行甫按：『張皇』，同義複詞。六師，天子六軍。**無壞我高祖寡命**■壞，敗也。我，我周邦也，非我太保、我芮伯也。高，讀如『高禖』之『高』，《禮記·月令》『以太牢祠于高禖』，孔穎達《禮疏》：『高者，尊也。』《爾雅·釋親》『曾祖王父之考，謂之高祖王父』，郝懿行《義疏》：『高者，尊崇之稱。』祖，先祖也。行甫按：此『高祖』雖非五世祖之謂，但與『高禖』、『高祖王父』之『高』取義從同，猶今所謂『無比崇敬的先輩』之意也。寡命，大命也。段玉裁《古文尚書撰異》：『寡命，與《大雅》「寡妻」、《康誥》「寡兄」同訓。』楊筠如《覈詁》：『寡，讀爲「嘏」，《禮記·緇衣》「君子寡言而信，以成其行」，鄭注：「寡當爲顧，聲之誤也。」《史記·十二諸侯年表》「宋共公瑕」，《左傳》作「顧」，是瑕、顧、寡並通，故「寡」可爲「嘏」也。』是『寡命』即『大命』，『大命』猶言『天命』也。

章太炎曰：「『今王敬之哉，張皇六師，無壞我高祖寡命』，嗣君新立，不教以修文，而勸以覿武，何也？蓋召公素有遠略，《大雅》稱『昔先王受命，有如召公，日闢國百里』，故其所重在是。若太史《周本紀》稱『二公率諸侯申告大子釗以務在節儉，毋多欲，以篤信臨之』，今《書》無其語，豈猶有脱簡歟？（『毋多欲，以篤信臨之』，或即指成王最後二語。『務節儉』，成王亦無此言。）周初尚武功，《立政》周公規成王，方行海表，語與此『張皇六師』意同。

儒家不重武功，與此異。可知古人之道，非儒一家所能盡也。」

章氏眼光獨到，頗能啓人心智，但所析之理，則似是而實非。史公蓋誤讀《顧命》，故有「務在節儉，毋多欲」之說，「今《書》無其語」，未必「有脱簡」，此不足深論也。而「召公素有遠略」及「周初尚武功」，雖可勉强爲説，但又謂「古人之道，非儒一家所能盡」，於本篇而言之，則妄語也。《書經》非儒家之書邪？本篇關乎周初武王駕崩之後的重大歷史隱痛，武庚叛亂，管蔡附逆，在成王心中造成巨大歷史陰影。成王懲於武庚管蔡之亂，而心結至死未解，其臨終遺命，於此尤耿耿焉、諄諄焉以誥教之，以警誡之。而召公深得成王之意，故傳顧命而兵衛森嚴，又以「戡定厥功」及「張皇六師」以戒康王；而康王所謂「亦有熊羆之士，不二心之臣，保乂王家」，皆有具體所指，非無的放矢之言也。章氏不明於是，乃説之如此。但其人巨眼卓識，能發人之未發。大師之所以爲大師，非虚名浪得也。餘説見本篇【後案】。

此爲本篇第四節，言康王以嗣君身份首次朝見諸侯。召公與芮伯乃告誡康王：周邦所以有今日，實在來之不易，前有文武順應天命，任保憂恤西土之民，代殷而有天命；後有成王信賞必罰，戡克武庚管蔡之亂，定天下致太平，以此基業傳於後世。是以新立之王，當憂恤萬民，張皇六師，加强武備，不可辱失先祖得之不易的天命。

【繹文】

册命儀式結束之後，康王便從畢門走出路寢，來到應門之内的治朝大庭之中。這時，太保已經率領西路諸侯進入應門之內，站立在大庭的西側，畢公也已率領東路諸侯進入應門之內，站立在大庭的東側，等待康王入庭朝見。所有諸侯皆身著青黑色禮服，上面繡著黑白兩已相背的亞形圖案作爲裝飾；腰前佩掛著暗紅色蔽膝。各路諸侯都帶著與朝見禮數相關的玉器皮帛之類禮物。朝中負責接待來朝諸侯的禮賓人員，稱舉這些玉器與幣帛說：『衆位邦君諸侯，作爲天子屏障四方的藩衛之臣，斗膽將本地出產的土貨獻給天子，不成敬意，萬望笑納。』禮賓人員話音剛落，各路諸侯便齊刷刷跪在地上，拱手叩頭，對天子連行兩次拜手稽首大禮。康王以王位的合法繼承人資格及其受册爲王的正式身份，也對各路諸侯行跪拜禮表示答謝。這一跪拜，也就在程序與事實兩個方面確定了康王與各路諸侯的君臣名分。康王行了跪拜大禮之後，太保和芮伯兩位大臣便一起前出班列，互相拱手以行揖讓之禮，然後又一起跪在地上，連行兩次拜手稽首大禮，然後對康王說：『作爲大臣，我們斗膽慎重地進言天子：茫茫上天有意變改殷商大國的天命，因而我們的文王和武王便由商紂王的所作所爲之中大受啓發，非常明確地領會到上天的意旨，於是在保護體恤西土民衆的事務上做了不懈的努力，終於以我周地處西偏的蕞爾小邦取代了殷商大國的天命。及至我們剛剛過世的大行天子周成王，他愛憎分明，盡行當賞便賞，該罰便罰，決不濫賞無功，也不姑息有罪；從而果斷地平定了殷商餘孽武庚的叛亂，嚴厲地處罰了王家貳臣管蔡二叔的附逆，因而鞏固了如今安定太平的一統天下，給我們後人留下了這份偉大的基業與豐厚的遺產。繼立在位的當今天子呀，您一定要謹慎小心，兢兢業業，不可有絲毫的疏忽與懈怠啊！您要擴大六軍的規模，整軍備武，謹防我們偉大先祖受命於天的偉大基業，遭到任何敵對勢力的挑戰與顛覆，確保我們周邦永葆天命。』

王若曰：『庶邦侯甸男衛，惟予一人釗報誥，〔一〕昔君文武丕平富不務咎，厎至齊信，用昭明于天下；〔二〕則亦有熊羆之士，不二心之臣，保乂王家。〔三〕用端命于上帝皇天，用訓厥道，付畀四方，乃命建侯樹屏，在我後之人。〔四〕今予一二伯父，尚胥暨顧，綏爾先公之臣服于先王，〔五〕雖爾身在外，乃心罔不在王室，用奉恤厥若，無遺鞠子羞。〔六〕』

群公既皆聽命，相揖趨出。〔七〕王釋冕，反喪服。

【釋讀】

〔一〕**王若曰**■若，如此也。馬融、鄭玄、王肅本，皆自此以下爲《康王之誥》。**庶邦侯甸男衛**■庶，衆也。侯甸男衛，外服諸侯。呼而告之也。枚《傳》：『不言群臣，以外見內。』孔穎達《書疏》：『不言群臣，以外見內。』行甫按：枚、孔之說大非。召公與芮伯，諸侯，以內見外；此王告庶邦，不言朝臣，以外見內。欲令互相備也。』行甫按：枚、孔之說大非。召公與芮伯，乃以成王遺命告誡康王，須『張皇六師』，整軍備武，以防不測。其事與朝臣無涉。康王作誥，亦在警告外服諸侯，須臣服於王室，各安本分，不可輕行不軌，亦與朝臣無關。二者皆無『見內』、『見外』之意，何可『互相備』邪？**惟予一人釗報誥**■惟，是也，時也。說見吳昌瑩《經詞衍釋》。予一人，天子自稱。釗，康王自名。孔穎達《書疏》：『此王自稱名者，新即王位，謙也。』蔡《傳》：『康王在喪，故稱名。』行甫按：孔《疏》蔡《傳》之說皆非。康王新即位，首見外服諸侯，乃自報其名以明正其身，猶之『義嗣德答拜』也，與『謙』、『喪』皆無涉。報，答也，復也。誥，告也。行甫按：『報誥』與『答拜』，其義從同，皆爲康王以嗣王身份回應諸侯群臣也。『報誥』，枚《傳》：『報其戒。』是也。

〔一二〕**昔君文武丕平富不務咎**■昔君，已故之君也。丕，大也。平，讀若『抨』，使也。《洛誥》『伻來以圖』，《群經音辨》引『伻』作『平』。《爾雅・釋詁》：『抨，使也。』《釋文》：『抨，字又作伻，音同，使人也。』是則『平』、『伻』、『抨』三字音同互用之證也。《爾雅・釋詁》：『俾拼抨使，從也。』郭璞注：『四者又爲隨從。』是則『抨』既有『使令』之意，亦有『隨從』之意。富，讀若『福』。楊筠如《覈詁》：『富，與「福」通。《易・謙・彖傳》「鬼神害盈而福謙」，《釋文》：「福，京作富。」是其證。』行甫按：俞樾《平議》已讀『富』爲『福』，並引《洪範》『汝雖錫之福，其作汝用咎』，以證『福』與『咎』正相對爲文。章太炎《尚書說》亦引《禮記・郊特牲》、《詩・大雅》毛《傳》皆云『富，福也』，而謂『直借富爲福』以證本經。說皆是，兹從之。務，《說文》：『趣也。』段玉裁注：『趣者，疾走也。務者，言其促疾於事也。』咎，《說文》：『災也。』引申之則爲『禍』也、『殃』也。行甫按：『丕平富』與『不務咎』，二句相對成文，義亦相反，故知『丕』不可讀『不』，更非所謂無義之語詞也。**厎至齊信**■厎，《說文》：『柔石也。』段玉裁注：『厎，砥之正字。』至，古與『致』通，《說文》：『致，送詣也。』蔡《傳》：『厎至者，推行而厎其至也。』行甫按：蔡說是也。『厎至』，猶今語所謂『勉力達到』，此謂先君文武勉力達到『齊信』也。齊，莊敬也。《禮記・內則》『進退周旋慎齊』，鄭玄注：『齊，莊也。』《國語・楚語下》『齊敬之勤』，韋昭注：『齊，莊也。』《禮記・祭義》『敬齊之色不絕于面』，鄭玄注：『齊，謂齊莊。』皆是其證也。信，《說文》：『誠也。』行甫按：此『信』即《左傳》桓公六年『祝史正辭，信也』、襄公二十七年『祝史陳信無愧辭』之『信』。『齊信』者，並列複詞，謂莊敬而誠實也。《荀子・性惡》『禮恭而意儉，大齊信焉而輕貨財』，正用本經『齊信』之義也。指祭祀莊敬而誠信，對神靈無謊言愧辭也。**用昭明于天下**■用，介詞，以也。省略賓語『之』，指代『齊信』。昭明，同義複詞，猶『彰顯』也。行甫按：前人多以『重惠養、輕刑罰』以說『丕平富，不務咎』，又以『齊信』爲『中信』，皆未達經義也。『富』（『福』）、

『咎』、『齊信』皆指祭祀而言，《左傳》莊公十年載曹劌論戰：『公曰：犧牲玉帛，弗敢加也，必以信。對曰：小信未孚，神弗福也。』是本經『信』字、『富』（『福』）字之義也。又由《荀子》『齊信』用字語境，可知『丕平富，不務咎，厎至齊信』者，乃關乎鬼神祭祀之義也。意謂：先君文王武王虔誠地致力於趨吉避凶，祀奉皇天上帝，所獻享之犧牲玉帛，不敢虛加謊報，可謂極盡莊敬與誠實之能事也，又將此莊敬誠實以禮祀皇天上帝之態度與作風彰顯於天下，以爲天下臣民表率，則舉國上下皆莊敬嚴肅而誠信無欺也。事奉鬼神以莊敬而虔誠者，其臨民施政亦必莊敬而誠信也。此古人所以『重祭祀』、『大齊信』之理也。**則亦有熊羆之士■**則，猶『乃』也。亦，也詞也。上言君，下言臣，故『亦』之也。熊羆，狀其勇猛威武之貌也。**不二心之臣保乂王家■**二心，反側不忠之心。保，保衛也。乂，相也，輔助也。枚《傳》：『言文武既聖，則亦有勇猛如熊羆之士、忠一不二心之臣，共安治王家。』行甫按：枚說固是也。然所謂『丕平富，不務咎』者，不外乎『祀』與『戎』之二事也，故上文『厎至齊信』言『祀』也，此『熊羆之士，不二心之臣』乃言『戎』也。

〔三〕**用端命于上帝皇天■**用，以也，因也。端，正也，始也。《禮記·月令》『獄訟必端平』，鄭玄注：『端，猶正也。』《國語·晉語七》『知程鄭端而不淫』，韋昭注：『端，正也。』劉淇《助字辨略》曰：『正，猶言定也。』是『端』有正、定之意。俞樾曰：『《說文·耑部》：「耑，物初生之題也，上象生形，下象其根也。」經典並假端爲之，《家語·禮運篇》「五行之端」，王肅注：「端，始也。」《孟子·公孫丑篇》「仁之端也」，趙岐注曰：「端者，首也。」首即始也。「用端命于上帝」者，用始命於上帝也。言始命於上帝而爲天下立也。』是『端』亦有基、始之義也。行甫按：楊筠如亦曰：『端命，猶《洛誥》言「基命」矣。』楊說是也。然《洛誥》言『基命』又言『定命』，則本經『端命』者，一言以兼其『基命定命』之二義焉。句意謂：因而始正定其命於上帝皇天也。言下之意，猶謂其終必將有天之大命也。**用訓厥道■**用，以也，因也。訓，順也。厥，其，指文武而言也。道，謂上述『厎至齊信』與

『保乂王家』之道，亦即君賢臣忠之道也。**付畀四方**■付畀，給予也。『付畀』，亦同義複詞，猶『賦予』也。四方，天下也。行甫按：此三句關聯上文『昔君文武丕平富不務咎，厎至齊信，用昭明于天下』爲說，謂文王武王以彰顯於天下而爲天下人所共見之趨吉避凶莊敬誠實以治事臨民之道，順其勢而推行之於天下四方也。意即周邦因此而終有天下也。**乃命建侯樹屏**■乃，順接連詞，於是也。命，令也，使也。建，立也。樹，亦立也。行甫按：今亦有同義複詞『建樹』也。屏，屏障也。《左傳》定公四年：『昔武王克商，成王定之，選建明德，以藩屏周。』《荀子·儒效篇》亦謂周公『立七十一國，姬姓獨居五十三人』，是此『建侯樹屏』之事也。**在我後之人**■在，《說文》：『存也。』王引之《經義述聞》：『「在」謂「相顧在」也。言先王命建侯樹屏，以顧在後世子孫也。《吳語》曰「昔吳伯父不失春秋，必率諸侯以顧在余一人」，即此「在」字之義。襄二十六年《左傳》衛獻公使讓大叔文子曰：「吾子獨不在寡人。」義亦同也。下文曰「今予一二伯父尚胥暨顧」，亦謂相顧在也。』行甫按：高郵王氏訓『在』爲『顧』，章太炎、戴鈞衡、楊筠如、曾運乾、劉起釪，皆從其說，然尚有討論之餘地。『在我後之人』，猶言『存我後之人』也，謂『建侯樹屏』以藩衛存保『我後之人』也。而下文『暨顧』猶言『回顧』也，今之諸侯皆先君所建侯衛之後人也，是以康王欲其人回顧其父祖臣服於先王從而效法以行之也。乃知『顧』之與『在』，其義各有所安，不可混而一之也。《吳語》『顧在』連言，乃《爾雅·釋詁》『在，察也』之引申，與許君『在，存也』義訓有別。不可因經文有『顧』字，即訓此『在』字爲『顧』也。是以本釋讀不取王說。說見下文『暨顧』釋讀。我後之人，既是康王自指，亦含各路諸侯。意即：分邦建國，拱衛王室的治理格局，傳到我們這些後人，就是各路諸侯與我王室的君臣關係。

〔四〕**今予一二伯父**■伯父，枚《傳》：『天子稱同姓諸侯曰伯父。』**尚胥暨顧**■尚，庶幾也，幸詞也，猶今所謂『希望』也。胥，相也。暨，通既。《周禮·閭胥》『既比則讀灋』，鄭玄注：『故書暨爲既。』是其證也。『既』猶

『已』也，『已』猶『後』也。行甫按：甲骨文『既』字與『即』字之字形相反，『即』象一人嚮酒器而就飲之形，『既』象其飲畢而扭頭欲去之形，是『既』有回頭嚮後之意。顧，《說文》：『還視也。』行甫按：『暨顧』亦同義複詞，猶言『回望』、『回顧』也。**綏爾先公之臣服于先王**■綏，《說文》：『車中把也。从糸从妥。』《儀禮·既夕禮記》『約綏約轡』，鄭玄注：『綏，所以引升車。』行甫按：『綏』者，乃古人登車所援引之繩。《論語·鄉黨》『升車必正立執綏』，皇侃《疏》：『綏，牽以上車之繩也。』引申之則有『援引』之義。經言『綏爾先公之臣服于先王』，謂援引爾先公之臣服于先王之舊例也。王引之以『綏』通『緌』，《爾雅·釋詁》『緌，繼也』，《說苑·指篇武》『損其有餘而繼其不足』，《淮南子·道應篇》『繼』作『綏』，是『綏』亦『繼』也。然『綏』可訓『援』，亦可訓『繼』也，『援』之與『繼』，義亦互相備也。

〔五〕**雖爾身在外**■在外，朝廷之外也，即在外服爲諸侯也。**乃心罔不在王室**■乃，其也。罔，無也。心在王室，猶言『心憂王室』，即下文『奉恤』之義也。**用奉恤厥若**■用，以也。奉，助也。《淮南子·說林訓》『風雨奉之』，高誘注：『奉，助也。』恤，憂也。行甫按：『奉恤』與上『心罔不在王室』相關聯，猶言『幫助朝廷分憂』也。厥，其也，指代『爾先公之臣服于先王』也。若，如也。行甫按：連上文意即：雖然你們身在外服，但你們的心思卻無時不繫於王室，因此你們應當如同你們的先公之臣服于先王那樣，一如既往地繼續幫助朝廷分憂。行甫又按：《尚書》中『厥若』二字，除本經之外，又見於《洛誥》『厥若彝，及撫事如』，及《立政》『我其克灼知厥若』，王國維以爲『當時成語』，『今日固無以知之』。曾運乾以『厥若』爲『指示代詞』，云『以今語通之，則爲「那個」』。『那個』之倒文則爲『厥若』，『若』、『那』古同聲；『個』、『厥』古同音也。』曾氏以『厥若』爲『指示代詞』，是也。然欲證成王氏『當時成語』之說，以爲『那個』之『倒文』，不免迂曲。細審經文，凡用『厥若』者，皆爲與過去相比較，猶言『一如既往』也。《洛誥》『厥若彝』，猶言『一如既往，與往常一樣』。《立政》『灼知厥若』，猶言『一如既往地如同先王那樣確切地了解各類官員』。是『厥若』者，當緣其語境，隨其文勢而立解。要之，『厥』者，其也，將也，且也，既是指示代詞，亦是時間副詞。『若』者，如也，順也。既有比況之義，亦爲順承之義。因餘篇再無『厥若』二字出現，故於本經總而説之，其義猶可通之於《洛誥》與《立政》也。**無遺鞠子羞**■遺，加也，與也。《邶風·北門》『政事一埤遺我』，毛《傳》：『遺，加也。』《漢書·嚴助傳》『遺王之憂』，顔師古注：『遺，猶與也。』是其例也。鞠子，稚子也。王引之《經義述聞》述《堯典》『教胄子』曰：『《説文》引作「教育子」，《周官·大司樂》注亦作「教育子」，《王制》注及《漢書·禮樂志》竝作「教胄子」，《史記·五帝紀》作「教穉子」。引之謹案：育子，穉子也。育字或作毓，通作鬻，又通作鞠。《邶風·谷風篇》「昔育恐育鞫」，鄭《箋》解「昔育」曰：「育，稚也。」稚與穉同。《正義》以爲《爾雅·釋言》文。今《爾雅》育作鞠，郭璞《音義》曰：「鞠，一作毓。」(見《鴟鴞釋文》)《豳風·鴟鴞篇》「鬻子之閔斯」，毛《傳》曰：「鬻，稚也。稚子，成王也。」《釋文》：「鬻，由六反。徐居六反。」是育鞠同聲同義，古謂穉子爲育子，或曰鞠子。《堯典》之「育子」，即《豳風》之「鬻子」，亦即《康誥》所謂「兄亦不念鞠子哀」，《顧命》所謂「無遺鞠子羞」者也。』羞，辱也，恥也。《國語·周語中》『姦禮爲羞』，韋昭注：『羞，恥也。』《禮記·緇衣》『惟口起羞』，鄭玄注：『羞，猶辱也。』皆是其義也。行甫按：『無遺鞠子羞』者，猶今所謂『可別給我找麻煩，添亂子』，言下之意，倘若你們要給我找麻煩、添亂子，我也不會對你們太客氣！蔡《傳》曰：『康王言此者，求助群臣諸侯之意。』蔡氏未得成王顧命之意，固亦不得康王之意也。

〔六〕**群公既皆聽命**■群公，孔穎達《書疏》：『總謂朝臣與諸侯也。鄭玄云：「群公，主爲諸侯與王之三公，諸臣亦在焉。」』**相揖趨出**■相揖，互相拱手以表謙讓也。蔡《傳》：『始相揖者，揖而進也。此相揖者，揖而退也。』行甫按：蔡説是也。然揖進與揖退，皆謙讓也。揖進者，請對方先進也。揖退者，請對方先退也。趨出，快步走出，因康王在，以示尊敬也，猶孔鯉『趨而過庭』也。

〔七〕**王釋冕**■釋，脱也。冕，即上文『麻冕黼裳』也。**反喪服**■反，恢復也。反喪服，王重回翼室爲喪主，服喪服也。行甫按：此謂康王脱下朝服，重新穿上喪服。

此爲本篇最後一節，言康王受冊嗣立爲王之後，在治朝舉行新君朝會之禮，確立王者身份並發佈就職演説，要求各路諸侯繼其父祖一如既往地臣服於王室，爲朝廷分憂，不可給新王添亂子、找麻煩。

【繹文】

針對太保與芮伯的款誠忠告，康王乃如此説道：『各位遠在外服鎮守封疆的邦君侯伯們，此時此刻，我康王釗以一代嗣君的正式身份，就太保和芮伯對本王的殷切期望，嚮諸位作一明確答復：我們已故的先君周文王和周武王無比虔誠地致力於趨吉避凶，祀奉皇天上帝，所獻享之犧牲玉帛，不敢虚加謊報，勤勉地嚮上帝與神明表達他們的莊敬之情與誠信之心，他們又將這種奉祀皇天上帝的莊敬與誠實之精神，大力彰顯於天下，讓全天下之人都知道他們的莊敬嚴肅與誠實無欺。可想而知，事奉鬼神能夠做到謹嚴莊敬，誠信無欺；可施政臨民反而嫚侮百姓欺騙世人，天下哪有這樣的道理？君王賢明，臨事以莊，臨民有信，再加上他們身邊有一大批英勇善戰威猛無敵的虎狼之士，還有一大批忠心耿耿精誠不二的正直大臣。武人安邦，文臣治國，這些正直英勇的文臣武將，都是先君文王與武王的心腹和爪牙，他們外禦其侮，保衛王室，治理邦國，盡心盡力。因此，我們周邦就在皇天上帝那裏打下了基礎，奠定了天命，而後一舉克商而大有天下；又因此而順其大勢，將君主賢明、大臣忠正的立國精神貫徹推行到天下四方，於是分邦建國，樹立屏障，封疆守土，保衛王家。這個封疆守土拱衛王室的治理格局，也就順理成章地傳給我們在場的這些後人了。現在，你們各路邦君，尤其那些與我康王剣具有血緣親情的君侯邦伯們，希望你們各位好好地回顧一下，看看你們的先祖是如何效忠於先王的。你們要繼承你們先輩的優良傳統，一如既往地繼續效忠王室。你們雖然遠在封國，身在朝廷之外，但你們的心卻應該無時不刻繫念於王室，要像你們的父祖先輩那樣，爲王室分憂，替朝廷出力，千萬不要給我這個剛剛登上王位的年輕人臉上抹黑，找不痛快；給我添麻煩，造亂子！』

各位朝中大臣與邦君諸侯聽完康王的報告，便相互拱手謙讓，快步走出治朝之門。康王也換掉了冊命典禮與朝會諸侯時所必穿的麻冕黼裳之禮裝，重新穿上喪服，返回翼室，繼續處理成王殯後的有關事宜。

【後案】

西周開國之初，天下尚未大定，而武王不幸病逝，成王乃以幼沖嗣位，周公遂攝王位而總領朝政。於是管蔡流言，『周公不利于孺子』，殷之餘孽武庚，『誕敢紀其敘』，亦伺機圖謀復興殷人統緒，群寇洶洶，管蔡附逆，『今蠢今翼』，上下雲擾；成王幼沖，初登大位，面對如此之變局，頗爲焦慮；一則附其逆者管蔡之流，乃其父執長輩，發兵戡亂，所謂投鼠忌器；二則戰端一開，百姓流離，鰥寡失所，生靈必遭涂炭。社會動盪，朝野不安。周公打消成王顧慮，又說服召公達成一致，於是遍誥諸侯邦君與朝中執事之臣，起兵討逆。成王嗣位之初，即遭『遺大投艱于朕身』，這一歷史隱痛，便成了他日後揮之不去的心理陰影，至死也没有徹底抹去。因此，成王臨終，耿耿難以釋懷者，就是顧慮長子釗能否順利嗣位；嗣位之後，當年的歷史夢魘，是否再度重現。這一隱藏在『刑措四十年而不用』的歷史大幕背後的成王臨終心結，正是破解本篇諸多疑點與難點的重大關鍵所在。而歷代經師對此皆昧而不見，以致本篇解讀嚴重陷入誤區，也就不足爲怪了。

首先，成王顧命的最終落腳點是『弘濟于艱難』，此『艱難』二字並非泛泛而言『艱苦』與『困難』，而是具有特定的内涵指向。此『艱』字自甲骨文始，即專指邊關有警。卜辭有從『壴』（『鼓』字初文）從『卩』或從『女』、從『人』之字，唐蘭釋爲『囏』即『艱』字，其文例爲『其有來艱』、『允有來艱自西』或『自北』等某方，意即自某方邊境有侵伐之警。字所以從『壴』（鼓）者，康殷以爲即《周本紀》設『烽燧、大鼓』以報邊警之意。唐氏此説，爲文史學界所公認，已成定論。據此可知商周之際『艱』字若『囏』字之義，特指軍事警報而言之。《尚書》尤其《周書》繼承了甲骨文『艱』字這一用法，因此，《大誥》言『有大艱于西土』，《君奭》言『亦大惟艱』，皆指武庚及管、蔡將亂而言。是以成王所謂『艱難』，特指邊關有警，庶邦構難；臨終召太保等六位重臣兼及『師氏、虎臣』等武職官員，命其『敬保元子釗，弘濟于艱難』，決非空言無所事實之濫説。且成王又特别提及『柔遠能邇』，即妥善維持王室與諸侯邦君之間或曰朝廷集權與地方封建之間的良性互動關係，不可激而生變。其『柔』與『能』之具體做法，則有兩個方面：

一是『安勸小大庶邦』，即『靜觀』小大庶邦對嗣王之相關態度及其行爲取向，以便採取相應對策。因此，本釋讀同意于省吾讀『勸』爲『觀』，但不取其釋『安』爲『宴』，讀『安勸』爲『宴觀』之説，以爲『以宴飲觀示於小大衆邦』，則軍國大事，形同兒戲，其失不可以道里計。實則此所謂『静觀』，即『柔』以待之而已。二是『思夫人自亂于威儀』，即包容諸侯邦君的生活小節，不要小題大作，激化矛盾。然歷來注家，狃於以『治』訓『亂』，全不明經文之意究屬何指？枚《傳》曰：『群臣皆宜思夫人。夫人自治正於威儀，有威可畏，有儀可象，然後足以率人。』不知『夫人』何指，『群臣』又何以『皆宜思夫人』。林之奇《尚書全解》又謂『夫人，亦指康王』，更是治絲益棼。蔡《傳》曰：『蓋人受天地之中以生，是以有動作威儀之則，成王思夫人之所以爲人者，自治於威儀耳。自治云者，正其身而不假於外求也。』似乎成王臨死之前還不忘給朝中文武大臣做經筵講官，宣講宋人心目中的理學大義。其實，『自亂於威儀』，就是指醉酒之後的衣冠不整，大呼小叫，手舞足蹈。《小雅·賓之初筵》描述周人飲酒前後之反差狀態說：『賓之初筵，溫溫其恭。其未醉止，威儀反反；曰既醉止，威儀幡幡。舍其坐遷，屢舞僊僊。其未醉止，威儀抑抑；曰既醉止，威儀怭怭。是曰既醉，不知其秩。賓既醉止，載號載呶，亂我籩豆，屢舞僛僛。是曰既醉，不知其郵。側弁之俄，屢舞傞傞。既醉而出，並受其福；醉而不出，是謂伐德。飲酒孔嘉，維其令儀。』這段詩文，正是『自亂于威儀』之傳神寫照。至於『思夫人自亂于威儀』之『思』，本釋讀據《說文》解『思』爲『容』，正與上文『柔遠能邇』之『能』字相合，即包容寬大邦君諸侯的小小過失，不要小題大作，以免激化矛盾，擴大事端，從而引起劇烈的局勢動蕩。因此，成王最後說『爾無以釗冒貢于非幾』，唯恐其『元子釗』初登大位，年輕氣盛，容不得邦君諸侯之小小過失而釀成大禍。其後太史宣讀康王的冊命之辭，亦特別强調『燮和天下』。夫『燮和』云者，亦即隱忍寬容，輯睦和洽之謂也。然歷來經師，皆昧而不之知也。

其次，本篇第二節，敘述設几筵，列寶器，陳兵衛，象徵王家威嚴以及國家意識形態。而孔穎達《書疏》曰：『上文言「出綴衣于庭」，此復設黼扆帷幄帳者，象王平生時所爲也。』後世經師多從孔説，以爲成王喪禮陳設。殊不知此几筵陳寶，並非爲在殯之成王而設，乃爲康王冊命之禮以極陳其威儀也。尤其是西序與東序以及西房與東房所列之『越玉五重陳寶』，注家皆視之爲成王生前玩好，不知所有陳列，皆象徵著當時國家的重要意識形態，尤其體現著當時最爲先進的科學技術水平及其人文宗教觀念。本釋讀所以詳爲縷述者，解前人之惑而言前人之所未言也。

第三，誠如章太炎《尚書説》所疑，康王即位，朝見諸侯，太保和芮伯告誡康王，『不教以修文，而勸以覲武』，此其動機何在？章氏乃以『周初尚武功』解之，又謂『召公素有遠略』，並引《大雅・召旻》『昔先王受命，有如召公，日闢國百里』爲説。但章氏不自安，又自爲之解曰：『儒家不重武功，與此異。可知古人之道，非儒一家所能盡也。』章氏巨眼卓識，雖然發現了前代經師所未留意的問題，但沒有深味本經以求其甚解，而是游離於文本之外，更不知聯繫成王早年經歷而揣摩其臨終遺命，宜其言之不中也。如果透徹理解了成王臨終遺命，則何以太保與芮伯的告誡之辭，既大力表彰大行皇帝之『畢協賞罰，戡定厥功』，即平定叛亂，維護天下一統的重大歷史功績；又特別教導新立之君『張皇六師，無壞我高祖寡命』，所謂新君嗣立，乃『不教以修文，而勸以覲武』者，也就不難明白其隱曲深衷了。因此，太保與芮伯所誡，乃一切之權宜，自有其具體的言説時空及其動機指向，不能視爲周初國策，更不能説與儒家一貫思想有悖。況且儒家認爲，『國之大事，在祀與戎』，而『張皇六師』，豈非『國之大事』？然章氏不愧爲大師，發前人之所未發，頗能啓人心智。

第四，太保與芮伯陳誡之後，康王答報，其實也就是康王作爲嗣立新君向邦君諸侯發佈就職演說。康王之答辭，也是從『在祀與戎』的『國之大事』起講，說『昔君文武』致力於趨吉避凶，莊敬虔誠地奉祀皇天上帝，更有一批『熊羆之士，不二心之臣』，安邦治國，效忠於王室。這是周家所以有天下而能『建侯樹屏』的條件與基礎。而在場所有人，無非先祖所創基業的受益者。因此，要維護這來之不易的天命，要享受先祖留下的福祉，各路邦君諸侯，也就要忠心耿耿地臣服於新王，就像當年你們的先祖臣服於他們的先王一樣，要心繫王室，幫助朝廷分憂，不要給朝廷添亂子，惹麻煩，不要給年輕的新王找不痛快！可以說，康王的演說，綿中帶剛，語氣雖然委婉，態度卻非常强硬。言下之意，如果你們膽敢有非分之想，像當年的管蔡二叔，企圖挑戰王室的權威，那就不要怪我對你們不客氣，下手太狠！年輕氣盛的虎狼雄風，初登大位的王者霸氣，暗然流動於辭色之間。成王臨終彌留之際，所以『冒貢』言之者，其是之謂邪？真所謂『知子莫如父』也！則康王的誥辭，與成王遺命以及太保所誡完全是一脈相承的。

綜上所述，足見無論前人在何處割《顧命》爲《康王之誥》，都是割裂文脈，傷其文氣，不利於經文的正確解讀。

呂刑

【解題】

《呂刑》，又作《甫刑》。《墨子》引《書》作《呂刑》，《禮記》、《孝經》引《書》作《甫刑》。林之奇《尚書全解》曰：『蓋甫與呂，正猶荊之與楚，商之與殷，故曰《呂刑》又曰《甫刑》也。』

司馬遷《史記·周本紀》：『穆王即位，春秋已五十矣』，『諸侯有不睦者，甫侯言於王，作脩刑辟。王曰「吁來！有國有土，告汝祥刑」云云，命曰《甫刑》』。《書序》云：『呂命，穆王訓夏贖刑，作《呂刑》。』枚《傳》曰：『呂侯見命爲天子司寇。呂侯以穆王命作書，訓暢夏禹贖刑之法，更從輕以佈告天下。』孔穎達《書疏》云：『呂侯得王命，必命爲王官。《周禮》司寇掌刑，知呂侯見命爲天子司寇。鄭玄曰：「呂侯受王命入爲三公。」引《書說》云：「周穆王以呂侯爲相。」《書說》謂《書緯·刑得放》之篇，有此言也。以其言「相」，知爲三公，即如鄭言，當以三公領司寇。不然，何以得專王刑也？名篇謂之《呂刑》，其經皆言「王曰」，知呂侯以穆王命作書也。』是舊皆以本篇爲周穆王時所作。歷來經師，相傳爲說，然近人頗有疑之者。

郭沫若《金文叢考·金文所無考》曰：『金文中天若皇天等字樣多見，均爲至上神，與天爲配之地若后土等字樣，則絕無有見。』『《呂刑》云「乃命重黎，絕地天通，罔有降格」，即有地字之出現，已足知其非實錄矣。』張西堂《尚書引論》申郭氏之説，列四證論其作於東周。其一，蚩尤與重黎傳説，其起甚晚，不能遠在西周穆王之時。其二，甫之有國，不能早於宣王。《大雅·崧高》『崧高維嶽，峻極于天。維嶽降神，生甫及申。維申及甫，維周之翰，四國于蕃，四方于宣。亹亹申伯，王纘之事，于邑于謝，南國是式。王命召伯，定申伯之宅，登是南邦，世執其功。』詩是周宣王時所作，既言『生甫及申』，又言『定申伯之宅』，則申及甫皆周宣王始封之國君，是此篇之作，必在宣王以後。其三，本篇言『其罰六百鍰』、『其罰千鍰』，應是金屬貨幣通行之時所有現象，不當爲西周所有。其四，本篇『王曰：嗚呼，念之哉！伯父伯兄，仲叔季弟，幼子童孫，皆聽朕言』，又像號令不出於都門之口吻，尤其不似宗周盛時所當有。是以張氏認爲，此篇當爲東周以後所作。屈萬里《尚書集釋》引傅斯年説，認爲本篇『呂命王』，既不能解作『王命呂』，又不宜解作『呂命穆王』；所誥之人爲『伯父伯兄』等人，與周誥『越在外服』、『越在内服』云云亦不同。所述三苗、重黎亦不同於周誥之述祖德及以夏后爲監戒，當非王朝甚至非中原諸侯之書。而屈氏則認爲，篇中『百姓』一辭，皆指民衆言，西周前期無此義。而『王享國百年』，此王如非穆王，則或爲平王。蓋平王爲申國之甥，王之立，由於申。申、呂同爲姜姓之國，且相比鄰。《王風·揚之水》有『戍申』、『戍甫』之文，知周室東遷之初，申、呂尚不疏於王朝。而平王在位五十一年，度其年壽，可能達百歲。以是言之，則本篇其平王之因呂侯之請而作之命書乎？疑莫能明。而劉起釪則以爲，『當時很多封國在自己的境内多稱王』，『因而呂國在西周時代也稱王，本篇開端即説「惟呂命王享國百年」，金文中更有好幾件呂王之器。所以呂在它自己的歷史上是稱王的，大概直到它和申在春秋時先後被滅於楚爲止。但雖然在國内稱王，仍然是周王朝的諸侯，正如徐、楚皆稱王仍是諸侯一樣」。而篇中內容，「反映了姜姓與姬姓合作及同擁禹爲先代宗神的一些歷史剪影」，其稱說「九黎亂德」，也「涉及了南方楚民族的神話」。是劉氏以篇中之王爲吕侯自稱爲王，既非周穆王，亦非周平王，實乃用傅斯年說。

當然，亦有繼續維護舊說者，如蔣善國駁張西堂說，認爲張氏四個理由，「至少有三個值得商討」。其駁「周穆王時未有甫名」，仍用孔穎達《書疏》，沒有新材料。其駁「罰鍰不像西周所當有」，以西周前期之《師旂鼎》「罰三百鍰」及西周後期之《𠑇匜》「罰銅三百鍰」爲證，認爲「西周已有五刑罰鍰制度」。其駁「伯父伯兄」之稱「像號令不出於都門口吻」，以爲穆王長壽，「幼子童孫是指侄輩和孫輩的同姓諸侯」。但張氏最有力的證據《大雅·崧高》之詩，蔣氏避而不之及。

舊說以爲本篇乃周穆王時所作，當因篇中有「王享國百年耄荒」一語，司馬遷既以爲「穆王即位，春秋已五十矣」，又謂「穆王立五十五年崩」，前後相加，正合百年之數。然據《毛詩序》云：「《崧高》，尹吉甫美宣王也。天下復平，能建國親諸侯，褒賞申伯焉。」則中嶽嵩山南麓申和吕這兩個姜姓小國，受到西周王朝的重視，乃在周宣王時。而吕國在王朝的政治重要性，未必比申國更高，以致吕侯能在周穆王時代即能進入中央朝廷作王朝卿士爲司寇。因此，以本篇爲周穆王時所作，其勢大不可能。且篇中「蚩尤作亂」、「苗民弗用靈」云云，又爲南方楚人之傳說。裴駰《史記·齊太公世家集解》引徐廣曰：「吕在南陽宛縣西。」其地望即在今河南南陽地區西境，正與鄀國及楚國接壤。是以屈萬里以篇中「享國百年」之王爲周平王，其說雖爲推測，但也並非全然不可能。周宣王及周幽王世與申國通婚，周平王宜臼乃申伯之甥，《周本紀》紀幽王被殺之後，「諸侯乃即申侯而共立幽王太子宜臼」，「以奉周祀』。申、呂爲鄰國，宣王時同受王朝重視。申侯擁立平王，呂國當參與其事，則呂侯於平王時爲王朝卿士，未始没有可能。是此篇當作於周室東遷之後，周平王晚年之時。司馬遷曰：『平王之時，周室衰微，諸侯彊並弱，齊、楚、秦、晉始大，政由方伯。』則呂侯依王命而作刑書，傳王命曰『伯父伯兄』云云，不過在東周王畿之内行之而已。

至於本篇之所以傳之於世，當與春秋末年各諸侯國『鑄刑書』、『鑄刑鼎』之『刑名之學』興起的思想風氣不無關係。《左傳》昭公六年：『三月，鄭人鑄刑書。』昭公二十九年：『晉趙鞅、荀寅帥師城汝濱，遂賦晉國一鼓鐵，以鑄刑鼎，著范宣子所爲刑書焉。』《左傳》定公九年亦載：『鄭駟歂殺鄧析，而用其《竹刑》。』而『君子』論之曰：『子然于是不忠。苟有可以加于國家者，棄其邪可也。《靜女》之三章，取彤管焉。《竿旄》：「何以告之？」取其忠也。故用其道，不棄其人。《詩》云：「蔽芾甘棠，勿翦勿伐，召伯所茇。」思其人，猶愛其樹，況用其道而不恤其人乎！子然無以勸能矣。』足見其時『君子』對法律人才與法律文獻之重視。據劉起釪《尚書學史》之相關統計，先秦文獻中徵引《康誥》三十一次，徵引《洪範》十九次，徵引《呂刑》十六次。衆所周知，此三篇《周書》内容皆在不同程度上與法律與法學相關，其稱引次數遠較餘篇爲多，可證先秦『刑名之學』相繼高漲的歷史背景乃是本篇及《洪範》等所以流傳的重要原因。

惟呂命：王享國百年，耄荒，度作刑，以詰四方。王曰：〔一〕『若古有訓：蚩尤惟始作亂，延及于平民，罔不寇賊，鴟義姦宄，奪攘矯虔。〔二〕苗民弗用靈，制以刑，惟作五虐之刑，曰法。〔三〕殺戮無辜，爰始淫爲劓刵椓黥；越兹麗刑，並制罔差，有辭。〔四〕民興胥漸，泯泯棼棼，罔中于信，以覆詛盟。〔五〕虐威庶戮，方告無辜于上。上帝監民罔有馨香德刑發聞，惟腥。〔六〕皇帝哀矜庶戮之不辜，報虐以威，遏絶苗民，無世在下。〔七〕乃命重黎，絶地天通，罔有降格。〔八〕群后之逮在下，明明棐常，鰥寡無蓋。〔九〕皇帝清問下民，鰥寡有辭于苗，德威惟畏，德明惟明。〔一〇〕乃命三后，恤功于民。伯夷降典，折民惟刑，禹平水土，主名山川。稷降播種，農殖嘉穀。三后成功，惟殷于民。〔一一〕士制百姓，于刑之中，以教祗德。〔一二〕穆穆在上，明明在下，灼于四方，罔不惟德之勤。〔一三〕故乃明于刑之中，率乂于民棐彝。典獄，非訖于威，惟訖于富。〔一四〕敬忌，罔有擇言在身。惟克天德，自作元命，配享在下。〔一五〕』

【釋讀】

〔一〕**惟呂命**■惟，有也。說見王引之《經傳釋詞》及吳昌瑩《經詞衍釋》。呂，呂侯也，其時或爲平王卿士。命，教令也。《禮記・坊記》『命以坊欲』，鄭玄注：『命，謂教令也。』章太炎曰：『惟呂命者，呂侯傳王命也。穆王年老，精力不足，故呂侯傳命也。呂侯傳命，猶後世軍機大臣奉上諭矣。』行甫按：章氏從舊說爲穆王，其釋『命』字義則是也。『命』者，『施教令於下』也。『惟呂命』，猶言：『有呂侯傳教令於百官群下云云』也。**王享國百年耄荒**■王，舊說以爲周穆王，恐非是，或爲周平王。享國，主持國家祭祀，猶後世所謂『在位』也。百年，言其老壽，享國日久，未必定爲百年也。耄，《釋文》：「本亦作薹。《說文》作薹。」行甫按：《說文》：「薹，年九十曰薹。」段玉裁謂《釋文》別本作「薹」，乃《說文》「薹」字之訛。群書所引或作「旄」，或作「秏」，或作「眊」。《說文》：「眊，目少精也。」《漢書·武帝紀》「哀夫老眊」，《平帝紀》「眊悼之人」，《彭宣傳》「年齒老眊」，《漢書·五行志下》「厥咎眊」，服虔曰：「眊，音老耄。」則「耄」即《說文》之「眊」也。荒，老眼昏花之謂也。《禮記·樂記》「則武王之志荒矣」，鄭玄注：「荒，老耄也。」行甫按：「耄荒」乃近義複詞，「荒」讀若「肓」，「肓」即「盲」也。《爾雅·釋天》「在巳曰大荒落」，《史記·曆書》作「大芒落」。《大戴禮記·帝繫》「敬康產句芒」，《史記·五帝本紀》作「句望」。《莊子·秋水》「望洋向若而嘆」，《釋文》「望」作「盳」：「本亦作望。」則「眊盳」，猶言年老邁而目精枯而視荒忽也。《漢書·刑法志》「周道既衰，穆王眊荒，命甫侯度時作刑，以詰四方」，是其義也。**度作刑以詰四方**■度，《爾雅·釋詁》：「謀也。」《釋文》引馬融注：「法度也。」作，創制也。刑，刑書也。以，目的連詞。詰，禁也。《周禮·太宰》「五曰刑典，以詰邦國，以刑百官」，鄭玄注：「詰，猶禁也。《書》曰『度作詳刑，以詰四方』。」賈公彥《禮疏》：「詰者，以其刑者有所詰禁天下，故云詰。」行甫按：《說文》：「詰，問也。」是「詰」者，問而禁之之謂也。四方，猶言天下也。行甫按：「度作刑以詰四方」，意謂：謀度制作刑律之書以禁責天下民人也。「度」之爲言，或度其時，或度其事也。蘇軾以「耄荒度作刑」五字屬讀，謂「以耄年而大度作刑，猶禹曰『予荒度土工』」，其說非是。「耄荒」爲「王享國百年」之補語，言王之精神狀態，與「惟呂命」構成因果關聯，謂王因老耄而使呂侯傳命也，章太炎說是也；非謂王因老耄而作刑也，蘇說於理不通，決不可從。**王曰**■王，周王也。非呂侯之自稱王也。劉起釪曰：「此史臣記呂王說。不盡符合周王室誥詞成例，第一段誥詞應記『王若曰』，意爲王這樣說；第二段以下乃省稱『王曰』。此開頭逕稱『王曰』，是否爲呂國史臣書例，不詳。」行甫按：劉氏之說非也。章太炎曰：「王曰者，呂侯轉述王意也，下同。」本經全文，皆爲呂侯傳命之辭，孔穎達《書疏》云：「名篇謂之《呂刑》，其經皆言「王曰」，知呂侯以穆王命作書也。」孔氏之說應作修正，當云：「呂侯傳作刑書之王命也，故名篇謂之《呂刑》，其經皆言「王曰」也。」

行甫按：以上經文乃全篇小序，言本篇所以命名《呂刑》之意：因王年老耄，精力不足，呂侯代宣王意，命作刑書，故名之曰《呂刑》也。

〔二〕**若古有訓**■若，猶言「比方」、「例如」也，援例之詞。訓，《說文》：「說教也。」行甫按：句意謂：例如古代有種由來已久的傳說：即下文所述刑法所以產生之事。**蚩尤惟始作亂**■蚩尤，北方黃河流域之部落首領。章太炎曰：「蚩尤蓋始作兵器者。」行甫按：章說是也。《山海經·大荒北經》：「蚩尤作兵伐黃帝，黃帝乃令應龍攻之冀州之野。應龍畜水，蚩尤請風伯雨師，縱大風雨。黃帝乃下天女曰魃，雨止。遂殺蚩尤。」《世本·作篇》：「蚩尤以金作兵器。」《呂氏春秋·蕩兵篇》：「人曰蚩尤始作兵，蚩尤非作兵也，利其械也。未有蚩尤之時，民固剝林木以戰矣。」高誘注：「蚩尤，少昊之末，九黎之君名也。非始造之也，故曰『非作兵』也。」是皆言蚩尤「作兵」，而《蕩兵篇》謂「非作兵」，僅「利其械」，以「興師」解「作兵」，或較近於事實。本篇《釋文》引馬融曰「少昊之末，九黎君名」，與高誘《蕩兵篇》注同。孔穎達《書疏》曰：「九黎之君，號曰蚩尤，當有舊說云然。不知出何書也。」然則本經僅言「蚩尤惟始作亂」，而不言「九黎」，則以蚩尤爲「九黎之君」者，乃後世附會之說也。惟，猶「則」也，「則」猶「即」也。說見吳昌瑩《經詞衍釋》。作亂，謂攻伐異族，劫掠財貨，虜獲民人也。行甫按：當是因蚩尤始發明新型殺傷性武器，人不能與敵，故率其部落攻伐異族，劫掠民人，下言「延及于平民」，是其事也。《大戴禮記·用兵篇》曰：「蚩尤，庶人之貪者也。」張守節《五帝本紀正義》引《龍魚河圖》曰：「黃帝攝政，有蚩尤兄弟八十一人，並獸身人語，銅頭鐵額，食沙石子，造立兵仗刀戟大弩，威振天下，誅殺無道，不慈仁。萬民欲令黃帝行天子事，黃帝以仁義，不能禁止蚩尤。」此即《大戴禮記》所謂「庶人之貪者也」，其言「黃帝以仁義不能禁」，實即蚩尤武器先進，殺傷力大，周邊部落莫之能禦也。**延及于平民**■延，及也。行甫按：「延及」，亦爲同義複詞，猶今語所謂「波及」、「連帶」也。平民，猶言「齊民」也，「齊民」猶言「凡民」也。《莊子·漁父》「下以化於齊民」，《釋文》引如淳曰：「齊民，猶平民也。」《呂氏春秋·謹聽篇》「諸衆齊民」，高誘注：「齊民，凡民也。」是其證也。**罔不寇賊**■罔不，莫不也。行甫按：連上句意謂：蚩尤作兵爲惡，導至民風凶悍，平民百姓亦相嘯聚爲盜寇也。寇賊，孔穎達《書疏》：「群行攻劫曰寇，殺人曰賊。言攻殺人以求財也。」行甫按：「寇賊」，近義複詞，謂結夥鈔掠，殺越取貨也。**鴟義姦宄**■鴟，《釋文》引馬融曰：「輕也。」孔穎達《書疏》引鄭玄云：「盜賊狀如鴟梟，鈔掠良善，劫奪人物。」章太炎讀爲《漢書·禮樂志》「習俗惡薄，民人詆冒」之「詆」，曰：「詆，詆觸；冒，冒犯也。馬注釋鴟爲輕，不知何據。」義，枚《傳》：「爲鴟梟之義，以相奪攘。」王引之《經義述聞》：「《呂刑》曰「鴟義姦宄奪攘矯虔」，義字亦是傾衺之意。鴟者，冒沒輕儳；義者，傾衺反側也。鄭注訓義爲善良，而曰「盜賊狀如鴟梟，鈔掠良善」，亦不得其解而爲之辭。」行甫按：「鴟義姦宄」爲四字並列，各有其義。章太炎讀「鴟」爲「詆冒」之「詆」，王引之謂「冒沒輕儳」，義無二致。王氏釋「義」爲「俄傾」之「俄」，邪惡之意。要之，不可讀如「道義」之「義」。姦宄，爲非作歹，作姦犯科。說見《堯典》「寇賊姦宄」、《盤庚》「敗禍姦宄」、《康誥》「寇攘姦宄」釋讀。**奪攘矯虔**■奪，《說文》：「敓，彊取也。《周書》曰：「敓攘矯虔。」」段玉裁曰：「敓、奪古通用。」攘，章太炎《新方言》：「《書》言奪攘，《論語》「其父攘羊而子證之」，鄭及周氏皆云：「有因而盜曰攘。」今人謂盜劫爲搶。搶攘古連語，知搶即攘也。」行甫按：「奪」爲「强取」，「强取」亦即「搶」也，「攘」即是「搶」，是「奪攘」二字爲同義複詞也。矯，與「撟」通。《說文》：「撟，舉手也。从手，喬聲。一曰撟，擅也。」虔，《爾雅·釋詁》：「固也。」行甫按：「矯虔」或「撟虔」，亦爲同義複詞。《漢書·武帝紀》元狩六年詔曰：「將百姓所安殊路，而撟虔吏因乘勢以侵蒸庶邪？何紛然其擾也。」其字正作「撟」。顔師古《注》曰：「孟康曰：虔，固也。矯稱上命，以貨賄用爲固。《尚書》曰「敓攘矯虔」。韋昭曰：凡稱詐爲撟，强取爲虔。《左傳》曰「虔劉我邊垂」。師古曰：「撟與矯同，其字从手。」矯，託也。虔，固也，妄託上命而堅固爲邪惡者也。』王先謙《補注》曰：『王念孫曰：案諸説分撟虔爲二義，皆非也。《呂刑》「敓攘矯虔」，《周官・司刑疏》引鄭注曰：「矯虔，謂撓擾。《春秋傳》曰「虔劉我邊垂」，謂劫奪人物，以相撓擾也。」如鄭君説，是矯虔爲撓擾之義，故與敓攘連文。此詔於「撟虔吏」下即云「乘勢以侵蒸庶」，又云「紛然其擾」，則「撟虔」之爲「撓擾」益明矣。』行甫又按：『矯』與『撟』相通，二字可互用，師古之説是也，其字實兼『舉』與『託』之二義焉，猶言擅行詐騙以取財貨也。『虔』之爲『固』者，『固』亦通『故』，亦含『撓擾』與『强取』之二義焉，謂蓄意滋擾生事以巧取豪奪也。

自『蚩尤惟始作亂』至『奪攘矯虔』，蔡《傳》論之曰：『言鴻荒之世，渾厚敦龐，蚩尤始開暴亂之端，驅扇熏炙，延及平民，無不爲寇爲賊。』行甫按：蔡説是也，經以『蚩尤惟始作亂』溯源刑法所以產生之遠因也。刑法之設，乃在禁惡除暴。凶惡殘暴之人與事必先有所興，則有禁惡除暴之刑與法以制之於後也。

〔三〕**苗民弗用靈**■苗民，苗人也。戴鈞衡《書傳補商》：『古民、人字通。』弗，不也。用，《説文》：『可施行也。』靈，孔穎達《書疏》：『善也。』《墨子・尚同中》：『昔者聖王作爲五刑以治天下，逮至有苗之制五刑以亂天下。則此豈刑不善哉，用刑則不善也。是以先王之書《呂刑》之道曰：「苗民否用練，折則刑，唯作五殺之刑曰法。」』《禮記・緇衣》引《甫刑》曰：『苗民匪用命，制以刑，惟作五虐之刑曰法。』段玉裁曰：『《墨子》云《呂刑》，則古文《尚書》也；《緇衣》云《甫刑》者，則今文《尚書》也。靈作練者，雙聲也。依《墨子》上下文觀之，練亦訓善。《緇衣》作命者，古靈、令通用，皆訓善。令之爲命，字之歧誤也。』章太炎曰：『《墨子》引作「否用練」者，此清寒旁轉之例。』戴鈞衡《書傳補商》曰：『苗民弗用靈』當緊承『蚩尤作亂』讀下。『蓋因言刑而溯始作五刑之苗民，因言苗民作五州而溯始導民惡之蚩尤。苗民于蚩尤，爲後裔如鄭説與否不可知；其相繼爲國君則可知也。自注家分蚩尤、苗民各自爲節，以蚩尤爲作亂之始，苗民爲淫刑之始，兩兩對言。而蚩尤一節殊爲贅設，宜朱子亦疑穆王說得散漫也。』行甫按：戴氏之說，尋文繹義，實爲巨眼卓識，遠勝諸家。其以王爲穆王，實仍舊說，亦無可厚非。唯以苗民於蚩尤乃『相繼爲國君』者，則說之過泥。此言自蚩尤作兵行亂之後，世風日下；乃有苗人之於暴惡之世風，不思以善德化民成俗，反以酷虐之刑制之，稱之爲刑法。於兹始有禁暴制惡之刑法生焉。則蚩尤作亂之與苗民制刑，乃以邏輯爲先後，非史實之相承也。否則，蚩尤在北方，苗民屬南方，無由相繼爲君也。《國語・楚語下》觀射父對楚昭王之問，乃後世附會之說，實不足採信也。**制以刑**■制，斷也。《墨子》引作『折則刑』，段玉裁曰：『折、制古通用。』屈萬里曰：『《易・豐卦・象傳》：「君子以折獄致刑」，《釋文》：「折，斷也。」意謂裁斷。』以，用也。刑，《說文》：『剄也。从刀，幵聲。』《墨子・非命上》：『所以聽獄制罪者，刑也。』《法言・先知》：『肉刑之刑，刑也。』《說文》：『荆，罰辠也。从井從刀。《易》曰：「井，法也。」井亦聲。』行甫按：本經『制以刑』之『刑』乃合許君『刑』、『荆』二字爲義也，謂施加刭割之肉刑以懲罰犯罪也。**惟作五虐之刑曰法**■惟，以也，因也。作，創制也。五虐，《墨子・尚同中》引作『五殺』。段玉裁曰：『用虐爲殺，則未聞。』行甫按：《說文》云『虐，殘也』，《周禮・大司馬》『放弑其君，則殘之』，鄭玄注：『殘，殺也。』是『五虐』亦即『五殺』，謂五種刺割傷殘其人肢體之刑罰也。曰，稱也，謂也。法，《說文》：『灋，刑也。平之如水，从水。廌，所以觸不直者，去之，从去。法，今文省。』行甫按：『曰法』，猶言『稱之爲法』。意即爲『五虐之刑』初制其名，名之曰『法』也。『曰法』與下文『有辭』相照應，有『法』即有『辭』。『有辭』，意即『有法律條文作爲依據之辭』也。

〔四〕**殺戮無辜**■戮，《說文》：『殺也。』行甫按：『殺戮』，亦爲同義複詞。辜，罪也。**爰始淫爲劓刵椓黥**■爰，於是也。始，開端也。淫，過也，濫也。《周禮・宮正》『去其淫怠與其奇衺之民』，鄭玄注：『淫，放濫也。』是其義也。爲，施也，行也。劓刵椓黥，孔穎達《書疏》：『鄭玄云：「刵，斷耳；劓，截鼻。椓，謂椓破陰。黥，爲羈黥人面。苗民大爲此四刑者，言其特深刻，異於臯陶之爲。」椓陰，即宮刑也。黥面，即墨刑也。』行甫按：『椓』，《說文》作『斀』，曰：「去陰之刑也。从攴，蜀聲。《周書》曰：『刖劓斀黥。』」段玉裁以爲《說文》『刖』當爲『刵』字之譌。行甫又按：此二句於文法爲因果倒置，意謂：「由於苗人廣泛地施行截鼻、斷耳、破陰去勢、黥面墨額之酷刑，於是開始濫行殺戮，以致傷及無辜。」**越茲麗刑**■越，猶『於』也；『於』猶『如』也。茲，此也。麗，孔穎達引鄭玄注：「施也。」江聲《集注音疏》：「《周禮・小司寇》云『以八辟麗邦法』，又《鄉士》云『各麗其法以議獄訟』，鄭注皆云：『麗，附也。』此言『麗刑』亦猶『麗法』，鄭言『麗，施也』，不訓『附』。蓋附罪人於刑即是施刑於罪人，均爲『麗』也，故『麗』可訓『附』亦可訓『施』也。」行甫按：江說是也，此即施受不嫌同詞，猶『亂』之訓『治』亦訓『亂』也。**並制罔差**■並，同也。制，折也，斷也。罔，無也。差，別也。劉逢祿《尚書今古文集解》：「《漢律》：『一人有數罪，以重者論之。』自古及今皆然。『並制罔差』者，如李斯之具五刑，不分差等，故曰『五虐』。」章太炎《檢論》二：「《唐名例》所謂『諸二罪以上俱發，以重者論，等者從一』。苗民乃二罪累科之也。」行甫按：劉、章二氏說是也，當從之。然『並制罔差』者，據《康誥》言斷獄之事，或亦無所謂過失犯罪與故意犯罪之別。因此，不分輕重，數罪並罰，是謂『並制罔差』；過失犯罪與故意作惡不作區別，亦『並制罔差』也。然皆可謂之『淫刑』也。**有辭**■辭，《說文》：「訟也。」行甫按：『有辭』與上文『曰法』相關聯，謂依法而科刑，皆有說辭以坐實其罪，亦即定任何罪皆能找到法律條文作依據也。

〔五〕**民興胥漸**■民，《書大傳》：「苗民用刑，而民興犯漸。」是『民』即『苗民』也。興，起也。胥漸，智詐也。孫星衍曰：「漸，猶詐也。《荀子・不苟篇》云『小人知則攫盜而漸』，《正論篇》云『上幽險則下漸詐矣』，王氏引之云：『楊氏注漸爲進，又爲浸，皆非也。《盤庚中》云「暫遇姦宄」，暫讀曰漸，漸，詐欺也。《莊子・胠篋篇》云「知詐漸毒」，此云「民興胥漸」，言小民方興，相爲詐漸。故下文「罔中于信，以覆詛盟」也。』」章太炎曰：「『胥』

亦不當訓「相」，《說文》「諝，知也。」《天官・序官》「胥十有二人」，《春官・序官》「大胥小胥」，《秋官・序官》「象胥」，注皆以「胥」爲有才知。「民興胥漸」，謂「民興知詐」爾。」行甫按：章氏補正孫、王之説甚是，《莊子・應帝王》「胥易技繫，勞形怵心」之「胥」亦才智之稱。「民興胥詐」者，謂苗人用刑酷濫，民衆亦起智巧欺詐以僥倖逃避刑罰，《莊子・人間世》之所謂「剋核太至，則必有不肖之心應之」者，是也。《左傳》昭公六年「鄭人鑄刑書，晉叔向詒子産書」亦曰：「民知有辟，則不忌於上，並有爭心，以徵於書，而徼幸以成之。」是皆「民興胥漸」之義也。**泯泯棼棼**■枚《傳》：「泯泯爲亂，棼棼同惡。」孔穎達《書疏》：「泯泯，相似之意；棼棼，擾攘之狀。泯泯爲亂，習爲亂也。棼棼同惡，共爲惡也。」行甫按：「泯泯」，《釋文》：「徐音民。」段玉裁《撰異》：「徐仙民音「民」。按《韓詩・載芟》「民民其麃」，《常武》「民民翼翼」，云：「民民，衆貌。」徐音有自來矣。」今《毛詩》作「綿綿其麃」、「綿綿翼翼」，《載芟釋文》：「綿綿，如字。《爾雅》云：「麃也。」《韓詩》作「民民」，云「衆貌」。」是「泯泯」，亦作「綿綿」、「民民」也。孔穎達謂「相似之意」，即綿綿衆多也。棼棼，亂貌。《左傳》隱公四年「治絲而棼之」，杜預注：「絲見棼緼，益所以亂。」《釋文》：「棼，亂也。」《逸周書・祭公解》曰「汝無泯泯芬芬」，孔晁注：「泯芬，亂也。」行甫按：孔穎達謂「擾攘之狀」，即棼亂無序也。此二疊詞乃形容苗民以智詐爭於錐刀之末，人心紛亂，道德淪喪，漫無綱紀之狀也。**罔中于信**■罔，無也，莫也。中，孔穎達《書疏》：「猶當也。」信，誠也。**以覆詛盟**■覆，反也，敗也。詛盟，屈萬里曰：「《周禮・春官・詛祝》鄭注：盟詛主於要誓，大事曰盟，小事曰詛。」行甫按：孔穎達《書疏》引「《詩》云：「君子屢盟，亂是用長。」亂世之民，多相盟詛，既無信義，必皆違之，以此無中於信，反背詛盟之約也。」江聲引《左傳》隱公三年「君子曰：信不由中，質無益也」以説之，皆得其旨也。意謂：苗民人心紛亂，道德淪喪，漫無統紀，莫不任智巧以行欺詐，因而無人信守諾言，履行盟約也。

〔六〕**虐威庶戮**■虐威，枚《傳》：「三苗虐政作威。」庶戮，衆刑戮之人。行甫按：「虐威」乃修飾「庶戮」之定語，意即：被虐刑與淫威毀損肢體的衆多傷殘之人。**方告無辜于上**■方，並也。上，上帝也。《論衡・變動》引《甫刑》曰：「庶僇旁告無辜于天帝。」此言蚩尤之民被冤，旁告無罪於上天也。」行甫按：此非「言蚩尤之民被冤」，乃言苗民無辜被刑也。**上帝監民罔有馨香德刑發聞**■監，視也。民，苗民也。罔有，無有也。馨香，祭祀的芳香。《國語・周語上》「其德足以昭其馨香」，韋昭注：「馨香，芳馨之升聞者也。」刑，與「形」通。俞樾《群經平議》卷二十七《左傳》昭公十二年「形民之力」條：「「形」猶「容」也，「形」與「容」一聲之轉，故古語以「形容」連文。《爾雅・釋詁》：「刑，法也。」《廣雅・釋詁》：「容，法也。」「刑」與「容」同義，猶「形」與「容」同義也。《說文》土部：「型，鑄器之法也。」金部：「鎔，冶器法也。」「型」與「鎔」同義，亦猶「形」與「容」同義也。」行甫按：俞說是也。「刑」與「形」通，「形」亦可與「行」通。《列子・湯問》「太形、王屋二山方七百里」，張湛注：「形，當作行。」是其例也。是「德刑」者，猶「德形」或「德行」也。「德之形容」與「德之行爲」，其義一也。行甫又按：「德刑」與「馨香」乃同位語，《左傳》僖公五年宫之奇引《周書》曰「黍稷非馨，明德爲馨」，即其證也。發，猶「見」也。《禮記・禮器》「君子樂其發也」，鄭玄注：「發，猶見也。」聞，聽也。行甫按：「發聞」，猶今語「發現與聽見」也。「馨香德刑發聞」，猶《酒誥》「惟德馨香祀登聞于天」也。楊樹達以之疑「發聞」乃「登聞之誤」，非也。餘說參見《酒誥》釋讀。**惟腥**■惟，唯也。行甫按：「惟」字與「罔有」相關聯，猶言「沒有……只有……」也。腥，刑戮之血腥也。行甫按：「罔有馨香德刑發聞，惟腥」，爲選擇複句，作「上帝監民」之賓語補足語。意謂：上帝所見之苗民，既沒有發現他們祭祀的芳香，也沒有見到他們德義的行爲，只是嗅到他們大肆殺戮散發的血腥氣味。

〔七〕**皇帝哀矜庶戮之不辜**■皇，大也。帝，天帝，亦上文「上」及「上帝」也。「皇帝」，猶《大雅・皇矣》「皇矣上帝」也。郭沫若《兩周金文辭大系考釋》謂《師訇𣪘》「肆皇帝亡斁」，與《毛公鼎》「肆皇天亡斁」語例全同，知古言「皇帝」即「皇天」也。哀，《說文》：「閔也。」《孟子・離婁上》「舍正路而不由，哀哉」，趙岐注：「哀，傷也。」

矜，《方言》卷一：「哀也。齊魯之間曰矜，秦晉之間或曰矜。」錢繹《箋疏》：「經典多以哀矜連文，是矜、哀同義也。案：矜，古音讀如鄰。」行甫按：「哀矜」亦同義複詞，猶「憐憫」也。庶戮，被刑戮之衆人，即上「虐威庶戮」之「庶戮」也。之，猶「則」也，反接連詞。不辜，無罪也。**報虐以威**■報，《說文》：「當罪人也。从㚔，从𠬝。𠬝，服罪人也。」虐，即上「虐威庶戮」之「虐」，謂「爲酷虐之刑罰以殺戮民衆」也。以，用也。威，威嚴也，引申之，猶今所謂「懲罰」也。是「報虐以威」者，意即：「上帝給予酷刑殺戮民衆的苗人報以嚴厲的懲罰」。**遏絕苗民**■遏，止也，絕也。《大雅・文王》「無遏爾躬」，毛《傳》：「遏，止也。」《楚辭・天問》「永遏在羽山」，王逸注：「遏，絕也。」行甫按：「遏絕」者，亦同義複詞，猶今所謂「阻斷」也。**無世在下**■世，《說文》：「三十年爲一世。」行甫按：「無世」，猶言「永世」也。在下，猶言「在地下」也。行甫按：「無世在下」者，意謂：爲酷刑虐殺無辜之苗人，永世不得升天也。「下」與「上」對言，「上」指「天」，「下」指「地」，則上古無後世佛家之所謂「地獄」之說。《大雅・文王》曰：「文王在上，於昭于天。」又曰：「文王陟降，在帝左右。」謂文王神靈升天，在上帝左右也。是知「在下」猶言不得升天也，故下文曰「絕地天通，罔有降格」。注家皆以「分北三苗」或「不得傳國」說之，非經義也。

〔八〕**乃命重黎**■乃，於是也。命，令也。重黎，《國語・楚語下》：「乃命南正重司天以屬神，命火正黎司地以屬民。」行甫按：據《大戴禮記・帝繫》云「老童產重黎及吳回」，則「重黎」當爲一人，本經亦不云爲二人也。**絕地天通**■絕，斷也。通，通道。**罔有降格**■罔，莫也。有，或也。罔有，莫或也。降格，猶言「往來」也。行甫按：此即「遏絕苗民，無世在下」之具體舉措也。

〔九〕**群后之逮在下**■群后，猶言「群神」也。逮，《爾雅・釋言》：「及也。」《墨子・尚賢中》引作「肆」，孫詒讓曰：「肆，正字作隸，與逮聲類同，古通用。」行甫按：此「逮」之「及」也，猶今語所謂「恰巧」、「正好」、「碰巧」之意。劉淇《助字辨略》卷四：「《漢書・王莽傳》『纔食逮及』，師古云：『纔得相及，僅足而已。』」愚按：相及，非有餘之義，故逮得爲僅也。』顏氏云『纔得相及』，劉氏謂『逮得爲僅』，引而申之則爲今語所謂時間副詞『正巧』、『恰好』也。因『重黎絕地天通，罔有降格』，恰巧其時正在人間地下之群神，因而亦被隔絕在下，不得上陟於天。之，結構助詞，定語後置之標誌。在下，與『無世在下』之『在下』義同。行甫按：古今注家皆以『群后』爲『諸侯』，文理難通。因重黎斷絕天地之間的通道，群神之在下者也碰巧被阻隔在下，亦無由往來上陟於天帝之所也。**明明棐常**■明明，孫詒讓曰：『謂明顯有明德之人。』棐，與『匪』通，《墨子·尚賢中》引作『不』，孫詒讓曰：『不常，猶言立賢無方也。』**鰥寡無蓋**■鰥寡，無所依靠之窮民。無蓋，《墨子》引作『不蓋』。《爾雅·釋言》：『蓋、割，裂也。』《釋文》：『蓋，舍人本作害。』是『蓋』、『害』通用也。行甫按：此二句指碰巧阻隔在下的群神，並不以無故受阻而有所怨恨從而對苗民施行報復之惡，反而致力於顯明其有明德之人，也不欺侮傷害鰥寡孤獨無所依靠之窮民。謂群后之在下者僅於人間爲善，不於人間作惡也。行甫又按：《墨子·尚賢中》引『先王之書《呂刑》道之曰』，此三句在『皇帝清問下民，鰥寡有辭于苗』與『德威惟畏，德明惟明』之間，而文有異同。除『棐』、『無』皆作『不』字之外，『鰥寡有辭于苗』作『有辭有苗』，無『鰥寡』二字。是《墨子》所引當爲異本。本經三句在『罔有降格』之下，則『群后』乃指『群神』，於文爲順；否則既言『鰥寡有辭于苗』，又言『群后諸侯』之『明明棐常，鰥寡無蓋』，顯然自相矛盾，文理不通。唯『德威惟畏，德明惟明』二句當從《墨子》所引，接於『鰥寡無蓋』之後，於文勢乃協。孔穎達《書疏》亦謂此二句『文在苗民之下』而『其言不順』。

〔一〇〕**皇帝清問下民**■皇帝，上天也。清問，校《傳》：『詳問。』《釋文》引馬融曰：『清訊。』孫星衍曰：『清者，鄭注《玉藻》云「明察於事也。」《荀子》楊倞注云「明審也。」』問，存問，詢問也。行甫按：所謂『清問』，既有不帶任何主觀成見地調查研究之意，亦有不分貴賤貧富地一視同仁之意。果如劉起釪說，『清問』就是『問』，猶『清查』即是『查』，則有『問』有『查』便足，何必言『清問』、『清查』。『清』者，公正無私、公開清白之謂也，本篇

『清』字義皆如此。**鰥寡有辭于苗**■有辭，蔡《傳》：『聲苗之過也。』行甫按：『有辭』，猶今語所謂『聲討其罪過』也。**德威惟畏德明惟明**■枚《傳》：『言堯監苗民之見怨，則又增修其德，行威則民畏服，明賢則德明，人所以無能名焉。』孔穎達《書疏》：『此經二句說帝堯之德事也。而其言不順，文在苗民之下，故《傳》以爲「堯監苗民之見怨，則又增修其德」，敦德以臨之，以德行其威罰，同民畏之，而不敢爲非。』行甫按：枚、孔以堯德說之，殊無據，言『監苗民之見怨，則又增修其德』，其釋義亦不知所云。此二句當在『皇帝清問下民』句之前，『鰥寡無蓋』之後，亦是『群后』在下之所爲。意即滯留在下之群后，既顯揚有明德之人，也不傷害孤獨無依之人，德行敗壞者，則加以威罰與懲處，德行磊落者，則加以顯明與表彰。『威』與『畏』，古字通用。《墨子・尚賢中》引作『德威維威，德明維明』。惟，猶『乃』也。『明』，光明也。『惟明』之『明』，顯明也。

〔一一〕**乃命三后**■乃，於是也。行甫按：此『乃』字顯然當是承接『有辭于苗』之詞，中間廁『德威』二句，確乎『其言不順』，有礙文勢。命，令也。后，亦天神也。三后，即伯夷、禹、稷也。**恤功于民**■恤，俞樾曰：『《說文》：「憂也，收也。」是「恤」有二義，此經「恤」字當訓爲「收」。「恤功于民」，猶云「收功于民」。《周易・井》：「上六，井收勿幕。」王注曰：「井功大成在此爻矣。故曰井收。」是「收」有「成」義，訓「恤」爲「收」，正與下文「三后成功」相應。』行甫按：此『恤』字實兼『憂』與『收』之二義焉，謂憂恤百姓，助其事功也。**伯夷降典**■伯夷，天神之主刑典者。降，下也。典，典冊也，以下文『折民惟刑』，知此『典』即爲『法典』也。**折民惟刑**■折，與『制』通，斷也。《墨子・尚賢中》引作『哲』。《釋文》：『馬、鄭、王皆音悊，馬云：智也。』段玉裁《古文尚書撰異》：『此謂馬、鄭、王本字作「折」，而讀爲「悊」，又單舉馬說以著其義也。僞孔《傳》云「斷以法」，則如字。《尚書大傳》曰：「《書》曰：伯夷降典禮，折民以刑。謂有禮然後有刑也。」《漢刑法志》曰：「《書》云：『伯夷降典，悊民惟刑。』言制禮以止刑，猶隄之防溢水也。」師古曰：「悊，知也。言伯夷下禮法以道民，民習知禮，然後用刑也。」

玉裁按：「悊」當作「折」，班意以制止訓折，正同《大傳》說。淺人用馬鄭本改「折」作「悊」。小顏又取馬鄭說注之，殊失班意。《潛夫論・氏姓篇》：「伯夷爲堯典禮，折民惟刑。」《四八目》曰：「伯夷降典，制民惟刑。禹平水土，主名山川。稷降播種，農殖嘉穀。三后成功，惟殷于民。」陶引《書》作「制」。此正與《論語》魯讀「折」爲「制」也。玉裁按：古文今文蓋皆作「折」，惟《墨子》作「哲」爲異。」行甫按：「折」、「制」、「悊」、「哲」，皆音同相通，篇末「哲人惟刑」，字亦作「哲」。馬氏釋爲「智」非也。惟，猶「以」也。刑，法也。**禹平水土**■禹，天神之主山川者。平，治也。平水土，猶言禹治洪水，奠高山大川也。**主名山川**■主，猶言「爲之主而祭祀之」也。《左傳》成公五年「國主山川」，杜預注：「主，謂所主祭。」昭公元年「主辰」，杜預注：「主，祀。」《穆天子傳》卷二「以爲殷人主」，郭璞注：「主，謂主其祭祀。」皆是其義也。名，命名也。行甫按：「主名」，猶言「主其祭祀而爲之命名」也。**稷降播種**■稷，天神之主農事者。降，下也。《墨子・尚賢中》引作「隆」。王念孫《讀書雜志》曰：「古者「降」與「隆」通。《說文》：「隆，从生，降聲。」《書大傳》「隆谷」，鄭注：「隆，讀如厖降之降。」是「隆」、「降」古同聲，故「降」字亦通作「隆」。」播，佈也，撒也。種，植物之種子。**農殖嘉穀**■農，王引之《經義述聞》：「家大人曰：農，勉也。言勉殖嘉穀也。《大戴禮・五帝德》篇曰：「使禹敷土，主名山川。使后稷播種，務勤嘉穀。」文皆本于《呂刑》。「務勤」即「勉殖」之謂也。《廣雅》曰：「農，勉也。」襄十三年《左傳》曰：「君子上能而讓其下，小人農力以事其上。」農力，猶努力，語之轉也。《管子・大匡》篇曰：「耕者用力不農，有罪無赦。」此皆古人謂「勉」爲「農」之證。」殖，種植也。嘉穀，猶言「良種」也。**三后成功**■成，就也。功，事功也。**惟殷于民**■惟，猶「乃」也，「乃」猶「於是」也。殷，盛也。枚《傳》：「名成其功，惟以殷盛於民，言禮教備，衣食足。」《墨子・尚賢中》引作「假」。王鳴盛《尚書後案》：「殷作假，未詳。疑隸變相似而誤也。」行甫按：王說是也。《莊子・山木》「子獨不聞假人之亡與，林回棄千金之璧負赤子而趨」，《釋文》：「假，古雅反。李云：國名。林回，司馬云：殷之逃民之姓名。』俞樾《諸子平議》：「上文『假人之亡』，李注：假，國名。然則林回當是假之逃民，蓋假亡而其民逃，故林回負赤子而趨也。『叚』乃『假』字之誤。」據俞氏説，則司馬云『叚之逃民』當爲『假之逃民』。然馬敘倫據司馬彪『叚之逃民』，謂《莊子》『假人之亡』當爲『叚人之亡』。是『叚』與『假』互譌之證也。本經亦當以『叚』字爲正，《墨子》『假』字乃『叚』字之譌。或以爲『假』字通『嘏』，大也。其説迂曲，玆不取。

〔一二〕**士制百姓于刑之中**■士，刑官也。行甫按：《後漢書·梁統傳》引本經作『「爰制百姓于刑之衷」，衷之爲言，不輕不重之謂』，段玉裁《撰異》：「作『爰』作『衷』者，今文《尚書》也；作『士』作『中』者，古文《尚書》也，未必僞孔擅改。孔《傳》未必不本馬、鄭注。」行甫按：段説是也。孫星衍曰：「士但舉刑官，亦不必舉皋陶也。」制，即與上文『折民惟刑』之『折』，『斷』也。于，猶『以』也、『爲』也。之，猶『其』也。中，得也，當也。《周禮·小司寇》『以三刺斷庶民獄訟之中』，鄭注：「中，謂罪正所定。」行甫按：此『中』字當讀去聲，猶今所謂『公正』也。『公正』，則不輕亦不重，不枉亦不縱也。**以教祗德**■以，用也，目的連詞。祗德，敬德也。行甫按：二句意謂：法官斷百姓之獄訟，其刑罰必公正得當，以此教導百姓樹立敬慎之德，無輕犯刑憲也。

〔一三〕**穆穆在上**■穆穆，《爾雅·釋訓》：「敬也。」在上，在上位者，指君長或斷獄之士官。**明明在下**■明明，猶『黽勉也』。在下，在下位者，指平民百姓。行甫按：『穆穆在上』照應『于刑之中』，謂在上位之刑官謹慎公正地斷獄；『明明在下』照應『以教祗德』，謂在下位之百姓勉力於敬慎之德。**灼于四方**■灼，枚《傳》：「灼然彰著。」四方，猶言『天下』也。行甫按：《説文》：「灼，炙也。」此『灼于四方』之『灼』，猶今語所謂『熏染』也，『熏染』猶今語所謂『影響』、『輻射』之意也。**罔不惟德之勤**■罔不，莫不也，猶言『天下之人』也。惟，猶『以』也。之，是也，爲也。勤，勞也，勉力也。

〔一四〕**故乃明于刑之中**■故，因此。乃，於是也。明，勉也。于，猶『其』也。中，得當也，公正也。**率乂于**

民棐彝■率，用也，以也。乂，治也。棐，通「匪」，非也。彝，常也。行甫按：「棐彝」，猶言「不法」也。《爾雅·釋詁》：「典、彝、法、則，常也。」是「彝」亦訓「法」也。**典獄非訖于威**■典，主也，司也。《説文》：「敟，主也。」段玉裁注：「凡典法、典守，字皆當作敟。經傳多作典，典行而敟廢矣。」訖，終也。猶今所謂「目的」也。威，威罰也。**惟訖于富**■惟，「乃」也。富，王引之《經義述聞》：「『富』當讀曰『福』。『威』、『福』相對爲文，言非終於立威，惟終於作福也。「訖于福」者，下文曰「惟敬五刑，以成三德，一人有慶，兆民賴之」，是其義。」行甫按：王説是也，此「威」與「富」爲對文，猶《顧命》之「富」與「咎」爲對文也。「富」皆爲「福」字之通假，説見《顧命》「昔君文武丕平富不務咎」釋讀。敬德行善，不遭離刑憲殺戮，肢體髮膚無所傷斷，是爲「福」也。

〔一五〕**敬忌**■《禮記·表記》：「《甫刑》曰：『敬忌而罔有擇言在躬』」，鄭玄注：「忌之言戒也。」行甫按：「敬忌」，猶言「敬畏」也，亦即「敬於德而畏於刑」也。**罔有擇言在身**■罔，無也。擇，通「斁」。王引之《經義述聞》：「『擇，讀爲斁，《洪範》「彝倫攸斁」，鄭注訓「斁」爲「敗」。《説文》：「殬，敗也。」引《商書》曰「彝倫攸殬」。殬、斁、擇古音並同。「敬忌罔有擇言在身」，言必敬必戒，罔或有敗言出於身也。」行甫按：「敬忌，罔有擇言在身」者，謂敬德畏刑，立身端正，則無訴訟指控之言加諸其身也。**惟克天德**■惟，猶「唯」也。克，堪也。行甫按：「克」與「堪」聲轉義通，「堪」猶今所謂「勝任」、「相副」之意。天德，猶言「上天之德」。孔穎達《書疏》：「天德平均。」蔡《傳》：「大公至正，純乎天德。」行甫按：當以蔡説爲是也，上文曰「士制百姓于刑之中」以及「乃明于刑之中」，皆此所謂「天德」也。蔽訟斷獄，「大公至正」，是用刑之「中」，乃合於「上天之德」也。**自作元命**■作，爲也。元，天也。《淮南子·俶真訓》「弊其元光」，高誘注：「元，天也。」《後漢書·班固傳》「以望元符之臻焉」，章懷注：「元，天也。」皆是其例也。行甫按：「自作元命」，猶言「自作天命」也。斷訟蔽獄，大公至正，則邦國安寧，即「自作天命」也。此亦即「典獄非訖于威，惟訖于富」之義也。**配享在下**■配，匹也，猶「與之相匹合」也。

享，享祭也。在下，在下國也，與『天』之『在上』相對而言也。謂『與天相匹合，而享祭在下國』也。元人王耘《讀書管見》：『謂之「元命」，是國命，與「惟廢元命」同。謂之「配享在下」，是又言人君享國，與天相配，與「克配上帝」、「配天其澤」之意同。蓋謂所用典獄之人能敬忌之至，用刑悉無冤濫，則是人君德與天合，而自作元命，可以長治久安，而配享在下矣。此即「司寇蘇公式敬爾，由獄以長我王國」之意耳。』行甫按：王氏之説頗精審，此言斷訟蔽獄關乎國運也。

此乃呂侯傳王命之首節，言周王據遠古相傳之神話以解説刑典所以起源之邏輯前提及其斷訟蔽獄之終極目的，在於邦國安寧，永葆天命，國運長久。

【繹文】

有呂侯傳達周王教令：『王在位幾近百年，已經老眼昏花，精力已大不如前了，但他不顧年紀老邁，精力不濟，仍然在思考如何制訂刑法之典，以問禁判決天下獄訟之事。王告訴我們説：有一個古老的傳説是這樣的：遠古時代，有一個名叫蚩尤的人，發明了一種具有較大威力的殺傷性凶器，他仗著這些威力强大精良無雙的新型利器，攻剽異族，搶劫財物，虜掠民人。在那個兵器相當粗笨的時代，沒有人能制服他。他不僅自己作惡多端，還教唆那些品行原本善良的平民百姓合夥爲盜，殺人越貨。他們殘忍邪惡，爲非作歹，搶劫行凶，巧取豪奪，無惡不作。自從蚩尤發明了凶器，聚眾作姦犯科之後，往日純樸善良的民情風俗也就一去不復返了。爲了應對世風日下，民情刁惡的社會亂象，於是又有苗人不去想方設法用高尚的道德價值化民成俗，反而發明了五種殘酷的肉體刑罰用來懲治暴惡之徒，企圖以此打擊惡人，制止犯罪。他們把這種報復暴惡的懲罰方式和懲罰過程，稱之爲刑法。從此以後，這個世界上就開始有了禁暴懲惡的刑法體系了。可是苗人在運用這些殘酷的肉刑懲罰罪人的時候，既不能掌握分寸，也沒有量刑的標準。由於他們過多地施行截鼻、斷耳、破陰去勢、黥面墨額的殘酷刑罰，於是便開始放肆地濫行殺戮，以致不問青紅皂白，枉殺無辜。像這樣斷案定刑，既沒有多種罪行取重舍輕的量刑原則，也不管犯罪的原因以及過失與故意的差别，而是不問情由，一並疊加處罰。他們如此處罰罪犯，甚至濫殺無辜，還能振振有辭，都能夠從他們所制訂的法律文書中找出很多理由和根據。苗人用刑如此酷濫，平民百姓也挖空心思，以謊言與欺騙僥倖逃避刑罰，以致人心狡慧險惡，社會混亂無序，人人皆以背信棄義爲聰明智巧，視守信踐諾爲愚蠢笨拙。全社會爾虞我詐，凌弱暴寡，世道漫無綱紀是非，人心道德價值崩塌。處在人間地獄遭受殘酷虐殺的廣大無辜民衆，有冤無處伸，有仇無處報，只好成群結隊地向老天爺訴説他們的不幸和無辜。上帝也發現苗民既沒有祭祀的芬芳，也沒有德性的行爲陞聞於天庭，人間所見，只是一片血腥的殺戮。偉大的天帝十分同情這些被無辜虐殺的平民百姓，決定以上天的威嚴對苗人的酷虐行徑進行嚴厲的懲罰。上帝取消了苗人死後可以陞天的資格，要讓他們的靈魂永遠禁錮屈服在下國，於是就命令天神重黎，把天與地相通的道路給徹底斷絕了，任何鬼神靈物都不可能在天與地之間自由往來了。那些碰巧也被隔絕在下界的群神們，並不因無故受阻而怨恨苗民，反而在下國大行善事。他們幫助那些具有突出聰明才智的人出人頭地，他們同情憐憫決不欺侮傷害那些孤獨無依貧窮無告的孤男寡女。他們嫉惡如仇，對那些險僻邪惡之徒，則加以嚴厲懲罰，讓他們死無葬身之地；對那些光明磊落道德良善的人，則加以大力表彰，使他們揚名立萬身世顯赫。

英明偉大的上帝，從天庭下到人間，不帶任何主觀好惡，不分貧富貴賤，對下民進行一視同仁的調查詢問。那些孤苦無依貧窮無告的平民百姓，無不義憤填膺，他們聲淚俱下地控訴苗人的罪惡，聲討苗人的暴行。偉大的上帝決定：對那些德行敗壞的苗人，要加以威罰與懲處，對那些德行磊落的苗人，要加以顯揚與表彰。於是上帝便委派三位天神下凡，爲下民解除苦難，創造福祉。派遣主管人間訴訟的天神伯夷，帶著天上的法典下到人間，爲下民公正地蔽訟斷獄。派遣山川之神大禹爲人間平治水土，主祭高山大川，並給各地山川配上名稱，便於天下百姓出行和利用。派遣農神后稷帶著各種植物種子下到人間，教人利用不同的土壤與氣候努力地種植各種不同的食用作物，使人間免除饑寒之苦。三位天神都順利地完成了各自的任務，使天下民衆富足安穩，人口大增。爲百姓斷獄蔽訟的法官，以公平公正的司法用刑，教育廣大平民百姓遵守法度，修行道德。在上位者公平正直，謹敬慎重地斷獄蔽訟，在下位者勤勉修德，努力恭敬地恪守法度，舉國上下便形成了人人勤修道德遵守法度的良好風氣。因此，這就是努力地通過司法的公平公正，來治理天下民衆的不良積習。所以說，司法斷案用刑，最終目的不是爲了威虐百姓，而是爲了造福社會。如果天下每個人都勤謹地敬德立身，畏懼刑憲懲罰，那麼就不會有人招致毀敗中傷的言辭，也更不會有人遭到刑事犯罪的指控了。這樣，整個天下也就理所當然地太平無事了。只有刑訟公平，斷獄公正，合於上天平正之德，才能自我創造天命，天下才能長治久安，君主才有資格在人間主持邦國的享祭大典。』

王曰：『嗟！四方司政典獄，非爾惟作天牧。〔一〕今爾何監？非時伯夷播刑之迪？其今爾何懲？惟時苗民匪察于獄之麗；〔二〕罔擇吉人，觀于五刑之中；惟時庶威奪貨，斷制五刑，以亂無辜。〔三〕上帝不蠲，降咎于苗，苗民無辭于罰，乃絶厥世。〔四〕

王曰：『嗚呼，念之哉！伯父伯兄，仲叔季弟，幼子童孫，皆聽朕言，庶有格命。〔五〕今爾罔不由慰曰勤，爾罔或戒不勤。〔六〕天齊于民，俾我一日，非終惟終，在人。〔七〕爾尚敬逆天命，以奉我一人，雖畏勿畏，雖休勿休；惟敬五刑，以成三德。〔八〕一人有慶，兆民賴之，其寧惟永。〔九〕』

【釋讀】

〔一〕**王曰嗟**■嗟，嘆詞，感嘆典獄任重，故嗟呼而告之也。**四方司政典獄**■四方，猶言『各地』也。司，主也。典，通『敟』，亦主也，掌管也。行甫按：『司政典獄』，主政之人與掌獄之人。**非爾惟作天牧**■爾，汝也，呼指『司政典獄』之人。惟，猶『獨』也，『唯』也，僅詞也。牧，養也，治也。《左傳》襄公十四年『天生民而立之君，使司牧之』，是『天牧』者，猶言『替天治民養民之人』也。枚《傳》：『非爾惟爲天牧民乎？言任重是汝。』曾運乾《尚書正讀》：『呼司政典獄告之曰：汝非爲天牧民者乎？』行甫按：注者皆以反問句式讀之，非也。此乃告誡之辭，以今語迻之，謂：『唉！各位官長法官啊，並非你們就是那唯一能夠充任替天治民、養民之父母官的人呀。』言下之意：倘若你們不勝其任，司法不公正，濫用刑憲殘害百姓，上天也會廢棄你們而不用。所以知之者，下文曰：『上帝不蠲，降咎于苗，苗民無辭于罰，乃絕厥世。』即是其證也。

〔二〕**今爾何監**■今，猶『若』也，『若』猶『而』也，順接連詞。說見吳昌瑩《經詞衍釋》。監，本意爲臨水自照，引申之則有對照、取法之意。**非時伯夷播刑之迪**■時，猶『是』也。此爲遠指代詞。行甫按：『時』既可爲近指，亦可遠指。近指者，猶『是』也、『此』也；遠指者，猶『夫』也、『彼』也。參見《多士》『予惟時命有申』句釋讀。播，《禮記・緇衣》引《甫刑》曰『播刑之不迪』，鄭玄注：『播，猶施也。不，衍字耳。迪，道也，言施行之道。』句意謂：而你們應當取法於何人呢？豈不是那伯夷施行刑罰的方法嗎？**其今爾何懲**■其，猶『則』也，轉折之詞。行甫按：上言『監』，下言『懲』，故以『其』字表轉折也。懲，戒也。行甫按：所『懲』之事，下文『惟時苗民』至『苗民無辭于罰，乃絕厥世』皆是也，申述『非爾惟作天牧』之理由。**惟時苗民匪察于獄之麗**■惟，猶『爲』也，『是』也。時，亦『彼』也。匪，不也。察，省察也。獄，訟獄也。之，猶『與』也，並列連詞，說見吳昌瑩《經詞衍釋》。麗，施也，附也，數也。說見上文『越茲麗刑』及《多方》『不克開于民之麗』釋讀。行甫按：此句總言所『懲』之事。『匪察于獄之麗』，謂：既不察於罪案之情由，亦不察於刑罰之施行，更不察於數罪之輕重有別也。然則苗民何以『匪察于獄之麗』？下文乃謂：苗民之於典獄之官乃有用人不當之弊。此亦所以發端即戒之曰『非爾惟作天牧』也，是上下文義相照相扣，如此其密也。

〔三〕**罔擇吉人**■罔，不也。擇，選擇也。吉人，善人也。**觀于五刑之中**■觀，枚《傳》：『觀視。』蔡《傳》：『又不擇吉人俾觀於五刑之中。』行甫按：以『觀』爲『視』，作如字讀，似可與上文『匪察于獄之麗』之『察』字相照應，但實則於經義乃流於字面之解也。考上文既曰『士制百姓，于刑之中，以教祗德』，又曰『穆穆在上，明明在下，灼于四方，罔不惟德之勤』，又曰『典獄非訖于威，惟訖于富（福）』云云者，皆是以刑教敬、以刑勸德、刑期於無刑之意也。據此，則『觀』當讀爲『勸勉』之『勸』，『勸』與『觀』可相通互用，《君奭》『割申勸寧王之德』，今本《禮記・緇衣》及郭店楚簡《緇衣》皆引作『觀』字，是其證也。而此『勸』字又與下『制五刑以亂無辜』之『亂』字反相照應。于，猶『以』也。之，猶『其』也。中，得也，當也。行甫按：意謂：苗人不選擇善良之人擔任典獄之官，用五種刑罰公正得當之判決以勸誘民衆敬德畏刑也。**惟時庶威奪貨**■惟，猶『以』也。時，亦猶『彼』也，『夫』也。庶，衆也。威，威虐也。楊筠如《尚書覈詁》：『「庶威」與上「庶戮」同意。「庶戮」謂衆被刑戮者。「庶威」謂衆作威虐者。』行甫按：楊説精審。此『庶威』代指苗人所任用之衆典獄之官。奪，爭也。貨，賄也。屈萬里曰：『奪貨，强取財貨之官。』行甫按：屈氏以『庶威』與『奪貨』爲並列，乃兩種不同類型之人任獄官，二者皆非『吉人』，其説亦是。**斷制五刑**■斷，制也；制，折也，亦斷也。行甫按：『斷制』乃同義複詞。**以亂無辜**■亂，擾攘也。無辜，無罪也，泛指廣大平民。行甫按：此謂不用『吉人』以『斷制五刑』，必擾亂社會人心，以致人人自危，於是國無寧日矣。夫如此之人以『典獄』，豈『訖于富（福）』哉？

〔四〕**上帝不蠲**■蠲，猶『赦免』也。《方言》：『南楚病愈謂之差，或謂之蠲，或謂之除。』郭璞注：『蠲，亦除也。』由『病愈』及『蠲除』之義引而申之，則有『赦免』之義也。參見《酒誥》『惟我一人弗恤弗蠲』釋讀。**降咎于苗**■降，下也。咎，罪過，災禍也。苗，苗人也。**苗民無辭于罰**■苗民，亦苗人也。無辭，楊筠如《尚書覈詁》：『「無辭」與「有辭」相反。「有辭」，自討罪者言之，謂受討者有罪辭也。「無辭」，自受罰者言之，謂無辭可辨也。』屈萬里曰：『無辭，猶今語無話可説，即無辭以自解也。』行甫按：二氏之説是也。引而申之，猶今語所謂『無言以對』、『無法開脱』也。于，猶『其』也。説見吴昌瑩《經詞衍釋》。罰，懲罰也。**乃絶厥世**■乃，於是也。絶，斷也，滅也。厥，其也，指苗人。世，繼世也。《國語・吴語》『而吴國猶世』，韋昭注：『世，繼世。』《荀子・彊國》『有天下者之世也』，楊倞注：『世，謂繼也。』皆是其例。行甫按：上文曰『遏絶苗民，無世在下』，此言『降咎于苗』、

『乃絶厥世』，二文乃相關互足。『無世在下』，謂其神靈永居下國，決無陟天資格；『乃絶厥世』，謂無繼嗣之權以享祭其先祖，《左傳》宣公四年所謂『若敖氏之鬼不其餒而』，是其義也。

〔五〕**王曰嗚呼念之哉**■念，《説文》：『常思也。』之，指代上文。孔穎達《書疏》：『王言而嘆曰：嗚呼，汝等諸侯，其當念之哉，念以伯夷爲法，苗民爲戒，既令念此法戒，又呼同姓諸侯。』**伯父伯兄仲叔季弟幼子童孫**■枚《傳》：『皆王同姓，有父兄弟子孫列者。伯仲叔季，順少長也。』行甫按：如枚説，當讀爲『伯父、伯兄；仲、叔、季弟；幼子、童孫』。據行文邏輯，『仲叔』當與『伯父伯兄』構詞從同。然同姓大國則曰『伯父』，同姓小國則曰『叔父』。『仲叔』之稱，經傳無文焉。此以『父兄』、『叔弟』、『子孫』錯綜成文，乃因臨文之便，未必實有此稱也。**皆聽朕言**■朕，我也，猶《康誥》『典聽朕毖』之『朕』，非因王而自稱『朕』也。**庶有格命**■庶，幾也，殆也，期幸之詞也。格，枚《傳》：『聽從我言，庶幾有至命。』孔穎達《書疏》：『格訓至也。言庶幾有至命，至命當謂至善之命，不知是何命也。鄭玄云：「格，登也。登命，謂壽考者。」《傳》云「至命」，亦謂壽考。』行甫按：鄭氏以『格』爲『登』，以『登命』爲『壽考』，其釋字則是，其釋義則非。其餘經師或釋爲『假』、爲『嘏』、爲『正』、爲『固』、爲『嘉』者，皆非經義。唯宋人薛季宣《書古文訓》曰『庶幾可以格於上帝』者，得其旨矣。此『格』字即上文『罔有降格』之『格』也。『格命』，謂『格於上帝之命』，亦即死後神靈陟於天帝左右，可得繼嗣者享祀而不至其鬼餒乃無血食也。後世所謂『上天堂』者，是文變意不變也。參見上文『罔有降格』及『乃絶厥世』釋讀。

〔六〕**今爾罔不由慰曰勤**■罔，無也，莫也。由，用也，以也。慰，章太炎曰：『慰與愠聲近。《説文》：「慰，恚怒也。」』行甫按：《説文》：『訑，慰也。』《小雅・車舝》『覯爾新昏，以慰我心』，《釋文》：『慰，怨也。於願反。王申爲怨恨之義。《韓詩》作「以愠我心」，愠，恚也。本或作「慰，安也。」是馬融義。馬昭、張融論之詳矣。』桂馥《説文義證》：『孫毓載《傳》作「慰，怨也。」王肅《述毛》亦云「新昏指褒姒，大夫不遇賢女，徒見褒姒，讒巧嫉妒，故其心怨恨。」」此經『慰』字，即『慍恚』之義也，章氏之説可從。曰，言也，謂也。《釋文》：「『日，人實反。一音曰。』段玉裁《撰異》：『「曰勤」，《釋文》作「日月」字，云「人實反，一音曰（當作越）」。《正義》作「子曰」字，云「言曰我當勤之」。王鳳喈云：「《孔傳》『今汝無不用安自居曰當勤之』，按：『曰當勤之』，下文所謂『徒念戒而不勤』也。孔本本作『曰』字，今定作『曰』。《唐石經》作『日』，非。」』行甫按：王鳴盛、段玉裁之説是也。枚《傳》本當作『曰』，不作『日』，陸氏《釋文》音『人實反』作『日』者，誤也。劉起釪反以段氏之説爲非，失於抉擇矣。勤，勞也，苦也。行甫按：『由慰曰勤』四字，枚《傳》連下文曰：『今汝無不用安自居曰當勤之，汝無有徒念戒而不勤。』《説文》：『慰，安也，从心尉聲。一曰：恚怒也。』枚氏用《説文》『安』義，又取《方言》『慰，尻也。江淮青徐之間曰慰』，故曰『用安自居』，猶今所謂『心安理得』也。然此『慰』字義爲『恚怒』，與下文『戒』字義爲『勸誡』相對，故當以章太炎説爲是。連下文，意謂：『今爾無不因怨恚之心而抱怨曰勞，爾等無有相戒以不勤也』。此見王朝末世子弟多懶，其好逸惡勞之怨忿之情溢於言表矣。是亦知此『曰』字不當作『日』也，江聲《集注音疏》曰：『俗儒讀「曰」爲「日」，由隸變而誤也。』此爲不易之論，可從。**爾罔或戒不勤**■罔，無也。或，有也。戒，《説文》：『警也。』《周易·繫辭上》『聖人以此齊戒』，韓康伯注：『防患曰戒。』《申鑒·雜言上》：『行而責之謂之戒。』行甫按：『戒不勤』與上『慰曰勤』相對，謂『以不勤自責』也。

〔七〕**天齊于民**■齊，《説文》：『禾麥吐穗上平也。』段玉裁注：『引伸爲凡齊等之義。』《淮南子·精神訓》『壺子之視死生亦齊矣』，高誘注：『齊，等也。』是其義也。民，人也。《後漢書·楊賜傳》引《尚書》曰：『天齊乎人，假我一日。』正作『人』字。**俾我一日**■俾，楊筠如《覈詁》：『《後漢書·楊賜傳》作「假」，蓋今文本作「假我一日」也。馬本「俾」作「矜」，謂哀也。按「俾」疑讀爲「畀」。《多士》「天惟畀矜爾」，「畀」「矜」並舉，其義相近，故得相通。「畀」、「俾」古通用字，《洪範》「不畀洪範九疇」，《史記》「畀」作「從」。《釋詁》：「俾，從也。」則假

「俾」爲「畀」。《書序》：「王俾榮伯作《賄肅慎之命》。」《史記》「俾」作「賜」。《釋詁》：「畀，賜也。」則假「畀」爲「俾」。是其證也。「畀我一日」與「假我一日」之意相同，故古文作「畀」，今文作「假」也。」屈萬里曰：「俾，《說文》：「益也。」猶言加給。《後漢書・楊賜傳》引此文「俾」作「假」，義亦相近。」我，我人也。行甫按：楊氏、屈氏釋「俾」與「假」之字義是也，說經義則非也。此二句意謂：「上天對於人來說是一視同仁的，給予我們每個人的一天都是一樣的。」惟其異者，則在於下文耳。**非終惟終**■終，竟也，盡也。《左傳》昭公十三年「求終事也」，杜預注：「終，竟也。」《孟子・萬章下》「未嘗有所終三年淹也」，趙岐注：「終者，竟也。」《國語・周語上》「庶人終于千畝」，韋昭注：「終，盡耕之也。」是其證也。惟，猶「爲」也。行甫按：「惟」字與「非」字相反相對。**在人**■人，猶上文「天齊于民」之「民」也。行甫按：「惟終」與「非終」相對，謂天之於人，一日之時皆同，惟在不盡用之與盡用之之別也，則竟與不竟，盡與不盡，在於人所用也。故曰：「非終惟終，在人。」是知「非終」與「惟終」者，乃是否盡職盡責，是否恪盡職守之謂也。說者以《康誥》「乃有大罪，非終，乃惟眚災，適爾；人有小罪，非眚，乃惟終，自作不典，式爾」說之，不免過度詮釋之嫌。三復其文，本經上下皆言「主政典獄」之人之「勤」與「不勤」，與《康誥》所謂罪人是否將犯罪行爲實施到底根本無涉。此所謂「非終惟終」，意即「勤」者，則一日充實，無所虛擲，是爲「終」爲「竟」，即「盡一日之用」也；「不勤」者，則虛度光陰，是爲「非終」爲「非竟」，即「不盡一日之用」也。則所謂「在人」者，在於人之「勤」與「不勤」也。

〔八〕**爾尚敬逆天命**■尚，庶幾也，期幸之詞也。敬，謹也，慎也。逆，迎也。天命，天之所命也。《召誥》「天其命哲命吉凶命歷年」，是此「天命」之義也。行甫按：「爾尚敬逆天命」者，猶言「爾等庶幾敬迎天之所命」也。接上文「天齊于民，俾我一日，非終惟終，在人」云云，則其意猶今所謂「希望你們好好珍惜上天所給予你們的寶貴時光」也。**以奉我一人**■奉，屈萬里《集釋》曰：「助也。義見《淮南子・說林篇》注。」我一人，王自稱也。**雖畏**

勿畏■雖，即使也。畏，與『威』通用，意即有『威』可『畏』也。勿，毋也，不也。**雖休勿休**■休，喜也。《國語・周語下》『爲晉休戚，不背本也』，韋昭注：『休，喜也。』戴鈞衡《書傳補商》：『文漢光曰：「雖畏勿畏，不爲威屈，不爲勢奪也。雖休勿休，休讀休戚之休，喜也。如得其情，則哀矜而勿喜也。」此義親切，今取之。』屈萬里《集釋》：『《經義述聞》：休，喜也。休與畏正相反。言事雖可畏汝勿畏，事雖可喜汝勿喜。』**惟敬五刑**■惟，以也。亦即下文『以成三德』之『以』也。敬，謹也，慎也。**以成三德**■成，就也。三德，章太炎曰：『三德未詳。』屈萬里曰：『三德，未詳。或以《洪範》之剛、柔、正直說之，恐未的。』周秉鈞《尚書易解》：『按本文「敬逆天命以奉我一人」，言敬也；「雖畏勿畏」，言正也；「雖休勿休」，言勤也。三德蓋即此三者。』行甫按：言『未詳』者，慎言闕疑之義也。以《洪範》『三德』說之者，乃索其義於文本之外也，究非讀書之正法。周氏求其義於文本之內，則取徑差爲得之，唯其釋義容有可商。『惟敬五刑，以成三德』既與苗民之戒相關，當於苗民之所失者求其義；則『敬逆天命，以奉我一人』者，言『勤』也，『勤勞』則詳『察于獄之麗』，乃無『並制罔差』之失也；『雖畏勿畏』者，言『正』也，『正直』則不畏强圉，可『觀（勸）于五刑之中』以教『敬忌』之德也；『雖休勿休』者，言『矜』也，『哀矜』則無『威虐奪貨』乃至『殺戮無辜』也。

〔九〕**一人有慶**■一人，『主政典獄』之『一人』也。行甫按：此結於上文『非爾惟作天牧』也，謂『作天牧』者『一人』以牧其民，慶，善也，以上文『三德』而言之也。**兆民賴之**■兆，眾也。行甫按：『眾兆』乃同義複詞，故二字常連用。《禮記・內則》『降德于眾兆民』，《楚辭・九章・惜誦》『又眾兆之所讎』，班固《幽通賦》『斯眾兆之所惑』，皆是其例也。《漢書・百官公卿表上》『右內史，武帝太初元年更名京兆尹』，顏師古注：『兆者，眾數。』是其義也。賴，恃也，利也。《左傳》襄公十四年『緊伯舅是賴』，杜預注：『賴，恃也。』《漢書・高帝紀下》『始大人常以臣無賴』，顏師古注引應劭曰：『賴者，恃也。』《國語・周語中》『先王豈有賴焉』，韋昭注：『賴，利也。』皆是其例也。之，代『一人』也。**其寧惟永**■其，猶『如此』也。寧，安也。惟，猶『乃』也。永，久也。

此乃呂侯傳王命之第二節，言主政典獄之人當以伯夷施刑爲法，以苗民威虐庶戮亂殺無辜爲戒。司政典刑，爲天作牧，尤應珍惜寸陰，不辭辛勞，勤勤懇懇，盡職盡責；亦須剛毅正直，不畏强禦，不懼威勢；還須心懷悱惻，哀憐罪人，不可濫施淫威，貪贓枉法，亂殺無辜。所謂『惟敬五刑，以成三德』也。

【繹文】

王又不無感嘆地說：『唉！各地負責政務以及主管刑獄的官員啊，你們一定要明白，並不是只有你們才有資格代替上天治理和教養天下的民衆的！而且，你們應當以誰爲榜樣來對照與檢證你們的施政與司法行爲呢？不就是那位賢聖的主刑大神伯夷實施刑罰的理論與方法嗎？那麽你們又應該以誰爲前車之鑒，從而可以避免刑罰實施出現重大失誤呢？還不是那些苗民沒有清楚地理解刑罰之所以建立與實施的目的和意義所導致的錯誤做法嗎？他們沒有認真選擇心地善良的人掌管獄訟，用五種刑罰正當合理的實施來引導民衆敬德向善；反而任用陰毒殘刻的惡人斷訟蔽獄，採取種種酷刑虐殺罪犯，甚至向犯人敲詐勒索貪贓枉法。任用這樣殘刻無良的惡人擔任司法官員，採取這樣殘酷的手段斷訟蔽獄，實施刑罰，只會亂殺無辜，涂毒百姓。上帝對他們的行爲已經忍無可忍，對他們的罪惡也斷不輕饒，於是給苗民降下了災難，苗民也無法開脫他們的罪責；於是上帝取消了他們的神靈陞天的資格，他們的先祖也淪爲無人享祭的飢魂餓鬼。難道這不就是我們作爲各級主管刑獄的官員們應當汲取的慘痛教訓嗎？因此，替上帝治理和教養百姓，並非無論爲善爲惡永遠注定只有你們才有資格！』

接著，王又對他的那些守土任職的直系親屬子弟們大爲感慨地說：『唉呀呀，你們可要牢牢地記住這個道理啊！我親愛的伯父大兄們、小叔幼弟們、稚子么孫們，你們都要記住我說的這些話，以伯夷爲榜樣，以苗民爲鑒戒，才有希望陞入天堂，才能後繼有人，才有資格享受子孫萬民祭祀的馨香。可是現在，你們一個個都不願意吃苦耐勞，都來不斷地向我抱怨說，太累了，太累了！就沒有一個人願意以不勤自責，戒除懶墮，勤勉理事，精心辦案。老天爺對於所有的人來說，都是一視同仁的，它給予我們每個人的一天，其時間之短長都是一樣的。區別只在於：有的人盡職盡責，恪盡職守，每天的工作日程都是滿滿的，沒有絲毫空閒和餘暇浪費在無聊的事情上；有的人卻弔兒浪蕩，飽食終日，無所用心，消磨時光，打發日子。同樣是一天，對於這兩種人來說，意義和價值決不是完全相等的。希望你們以恭敬勤勉之心，利用上天賜予你們的每時每刻，盡心盡力做好你們的本職工作，也就是盡職盡責地協助我處理國家的大事了。尤其是蔽訟斷獄，判案施刑，關係到平民百姓的治理與教化，關係到社會人心的善良和穩定，決不能掉以輕心。你們要嚴肅認真地研究案情，公正合理地處罰罪犯。即使是面對威勢與强暴，也決不能畏懼屈服，妥協姑息，放縱壞人；即使是破獲了重大案犯，也不要沾沾自喜，自矜爲能，要帶著同情和憐憫之心，仔細了解案情，要設身處地替他們著想，他們爲什麼不顧一切地鋌而走險，冒死犯法。只有以這種恭敬謹慎的態度執行各種刑罰，才能成就你們作爲司政典獄的官員所必須具備的恪盡職守、公正無私、善良慈愛，這三種美好的品德。你們這些主政典獄執法辦案的人，雖然表面看來不過是一個個孤立的個人；但是如果你們具備了這些良好的德性和品質，也就是你們治下的那些蒼生萬民的福祉和依賴。你們雖是單獨的個體，其社會影響卻十分廣泛。只有你們勤於職守，公正無私，心地善良，才是維繫天下永久安寧的牢靠基礎。』

王曰：『吁，來，有邦有土，告爾祥刑。〔一〕在今爾安百姓，何擇非人？何敬非刑？何度非及？〔二〕兩造具備，師聽五辭。五辭簡孚，正于五刑。五刑不簡，正于五罰。〔三〕五罰不服，正于五過。五過之疵，惟官、惟反、惟內、惟貨、惟來，其罪惟均，其審克之。〔四〕五刑之疑有赦，五罰之疑有赦，其審克之。〔五〕簡孚有眾，惟貌有稽。無簡不聽，具嚴天威。〔六〕

墨辟疑赦，其罰百鍰，閱實其罪。劓辟疑赦，其罰惟倍，閱實其罪。剕辟疑赦，其罰倍差，閱實其罪。宮辟疑赦，其罰六百鍰，閱實其罪。大辟疑赦，其罰千鍰，閱實其罪。〔七〕墨罰之屬千，劓罰之屬千，剕罰之屬五百，宮罰之屬三百，大辟之罰，其屬二百，五刑之屬三千。〔八〕

上下比罪無僭，亂辭勿用不行。惟察惟法，其審克之。〔九〕上刑適輕下服，下刑適重上服，輕重諸罰有權。〔一〇〕刑罰世輕世重，惟齊非齊，有倫有要。罰懲非死，人極于病。〔一一〕

非佞折獄，惟良折獄，罔非在中，察辭于差，非從惟從。〔一二〕哀敬折獄，明啓刑書胥占，咸庶中正，其刑其罰，其審克之。〔一三〕獄成而孚，輸而孚，其刑上備，有並兩刑。〔一四〕」

【釋讀】

〔一〕**王曰吁來有邦有土告爾祥刑**■吁，太息之聲。《釋文》：「馬作于，于，於也。」來，虛擬之詞，以喚取聽者注意，非命其上前也。《禮記·檀弓下》「有餓者，蒙袂輯屨，貿貿然來。黔敖左奉食，右執飲，曰：『嗟來，食！』揚其目而視之，曰：『予唯不食「嗟來」之食，以至於斯也。』」彼「嗟來」，猶此之「吁來」也。否則，餓者既「貿貿然來」，何又呼其「來」邪？且不言「嗟之來食」而言「嗟來之食」，則「嗟來」皆呼語之詞，無所疑也。參見《皋陶謨》「帝曰：來，禹，汝亦昌言」釋讀。有邦，畿外諸侯。有土，畿內有采地之臣。用曾運乾《尚書正讀》說。祥，《爾雅·釋詁》：「善也。」蔡《傳》：「夫刑，凶器也，而謂之祥者，刑期無刑，民協於中，善莫大焉。」行甫按：蔡說是也。上文既曰「典獄非訖于威，惟訖于富（福）」，是則「祥刑」者，猶言「刑」之合於情理，體仁達愛，其所以爲「祥善」也。

〔二〕**在今爾安百姓**■在，猶「於」也。爾，有邦有土者。安，保也，養也。百姓，兆民也。**何擇非人**■擇，選擇也。人，吉人也。蔡《傳》：「曰『何』曰『非』，問答以發其意。」林之奇《尚書全解》：「『罔擇吉人，觀于五刑之中』，則非能擇人也。」行甫按：「何擇非人」者，意謂「何所選擇乎？非司政典獄之人耶？」**何敬非刑**■敬，謹也，慎也。林之奇曰：「上既言『苗民匪察于獄之麗』，則非能敬刑也。」行甫按：「何敬非刑」者，意謂「何所敬慎乎？非用法施刑之地耶？」**何度非及**■度，《釋文》：「馬云：造謀也。」及，《史記·周本紀》引作「宜」。枚

《傳》：『當何所度，非惟及世輕重所宜乎？』俞樾《平議》曰：『枚因《史記》作「何居非其宜」，故爲此說，實非經旨也。「及」乃「服」字之誤。僖公二十四年《左傳》「子臧之服，不稱也夫」，《釋文》作「子臧之及」，曰：「一本作之服。」蓋「服」從「𠬝」聲，古或止作「𠬝」，「𠬝」、「及」形似故易譌耳。《堯典》曰：「五刑有服，五服三就。」此篇曰：「上刑適輕下服，下刑適重上服。」《周官・小司寇》曰：「以施上服下服之刑。」「刑」以「服」言，蓋古語也。「何敬非刑，何度非服」，言：「汝何所敬，非五刑乎？汝何所度，非五服乎？」《史記》作「宜」者，《爾雅・釋詁》：「服、宜，事也。」「服」與「宜」同訓，故經文作「服」，《史記》作「宜」。自「服」誤作「及」，而《史記》作「宜」之故，遂不可曉。枚《傳》牽合其說，而義蓋乖矣。』行甫按：俞說可從。『𠬝』與『服』音同相通，是其文本作『𠬝』而譌爲『及』也。《左傳》『子臧之服』乃『子臧之及』之譌，王引之《經義述聞》亦有說。《說文》：『𠬝，治也。从又从卪，卪，事之制也。』『𠬝』之从『卪』，乃『事之制』，而『𠬝』與『服』通，則『服』亦爲『制』也，《左傳》宣公十二年鄭人石制，字子服，是『服』有『制』義之證。『制』，折也，斷也。林之奇曰：『「斷制五刑，以亂無辜」，則非能度刑也。』是『何度非服』者，意謂：『何所謀度乎？非決訟斷獄之時耶？』《史記》作『宜』者，所斷當其罪，謂之『宜』也。屈萬里曰：『宜，意謂刑之宜。』其說是也。行甫又按：以上四句，乃言『詳刑』之總體原則也。

〔三〕**兩造具備**■造，至也。兩造，兩至也。行甫按：《周禮・大司寇》『以兩造禁民訟。』鄭玄注：『造，至也。使訟者兩至。』是『兩造』者，猶今所謂『原告、被告亦即訴、訟雙方同時到庭』也。《史記・周本紀》引此句，裴駰《集解》引徐廣曰：『造，一作遭。』段玉裁《撰異》：『作「遭」者，今文《尚書》也。以《大誥》「造天役」，王莽作「遭」證之，《史記》當本作「遭」，淺人用古文《尚書》改爲「造」，而徐中散不憭耳。』皮錫瑞《今文尚書考證》：『今文作「遭」，蓋假借爲曹。《說文》云：「䜊，獄之兩曹也。在廷東，从棘；治事者，从曰。」小徐曰：「以言詞治獄者，故从曰。」然則兩遭蓋即獄之兩曹。』段玉裁《說文》『䜊』字注：『兩曹，今俗所謂原告、被告也。曹，猶類也。

《史記》曰「遣吏分曹逐捕」，古文《尚書》「兩造具備」。《史記》「兩造」一作「兩遭」。「兩遭」、「兩造」即「兩曹」，古字多假借也。」具，《說文》：「供置也。」備，《方言》卷十二：「咸也。」郭璞注：「咸，猶皆也。」行甫按：「具備」亦同義複詞。「備」當與「葡」通。《說文》：「葡，具也。」段玉裁曰：「具，供置也。人部曰：『備，慎也。』然則防備字當作備，全具字當作葡，義同而略有區別。今則專用備而葡廢矣。」是「兩造具備」者，猶言「訴訟雙方皆到庭供置其辭」也。**師聽五辭** 師，孫星衍曰：「士師，《周禮》刑官之屬：『士師，下大夫四人。』注云：『士，察也。主察獄訟之事者。』」聽，察也。《戰國策・秦策一》「王何不聽乎」，高誘注：「聽，察也。」玄應《經音義》卷十「聽訟」注：「聽，謂察是非也。」辭，朱駿聲《尚書古注便讀》：「訟也。猶今言口供也。」五辭，枚《傳》：「入五刑之辭。」蔡《傳》：「麗於五刑之辭。」劉起釪《校釋》曰：「眾多的供辭，取其與五刑之某刑有關者定爲某刑之辭，不出於五刑，故稱「五辭」。」行甫按：歷來注者皆以「五辭」爲「五刑之辭」，恐非其意。今之法庭調查以及新聞事件撰述，有所謂「五要素」（西人所謂「五W」）之說：即案件所發生的時間（when）、地點（where）、當事人（who）、事件始末（which）以及動機情由（why）也。如訟訴雙方於此「五要素」之口供一致，法官方可爲案件定性量刑。古人聽訟，必不異於今人也。**五辭簡孚** 簡，猶「覈實」也。行甫按：「簡」當與「⿱簡心」通。《說文》：「⿱簡心，在也。从心，簡省聲，讀若簡。」徐鍇《繫傳》：「⿱簡心，存也。从心簡省聲。讀若簡。臣鍇曰：若《尚書》云『簡在上帝之心。』」《爾雅・釋詁》：「在、存，察也。」是「簡」亦「察」也，猶今所謂「審察覈實」也。孚，信也，猶今所謂「證據確鑿」也。「五辭簡孚」者，謂訴訟雙方五個環節的口供與人證物證及犯罪事實俱相符合也。**正于五刑** 正，定也，猶「定罪量刑」也。于，以也。行甫按：「正于五刑」，謂以五刑之條例據犯罪事實定罪量刑也。**五刑不簡** 不簡，謂於五刑不能覈實也。行甫按：「五刑不簡」者，謂犯罪事實清楚，人證物證俱在，但與五刑條例之量刑標準不相適合，亦即不夠依「五刑條例」量刑，非謂案犯情由未加覈實也。**正于五罰** 五罰，與五刑相關的處罰條例。行甫按：『正于五罰』者，謂經調查覈實，確有犯罪事實與犯罪後果，但不夠五刑之量刑標準，乃適於與五刑相關的處罰條例，亦依『五種處罰條例』定其罰之輕重也。如此則既不枉亦不縱也。

〔四〕**五罰不服**■不服，枚《傳》：『不服，不應罰也。』行甫按：『服』即上『何度非及』之『及』，乃決斷、裁斷之意。『五罰不服』，謂依五種處罰條例不能決斷者，亦即不適合根據五刑相關的處罰條例進行裁斷判決也。行甫又按：上言『五刑不簡』，此言『五罰不服』，實爲互文以見義也。意謂：不適合量刑，即不予量刑；不適於處罰，即不予處罰。**正于五過**■過，過失也。蘇軾《書傳》：『過失，則當宥也。』行甫按：『正于五過』，謂不適於處罰條例者，則以過失論之。過失乃在赦宥之列也。**五過之疵**■疵，《爾雅·釋詁》：『病也。』行甫按：『五過之疵』，謂以過失論之，就會出現貪贓枉法之流弊。當刑者不刑，以過失而宥之；當罰者不罰，亦以過失而赦之。孔穎達《書疏》曰：『此五過之所病，皆謂獄吏故出入人罪，應刑不刑，應罰不罰，致之五過而赦免之，故指五過之疵。』其說是也。**惟官惟反惟內惟貨惟來**■惟，因也，以也。官，枚《傳》：『同官位。』呂祖謙《書說》：『權勢也。』蔡《傳》：『威勢也。』行甫按：諸家說可互補，是『官』者，謂脅於官位權勢以赦其罪也。反，蘇軾《書傳》：『報也，報德怨也。』行甫按：《說文》：『反，覆也。』《左傳》襄公二十八年『反其邑焉』，杜預注：『反，還也。』則『反』者，『還報』之意也。有恩於我，我以赦免其罪爲回報也。蘇氏所謂『報德怨』者，偏義複詞也。內，枚《傳》：『內親用事。』蔡《傳》：『女謁也。』行甫按：『內』者，猶今所謂裙帶關係也。貨，賄賂也。來，《釋文》：『馬本作求，云：有求，請賕也。』蔡《傳》：『干請也。』段玉裁《撰異》：『「來」者，諸雖非女謁、苞苴，而請託於其間也。「來」、「求」字異，訓同。』**其罪惟均**■其，指士師獄吏也。惟，乃也，爲也。均，等也，同也。枚《傳》：『出入人罪，使在五過，罪與犯法者同。』**其審克之**■其，猶『乃』也、『則』也。審克，猶『審核』也。段玉裁《撰異》：『《漢書·刑法志》元帝初立乃下詔曰：「《書》不云乎？『惟刑之恤哉』！『其審核之』。」兼采《堯典》、《呂刑》

二篇也。「克」「核」古音同在第一部，蓋古文《尚書》作「克」，今文《尚書》作「核」也。「克」當爲「核」之假借。」行甫按：『克核』二字乃同義復詞，互爲轉注，字又作『剋』。《莊子·人間世》『剋核大至，則必有不肖之心應之』，是其例也。則『審克』若『審核』者，謂『精審而詳察』也。行甫又按：『兩造具備』以下至此，乃言『詳刑』之定罪量刑程序、標準及其流弊之防範也。

〔五〕**五刑之疑有赦**■之，猶『若』也。疑，通『擬』，猶『擬議』、『擬度』也。《周禮·司服》『爲大夫士疑衰』，鄭玄注：『疑之言擬也，擬於吉。』是其例也。《儀禮·士相見禮》『不疑君』，鄭玄注：『疑，度之。』胡培翬《正義》：『疑，度之。則訓疑爲擬。』《廣雅·釋言》『濉，疑也』，王念孫《疏證》：『疑之言擬議也。』皆是其義也。行甫按：此讀若『擬』之『疑』字，猶今所謂『打算』、『擬定』之意也。赦，豁免也。行甫按：所謂『罰』者，由下文可知，猶今之所謂『罰款』也。『刑』者，輕則毀傷體膚，重則剝奪生命，其『有赦』則從『罰』。『罰』者，出贖金以抵罪而免於肉刑也。『罰』而『有赦』，則豁免贖金，等同於『過』失宥而不問也。故『刑』之『擬赦』，其有『罰鍰』若干；乃無『罰』之『擬赦』而後取鍰若干之文也。且『刑』之『赦』與『罰』之『赦』，皆須擬議商度而後行之，非一切『刑』與『罰』皆可『赦』也。否則『威』既不立，『福』亦不可致也。然歷來注者狃於『疑』之『惑而不明』之義，於本經『刑』、『罰』、『過』、『疑』、『赦』諸字多不得其解，以爲『疑而不能明者即行赦之』，或者『疑而不能明者即行罰之』。然則『疑而不能明』者，其有罪無罪乃不可知，何可遽爲『刑』之『罰』之又遽爲『赦』之乎？其經義晦澀不明者一至如此！然則尚讀古人之書，豈其易邪！**其審克之**■其，亦猶『乃』也、『則』也。審克，亦猶『審核』也。行甫按：『刑』、『罰』之『赦』既須擬議商度之，則亦必『精審而詳察』之，以定何者可『赦』，何者不可『赦』也。

〔六〕**簡孚有衆**■簡，察也，審察覈實也。孚，信也，證據確鑿也。有，猶『於』也。有衆，猶今所謂『通過多方調查取證」也。《周禮・小司寇》：「以三刺斷庶民獄訟之中，一曰訊群臣，二曰訊群吏，三曰訊萬民。」是其事也。行甫按：「簡孚有眾」，謂審察覈實，證據確鑿，須從多方調查取證也。**惟貌有稽**■惟，雖也。貌，《周本紀》引作「惟訊有稽」。《說文》：「緢，氂絲也。从糸，苗聲。《周書》曰：『惟緢有稽。』」段玉裁注：「許所據壁中文，蓋謂惟豪氂是審也。」江聲《集注音疏》：「『緢』者，旄絲，言敚細也。《說文》編字，皆以誼類相從。其「緢」字次「細」字之下，「細」字次「纖」字之下，而「纖」訓「細」，「細」訓「敚」，則「緢」訓「旄絲」，亦敚細之誼。」有，猶「爲」、「其」也；「其」猶「將」也、「且」也。說見吳昌瑩《經詞衍釋》「有」字條與「其」字條。「有稽」，猶「將稽」、「且稽」也。稽，江聲《集注音疏》：「猶考也，合也。鄭注《周禮・宮正》職云：『稽，猶考也。計也。』又注《質人》職云：『稽，猶考也，治也。』鄭仲師注《周禮・小宰》職云：『稽，猶計也，合也。』」行甫按：「惟緢有稽」，謂調查取證，雖蛛絲馬跡之微，亦當詳加考覈甄別。《周本紀》作「惟訊有稽」，「訊」即「執訊獲醜」之「訊」，猶今所謂「口供」也。其意則謂：調查取證，所有口供都必須詳加審覈也。詞意雖微有所別而文義並無不同也。**無簡不聽**■無，沒有。簡，考察覈實。聽，從也，斷也。屈萬里曰：「無簡，謂無可核驗。聽，今語受理之意」。行甫按：倘若「無可核驗」，即不加「受理」，則重大疑難案件，皆在「不受理」之列。屈說非也。此論蒐集證據之法，「無簡不聽」，謂未經審察覈實的材料，不可作爲證據隨便加以採信，否則即可能斷成冤獄。**具嚴天威**■具，俱也。指擬赦之刑罰以及證據蒐集採信之各個環節。嚴，謹敬也。威，懲罰。天威，猶言上帝之懲罰也。行甫按：此七句乃言無論擬議赦免抑或調查取證，「詳刑」皆有「審核」之法。

〔七〕**墨辟疑赦**■墨，枚《傳》：「刻其顙而涅之曰墨。」《周本紀》引作「黥辟疑赦」，《周禮・司刑》「墨罪五百」，鄭注：「墨，黥也。先刻其面，以墨窒之。」是「墨」、「黥」異名同實也。辟，罪也。疑，通「擬」，擬議也。赦，免其刑也。**其罰百鍰**■其，猶「乃」也、「則」也。鍰，枚《傳》：「六兩曰鍰。鍰，黃鐵也。」孔穎達《書疏》：「古者金銀銅鐵總號爲金，今別之以爲四名。此《傳》言黃鐵，《舜典傳》言黃金，皆是今之銅也。』《釋文》：『徐戶關反，六兩也。鄭及《爾雅》同。《說文》云：「六鋝也。鋝十一銖二十五分銖之十三也。」馬同。又云：「賈逵說，俗儒以鋝重六兩。《周官》劍重九鋝，俗儒近是。」』**閱實其罪**■閱，猶『開釋』也。王引之《經義述聞》：『閱當讀「用說桎梏」之「說」，《蒙卦釋文》：「說，吐活反。徐又音稅。」古字「閱」與「說」通。《邶風·谷風篇》「我躬不閱」，襄二十五年《左傳》引作「我躬不說」。說者，解釋也。上言「赦」，下言「說」，其義一也。百鍰既納，則釋其罪，經義較然甚明。解者乃云「檢閱核實其所犯之罪」，非也。此以赦罪言之，與上文「其審克之」異義。』行甫按：王說是也。『閱』通『說』，『說』又通『脫』。《易·小畜》九三『輿說輻，夫妻反目』，《大畜》九二『輿說輹』，《說文》『輹』字下引《易》曰：『輿脫輹。』是『閱』者，猶今所謂『開脫』、『開釋』也。實，寔也，此也。其，猶『之』也。行甫按：三句意謂：墨刑之罪擬議赦免，則處以罰金百鍰，而後開釋此墨刑之罪人也。**劓辟疑赦**■劓，枚《傳》：『截鼻曰劓。』《說文》：『劓，刑鼻也。从刀，臬聲。《易》曰：「天且劓。」劓，臬或从鼻。』**其罰惟倍**■惟，猶『爲』也。倍，枚《傳》：『刑倍百，爲二百鍰。』**閱實其罪**■閱，亦讀『說』、『脫』。**剕辟疑赦**■剕，刖足也。《說文》：『跸，跀也。从足，非聲，讀若匪。』又，『跀，斷足也。从足，月聲。』**其罰倍差**■倍差，枚《傳》：『謂倍之又半爲五百鍰。』行甫按：枚說恐非。『倍差』當爲『剕辟』之『倍』而『差』，『剕辟』乃二百鍰，則『剕辟』當在三百與四百鍰之間，或爲三百至三百五十鍰。**閱實其罪**■閱，亦開釋也。實，寔也，此也。其，指『剕辟』。**宮辟疑赦其罰六百鍰閱實其罪**■枚《傳》：『宮，淫刑也。男子割勢，婦人幽閉。次死之刑。』孔穎達《書疏》引伏生《書傳》云：『男女不以義交者，其刑宮。』**大辟疑赦其罰千鍰閱實其罪**■大辟，死刑也。孔穎達《書疏》：『《釋詁》：「辟，罪也。」死是罪之大者，故謂死刑爲大辟。』

〔八〕**墨罰之屬千**■墨罰，猶言『墨刑』與『墨罰』，『刑』與『罰』同屬也。屬，蔡《傳》：『類也。』行甫按：『屬』猶刑罰所繫屬之『條例』也。**劓罰之屬千剕罰之屬五百宮罰之屬三百大辟之罰其屬二百五刑之屬三千**■三千，總數也。行甫按：刑輕者，所關者衆，故其條例多。刑重者，所關者寡，故其條例少。以上言擬赦之刑，代之以罰金，五刑之罰各有差，以及五刑條例之總凡也。

〔九〕**上下比罪無僭**■上，重也。下，輕也。比，合也。《管子・五服》『中正比宜』，尹知章注：『比，合也。』是其義也。行甫按：『比』即『比照』、『參照』之意，由經文可知爲『比照』或『參照』法律條文或處罰條例。注家多引《王制》『凡聽五刑，必案小大之比以成之』鄭注『已行故事曰比』以及《大司寇》『凡獄訟以邦成比之』鄭注『邦成』曰『謂若今時決事比也』以釋之。然『已行故事』或曰『決事比』，乃今之所謂『案例法』，即參照舊事爲成例作爲量刑標準，與本經以法律條文作爲斷案標準之『成文法』有所不同，學者當知之也。漢代所謂『決事比』，乃受董仲舒《春秋》學影響之司法慣例，不可與本經互釋。僭，差也。《左傳》『不僭不濫』，杜預注：『僭，差也。』行甫按：『上下比罪無僭』，謂根據罪行之輕重，參照刑罰之條例，斷其所適用之範圍而無所差失也。**亂辭勿用不行**■亂辭，謂與本案無關之口供，或與案情不相符之口供。勿用，不予採用也。不行，不能作爲『比罪』量刑之依據。行甫按：此二句文義本明審，並不費解，然舊讀破二句爲『上下比罪，無僭亂辭，勿用不行』，蔡《傳》云：『「無僭亂辭，勿用不行」，未詳。』析文破句，不知所云，亦其宜也。而後之注者，衆說紛紜，皆無當於經旨，兹不贅引矣。**惟察惟法**■惟，猶『以』也。察，考覈也。行甫按：『惟察』者，猶今所謂『以事實爲根據』也。法，猶上文『五刑之屬』也，亦即刑罰條例也。行甫按：『惟法』者，猶今所謂『以法律爲準繩』也。**其審克之**■其，猶『乃』也，『則』也。行甫按：『惟察』，指『亂辭勿用不行』；『惟法』，指『上下比罪無僭』，二者皆當審覈落實也。

〔一〇〕**上刑適輕下服**■上刑，重刑也。適，與上文『比罪』之『比』同意，猶『合』也、『宜』也。下，輕刑也。

服，通『艮』，治也，斷也，制也。**下刑適重上服**■下刑，輕刑也。上服，猶『斷於重刑』也。**輕重諸罰有權**■罰，處罰條例。有，猶『爲』也，『以』也。權，變通也，『有權』，猶今所謂『靈活機動有所變通』也。行甫按：上言『刑』，下言『罰』，乃互文見義也；猶言『刑』與『罰』皆當『輕重有權』，故下文乃合言『刑罰世輕世重』也。

〔一二〕**刑罰世輕世重**■世，猶『時』也。世輕世重，《荀子・正論》『刑稱罪則治，不稱罪則亂。故治則刑重，亂則刑輕，犯治之罪固重，犯亂之罪固輕也。《書》曰：「刑罰世輕世重。」此之謂也。』楊倞注：『治世家給人足，犯法者少，有犯則衆惡之，罪固當重也。亂世人迫於饑寒，犯法者多，不可盡用重典，罪固當輕也。《書・甫刑》言：世有治亂，故法有輕重也。』行甫按：此『刑罰世輕世重』，當以《荀子》及楊倞注爲當也。《後漢書・應劭傳》『夫時化則刑重，時亂則刑輕，《書》曰：「刑罰時輕時重」，此之謂也。』李賢注：『犯化之罪固重，犯亂之罪爲輕。』李賢因避諱改『世』爲『時』，改『治』爲『化』（王先謙《後漢書集解》引錢大昕說）。是世亂則用刑輕，時治則用刑重也。此亦『輕重諸罰有權』之意也，或有法不責衆之義邪？**惟齊非齊**■惟，猶『雖』也。齊，同也，指以法治民。非齊，有所不同也，指亂世與治世不同也。行甫按：『惟齊非齊』，以刑罰治民雖同，然治世與亂世不同；則刑罰必隨世變而有輕重之不同，是謂雖齊而不齊，不齊而有齊也。**有倫有要**■倫，《說文》：『輩也，从人，侖聲。一曰道也。』要，《說文》：『身中也。象人要自臼之形。从臼，交省聲。』又，《釋名・釋形體》：『要，約也，在體之中，約結而小也。』《呂氏春秋・審應》『而人主之所執其要矣』，高誘注：『要，約也。』行甫按：『倫』有二義焉，由『輩』義引申則有『次也』、『比也』、『類也』諸義；由『道』義引申則有『理也』、『順也』、『紀也』諸義。合二義，則『倫』者，『條理』之謂也。『要』亦有二義焉。由『身中』引申而有『中正』之義，由『約結』引申而有『簡約』之義。則『有倫有要』者，有條有理，有綱有目之謂也。是『惟齊非齊』與『有倫有要』乃互爲補充，意謂：知刑罰世輕世重乃知有所權變，知其條理大體而又明其綱目，則通權不離其本，達變不失其宗。是『惟齊非齊』者，通權達變而不失其綱目大體也。」『有倫有要』者，明其綱目大體而後可以通權達變也。**罰懲非死**■罰，上報下之罪也。行甫按：此『罰』者，即上文『五刑』之『罰』，亦即『罰鍰』也。懲，創也。非死，屈萬里《集釋》：『言非置之死地。』**人極于病**■極，屈萬里曰：『困厄也。《孟子·離婁下》「又極之於其所往」，趙注：「極者，惡而困之也。」』病，猶言『傷痛』也。行甫按：『罰懲非死，人極于病』，謂處罰懲創，雖非以肉刑置之於死地，然入贖求赦，亦困厄於財貨而生存維艱矣，是則亦就『刑罰世輕世重』爲言也。『罰懲非死』雖爲『輕』，然『人極于病』，是亦爲『重』也。

〔一二〕**非佞折獄**■佞，巧言令色、舞文弄法、陰險姦惡之人也。折，斷也。**惟良折獄**■惟，通『唯』，獨也。良，善也。行甫按：『良』與『佞』相對，則『良』者，安穩持重、質樸謹厚、宅心仁愛之人也。折獄，斷訟也。**罔非在中**■罔非，無不也。在，處也，居也。中，中正也，公平也。**察辭于差**■察，審察也。辭，猶言『口供』也。于，猶『以』也。差，《爾雅·釋詁》：『擇也。』郭璞注：『差，選擇。』**非從惟從**■從，同『从』也。《說文》：『从，相聽也。』段玉裁注：『「从」者，今之「從」字，「從」行而「从」廢矣。』徐鍇《繫傳》：『从，相聽許也。』惟，猶『爲』也、『乃』也。行甫按：『非從惟從』，正釋『察辭于差』之『差』字義也。『非從惟從』與上文『非終惟終』句法一律，皆『非』與『惟』相對爲文。則『罔非在中，察辭于差，非從惟從』云云，皆就『惟良折獄』言之，意謂：持重謹厚仁愛之人斷獄蔽訟，無時無事不處於中正公平之立場，對於兩造口供當有所選擇，能分辨察知何者不當相聽，何者當可信從也。

〔一三〕**哀敬折獄**■哀敬，段玉裁《撰異》：『《文選·庾元規讓中書令表》李注引《尚書》「哀矜折獄，明啓刑書」，《孔叢子》雖僞書而作「哀矜折獄」，疑僞孔本固作「矜」，《傳》釋「矜」爲「敬」，而衛包因依傳改經耳。』章太炎曰：『《大傳》作「哀矜折獄」，敬與矜，聲義皆不同，由古文敬作茍，聲與亟同。《方言》：「亟、憐、憮、惓，愛也。」

則亟亦有憐義。《小雅》「爰及矜人，哀此鰥寡」，《傳》：「矜，憐也。」是亟矜字異而義同也。《梓材》「至于敬寡，至于嫋婦」，敬亦本當作茍，讀亟，亟寡猶矜寡也。」行甫按：章說是也，段氏之說可商。考衛包改字，如『共』字或改爲『供』字，或改爲『恭』字，皆依文意而定，非僅以訓詁之義而改字也，與司馬遷以訓詁代經文不同。『矜』與『敬』既非古今字，且聲義皆不同，衛包無由輒改『矜』爲『敬』也。『哀矜折獄』，猶言『以哀憐同情之心斷訟蔽獄』也。**明啓刑書胥占**■明，明審也。啓，孫星衍《注疏》：「啓與晵通，《說文》云：『省視也。』」行甫按：孫說是也。『明』與『晵』，乃近義複詞，『明啓』，猶今所謂『詳細對照』也。倘以『啓』爲『開』，則『明白打開』乃成贅語矣。刑書，量刑標準與處罰條例也，即上所謂『五刑之屬三千』也。胥，相也。占，辨也。《漢書・昭帝紀》『令民得以律占租』，顔師古注：『今猶謂獄訟之辨曰占。』行甫按：『明啓刑書胥占』，即『詳細檢覈刑書，以犯罪事實與量刑標準及處罰條例兩相辨對』之意也。**咸庶中正**■咸，皆也，與『胥』字相照應，謂刑書之量刑標準及處罰條例與犯罪事實二者皆相符應也。庶，庶幾也，近也，幸詞也，猶今語『期冀』也。行甫按：章太炎讀『庶』爲『度』，謂《說文》『度』從『庶』省聲，古往往以『庶』爲『度』，章說亦通。然如字讀似更合經旨。中，得當也。正，公正也。**其刑其罰**■其，猶『若』也，『若』猶『或』也。說見吳昌瑩《經詞衍釋》。行甫按：『其刑其罰』，猶言『或量刑或處罰』也。**其審克之**■其，乃也。審克，亦猶『審覈』也。

〔一四〕**獄成而孚輸而孚**■成，完成也。行甫按：『獄成』，謂定罪量刑而結案也。而，猶『乃』也。孚，信也，服也。行甫按：『成而孚』，謂量刑結案，兩造皆服，衆人亦以爲可信也。輸，變更也。王引之《經義述聞》：『成與輸相對爲文。輸之言渝也。謂變更也。《爾雅》：「渝，變也。」《廣雅》：「輸，更也。」獄辭或有不實，又察其曲直而變更之，後世所謂平反也。獄辭定而人信之，其有變更而人亦信之。所謂民自以爲不冤也。故曰「獄成而孚輸而孚」。隱六年《左傳》「鄭人來渝平」，更成也。《公羊》、《穀梁》「渝」作「輸」。《秦詛楚文》曰「變輸盟刺」，謂變渝也。是輸與渝通。《豫》上六曰「成有渝」，是渝與成相反。先言成而孚，後言渝而孚，取相反之義也。』戴鈞衡《書傳補商》：「『獄成而孚』，謂刑當其罪也。『輸而孚』，謂罰當其罪也。即緊承上『其刑其罰』言之。『輸』者，輸金入府之謂。」行甫按：當以王引之説爲是。「輸」與「成」相對爲言，當讀爲：「獄，成而孚；輸而孚。」謂「獄成而孚，獄輸而孚」也。蘇軾《書傳》解「輸」爲「不成」，雖非確詁，要知其義相反也。**其刑上備**■備，通「服」。章太炎曰：「《石經》古文《尚書》『臯服』作『臯葡』，《春秋》『叔服』作『叔葡』，則此『上備』即『上服』。蓋古文『上服』『下服』皆作『葡』，特此未改耳。」**有並兩刑**■有，又也。並兩刑，章太炎曰：「《唐律》：『諸二罪以上俱發，以重者論。』此文主『並兩刑』，即並輕刑於重刑中，論以上服，與《唐律》同。『並』者，如物入薪火然，非兩罪累加，亦非兩刑俱用也。《晉律》：『累作不過十一歲，累笞不過千二百。』此於笞、作可爾。周時肉刑，肉刑墨劓剕宫不可兼用，兼用者惟秦之具五刑耳。」行甫按：章説是也。「有並兩刑」，乃補充「其刑上葡（服）」也，因「並兩刑」而從重，故爲「其刑上服」。

此乃呂侯傳王命之第三節，言「祥刑」所當依賴的司法制度與司法程序、五刑處罰及赦免條例，以及按照「安百姓」、「嚴天威」之最高司法原則，根據具體案犯以及時世治亂之不同，採取輕重不同的量刑標準與處罰方式。此乃「祥刑」之核心内容。

【繹文】

王長嘘一口氣，提高嗓門大聲説：「來，好好聽我説吧！你們或者是畿外有國土的地方諸侯，或者是畿内有采地的貴戚大臣，我要給你們講講什麽叫作最好的司法制度。於今之計，你們要保護和教化百姓，保證社會秩序穩定，你們有很多事情要做，但當務之急是什麽呢？不就是選擇心地善良的人充任司法官員嗎？你們對於任何事情都得謹慎從事，但最該格外小心謹慎的方面是什麽呢？不就是司法用刑這個重要的事情嗎？人死不能復生，刑斷不可再續，有什麽事情值得我們大傷腦筋去反覆推究的呢？不就是在司法量刑殺人刑人的執法場所嗎？原告與被告以及相關的證人都一一出庭對簿，衆司法官長受理案件進行詳細的法庭調查，案發的時間、地點、涉案人員、案情經過，以及發案因由，所有這些與案情相關的證據以及雙方供詞，都要認真調查詢訊。所有證據和供詞，都必須嚴格審覈，每個環節都必須與案情經過相吻合，人證與物證皆能與事實絲絲入扣，確鑿無疑，這是定罪量刑的基礎。以犯罪事實爲依據，以五刑科條爲準繩，給予相應的定罪與量刑。案犯事實清楚，人證物證俱在，但是與五刑條例之量刑標準不相適合，或者説不夠五刑條例的量刑標準，僅僅是適合與五刑條例相關的處罰條例，那麽就應該根據五刑的處罰條例確定處罰的輕重。只有這樣，才既不會冤枉好人，也不會放縱壞人；既不會輕罪重刑，也不會輕刑重罰。如果案犯事由連五刑的處罰條例也夠不上，就只能作爲與五刑相關的過失行爲從輕發落。當然，根據五刑相關的過失行爲從輕發落，也會出現較多的流弊。這些流弊大致有以下幾個方面：或因案犯有官家背景，很有權勢；辦案人員懾於威權勢力，以過失論處而放縱罪犯。或是案犯先前有澤惠施人，辦案人員早年曾受其恩惠，此時欲行報答，故而按過失論處以包庇罪犯。或是由於家人女子裙帶姻屬關係，抹不開親人情面，因而從輕發落，以過失論處而豁免其罪。或是辦案人員收受犯人賄賂，因而貪贓枉法，以過失論處而開脱罪人。或是因多方說情，上下請託，干預司法，辦案人員頂不住多方壓力，於是睜隻眼閉隻眼，以過失論處而敷衍了事。雖然以過失論處，確有這些流弊，但是爲了不至枉殺無辜，在司法上有些漏洞和破綻也是在所難免的。當然，如果這類乘瑕蹈隙鑽法律空子的行爲一旦發現和敗露，辦案司法人員就要與主犯同罪了。對於這些司法程序以及量刑準則，甚至流弊的防範，都要認真審覈，不可粗心大意。五種肉刑如果擬議赦免，相關的五種處罰如果也考慮豁免，都必須仔細審覈，認真對待。審察覈實，就是要做到證據確鑿；做到證據確鑿，就必須從多方調查取證。多方調查取證，就要做到細緻入微，哪怕是蛛絲馬跡，也要仔細地詳加考覈甄別，不可有絲毫遺漏。沒有經過詳加考覈甄別的口供和證詞，便不能作爲證據加以採信。所有這些做法，都是恭敬地執行上天的威嚴與懲罰。

觸犯了墨刑的罪人，如果擬議赦免，則處以百鍰罰金，然後豁免開釋他刺面墨額的肉刑。觸犯了劓刑的罪人，如果考慮赦免，則處以二百鍰罰金，然後豁免開釋他截割鼻子的肉刑。觸犯了剕刑的罪人，如果打算赦免，則處以三百鍰以上四百鍰以下罰金，然後豁免開釋他削去腳趾的肉刑。觸犯了宮刑的罪人，如果擬議赦免，則處以六百鍰的罰金，然後豁免開釋他去勢或幽閉的肉刑。觸犯了大辟殺頭的死罪，如果擬議赦免，將處以一千鍰的罰金，然後豁免開釋他的死刑。墨刑的處罰條例有一千條，劓刑的處罰條例也有一千條，剕刑的處罰條例有五百條，宮刑的處罰條例有三百條，死刑的處罰條例有二百條，五種肉刑的處罰條例總共有三千條。

重罪輕罪的量刑過程，必須反覆比較覈實，不可發生絲毫差錯；未經覈實的口供與證詞，不可作爲量刑的依據。必須以事實爲根據，以法律爲準繩，應該根據犯罪事實與法律條文兩相比對，既不可罔顧客觀事實，也不可曲解科律條文。如果犯罪事實不夠判處較重一級的刑罰，也只能就鄰近的量刑標準從輕發落；如果犯罪事實超出從輕處罰的量刑標準，那麽就必須按照較重一級的刑罰條例從重判決。因此，量刑輕重與罰金多少，是可以根據犯罪的輕重程度有所變動的。這樣就不會出現倚輕倚重與濫入濫出的現象。此外，刑罰的輕重，還要隨時世的治亂而有所變通。太平無事之時，家給人足，人們不會輕易犯法，此時如果觸犯刑憲者，必是大姦大惡之人，因而必須重刑懲處；世亂年荒，人給不足，此時如有迫於生計而不幸觸犯律條者，就應當網開一面，刑罰從輕。這樣，在司法過程中雖然有量刑時輕時重標準不一的問題，但並不違背保護和教育百姓，執行天罰懲惡揚善的司法原則。因此，既要懂得刑罰世輕世重而有所權變，又要懂得司法的總體目標與總體原則，通權不離其本，達變不失其宗。知本末，識大體，也就懂得處以罰金的目的，並不是要置人於死地，而是爲了懲罰犯罪。當然，處以罰金，雖然豁免了死刑，保全了肢體，但罰金的沉重也足以使罪人陷入貧窮與困厄，同樣具有强大的威懾力量，同樣可以達到刑罰懲惡揚善的治安目的。不過，要使司法有效地達到威懾犯罪保護百姓的治安目的，發揮其懲惡揚善的教化功能，就不能任用那些巧舌如簧舞文弄法的姦佞之徒擔任司法官員。只有任用良善之人蔽訟斷獄，必須選用那些質樸謹厚安穩持重的善良之輩擔任司法官員，蔽訟斷獄，才可能悉心調查案情，公正合理地定罪量刑，才不至於出現枉判與濫罰的現象。他們對於原告和被告雙方的供詞和證言，就會公正無私地作出符合客觀實際的選擇，他們就會根據自己的良心和良知，正確地判斷這些供詞與證言的是與非，知道哪些是真實可信的，值得採信和聽從，哪些是企圖誤導法官的欺騙和謊言，應當排除和摒棄。用寬厚仁愛的同情惻隱之心斷訟決獄，詳細檢覈刑書，將犯罪事實與量刑標準及處罰條例兩相對照辨別，以期形成客觀公正的裁決。因此，無論是量刑還是處罰，都必須謹慎對待，審慎處理。最後結案，定罪量刑，必須事實清楚，證據確鑿，不留破綻，鐵案如山；如有變動，也應當理由充分，證據充足，令人心服口服，無懈可擊。那些多案並發的罪犯，要並輕從重，不可多罪並罰。罰不及死而困厄其生，既體現著法律的尊嚴及其懲戒意圖，也體現著宅心仁厚而哀矜勿喜的司法精神。』

王曰：『嗚呼，敬之哉，官伯族姓，朕言多懼！〔一〕朕敬于刑，有德惟刑。〔二〕今天相民，作配在下，明清于單辭。〔三〕民之亂，罔不中聽獄之兩辭，無或私家于獄之兩辭。〔四〕獄貨非寶，惟府辜，功報以庶尤。〔五〕永畏惟罰，非天不中，惟人在命。〔六〕天罰不極庶民，罔有令政在于天下。〔七〕』

王曰：『嗚呼，嗣孫！今往何監？非德于民之中尚明聽之哉！〔八〕哲人惟刑，無疆之辭，屬于五極，咸中有慶。〔九〕』『受王嘉師，監于茲祥刑。』〔一〇〕

【釋讀】

〔一〕**王曰嗚呼**■嗚呼，結上文而興嘆也。**敬之哉**■敬，謹也。之，指上述司法原則、司法程序及其司法行爲。**官伯族姓**■官伯，官長也。族姓，同族也。江聲《集注音疏》：『「官伯」，謂司政典獄也。「族姓」，伯父伯兄仲叔季弟幼子童孫也。遍呼而戒之。自此以下皆丁寧申戒之詞，則此所呼者，即上文所告語之人也。』**朕言多懼**■懼，畏也。行甫按：『朕言多懼』，當指聽者的感受，意即：我說的這些話，非常不好聽，讓人覺得過於嚴厲苛刻。一者，其言『非爾惟作天牧』，古之苗民『庶威奪貨』，『以亂無辜』；上帝即『降咎于苗』，『乃絕厥世』。折獄非良，必遭天譴，此乃前車之鑒也。二者，『告爾祥刑』，四言『其審克之』，反覆叮嚀，不啻耳提而面命。三者，『非佞折獄』，『惟良折獄』，『哀敬折獄』，一而再，再而三者，不過戒其『無簡不聽，具嚴天威』耳。此三者或爲其言『多懼』之事也。

〔二〕**朕敬于刑**■敬，《説文》：『肅也。』賈誼《新書·道術》：『接遇肅正謂之敬。』《禮記·少儀》『賓客主恭，祭祀主敬』，鄭玄注：『恭在貌也，而敬又在心。』行甫按：此『敬』字實合賈氏與鄭氏二義焉，謂臨刑之事恭敬嚴肅，不敢玩忽怠慢也。**有德惟刑**■有德，有德之人。惟，猶『乃』也。刑，猶言『主刑』也。枚《傳》：『我敬於刑，當使有德者惟典刑。』行甫按：枚說是也。『有德惟刑』即上文『惟良折獄』及『哀敬折獄』之意。江聲《集注音疏》曰：『有德於民，其惟刑乎？蓋德猶惠也，慎刑則民受其惠，故云然。』曾運乾《正讀》亦曰：『言有德於民惟此刑耳。慎刑則人被其德，濫刑則人蒙其禍，故不可不兢兢也。』然則輕徭薄賦，藏富於民，其『德』又不如『刑』耶？且增『於民』二字生解，亦增字解經之弊也。孫星衍知江氏之說未安，乃解『惟』爲『思』，曰：『有德者當思此祥刑。』猶不如枚《傳》之說切於經義也。行甫又按：『朕敬于刑，有德惟刑』者，解釋所以『朕言多懼』之故也。

〔三〕**今天相民**■今，猶『若』也，相當於順承連詞『而』也。相，《釋文》：『馬融：助也。』**作配在下**■作，爲也。配，猶今所謂『配合』也。在下，與『天』相對，謂『在人間』也。江聲《集注音疏》：『今天相助斯民，作之君以配在下，則承天以治民。』曾運乾《正讀》：『相，佐也，助也。配，與天地爲配也。猶言天生民而立君使司牧之也。』行甫按：江、曾二氏說是也，上文既曰『惟克天德，自作元命，配享在下』，又曰『非爾惟作天牧』，此與之相照應，故曰『今天相民，作配在下』也。**明清于單辭**■明，詳審也，明察也。清，猶上文『皇帝清問下民』之『清』，不帶絲毫主觀成見，無所偏私之謂也。呂祖謙《書説》：『曰「明」而復曰「清」，蓋篤敬之至，澄之又澄，表裏洞徹，然後能不待證佐而坐照其情也。』蔡《傳》：『明者，無一毫之蔽，清者，無一點之污，曰明曰清，誠敬篤至，表裏洞徹，無少私曲，然後能察其情也。』行甫按：呂氏、蔡氏涵詠經文，深得其旨矣，其説可從。單辭，孔穎達《書疏》：『謂一人獨言，未有與對之人，訟者多直己以曲彼，構辭以誣人。單辭特難聽，故言之也。』章太炎曰：『一面之辭也。今有缺席裁判，然須憑據足乃可。』行甫按：『單辭』與下文『兩辭』即『兩造之辭』相對，謂無證據無佐驗之單方面供辭。唯不帶主觀成見，無所偏私之典獄者，方可於無所佐證之辭以良知明其真僞曲直也。

〔四〕**民之亂**■之，猶『所以』也，説見吳昌瑩《經詞衍釋》。亂，《爾雅·釋詁》：『治也。』**罔不中聽獄之兩辭**■罔不，莫不也。中，正中也。行甫按：『中聽』者，與下文『私家』相對也，不偏聽之謂也。兩辭，上文『兩造具備，師聽五辭』，則『兩造』之『辭』，是謂『兩辭』也。**無或私家于獄之兩辭**■無或，猶言『沒有』也。私，偏私也。《韓非子·五蠹》：『自環者謂之私，背私謂之公。』《説文》：『厶，姦邪也。韓非曰：倉頡作字，自營爲厶。』是其義也。家，亦『偏私』之意也。《荀子·大略》『此家言邪學之所以惡儒者也』，楊倞注：『家言，謂偏見自成一家之言。』則『家』者，個人偏見之謂也。王充耘《讀書管見》：『私家者，偏有所主之謂也。蓋以私意而主於原告，則被告雖有理亦不肯聽矣；主於被告，則原告雖得實亦不肯信矣。如此則安得爲中？』行甫按：王氏之説是也，可從。『私家』乃同義複詞，偏私而不公之意，與上文『中聽』相反對。此三句意謂：民之所以治者，無非典獄者公正地聽取兩造之辭，無有偏聽偏信於原告或被告之任何一方也。

〔五〕**獄貨非寶**■貨，財物也。獄貨，蔡《傳》：『鬻獄而得貨也。』行甫按：『獄貨』者，賄賂典獄者之財貨也。寶，與『葆』同，謂『葆藏』也，與下文『府辜』之『府』字同義。**惟府辜**■惟，乃也。府，聚也，藏也。辜，罪也，過惡也。行甫按：舊讀『惟府辜功報以庶尤』句，非是。『惟府辜』者，補充『獄貨非寶』之意，謂貪贓枉法所得之財貨非可葆藏，不過聚藏罪惡而已。下文『功報以庶尤』乃言何以爲『府辜』之故也。**功報以庶尤**■功，《說文》：『以勞定國也。』《爾雅·釋詁》：『成也。』劉熙《釋名·釋言語》：『功，攻也，攻治之乃成也。』報，《說文》：『當罪人也。从㚔从𠬝，𠬝，服罪也。』行甫按：『功』者，『以勞定國』、『攻治之乃成』；是『有勞必有功』也。『報』者，『當罪人也』，是『有罪必有罰』也。其價值取向雖相反，其義則同爲『有因必有果』也。則『功報』也者，乃同義複詞，猶今所謂『後果』或『報應』之意也。故下文言『永畏惟罰，非天不中』、『天罰』有『極』也。庶，眾多也。尤，《說文》：『訧，罪也，从言尤聲。《周書》曰：「報以庶訧。」』段氏注：『《邶風》毛《傳》：「訧，過也。」亦作郵，《釋言》：「郵，過也。」亦作尤，《孟子》引《詩》「畜君何尤。」』行甫按：『功報以庶訧』，即『非寶』而『府辜』之意，謂反報之以諸多罪孽也。行甫又按：《說文》引《尚書》，句讀往往有與經文原旨不相合者，不可以『功』字屬上爲讀也。說見《酒誥》『盡執，拘以歸于周』釋讀。

〔六〕**永畏惟罰**■永，長也，久也。畏，有威而可畏也。惟，乃也，爲也。罰，《墨子·經上》及《經說上》：『上報下之罪也。』行甫按：下言『非天不中』，則『罰』者，猶言『天罰』也，下文曰『天罰不極庶民』者，是也。**非天不中**■中，應也，傷也。《禮記·月令》『律中太蔟』，鄭玄注：『中，猶應也。』《淮南子·原道》『好事者未嘗不中』，高誘注：『中，傷也。』行甫按：『非天不中』，猶言『非天不應』、『非天不傷』也，亦即『非天不罰』也。**惟人在命**■惟，猶『以』也。在，存也。命，猶言『偶然遭際』也。《荀子·正名》『節遇謂之命』，楊倞注：『當時所遇謂之命。』《淮南子·謬稱訓》：『命者，所遭於時也。』行甫按：『惟人在命』之『命』，猶《孟子·萬章上》『孔子進以禮，退以禮，得之不得曰「有命」』之『命』，亦即『節遇謂之命』、『命者，所遭於時』之『命』也，猶今所謂『偶然性』也。連上文意即：上天之罰永遠存在，其可畏之威永存；而末之罰者，『非天不應』、『非天不傷』也，乃因人之命運尚未遭其時也，但久後終必將遭之也。故下文曰『天罰不極庶民，罔有令政在于天下』也。此雖有『宿命論』傾向，但經義確乎如此，不必諱言也。而自來注者以『命』爲『教命』，於此數句經文皆不了。

〔七〕**天罰不極庶民**■天罰，猶言『上天之罰』也。極，至也，終也。《爾雅·釋詁》：『極，至也。』郝懿行《義疏》：『極，又竟也，窮也，終也。』《呂氏春秋·制樂》『焉知其極』，高誘注：『極，猶終也。』皆是其義也。庶民，謂衆多貪贓枉法之人也。**罔有令政在于天下**■罔有，無有。令，《爾雅·釋詁》：『善也。』政，治也。《淮南子·氾論訓》『聽天下之政』，高誘注：『政，治也。』是其義也。在，存也。行甫按：句意猶言：倘天之罰終久不至於衆多枉法之人，天下將無有良好之治安秩序存焉。此連上文，謂『天不容無令政在於天下』也，補足『天罰終至』之意。

〔八〕**王曰嗚呼嗣孫**■嗚呼，爲戒後世而興嘆。嗣孫，枚《傳》：『諸侯嗣世子孫，非一世。』孫星衍曰：『言嗣孫者，詔諸侯永戒其後嗣。』**今往何監**■今往，猶言自今而後也。監，察也。《說文》：『監，臨下也。』《國語·周語上》『使監謗者』，韋昭注：『監，察也。』是其義也。行甫按：此『監』字猶今所謂『監督』、『監察』之意。『今往何監』者，謂今而後當何所督察之也。**非德于民之中尚明聽之哉**■德，章太炎曰：『得也。』行甫按：章說是也。『德』與『得』古通用，『德』亦訓『得』，《釋名·釋言語》：『德，得也，得事宜也。』則『德』若『得』者，猶『宜』或『應當』也。《禮記·大學》『慮而後能得』，鄭玄注：『得，謂得事之宜也。』是其義也。于，猶『爲』也。民，即上文『民之亂』之『民』也。中，即上文『中聽』之『中』也，不偏不倚，無所偏私之謂也。行甫按：『德于民之中』者，猶『宜爲民之中』也，亦即『宜處於民之中』也。尚，庶幾，幸詞也，冀願之謂也。明，即上文『明清于單辭』之『明』，詳審也，明察也。聽，察也，聽獄也。行甫按：『非德于民之中尚明聽之哉』，乃以反詰應對上文『今往何監』之設問也。俞樾《平議》及劉起釪皆狃於上文『何擇非人』、『何敬非刑』、『何度非及』句式，讀『何監非德』爲句，且釋

『中』爲『獄訟之成』。屈萬里亦引《周禮·小司寇》『歲終，則令群士計獄弊訟，登中于天府』及《鄉士》『獄訟成，士師受中』之『中』，釋爲『案情』。然『中』既用鄭玄注，義爲『獄訟之成』，何以又『尚明聽之』邪？顯然於理不通。《周禮》之『中』，義爲『薄書』，猶言『案卷』或『卷宗』也。『登中』、『受中』，意即『登』或『受』獄訟結案之後之『卷宗』，猶今所謂『檔案』也。屈氏以爲『案情』，與所引《周禮》之『中』義不合，乃强爲之説也。此句實將上文『中聽獄之兩辭』之『中聽』二字分而言之而已，其語至爲平淺，無須過於深求也。二句意謂：自今而後，當何所督察邪？豈非宜處於兩造訟民之中以公正之立場力圖明聽其辭乎！句式乃一問一答，與上文『今爾何監？非時伯夷播刑之迪』完全相同。其語簡而意明，無非督察下級司法官員中正無私以聽獄耳。俞、劉諸家之説，誤矣！

〔九〕**哲人惟刑**■哲，王引之《經義述聞》：『當讀爲折，折之言制也。折人惟刑，言制民人者惟刑也。上文「制以刑」，《墨子·尚同》篇引作「折則刑」。上文「伯夷降典，折民惟刑」，《傳》曰：「伯夷下典禮，教民而斷以法。」《墨子·尚賢》篇引作「哲民惟刑」。折，正字也。哲，借字也。上文「哀敬折獄」，《困學紀聞》卷二引《尚書大傳》作「哀矜哲獄」。哲亦折之借字。「哲人惟刑」，猶云「折民惟刑」耳。』惟，猶『以』也。刑，猶『法』也。行甫按：『哲人惟刑』，猶言『制民人者惟以刑』也。**無疆之辭**■疆，境也。辭，即上文『師聽五辭』之『辭』，獄訟之辭，猶言『口供』也。行甫按：『無疆之辭』，謂獄訟之辭，浩如煙海，漫無邊際，無窮盡也，唯斷獄者善於抉擇也。**屬于五極**■屬，猶『付』也。朱駿聲《説文通訓定聲》：『屬爲付託委致之辭。』極，則也。猶『法則』、『準則』也。行甫按：『五極』，猶言『五刑條例』也。**咸中有慶**■咸，皆也。指『無疆之辭』也。中，公正也，中正也；亦爲『得當』也。行甫按：『咸中』，謂以『無疆之辭』付『屬』於『五極』即五刑條例，皆中正而得當也。有，猶『爲』也。慶，善也。行甫按：『有慶』乃描述『咸中』之謂語，意即無疆之辭皆公正得當地付屬於五刑條例乃爲善也。

〔一〇〕**受王嘉師**■受，接受也。嘉，善也。師，教也。《大戴禮記·保傅》：『師，導之教訓。』是其義也。行甫按：『受王嘉師』者，猶今所謂『接受王之英明教導』也。**監于茲祥刑**■監，本意爲以水照面，引申之猶言『對照』也。于，以也。茲，此也。祥，善也。行甫按：此二句乃呂侯傳達王言之後所附之語，與篇首『惟呂命：王享國百年，耄荒，度作刑，以詰四方』相照應，爲本篇結束語。意即：接受王的英明教導，以此正確的法律思想爲指導。

此乃呂侯傳達王言之最後一節，王述其『祥刑』而後分别告誡執政典獄之官及其繼嗣子孫：誡執政典獄，當『中聽獄之兩辭』，既不可偏袒任何一方，更不可獄以賄成。上天之罰，永遠懸在頭頂，不可不畏。告繼嗣子孫，自今而後，當督察獄官聽獄斷訟必須公正無私，案情多發，辭訟無盡，皆以五刑條例爲準則公正量刑，此爲國之大幸。最後呂侯要求在場百官群下，接受領會王的英明教導，按照這套公平合理的司法制度嚴格執行。

【繹文】

王不無慨嘆地繼續説：『唉——，在座各位執政典獄的官員們，以及各位有邦有土的同姓諸侯們，你們一定要小心謹慎呀！我的話説得很嚴厲，聽起來是很難接受的，但都是實話。我對於刑殺處罰這類血腥的事是非常嚴肅慎重的，死者不能復生，斷者不能再續。因此，我力圖任用謹厚有德的人擔任國家的司法官員，盡量避免誤用心術不正的姦佞之徒舞文弄法威虐百姓。而老天爺扶助天下之民，在人間建立各級各類官長以配合上天治理民衆，即使是對那些找不到直接證據而無從檢驗的單方面供辭，也能不帶任何主觀成見、無所偏私地憑其良知和良心，詳明地審辨其是非真僞。民風之所以純樸，社會之所以安定，無不因爲司法人員公正無私地聽獄斷案，無論是原告還是被告，不偏袒任何一方；也沒有人膽敢以一己之私偏袒包庇原告或被告。即使有人貪贓枉法，收受賄賂，聚斂錢財，但那些不義之財並不是真正的財富，而是聚集罪惡的淵藪和藏府，終將因貪贓作惡招來諸多報應。種瓜得瓜，種豆得豆，上天的懲罰是永遠懸在他們頭上的，雖然他們暫時還未得到上天的懲罰，但並不是上天不懲罰他們，而只是他們遭到懲罰的日子未到而已。上天如果最終不懲罰這些貪贓枉法之徒，溥天之下，絕對不會有安寧的社會秩序，良好的社會風氣！』

最後，王又大發感慨地說：『你們這些未來的繼位子孫們啊！自今往後應當重視哪個方面而加强督察呢？不就在於公正無私地站在中正的立場受理民間的種種訴訟，力圖明察他們的是非，公斷他們的曲直嗎？制裁犯罪，治理民人，端賴斷獄聽訟的法律手段。因此，那些無邊無際浩如煙海而各是其是的辭訟，都必須以五刑條例作爲依據，客觀公正地審斷其是非，給予正當合理的判決。只有這樣，才是真正的善舉。』

呂侯傳達王言完畢，最後對在場百官群下提出要求說：『我們要認真學習領會王的英明教導，就按照這個公平正義宅心仁厚的司法原則建立我們的司法制度吧。』

【後案】

本篇乃關於『法』的起源以及中國古代『成文法』的產生之較爲可信的早期文獻，雖然其敘述不免帶有相當濃厚的神話色彩，但仍然具有比較鮮明的邏輯理性。首先，所謂『法』，是爲懲罰與遏制社會犯罪而創立的。『蚩尤惟始作亂』的遠古傳說，交代了『法』之所起的邏輯前提。作者認爲，人類社會本是純樸有序的，最初的世界太平無事。可是突然有一個叫作蚩尤的人，擾亂了社會秩序，帶壞了社會風氣，以致一般平民也參與爲暴作惡。他們拉幫結夥，群起爲盜，打家劫舍，作姦犯科。世道陵夷，民風刁蠻，本應採取教化與疏導，培養與增進人類的道德理性；但苗人卻選擇了相反的方向，試圖通過酷虐的肉刑遏制犯罪，並且制定了系統的法律條文，使大肆殺戮合理化與程序化。從此，人類社會便有了稱之爲『法』的事物。

其次，本篇仍然以遠古神話爲背景論及『法』的變革。『法』之所以立，本在除暴安良，引人向善。但如果『法』的初衷只在刑殺，也會產生諸多流弊。其一，在司法過程中，難以準確把握犯罪事實與量刑標準之間的契合程度，以致刑罰出現倚輕倚重，有失公平；其二，士師獄吏可能貪贓枉法，以獄謀私，不免濫入濫出，有失公正；其三，道德與法律的邊界不甚明確，刑罰過酷過濫，以致刑不當刑，有失公允。而『法』的變革，可有兩種途徑。一是廢除苛濫酷虐之法，重建公平合理的司法制度，即本經所謂『伯夷降典，折民惟刑』及以大量篇幅所闡述的『祥刑』。二是以入金贖罪的方式盡量減少肉刑懲創，以保證罪人有自食自活的勞動能力，即本經所謂『五刑之疑有赦，五罰之疑有赦』。無論是重建公平合理的司法制度，還是處以罰金，減免肉刑，都與司法變革相關。

第三，司法人員的品德操守如果得不到有效保證，任何公正合理的司法體系，都會淪爲殺人的工具。即使建立了嚴格的監察制度，可以最大限度地克服司法人員貪贓枉法，但任何制度既不會是周全的，總會留下不少漏洞； 同時，任何制度也都是由人來操控的，無論制度如何周密健全，姦佞之徒，總能乘瑕蹈隙，鑽制度的空子。因此，司法人員公正無私與謹慎勤勉之操守與品質，對於司法目標的實現，其意義和作用是不言而喻的。也因此，所謂『有德惟刑』，正是本經最具現代意義的法學思想。雖歷祀千載，這一思想，在我們所處的當下社會，仍然閃耀著不可磨滅的德性之光輝。

如前所述，本篇關於『法』的起源以及古代『成文法』的產生，包裹在一個稱之爲『絕地天通』的神話傳說之中。但這一神話流傳到春秋末年，卻發生了重大改變。《國語・楚語下》載楚昭王問於觀射父曰：『《周書》所謂重黎實使天地不通者何也？若無然，民將能登天乎？』楚昭王所謂《周書》，正是本篇關於『皇帝哀矜庶戮之不辜，報虐以威，遏絕苗民，無世在下，乃命重黎絕地天通，罔有降格』之神話傳說。

楚昭王以爲，如果沒有重黎隔絕了天地的通道，那麼任何人都可登天。顯然這是不符本篇原意的。而觀射父又加解釋說，『古者民神不雜』，『民神異業，敬而不瀆』，『及少皞之衰也，九黎亂德，民神雜糅，不可方物； 夫人作享，家爲巫史，無有要質』，於是顓頊『乃命南正重司天以屬神，命火正黎司地以屬民，使復舊常，無相侵瀆，是謂絕地天通。其後三苗復九黎之德，堯復育重黎之後不忘舊者，使復典之。以至於夏商，故重黎氏世敘天地，而別其分主者也。』觀射父從民神分離的宗教改革角度，對『絕地天通』的神話作了新的解釋。但與楚昭王一樣，觀射父的解釋，仍然較本篇神話原旨相去甚遠。而後世說經者皆牽扯觀射父之語以解釋本篇之義，以『蚩尤爲九黎族君長』，又以『三苗』乃蚩尤之後相繼爲君者，謂蚩尤爲『三苗族先王』； 且誤以神話爲歷史，謂『三苗之族原在北方，殷亡以後才被迫遷到南方』，皆無稽之談。本篇釋讀，以經釋經，於此濫說，一皆不取。

文侯之命

【解題】

本篇乃周王朝策命文書，但策命之王，受策命之侯，其爲何人，自漢代以來，即有二説。《書序》曰：『平王錫晉文侯秬鬯圭瓚，作《文侯之命》。』枚《傳》云：『幽王爲犬戎所殺，平王立而東遷洛邑。晉文侯迎送安定之，故錫命焉。』孔穎達《書疏》引王肅曰：『幽王既滅，平王東遷，晉文侯、鄭武公夾輔王室，晉爲大國功重，故平王命爲侯伯。』司馬遷《史記·晉世家》與劉向《新序·善謀篇》以爲策命者爲周襄王，受策命者乃晉文公重耳。《晉世家》曰：『五月丁未，獻楚俘於周，駟介百乘，徒兵千。天子使王子虎命晉侯爲伯，賜大輅，彤弓矢百，玈弓矢千，秬鬯一卣，珪瓚，虎賁三百人。晉侯三辭，然後稽首受之。周作《晉文侯命》：「王若曰：父義和，丕顯文武，能慎明德，昭登於上，布聞在下，維時上帝集厥命于文武，恤朕身，繼予一人永其在位。」於是晉文公稱伯。癸亥，王子虎盟諸侯於王庭。』漢唐經師及兩宋與有明以前經師，多從《書序》及鄭、王；清及近代學者則多遵信史遷及《新序》。

至近人蔣善國乃以爲，文侯與文公各有命辭，而《文侯之命》與《文公之命》之本事不同，命詞內容也不相同。『《文侯之命》是周平王命晉文侯仇與鄭夾輔周室，原因是由于文侯輔平王遷都成周。《文公之命》是周襄王因晉文公重耳納王殺大叔，以安王室和聯齊秦，救宋以敗楚，賜他田地和彤弓矢虎賁等』。而『今傳《文侯之命》實是《文公之命》。文公受命共有三次』：『第一次在晉文公即位之時』，『《國語·周語》説「襄王使太宰文公及内史興賜晉文公命」，「太宰以王命命冕服，内史贊之，三命而後即冕服」』。『第二次在晉文公二年，因襄王避狄師，晉文公把襄王迎到王城，殺禍首大叔，賜文公陽樊等八邑』。『第三次在晉文公五年五月因晉文公敗楚獻俘，襄王命爲伯，賜大輅、彤弓矢、玈弓矢、秬鬯、珪瓚、虎賁』。『今本《尚書》裏的《文侯之命》跟《史記·晉世家》所載的命詞相同，是第二次命的原文』。因此，『實際説起來，《文侯之命》篇名存而詞亡；《文公之命》篇名亡而詞存（尚存第二次命和第三次命的原文）。秦季儒家整編《尚書》的時侯，删掉了《文侯之命》，用第二次《文公之命》來頂名《文侯之命》』。而司馬遷『作《史記·晉世家》，也把《文公之命》叫作《文侯之命》，不知原來另有一篇《文侯之命》』。

楊樹達《讀〈尚書·文侯之命〉》曰：《史記·晉世家》記晉侯燮以下有武侯寧旅至晉侯緡，凡十五世皆稱侯。『至曲沃武公滅晉侯緡，盡以其寶器賂獻周釐王，釐王命曲沃武公爲晉君，列爲諸侯，更號曰晉武公。』自是以後，君皆稱公。稱侯者既有武侯寧旅，復有武公；有成侯服人，復有成公黑臀；有厲侯福，復有厲公壽曼；有獻侯籍，復有獻公詭諸；有文侯仇，復有文公重耳；有昭侯伯，復有昭公夷；有孝侯平，復有孝公頎；有哀侯光，復有哀公驕。同是晉君，其號謚相襲者多至七君之衆，略不相避忌者，以公侯異稱，不虞其混也。用此證知前稱侯後稱公者，確是史家實録，否則不當複沓如此。夫晉既有文侯，復有文公，名書篇者無容不曉。若取文公之事題以文侯之名，自非病狂，殆不出此。』楊氏以晉君先稱侯而後稱公乃史家實録，無容公侯相混，則『秦季儒家整編《尚書》』者，當不至以

『第二次《文公之命》來頂名《文侯之命》』。

本篇周王呼受策者曰『父義和』，鄭玄以爲『義』通『儀』，『儀』與『仇』皆訓『匹』，乃文侯仇之字。《釋文》曰：『馬融云「能以義和諸侯」。義本作誼。』清人易順鼎以爲『義和』即『羲和』，乃方伯之稱；章太炎亦以爲即『羲和』，謂『晉文公爲方伯，故稱古官以尊之』。蔣善國引吴承志《讀文侯之命》，以爲『和』字乃『侯』字之誤寫，『義』是輔順討逆，因晉文公匡定王室，勞績甚大，獎稱作『義侯』。上述諸說，有是亦有非。篇中周王三呼『父義和』，應爲受策者之名，猶《毛公鼎》之『王若曰：父厝』及《師克盨蓋》之『王若曰：師克』也，而非今所謂『狀語加中心詞』之敘述語，因而馬融之說於文意不可通。若方伯之稱『羲和』，則『羲』可假爲『義』，不可通於『誼』，則一本『義』字無由寫作『誼』。至於以『義和』爲『義侯』之誤寫，則不僅臆說不足爲信，即使實爲『侯』字之誤寫，由楊樹達之說，則正當爲『文侯仇』而非『文公重耳』。鄭玄以爲『義和』乃文侯仇之字，其解說路徑雖是，但其釋文侯名字對應之義則大非。文侯之字，其取義不在『儀』與『仇』皆訓爲『匹』，而在『仇』與『和』之義相反。《左傳》桓公二年曰：『晉穆侯之夫人姜氏以條之役生大子，命之曰仇；其弟以千畝之戰生，命之曰成師。師服曰：「異哉，君之名子也！夫名以制義，義以出禮，禮以體政，政以正民，是以政成而民聽，易則生亂。嘉耦曰妃，怨耦曰仇，古之命也。今君命大子曰仇，弟曰成師，始兆亂矣，兄其替乎！」』則文侯名『仇』，乃『怨耦曰仇』之義，是故以『宜和』爲字。『義』者，『宜』也。『宜』與『誼』通，故一本字又寫作『誼』。是其字與其名，實相反爲義，猶孔門弟子曾點之字子晳、唐人韓愈之字退之也。晉文公名重耳，無由以『義和』爲字也。則蔣氏『原來另有一篇《文侯之命》』之說，不能成立。而史公抄錄本篇『王若曰：『父義和，丕顯文武』云云四十三字，以爲襄王命晉文公之辭，實爲張冠李戴。至於王引之《經義述聞》卷二十三《春秋名字解詁下》曰『古天子於諸侯無稱字者』，『或以義爲字，或以義和爲字，並當闕疑』，近人屈萬里《尚書集釋》引溫廷敬《〈文侯之命〉釋疑》曰：『王命諸侯，雖無稱字者，然或亦以仇名不美，改稱其字；如王於諸侯大夫稱字，又魯哀公於孔子誄詞亦稱尼父之例。』屈氏按語曰：『以仇既非嘉名，且文侯於平王有大功，故稱其字，以尊寵之，似甚合理。固不必泥於「古天子於諸侯無稱字者」之說也。』實則宋人林之奇早有此論。林氏《尚書全解》卷四十曰：『天子之於諸侯稱其名，正也。今稱其字，蓋尊之而不敢名也。漢高祖曰：「運籌帷幄之中，決勝千里之外，吾不如子房。」至於韓信、蕭何，皆名之，而特字稱子房，蓋尊之也。平王字稱文侯，亦猶是也。』是由『義和』乃文侯仇之字，知本篇決非策命重耳之辭。

屈萬里又曰：『本篇言「閔予小子嗣，造天丕愆」，明是王新即位而遭大難之辭。此與平王合，與襄王不合。』『昭公二十六年《左傳》「攜王姦命，諸侯替之而建王嗣」句下，《正義》引汲冢書《紀年》云：「平王奔西申，而立伯盤以爲大子，與幽王俱死于戲。先是，申侯、魯侯及許文公立平王於申，以本大子，故稱天王。幽王既死，而虢公翰又立王子余臣於攜，周二王並立。二十一年，攜王爲晉文公所殺；以非本適，故稱攜王。」伯盤，即伯服；《日知錄》卷二有說。晉文公之公，當作侯。二十一年，爲晉文侯二十一年，即周平王十一年。然則本篇蓋作於攜王被殺，平王既定於東都之時，其時當爲平王十一年也。』屈氏以《竹書紀年》證經文『閔予小子嗣，造天丕愆』，乃平王即位之初，『周二王並立』之事，其說确信無可疑者。司馬遷不見《竹書紀年》，不知平王即位之時有『二王並立』而晉文侯殺攜王余臣以定平王於東都，亦即《國語·鄭語》所謂『晉文侯於是乎定天子』之事，故誤以《文侯之命》乃周襄王策命晉文公重耳之辭。

至於本篇所以流傳於世，或者與晉文公重耳『繼文之業』而誅叔帶以定周襄王之位不無關係。《左傳》僖公二十八年載城濮之戰後晉文公獻楚俘於周，周襄王使鄭伯傅王『用平禮』，以醴享晉文公，命尹氏、王子虎及内史叔興父策命晉文公爲侯伯，賜大輅、弓矢、秬鬯、虎賁。杜預注：『以周平王享晉文侯仇之禮享晉侯。』其事在晉文公誅叔帶定襄王之位後三年。是本篇之流傳於世，不可謂與此事無關（事實上，《左傳》昭公三十二年周敬王欲晉人幫助克定王子朝之難，由富辰傳話於晉定公亦曰：『伯父若肆大惠，復二文之業，弛周室之憂，徼文、武之福，以固盟主，宣昭令名，則余一人有大願矣。』所謂『二文之業』，即晉文侯助平王克定攜王余臣，晉文公助襄王平定王子帶也）。或者史公竟因此而誤以本篇之流傳時代爲著作時代，致以《文侯之命》爲襄王策命晉文公之辭亦未可知。書缺有間，未敢懸揣。

王若曰：『父義和！〔二〕丕顯文武，克慎明德，昭升于上，敷聞在下。〔三〕惟時上帝集厥命于文王，亦惟先正克左右昭事厥辟，越小大謀猷，罔不率從，肆先祖懷在位。〔三〕

【釋讀】

〔一〕**王若曰**■王，周平王也。若，如此也。行甫按：『王若曰』，亦史臣記事之辭也。**父義和**■父，天子對同姓諸侯之稱。枚《傳》：『文侯同姓，故稱曰父。』《覲禮》：『同姓大國則曰伯父，其異姓則曰伯舅。同姓小邦則曰叔父，其異姓小邦則曰叔舅。』孔穎達《書疏》：『鄭玄《禮》注云：「稱之以父與舅，親親之辭。」晉文侯，唐叔之後，與王同姓，故稱曰父。《曲禮》：「天子謂二伯爲伯父伯舅。」計文侯爲侯伯，天子當呼爲伯父。此不云伯而直稱父者，尤親之也。』義和，枚《傳》：『字也，稱父者非一人，故以字別之。』孔穎達《書疏》：『《左傳》以文侯名仇，今呼曰「義和」，知是字也。天子於同姓諸侯皆呼爲父，稱父者非一人，若不稱其字，無以知是文侯，故以字別之。鄭玄讀「義」爲「儀」，儀、仇皆訓匹也，故名仇字儀。古人名字不可皆令相配，不必然也。』行甫按：枚氏以『義和』爲文侯之字，是也。鄭玄讀『義』爲『儀』，孔穎達又曰『古人名字不可皆令相配』，皆非也。《釋文》：『義，本作誼。』文侯之字當爲『宜和』，與『怨耦曰仇』之義相反。說見本篇【解題】。

〔二〕**丕顯文武**■丕，大也。顯，明也。文武，周文王與周武王。**克慎明德**■克，能也。《晉世家》作『能』。慎，謹也。明，勉也。德，猶言『德政』也，即施德惠於民之治國舉措。**昭升于上**■昭，明也。升，上聞也。《晉世家》作『登』。上，天帝也。**敷聞在下**■敷，布也，鋪也。《晉世家》作『布』。下，與『上』之『天帝』相對，猶言『人間』也。行甫按：史公以『升』之爲『登』，以『敷』之爲『布』，皆以訓詁釋本字，猶今所謂『今譯』也。

〔三〕**惟時上帝集厥命于文王**■惟，以也，因也。時，是也。指上文『丕顯文武，克慎明德』云云也。集，就也。厥，其也。命，天命也。**亦惟先正克左右昭事厥辟**■亦，也詞也。惟，以也，因也。正，長也。行甫按：『先正』，猶言『先王時諸官長』也。林之奇曰：『蓋周、召、太顛、閎夭、畢公之流。』是也。左右，動詞，猶言『佐佑』、『輔助』也。昭，章太炎曰：『應讀詔，相也，助也。』屈萬里曰：『義當如《君奭》「乃惟時昭文王」及「惟茲四人昭武王」之「昭」，輔助也。』行甫按：章氏、屈氏之說是也。『昭事』與『左右』爲近義詞，互相補充。『左右昭』

乃三字並列爲用，猶下文『耇壽俊』三字並列爲用也。枚《傳》釋『昭事』爲『明事』，非也。豈有『暗事』者乎？說之不通，明矣。事，猶『奉』也。厥，其也。辟，君也。**越小大謀猷**■越，猶『於』也。猷，亦『謀』也。行甫按：『謀猷』，同義複詞。**罔不率從**■罔，無也。率，《爾雅·釋詁》：『循也。』行甫按：『率』亦『從』也。『率從』，亦同義複詞。**肆先祖懷在位**■肆，《爾雅·釋詁》：『故也。』先祖，謂先王也。懷，安也。行甫按：此四句謂：『亦因先王之諸官長能輔助奉事其君王，於小大之謀猷，無不順循相從，故先祖乃安然在位也。』

此乃本策命之首節，言先祖文武，『克慎明德』，於是上帝成就了周邦文武之天命，也因先王諸臣能輔助其君，大小政令皆可執行無誤，是以先王乃安然在於其位而無虞也。

【繹文】

平王如此說：『伯父義和呀！我們偉大光明的文王和武王，能夠秉持臨事而敬的謹慎態度，努力推行德惠於民的治國舉措，其政績既顯揚上聞於天帝，也廣泛傳播於人間大地。正因如此，上帝便成就了文王的天命。當然，也正是因爲先王身邊那些大臣們勠力同心輔助事奉他們的君王，對於國家大大小小的施政計劃，無不盡力執行，所以先王才能安然在位。

嗚呼，閔予小子嗣，造天丕愆，殄資澤于下民，侵戎我國家，純即我御事，罔或耆壽俊在厥服，予則罔克。〔一〕曰惟祖惟父，其伊恤朕躬。嗚呼！有績予一人永綏在位。〔二〕

【釋讀】

〔一〕**嗚呼**■枚《傳》：「嘆而自痛傷也。」行甫按：此嘆乃爲下文起勢也。**閔予小子嗣**■閔，傷也。屈萬里曰：「猶今語可憐。」予小子，平王自稱也。嗣，繼也，謂繼承王位也。**造天丕愆**■造，遭也。丕，大也。愆，《説文》録其重文作「𡨦」。吳汝綸《尚書故》：「愆又作𡨦，與蹇通借，《易》：『蹇，難也。』」行甫按：吳氏之説是也。《列子・黄帝》「不聚不斂，而已無愆」，殷敬順《釋文》：「愆本又作𡨦。」是「造天大愆」猶言遭天降大難也。父死國破，二王並立，天下不寧，是其事也。**殄資澤于下民**■殄，《爾雅・釋詁》：「絶也。」資，財用也。《管子・入國》「使其知識故人受資於上」，尹知章注：「資，謂財用。」《淮南子・主術訓》「以爲民資」，高誘注：「資，用也。」澤，《孟子・公孫丑下》「則是干澤也」，趙岐注：「澤，禄也。」行甫按：《經籍籑詁補遺・陌韻》：「《孟子・公孫丑下》『則是干澤也』，《風俗通》作『則是干禄也』。」乃應氏以訓詁代本字也。「殄資澤于下民」者，謂於下民之資財生禄耗費殆盡而無餘也。《周本紀》曰：「又廢申后，去太子也。申侯怒，與繒、西夷犬戎攻幽王。幽王舉烽火徵兵，兵莫至。遂殺幽王驪山下，虜褒姒，盡取周賂而去。」是其事也。**侵戎我國家**■侵，犯也，傷也。《國語・楚語下》「無相侵瀆」，韋昭注：「侵，犯也。」《穀梁傳》襄公二十四年「五穀不升謂之大侵」，范寧注：「侵，傷。」戎，傷也，拔也。枚《傳》：「侵兵傷我國及卿大夫之家，禍甚大。」是枚氏訓「戎」爲「傷」也。《方言》卷三：「戎，拔也。自關而東江淮南楚之間或曰戎。」《廣雅・釋詁》：「戎，拔也。」錢繹《箋疏》：「某氏《大禹謨傳》云：『戎，謂伐惡。』《泰誓中》：『戎商必克』，是戎之訓拔，以除爲義，與『拂』同也。戎之訓又爲兵，以兵除惡謂之戎，猶以兵克邑謂之拔矣。《秦策二》云：『明日鼓之，以拔宜陽。』《呂氏春秋・慎行篇》云：『圍朱方，拔之。』是也。然則戎之訓拔，義可類推矣。」行甫按：「侵戎」二字亦近義複詞，猶今所謂「侵佔」之意，故枚氏乃以

『兵』釋『侵』，而以『傷』釋『戎』也。**純即我御事**■純，朱駿聲《古注便讀》：『屯也，難也。』行甫按：朱說是也。『純』與『屯』通，《召南・野有死麕》『白茅純束』，鄭《箋》：『純讀如屯。』《左傳》襄公十八年『執孫蒯于純留』，《漢書・地理志》引『純留』作『屯留』。是其例也。屈萬里《集釋》亦曰：『金文純字皆作屯，蓋屯即純之初文。此純字應讀爲屯。』《說文》：『屯，難也。象草木之初生，屯然而難。』是其義也。行甫又按：枚《傳》『純』字屬上讀作『侵戎我國家純』，解爲『禍甚大』。後世經師皆從其說。然枚氏析文破句，滅裂文法，不足爲訓，茲不取。即，至也，及也。《素問・氣交變大論》『其眚即也』，王冰注：『即，至也。』《周禮・喪祝》『及祖』，鄭司農曰：『所以即遠也。或謂及祖，至祖廟也。』賈公彥《疏》：『即，就也。』是『即』乃『及也』、『至也』、『就也』。我，我國家也。御事，治事之臣也。行甫按：『純即我御事』者，謂禍難及於我邦國治事之臣也。意即經喪亂而老成凋零，故下文曰『罔或耆壽俊在厥服』，言因喪亂侵伐，王室靡遺壽耉而無老成在職也。枚《傳》曰：『所以遇禍，即我治事之臣，無有耆宿壽考俊德在其服位。』是也。**罔或耆壽俊在厥服**■罔或，無有也。耆壽，年高老壽者。俊，孫詒讓《駢枝》：『當讀爲「駿」，《爾雅・釋詁》云：「駿，長也。」言我御事無有耆壽能長在其位者也。』行甫按：孫讀是也，然『駿長』之『長』，亦謂『年長』之『長』而非『官長』之『長』也。『耆壽俊』亦如上文『左右昭』，乃三字並列，皆謂德高望重之老成耆宿也。厥，其也。服，職位也。**予則罔克**■予，平王自謂也。則，猶『猶』也，說見吳昌瑩《經詞衍釋》。『猶』猶『均』也，說見王引之《經傳釋詞》。罔，不也。克，堪也，猶言『勝任』也。行甫按：『予則罔克』者，猶今所謂『我也同樣不能勝任』也。

〔一二〕**曰惟祖惟父**■曰，言也，謂也，爲也。行甫按：此『曰』字用法，乃俞樾《古書疑義舉例》所謂『一人之辭而加曰字』之一例，猶今語法教科書之所謂『插入語』：『這就是說——』。惟，以也，因也。祖、父，枚《傳》：『同姓諸侯，在我惟祖惟父列者。』孫星衍曰：『江氏聲以爲祖行父行之諸侯，或即謂祖禰在天之靈也。』行甫按：孫說是也，此或爲雙關語，言既以其祖禰在天之靈庇佑憂恤其子孫，亦因祖輩父輩諸侯勠力憂恤於王室也。**其伊恤朕躬**■其，猶『乃』也。伊，猶『惟』也，『惟』猶『爲』也。恤，憂也。朕，我也。躬，身也。《晉世家》作『朕身』，義同。行甫按：『朕躬』，猶今所謂『我本人』也。**嗚呼**■嘆其經『丕愆』歷喪難而有餘慶，亦心存感激也。**有績予一人永綏在位**■有，又也。績，《爾雅·釋詁》：『繼也。』綏，猶『安』也。《說文》：『車中把也。』段玉裁注：『《玉篇》作「車中靶也」，按「靶」是「把」非。靶者，轡也。轡在車前，而綏則繫於車中，御者執以授登車者，故別之曰車中靶也。郭璞注《子虛賦》曰：「綏，所執以登車。」《論語》曰：「升車必正立執綏。」周生烈曰：「正立執綏，所以爲安。」按引申爲凡安之稱。』行甫按：『綏』爲『執而登車之轡』，引申之則有援引、繼續之義。就『惟祖惟父』，『伊恤朕躬』言之，則此『綏』字乃有依賴、援引之義，又與『績』字爲『繼』之義相照應爲用也。《竹書紀年》曰：『伯盤與幽王俱死于戲。先是申侯及許文公立平王于申。幽王既死，而虢公翰又立王子余臣於攜。周二王並立。二十一年，攜王爲晉文公所殺。』則幽王死前，廢太子宜臼即由申侯、許公立爲王；幽王與伯服死後，虢公又立余臣爲王，於是『周二王並立』，平王之王位乃非正統矣。晉文侯殺余臣而後正其位，即此所謂『有績』、『永綏』之所指也。餘說參見本篇【後案】。

此乃本篇命辭之第二節，言平王自述其遭遇大難，父死國破，二王並立，王位懸於一線，恃祖禰之靈以及祖輩父輩諸侯鼎力，方能穩妥繼承王位而永不失墜。

【繹文】

平王撫今追昔，無比傷痛地嘆息著説：『唉——，可憐我在接替王位之際，遭到天降的極大不幸，國破家敗，財用匱乏，田地荒蕪，民生凋弊；犬戎攻伐國都，宗廟夷毁，大災大難更傷及我邦國治事之臣，年高德劭的老成持重之臣，大多在戰亂之中死於非命，以致滿朝之中，找不出一個老成耆宿的在位大臣。本王也才德有限，同樣難以勝任國事。在此危難之際，也就是説，幸賴先祖先父在天之靈的庇佑，也依有各位祖輩父輩侯伯的鼎力相助，體恤王室艱辛，爲本王分憂紓難。唉——，這才終於又使我繼續有此大命，永遠安然在於王位不致失墜。』

父義和，汝克昭乃顯祖，汝肇刑文武，用會紹乃辟，追孝于前文人。〔一〕汝多修，扞我于艱，若汝予嘉。〔二〕』

【釋讀】

〔一〕**父義和**■枚《傳》：『重稱字，親之；不稱名，尊之。』**汝克昭乃顯祖**■克，能也。昭，明也。乃，爾也，汝也。顯，《爾雅·釋詁》：『光也。』行甫按：『顯祖』，猶言『光輝的先祖』。句意謂：你能夠發揚光大你先祖的光輝品德。**汝肇刑文武**■肇刑，章太炎曰：『《釋言》：「肇，敏也。」《釋詁》：「刑，法也。」言敏於效法文武也。』行甫按：『肇』，猶『其』也；『其』，猶『如此』也。説見吳昌瑩《經詞衍釋》。殷周金文『肇』與『其』同義，或單用『肇』，或單用『其』，或『肇其』、『其肇』連用。『肇』或作『啓』，『其』或作『諆』。參見《無逸》『君子所其無逸』

釋讀。則此『肇』當兼有『其』與『敏』二字之義。**用會紹乃辟**■用，以也，目的連詞。會，合也，成也。《穀梁傳》莊公十四年：『會，事之成也。』是其義也。紹，續也。蔡《傳》：『會者，合之而使不離；紹者，繼之而使不絕。』行甫按：蔡說是也。『會』者，合諸侯以成王事也。『紹』者，正王位以繼統緒也。《竹書紀年》：『平王元年，王東徙洛邑。晉侯會衛侯、鄭伯、秦伯以師從王，入於成周。』是其事也。乃，爾也，汝也。辟，君也。枚《傳》：『汝君，平王自謂也。』**追孝于前文人**■追，猶言『繼承』也。孝，枚《傳》：『繼先祖之志爲孝。』前文人，已故先祖之尊稱。王樵《尚書日記》：『蓋平王失愛於父，流離顛沛，依託母家。父死於寇，國命中絕，文侯起定其難，而離者合，絕者繼也。是所以追孝於唐叔，言能繼其志也。』行甫按：王氏之說，乃發揮蔡《傳》『會紹』之意，是也。此四句於『繼承先祖拱衛王室之忠誠，以及光大先祖勤勞王事之美德』亦即『追孝』之思想高度（此乃其時佔支配地位之主流意識形態），肯定文侯定天子安王室之功。下文三句乃言具體之事。

〔二〕**汝多修**■修，與『脩』字互通，治也。《易・繫辭下》『損德之脩也』，鄭玄注：『脩，治也。』《禮記・月令》『命樂師脩鞀鞞鼓』，鄭玄注：『脩者，治其器物，習其事之言。』是其義也。枚《傳》據《周禮・司勳》『戰功曰多』，謂『言汝之功多甚修矣』。其說未安，蔡《傳》不從，而用蘇軾《書傳》之說，以『多』如字讀，以『完城郭，繕甲兵』之義解『修』字，曰：『汝多所修完，扞衛我於艱難。』孫詒讓又從枚說，乃於『多』字句，以『修』爲『攸』之借，屬下爲讀。于省吾謂枚《傳》、孫說並非，以爲『「修」應讀爲「休」，修、休同聲，《爾雅・釋詁》：「休，美也。」言汝多休美，扞衛我於艱難也。』行甫按：此『修』字並非抽象美德之稱，而是具體之『修治』或『修習』，鄭玄《月令注》『治其器物，習其事之言』，是此『修』字之義也，蔡《傳》以『修完』爲說，差爲得之矣。則『汝多修』者，謂『汝多才能，修習其事』，故能『扞我于艱』也。上文從『追孝前文人』之意識形態高度讚揚文侯之品德，此就才能武備之具體事功肯定文侯之勳績。**扞我于艱**■扞，《說文》：『𢼄，止也，从攴，旱聲。《周書》曰：「𢼄我于艱。」』段玉裁

《撰異》：『戢、扞古今字。《衆經音義》引《說文》「捍，止也」，又引《說文》「扞，止也」，蓋謂捍、扞皆即戢之別體字。《說文·手部》：「扞，忮也。」《莊子釋文》：「扞，抵也。」』行甫按：裴松之《三國志·魏書·武帝紀》注引《獻帝傳》載其詔書曰：『震迅神武，捍朕于艱難，獲保宗廟。』則『扞、戢、捍』字同，皆爲今所謂『捍衛』之義也。

若汝予嘉■若，如也。行甫按：『若汝』，猶今語所謂『像你這樣』，言其德能兼備，勤王有功也。嘉，《說文》：『美也。』《儀禮·覲禮》『予一人嘉之』，鄭玄注：『嘉之者，美之辭也。』行甫按：『嘉』猶今所謂『嘉獎』、『褒獎』之意也。

此乃本篇命辭之第三節。上節泛言先祖先父在天之靈的庇佑以及祖輩父輩諸侯之鼎力王室，此節具體褒獎文侯有『追孝』先祖之德亦有紓難王室之功。

【繹文】

王親切地呼喊著文侯的名字繼續說：『伯父義和啊，你既能夠發揚光大你的先祖唐叔的光輝品德，你又如此勤敏地效法學習文王和武王的文德與武功，因而召集會合諸侯拱衛王室，定天子之位，你這是繼承了你偉大先祖唐叔追隨文王與武王而忠誠王室的美好遺風。你才能超群，多習武備，抵禦戎寇，衛我邦家，定鼎成周，安寧天下。你的品德如此之高尚，你的功績如此之巨大，我當予以隆重嘉獎。』

王曰：「父義和，其歸，視爾師，寧爾邦。〔一〕用賚爾秬鬯一卣；彤弓一，彤矢百；盧弓一，盧矢百；馬四匹。〔二〕父往哉，柔遠能邇，惠康小民，無荒寧。〔三〕簡恤爾都，用成爾顯德。〔四〕」

【釋讀】

〔一〕**王曰父義和**■重呼其名，親之也。**其歸視爾師寧爾邦**■其，猶願詞之「寧」也。説見吴昌瑩《經詞衍釋》。歸，返其封國也。視，猶今所謂「照管」也。師，晉國勤王之師也。林之奇曰：「文侯以晉國之師出定王室之難，既成功，則以其師歸于晉，故其命之歸國也。」行甫按：林説是也。此爲平王命晉文侯率師歸國也。寧，猶「安」也。枚《傳》：「遣令還晉國，視汝衆，安汝國内上下。」《儀禮·覲禮》「伯父無事，歸寧乃邦」，鄭玄注：「寧，安也。乃，猶女也。」行甫按：枚《傳》之意，同鄭氏《禮注》，是也。

〔二〕**用賚爾秬鬯一卣**■用，以也，因也。賚，《説文》：「賜也。」秬，《説文》：「𪏰，黑黍也，一稃二米以釀，从鬯，矩聲。秬，𪏰或从禾。」鬯，《説文》：「以𪏰釀鬱艸，芬芳攸服以降神也。」行甫按：以黑黍所釀之酒，擣築鬱金香草和以煮之，取其芬芳條暢也。卣，中等盛酒之器，如犧象之形，故犧尊、象尊皆謂之卣。秬鬯盛以卣，故以卣計。枚《傳》：「當以錫命告其始祖，故賜鬯。」蔡《傳》：「諸侯受錫命當告其始祖，故賜鬯。」行甫按：秬鬯非可飲之酒，乃祭祀所用。王策命諸侯大臣，往往賜以秬鬯，歸以祭祀其先祖。參見《洛誥》「予以秬鬯二卣」釋讀及該篇【後案】。**彤弓一彤矢百盧弓一盧矢百馬四匹**■彤弓矢，弓箭塗爲赤色也。枚《傳》：「彤弓以講德習射，藏示子孫。」盧弓矢，弓箭塗爲黑色也。行甫按：枚氏曰「諸侯有大弓，賜弓矢然後專征伐」，又謂「彤弓以講德習射，藏示子孫」，不言盧弓矢之用，則諸侯征伐當用盧弓矢耶？ 馬四匹，枚《傳》：「馬供武用，四匹曰乘。侯伯之賜無常，以功大小爲度。」林之奇《尚書全解》：「馬四匹爲一乘，有馬四匹，則路車在焉。《詩》所謂「路車乘馬」是也。不言路車，亦猶言秬鬯一卣，不言圭瓚也。」陳喬樅《今文尚書經説考》：「『馬四匹』者，即大輅之服也。」行甫按：賜弓矢，即授權專行征伐也。賜車馬，謂授權隨從周王巡狩四方諸侯也。《虢季子白盤銘》言「孔加子白義」曰：「王賜乘馬，是用左王。賜用弓，彤矢其央；賜用戉，用政蠻方。」是賜車馬者，爲左右隨從於王；賜彤弓矢者，乃榮譽之象徵，即枚氏所謂「藏示子孫」也；賜斧鉞者，同於賜旅弓，以專行征伐也。

〔三〕**父往哉**■往，猶「歸」也。**柔遠能邇**■柔，《爾雅・釋詁》：「安也。」能，善也。邇，近也。行甫按：「遠」與「邇」或並非指地域之遠近，乃指血統之親疏。則「遠」者，異姓之國也。「邇」者，同姓諸侯也。參見《顧命》「柔遠能邇」釋讀。平王告誡文侯「柔遠能邇」，乃囑其善待兄弟之邦與異姓諸侯，無居功自傲，欺凌諸侯也。**惠康小民**■惠，愛也。康，安也。小民，即《呂刑》之「百姓」、「平民」也。**無荒寧**■荒，逸樂無厭而殆廢政事也。《管子・戒》：「從樂而不反者，謂之荒。」《逸周書・謚法》：「好樂怠政曰荒。」《孟子・梁惠王下》：「從獸無厭謂之荒。」皆是其義也。寧，安逸也。行甫按：「荒寧」猶言「荒怠政事，貪圖逸樂」也。

〔四〕**簡恤爾都**■簡，章太炎曰：「即「簡在帝心」之簡，字正作「簡」」。《説文》：「簡，存也。」簡恤猶今言存恤矣。《三體石經》作柬，亦簡之借。據敦煌石室所得《經典釋文》，「簡而無傲」作「柬而亡奡」；則知枚姚《尚書》簡字并依《石經》作「柬」。」行甫按：章説是也。《說文》：「簡，簡簡，在也。从心，簡省聲，讀若簡。」徐鍇《繫傳》：「簡，存也。从心簡省聲。讀若簡。臣鍇曰：若《尚書》云「簡在上帝之心」。」是「簡」通「簡」也。《說文》：「存，恤問也。」則「簡」與「恤」乃近義複詞，「簡」謂「存問」、「恤問」；「恤」謂「憂恤」、「體恤」。都，國也。行甫按：此「都」乃「邦國」之代稱。《呂氏春秋・孟夏》「無伏于都」，高誘注：「都，國也。」是其例也。**用成爾**

顯德■用，以也。成，成就也。顯，光明也。德，指邦國治理之舉措及其成效，亦指國君之政治智慧。

此乃本篇命辭之最後一節，言平王遣令晉文侯歸國安邦治民，並賞賜秬鬯、弓矢、車馬，命其祀先祖，專征伐，從王行，顯榮其先祖，善待遠近諸侯。

【繹文】

平王繼續說：『伯父義和呀，希望你就此率領你的晉國軍卒回到晉國去，要好好善待這些勤王之師，鞏固安定你的國家。因而賞賜你秬鬯一卣，回到你的封國，將你的顯赫事功祭告於你的先祖；賞賜你赤色弓一把，赤色箭百支，用以教導子孫尚武習射，切磋德藝；黑色弓一把，黑色箭百支，用以征討蠻夷戎寇，捍衛王室；賞賜你車馬一乘，用以左右君王，輔助王政，巡視四方。伯父，請回吧！好好善待兄弟之國以及異姓之邦，愛護百姓，讓他們安居樂業。也不要貪圖逸樂，不恤政事。要憂念關懷撫恤你的國家和民眾，這樣，你的邦國治理才能顯出非凡的成效，也才能成就你光輝的政治品德與治理智慧。』

【後案】

歷來經師對本篇命書頗有微辭，蘇軾《書傳》曰：

予讀《文侯》篇，知東周之不復興也。宗周傾覆，禍敗極矣！平王宜若衛文公、越句踐，然今其書乃施施焉，與平康之世無異。《春秋傳》曰：『厲王之禍，諸侯釋位以間王政，宣王有志而後效官。』讀《文侯》之篇，知平王之無志也。唐德宗奉天之難，陸贄爲作制書，武夫悍卒，皆爲出涕。唐是以復興。嗚呼！平王獨無此臣哉！

清代《欽定書經傳説彙纂》引張氏九成曰：

文侯，平王腹心之臣也。當如周公留相朝廷，而俟其子如伯禽，與之圖復國讎可也。乃使之『歸視爾師寧爾邦』，其志可知。可謂不知輕重者矣。

又引呂祖謙曰：

東遷之初，大讎未報，王略未復，正君臣卧薪嘗膽之秋也。奔亡之餘，僅得苟安，乃釋然遽自以爲足，曰『歸視爾師寧爾邦』，兵已罷矣。曰『用賚爾秬鬯一卣，彤弓一彤矢百，盧弓一盧矢百，馬四匹』，功已報矣。曰『往哉，柔遠能邇，惠康小民，無荒寧』，告以平世之政，軍旅不復講矣。曰『簡恤爾都』，勉以本邦之治，王室無復事矣。嗚呼，周其終於東平！

董鼎《書傳輯録纂注》曰：

方當戡亂之際而使之歸，方當圖治之時而遣之往，賚以秬鬯，錫以弓馬，果何謂哉！

蘇氏文人，喜論藝文，以爲此篇氣格卑下，難以鼓舞鬥志，是以東周終無復興之象。而張氏、呂氏、董氏之説，皆以爲平王在用人圖治之際，不當令文侯率師歸國。

至清儒顧炎武則又有一番議論。顧氏曰：

《竹書紀年》：幽王三年，嬖褒姒。五年，王世子宜臼出奔申。八年，王立褒姒之子伯盤（古「服」字與「盤」字相似而誤）爲太子。九年，申侯聘西戎及鄫。十年，王師伐申。十一年，申人、鄫人及犬戎入[宗]周，弒王及王子伯盤。申侯、魯侯、許男、鄭子立宜臼于申，虢公翰立王子余臣于攜。周二王並立。平王元年，王東徙雒邑。晉侯會衛侯、鄭伯、秦伯，以師從王入于成周。二十一年，晉文侯殺王子余臣于攜。然則《文侯之命》，報其立己之功，而望之以殺攜王之效也。鄭公子蘭之從晉文公而東也，請無與圍鄭，晉人許之。今平王既立于申，自申遷于雒邑，而復使周人爲之戍申（《竹書紀年》：平王三十三年，楚人侵申。三十六年，王人戍申）。則申侯之伐，幽王之弒，不可謂非出于平王之志者矣。當日諸侯但知其冢嗣爲當立，而不察其與聞乎弒爲可誅，虢公之立王子余臣，或有見乎此也。自文侯用師，替攜王以除其逼，而平王之位定矣。後之人徒以成敗論，而不察其故，遂謂平王能繼文武之緒，而異其棄岐豐七百里之地，豈爲能得當日之情者哉！孔子生于二百年以後，蓋有所不忍言，而錄《文侯之命》于《書》，錄《揚之水》之篇于《詩》，其旨微矣（《葛藟・詩序》謂平王棄其九族，似未可盡非。《古今人表》以平王、申侯與幽王、褒姒、虢石父同列下下）。《傳》言『平王東遷』，蓋周之臣子美其名爾，綜其實不然。凡言遷者，自彼而之此之辭，盤庚遷于殷是也。幽王之亡宗廟社稷，以及典章文物蕩然皆盡，鎬京之地已爲西戎所有。平王乃自申東保于雒，天子之國與諸侯無異，而又有攜王與之頡頏，並爲人主者二十年，其得存周之祀幸矣，而望其中興哉！

顧氏的問題意識，顯然來自宋明儒者之論。因而顧氏的討論重點，亦在『平王之志』。顧氏似乎間接回應了蘇氏文體氣格卑弱之説。本篇命辭所以不能如唐陸贄之制書，令武夫悍卒，盡爲出涕，並非史筆無文，不達王心，而是平王另有隱曲深衷。

顧氏排比《竹書紀年》相關材料，認爲申侯聯合鄫侯與西夷犬戎相内外，以攻殺幽王及伯服之預謀，平王宜曰不可能不知其事，甚至所有殺逆行爲，皆由平王導演而成。是以顧氏曰：『申侯之伐，幽王之弑，不可謂不出于平王之志。』事後，楚人攻申，平王派王師戍申，亦如鄭公子蘭從晉文公而東略，請無與圍鄭，乃圖報故國之舉。王人戍申，亦爲平王報達申侯篡弑擁立之恩。則平王不無弑君父而自立之嫌。此其一也。

其二，晉文侯殺王子余臣以定平王之位，有立己之功，但殺其弟王子余臣，亦是以『貳王』弑『正君』，故晉文侯弑攜王，亦爲篡弑。其招致衆怒，陷平王於不義，其事或然也。顧氏曰：『《文侯之命》，報其立己之功，而望之以殺攜王之效也。』所謂『望』其『殺攜王之效』，謂怨忿晉文侯殺攜王之不良後果也。此所以平王不僅不能如成王之留周公以相朝廷而侯伯禽以圖中興，反而事成之後，即遣返晉文侯歸治本邦，不復重用之故。

其三，顧氏認爲，經傳所謂『平王東遷』，不過『周之臣子美其名』而已，究其實，周之宗廟丘虚，典章文物蕩然無存，鎬京之地盡爲西戎所有，平王不過由申國自保於洛邑，天子之國與諸侯無異。則平王既無力重整西周成康之雄風，即宣王中興之大業，亦不能窺其項背，只好苟且偷安，得過且過而已。則所謂『平王之志』，已無從言之矣。事既如此，則留晉文侯於帝都，亦復何用？此之所以平王不得不冠冕堂皇地打發文侯歸國而已。

其四，由《竹書紀年》所載，平王太子身份既於幽王生前已廢，則平王繼位已無合法性，而號公翰所立之王子余臣，乃於現太子伯服死後即位，正是應命天子，符合當時之禮法程序，今之所謂程序法者，是其事也。此所以攜王能與平王相頡頏，並爲天子二十餘年者，實乃平王於禮法道義未佔優勢之關鍵，亦是平王無力中興的根本障礙。雖然晉文侯爲其掃平了這一障礙，但平王內心也自知理虧。晉文侯雖立已有功，也不便大事張揚，否則於平王、於文侯皆有所不利。此所以平王遣令晉文侯歸國，而晉文侯亦不戀棧，竟欣然而歸之深層原因。而且，此亦爲爾後周之臣子於『二王並立』之事緘口不言之根本原因。然而，權力所在即爲政治正確，歷史照舊前行；且成事不說，遂事不諫，臣子永遠爲世君時主歌其功、頌其德，文其過、飾其非，顧氏之所謂『周之臣子美其名』而已。幸有汲冢《竹書紀年》之再見天光；亦有顧寧人氏之吹其毛羽，露其瘢痕，否則，此事將永遠沉埋在歷史的煙塵迷霧之中。

要之，平王東遷與晉文侯殺王子余臣，以及平王遣令晉文侯歸治本邦，確是值得鑽味深思的經史之謎。由此可知，今文《尚书》中如《召誥》、《盤庚》以及《康誥》四十八字等与營洛及遷都相關的檔案文獻，皆大可能流傳於平王定都洛邑之後，其意正在爲平王的王位正統作歷史辯護而已。

費誓

【解題】

《史記·魯周公世家》：『伯禽即位之後，有管、蔡等反也，淮夷、徐戎亦並興反，於是伯禽率師伐之於肸，作《肸誓》。』裴駰《集解》：『徐廣曰：肸，一作「鮮」，一作「獮」。駰案：《尚書》作「柴」。』司馬貞《索隱》：『《尚書》作「費誓」。徐廣云一作「鮮」，一作「獮」。按：《尚書大傳》見作「鮮誓」，「鮮誓」即「肸誓」，古今字異，義亦變也。鮮，獮也。言於肸地誓衆，因行獮田之禮，以取鮮而祭，故字或作「鮮」，或作「獮」。孔安國云「費，魯東郊地名」，即魯卿季氏之費邑也。』

《說文》：『柴，惡米也，从米，比聲。《周書》有《柴誓》。』段玉裁注：『《尚書·柴誓》即今所用衛包妄改本之《費誓》也。《周禮》、《禮記·曾子問》鄭注皆云「柴誓」，裴駰、司馬貞注《史記》，皆云「《尚書》作柴」。司馬貞當開元時，衛包本猶未行。至包改作「費」，至宋開寶，陳諤乃將《尚書音義》之「柴」改「費」。學者莫知古本矣。貞之改「柴」爲「費」也，直謂「柴」即季氏費邑，不知漢費縣故城在兖州府費縣西北二十里，去曲阜且三百里。《柴誓》全篇乃初出師時語，未必遠在今費縣。』段玉裁《撰異》：『「鮮」音一讀如「斯」；「獮」，古音如「徙」，故與「肸」音近。蓋許、鄭從古文《尚書》作「柴」，《史記》用今文《尚書》也。』

《書序》：『魯侯伯禽宅曲阜，徐夷並興，東郊不開，作《費誓》。』枚《傳》曰：『魯侯征之，於費地而誓衆也。』又曰：『費，魯東郊之地名。』孔穎達《書疏》：『《甘誓》、《牧誓》皆至戰地而誓，知費非戰地者，東郊不開，則戎夷去魯近矣。此誓令其治兵器、具糗糧，則是未出魯境，故知費是魯東郊地名，非戰處也。』王鳴盛《尚書後案》曰：『考「粊」本地名，作「肸」作「鮮」作「獮」，皆非。司馬貞又强爲之說，並謬也。《說文》卷七上米部「粊」字注云：「惡米也，从米，比聲。《周書》有《粊誓》。」《廣韻》、《五經文字》略同。此古義也。「粊」爲魯東郊地，則應在今曲阜縣，而已無考。唐人改爲「費」，考春秋之初，費自爲國。隱元年《左傳》云：「費伯帥師城郎。」後並于魯爲季氏邑。僖元年《左傳》：「公賜季友汶陽之田及費。」是也。漢爲縣，屬東海郡，故城在今兗州府費縣西北二十里，去曲阜且三百里。後人疑作誓之地即在此，皆非也。』

近人楊筠如《尚書覈詁》及屈萬里《尚書集釋》以及蔣善國《尚書綜述》皆採余永梁說，以爲本篇乃魯僖公時作品，非西周初伯禽誓師之作。將王鳴盛、段玉裁之關於『費』地之考證材料反其意而用之，謂『費未並入魯之前，魯公自不應誓師於其地；今既誓於費，知此時費已並於魯。亦可知此誓之作，不當前於魯僖公也』（屈萬里說）。然余氏舍『粊』而就『費』，以唐人所改之字爲據立說，與文獻學與史料學的基本原則背道而馳，其說決不可信。

枚《傳》云：『諸侯之事而連帝王，孔子序書，以魯有治戎征討之備，秦有悔過自誓之戒，是爲世法，故錄以備王事，猶《詩》錄商、魯之《頌》。』近人蔣善國《尚書綜述》更曰：『漢代伏生所傳二十九篇，除王室文獻外，只有《費誓》和《秦誓》兩篇。《費誓》系魯國文獻，魯國是周朝開國時所封第一個國家，因爲周公是周朝開國的元勳。收入《秦誓》，列於二十九篇之末，是表示秦繼周朝的正統。這不但是以秦繼周的表現，並且是《尚書》在秦末編定的鐵證。』枚與蔣，雖説之不同，均涉及本篇所以流傳與《尚書》最後整編之關係。但整編必須以流傳爲其前提，而其流傳或當另有原因。《魯頌・閟宮》稱頌魯僖公之所謂『奄有龜蒙，遂荒大東。至于海邦，淮夷來同。莫不率從，魯侯之功。保有鳧繹，遂荒徐宅，至于海邦，淮夷蠻貊。及彼南夷，莫不率從。莫敢不諾，魯侯是若。』應當是本篇所以流傳之背景。然則余永粱以及楊氏、屈氏、蔣氏皆誤以本篇之流傳時代爲著作時代也。

公曰：『嗟，人無譁，聽命！〔一〕徂茲淮夷、徐戎並興，善敹乃甲胄，敿乃干，無敢不弔。〔二〕備乃弓矢，鍛乃戈矛，礪乃鋒刃，無敢不善。〔三〕

【釋讀】

〔一〕**公曰嗟人無譁聽命**■公，伯禽也。嗟，敦促聽衆注意之呼語，非嘆詞。人，孔穎達《書疏》引鄭玄云：『謂軍之士衆，及費地之民。』行甫按：鄉遂之制，軍亦是民，民亦是軍也。而此『誓』並非專對費地之民，乃魯國三鄉三遂所有軍士與民衆也。參見本篇【後案】。譁，喧譁。命，令也。

〔二〕**徂茲淮夷徐戎並興**■徂，章太炎曰：『徂古與且同，《詩・載芟》「匪且有且」，毛《傳》：「且，此也。」此，今也。』于省吾曰：『「徂」即「虘」，亦作「叡」，語詞。《小臣謎毁》：「叡東夷大反，伯懋父以殷八師征東夷。」上句與此文例略同。下句言「征」，可證「徂」之不訓「往征」也。』楊筠如曰：『「徂」、「茲」二字同義。字通作

「𠭊」，「𠭊」亦「兹」也。』行甫按：章、楊二氏說，是也。『徂』、『且』、『䖒』、『𠭊』音同義通，意即『此也』、『今也』。《小臣謰毁》『𠭊東夷大反』，猶言『今此東夷大反』也。上古書寫材料繁難，無容多書廢話。語詞之說，實荒謬無理。淮夷，淮水下游一帶少數族群。徐戎，古代徐州一帶少數族群。興，起也。**善敹乃甲胄**■敹，《說文》：『擇也，从攴寀。《周書》曰：「敹乃甲胄。」』孔穎達《書疏》引鄭玄云：『敹，謂穿徹之，謂甲繩有斷絕當使敹理穿治之。』章太炎曰：『鄭注：「敹謂穿徹之。」《釋文》：「敹，了彫反。」今通謂衣有綻裂，以一鍼貫連之，曰紕一鍼，曰紩一鍼，亦曰敹一鍼。凡非綻裂而粗率縫之，亦曰敹。敹，通語也。』行甫按：章說是也。吾鄉、山東等地亦有『敹一鍼』之說。枚《傳》從《說文》訓爲『簡擇』之『簡』，非也。『簡擇』之『敹』似乎無須以『善』修飾。蔡《傳》曰：『敹，縫完也。縫完其甲胄，勿使斷毁。』王先謙《孔傳參正》曰：『甲胄皆以革爲之，穿徹謂縫綴也。』皆是也。乃，爾也，汝也。猶言『你們的』。甲胄，鎧甲與頭盔。《周禮·夏官·序官》『司甲』，鄭玄注：『甲，今之鎧也。』賈公彦《疏》：『今古用物不同，其名亦異。古用皮謂之甲，今用金謂之鎧，從金爲字也。』胄，《說文》『冃部』：『兜鍪也，从冃，由聲。䩜，《司馬法》：「胄从革。」』段玉裁注：『兜部兜下曰：「兜鍪，首鎧也。」按古謂之胄，漢謂之兜鍪，今謂之盔。』**敿乃干**■敿，《說文》：『敿，繫連也。从攴，喬聲。《周書》曰：「敿乃干。」讀若矯。』段玉裁注：『繫當作系，《柴誓》某氏注云：「施汝盾紛。」王云：「敿盾當有紛繫持之。」鄭云：「敿，猶繫也。」按鄭云「猶」者，鄭意「敿」是矯拂之稱，矯之而後繫之，非一事也。敿不訓繫，故云「猶」。許云「繫連」者，謂繫而連之。《秦風》「龍盾之合」，毛云：「合而載之。」《左傳》：「齊子淵捷從泄聲子，射之，中盾瓦。繇朐汰輈，匕入者三寸。」詳《傳》文，盾正蔽車前，必聯合之以爲車蔽。故云繫連。凡字有專釋經者，敹、敿是也。』干，盾也。行甫按：段氏之說當是也。『敿乃干』者，猶言繫屬爾等車前之盾也。**無敢不弔**■弔，淑也，善也。

〔三〕**備乃弓矢**■備，猶今所謂『準備』也。孔穎達《書疏》：『備訓具也。每弓百矢，弓十矢千，使其數備，足令弓調矢利。案《毛傳》云：「五十矢爲束。」或臨戰用五十矢爲束。』行甫按：『備』訓『具』者，猶今言『準備充足』也。**鍛乃戈矛礪乃鋒刃無敢不善**■鍛，將舊金屬器具再度錘打淬火使其鋒利如新。礪，磨礪也。鋒刃，戈矛之鋒刃也。孔穎達《書疏》：『凡金爲兵器，皆須鍛礪。有刃之兵，非獨戈矛而已，云鍛鍊戈矛，磨礪鋒刃，令其文互相通稱。』行甫按：『鍛乃戈矛，礪爾鋒刃』者，其事相因也。先將舊金屬器具重新錘打淬火，然後再行磨礪使之更其鋒利也。無敢不善，與上文『無敢不弔』其義從同。

此乃本誓第一節，言即將對淮夷徐戎宣戰，令郊遂軍民修繕甲冑，繫合車盾；多多準備弓矢，磨礪兵器，充分作好戰鬥準備。

【繹文】

魯公伯禽說：『唉——，三軍中各位將士們，以及三鄉三遂所有居民們，請你們安靜下來，聽我給你們發佈戰爭動員令！現在，這些居住在淮水下游一帶的夷族人以及居住在徐地的那些戎族人，他們已經聯合起來要向我們發起進攻了。你們要好好地修繕你們的鎧甲與頭盔，捆綁繫屬好你們車前的盾牌，要認真準備，決不允許你們敷衍塞責，草草了事！你們還要準備充足的弓箭，將你們的戈矛重新發刃，磨礪得更加鋒利，必須做到弓調矢利，戈矛快捷，決不允許弓馳箭緩，戈矛遲鈍！

今惟淫舍牿牛馬，杜乃擭，斂乃穽，無敢傷牿；牿之傷，汝則有常刑。〔二〕馬牛其風，臣妾逋逃，勿敢越逐，祗復之，我商賚爾；乃越逐不復，汝則有常刑。〔二〕無敢寇攘，踰垣牆，竊馬牛，誘臣妾，汝則有常刑。〔三〕

【釋讀】

〔一〕**今惟淫舍牿牛馬**■今，此也。惟，以也，因也。淫，《爾雅·釋詁》：『大也。』舍，猶『捨』也。《爾雅·釋詁》『廢，舍也。』郭璞注：『舍，放置。』郝懿行《義疏》：『舍有二義，亦有二音。其音書冶切者，舍即捨之假借。《說文》：「捨，釋也。釋，解也。」經典捨俱作舍。故《詩·行葦》箋及《周禮·司圜》注，舍俱訓釋。舍釋雙聲，古字通用。《鄉飲酒禮》及《大射儀》注並云：「古文釋爲舍。」』行甫按：郝氏説是也。此『舍』字與『牿』字義相反，即音『書冶切』之『捨』，謂打開牢圈，令牛馬出欄放牧於野外也。孔穎達《書疏》曰：『養牛馬之處謂之牢閑，牢閑是周衛之名也。此言大舍牿牛馬，則是出之牢閑，牧於野澤，令其逐草而牧之。』孔說是也。牿，《說文》：『牛馬牢也，从牛告聲。《周書》曰：「今惟牿牛馬。」』孔穎達《書疏》：『鄭玄以爲牿爲梏梏之梏，施梏於牛馬之腳，使不得走失。』行甫按：當以許君說爲是。牛馬既繫於牢圈之中，則無須再行梏其腳也。**杜乃擭**■杜，《說文》：『𢾽，閉也，从攴度聲，讀若杜。』章太炎曰：『《書》言「杜乃擭」，《大雅》「度之薨薨」，《韓詩》說：「度，填也。」度即𢾽字。《晉語》「狐突杜門不出」，賈侍中云：「杜，塞也。」塞門者，若《吳志》云：「孫權恨張昭，土塞其門。昭又於內以土封之。」是也。今浙江謂垛積木石以塞門曰𢾽門，音待陌切。凡防堵、堵塞諸語，通字當作「杜」，本字當作「𢾽」。』乃，爾也，汝也。孔穎達《書疏》：『言軍人所在，必須放牧。此告軍旁之民也。』王夫之《稗疏》曰：『乃誓者，涖衆于行間之詞也，故前云「嗟，人無譁」，則其爲面命可知。則亦使閑牧牛馬者自杜斂之也。不然，牧人不謹，使馬牛罹傷，而獨罪居民，非法之允也。』行甫按：王氏之所致疑者，孔氏之説雖可解其惑，然尤有未備。周代鄉遂之制，本軍民一體，平時爲編户之民，戰時爲行伍之卒，無所謂『軍旁之民』也。説見楊寬《古史新探·試論西周春秋間的鄉遂制度和社會結構》（中華書局一九六五年版，第一三五—一四三頁）。且誓師之柴，地在魯東郊，正魯鄉遂之地。下文『魯三郊三遂』是也。然此所謂『乃』者，猶《周禮·地官》之『牧人』、『牛人』及《夏官》之『校人』、『趣馬』、『巫馬』、『庾人』、『圉師』、『圉人』之屬，實爲魯鄉郊遂之居民而兼爲軍中閑養牛馬之軍士也。擭，枚《傳》：『捕獸機檻，當杜塞之。』《禮記·中庸》『納諸罟擭陷阱之中而莫之知』，陸德明《釋文》：『擭，胡化反。《尚書傳》云：「捕獸機檻。」』**敜乃穽**■敜，《説文》：『塞也，从攴念聲。《周書》曰：「敜乃穽。」』穽，枚《傳》：『穿地陷獸，當以土窒敜之。』孔穎達《書疏》：『《周禮·冥氏》掌「爲阱擭，以攻猛獸」，知穽擭皆是捕獸之器也。檻以捕虎豹，穿地爲深坑，又設機於上，防其躍而出也。穽以捕小獸，穿地爲深坑，入必不能出，其上不設機也。穽以穿地爲名，擭以得獸爲名。擭亦設於穽中，但穽不設機爲異耳。』行甫按：『杜乃擭，敜乃穽』，謂填充其陷阱，閉塞其機檻，實爲一事也。**無敢傷牿**■傷，爲穽擭所傷也。牿，代指出欄放牧之牛馬。**牿之傷**■之，猶『若』也。説見吴昌瑩《經詞衍釋》。傷，孔穎達《書疏》：『謂牛馬傷也。』**汝則有常刑**■汝，亦指郊遂之居民而兼爲軍中掌牧養牛馬之軍士也。則，即也。常刑，章太炎曰：『不至死。』屈萬里曰：『固定之刑也。』行甫按：『常刑』者，猶言非戰時之刑也。戰時之刑，爲軍法，故以『常刑』區而别之也。因鄉遂制實乃軍民一體，鄉遂之居民組織，乃五家爲里，亦即軍中行伍之編制，五人爲伍也。『常刑』行於平時鄉遂之居民，非『常刑』則行於戰時行伍之士卒。是以下文『我惟征徐戎』，『糗糧』、『楨榦』、『芻茭』，皆與戰備物資相關，亦由鄉遂軍民提供，若有不備，則有『大刑』。是此所謂『常刑』者，亦即平時刑法所規定的傷殘人畜之罪，與下文戰時『大刑』相對而言之也。

〔二〕**馬牛其風**■其，猶『若』也。風，《魯世家集解》引鄭玄曰：『風，走逸。』孔穎達《書疏》：『僖四年《左傳》云：「唯是風馬牛不相及也。」賈逵云：「風，放也。牝牡相誘謂之風。」然則馬牛風佚，因牝牡相逐而遂致放佚遠去也。』**臣妾逋逃**■臣妾，《魯世家集解》引鄭玄曰：『廝役之屬也。』枚《傳》：『役人賤者，男曰臣，女曰妾。』孔穎達《書疏》：『僖十七年《左傳》云：「晉惠公之妻梁嬴孕過期，卜招父與其子卜之。其子曰：『將生一男一女。』招曰：『然。男爲人臣，女爲人妾。』」是「役人賤者，男曰臣，女曰妾」也。』行甫按：此『臣妾』者，猶言男女家奴僮僕也。逋，《說文》：『亡也。』孔穎達《書疏》：『逋亦逃也。』行甫按：『逋逃』乃同義複詞，猶今所謂『逃亡』也。**勿敢越逐**■越，與『戉』字音義同。《說文》：『戉，踰也。』逐，《說文》：『追也。』枚《傳》：『馬牛有風佚，臣妾逋亡，勿敢棄越壘伍而求逐之。』王夫之《稗疏》：『注以此爲嚴部伍之事。乃軍中有女子，自亂世之政；況營伍不守，乃至婦人亦得逋逃，則丁壯之潰散又何禁乎？不責其防衛不嚴，而但戒其勿越逐，尚爲有軍政哉？按此蓋爲淮夷、徐戎所侵犯之境，避兵入保者言也。避兵者與征戰之士，旁午交錯于道，而避兵之民，牛馬臣妾有迷失者。若許其主穿營伍而求之，則姦諜或詐爲尋逐之民，以生不測。故禁民勿逐，而令收得者還之也。必如此釋，於義乃順。』行甫按：王氏之說，當得經義也。此『馬牛』與上文所言之『牿牛馬』非一事也。『牿牛馬』乃軍中牢閑放散自牧於草野之物，而此『風佚』之『馬牛』及『逋逃』之『臣妾』，乃鄉遂居民所畜有也。因臨戰戒嚴，禁止失主越界追逐走失之牛馬及逃亡之僮僕，以防姦人細作趁機混入，乃生不測也。**祗復之**■祗，《魯世家》作『敬復之』，《集解》引徐廣曰：『一作振。』段玉裁《撰異》：『作「振」者，蓋今文《尚書》也。《盤庚》篇「震動萬民以遷」，石經作「祗動」。《咎繇謨》「日嚴祗敬六德」，《夏本紀》作「振敬」。《無逸》篇「治民祗懼」，《魯世家》作「震懼」。《內則》記「祗見孺子」，鄭注云：「祗或作振。」《下曲禮》「臨諸侯畛於鬼神」，注云：「畛或作祗。」祗、振，語之轉。』行甫按：段氏謂『祗、振』通轉，理據確鑿，其說是也。《說文》『肅，持事振敬也』，『振敬』猶『祗敬』也。

亦是其例，段氏《説文注》未之及也。然此當以今文『振』爲本字，『祇』乃通假字。『振』，猶『終』也。《孟子・萬章下》：『集大成也者，金聲而玉振之也。金聲也者，始條理也；玉振之也者，終條理也。』是『振』猶言『終』也。《左傳》隱公五年『三年治兵，入而振旅』，杜預注：『出曰治兵，始治其事；入曰振旅，治兵禮畢，整衆而還。』張載注《文選・左思〈魏都賦〉》『振旅輷輷』引《穀梁傳》云：『入曰振旅，兵事以嚴終也。』《周本紀》『偃干戈，振兵釋旅，示天下不復用也』，裴駰《史記集解》：『《公羊傳》曰：入曰振旅。』是則『振旅』、『振兵』云者，猶言『終旅』、『終兵』也。《周頌・載芟》『振古如茲』，毛《傳》：『振，自也。』其説未的。『振古如茲』猶言『終古如茲』也。復，屈萬里曰：『白也，猶言報告也。』行甫按：屈説是也。『復』，猶『報』也。《周禮・宰夫》『諸臣之復』，鄭玄注：『復，反報於王。』《左傳》成公二年『而復於寡君』，杜預注：『復，白也。』皆是其例。則『祇復之』者，猶言『終復之』也，謂待戰事終結之後，失主報其馬牛走失及其臣妾逃亡之數於上也。乃史公以『祇』作如字讀，訓爲『敬』，經義由是而晦矣。**我商賚爾**■商，賞也。朱駿聲《古注便讀》有説。行甫按：『商』與『賞』音同通假，《周易・未濟》九四『有賞于大國』，馬王堆帛書《周易》『賞』作『商』，是其證也。然此『商賞』之『賞』當讀爲賠償之『償』。賚，賜也，予也。行甫按：『商賚』乃同義複詞，猶今所謂『償還』也。『祇復之，我商賚爾』，意即待戰事終結之後報告上來，我將賠償你們的損失。**乃越逐不復**■乃，若也。越逐不復，謂事發則徑行越界追逐，事後又匿而不報也。**汝則有常刑**■常刑，亦非戰時軍法之刑也。行甫按：此所謂『常刑』者，或即平時隱匿財産及人畜之罪也。

〔三〕**無敢寇攘**■寇，裴駰《史記集解》引鄭玄曰：『劫取也。』攘，搶攘也，劫奪也。參見《呂刑》『奪攘矯虔』釋讀。**踰垣牆**■踰，《説文》：『越也。』垣，《説文》：『牆也。』牆，《説文》：『垣蔽也。』行甫按：『垣牆』亦近義複詞也。**竊馬牛誘臣妾**■竊，入室爲盗也。誘，誘騙也。《禮記・樂記》『知誘於外』，鄭玄注：『誘，猶道也，引也。』是其例也。行甫按：『誘臣妾』者，謂引誘拐騙他人男女僮僕也。**汝則有常刑**■行甫按：此條謂不可因戰亂而行劫奪偷盜拐騙之事也。若有犯之者，則依平時所行之相關律條治罪也。

此乃本誓第二節，告鄉遂軍民填埋捕獵野獸之陷阱，不可使傷軍中牛馬；戰爭期間，馬牛走失，僮僕逃亡，不可越界追逐；更不可因戰亂而趁火打劫，行偷盜拐騙之事。實乃維持戰時之社會秩序也。

【繹文】

現在，因爲淮夷、徐戎將要入侵，除了拿起武器迎頭痛擊之外，我們還要做好其他戰前準備工作。一是軍中圈養的所有牛馬全部都要放出來，讓牠們在野外自由放牧；因此，你們平時捕獵野獸設置的機檻，都要全部撤除，你們平時獵獸挖下的陷阱，也都要一一填平，不可讓這些機關和陷阱傷害了軍中牧養的牛馬。如果軍中牛馬因爲你們挖置的陷阱與機檻而有所傷害，你們就要承擔平時律法中規定的傷害人畜之罪，接受相應的刑事處罰。二是國家處於戰爭狀態，敵情複雜，如果你們自己畜養的馬牛家畜走失了，或者你們的家僮女僕趁亂逃跑了，你們就不要越界追趕尋找了。因爲一旦越界追趕尋找，就會給敵人的間諜細作混入我方提供了機會。你們可以在戰事結束之後將你們走失的牛馬和逃亡的奴僕數目報告上來，我會對你們遭受的人畜損失酌情加以補償。如果你們在此期間私下越界追逐走失的馬牛家畜和逃亡的男僮女僕而不向有關部門報告，你們就要承擔隱匿財產與私藏人畜的罪名，就要依照國家既有的相關法律予以追究。三是要保證戰爭期間社會秩序的穩定與安寧，任何人不得在戰爭紛擾時期趁火打劫，搶奪財物，更不允許有翻牆入舍偷盜馬牛家畜以及誘拐他人男僮女僕的行爲發生；不要以爲戰爭期間，國家的正常管控有所不及，就可以趁渾水摸魚，僥倖逃脱懲罰。如果觸犯了搶劫、偷盜、拐騙人口這類罪行，即使是戰爭混亂期間，也照常依法追究其罪責。

甲戌，我惟征徐戎，峙乃糗糧，無敢不逮，汝則有大刑。〔一〕魯人三郊三遂，峙乃楨榦。甲戌，我惟築，無敢不供。汝則有無餘刑非殺。〔二〕魯人三郊三遂，峙乃芻茭，無敢不多，汝則有大刑。〔三〕』

【釋讀】

〔一〕**甲戌我惟征徐戎**■甲戌，限定出征時間，有關軍用物資必於此前備齊，不可失期也。惟，猶『其』也。其，猶『將』也。説見吳昌瑩《經詞衍釋》。徐戎，徐地之戎也。不言『淮夷』者，從省也。**峙乃糗糧**■峙，當作『峙』，具也。段玉裁《撰異》：『峙，从止，寺聲。轉寫者易「止」爲「山」耳。《爾雅·釋詁》：「峙，具也。」亦同其義。即《説文》之「偫」字也。孔云「儲峙」，即「儲偫」也。《説文·食部》：「餱，乾食也。从食，侯聲。《周書》曰：峙乃餱粻。」所引與今本古文《尚書》不同，而音義皆略同。《説文·米部》無「粻」字，而《詩·大雅》「以峙其粻」，《王制》「五十異粻」，《爾雅·釋言》、鄭《箋》、《注》皆曰「粻，糧也。」《大雅》又云「乃裹餱糧」。』行甫按：『峙』與『峙』同，備具也。乃，爾也，汝也。糗，《説文》：『熬米麥也。』孔穎達《書疏》：『鄭衆云：「糗，熬大豆及米也。」鄭玄云：「糗，擣熬穀也。」謂熬米麥使熟又擣之以爲粉也。』行甫按：孔穎達說是也。『糗糧』者，猶今俗所謂『炮粉』也。取米麥浸泡一二日，乾炒使熟，然後磨之爲粉，是爲乾糧，便隨身攜帶也。**無敢不逮**■逮，《爾雅·釋言》：『及也。』《漢書·王莽傳》『糴食逮及』，顏師古注：『纔得相及，僅足而已。』行甫按：『無敢不逮』者，猶言『不可不備辦充足，以夠行軍作戰期間之所需』也。**汝則有大刑**■則，即也。大刑，《魯世家集解》引馬融曰：『死刑。』行甫按：此條言備乾糧，令出征之士卒也。

〔二〕**魯人三郊三遂**■三郊三遂，《魯世家》作『三郊三隧』。王先謙《孔傳參正》：『「遂」、「隧」字通。《匠人》：「廣二尺深二尺謂之隧。」《釋文》：「隧，本作遂。」是其證。』孫星衍《注疏》：『王肅謂東郊留守，故不言四。江氏聲用其說，非也。郊者，《釋地》云：「邑外謂之郊。」鄭注《王制》云：「郊，鄉界之外者也。」遂者，鄭注《王制》云：「遠郊之外曰遂。」《周禮·夏官·大司馬》云：「凡制軍，大國三軍。」魯是大國，宜爲三軍。《小司徒》疏云：「凡出軍之法，先六鄉；賦不止，次出六遂；賦猶不止，徵兵于公邑及三等采；賦猶不止，乃徵兵于諸侯。大國三軍，次國二軍，小國一軍，此軍等皆出于鄉、遂；賦猶不止，則諸侯有徧境之法，則千乘之賦是也。」《春秋左氏》成元年疏云：「天子六軍出自六鄉，大國三軍出自三鄉，其餘公邑、采地之民不在三軍之數。古者用兵，天子先用鄉，鄉不足，取遂；遂不足，取公卿采邑及諸侯邦國。若諸侯出兵，先盡三鄉、三遂，鄉、遂不足，然後總徵境內之兵。」今此淮夷、徐戎兩寇並發，其勢甚急，故悉起鄉、遂之兵應之，然猶不至總徵境內也。』行甫按：古鄉遂居民組織亦即軍隊行伍編制，孔穎達《書疏》曰：『《周禮·司徒》萬二千五百家爲鄉。《司馬法》萬二千五百人爲軍。《小司徒》云：「凡起徒役，無過家一人。」是家出一人，一鄉爲一軍。天子六軍，出自六鄉。則諸侯大國三軍，亦當出自三鄉也。《周禮》又云：萬二千五百家爲遂，《遂人》職云：「以歲時稽其人民，簡其兵器，以起征役。」則六遂亦當出六軍。鄉爲正，遂爲副耳。』孔氏之說是也。參見本篇【後案】。**峙乃楨榦**■楨榦，《魯世家集解》引馬融曰：『楨榦皆築具，楨在前，榦在兩傍。』枚《傳》：『題曰楨，旁曰榦。』孔穎達《書疏》：『峙具楨榦以擬築之用。題曰楨，謂當牆兩端者也。旁曰榦，謂在牆兩邊者也。《釋詁》云：「楨，榦也。」舍人曰：「楨，正也。築牆所立兩木也。榦所以當牆兩邊障土者。」』行甫按：『楨榦』乃版築之具，楨爲兩頭直立之木樁；榦爲兩邊障土之横木。**甲戌我惟築**■甲戌，孔穎達《書疏》：『上云「甲戌我惟征徐戎」，此云「甲戌我惟築」，期以至日即築。』惟，亦猶『其』也、『將』也。築，枚《傳》：『築攻敵壘、距堙之屬。』孔穎達《書疏》：『《兵法》：攻城，築土爲山，以闚望城内，謂之距堙。宣十五年《公羊傳》：「楚子圍宋，使司馬子反乘堙而闚宋城。宋華元亦乘堙而出見之。」何休云：「堙，距堙。上城具也。」是攻敵城壘必有距堙。知築者，築距堙之屬也。』行甫按：『惟征』與『惟築』同日者，至征戰之地即行版築以造營壘也。**無敢不供**■供，《爾雅·釋詁》：『具也。』行甫按：『不供』猶『不逮』也，亦謂不可不充足以夠用也。**汝則有無餘刑非殺**■則，即也。無餘刑，孫詒讓《尚書駢枝》：『此「餘」當爲「舍」之借字。《說文》「餘」从余聲，「舍」亦从余省聲。古「餘」字或省作「余」，見《周禮·委人》。故「余」、「舍」二字得相通借。《魏三體石經·尚書》「余」字作「舍」，即借「舍」爲「余」也。《周禮·司圜》「收教罷民，任之以事而收教之，能改者上罪三年而舍，中罪二年而舍，下罪一年而舍。」注云：「舍，釋也。」是古者圜土繫罪人以三年爲極限。過三年不舍，則永不舍矣。此「無餘刑」者，或流放，或役作，終身不釋，故曰「無餘」。而究貸其死，故又云「非殺」也。《楚辭·天問》說舜殛鯀云：「永遏在羽山，夫何三年不施？」王逸注云：「言堯長放鮌於羽山，絶在不毛之地，三年不舍其罪也。」此云「無餘」，《楚辭》云「不施」，義蓋略同。』行甫按：孫說是也。『無餘刑非殺』者，猶言羈押終身，不予釋放，令其活罪難熬也。行甫又按：此條言備楨榦，乃令鄉遂之軍民籌備軍需也。

〔三〕**魯人三郊三遂**■三郊三遂，亦謂郊遂之軍民也。重言之者，亦令其籌備軍需也。**峙乃芻茭**■芻，《說文》：『刈草也。』屈萬里曰：『謂新割之草。』茭，《說文》：『乾芻。』孔穎達《書疏》引鄭玄曰：『茭，乾芻也。』

枚《傳》：『郊遂多積芻茭，供軍牛馬。』**無敢不多**■多，亦謂充足夠用也。孔穎達《書疏》：『糗糧難備，不得偏少，故云「無敢不逮」。楨榦易得，惟恐闕事，故云「無敢不供」。芻茭賤物，惟多爲善，故云「無敢不多」。量事而爲文也。』行甫按：孔說非也。『不逮』亦即『不多』，『不多』亦即『不供』也，避免用語重複而已，無關乎難易貴賤之別也。**汝則有大刑**■則，即也。大刑，亦死刑也。

此乃本誓最後一節，言出征之日，魯之鄉遂軍民必須置備足夠之軍糧與版築工具以及軍中牛馬所需之草料。如果備辦不充足，則按軍法處置，死罪不饒，或者終身羈押，永不赦免。

【繹文】

甲戌這一天，我將率領三軍出征徐戎與淮夷了，你們要如期備辦行軍作戰所需之乾糧，不可偷工減料，準備不足；如果軍糧不夠吃，影響士氣和戰鬥力，你們就要受到軍法的嚴厲處置，就是殺頭之罪。我們魯國有三郊，還有三遂，三鄉軍民在郊，有充足的正式兵員，還有郊外三遂，也有充足的後備兵員。鄉遂之中非正式出征的軍民，要準備好夯築營壘所需的木樁和夾版。甲戌出征那一天，我們就要用這些木樁和夾版夯築營壘，如果木樁和夾版準備不夠充足，貽誤戰機，你們也要受到軍法處罰，這可是終身羈押，永不赦免的牢獄之災。我們魯國三郊三遂的軍民，還要備辦軍中牛馬所需的新鮮草料和可存放的乾燥草料。這些新鮮草料和乾燥草料，也必須準備充足，如果備辦不充足，造成大軍草料匱乏，你們也要受到軍法的嚴厲制裁，也是殺頭的大罪。』

【後案】

本篇乃伯禽出征淮夷、徐戎之前向魯國軍民發佈的戰前動員令。篇中既言『善敹乃甲胄，敿乃干』，又言『杜乃擭，敜乃穽』，亦言『馬牛其風，臣妾逋逃』，且更令其備糗糧、具楨榦以及軍中牛馬所用之乾、鮮草料；故鄭玄解篇首『人無譁』曰：『人，謂軍中士衆及費地之民。』孔穎達《書疏》解『馬牛其風，臣妾逋逃』又云：『古人或以婦女從軍，故云「臣妾逋逃」也。』蔡《傳》亦從枚氏『越逐爲失伍』而以『嚴部伍之事』說之。清儒王先謙《孔傳參正》又引《墨子·備城門》『守法：五十步丈夫十人，丁女二十人，老小十人，計之五十步四十人』云云，亦謂『軍中有女子』，以證成孔穎達『古人或以婦女從軍』之說。值得注意的是，墨子《備城門》所言之『守法』，只是一種理論上的戰爭防禦措施，未必當時實戰即如此。而清初王夫之于枚、孔、蔡三氏之說早生異議。王氏曰：『此蓋爲淮夷、徐戎所侵犯之境，避兵入保者言也。避兵者與征戰之士，旁午交錯于道，而避兵之民，牛馬臣妾有迷失者。若許其主穿營伍而求之，則姦諜或詐爲尋逐之民，以生不測。故禁民勿逐，而令收得者還之也。』王氏以『馬牛』及『臣妾』爲民所有而非軍中之物，較舊說爲勝。但『令收得者還之』，猶可以『生不測』。是知以『返還』解『復』字，義猶未安。

事實上，本篇所『誓』之人衆並非如鄭玄所云乃『軍中士卒及費地之民』，應爲魯國『三鄉三遂』之所有軍民。且『三鄉三遂』之所謂『軍民』，實則亦軍亦民，平時爲民，戰時爲軍。此與西周乃至春秋時代之鄉遂制度與社會結構密切相關。換言之，如果不明西周乃至春秋時代之鄉遂制度與社會結構，則本經諸多內容，往往難以索解，而説者亦多似是而非之論，如孔沖遠所謂『古人或以婦女從軍』者，是其例也。

與兩周治理格局相關的鄉遂制度及其社會結構，近人楊寬作了卓有成效的研究。茲因其説，略舉三事，以爲本經讀解之助。

其一，國、野與郊、遂之分。

周代王畿劃分爲『國』與『野』兩大行政區域，而所謂『郊』就是『國』與『野』兩大區域之分界線。『國』，指王城與國都；王城之內稱爲『國中』。王城之外的周邊地區，稱爲『郊』或『四郊』。『郊』或『四郊』之外即爲『野』。在『國』之外與『四郊』之內，分設『六鄉』。在『郊』之外與『野』之內，分設『六遂』。而卿大夫及王子弟之采邑稱爲『都鄙』，細分之則有甸稍縣都鄙諸名目。因此，對『野』而言，以王城爲中心，連同『四郊』、『六鄉』在內，可以總稱爲『國』。就『野』的廣義而言，『四郊』之外所有地區，包含『六遂』和『都鄙』，皆可稱之爲『野』。因此，大抵王城連同『四郊』之『六鄉』，可合稱爲『國』；郊外之『六遂』及『都鄙』，可合稱爲『野』。

『鄉』與『遂』不僅所居地區有『國』與『野』之別，其居民身份亦有所不同。據《周禮》所載，『鄉』與『遂』所居之民，雖皆可統稱爲『民』，但『六遂』之居民卻有其特殊稱呼，或稱『甿』、『氓』；或稱『野人』、『野民』。而『六鄉』之居民則可稱爲『國人』。

其二，鄉遂居民組織與軍隊士卒編製。

『六鄉』與『六遂』不僅有『國』與『野』之分，其居民之社會組織也大爲不同。『六鄉』居民爲鄉黨制；『六遂』居民則爲鄰里制。但鄉黨制與鄰里制亦有其共同點，即鄉黨與鄰里的組織結構與軍隊的卒伍編制是相對應的。《周禮·地官·大司徒》言『六鄉』居民組織之鄉黨制曰：

令五家爲比，使之相保；五比爲閭，使之相受；四閭爲族，使之相葬。五族爲黨，使之相救；五黨爲州，使之相賙；五州爲鄉，使之相賓。

又，《地官·遂人》言『六遂』之居民組織之鄰里制曰：

五家爲鄰，五鄰爲里，四里爲酇；五酇爲鄙，五鄙爲縣，五縣爲遂。

是則『六鄉』居民組織之結構『比、閭、族、黨、州、鄉』，與『六遂』居民組織之結構『鄰、里、酇、鄙、縣、遂』，皆爲六級組織建制。而『六鄉』之『四閭爲族』，與『六遂』之『四里爲酇』，皆於第三級建制以『四』進位，又全然相同。則『六鄉』與『六遂』，從單位家數及其級次進位到總家數完全一致。而《周禮·小司徒》言軍隊之組織編制則曰：

乃會萬民之卒伍而用之，五人爲伍，五伍爲兩，四兩爲卒；五卒爲旅，五旅爲師，五師爲軍。以起軍旅，以作田役，以比追胥，以令貢賦。

鄭注《小司徒》曰：『伍、兩、卒、旅、師、軍，皆衆之名。兩，二十五人；卒，百人；旅，五百人；師，二千五百人；軍，萬二千五百人。此皆先王所因農事而定軍令者也。欲其恩足相恤，義足相救，服容相別，音聲相識。』所謂『因農事而定軍令』，即『鄉遂』居民組織與軍隊卒伍編制相互對應之結構，而平時相互熟悉，戰時乃可相互救助，此所以『因農事而定軍令』之故也。賈公彥《小司徒疏》亦曰：『六軍之士，出自六鄉，故預配卒伍。百人爲卒，五人爲伍也。「五人爲伍」者，下文云「凡起徒役，毋過家一人」，六鄉之內，有比、閭、族、黨、州、鄉。一鄉出一軍，六鄉還出六軍。今言「五人爲伍」者，「五家爲比」，家出一人，則是一比也。在家爲比，在軍爲伍。伍者，聚也。「五伍爲兩」者，在鄉「五比爲閭」，閭二十五家也。在軍「五伍爲兩」，兩二十五人也。「四兩爲卒」者，在鄉「四閭爲族」，族百家也。在軍「四兩爲卒」，卒百人也。「五卒爲旅」者，在鄉「五族爲黨」，黨五百家。在軍「五卒爲旅」，旅五百人也。「五旅爲師」者，在鄉「五黨爲州」，州二千五百家。在軍亦「五旅爲師」，師亦二千五百人也。「五師爲軍」者，在鄉「五州爲鄉」，鄉萬二千五百家。在軍「五師爲軍」，軍亦萬二千五百人也。』賈公彥《疏》就鄭注『因農事而定軍令』，對『鄉黨』與『卒伍』之具體結構作了詳盡疏解與說明。

其三，鄉遂軍民所承擔之責任與義務。

『國野』中『六鄉六遂』之居民，亦爲『六軍』之士卒，則『鄉遂』之民，亦爲軍中士卒。故《小司徒》曰『乃會萬民之卒伍以用之』，既言『萬民』又言『卒伍』，實即『寓軍於民』也。而所謂『用』者，即『以起軍旅，以作田役，以比追胥，以令貢賦』也。賈公彥《疏》曰：『「以起軍旅」者，謂征伐也。「以作田役」者，謂田獵役作皆是也。「以比追胥」者，追謂逐寇，胥謂伺捕盜賊。「以令賦貢」者，依鄉中家數而施政令以貢賦之事。』而本經所謂『峙乃楨幹』、『峙乃芻茭』，亦即因戰時所『令』之『貢賦』也。

《大司徒》又曰：

凡起徒役，毋過家一人，以其餘爲羨。唯田與追胥竭作。

又曰：

凡國之大事，致民；大故，致餘子。

『凡起徒役，毋過家一人』，即上文所謂『五人爲伍，五伍爲兩』，亦即『家一人』而起『正卒』，而其餘則爲『羡卒』，亦即超出編制之外多餘的後備兵員。唯在田獵與逐寇以及伺捕盗賊之時，乃發動所有丁壯參與其事，所謂『田與追胥竭作』，是其義也。『國之大事，致民』，即軍事行動或喪葬祭祀活動，即召集『六鄉』之『正卒』；而『大故，致餘子』者，鄭玄注云『謂災寇也』，即大災難、大寇賊，『正卒』不敷爲用，乃全民總動員也。

由於軍隊乃以『國人』編制而成，『國人』有納軍賦之義務，丁壯必須充當『甲士』，一旦發生戰爭，即召集入伍，只須『授甲』或『授兵』而已。直到春秋時代，其制依然如此。《左傳》隱公十一年載『鄭伯將伐許，五月甲辰，授兵於大宫』。而閔公二年載狄人伐衛，衛懿公好鶴，『鶴有乘軒者』，招致國人不滿。『將戰，國人受甲者皆曰：使鶴，鶴實有祿位，余焉能戰！』於是衛軍大敗。所謂鄭伯『授兵』、衛人『受甲』，其所『授』、『受』者，皆爲鄭、衛國都及『四郊』之『國人』，平時乃爲『國人』，戰時則爲『甲士』。

是以本經既言『善敹乃甲冑，敿乃干』，又言『備乃弓矢，鍛乃戈矛，礪乃鋒刃』，是爲『國人』在『授甲』或『授兵』之後，必須自行修繕與磨礪其甲冑與兵器，使其堅固與鋒利也。又因平時行『大蒐』之禮，以訓練『國人』，以簡練士卒，亦有作機擭，挖陷阱之事。故戰時必須填塞陷阱，掩埋機擭，一則保證軍中牛馬自由放牧，一則保證道路暢通無阻，不致傷及隨軍引重致遠之牛馬牲畜，是以又令之『杜乃擭，敜乃穽』。而其鄉人有走失之牛馬，以及男女僮僕有所逃亡，亦不可越界追逐，此似戒『國人』而非戒『士卒』。至於又戒其『無敢寇攘踰垣牆竊馬牛誘臣妾』，乃警告鄉遂之民不可乘戰亂之機而作姦犯科也。是既知『鄉遂』制度與軍隊編制實爲『寓軍於民』之制，則『戒民』亦是『戒軍』，『戒軍』亦是『戒民』，互爲相關之事也。至於令其『備糗糧』、『備楨榦』、『備芻茭』者，乃『以令貢賦』之事，亦爲『三鄉三遂』之民共相承擔而已。

秦誓

【解題】

《書序》：『秦穆公伐鄭，晉襄公帥師敗諸崤。還歸，作秦誓。』《左傳》僖公三十年，晉文公與秦穆公圍鄭，鄭使燭之武說秦伯。秦伯竊與鄭人盟，使杞子、逢孫、楊孫戍之乃還。僖公三十二年，杞子自鄭使告于秦伯曰：『鄭人使我掌其北門之管，若潛師以來，國可得也。』秦穆公訪諸蹇叔，蹇叔曰：『勞師以襲遠，非所聞也。師勞力竭，遠主備之，無乃不可乎？師之所爲，鄭必知之。勤而無所，必有悖心。且行千里，其誰不知？』秦穆公辭而不受其言，乃使孟明視、西乞術、白乙丙三師率師伐鄭。師至於滑（在今河南偃師縣西），鄭商人弦高以犒師爲名，延滯秦軍，又使人急馳以告于鄭。孟明視知弦高之意，曰：『鄭有備矣，不可冀也！攻之不克，圍之不繼，吾其還也。』於是秦師滅滑而還。晉先軫請伐秦師，晉襄公在喪，墨縗絰。夏四月，晉軍乃遮擊于殽函之間（在今河南澠池縣西，其時屬晉），大敗秦師，俘其三帥。晉文公夫人文嬴，秦女也，乃晉襄公生母，請于晉襄公，放還秦之三帥。秦穆公乃『素服郊次，鄉師而哭』曰：『孤違蹇叔，以辱二三子，孤之罪也。不替孟明。孤之過也，大夫何罪？且吾不以一眚掩大德。』《左傳》文公元年又曰：殽之役，晉人既歸秦師，秦大夫及左右皆言於秦伯曰：『是敗也，孟明之罪也，必殺之。』秦伯曰：『是孤之罪也！周芮良夫之詩曰：「大風有隧，貪人敗類。聽言則對，誦言如醉。匪用其良，覆俾我悖。」是貪故也，孤之謂矣。孤實貪以禍夫子，夫子何罪？』復使孟明爲政。則《書序》謂『敗諸崤，還歸，作《秦誓》』，與《左傳》言秦伯于秦大夫及左右『自悔其貪』者相合。

司馬遷《史記·秦本紀》曰：『三十六年，繆公復益厚孟明等，使將兵伐晉，渡河焚船，大敗晉人，取王官及鄗（《左傳》文公三年作『王官及郊』，杜注：『如晉地。』），以報殽之役。晉人皆城守不敢出。於是繆公乃自茅津渡河，封殽中尸，爲發喪，哭之三日。乃誓於軍曰：「嗟，士卒！聽無譁，余誓告汝。古之人謀黄髮番番，則無所過。」以申思不用蹇叔、百里傒之謀，故作此誓，令後世以記余過。君子聞之，皆爲垂涕。曰：「嗟乎！秦繆公之與人周也，卒得孟明之慶。」』史公以爲本篇乃三年之後，秦穆公仍用孟明將兵『報殽之役』而『誓於軍』之辭。

《公羊傳》文公十二年曰：『秦伯使遂來聘。遂者何？秦大夫也。秦無大夫，此何以書？賢繆公也。何賢乎繆公？以爲能變也。其爲能變奈何？惟諓諓善竫言，俾君子易怠。而況乎我多有之。惟一介斷斷焉無他技，其心休休，能有容。是難也。』《公羊傳》所謂『賢繆公』之『爲能變』，即稱秦穆公善改其過，『變』喜聽『諓諓』巧善之言而求『一介臣』誠一專斷之言，且隱括《秦誓》以成文。故《荀子·大略》曰：『《易》曰：「復自道，何其咎？」《春秋》賢穆公，以爲能變也。』楊倞注：『《易·小畜》卦初九之辭。復，返也。自，從也。本雖有失，返而從道，何其咎過也。《公羊傳》曰：「秦伯使遂來聘。遂者何？秦大夫也。秦無大夫，此何以書？賢穆公也。何賢乎穆公？以爲能變也。」謂前不用蹇叔、百里之言，敗於殽、函，而自變悔，作《秦誓》，詢茲黄髮，是也。』荀子既引《易·小畜》初九之爻辭『復自道』，又引《公羊傳》『賢穆公以爲能變』，故楊氏注以穆公『自變悔，作《秦誓》』以説之，是其事也。而徐幹《中論·修本篇》亦云：『人之過，在於悔往，而不在於懷來，故《書》舉穆公之《誓》，善變也。』猶以《秦誓》爲穆公自悔之辭。

據上引史實及本篇文義，則史公以爲穆公於殽函之役三年後乃『誓於軍』以作《誓》，『令後世記余過』，其説未爲篤論也。屈萬里亦引宋人葉大慶《考古質疑》之説，『以爲史公之説未的』，是也。

本篇作於魯僖公三十三年秦晉殽之戰秦之三帥敗歸之後，其時亦爲秦穆公三十三年（紀元前六二七年）。《公羊傳》文公十二年既引其文，《荀子·大略》又引《公羊》家説，可知本篇在戰國末年即廣爲流傳。至秦代整編《尚書》，以本篇『列于二十九篇之末』，借以彰顯『秦繼周朝之正統』（蔣善國語），乃與魯之《費誓》同廁於《書》經以行於後世也。

公曰：『嗟，我士，聽無譁！予誓告汝群言之首。〔一〕古人有言曰：民訖自若，是多盤；〔二〕責人斯無難；惟受責俾如流，是惟艱哉！〔三〕我心之憂，日月逾邁，若弗云來。〔四〕惟古之謀人則曰未就予忌；惟今之謀人姑將以爲親。〔五〕雖則云然，尚猷詢兹黄髮，則罔所愆。〔六〕番番良士，旅力既愆，我尚有之。〔七〕仡仡勇夫，射御不違，我尚不欲。〔八〕惟截截善諞言，俾君子易辭，我皇多有之！〔九〕

【釋讀】

〔一〕**公曰**■公，秦穆公，名任好，卒於魯文公六年（西歷前六二一年），在位三十九年。**嗟**■孔穎達《書疏》以『咨嗟』述之，以爲嘆詞。行甫按：此與《費誓》『嗟人無譁聽命』詞義從同，乃敦促聽衆注意之呼語，非嘆詞。《禮記·檀弓下》：『黔敖左奉食，右執飲，曰：嗟來，食！』鄭玄注：『雖閔而呼之，非敬辭。』是『嗟』乃呼語詞之證。且『嗟來』皆呼語詞，說見《呂刑》『王曰吁來』釋讀。**我士**■我，我邦國也。士，枚《傳》：『誓其群臣，通稱士也。』孔穎達《書疏》引鄭玄曰：『誓其群臣，下及萬民。獨云士者，舉中言之。』行甫按：鄭玄以爲『下及萬民』，而『獨云士者，舉中言之』，不免揣度之詞，未必是也。枚氏之說周洽，並無瑕疵。《秦本紀》以爲『誓於軍』，引作『嗟士卒』，則其說大非。劉起釪論之曰：『番番良士，旅力既愆，我尚有之。仡仡勇夫，射御不違，我尚不欲』，倘穆公以此言之於軍中將士，當令『武夫齒寒』，士卒渙散，無復鬥志。其駁史公之說，甚是。**聽無譁**■譁，喧譁也。**予誓告汝群言之首**■予，我也。誓，告也。《儀禮·大射》『司射西面誓之曰』，鄭玄注：『誓，猶告也。』行甫按：『誓告』爲同義複詞，猶今語所謂『告訴』也。本篇雖以『誓』名篇，但與其他以『誓』名篇者，其義稍有不同，說見本篇【後案】。群言之首，枚《傳》：『衆言之本要。』蔡《傳》：『首之爲言，第一義也。』

〔二〕**古人有言曰**■古人，猶言『前人』也。**民訖自若**■民，猶『人』也。行甫按：此『民』字泛指『凡民』，亦即『所有人』。訖，《說文》：『止也。』孔穎達《書疏》：『盡也。』《爾雅·釋詁》：『迄，止也。』邢昺《疏》：『訖者，終止也。』行甫按：此『訖』字有二義焉：一爲表延續之時間副詞，猶言『自始至終』也；二爲表全稱之範圍副詞，猶言『盡也，皆也』。若，《爾雅·釋詁》：『善也。』邢昺《疏》：『惠順之善也。』行甫按：『民訖自若』者，意謂『凡人之情，往往自以爲善』，猶言『人人皆自以爲是』也。**是多盤**■是，猶『乃』也。說見吳昌瑩《經詞衍釋》。盤，枚《傳》：『言民之行己，盡用順道，是多樂。』孔穎達《書疏》：『言順善事則身大樂也。』孔穎達疏解枚《傳》

曰：『訖，盡也；自，用；若，順；盤，樂也。盡用順道，則有福；有福，則身樂；故云是多樂也。』蔡《傳》：『訖，盡；盤，安也。凡人盡自若，是多安於狥己。』俞樾《平議》：『《傳》義與下意不屬，非當日援引之旨，良由誤解「盤」字也。「盤」當作「般」，《盤庚篇·釋文》曰：「盤」本又作「般」。《君奭篇》「甘盤」，《史記·燕世家》作「甘般」。此經《正義》訓「盤」爲「樂」，亦用《爾雅·釋詁》「般，樂也」之文，是「盤」與「般」通。《説文》舟部：「般，辟也。」然則「多般」猶云「多辟」，《詩·板篇》「民之多辟」，鄭《箋》曰：「民之行多爲邪辟」，是其義也。「民訖自若是多般」，言民盡自順其意，故多辟也。正枚《傳》所謂「悔前不順忠臣」者，而于下意亦相屬矣。』行甫按：俞氏讀『盤』爲『般』，訓爲『邪辟』，上下文意貫通，亦可爲蔡《傳》注腳。《説文》人部：『僻，辟也。』段玉裁注：『舟部「般，辟也」，即旋辟、盤辟之謂。辟之言邊也，屏於一邊也。僻之本義如是。《廣韻》曰：「誤也，邪僻也。」此引伸之義。今義行而古義廢矣。《詩》曰「民之多僻」。』則所謂『邪辟』若『邪僻』者，引伸之義，猶今所謂『偏執』也。此連上文，猶言：『凡人之情，皆自以爲是，故往往偏僻而固執己見也。』則蔡氏所謂『安於狥己』，差爲得之也。

〔三〕**責人斯無難**■責，《説文》：『求也。』段玉裁注：『引伸爲誅責、責任。』行甫按：此『責』字義即『誅責』也，猶今『責備、指責』之謂也。斯，猶『乃』也。難，《爾雅·釋詁》：『阻、艱，難也。』《廣韻·寒韻》：『艱也，不易稱也。』行甫按：『無難』，謂『沒有阻礙』，猶言『易行』或『易爲』也。**惟受責俾如流**■惟，獨也。俾，《爾雅·釋詁》：『從也。』如流，如同流水。猶言『如流水之向下，既順且暢也』。王引之《經義述聞》：『受責從如流者，受人責而即改其過，從之如流水也。成公八年《左傳》「從善如流」，即其證。』**是惟艱哉**■是，此也，指『受責俾如流』。惟，猶『乃』也，『爲』也。艱，難也，阻也。

〔四〕**我心之憂**■之，猶『所』也，説見吳昌瑩《經詞衍釋》。憂，懼也，患也。《呂氏春秋·知分》『余何憂於龍焉』，高誘注：『憂，懼也。』《論語·子罕》『仁者不憂』，皇侃《疏》：『憂，患也。』是其例也。**日月逾邁**■逾，《說文》：『逾進也。从辵俞聲。《周書》曰：「無敢昏逾。」』段玉裁注：『逾進，有所超越而進也。』邁，《說文》：『遠行也。』行甫按：『逾邁』，近義複詞，猶言『飛速行進』也。**若弗云來**■若，猶『乃』也，『而』也。說見吳昌瑩《經詞衍釋》。弗，不也。云，孔穎達《書疏》：『員，即云也。』段玉裁《撰異》：『據《正義》，知經文本作「員來」。《傳》以「云」釋「員」，作「云來」。』行甫按：『員』與『云』字通。《商頌·玄鳥》『景員維河』，鄭《箋》：『員，古文作云。』是其例也。『員』若『云』者，有也，或也。古『或』與『有』聲同而通用，故『員』若『云』，既訓爲『有』，又訓爲『或』也。『若弗云來』者，猶言『乃不會有來』也。

〔五〕**惟古之謀人則曰未就予忌**■惟，以也，因也。古，往昔也。謀，《說文》：『慮難曰謀。』行甫按：『謀人』者，猶言『有智謀可與慮難之人』也。則，猶『是』也，『寔』也。說見吳昌瑩《經詞衍釋》。曰，猶『爲』也，『謂之』也。說見王引之《經傳釋詞》。未，無也，不也。《戰國策·秦策五》『而未能復戰也』，高誘注：『未，無也。』《儀禮·鄉射禮》『衆賓未拾』，鄭玄注：『未，猶不也。』皆是其例。就，《爾雅·釋詁》：『成也。』郝懿行《義疏》：『就者，終之成也。』予，我也，穆公自我也。忌，與『惎』字相通。《說文》：『惎，毒也，从心其聲。《周書》曰：「來就惎惎。」』段玉裁《撰異》：『「來」字當是「未」字之誤。「惎惎」之上當脫「予」字，而下「惎」字之下當有脫文。』王引之《經義述聞》：『《說文》引此「忌」作「惎」。《廣雅》：「惎，意志也。」《廣韻》：「諅，志也。」諅與惎同。「未就予惎」者，未就我之志也。作「忌」者，字之假借耳。』章太炎曰：『《述聞》引《廣雅》「惎，意志也」，云「未就予惎」者，未就我之志也。謂穆公志在襲鄭，而蹇叔不肯曲從也。案「古之謀人」，自謂前代人物，下言「黃髮」，方指蹇叔，不得混合爲一。惎當讀爲基，《釋詁》：「基，謀也。」言古人已往，不能就我而謀，故姑親今之謀人爾。《春秋·定公傳》：「管蔡啓商，惎間王室。」惎亦當讀基，訓謀，王氏於彼說之不誤。』行甫按：王氏解『惎』

爲『意志』，不若章氏解『惎』爲『謀』之善也。下文『詢茲黄髮』之『詢』字，即此『忌』若『惎』字之義也。王引之《經義述聞》卷十九『惎間王室』條曰：『惎之言基，基，謀也；間，犯也；謂謀犯王室也。《爾雅》曰：「基，謀也。」《廣韻》：「惎，教也。一曰謀也。」訓惎爲教，本於宣十二年傳「楚人惎之脱扃」注。訓惎爲謀，疑即此傳舊注也。《玉篇》：「諆，謀也。」《廣韻》：「諅，謀也。」諆、惎、基，並字異而義同。』此即章氏所本也。**惟今之謀人姑將以爲親**■惟，猶『則』也。『則』，猶『故』也。說見吴昌瑩《經詞衍釋》。今，當世也。姑，且也。《禮記·內則》『姑與之而姑使之』，鄭玄注：『姑，猶且也。』將，亦『且』也。行甫按：『姑將』二字乃近義複詞，猶今語『姑且』也。《廣雅》『鹽，猝也』，王念孫《疏證》：『凡言姑且者，皆倉猝不及細審之意。』親，《廣雅·釋詁》：『近也。』玄應《衆經音義》卷九『親親』注引《蒼頡篇》：『親，愛也，近也。』是其義也。行甫按：此二句各以『惟』字領起，構成因果關聯，即『因……，則(故)……』也。意謂：『由於往古之有智謀可與慮難之人我已不得而見，實在可以說不能成就我之所謀了；因而姑且以當世之有智謀可與慮難之人爲近，可以與之相謀也。』

〔六〕**雖則云然**■雖，與『惟』通，『惟』猶以也，因也。則，與『即』通，『即』與『惟』同義。行甫按：『雖則』乃同義複詞連用，《尚書》中此例多有。如『克堪』、『尚猶』，皆是。『雖則』，猶言『既然』、『因而』也，與上『惟今之謀人』句構成順連關係。云，或作『員』，《漢書·韋賢傳》韋孟《諷諫詩》『追思黄髮，秦繆以霸』，師古注：『《秦誓》曰「雖則員然，尚猶詢茲黄髮，則罔所愆」，謂雖有員然之失，庶幾以道謀於黄髮之賢，則行無所過矣。』行甫按：『員』與『云』通，此與上文『若弗云來』從同，亦當以『云』爲本字。『云』者，猶『曰』也，『言』也。然，如此也。**尚猷詢茲黄髮**■尚，猶『當』也。猷，通『猶』。顔師古《漢書·韋賢傳》注引作『猶』，其證也。行甫按：『尚猷』亦同義複詞連用，與上文『雖則』二字相關聯，即今語所謂『當然，應當』也。詢，《爾雅·釋詁》：『謀也。』茲，猶『彼』也。行甫按：『茲』，此也，本爲近指代詞，亦可用於遠指，猶『時』之可訓『是』訓『此』，亦可訓『夫』訓『彼』也。參見《多士》『予惟時命有申』及《呂刑》『非時伯夷播刑之迪』釋讀。黃髮，顔師古《漢書·韋賢傳》注：『老壽之人也。』張守節《秦本紀正義》：『言髮白而更黃，故云「黃髮」。』皆是其義也。**則罔所愆**■則，猶『即』也，『即』猶『乃』也。罔，無也。愆，《說文》：『過也。从心，衍聲。𡩋，或从寒省。𠍴，籀文。』《漢書·李尋傳》顔師古注引作『則罔所𠍴』。枚《傳》：『謀此黃髮賢老，則行事無所過矣。』行甫按：枚說是也。此連上二句，意謂：『話既然這樣說，那就應該咨謀於那些經驗豐富的老壽之人，其事方可無所過失也。』

〔七〕**番番良士**■番，張守節《秦本紀正義》：『音婆，字當作皤。皤，白頭貌。』行甫按：張說是也。《說文》：『皤，老人髮白貌也。』良士，善士也。行甫按：『良士』，猶上文所謂『謀人』也。**旅力既愆**■旅，當爲『膂』之省借，即《說文》之『呂』字也。《說文》：『呂，脊骨也。膂，篆文呂，从肉，旅聲。』愆，猶『失』也。《左傳》哀公十六年：『失志爲昏，失所爲愆。』《左傳》昭公二十六年『用愆厥位』，杜預注：『愆，失也。』皆是其義也。江聲《集注音疏》：『脊强則力壯，故曰膂力。皤皤然之善士，膂力既過矣，言衰老也。』行甫按：江氏所謂『膂力既過』改爲『膂力既失』，則於經文方爲妥當也。**我尚有之**■尚，猶也。亦今語所謂『仍然，還是』也。有，親近也。王引之《經義述聞》：『《傳》曰：「我今庶幾欲有此人而用之。」家大人曰：「有之」謂「親之」也。古者謂相親曰「有」。昭二十年《左傳》「是不有寡君也」，杜注曰：「有，相親有也。」《王風·葛藟》篇曰：「謂他人母，亦莫我有。」言他人不我親也。《小雅·四月》篇曰：「盡瘁以仕，寧莫我有。」言我盡瘁事國，而王曾不我親也。下文「惟截截善諞言，俾君子易辭，我皇多有之」，亦自悔其親佞人也。』章太炎曰：『有當友，愛也。』行甫按：王、章二氏說亦可通。然此『有之』與下文『不欲』相對爲言，則『有之』猶言『擁有之，親近之』也。而枚《傳》所謂『欲有此人而用之』，亦是其義，學者不當厚非之也。

〔八〕**仡仡勇夫**■仡，《說文》：『勇壯也。从人，乞聲。《周書》曰：「仡仡勇夫。」』勇夫，猶言『勇士』也。

射御不違■射，射箭也。御，駕車也。違，失也。《後漢書》卷二十二『光武鑒前事之違』，章懷注：『違，失也。』是其例也。**我尚不欲**■尚，猶『猶』也，亦『仍然』也，『還是』也。欲，好也。《左傳》成公二年『余雖欲於鞏伯，其敢廢舊典』，王引之《經義述聞》：『欲，猶好也。言余雖愛好鞏伯，不敢廢舊典，而以獻捷之禮相待也。古者「欲」與「好」同義。凡經言「耆欲」，皆謂「耆好」也。言「欲惡」，皆謂「好惡」也。《秦誓》「我尚不欲」，《越語》「吾不欲匹夫之勇」，皆謂「不好」也。《論語》言「欲仁」、「欲善」；《孟子》言「可欲之謂善」，亦皆與「好」同義。故《孟子》「所欲有甚於生者」，《中論・夭壽》篇作「所好」，《荀子・不苟》篇「欲利而不爲所非」，《韓詩外傳》作「好利」矣。』行甫按：『欲』之爲『愛好』，與『有』之爲『親近』，其義一也。

〔九〕**惟截截善諞言**■惟，猶『若』也。説見吳昌瑩《經詞衍釋》。截截，《説文》兩引其文，一作『戳戳』，一作『戔戔』。《説文》：『諞，便巧言也，从言，扁聲。《周書》曰：「戳戳善諞言。」《論語》曰：「友諞佞。」』又，『戔，賊也。从二戈。《周書》曰：「戔戔，巧言也。」』《公羊傳》文公十二年作『諓諓』。皆音同義通。《國語・越語下》『又安知是諓諓者乎』，韋昭注：『諓諓，巧辯之言。』何休《公羊傳解詁》：『諓諓，淺薄之貌。』《公羊傳釋文》：『賈逵注《外傳》云：諓諓，巧言也。』《秦誓釋文》：『馬曰：戳戳，辭語戳削省要也。』《楚辭・九歎》『讒人諓諓，孰可愬兮』，王逸注：『諓諓，讒言貌也。《尚書》曰：諓諓靖言。言讒人諓諓，承順於君，不可告以忠直之意也。』《廣雅・釋訓》：『諓諓，善也。』皮錫瑞《今文尚書考證》云：『《廣雅》「諓諓，善也」，賈注「諓諓，巧言也」，正「善言」即「巧言」之證。巧言者，必淺薄。何注正與賈逵、許慎、韋昭、張揖意同。巧言者，多讒譖，故諓諓爲讒。讒言者，多賊害，故諓諓又爲賊。《説文》云「戔，賊也。」而引《周書》「戔戔巧言」，亦與本義相近，非屬假借。』行甫按：『截截』、『戳戳』、『諓諓』、『戔戔』，字異而音同，『淺薄』、『善辯』、『讒巧』、『賊害』，皆其義也。諞言，《釋文》：『諞，馬本作偏，云：少也，辭約指明，大辨佞之人。』《公羊傳》作『諍言』。何休《解詁》：『諍，猶撰也。』

王逸《九歎》注引《尚書》作『靖言』。《潛夫論・救邊篇》亦作『諓諓善靖』。《九辯》『何時俗之工巧兮』，王逸注：『靜言諓諓，而無信也。』皮錫瑞《今文尚書考證》曰：『《堯典》共工「靖言」，一作「靜言」，是「靖」與「靜」通。《史記》以故訓改爲「善言」，是「靖」與「善」同義。《論語》「異乎三子者之撰」，鄭君訓「撰」爲「善」。何注「竫，猶撰也」，與鄭義同。然則「善靖言」即「善言」，「善言」即「巧言」，非「善惡」之「善」。』行甫按：馬融本『諞』作『偏』，通假字也。『諞言』即《説文》所謂『便巧之言』，而『截截』乃『巧言善辯』之貌。**俾君子易辭**■俾，使也。君子，指在位者。辭，《公羊傳》文公十二年作『怠』。何休《解詁》：『易怠，猶輕惰也。』王鳴盛《尚書後案》：『辭作怠者，《説文》云：「辭，籀文作辝，從台。」因傳寫遂誤爲辭。《史記・三王世家・齊王策》云：「俾君子怠。」與《公羊》合。』段玉裁《古文尚書撰異》：『「易怠」，疊字也。「易」讀如《素問》「解㑊」之「㑊」。（徐彦）《疏》云「易爲輕惰」，非是。』行甫按：『辭』與『怠』乃通假字，猶『辭』之通『始』、通『怡』也。《老子》『萬物作焉而不辭』，《帛書》乙本『辭』作『始』。《史記・周本紀》『怡説婦人』，《集解》引徐廣曰：『怡，一作辭。』皆是其證也。王鳴盛謂『怠』字『因傳寫』而『誤爲辭』字，非也。段氏讀『易』爲『解㑊』之『㑊』者，《素問・平人氣象論》『尺脈緩濇，謂之解㑊』，張志聰隱菴《集注》：『解㑊，懈惰也。』此段氏之説所本。因何休解《公羊》『易怠』爲『輕惰』，張隱菴注《素問》『解㑊』爲『懈惰』，故段氏牽合二家爲説耳。王引之《經義述聞・通説》『殆』字條曰：『何休注襄四年《公羊傳》曰：「殆，疑也。」《論語・爲政篇》「學而不思則罔，思而不學則殆」，謂思而不學，則事無徵驗，疑不能定也。又曰「多聞闕疑，多見闕殆」，「殆」猶「疑」也。謂所見之事若可疑，則闕而不敢行也。字亦作「怠」，《莊子・山木篇》「侗乎其無識，儻乎其怠疑」，「怠疑」即「疑怠」也。文十二年《公羊傳》「惟諓諓善竫言，俾君子易怠」，「怠」，疑惑也，言使君子易爲其所惑也。何注以爲「輕惰」，失之。』王説是也。此連上句意謂：『若夫諜諜然巧言善辯之人，奪人之口，易人之意，常使君子易於疑惑也。』**我皇多有之**■皇，《公羊傳》作『而況乎我多有之』，王鳴盛《後案》：『皇作況者，《無逸》云「無皇曰」，又云「則皇自敬德」，《漢石經》皆作「兄」。《詩・桑柔》「倉兄填兮」，義作況，是也。』段玉裁《撰異》：『《尚書大傳》「皇於聽獄乎」，此假「皇」爲「矧況」字也。《公羊傳》「而況乎我多有之」，此假「況」爲「皇暇」字也。「皇」與「況」互相假借也。「而況乎我多有之」，猶言「而何暇我多有之」也。』行甫按：『皇』、『況』、『兄』三字互相通假，段氏之説是也。『皇』者，『暇』也，此常訓。然『暇』，猶『遐』、『瑕』也。王引之《經傳釋詞》：『遐，何也。《詩・南山有臺》曰：「樂只君子，遐不眉壽？」《隰桑》曰：「心乎愛矣，遐不謂矣？」《棫樸》曰：「周王壽考，遐不作人？」「遐不」，皆謂「何不」也。《禮記・表記》引《詩》作「瑕不謂矣」，鄭注曰：「瑕之言胡也。」』王説是也。《邶風・谷風》『我躬不閱，遑恤我後』，《禮記・表記》作『皇恤我後』，猶言『何恤我後』也。章太炎曰：『皇，何也。何多愛之，悔聽杞子之言也。』多，《説文》：『緟也。從緟夕。夕者，相繹也，故爲多。』《漢書・趙廣漢傳》『爲我多謝問趙君』，顔師古注：『多，厚也，言殷勤。』是其義也。有，亦『親近』也。

此乃本篇第一節，穆公引古人之言自我反省。謂凡人皆自以爲是，往往固執己見，而易於責人之非，難以從善如流。因此凡事切忌偏執，自以爲是，當咨謀當世老成之人。至於那些巧言善辯之人，常常使人主意無定，更不可過多親近。

【繹文】

秦穆公對衆朝臣説：『唉，大家注意了！我們所有的朝臣啊，請安靜下來聽我説！我要告訴你們人生中最爲重要的一大事理：古人有句老話説：大凡人之常情，總是喜歡自以爲是，這就常常流於偏狹以致固執己見；因此，他可以無所顧忌地指責他人的過錯，唯獨在自己犯了過錯受到指責之時能夠從善如流知錯便改，那往往就比登天還難了！近來我心中所盤桓憂慮的事情，就是感覺到日月飛逝，時不再來；過去的日子已經過去了，未來的日子，我也趕不上了。因此，犯下了過錯，雖然有心悔改，卻時不待我，來日無多，感覺已經沒有機會了。由於古代那些有智慧可以向他咨詢討教的人我們已經見不到了，實際說來，也就是我們已不能向他請教，他也不可能對我們所謀之事有所指點有所成就了；所以只有當世有智慧可以咨詢請教的人離我們最爲貼近，我們也就只有向他們去咨詢，向他們去請教了。既然這話是說得很對的，我們就應該向當世那些見多識廣經驗豐富的老壽之人咨詢請教；這樣，我們的事業就不致於有所失誤和過錯。因此，那些白髮蕭蕭的有識之士，雖然他們年邁體衰，膂力不支，我們仍然應當親近他們，向他們請益受教。相反，那些血氣方剛，孔武有力的勇猛之士，射箭則百發百中，駕車也能隨心所欲，可他們四肢發達，頭腦簡單，我對他們並無多大好感。至於那幫諜諜利口，能言善辯，巧舌如簧的傢伙，往往使在位之君子易爲改變初衷，迷失方向，主意難定，就更沒有任何理由厚愛他們，過多地親近他們了！』

昧昧我思之，如有一介臣，斷斷猗無他伎，其心休休焉，其如有容。〔一〕人之有技，若己有之，人之彥聖，其心好之，不啻若自其口出，是能容之，〔二〕以保我子孫，黎民亦職有利哉！〔三〕人之有技，冒疾以惡之，人之彥聖，而違之俾不達。〔四〕是不能容，以不能保我子孫，黎民亦曰殆哉！〔五〕

邦之杌隉，曰由一人，邦之榮懷，亦尚一人之慶。〔六〕』

【釋讀】

〔一〕**昧昧我思之■**昧昧，朱駿聲《古注便讀》：『猶默默也。』思，心慮而有所容也。《説文》：『思，容也。』桂馥《義證》曰：『容也者，《春秋繁露》：「王者貌曰恭，言曰從，視曰明，聽曰聰，思曰容。容者，言無不容。容作聖，聖者設也。王者心寬大無不容，則聖能施設，事各得其宜也。」《漢書·五行志》：「思心之不𡩜，是謂不聖。思心者，心思慮也。𡩜，寬也。孔子曰：『居上不寬，吾何以觀之哉？』言上不寬大包容臣下，則不能居聖位。」馥案：𡩜本作容，故曰寬大，曰包容。後人因《尚書》作睿，疑容字誤，故作睿。幸容字之形未盡沒也。《尚書大傳》「五事曰心維思，思之不𡩜，是謂不聖」，鄭注云：「𡩜當爲睿。睿，通也。」《書·洪範》「思曰睿」，《傳》云：「必通於微。」《正義》云：「王肅云：睿，通也，思慮苦其不深。」故必深思，使通於微也。《書·釋文》引馬云：「睿，通也。」是馬、鄭、王並作睿字。鄭注《洪範》，以「凶短折」爲「思不睿」之罰。馥案：「凶短折」，皆促迫之象，正與寬容反對。吳太元元年八月朔大風。華覈以爲「役繁賦重、區霿不容之罰」也。《晉書·五行志》引此於「思心不容」下，是吳時讀《洪範》猶作「思曰容」。《易·臨卦·象》：「君子以教思無窮，容保民無疆。」《書》：「有容德乃大。」又云：「其心休休焉，其如有容。」《論語》：「寬則得衆。」《管子·形勢解》：「人主之裁大，故容物多，而衆人得比焉。」《樂·動聲儀》：「宫爲君。君者當寬大容衆，故其聲宏以舒，其和清以柔。」《韓詩外傳》：「寬而容衆，百姓信之。」《詩譜》：「天子之德，光被四表，格於上下，無不覆燾，無不持載，此之謂容。」《堯典》：「欽明文思安安」，《考靈曜》作「晏晏」，《釋名》：「安，晏也。天地以溫和覆載萬物，故寬容覆載爲晏。」馥案：此承上文「思」字釋「晏」字義。』行甫按：桂氏之説是也，王筠《説文句讀》亦全用其文。則『思』猶『容』也。參見《洪範》「思曰睿」及《顧命》「思夫人自亂于威儀」釋讀。本節以「昧昧我思之」領起，下文皆論「有容」、「能容」、「不能容」。是知「昧昧我思之」者，默識心慮我之於「斷斷猗無他伎」之「一介臣」當有所「容」之理也。**如有一介臣■**如，若也。《禮記・大學》引作「若有一个臣」，字正作「若」，其證也。介，《釋文》：「介音界，馬本作界，云：「一介，耿介一心端慤者。」字又作个，音工佐反。」行甫按：《說文》：「介，畫也，从八从人，人各有介。」是「介」之本義即「界畫」也。《方言》卷六：「介，特也。物無耦曰特，獸無耦曰介。」錢繹《箋疏》：「《廣雅・釋詁三》：「介，獨也。」昭十四年《左傳》云「收介特」，杜預注云：「介特，單身民也。」《史記・張耳陳餘傳》「獨介居河北」，《集解》引臣瓚曰：「介，特也。」《楚辭・九思》「哀我兮介特」，王逸注：「介特，獨也。」按「介特」，皆獨也。「介」，經傳通作「个」。《秦誓》「如有一介臣」，《釋文》：「介，本作个。」《左氏傳》或云「一介行李」，或云「一个行李」，皆是也。戴侗《六書故》引唐本《說文》：「箇，或作个，半竹也。」一竹分之，則爲二个，故《月令》云「左个右个」，是个亦特也。」是「介」之「獨特」義，乃由其「界畫」義引伸之也。則「一介臣」者，猶「一特立獨行之臣」也。馬本作「界」，以「耿介一心端慤者」說其義，是也。**斷斷猗無他伎■**斷斷，枚《傳》：「斷斷猗然專一之臣。」《大學》鄭玄注：「斷斷，誠一之貌也。」何休《公羊傳解詁》：「斷斷，猶專一也。」《說文》：「斷，截也。从斤𢇍，𢇍，古文絕。㡭，古文斷，从㠯，㠯，古文叀字。《周書》曰：「㡭㡭猗無它技。」㓷，亦古文斷。」行甫按：「斷」之篆文从古文「絕」，「斷」之古文「㡭」从古文「叀」，「叀」即「專」也，則「斷」者，猶「決絕專斷」也。「決絕」者，言其秉性堅執也；「專斷」者，言其見識獨特也。猗，語氣詞，猶今語氣詞「啊」。《公羊傳》作「焉」，《大學》作「兮」，皆聲轉之詞。伎，《公羊傳》、《大學》、《說文》皆引作「技」。何休《公羊傳解詁》：「他技，奇巧異端也。孔子曰：「攻乎異端，斯害也已。」」枚《傳》：「斷斷猗然專一之臣，雖無他伎藝。」鄭玄《大學注》：「他技，異端之技也。」孔穎達《大學疏》：「言此專一之臣，無他奇異之技。」行甫按：「他技」者，與上文「旅力既愆」與「射御不違」相照應之辭。『無他技』者，猶言無『射御不違』之技藝也。連上文，意謂：若有一位秉性孤介之臣，其人行事決絕，見識獨特，然未必膂力過人，既無百步穿楊之射藝，也未有隨心所欲熟稔馳驅之車技。**其心休休焉**■其，猶『於』也。《大學》『其所厚者薄，而其所薄者厚』，與《孟子・盡心上》『於所厚者薄，無所不薄也』，文義相同。說見吳昌瑩《經詞衍釋》。行甫按：《盡心上》：『其進鋭者，其退速。』猶言『於進鋭者，於退亦速』也。《左傳》成公二年：『其晉實有闕。』猶言『於晉實有闕』也。是『其心休休焉』，猶言『於心休休焉』也。休休，枚《傳》：『斷斷猗然專一之臣雖無他伎藝，其心休休焉樂善。』何休《公羊傳解詁》：『休休，美大貌。』《禮記・大學釋文》引鄭玄《尚書注》：『寬容貌。』孔穎達《大學疏》：『言此專一之臣，無他奇異之技，惟其心休休然寬容，形貌似有包容。』焉，猶『然』也。行甫按：歷來經師皆以『其』字代指『一介臣』，『休休』乃形容『一介臣』之『寬容』或『樂善』或『美大』，說皆非是。王引之《經義述聞》引王念孫曰：『《菁菁者莪》篇：「我心則喜。」「我心則休。」休亦喜也，語之轉耳。《箋》曰：「休者，休休然。」休休，猶欣欣，亦語之轉也。《周語》「爲晉休戚」，韋昭注：「休，喜也。」《呂刑》曰：「雖畏勿畏，雖休勿休。」言雖喜勿喜也。《楚語》曰：「教之世，而爲之昭明德而廢幽昏焉，以休懼其動。」言喜懼其動也。《釋文》、《正義》並訓休爲美，失之。』是『其心休休焉』者，猶『於心欣欣焉』也。行甫又按：『其心休休焉』與下文『其心好之』，文法語意皆同；而與『冒疾以惡之』之意則相反。是益知歷來經師說此句皆誤也。

其如有容■其，猶『乃』也。如，猶『能』也。《公羊傳》作『能』，是其證也。有容，猶『有所寬容』，『有所包容』也。行甫按：『其心休休焉，其如有容』，連上文意謂：『如有一介』孤特之臣，雖『斷斷猗無他技』，既無弓射之藝，亦無車御之術，而我猶『於心欣欣然喜之』，是『乃能有所包容』也。

〔二〕**人之有技**■人，他人也。之，猶『若』也。有技，《大學》鄭玄注：『有藝之技也。』《說文》：『技，巧也。』《莊子・天地》：『能有所藝者，技也。』行甫按：『有技』與下文『彦聖』相對而言，則『技』乃就四肢體能而言，上文所謂『射御不違』，其一端也。**若己有之**■若，如也。**人之彥聖**■彥，《說文》：『美士有文，人所言也。从彣，厂聲。』《鄭風・羔裘》『邦之彥兮』，毛《傳》：『彥，士之美稱。』《大學》鄭玄注：『彥，或作盤。』段玉裁《撰異》：『盤與般同，大也。』聖，《說文》：『通也。』《韓詩外傳》卷五：『聞其末而達其本者，聖也。』行甫按：『彥聖』爲近義複詞，與上文『有技』相對，乃就心智才略而言。**其心好之**■其，猶『於』也。好，喜愛也。行甫按：『好』字與上文『其心休休焉』相關聯。**不啻若自其口出**■不啻，不適也，猶言『非特』、『不但』也。說見王引之《經傳釋詞》。行甫按：『不啻』，猶今所謂『不止是』、『不僅僅是』之意。若，猶『如此』也。說見王引之《經傳釋詞》。自，猶『苟』也，『且』也。其，猶『於』也，『以』也。口出，猶『口惠而實不至』之謂也。行甫按：『不啻若自其口出』者，就『若己有之』與『其心好之』而遞進一層言之也。即：『不僅僅只是如此只在口頭說出而已。』言下之意：更當切實重用其人，委之以職，任之以事，居之以官。**是能容之**■是，實也。《大學》引作『寔』，『寔』猶『實』也。行甫按：『是能容之』猶『實能容之』也。謂此乃真正能容其人也。

〔三〕**以保我子孫**■保，安養也。行甫按：『以保』，《大學》引作『以能保』。**黎民亦職有利哉**■黎，鄭玄《大學注》：『黑也。』《論衡・刺孟篇》：『《尚書》曰：黎民亦尚有利哉。』段玉裁《撰異》：『此今文《尚書》也。「子孫」上屬，「黎民」下屬，斷句以此爲長。《正義》非也。』行甫按：段說是也。上言『保我子孫』，下言『黎民亦職有利』，『子孫』與『黎民』相對，故『亦』也。『亦』者，也詞也。職，吳昌瑩《經詞衍釋・補遺》：『《爾雅》：「職，當也。」《詩》：「職思其居。」言當思也。《書》：「亦職有利哉。」職訓「當」。當，「尚」也。故《大學》作「尚亦有利」。《傳》、《箋》並以「主」訓「職」，失之。』章太炎曰：『《傳》訓職爲主，非也。《釋詁》：「職，常也。」此職正訓常。《記・大學》引此作「尚亦有利哉」，王氏《述聞》謂「尚亦當爲亦尚」，是也。尚即常耳。而王亦訓爲主，則誤矣。』行甫按：吳氏所引《爾雅》『職，當也』，即《釋詁》『職，常也』之『常』字。吳氏讀『常』爲『當』耳，又以『當』

訓『尚』，不免持義不堅。章氏讀《爾雅》『職，常也』如字，又以『職常』訓《大學》之『尚』，謂『尚即常』。『常』、『當』皆從『尚』得聲，自可通用。然此『職』字應以『當』爲訓，『尚』亦通『當』。王引之謂《大學》『尚亦有利哉』應爲『亦尚』，引《論衡》爲證，其説是也。然仍以『尚』與『職』同訓爲『主』，則不免迂遠。此連上文，意謂：『能容其人，既以保我子孫，黎民亦當有利耳！』

〔四〕**人之有技■**之，猶『若』也。**冒疾以惡之■**冒，《大學》引作『娼』，鄭玄注：『娼，妬也。』段玉裁《撰異》：『《大學》作娼，是也。古文從省，假借。』行甫按：《呂氏春秋·明理》『夫妻相冒』，高誘注：『冒，嫉。』疾，憎惡也。《天問》『而鯀疾脩盈』，王逸注：『疾，惡也。』《管子·小問》『則民疾』，尹知章注：『疾，謂憎嫌之也。』行甫按：『冒疾』，近義複詞，猶今所謂『妒嫉』也。以，猶『而』也。惡，王引之《經義述聞》引王念孫曰：『惡字若讀爲好惡之惡，則與冒疾意相複。惡當讀爲諲。《説文》：「諲，相毀也。」《玉篇》：「烏古切。」《廣韻》作「諲，烏路切」，云「相毀也」。《説文》作諲。」《漢書·衡山王傳》注曰：「惡，謂讒毀之也。」是諲惡古字通。「以」猶「而」也。言嫉妬人之有技而讒毀之。下文云「人之彦聖而違之俾不達」，義與此同也。《傳》、《疏》及《大學疏》皆以惡爲憎惡，失之。襄二十六年《左傳》「太子痤美而很，合左師畏而惡之」，昭二十七年《傳》「郤宛直而和，鄢將師與費無極比而惡之」，皆謂讒毀之也。《呂氏春秋》、《韓子》、《戰國策》、《史記》、《漢書》皆謂相毀爲惡。』**人之彦聖而違之俾不達■**而，猶『乃』也。違，背也。《荀子·榮辱》『猛貪而戾』，楊倞注：『戾，乖背也。』《太玄》『戾』，司馬光《集注》：『戾者，相乖反也。』皆是其例也。屈萬里《集釋》：『違，鄭注《大學》云「猶戾也。」此謂掣肘也。』俾，使也。達，《大學》引作『通』。孫星衍《注疏》：『通，達；《説文》義也。』屈萬里《集釋》：『達，謂達成目的，意謂成功。』行甫按：屈氏體會經意，其説極是。『人之彦聖，而違之俾不達』，意謂：『其人若有聖智才略，則多方掣肘違逆其意，使之不能有所成就而顯名於世』也。枚《傳》曰『違背壅塞之，使不得上通』，鄭玄《大學注》云『佛戾賢人所爲，使功不通于君也』，其說皆非。此乃秦穆公自悔之詞，其本人即爲君主，若謂『使不得上通』或『使功不通于君』，是乃指責臣下壅塞賢路，而非自悔不能容人也。

〔五〕**是不能容**■是，猶『寔』也。容，亦『寬容，包容，容納，容忍』之意也。**以不能保我子孫**■以，因也。保，安養也。**黎民亦曰殆哉**■黎民，亦當屬下句爲讀。曰，詞之『爲』也。說見吳昌瑩《經詞衍釋》。行甫按：此『曰』字與上文『亦職』之『職』字爲對文，則吳氏所謂『詞之「爲」也』，『爲』亦『當』也。殆，《爾雅・釋詁》：『危也。』

〔六〕**邦之杌隉**■邦，國也。之，猶『若』也。杌隉，《說文》：『隉，危也。从阜从毀省，徐巡以爲：「隉，凶也。」賈侍中說：「隉，灋度也。」班固說：「不安也。」《周書》曰：「邦之阢隉。」讀若虹蜺之蜺。』段玉裁注：『危者，在高而懼也。《秦誓》曰「邦之杌隉」，《易》作「臲卼」，許《出部》之「槷䞘：不安也」，皆字異而音義同。賈謂「隉」爲「臬」之假借，故云「法度也」。依賈說則「杌隉」連文，「杌」當同「扤」，訓「搖動」。』行甫按：『杌隉』若『阢隉』，雙聲連綿詞，故又作『臲卼』，又作『槷䞘』，此與上文『黎民亦曰殆哉』之『殆』字相照應，則『危殆不安』者，其義也。**曰由一人**■曰，亦詞之『爲』也，與上『亦曰殆哉』之『曰』語用從同。由，『以』也，『因』也，亦作『猶』。說見吳昌瑩《經詞衍釋》。一人，所任之人也。行甫按：『一人』者，即今語所謂『關鍵之人』或『重要人物』也。**邦之榮懷**■之，若也。榮，屈萬里《集釋》：『盛也。』義見《荀子・大略篇》楊注。懷，和也，安也。《大雅・板》『懷德維寧』，毛《傳》：『懷，和也。』《漢書・谷永傳》『懷柔怨恨之心』，顏師古注：『懷，和也。』《王風・揚之水》『懷哉懷哉』，鄭《箋》：『懷，安也。』皆是其例。**亦尚一人之慶**■亦，也詞也。尚，猶『猶』也。『猶』猶『由』也，亦『以』也。行甫按：此『尚』與上文『由』字相對，其語用語義從同。之，猶『爲』也。慶，休也，嘉也，善也。《爾雅・釋言》『休，慶也』，邢昺《疏》：『慶，謂嘉慶也。』《禮記・月令》『行慶施惠』，鄭玄注：『慶，謂休其善也。』皆是其義也。行甫按：『邦之杌隉』云云，既是本節『昧昧我思之』之小結，亦是本篇之總結也。謂：『邦國如若危殆傾覆，乃由所任之一人以致之；邦之昌盛安和，亦因所任之一人而善之。』是興邦者，由一人也；喪邦者，亦由一人也。

此爲本篇第二節，承上文不可親近利口巧舌之人而思考用人之道。言任用臣下，當用其所長，容其所短。人之有所長，不僅僅當視如己有之而於心好之，更當任之以職，委之以事，是爲揚其所長而容其所短。如此則可長保子孫，黎民亦以獲其利。反之，不可因其短而掩其長，以致嫉妒之，掣肘之，使之無所成就，無從顯達。如此用人，則子孫難保，邦國亦危。

【繹文】

『我在心裏暗暗地反復思考一個問題：假如有一個秉性孤特的臣子，此人除了見識卓越，高瞻遠矚，不會輕易改變自己的想法之外，在四肢體格上並無别的特殊技能。對於這種長處和短處截然分明的臣子，能在心裏欣欣然接受他，喜愛他，這就是能夠有所包容了。如果其人身懷絕技，我特别欣賞他，視之如同己有；如果其人才智超群，我也打心眼裏喜歡他；而且，欣賞他、喜愛他，也不僅僅是像這樣只停留在口頭上説説而已，而是能夠實實在在地授之以官職，委之以重任，這才算真正是做到了能夠包容人才。包容這類具有特别技能的人，任用這種具有卓越才智的人，既能長保子孫永享邦國，黎民百姓也當會大獲其利的呀！如果其人雖然身懷過人之技，但也有明顯的不足之處，我因其不足而嫉恨其所長，對他橫挑鼻子豎挑眼，以致多加讒毀，貶損其所長；如果其人才智卓絶，但恃才傲物，孤高自負；我因其不闇人情世故，不善逢迎趨附，從而對他百般掣肘，横加阻攔，使他不能遂其志，成其事，顯名於當世，這就是不能容人的極端表現了。不能用人之長，容人之短，這就不可能長保子孫永享邦國，黎民百姓也會因此而遭殃的啊！

總之，假如邦國危機四伏，動盪不安，那一定是因爲任用的那個關鍵人物有所不當而造成的不良後果；如果國家繁榮昌盛，安定和諧，那也一定是由於任用的那個關鍵人物適得其人所產生的良好效果。』

【後案】

讀解本經，須明如下之二事：

其一，本經主旨。秦穆公自悔不聽老臣蹇叔之言以致殽函之敗，由此而深刻反思用人之道。穆公認爲：大凡人之常情不過慣於自是，往往固執己見，易於指責他人，不願受人指責，更不能知過即改、從善如流。他意識到，這是人性的普遍弱點。克服這個弱點，惟有親近當世有思想、有見地的老成之人，虚心向他們請教。但有思想、有見地的才智之士，未必在肢體技能上有什麼過人之處，更不懂察顔觀色，取悦於人，往往言辭直截了當，不會拐彎抹角，甚至有時尖鋭刺耳，非常難聽。而擅長花言巧語，專揀順耳好聽之言辭的人，往往自私自利，别有用心。這種人雖成事不足，卻敗事有餘。穆公由此進而認識到，正確的用人之道，就是用人之長，容人之短。用人之長，不僅僅是停留在口頭上；而容人之短，乃在不因其短而掩其所長，更不能嫉其所長。最後，穆公得出結論說：邦國危殆，由於用人不當；邦國安寧，在於任用得人。

然昔賢讀本經多所捍格，以爲『其心休休焉，其如有容』，乃『一介臣』能『樂善而容物』，以致下文『能容』、『不能容』皆失去著落。不知穆公因不用蹇叔之言而致敗，以思君主應當包容謇謇之臣，更不得心胸狹隘，因臣下忠言逆耳，便咒罵其人『中壽，爾墓之木拱矣』，恨不得他早死。此乃穆公所以反復思考『能容』、『不能容』之心理背景。而最後之結論：『邦之杌隉，曰由一人；邦之榮懷，亦尚一人之慶』，其用人是否得當，關係到邦國之存亡，黎民之禍福，更是穆公深感殽函戰敗的切膚之痛。

其二，以『誓』名篇。伏生所傳今文《尚書》，以『誓』名篇者，計有《甘誓》、《湯誓》、《牧誓》、《費誓》及本篇《秦誓》共五篇。然本篇雖以『誓』名，卻與其他以『誓』名篇者有所不同。五篇誓文，前三篇可爲一類，後二篇乃各自爲類。前三篇如劉彦和《文心雕龍·檄移》所論，乃『三王誓師』之辭：『昔有虞始戒於國，夏后初誓於軍；殷誓軍門之外，周將交刃而誓之。故知帝世戒兵，三王誓師，宣訓我衆，未及敵人也。』所謂『有虞始戒於國』，指僞古文《大禹謨》所録禹征有苗而『會群后，誓於師』之辭，其真僞莫辨，可忽諸不計。所謂『夏后初誓於軍』，乃指夏啓伐有扈而大戰於甘之《甘誓》。『殷誓軍門之外』，乃指商湯討伐夏桀戰於鳴條之野所作之《湯誓》。而『周將交刃而誓之』，所指即周武王於『甲子昧爽』之『朝至於商郊牧野』而誓師之《牧誓》及僞古文《泰誓》。若此今文三篇之誓，其大旨皆爲『恭行天罰』或『奉辭伐罪』，即大戰之前『誓衆宣威』之辭，所謂『震雷始於曜電，出師先乎威聲』者，即其義也。而《費誓》則爲伯禽出征淮夷、徐戎之前對魯國『三郊三遂』軍民發佈戰爭動員令，與上述三篇『奉辭伐罪』及『誓眾宣威』之《誓》有別，又不過『約勤戒眾』以『宣號令』之『誓』而已。至於本篇所謂『誓』者，僅是秦穆公對朝臣而公開自悔，既非『誓眾宣威』，亦非『約勤戒眾』，實與『詔誥』及『教諭』同科。是則雖五《誓》同名，而文體既別，學者當有以區而分之也。

附録

附 錄

《尚書》『予不惟』、『予不惠』、『予不允』文例釋義

——兼與裘錫圭先生商榷

以『予不惟』、『予不惠』、『予不允』所領起的文句，在今文《尚書》的多篇文誥中反復出現，但訖今爲止，歷來《尚書》注家及著文討論的語言文字學家，對這三句文例的語用和語義既無正確理解，亦無全面研究。爲有助於《尚書》解讀，也爲準確理解古人談話之慣常用語『予不惟』、『予不惠』以及『予不允』這類文例的實際語義，有必要對其語用語義進行重新論定。兹不揣冒昧，略陳孔見，以就正于方家，尤以請益於著名上古語言文字學家裘錫圭先生。

兹依孔穎達《尚書正義》的篇序，首先按照我們的理解斷句標點，將相關文例抄録如次：

王曰：封，予不惟，若兹多誥，古人有言曰：人無於水監，當於民監。（《酒誥》）

予不允，惟若兹誥，予惟曰：襄我，二人，汝有合哉！（《君奭》）

公曰：　君，予不惠，若茲多誥，予惟用閔于天越民。（《君奭》）

王曰：　我不惟，多誥，我惟祇告爾命。（《多方》）

此外，有助於上述文例理解的相關文句，亦開列如下：

陳惟若茲。（《大誥》）

祇若茲，往敬用治。（《君奭》）

一、裘錫圭先生的相關看法

裘錫圭先生在《閱讀古籍要重視考古資料》一文中，曾以《君奭》篇『公曰』句爲例證説明其觀點。爲把問題引向深入，不妨以裘先生的説法作爲本文討論的起點。

裘先生摘錄《君奭》原文『公曰：　君，予不惠若茲多誥，予惟用閔于天越民』之後説：

《僞孔傳》把『予不惠若茲多誥』解釋爲『我不順若此多誥而已』，簡直不知所云。殷墟甲骨文裏有一個常用的虛詞『叀』，作用跟『惟』（甲骨文一般作『隹』）相似，古文字學者大都認爲這個字應讀爲『惠』，當可信（參看李孝定《甲骨文字集釋》一四三一——一四三二頁、陳夢家《殷虛卜辭綜述》一〇二頁。下文引到此字時徑書作『惠』)。殷墟甲骨文裏的有些占辭以『不惟』與『惠』或『惟』與『不惠』對言：

王固曰：𢦏。惟庚。不惟庚，惠丙。　丙八四[《合》五七七五]

王固曰：吉。𢦏。惟甲，不惠丁。　同上四二[《合》二四八]

《君奭》也是以『不惠』與『惟』對言的，可見《君奭》的『惠』就是甲骨文裏的虛詞『惠』。這個虛詞後人已不熟悉，所以《僞孔傳》就把它錯釋爲『順』了。在甲骨文的虛詞『惠』被釋出之前，楊筠如《尚書覈詁》已經根據《酒誥》有『予不惟若兹多誥』之語，並以『不惟』與『予惟』對言的現象，指出《君奭》的『惠』與『惟』同義，可謂卓識。但是他認爲『惠』『當作惟』，『古惠、惟聲近相假』(二五三頁)，還是不夠妥當的。如果『惠』和『惟』所代表的確是同一個詞，上下句爲什麽要用不同的字呢？而且這種以『不惠』與『惟』對言的句子，不但見於《君奭》，也見於甲骨文，顯然不能以誤字等偶然原因來作解釋。(《隨筆》編按：張玉金《甲骨文虛詞詞典》一一六頁指出，從《丙》八四，即《合》五七七五反面的那條占辭來看，《丙》四二，即《合》二四八反面的那條占辭就讀爲：『……惟甲；不，惠丁。』『不』字後省卻了『惟甲』。其説可從。那末，殷墟甲骨文中似乎只有以『不惟』與『惠』對貞之例。不過這一點並不妨礙把《君奭》中與『惟』對言的『不惠』之『惠』看作與『惟』義近的虛詞。張書在一九九四年由中華書局出版。)『惠』和『惟』應該是一對音、義皆近的虛詞，二者的區别究竟在哪裏還有待研究(很多古文字學者認爲甲骨文『惠』、『惟』用法無别，是不對的)。《詩·大雅·雲漢》有『曷惠其寧』語，吴闓生《詩義會通》認爲『曷惠』『猶曷維也』(《邶風・綠衣》有『曷維其已』語）。這個『惠』跟《君奭》的『惠』應該是一個詞。上面提到過的《尚書譯注》把《君奭》的『不惠』讀爲『不慧』。一九八〇年出版的《詩經今注》、一九八一年出版的《詩經全譯》、一九八五年出版的《詩經譯注》，都把《雲漢》的『惠』解釋爲『賜』。這些書的作者對甲骨文的虛詞『惠』恐怕都沒有給予應有的注意。〔二〕

裘先生這段文字，大抵可以概括爲如下幾點意見：

其一，甲骨文『惠』和『惟』是一對虛詞，所以在任何語境都應該是一對音、義皆近的虛詞。

其二，不同意楊筠如『惠』與『惟』『聲近相假』之説。

其三，不贊成其他古文字學者認爲甲骨文『惠』、『惟』用法無別的説法。

其四，反對一九八二年出版的《尚書譯注》將《君奭》的『不惠』讀爲『不慧』。

其五，《君奭》『予不惠……，予惟……』與《甲骨文合集》第五七七五『不惟庚，惠丙』以及《甲骨文合集》第二四八『惟甲，不惠丁』，其句式文例全然相同。

裘先生以考古材料證讀傳世經典，雖然啟人心智，但這些具體結論卻大有商量的餘地。

〔二〕《裘錫圭學術文集》第四卷，復旦大學出版社二〇一二年版，第四〇八—四〇九頁。

二、『予不惠』之『惠』不是虚詞

『予不惠，若兹多誥』，僞孔安國《尚書傳》説：『我不順，若此多誥而已；欲使汝念躬行之閔勉也。』[一]因爲《書序》説：『召公爲保，周公爲師，相成王爲左右。召公不説，周公作《君奭》。』也許作《傳》者認爲周公此時因管蔡流言之事而影響了情緒，所以心情不太舒暢，於是把『惠』字理解爲『和順舒暢』之『順』；又或者以爲周公此時的情緒較爲激動，説話也不免顛三倒四，缺乏條理性；所以把『惠』字理解爲『通順暢達』之『順』了。所以無論出於哪種理解，作《傳》者釋『惠』爲『順』都是情有可原的；雖然其釋義用字不是十分精准，但揣摩經文旨意應該説還是不算太離譜。而裘先生認爲《僞孔傳》的『解釋』是『簡直不知所云』，應該是没有細讀《尚書》經文，也没有悉心體會注文用意所在的緣故。

楊筠如《尚書覈詁》説：『此「不惠」亦當爲「不惟」也。古惠、惟聲近相假。襄二十六年《左傳》服注：「惠、伊，皆發聲。」古書「惟」與「伊」同用爲發聲。不見「惠」字，則「惠」亦「惟」之假也。』[二]楊筠如也是因爲没有理解《僞孔傳》注文的用意所在，所以另覓新解，將『惠』字理解爲只有『發聲』而無

[一] 阮元刻《十三經注疏》，中華書局二〇〇〇年影印嘉慶刊本，第四七九頁。

[二] 楊筠如《尚書覈詁》，陝西人民出版社二〇〇五年版，第三七八頁。

意義的虚詞。但如果這樣理解的話，整個句子就成了『我不若兹多誥』了。這倒真有點像裘先生所説的那樣：『簡直不知所云』了。而裘先生將『予不惠』之『惠』字等同於『惟』字，以爲皆爲虚詞，實從楊氏之説。但並没有仔細檢討楊氏釋此『惠』字爲無義的『發聲』語詞，放在這個具體的語境中能不能講得通。

事實上，這個『惠』字決不能作虚詞理解，章太炎《尚書説》早就指出這個『惠』字的意義。太炎先生説：『惠，慧也。愚人多言，故周公言若兹多誥也。』[一]則『惠』當讀如『慧』。例如：《説苑・雜言》『豈闟龍逢無知，而比干無惠乎哉』，向宗魯校曰：『無惠，《外傳》作不慧。「惠」「慧」古通。』[二]《論語・衛靈公》『好行小慧』，陸德明《經典釋文》曰：『音惠，小才知。魯讀慧爲惠。今從古。』黄焯校曰：『行小慧，皇本作惠。』[三]《大戴禮記・易本命》『食谷者智惠而巧』，王樹枏曰：『《淮南子》「惠」作「慧」，通字。』[四]皆是其例。是以『予不惠』，即『予不慧』。王世舜亦讀『予不惠』之『惠』爲『慧』，注云：『不惠，不聰明，自謙之詞。』[五]與上下文語境甚合。其實，清人江聲《尚書集注音疏》早已言之，江氏之注曰：『惠讀爲智慧之慧。不慧，謙詞也。言我不慧，故煩於言如此多誥』；又疏之曰：『惠有

[一] 諸祖耿整理《太炎先生尚書説》，中華書局二〇一三年版，第一六八頁。
[二] 向宗魯《説苑校證》，中華書局一九八七年版，第四二三頁。
[三] 黄焯《經典釋文彙校》，中華書局二〇〇六年版，第七一三頁。
[四] 方向東《大戴禮記匯校集釋》，中華書局二〇〇八年版，第一三二八頁。
[五] 王世舜《尚書譯注》，四川人民出版社一九八二年版，第二三一頁。

順也、仁也、悉也諸訓，皆不可施之於此。古者慧字輒通作惠。《漢書·昌邑王傳》云「清狂不惠」，蘇林注云「或曰色理清徐而心不慧曰清狂」。又《後漢書·孔融傳》云「觀君所言，將不早惠乎」？是皆以惠爲智慧字，故此讀惠爲智慧之慧也。智慧謂明達而穎悟也。周公書自謂巧能，多材多藝，而此言不慧，故以爲謙詞。言「我不慧故煩於言如此多誥」者，《穀梁傳》僖公二年傳云「達心則其言略」，「達心」即智慧。故不慧則言煩而多誥，益見惠之讀當爲慧矣。』〔二〕江氏之注與疏，所言極爲詳備。章太炎所謂『愚人多言』，亦當從江聲之説。而王世舜先生《尚書譯注》也不過是循文本、從舊説而已。裘錫圭先生反而認爲王先生《尚書譯注》由於『對甲骨文的虚詞「惠」字没有給予應有的注意』因而導致了把『不惠』讀爲『不慧』的失誤。顯然，自清儒江聲到章太炎以及王世舜皆讀『惠』爲『慧』，無疑是正確的，尤其江聲之《集注音疏》，詁訓、釋義以及書證，三者俱備，對經文的理解非常準確到位。

因此，『予不惠若兹多誥，予惟用閔于天越民』，此『不惠』之『惠』字與『予惟』之『惟』字，顯然並不是裘先生所説的如同甲骨文那樣具有『對貞』性質的一對虚詞。而且如此句讀也是不正確的。應當從江氏聲《集注音疏》句讀爲『予不惠，若兹多誥』，乃周公自謙之詞，意即：『我不聰慧，不善言辭，所以如此囉裏囉嗦地説了這許多話』。因此，『予惟用閔于天越民』的『惟』字就與『不惠』的『惠』字詞性完全不同，此『惟』字應訓爲『唯獨』、『只有』、『只不過是』，即王引之、吴昌瑩所謂『祇詞』、『特詞』之虚詞。王氏《經傳釋詞》以及吴氏《經詞衍釋》均有不少這種用法的例證，兹不備引。而且把『予不惠』與

〔二〕《清經解·清經解續編》第三册，鳳凰出版社二〇〇五年版，第三〇九六—三〇九七頁。

『予惟』作相對爲用的虚詞，在句讀上也是有問題的。把這兩句話連起來理解，意思就是説：『我不聰慧，不善言辭，之所以像這樣哆裏哆嗦地説了許多話，我不過是因爲對於上天與下民深懷悲憫而已』。由此可見，裘先生認爲『不惠』之『惠』應當理解爲甲骨文『惠』、『惟』對言的虚詞，在這裏無論如何是講不通的。

三、『予不惠』義同『予不允』

『予不惠』之『惠』乃實詞而非虚詞，可從『予不允』得到證明。

《君奭》『予不允，惟若兹誥』，與此『予不惠，若兹多誥』，文法一律，楊筠如、于省吾皆持此説，毋庸置疑。但前人對『予不允』的釋義卻大有可商。

《僞孔傳》讀此句與上文『肆念天威』相連，注曰：『以殷喪大故，當念我天德可畏，言命無常。我不信，惟若此誥。我惟曰當因我文武之道而行之。』〔一〕《僞傳》的意思是説，『因爲殷人喪失了天命，就會想到我周邦現在所擁有的上天之德是應當敬畏的。這話的意思就是説：天命是不能常保的。但是我並不相信，因而説了這樣一番話：我意只是説，只要沿著我們文王和武王所開創的道路前進就應當不會喪失天命了。』《僞孔傳》的經義解説，曲解原文，有悖經旨，不足爲訓。但顯然他是將『允』解釋

〔一〕　阮元刻《十三經注疏》，中華書局二〇〇〇年影印嘉慶刊本，第四七九頁。

爲『信』，又將『信』用作『相信』之『信』。用的是『允』字的常訓，故而設法求通，只好這麼拐彎抹角，迂回爲説。

江聲《尚書集注音疏》注曰：『我不誠而惟若此相誥乎？言以誠誥也。』其疏曰：『上言「告女朕允」，而此言「予不允惟若兹誥」，則「不允」自是反決之詞，故云「我不誠而惟若此相誥乎」？言以誠誥也。』[二]江氏將『予不允』與上文『告汝朕允』聯繫起來作解，將二『允』字皆釋爲『誠信』；但又發現將『予不允』之『允』釋爲『誠信』在文義上多所扞格，於是他不得不借助『反詰』修辭的方法來解決『予不允，惟若兹誥』與『告汝朕允』的意義衝突。否定的『反詰』意爲肯定，肯定的『反詰』意爲否定。根據『反詰』修辭的語用與語義，江氏不得不補足文意説：『言以誠誥也』。這樣周公的意思就是：『難道我不誠實才像這樣和你説話的嗎？』顯然不是，而是非常誠懇的。』其後，孫星衍作《尚書今古文注疏》，也基本沿襲江聲的解釋路徑，孫星衍曰：『周公言：予不誠而惟若此相告乎？言以誠告也。』[三]這是《僞孔傳》之外的另一種解釋路徑。

《僞孔傳》之外，還有一種解釋路徑，就是王先謙《尚書孔傳參正》的説法。王氏曰：『不允，允也，《詩經》多此例。上云「告汝朕允」，故知此「不允」爲允，言予之誠心惟若此誥，予惟曰在我二人成

[二] 江聲《尚書集注音疏》八，《清經解·續清經解》第三册，鳳凰出版社二〇〇五年版，第三〇九六頁。
[三] 孫星衍《尚書今古文注疏》，中華書局一九八八年版，第四五六頁。

之。《左傳》杜注：「襄，成也。」[二]王先謙亦如江聲，亦以「告汝朕允」與「予不允」相關爲說，也是將二「允」字一律解爲「誠信」之「誠」，但也是覺得上下文意齟齬，於是求助於《詩經》毛、鄭的《傳》《箋》之法，以期彌縫其說。例如，《大雅・文王》「有周不顯，帝命不時」，毛《傳》云：「不顯，顯也。顯，光也。不時，時也。時，是也。」鄭《箋》曰：「周之德不光明乎？光明矣。天命之不是乎？又是矣。」[三]由此可見，不僅王先謙假威于毛《傳》，江聲亦取勢于鄭《箋》。然而毛《傳》與鄭《箋》皆不知「不顯」、「不時」皆當讀爲「丕顯」、「丕時」，上古「不」與「丕」音同而通用。「丕」之言「大也」，乃程度副詞，相當於今口頭語所謂「好大」、「好漂亮」之「好」。「好大」即「非常大」，「好漂亮」猶言「非常漂亮」。因此，「有周不顯，帝命不時」，就當讀爲「有周丕顯，帝命丕時」，意即「周邦之德，非常顯赫；上帝之命，無比正確」。然而毛、鄭不知「不顯」、「不時」之「不」作爲程度副詞的用法，將它具有强調作用的言語意義忽略過去了，因而對於《詩》的理解難免有失於準確。試比較現代口語所謂「好大」與「大」、「好漂亮」與「漂亮」的意義差別，就會發現有「好」字和没有「好」字，其説話的語氣和態度是完全不一樣的。「好大」則特别强調「大」的程度，「好漂亮」也特别强調「漂亮」的程度。有「好」字與没有「好」字，語感是全然不同的。因此，無論從哪個角度來看，周公所謂「予不允」之「不允」，決不能參照毛《傳》、鄭《箋》所謂「不顯，顯也；不時，時也」之類的解釋路徑。否則周公所謂「予不允」便成了「予丕允」了，

[二] 王先謙《尚書孔傳參正》，中華書局二〇一一年版，第八〇七頁。
[三] 阮元刻《十三經注疏》，第一〇八三頁。

如此理解，與周公所要表達的意思便相去不可以道里計了。

總之，根據『允』字『信也』、『誠也』之類的實詞常訓，釋義多所迂曲，古人雖百計彌逢，皆不能妥善地解決這個『予不允』的語義問題。因此，當代學者往往另覓新徑，不從實詞角度而從副詞或語詞的視域立說。如曾運乾曰：『允惟，信惟也。與《酒誥》「兹乃允惟王正事之臣」詞例同』。[一]楊筠如曰：『允，猶用也。《皋陶謨》「百獸率舞，庶尹允諧」，「允」與「率」同也。』[二]屈萬里亦釋『允』爲『用』，但沒有語義串講。[三]周秉鈞釋『允』爲『語助詞。不允惟，不但也』。[四]可見釋義紛紜衆説，莫衷一是。

然而，事實上，《爾雅》中有一條有關『允』字的釋義，卻被古今注《尚書》的學者集體忽略了。

《爾雅·釋詁下》：『允、任、壬，佞也。』郝懿行《爾雅義疏》曰：

《説文》：『佞，巧讇、高材也。』『佞』有二義：《廣雅》云：『佞，巧也。』《韓詩外傳》云：『佞，諂也。』與《説文》前義合也。左氏成十三年《傳》『寡人不佞』，《魯語》云『寡君不佞』，服虔及韋昭注並云：『佞，才也。』與《説文》後義合也。[五]

[一] 曾運乾《尚書正讀》，中華書局一九六四年版，第二三三頁。
[二] 楊筠如《尚書覈詁》，陝西人民出版社二〇〇五年版，第三七六頁。
[三] 屈萬里《尚書集釋》，中西書局二〇一四年版，第二一五頁。
[四] 周秉鈞《尚書易解》，華東師範大學出版社二〇一〇年版，第二三六頁。
[五] 郝懿行《爾雅義疏》，上海古籍出版社一九八三年版，第三一八頁。

俞樾《群經平議·爾雅一》亦曰：

此經「允、任、壬」同訓「佞」，而義實不同，《爾雅》此例甚多。《説文》女部：「佞，巧讇、高材也。」「允」之爲「佞」，乃「巧讇」之義，「任、壬」之爲「佞」，乃「高材」之義。「任、壬」文異義同。「佞」之言「能」也、「勝」也。古人自謙「不佞」，猶言「不任」矣。[二]

許君説「佞」字有「巧讇、高材」之二義，其實二義只是一義，不過褒貶不同而已。是所謂「佞」者，即「言語高才」也。《論語·雍也》：「不有祝鮀之佞而有宋朝之美，難乎免於今之世矣！」即是其證。俞樾謂「不佞」爲古人自謙之辭，極爲正確。《雅》訓「允」爲「佞」，正是周公所謂「予不允」之「允」字之義。「予不允」猶言「予不佞」而已，其爲「古人自謙」之詞甚爲明白。而且尤其可貴的是，周公這條語料，可補郝氏《爾雅義疏》之闕。由此而言，則「予不允，惟若兹誥」者，猶言「予不才，不善言辭，因而如此説了這許多話」。

總而言之，「予不惠」之「惠」乃實詞而非虚詞，由「予不允」即「予不佞」、「予不才」之義可得其證明。反過來，「予不允」亦可由「予不惠」即「予不慧」之義得其證明。二義相得益彰；因此，以「予不

[二] 俞樾《群經平議》三十四，《清經解·清經解續編》第拾三册，第七〇〇三頁。

惠』與『予不允』互相證發，則『予不惠』之『惠』不可爲虚詞，而『予不允』之『允』得其《雅》訓，亦無容別解。

由此可見，『予不惠』與『予不允』之文例相同，皆爲古人談話時插入的自謙語。因此，『不惠』之『惠』，與『不允』之『允』，皆非虚詞。『允』既與『惠』同爲實詞，則裘先生以『惠』爲虚詞，也站不住腳。

四、『予不允』之『允』是否誤字

如前所述，由於歷來注《尚書》的學者没有注意到《爾雅・釋詁》中有關『允』字的釋義，因而『予不允』之『允』字，多方作解，其義終不能安。然自魏正始《三體石經》殘石於一九二一年重現人間之後，學人又多援引《石經》文字爲說。

《無逸》『厥愆，曰朕之愆允若時』之『允』字，《三體石經》古文、篆、隸三體皆寫作『兄』字。章太炎《新出三體石經考》曰：

按《隸釋》載《熹平石經》『厥愆曰朕之愆允』，是伏生本誤『兄』爲『允』也。而古文家或誤從之。梅《傳》云：『信如是。』是梅已作『允』也。『兄』者，過甚之詞，言朕之愆過於如是也。〔一〕

〔一〕《章太炎文集》第七册，上海人民出版社一九九九年版，第五四六頁。

據此，章太炎將《君奭》篇『告汝朕允』以及『予不允』兩『允』字，皆參照正始《三體石經》改成『兄』字。章氏《尚書説》云：

公曰，君，告女朕兄，（今本作『允』，此從《三體石經》。）兄即貺。《釋詁》：『貺，賜也。』告者，《釋詁》云：『祈、請，告也。』則告亦訓祈請。《漢·高帝紀》『告歸』，師古曰：『告者請謁之言。』告女朕兄者，祈女貺我也。欲其解慍，故云然。又案《論衡·氣壽》篇云：『召公，周公之兄也。』疑亦本此爲説，則當讀告女朕兄保奭爲句，猶《康誥》言『孟侯朕其弟小子封』爾。然不如讀貺爲愜。

予不兄（今本作『允』，此從《三體石經》。）惟若茲誥。《無逸》『無皇曰』，今文作『無兄曰』，此兄亦皇之借。言我不暇若茲誥，故次言予惟曰云云。案《無逸》《君奭》二篇古文三『兄』字非甚難憭，而末師悉改爲『允』，前二事尚可通，至此則難通矣。[一]

章太炎改『告汝朕允』爲『告汝朕兄』，釋其義卻有二解。一是通『兄』爲『貺賜』之『貺』，有『賞賜』、『饋贈』之意，解其義爲：『告女朕兄者，祈女貺我也。欲其解慍，故云然』。意思是：『周公希

〔一〕　諸祖耿整理《太炎先生尚書説》，第一六七—一六八頁。

望召公不要生氣，所以對召公説：請您對我加以賞賜吧，不要再對我有所怨恨了』。另一解是如字讀『兄』爲『兄長』之『兄』，並連下文『保奭』二字讀爲『告女朕兄保奭』，意即『請求您我的兄長太保奭』。然章氏自謂這一解釋不如讀爲『既賜』之『既』更切文意。章氏又改『予不允』之『允』爲『兄』，又將『兄』字讀爲『皇暇』之『皇』，現代漢語此『皇暇』字已寫作『遑』。因此，『予不允惟若兹誥』即『言我不暇若兹誥』，因而下文便有『予惟曰云云』。意即：『我没有時間多説，只好這樣説。所以下文便有「我只是説如何如何」了』。

于省吾《雙劍誃尚書新證》亦云：

『告汝朕允』、『予不允』，二『允』字並『兄』字之訛。《無逸》『允若時』，魏《三體石經》作『兄若時』，古文兄與允相似。『不兄』之『兄』讀『皇』。《無逸》『無皇曰』，漢《石經》『皇』作『兄』。『皇，暇也。』言『予不暇惟若此誥也』。不暇誥，猶言『無暇多誥』。下言『予不惠若兹多誥』，《洛誥》云『朕不暇聽』，古人言語質直蓋如是也。若云『告汝以我之誠信』，下又言『我不信惟若此誥』，則上下之義相反矣。或曲爲之解曰：『不允，允也。』然則下文『予不惠若兹多誥』，與此語例同。如訓爲『予惠若兹多誥』，豈達於辭乎？蓋昔人不知『兄』之訛爲『允』，又不諳『朕』之故訓，遂無有發其覆者矣。[一]

[一] 于省吾《雙劍誃尚書新證》，中華書局二〇〇九年版，第二三三—二三四頁。

于省吾氏與章太炎先生的思路完全一致，也是把『告汝朕允』與『予不允』之『允』字，都改爲『兄』字，但釋義卻不如章太炎明晰。尤其是『告汝朕允』改爲『告汝朕兄』，卻根本不予解釋，大抵仍然是暗襲章太炎之説而不加宣明而已。至於楊筠如《尚書覈詁》及劉起釪《尚書校釋譯論》皆從章氏、于氏之説，都改『允』字爲『兄』，好奇尚新而已。

由我們上文的相關論述可知，將『予不允』釋爲『予不佞』，既有《爾雅》的書證，亦于文本語境完全相符，文從字順，釋義貼切，無須另尋別解。因此，改『予不允』爲『予不兄』，然後乞靈於通假，通而又通，假而又假，繁辭累説，純屬多事。且『告汝朕允』，《僞孔傳》曰：『告汝以我之誠信也』。江聲《尚書集注音疏》注曰：『允，誠也。告女以我之誠悃』；其疏曰：『允，誠；《釋詁》文。云「告女以我之誠悃」者，悃，愊也。悃愊亦誠實之意也』。我們知道，《君奭》是周公攝政之初于平定管蔡之前，爲穩住朝廷内部陣腳而與召公奭進行的一次推心置腹的談話（參見拙作《西周末年的鑒古思潮與今文〈尚書〉的流傳背景》，《漢學研究》十九卷第一期，見本書附錄）。因此，『告汝朕允』，意思就是：『告訴你我的真實想法。』亦文從字順，釋義妥帖，無煩改字。章氏、于氏改『朕允』爲『朕兄』，釋義迂曲，治絲益棼，不過徒增滋擾而已。

至於《無逸》篇『厥愆，曰朕之愆允若時』，《三體石經》作『朕之愆兄若時』，亦有討論的餘地。

章太炎《新出三體石經考》堅定地認爲《無逸篇》『厥愆，曰朕之愆允若時』當從《三體石經》作『朕之愆兄若時』，至於《熹平石經》殘字作『曰朕之愆允［若時］』，則是因爲早在伏生所傳今文《尚書》之時便『誤「兄」爲「允」』了。因此，章太炎《尚書説》解《無逸》此句即云：

厥愆曰朕之愆兄（今本作『允』，此從《三體石經》）若時，《廣雅·釋詁》：兄與皇亢並訓大，聲皆相近。朕之愆兄若時，言朕之過大如是也。末師不解，强改爲允。然據《石經》古文篆隸皆作兄，疑馬本尚未改字。[一]

蔡邕所書《熹平石經》立於東漢熹平年間（一七二—一七七年），曹魏《三體石經》立于齊王芳正始年間（二四〇—二四八年）；二《石經》刻成時間相差七十餘年，時代間隔的確不算太遥遠。前者作『朕之愆允若時』；後者作『朕之愆兄若時』，而且古文、篆、隸三體皆然。這樣，問題就産生了，如果就《石經》以證《石經》，確實難以遽爲定讞。

《無逸》原文曰：

厥或告之曰：小人怨汝詈汝，則皇自敬德；厥愆，曰朕之愆允若時。

『厥』，若也。『皇』通『兄』，讀如『況』，意即『滋益』、『更加』；『愆』，本義爲『過錯』，此處用作動

[一] 諸祖耿整理《太炎先生尚書説》，中華書局二〇一三年版，第一六一頁。

詞,『指責』、『批評』之意。句意是説: 『如果有人告訴他説,「有小人在背後怨恨你,咒駡你」,他便更加謹慎自己的德行; 如果有人批評指責他的過錯,他就説: 「我的過錯的確就像你所指責的這樣」』。如果根據《三體石經》作『兄若時』,依照章太炎先生的解釋,意思就是這樣: 『如果有人批評指責他的過錯,他就説,「我的過錯比你説的還要嚴重」』。因此,表面看起來似也兩解俱通。但依人之常情揣摩,可能前一種解釋更加合理; 而如果不是矯情虚僞,没有人會像後一種解釋那樣對待别人的指責。這樣看來,還是《熹平石經》作『允』字較爲切近情理; 而《三體石經》作『兄』字既有礙於情理,而且嚴格説來,『兄若是』,其意當爲『更加像這樣』,反而已成語病。而劉起釪《尚書校釋譯論》不之察,抄録章太炎、于省吾之説,不免盲從之過。

由此可見,究竟是伏生及《熹平石經》誤『兄』爲『允』,還是《三體石經》誤『允』爲『兄』,其孰是孰非,豈不是非常明顯了嗎? 而且《熹平石經》刻成在前,《三體石經》刻成在後,其爲文獻的證據力究竟孰優孰劣,豈亦須深思而後得耶?

五、『予不惟,若兹多誥』釋義

楊筠如《尚書覈詁》於《酒誥》『予不惟若兹多誥』句詁之説: 『予不惟,與下文「予惟曰」相對成義。《君奭》「予不允惟若茲誥；予惟曰襄我二人，女有合哉」，文法與此一例。惟，《釋詁》：「思也。」』〔二〕楊氏謂『予不惟，若茲多誥』與《酒誥》『予不允，惟若茲誥』文例相同，當然是正確的。但又釋『惟』爲『思』，則『予不惟』乃『予不思』。但楊氏於《君奭》既釋『予不允』之『允』爲『用』，又謂『「允」與「率」同』，顯然，楊氏是把『予不惟』之『惟』與『予不允』之『允』都解釋爲語詞。因此，楊氏引《釋詁》『思』以解『惟』，乃是以『思』爲語詞，而非爲『思維』、『思慮』之動詞意義甚明。周秉鈞《尚書易解》亦釋『惟』爲『思』，但周氏則以『思』作動詞用。周氏曰：『言予不思如此多誥矣，欲其有所監戒』。〔三〕然而今之説《尚書》者，多受高郵王氏父子影響，以爲語詞便是無義。因此，或以『惟』字爲無義語詞，不予解釋；或以爲動詞，解爲『思』；皆非其義。

楊筠如謂『予不惟』與『予不允』文法一律。其實，『予不惟』不僅與『予不允』文例相同，與『予不惠』也同樣相同。而且不僅《酒誥》有『予不惟，若茲多誥』，《多方》亦有『我不惟，多誥』的文例。因此，既然『予不惟』與『予不惠』及『予不允』文例相同，那麼此『惟』字亦當與『惠』字、『允』字同爲形容詞，其語用語義亦當爲古人談話時插入的自謙之辭。但是，『惟』字並沒有與『惠（慧）』與『允（佞）』相近的義項。那麼，唯一可以考慮的解釋途徑，就是此『惟』字必與『惠』字相通假。事實上，『惟』字，上古爲喻紐三等字，『惠』字，上古爲匣紐，喻三歸匣，乃常識之論，此爲『惠』與『惟』相通互用的先在條

〔二〕 楊筠如《尚書覈詁》，第二八八頁。

〔三〕 周秉鈞《尚書易解》，華東師範大學出版社二〇一〇年版，第一七八頁。

件。裘錫圭先生所列舉甲骨文『惠』與『惟』『對貞』爲用的二條文例，正是二字音同義通的早期語用證明，因此，楊筠如說『惠』、『惟』二字『聲近相假』，無疑也是非常正確的。楊樹達《積微居甲文說》亦有此論，楊氏說，『惠與惟古通用，《書·酒誥》云「予不惟若茲多誥」，而《君奭》則云「予不惠若茲多誥」，是其證也。』[一]因此，我們有充分的理由認爲，『予不惟』應讀如『予不惠（慧）』，而其語義就是『予不允（佞）』』（筆者按：『允』也是喻母三等字，或者與『惟』字亦有聲轉可能。果如此，則『允』、『惟』、『惠』三字語用相同，就不大可能是偶然的巧合了。姑録之以備考）。

因此，就《尚書》文例而言，我們既不同意裘錫圭先生把《君奭》中『予不惠，若茲多誥；予惟用閔于天越民』中的『惠』、『惟』二字當作『一對音、義相近的虚詞』來看待；也不同意裘先生以爲甲骨文中『惠』、『惟』二字爲『一對音、義相近的虚詞』可以無條件地適用於任何時代之任何語境的看法。

六、結論

爲了全面理解《尚書》『予不惠』、『予不允』、『予不惟』文例的語用和語義，我們不妨將上引文句，各爲相對完整的釋義與繹文，然後再作結論：

[一] 楊樹達《積微居甲文説》，上海古籍出版社二〇〇六年版，第一二頁。

王曰：封，予不惟，若茲多誥，古人有言曰：人無於水監，當於民監。（《酒誥》）

——王說：康叔封，我智慧不足，不善言辭，像這樣囉裏囉嗦對你們說了這許多話。總之，古人說過：『人不要僅僅只是用水來照見自己臉上的污垢，更應當以人事作爲鏡子來照見我們的行爲得失。』

予不允，惟若茲誥，予惟曰：襄我，二人，汝有合哉！（《君奭》）

——周公對召公說：我口才不好，不會揀好聽的話說，只好這樣反復地對你說這些話，我不外乎就是說：『幫助我，我們二人，你要與我精誠團結，親密無間啊！』

公曰：君，予不惠，若茲多誥，予惟用閔于天越民。（《君奭》）

——周公親切地喚著召公說：尊敬的大兄長啊，我這個人沒什麼大智慧，也不會說話，像這樣跟您說了這麼多，我無非是因爲對於在上之天與在下之民充滿悲傷和憂憫之情罷了。

王曰：我不惟，多誥，我惟祇告爾命。（《多方》）

——王對各位邦君諸侯說，本人生性不聰慧，不善辭令，七扯八拉地說了許多，我只不過是要告訴你們上面所說的那些事實和道理而已。

由上述釋義與繹文，我們完全可以理解這些文例在《尚書》中作爲自謙之詞的語用與語義了。而且，應該注意的是，上述文句，無一例外地都是出現在前面一大段談話之後，因而無不具有總結與歸納的意味。這就更加表明『予不惟』、『予不惠』、『予不允』句式，下接『多誥』或『若茲多誥』或『惟若茲誥』的語義語用完全相同，都是古人談話時表示自謙的插入語； 而其下所接的『惟』字，又都是作爲『唯獨』、『只是』之所謂『祇詞』或『特詞』之義使用的虚詞，意即： 『歸納起來，就此一點。』可見『惠』與『惟』在《尚書》中的用法，與甲骨文『惠』、『惟』二字的用法，完全不是一回事。

此外，《大誥》篇末有『陳惟若茲』以及《君奭》最後還有『祇若茲，往敬用治』的結束語，與《多方》文末『我不惟，多誥，我惟祇告爾命』的結束語，其語用語義也是完全相同的。『陳惟若茲』，意思是說： 『所要講的就是如此。』或爲： 『所說的就是這些。』而『祇若茲，往敬用治』，意思是： 『所要説的，就是這些了，從今以後，我們要十分地警惕起來，以謹慎的態度處理好一切政務。』這些結束語，也可以幫助我們深入瞭解『予不惟』、『予不惠』、『予不允』這類文例的真正意涵。

綜上所述，我們認爲，正如大多數古文字學者所言，早在甲骨文中，『惠』與『惟』二字音同互用，這是無可懷疑的。 但甲骨文『惠』、『惟』二字的語用語義不同于《尚書》此二字的實際用法。 畢竟從殷墟甲骨文的年代到西周初年，言語習慣發生了很大變化，不能完全按照甲骨文的用例來解釋西周初年的傳世文獻。 裘錫圭先生以及已故的于省吾都是成就卓著的上古語言文字學家，他們的意見都有很大影響，劉起釪《尚書校釋譯論》便常常不加甄别地引錄他們的相關說法。 恐當世之妄言，隔代即成典要。 爲後學計，故不揣鄙陋，作斯文以辟之。 更爲重要的是，裘先生說『閲讀古籍要重視考古資料』，話雖不錯，但如果作爲一種讀書方法來提倡，就更要實事求是，慎之又慎； 更應作深入具體的研究，不可一概而論，否則將流弊後昆不淺。

（原載《南昌大學學報》人文社科版二〇二〇年第四期）

西周末年的鑒古思潮與今文《尚書》的流傳背景

——兼論《尚書》的思想意蘊

《史記·儒林傳》曰：『秦時焚書，伏生壁藏之，其後兵大起，流亡。漢定，伏生求其書，亡數十篇，獨得二十九篇。即以教于齊魯之間，學者由是頗能言《尚書》。』[一] 史公所言，即二十九篇今文《尚書》[二] 在漢代的流傳根據。至於《尚書》在先秦的流播與纂輯，則不甚了然。據《荀子·勸學》，《尚書》在晚周曾是儒家『四教』之一。但《尚書》何以從王室檔案流傳於學人之手，其流傳的背景是什麼？流傳者或曰編纂者意欲以此説明什麼？據筆者孤陋所見，目前學術界似乎還很少有人涉及。本文擬就上述問題，略作探討，以就正於海内方家。

〔一〕司馬遷著，三家注《史記》卷一二一《儒林列傳》，中華書局，一九八二年，頁三一二四—三一二五。

〔二〕今人蔣善國認爲，伏生所藏《尚書》，可能就是二十九篇，不同意司馬遷『亡數十篇』的説法。見《尚書綜述》上海古籍出版社，一九八八年，頁六。

一、西周末年鑒古思潮之積成

武王克商之後，周代少數傑出的政治家深切地意識到殷人之所以『殞其大命』，就在於沒有汲取夏王朝滅亡的教訓，因而萌發了以古爲鑒的思想。這種思想在西周初年的文獻中屢見。如《召誥》，據《書序》及孔穎達《尚書正義》曰：『成王在豐，欲宅洛邑，使召公先相宅。』召公於是因相宅而作誥，告誡成王，『宜以夏、殷興亡爲戒』。召公曰：

相古先民有夏，天迪從子保，面稽天若，今時既墜厥命。今相有殷，天迪格保，面稽天若，今時既墜厥命。[一]

有夏與有殷，曾經都是天命所保的大邦，但是現在，他們都相繼『既墜厥命』，遭了滅亡。因此，召公痛切地說：

我不可不監于有夏，亦不可不監于有殷。我不敢知曰，有夏服天命，惟有歷年。我不敢知曰，

[一] 本文徵引《尚書》文字，皆據清人孫星衍《尚書今古文注疏》，中華書局，一九八二年，下同，不再注。

不其延。惟不敬厥德，乃早墜厥命。我不敢知曰，有殷受天命，惟有歷年。我不敢知曰，不其延。惟不敬厥德，乃早墜厥命。今王嗣受厥命，我亦惟兹二國命，嗣若功。（《召誥》）

有夏與有殷的天命之年究竟有多長，這是不能知道的，也不能説他們的天命就不會延長下去。但由於他們『不敬厥德』，故而『早墜厥命』。因此，今之『嗣王』，既『不可不監于有夏，亦不可不監于有殷』。又如《無逸》，乃是周公告誡成王『知稼穡之艱難』。他歷數殷代諸王的勤勉及怠惰與殷代國祚盛衰的休戚相關，這無疑是要年幼的成王以古爲鑒，不要『生則逸』，重蹈殷人的覆轍。此外，《詩經》中作於西周初年的《大雅・文王》一詩，亦説『殷之未喪師，克配上帝。宜鑒於殷，駿命不易』〔二〕與《無逸》的思想是一致的。又《墨子・非命下》所引《太誓》之文曰：『爲監不遠，在彼殷王。』〔三〕由此可見，『大邑商』的滅亡，確乎在周人的心目中引起過不小的觸動。

不過，西周初年的以古爲鑒，並没有形成廣泛的社會思潮。第一，周人克殷之後，雖然經過一些小的反覆，但通過民族大遷徙的方式，很快在三年之内，就有效地控制了政治局面。隨著新生政權的鞏固，社會秩序趨於穩定，尋找歷史借鑒也就失去了現實需要的依托。第二，周人克殷，畢竟是以落後的民族代替文化發達的『天邑商』，他們爲勝利而狂歡，忙於歌功頌德，『以其成功告於神明』，並没有花

〔二〕《詩經・大雅・文王》，阮元校刻《十三經注疏》，中華書局，一九八〇年，頁五〇五。

〔三〕吳毓江《墨子校注》，卷九，中華書局，一九九三年，頁四二五。

很大精力去認真總結歷史。第三，西周初年的以古爲鑒，主要是經歷過改朝換代的老臣針對年幼的『嗣王』或『齒少』的康叔所作的道德訓誡。隨著新生政權的日益鞏固，與承平時日的很快到來，加之歷經滄桑的老臣相繼謝世，這種以殷爲鑒的歷史意識也就很快淡忘了。因此，西周初年萌生的鑒古意識，在當時並未形成普遍的社會思潮。不過，儘管如此，這種以古爲鑒的歷史意識卻形成了初次的積澱。

然而，西周末年則大不一樣。天災人禍相繼爆發，不僅重新喚起了周人以古爲鑒這種早已淡忘了的歷史良知；而且，厲王失國，幽王無道，使周人尋覓古鑒的歷史意識得到了一次有力的强化，並形成了一股廣泛的社會思潮。『維昔之富，不如時；維今之疚，不如兹』；『昔先王受命，有如召公，日辟國百里。今也日蹙國百里，於乎哀哉！維今之人，不尚有舊』。[二]《詩經》中産生於西周末年的那些所謂『變風變雅』，正反映出周人當日悔不鑒殷的沉痛心情。如《大雅・蕩》：

蕩蕩上帝，下民之辟。疾威上帝，其命多辟。天生烝民，其命匪諶。靡不有初，鮮克有終……文王曰咨，咨汝殷商！匪上帝不時，殷不用舊，雖無老成人，尚有典刑。曾是莫聽，大命以傾。文王曰咨，咨汝殷商！人亦有言，顛沛之揭。枝葉未有害，本實先撥。殷鑒不遠，在夏后之世！[三]

[二]《詩經・大雅・召旻》，阮元校刻《十三經注疏》，頁五七九—五八〇。
[三]《詩經・大雅・蕩》，阮元校刻《十三經注疏》，頁五五二—五五四。

『靡不有初，鮮克有終』，西周初年的鼎盛與承平一去不返了，而眼前只是一派末世的昏亂。詩人假託文王慨嘆殷商的滅亡，警告時王以殷亡爲鑒。〔一〕『殷鑒不遠，在夏后之世』，殷鑒在夏，則周之鑒殷者亦自可知！在這『天方艱難』〔二〕『國步斯頻』〔三〕的時候，周人要『文、武是憲』〔四〕『古訓是式』，〔五〕乃以篤誠之心搜綴既往，尋覓古鑒。從《詩經》中這些所謂『變雅』所反映的突出情緒可見，西周初年萌生的以古爲鑒，到西周末年已然形成一股廣泛的社會思潮。

二、西周末年『以今逆古』之史實考辨

所謂搜綴既往，尋覓古鑒，顧名思義，就是以『當下』作爲立足點，將目光投向已逝的過去而搜求與

〔一〕《毛詩序》曰：『召穆公傷周室大壞也。厲王無道，天下蕩蕩，無綱紀文章，故作是詩也。』清人方玉潤更謂此詩乃『召穆公託古傷周』之作。作詩者是否召穆公，姑無論；但云作者因『厲王無道』而『託古傷周』，則先儒所言不誣也。

〔二〕《詩經·大雅·抑》，阮元校刻《十三經注疏》，頁五五五六。

〔三〕《詩經·大雅·桑柔》，同上注，頁五五五八。

〔四〕《詩經·大雅·崧高》，同上注，頁五五六七。

〔五〕《詩經·大雅·烝民》，同上注，頁五五六八。

當下的現實相似或相關的歷史經驗，並以之作爲借鑒。因此，產生這種行爲的動因，無疑在於『當下』的刺激。在這個意義上説，意大利哲學家貝奈戴托·克羅齊（Benedetto Croce，一八六六—一九二五）説：『一切真正的歷史都是當代史』（Every true history is contemporary history），則是至不可移之論。克氏説：『如果當代史直接來源於生活，那麽，那種稱爲非當代史的歷史也是直接來源於生活的。因爲，非常明顯，只有當下的生活興趣才能激發人們去考察過去的事實。所以，就與當下的生活興趣相結合而言，這種過去的事實並非爲滿足過去的興趣，而是爲了滿足當下的興趣。』〔二〕因此，搜綴既往，尋覓古鑒，這種行爲本身所潛伏的思維過程，乃是先以今逆古，次以古鑒今。在這個以今逆古與以古鑒今的過程中，存在著一個『當下』與『歷史』的互動關係。這個互動關係，正是我們理解和把握《尚書》的流傳背景及其思想文化内涵的關鍵。

作爲上古文獻，《尚書》何以從王室檔案流傳於學人之手，這似乎是千古之謎。如果考慮到西周末年曾經湧現過一股廣泛的鑒古思潮，也許會有些意外的驚喜。據此，我們發現，傳世的二十九篇今文《尚書》所涉及的大部分史實，均可在西周末年至東遷之後即厲、宣、幽、平之世找到它們的對應關係。兹分條臚列且略加辨析如次：

〔二〕 Benedetto Croce，'History'：Its Theory and Practice（New York，一九二一），頁一二。按此譯文參考了傅任敢譯《歷史學的理論與實際》（商務印書館，一九八二）及陳銓、金重遠合譯《歷史與編年史》一文，載《現代西方歷史流派文選》（上海人民出版社，一九八二）。

（一）厲王失國及幽王被殺

西周末年，最爲重要的歷史事件莫過於厲王失國及幽王被殺。厲王失國，《國語·周語》及《史記·周末紀》均有記載。《國語》曰：

厲王虐，國人謗王。邵公告曰：『民不堪命矣！』王怒，得衛巫，使監謗者，以告，則殺之……於是國人莫敢出言，三年，乃流王於彘。〔二〕

《史記·周本紀》所載亦同，不繁引。又，《周本紀》言幽王被殺之事曰：

幽王嬖愛褒姒……褒姒不好笑，幽王欲其笑萬方，故不笑。幽王爲烽燧大鼓，有寇至則舉烽火。諸侯悉至，至而無寇，褒姒乃大笑。幽王說之，爲數舉烽火……幽王以虢石父爲卿，用事，國人皆怨。石父爲人佞巧，善諛好利。王用之，又廢申后，去太子也。申侯怒，與繒、西夷犬戎攻幽王。幽王舉烽火徵兵，兵莫至。遂殺幽王驪山下，虜褒姒，盡取周賂而去。〔三〕

〔二〕《國語》，卷一《周語上》，上海古籍出版社，一九八八年，頁九—一〇。

〔三〕三家注《史記》卷四《周本紀》，頁一四七—一四九。

厲王失國出奔，幽王見殺於犬戎，這是關係到國祚的大事，改朝換代，江山易主一繫於是。據此反觀《尚書》，其中反映暴力革命的篇章，計有《甘誓》、《湯誓》、《泰誓》與《牧誓》。

《甘誓》云：

王曰：嗟！六事之人，予誓告汝！有扈氏威侮五行，怠棄三正，天用勦絕其命，今予惟恭行天之罰。

《甘誓》之作，《書序》云：『啓與有扈氏戰于甘之野，作《甘誓》。』《史記·夏本紀》亦云：『有扈氏不服，啓伐之，大戰於甘。將戰，作《甘誓》。』[一]而《墨子·明鬼篇》『嘗上觀乎《夏書》，《禹誓》曰「大戰于甘」』云云[二]，則伐有扈者乃禹而非啓。《莊子·人間世》亦云：『禹攻有扈，國爲虚厲，身爲刑戮。』[三]説者不同，當是傳聞異辭。其實，伐者或禹或啓，無關緊要，關鍵在於有扈氏『威侮五行，怠棄三正』，其遭受討伐是『天用勦絕其命』。對於周厲王或周幽王而言，倒是極有針對性的。這無異於説，厲王之失國，幽王之亡身，實爲咎由自取。

[一] 三家注《史記》卷二《夏本紀》，頁八四。
[二] 吴毓江《墨子校注》卷八，頁三四一。
[三] 郭慶藩《莊子集釋》卷二，中華書局，一九六一年，頁一三九。

因此，用『恭行天罰』對付無道昏君，這固然是湯、武革命的强力支持；另一方面也説明，『天用勦絶其命』乃是這些無道昏君的罪有應得。上述幾篇誓文，無一例外的重複著這個同樣的主題。如《湯誓》：

有夏多罪，天命殛之。

夏氏有罪，予畏上帝，不敢不正。

『時日曷喪，予及汝皆亡。』夏德若兹，今朕必往。爾尚輔予一人，致天之罰。

按《書序》所云，此乃商湯與夏桀戰於鳴條之野所作的誓辭。夏氏多罪，民怨戾天，正是夏朝覆國的根本原因。這與周厲王及周幽王的自速其辜没有兩樣。又《泰誓》與《牧誓》是周武王討伐商紂的兩篇誓師之辭，前者誓於盟津，後者誓於商郊牧野。其文曰：

今殷王紂，乃用其婦人之言，自絶於天，毁壞其三正，離逷其王父母弟。四方多罪逋逃，是宗是長，是信是使。乃斷棄其先祖之樂，乃爲淫聲，用變亂正聲，怡悦婦人。故今予發，維共（恭）行天罰。（《泰誓》）

古人有言曰：『牝雞無晨，牝雞之晨，惟家之索。』今商王受，惟婦言是用，昏棄厥肆祀弗答，昏棄厥遺王父母弟不迪。乃惟四方之多罪逋逃，是崇是長，是信是使，是以爲大夫卿士，俾暴虐于

百姓，以姦宄于商邑。今予發，惟恭行天之罰。（《牧誓》）

周武王的這兩篇誓辭，除了數説殷王紂的一般罪行之外，還特别提到了『殷王紂乃用其婦人之言』，『怡悦婦人』，『惟婦言是用』。尤其是《牧誓》，更引古人之語，説『牝雞之晨，惟家之索』。周幽王嬖愛褒姒，黜申后而廢太子，且爲取悦於褒姒，竟然舉烽火爲戲，以至失信於諸侯，終爲犬戎所殺。〔一〕可以説，在『悦怡婦人』、『惟婦言是用』這件事上，周幽王與商紂王乃是『同曲異工』，歷史竟有如此驚人的相似！

與上述諸誓具有同一主題的文章是《西伯戡黎》與《微子》。如《西伯戡黎》：

西伯既戡黎，祖伊恐，奔告于王，曰：『天子，天既訖我殷命，格人元龜，罔敢知吉。非先王不相我後人，惟王淫戲用自絶，故天棄我，不有康食，不虞天性，不迪率典。今我民罔弗欲喪，曰：「天曷不降威？大命不摯。」今王其如台？』王曰：『嗚呼！我生不有命自天？』祖伊返，曰：『嗚呼！乃罪多參在上，乃能責命於天？殷之即喪，指乃功，不無戮於爾邦。』

〔一〕《詩經·小雅·正月》：『赫赫宗周，褒姒滅之』。《大雅·瞻卬》：『懿厥哲婦，爲梟爲鴟。婦有長舌，維厲之階。』

周文王攻打黎邦，紂之大臣祖伊奔告於商紂王，警告他殷人大命將墜，這並非是先王先公不祐祖我們後人，乃是因爲大王淫戲自絶於天。現在老百姓都希望殷朝喪亡，更立新主。這可如何是好呢！可是紂王卻十分自信，説『我生不有命在天』。而祖伊則嘆息説，你的罪孽已經聞於上天，你還到哪裏去乞求天命呢！這與周厲王暴虐，國人謗之，召公告之『民不堪命』，其事相類：而商紂王的相信天命，與周厲王的相信衛巫，殊無二致。又《微子》篇，紂之同母兄微子啓在數説了殷邦之亂及紂王之辜以後説：

小民方興，相爲敵仇。今殷其淪喪，若涉大水，其無津涯。

不妨將《國語·周語》所載邵公諫厲王弭謗一番話節錄於此，以資比照：

厲王虐，國人謗王。邵公告曰：『民不堪命矣！』王怒，得衛巫，使監謗者……邵公曰：『是障之也。防民之口，甚於防川，川壅而潰，傷人必多，民亦如之。是故爲川者決之使導，爲民者宣之使言。』[一]

[一] 《國語》卷一《周語上》，頁九。

將微子之言與邵公之諫相互比勘，不難發現，二者之間不僅所言之事相似，且用以達意的譬喻也是一樣的。『小民方興，相爲敵仇』，正與『國人謗王』其事從同。而『防民之口，甚於防川，川壅而潰，傷人必多』，正是以水勢之迅猛比喻國人力量之强大；且『今殷其淪喪，若涉大水，其無津涯』，也是以水的彌漫比喻此時殷邦已是民怨沸騰，不可收拾了。殷紂之末的微子與西周厲王之世的邵公，所言之事，所用之語，竟然如此相似，難道這又是歷史的巧合！〔二〕

（二）共和攝位

厲王失國之後，西周末年有過一段所謂『共和攝位』與『二相輔政』的歷史。不過，關於這段史實，現存史書的記載含混而多歧。《史記·周本紀》記厲王流於彘後：

召公、周公二相行政，號曰『共和』。共和十四年，厲王死於彘。太子静長於召公家，二相乃共立之爲王，是爲宣王。宣王即位，二相輔之，修政，法文、武、成、康之遺風，諸侯復宗周。〔三〕

〔二〕按《左傳》襄公十二年載鄭子産不毁鄉校之語曰：『我聞忠善以損怨，不聞作威以損怨。豈不遽止？然猶防川，大決所犯，傷人必多，吾不克救也。』其言語與微子、邵公相襲也如此。

〔三〕三家注《史記》卷四《周本紀》，頁一四四。

然司馬貞《史記索隱》注『共和』云：

共音如字。若《汲冢紀年》則云『共伯和干王位』。共音恭。共，國；伯，爵；和，其名。干，篡也。言共伯攝王政，故云『干王位』也。〔一〕

今本《竹書紀年》亦云：

十三年，王在彘，共伯和攝行天子事。〔二〕

今人方詩銘《古本竹書紀年輯證》引《晉書·束皙傳》：

（幽）［厲］王既亡，有共伯和者攝行天子事。〔三〕

〔一〕三家注《史記》卷四《周本紀》，頁一四四。

〔二〕徐文靖《竹書紀年統箋》卷八，見《二十二子》，上海古籍出版社，一九八六年，頁一〇八二。

〔三〕方詩銘、王修齡《古本竹書紀年輯證》，上海古籍出版社，一九八一年，頁五五。

由於《竹書紀年》與《史記》不合，千百年來是《竹書》而非《史記》者有之，袒《史記》而訐《竹書》者亦有之。是《竹書》而非《史記》者，以司馬貞《索隱》肇其端。爾後凡箋注疏解《今本竹書紀年》或輯存校正《古本竹書紀年》者，皆執《竹書》以非《史記》。如清人徐文靖《竹書紀年統箋》謂『史遷以爲周、召二公行政號曰「共和」，非實録也。』方詩銘《古本竹書紀年輯證》亦云：『共伯和干王位爲西周末年大事，而《史記·周本紀》綜述儒家傳統之説，以爲「召公、周公二相行政，號曰『共和』」，則顯與史實不合。』〔一〕而袒《史記》訐《竹書》者，則以張守節《史記正義》導其先路，他首引韋昭《國語注》『彘之難，公卿相與和而脩政事，號曰「共和」』作爲自己的正面立論，又將《魯連子》『共伯名和，好行仁義，諸侯賢之。周厲王無道，國人作難，王犇于彘。諸侯奉和以行天子事，號曰「共和」元年』作爲反面材料，引《史記·衛康叔世家》之文進行反駁曰：『《世家》云：「釐侯十三年，周厲王出犇于彘，共和行政焉。二十八年，周宣王立。四十二年，釐侯卒，太子共伯餘立爲君。共伯弟和襲攻共伯於墓上，共伯入，釐侯羨自殺。衛人因葬釐侯旁，謚曰共伯，而立和爲衛侯，是爲武公。」按此文，共伯不得立，而和立爲武公。武公之立在共伯卒後，年歲又不相當，年表亦同，明《紀年》及《魯連子》非也。』〔二〕日人瀧川資言亦以共伯和攝行天子事爲非，且指《紀年》一書並非全然可靠。〔三〕近人范文瀾亦認爲，共伯作爲『一個國

〔一〕方詩銘、王修齡《古本竹書紀年輯證》，頁五六。
〔二〕三家注《史記》卷四《周本紀》注引唐張守節《史記正義》，頁一四四。
〔三〕參見瀧川資言、水澤利忠《史記會注考證附校補》，上海古籍出版社，一九八六年，頁八八一—八八九。

的世子，一躍而登周天子大位，在嫡長繼承制極嚴格的周朝，可斷言必無其事。』[一]以上數家，或因《史記》以非《紀年》，或據《紀年》以攻《史記》，互不相讓。於是有第三者援據西周銅器銘文而爲仲裁，近人郭沫若、楊樹達皆是其倫。如楊氏《師𩛥𣪘跋》詳證共伯不僅攝政而且稱王。其文曰：

《嘯堂集古録》載《師𩛥𣪘》，銘文曰：『隹王元年正月初吉丁亥，白龢父若曰：「師𩛥！乃且有𢦔（勳）於我家，女有隹小子。余令女死我家」』云云，郭沫若説伯龢父即共伯和，其説甚新而確，惟取證于《師嫠》、《師兌》二𣪘之師龢父及《師晨鼎》諸器之司馬収中，不免迂曲。余謂伯龢父即共伯和，求之本器，即可了然。知者，彝銘屢見『王若曰』之文，非王而稱『若曰』者，僅此器之伯龢父，若非伯龢父有與王相等之身份，安能有此。且銘文首記命辭，次記賜物，末記揚休制器，與其他王命臣工之器無一不同，證一也。《尚書》屢見『王若曰』之文，非王而稱『若曰』者只微子與周公，除微子稱『若曰』義不可知，當别論外，『周公若曰』只見於《君奭》、《立政》二篇，二篇皆周公攝政時書也。證二也。以彝銘證彝銘，又以《尚書》證彝銘，則伯龢父非共伯和莫屬也。《禮記·曲禮篇》曰：『天子未除喪曰予小子』，知古天子有自稱『小子』之事。《君奭篇》曰：『在予小子旦非克有正。』又曰：『今在予小子旦若遊大川。』説者以周公攝政，故自稱『予小子』，今此銘記伯龢父自稱『小子』，與《君奭篇》周公自稱相類，則伯龢父又非以共伯和釋之不可，此又一證

[一] 范文瀾《中國通史》第一册，人民出版社，一九七八年，頁九五。

也……據《史記·十二諸侯年表》記『共和元年』，《魯連子》亦云：『諸侯奉和行天子事，號曰「共和元年」』，然則銘文之『王元年』，其稱王者，謂攝王也。[一]

經郭、楊二氏之力證，共伯和攝行天子事似無可疑矣。不過，共伯和攝王位之事固然是實，但史公所言『二相共和』也並非空穴來風。《左傳》昭公二十六年王子朝告於諸侯曰：

至于厲王，王心戾虐，萬民弗忍，居王于彘。諸侯釋位，以間王政，宣王有志，而後效官。[二]

『諸侯釋位，以間王政』，杜預注云：『去其位與治王事。』又孔穎達《正義》注『效官』二句亦云：『宣王長而有志，堪爲人主，二相乃致其官政于王也。』由王子朝所言，知厲王奔彘之後，宣王成人之前，周王朝確實有過一段王臣攝政時期，説是共伯和攝王位亦可，説是周、召二相行政亦無不可。因爲這事畢竟有同時存在的可能。顧炎武《日知録》卷二十五曰：

古者無天子之世，朝覲訟獄必有所歸。《呂氏春秋》（引者按即《開春論》）言：『共伯和修其

〔一〕 楊樹達《積微居金文説》，中華書局，一九九七年，增訂本，頁一一九—一二〇。

〔二〕 孔穎達《春秋左傳正義》卷五二，清·阮元校刻《十三經注疏》，頁二一一四。

行，好賢仁。周厲之難，天子曠絶，而天下皆來請矣。』按此則天下朝乎共伯，非共伯至周而攝行天子事也。共伯不以有天下爲心，而周公、召公亦未嘗奉周之社稷而屬之他人，故周人無易姓之嫌，共伯無僭王之議。[二]

顧氏謂共伯與周、召二相共攝王事，似有調停之意，倒也合乎情理。因此，無論上述哪種説法，都不能否認厲王之難後，西周末年有過一段大臣攝政的階段。無獨有偶，在西周初年的歷史上，也曾經有過大臣攝政的往事。《史記·周本紀》云：

武王……崩，太子誦代立，是爲成王。成王少，周初定天下，周公恐諸侯畔周，公乃攝行政當國……周公行政七年，成王長，周公反政成王，北面就群臣之位。[三]

上引楊樹達《師訇毁跋》一文，以周公攝政事證共伯和攝王位事，亦可互相發明。由此可見，在西周的歷史上，先後有過兩次由大臣攝王政之事，雖然各自的原因不盡相同，但攝政的性質則没有兩樣。今文《尚書》有二十篇題爲《周書》。這二十篇《周書》，又有十一篇是周初的文誥，有八篇分别由

[二] 黄汝成《日知録集釋》，岳麓書社，一九九四年，頁八七九—八八〇。
[三] 三家注《史記》卷四《周本紀》，頁一三一—一三二。

周公旦和召公奭所發，確鑿無疑。另三篇《康誥》、《酒誥》、《梓材》尚有爭議。[一] 不過，《史記·衛康叔世家》明曰：『周公旦以成王命興師伐殷，殺武庚祿父、管叔，放蔡叔，以武庚殷餘民封康叔爲衛君，居河、淇間，故商墟。周公旦懼康叔齒少，乃申告康叔曰：「必求殷之賢人君子長者，問其先殷所以興，所以亡，而務愛民。」告以紂所以亡者以淫於酒，酒之失，婦人是用，故紂之亂自此始。爲《梓材》，以示君子可法則。故謂之《康誥》、《酒誥》、《梓材》以命之。』[二] 又《史記·管蔡世家》云：『武王已克殷紂，平天下，封功臣昆弟……康叔封、冄季載皆少，未得封。』[三] 由此看來，《康誥》、《酒誥》、《梓材》三篇誥文亦爲周公『攝行政當國』時的文誥。[四]

二十篇《周書》，其中十一篇是周初的文誥，而這些文誥又全是周公旦、召公奭『夾輔周室』時的作品。如果說這十一篇作品的流傳與厲王失國之後，周公、召公二相行政沒有絲毫的關係，恐怕是令人難以置信的。且周初的公牘文誥爲數多少雖不可確知，但說百倍於十一之數，不是沒有可能，何以獨

〔一〕 關於《康誥》、《酒誥》及《梓材》的作者（嚴格地說應爲『誥者』）問題，歷來學者有三種意見：一說是成王封康叔所作；一說是周公稱成王命或周公稱王封康叔所作；又一說是周武王封康叔所作。參見蔣善國《尚書綜述》，頁二三七—二四七。

〔二〕 三家注《史記》卷三七，頁一五八九—一五九〇。

〔三〕 三家注《史記》卷三五，頁一五六四。

〔四〕 劉起釪認爲，《尚書》中周初幾篇誥辭，除《召誥》是召公奭所誥之外，其餘皆爲周公旦攝政稱王時的文誥。參見《古史續辨》，中國社會科學出版社，一九九一年，頁三四二—三五七。

傳攝政時期的文誥，難道不是事出有因？且不説周官世襲，厲王時代的召公、周公就是成王時代召公奭、周公旦的後裔。[二]

這十一篇文誥中，頗可玩味的是《君奭》。《史記·燕召公世家》云：『成王既幼，周公攝政，當國踐祚，召公疑之，作《君奭》。』[三]又《書序》亦云：『召公爲保，周公爲師，相成王爲左右，召公不悅，周公作《君奭》。』今觀《君奭》其文，周公一呼三歎，動之以情，曉之以理，奉勸召公與自己齊心合力共同

[二] 關於周公攝政之事，今人彭裕商有不同看法。彭裕商認爲，周公攝政的説法，與周初的史實不符，是戰國晚期對周公事蹟層層加碼的結果。見氏著《周公攝政考》，《文史》第四十五輯（中華書局，一九九八），頁三七—四八。但彭先生的論證，並未説明《君奭篇》『小子同未在位』應作何解。按清人皮錫瑞曰：『「小子」當是周公自稱。《曲禮》云：「天子未除喪曰予小子。」周公攝天子位在武王新喪時，故得自稱曰「予小子」。召公疑周公攝王位恐有兄終弟及之事，故公言己攝非正，在位亦與未在位同，所以釋召公之疑也。』見皮氏《今文尚書考證》（中華書局，一九八九），卷二一，頁三九〇。又前引楊樹達《師獣㲃跋》亦謂『古天子有自稱「小子」之事』，『周公攝政，故自稱「予小子」』。而據拙文所論，則周公有攝政之事，尤未可輕議也。否則，今文《尚書》之周初文獻，獨多傳周公旦攝政稱王時的文書，乃不可解；而我們也没有證據説，這些文誥全是西周末年僞造的。行甫按：皮氏解『小子同未在位』，不符合經文原意，斷句也非是，參見本書《君奭》釋讀；但不害其爲周公攝政之證明。《君奭篇》正是周公攝政期間，與召公的談話記錄，是周、召之間一次有效的思想溝通，爲發兵平定管蔡之亂扎穩了王朝内部根基。本文發表時，未及於此，補記於兹。且本文對《尚書》文句的理解與闡釋與《尚書釋讀》齟齬之處，自以《釋讀》爲準。

[三] 三家注《史記》卷三四，頁一五四九。

輔佐國政，上效殷商盛時衆賢輔國，下仿文、武之世大臣和衷共濟，言辭懇切，情文並茂：

周公若曰：君奭！弗弔天降喪于殷，殷既墜厥命，我有周既受。我不敢知曰厥基永孚于休。若天棐忱，我亦不敢知曰其終出于不祥……

公曰：君奭！我聞在昔成湯既受命，時則有若伊尹，格于皇天。在太甲時，則有若保衡。在太戊時，則有若伊陟、臣扈，格于上帝。巫咸乂王家。在祖乙時，則有若巫賢。在武丁時，則有若甘盤。率惟兹有陳，保乂有殷。故殷禮陟配天，多歷年所……

公曰：君奭！在昔上帝，割申勸寧王之德，其集大命于厥躬？惟文王尚克修和我有夏。亦惟有若虢叔，有若閎夭，有若散宜生，有若泰顛，有若南宫括……武王惟兹四人，尚迪有禄，後暨武王誕將天威咸劉厥敵。惟兹四人，昭武王惟冒，丕單稱德。今在予小子旦，若游大川，予往，暨汝奭其濟……

公曰：嗚呼！君其監于兹。我受命無疆，惟休，亦大惟艱。告君乃猷裕，我不以後人迷……

公曰：君！告汝朕允。保奭，其汝克敬，以予監于殷喪大否，肆念我天威。予不允，惟若兹誥；予惟曰：『襄我。』二人汝有合哉！言曰：『在時二人，天休兹至；惟時二人，弗戡。』

據《君奭》文本，可知史公及《書序》所言不差。大約當日召公奭對周公旦確乎有過誤解，致有周公這篇推心置腹發自肺腑的談話。但是西周末年的召公、周公之間的合作，或者攝位的共伯和與周、召二輔之間是否有過類似的不愉快，不得而知。但『有則改之，無則加勉』，反文正讀，以之爲戒，亦未嘗不可。況且攝政期間，大臣之間的猜疑誤解總是難免的。如《尚書》中的《金縢》，所言即是周公被誤解的歷史教訓。《金縢》是《尚書》之中一篇奇特的文字。全文爲敘事體，且事涉悠謬，顯係後人據傳聞衍繹成篇。文敘武王克商二年，有疾弗豫，周公乃禱告於先祖神靈，請求身代武王。並將禱文收藏於『金縢之匱』，武王也因此第二天就痊癒了。武王死後，成王立，周公攝行政事，管叔及其群弟，乃流言於國，曰『公將不利于孺子』。於是『周公居東』。二年之後的秋天，突然『天大雷電以風，禾盡偃，大木斯拔，邦人大恐』。『王與大夫盡弁以啓金縢之書，乃得周公所自以爲功代武王之説』，『王執書以泣』，説『昔公勤勞王家，惟予沖人弗及知，今天動威以彰周公之德，惟朕小子其新（親）迎』。走出郊外，天又颳起了反風，原來倒伏的禾苗又盡皆站立起來。故事未免荒誕，但周公勤勞王家而身被流言，又遭成王的誤解，倒不是沒有可能。[一] 西周末年的攝政者，是否有過『被流言』之類的經歷，不得而知。但《太平御覽》卷八七九《咎徵部》引《史記》曰：

共和十四年，大旱，火焚其屋。伯和篡位立，故有火旱。其年，周厲王奔彘而死，立宣王。[二]

[一] 劉起釪認爲《金縢》的故事完全符合當時的歷史實際。見《古史續辨·〈金縢〉故事的真實性》一文（頁三七〇—三七二）。劉先生强調的是故事本身的真實性。而我們認爲，故事的真實性倒無關緊要，重要的是產生這一荒誕故事的真實背景。

[二] 李昉《太平御覽》卷八七九，中華書局，一九六〇年，頁三九〇五。

清人朱佑曾《古本竹書紀年存真》及近人王國維《古本竹書紀年輯校》均輯有本條。然查《史記》則無此記載。王氏云『當出《紀年》』，大抵不差。今本《竹書紀年》亦有類似説法：

二十六年，大旱，王陟于彘。周定公、召穆公立太子靖爲王。共伯和歸其國，遂大雨。〔一〕

傳梁代沈約之注云：

大旱既久，廬舍俱焚，會汾王崩，卜於太陽，兆曰厲王爲祟，周公、召公乃立太子靖，共和遂歸國。和有至德，尊之不喜，廢之不怒，逍遥得意于共山之首。〔二〕

此言上天示警，以敦促共伯歸政，不宜久攝王位，其意在於維護王室的正統。與《金縢》相較，其事恰爲相反。不過，我疑心《金縢》一文很可能就是這時衍繹成篇的，意在爲共伯和或周、召二相攝行天子事作辯護。而據《魯連子》及《呂氏春秋・開春論》『共伯名和，好行仁義，諸侯賢之』〔三〕，『共伯和修

〔一〕 徐文靖《竹書紀年統箋》卷八，《二十二子》，頁一〇八二。
〔二〕 同上注。又徐氏箋曰：『厲王居彘，彘有汾水，故亦稱汾王。』
〔三〕 三家注《史記》卷四《周本紀》注引張守節《史記正義》引《魯連子》，頁一四四。

其行，好賢仁，而海内皆以來稽矣』[二]等説法來看，當時共伯和的口碑實在是不錯的。大約當時有人認爲以共伯塞天之愆是有些冤枉的罷？書闕有間，不敢妄加揣測。

（三）周宣王『不籍千畝』

《國語》及《史記》都載有周宣王『不籍千畝』之事。《史記·周本紀》云：

宣王不脩籍千畝。[三]

《史記正義》曰：『宣王不脩親耕之禮。』[三]而《國語》更載有虢文公的諫辭：『夫民之大事在農，上帝之粢盛於是乎出，民之蕃庶於是乎生，事之供給於是乎在，和協緝睦於是乎興，財用蕃殖於是乎始，敦庬純固於是乎成，是故稷爲大官……今天子欲修先王之緒而棄其大功，匱神乏祀而困民之財，將何以求福用民？』[四]由此可見，『不籍千畝』就是不關心農事；不關心農事，也就是『不知稼穡之艱難』。

[二] 呂不韋《呂氏春秋》卷二一《開春論》，《二十二子》，頁七〇八。

[三] 三家注《史記》卷四，頁一四四。

[三] 同上注，頁一四五。

[四] 《國語》卷一《周語上》，頁一五。

『不知稼穡之艱難』，則安於逸樂，坐享富貴，此乃爲王者之大忌。而這正是《無逸》全篇主旨。其文曰：

周公曰：嗚呼！君子所其無逸，先知稼穡之艱難，乃逸，則知小人之依。相小人，厥父母勤勞稼穡，厥子乃不知稼穡之艱難，乃逸乃諺。既誕否則侮厥父母，曰：昔之人無聞知……

立王生則逸，生則逸，不知稼穡之艱難，不聞小人之勞，惟耽樂之從。自時厥後，亦罔或克壽……

嗚呼！厥亦惟我周，大王、王季，克自抑畏。文王卑服，即康功田功。徽柔懿恭，懷保小民，惠鮮鰥寡。自朝至于日中昃，不遑暇食，用咸和萬民……

周公曰：嗚呼！繼自今嗣王，則其無淫于觀、于逸、于遊、于田，以萬民惟正之供，無皇曰：『今日耽樂。』乃非民攸訓，非天攸若，時人丕則有愆，無若殷王受之迷亂酗于酒德哉！

虢文公的諫辭，就農事與求福用民的關係立論；周公旦的訓誥則就知稼穡之艱難與培養王者之德性著眼。其實，這是一個問題的兩個方面，最終目的是要長治久安，享國之日永。因此，由宣王的『不籍千畝』聯想到當年周公的這番告誡，也是相當自然的事。

(四)周平王東遷洛邑

周平王東遷洛邑，亦是西周末年的重大政治事件。《史記·周本紀》載此事甚爲簡略：

平王立，東遷于雒邑，辟戎寇。〔一〕

《竹書紀年》『自東遷以後始記晉事，王即位皆不書』，亦僅云：『東徙洛邑。』〔二〕因此，我們無由得知當時『徙洛』的詳細情形，是僅王室朝堂宗廟之遷移，還是連帶舊時鎬京的國人子民同徙，當時的王公大臣對於東遷洛邑的意見是否一致，倘意見不一，都有些什麼看法或爭議，皆一概不可考。但是，《盤庚》一書獨從殷人的『典冊』之中翻檢出來，恐怕是與平王的舉朝東徙大有關係的。雖然，殷人的遷都，與周平王的東徙洛邑，其性質與原因各不相同；但是殷人頂著『民不適有居』的重大壓力遷都，未始不能給予周平王及其『卿事御事』們某種歷史的啓示和經驗的支持。而且，『天其永我命於兹新邑，紹復先王之大業，底綏四方』，也不能說不是平王東遷時的心態。不過，值得注意的是，周人的祖先也有過由邰之邠，又由邠逾梁而之岐等輾轉遷移的故事〔三〕，但那時，周人還處在半遊牧狀態的原始部落時期，沒有因襲的文化負擔；也因而不足爲訓（即如後世出身微賤的帝王，不願提起『龍興』之前的舊事）。只有盤庚的遷殷，才可配作周人援引的成例。

〔一〕三家注《史記》卷四，頁一四九。

〔二〕徐文靖《竹書紀年統箋》卷一〇，《二十二子》，頁一〇八六。

〔三〕見《史記·周本紀》、《詩經·大雅·公劉》、《孟子·梁惠王下》等。

除了《商書》中的《盤庚》之外，《周書》中的《召誥》與《洛誥》，似乎亦有爲平王東遷洛邑作歷史論證的意味。所不同者，《盤庚》三篇，是遷都行爲的經驗支持，而《召誥》與《洛誥》則是爲所遷之地的『合理性』尋找歷史根據。《召誥》云：

惟二月既望，越六月乙未，王朝步自周，則至于豐，惟太保先周公相宅。越若來三月，惟丙午朏，越三日戊申，太保朝至于洛，卜宅。厥既得卜，則經營。越三日庚戌，太保乃以庶殷攻位于洛汭。越五日甲寅，位成。若翼日乙卯，周公朝至于洛，則達觀于新邑營。越三日丁巳，用牲于郊，牛二。越翼日戊午，乃社于新邑。牛一，羊一，豕一。

《洛誥》亦云：

周公拜手稽首曰：朕復子明辟，王如弗敢及天基命定命。予乃胤保，大相東土，其基作民明辟。予惟乙卯，朝至于洛師。我卜河朔黎水，我乃卜澗水東、瀍水西，惟洛食。我又卜瀍水東，亦惟洛食。伻來，以圖及獻卜。王拜手稽首曰：公不敢不敬天之休，來相宅，其作周匹休。公既定宅，伻來來，視予卜休，恆吉。我二人共貞。公其以予萬億年敬天之休，拜手稽首誨言。

這無非是說，當年周公經營洛邑，是經過成王、周公、召公三人根據『天意』，作過慎重抉擇的。而且，東遷洛邑，不僅是『敬天之休』；且亦是『自服於土中』。《召誥》又曰：

王來紹上帝，自服于土中。旦曰：『其作大邑，其自時配皇天，毖祀于上下，其自時中乂，王厥有成命治民，今休。』

《史記·周本紀》亦曰：

成王在豐，使召公復營洛邑，如武王之意。周公復卜申視，卒營築，居九鼎焉。曰：『此天下之中，四方入貢道里均。』作《召誥》、《洛誥》。[一]

此不僅言《召誥》與《洛誥》的成文背景與營洛邑有關，更言營洛邑乃是根據武王當年的遺願，並訓解《召誥》經文『自服于土中』、『其自時中乂』之意爲『天下之中，四方入貢道里均』。史公之言，亦可與《論衡》及《孝經援神契》之説互證。《論衡·難歲篇》云：『周公卜宅，經曰：「王來紹上帝，自服于土中」。雒則土之中也。』[二]《水經注》卷十五《洛水注》引《孝經援神契》亦

[一] 三家注《史記》卷四，頁一三三。

[二] 王充《論衡·難歲篇》，中華書局，一九九〇年，頁一〇二〇。

曰：『八方之廣，周洛爲中，謂之洛邑。』[一] 此皆可證《召誥》洛邑爲『土中』之義。可見《召誥》與《洛誥》的流傳，其真實的用意，乃在於從歷史與地理兩個方面論證東遷的合理性。因此，我們説，《尚書》中的《盤庚》、《召誥》及《洛誥》與西周末年東遷的史實有很大關係，應該是確信無疑的。

綜觀上述四個方面的材料，《尚書》中的許多篇目，尤其是《周書》部分，與西周末年厲、宣、幽、平之世的史實有著十分明顯的對應關係。這是因爲西周末年的鑒古思潮，促進了歷史文獻的整理與傳播。今傳《尚書》的大部分篇章，就是在這個時期逐步從塵封的王室檔案中選擇加工整理出來的。當然，這種加工整理，也並不排除根據傳聞而編寫的可能性。這種整理與加工，據傳聞而編寫，也就是『以今逆古』的過程。

三、《尚書》的思想意藴

既然尋覓古鑒包含著『以今逆古』與『以古鑒今』兩個相關互動的過程，前者是手段，後者是目的；那麼，在西周末年的這場鑒古思潮中，人們從過去的經驗中究竟獲得了什麼教益和啓示，這不僅是這場鑒古思潮的目的所在，在某種程度上説，也是今文《尚書》的基本思想傾向。

[一] 王國維《水經注校》卷一五《洛水》，上海人民出版社，一九八四年，頁四九七。

當然，《尚書》各篇所表現的思想傾向是十分複雜的。由於各篇的時代不同，[一]所反映的思想也自不相同，這是不能一概而論的。但就其主體而言，基本的思想傾向還是十分明顯的。

[一] 通常所謂『《尚書》的時代』，至少有四個方面的內涵：（一）史實時代；（二）著作時代；（三）流傳時代；（四）整編時代。關於今文《尚書》的最後整編，今人蔣善國認爲是在秦末，蔣氏曰：『秦統一天下，不但燒諸侯史記，並焚《詩》、《書》百家語』，『當時博士所掌的《尚書》，當然每篇都要經過嚴格的審查，徹底的整理，凡關於諸侯的文獻，盡行燒毀，只存朝廷文獻。故漢代伏生所傳二十九篇，除王室文獻外，只有《費誓》和《秦誓》兩篇。《費誓》是魯國文獻，魯國是周朝開國時所封第一國家，因爲周公是周朝開國元勛。收入《秦誓》，列於二十九篇之末，是表示秦繼周統。這不但是以秦繼周的表現，並且是《尚書》在秦末編定的鐵證。』（《尚書綜述》，頁五、六。）蔣先生的說法是頗有道理的，《尚書》的最後整編，在秦末無疑。《尚書》的史實時代，是沒有爭議的，大抵每篇文章所涉及的內容本身，就指示著它的史實時代。至於著作時代和流傳時代就非常模糊了。有些篇章的著作時代，可能就是史實時代。有些篇章的著作時代則可能是流傳時代，也可能是整編時代。而《尚書》的流傳時代則是更爲複雜的問題。我們認爲，今文《尚書》各篇的流傳時代是不一定同時的，而最早的上限可能是西周末年的厲王時代。也就是說，自周厲王時起，《尚書》才開始有部分篇目從王室檔案庫流傳出來。此後逐步流傳，同時亦逐步編寫，也就逐步增多。至於這些《尚書》是否有一全本的書，卻是然疑之間。近人錢玄同就曾說過：『《書》似乎是三代時候的「文件類編」或「檔案彙存」……但我疑心它並沒有成書，凡春秋或戰國時人所引《夏志》、《周書》等等，和現在所謂《逸周書》者，都是這類的東西。所以無論是今文家說二十八篇，古文家說是一百篇，都不足信；既無成書，便無所謂完全或殘缺。』（《答顧頡剛先生書》，載《古史辨》第一冊，頁七六）錢氏的『疑心』，並非完全無理。

（一）人唯求舊的稽古意識

尋覓古鑒的本身，就意味著對人類既往經驗的重視，從古人的成功與失敗之中，可以獲得某種啓示和教益。可以看出，夏、殷喪命，文、武興邦，是《尚書》中反覆提及的歷史事實，而『不可不監于有夏，亦不可不監于有殷』，亦是《尚書》中不斷再現的主題。在這種參稽往古的思想支配下，人們似乎意識到『古訓是式』、『人唯求舊』，是現實成功的基本保證。如《洪範》記周武王克殷之後，造訪殷商舊臣箕子曰：『我不知其彝倫攸敘』，於是箕子爲陳『洪範九疇』，並告誡武王曰：

> 我聞在昔，鯀陻洪水，汩陳其五行，帝乃震怒，不畀洪範九疇，彝倫攸斁。鯀則殛死。禹乃嗣興。天乃錫禹洪範九疇，彝倫攸敘。

箕子以先朝遺老的身份，講述了鯀之所以失敗（『彝倫攸斁』）和禹之所以成功（『彝倫攸敘』）的歷史，並告誡武王要以上帝賜予的『洪範九疇』作爲治理國家的洪綱大法。[一] 又如《康誥》中周公旦告誡康叔封亦云：

[一] 劉起釪論《洪範》的成書過程說，《洪範》的思想材料源於商代，但《洪範》的流傳是從西周末東周初開始的。劉先生這一說法，對於我們論證西周末年的鑒古思潮不啻爲強有力的支持。劉說見《古史續辨·〈洪範〉這篇統治大法的形成過程》，頁三〇三—三三一。

嗚呼！ 封，汝念哉！ 今民將在祗遹乃文考，紹聞衣德言。 往敷求于殷先哲王，用保乂民。汝丕遠惟商耇成人，宅心知訓。 別求聞由古先哲王，用康保民。

據《史記·衛康叔世家》云，周公懼康叔齒少，乃申告康叔曰：『必求殷之賢人君子長者，問其先殷所以興，所以亡，而務愛民。』[一] 史公所引正是《康誥》這段文字的訓釋與改寫。 這裏，周公告誡康叔，不僅要『敷求于殷先哲王』，還要『別求聞由古先哲王』，且必須常常念及商代老成君子，把他們的話時刻銘記在心。 而且周公還說，他自己也常常思想殷代先哲明王的德行，用以治理民眾：

我時其惟殷先哲王德，用康乂民。

《盤庚》中，這種人唯求舊，依賴老成君子共政治國的思想，表達得更加明確：

古我先王，亦惟圖任舊人共政。

更引遲任之言曰：

[一] 三家注《史記》卷三七，頁一五九〇。

人惟求舊，器非求舊，惟新。

汝無侮老成人。

馬融曰：『遲任，古老成人。』[一]其説較長，故《盤康》下文又云：

《大誥》云：

爾惟舊人，爾丕克遠省，爾知寧王若勤哉。

《召誥》亦云：

今沖子嗣，則無遺壽耇，曰其稽我古人之德。

[一] 馬説見陸德明《經典釋文》，中華書局，一九八三年，頁四三。

『圖任舊人』、『人惟求舊』、『無侮老成人』、『無遺壽耇』，正是稽古守成，因循援例，重視既往經驗的具體作法。而援引古人之言以爲思想法則、行爲指南者，《尚書》中亦不乏其例：

古人有言曰：『牝雞無晨，牝雞之晨，惟家之索。』今商王受惟婦言是用，昏棄厥肆祀弗答，昏棄厥遺王父母弟不迪。（《牧誓》）

古人有言曰：『人惟求舊，器非求舊，惟新。』古我先王，暨乃祖乃父，胥及逸勤，予敢動用非罰？（《盤庚》）

也有用下列語詞提示，然後援引歷史成例者。如：

曰若稽古……（《堯典》、《皋陶謨》）
古我先王……（《盤庚》）
我聞惟曰在昔……（《酒誥》）
我聞在昔……（《洪範》、《君奭》）
若古有訓……（《呂刑》）
我聞曰，昔在……（《無逸》）

至於直接敘述歷史事實以爲鑒戒者，更是不勝枚舉，因而也就無須再行羅列了。總之『人惟求舊』、『古訓是式』似乎成爲一種普遍的思想原則。

（二）天命靡常的憂患意識

《尚書》中，對於天命的看法，顯然是矛盾的，或者可以説是依違於兩可之間。一方面是篤信『天命』：

有火自上復下，至于王屋，流爲烏，其色赤，其聲魄，五至以穀俱來。武王喜，諸大夫皆喜。周公曰：『茂哉茂哉！天之見此以勸之也，恐恃之。』（《泰誓》）

天將有立父母，民之有政有居。（《泰誓》）

于天降威，用寧王遺我大寶龜，紹天明，即命。（《大誥》）

天降威，知我國有疵，民不康。（《大誥》）

予惟小子，不敢替上帝命。天休于寧王，興我小邦周，寧王惟卜用，克綏受茲命。今天其相民，矧亦惟卜用。（《大誥》）

天乃大命文王，殪戎殷，誕受厥命越厥邦厥民，惟時敘。（《康誥》）

惟天降命，肇我民，惟元祀。天降威，我民用大亂喪德。（《酒誥》）

皇天既付中國民，越厥疆土于先王。（《梓材》）

皇天上帝，改厥元子，兹大國殷之命，惟王受命，無疆惟休，亦無疆惟恤。（《召誥》）

天既遐終大邦殷之命，兹殷多先哲王在天，越厥後王後民，兹服厥命。（《召誥》）

弗弔旻天，大降喪于殷。我有周佑命，將天明威，至王罰，敕殷命終于帝。（《多士》）

弗弔天降喪于殷，殷既墜厥命，我有周既受。（《君奭》）

天惟時求民主，乃大降顯休命于成湯，刑殄有夏。（《多方》）

如此之例，還可列出很多。可見，其於『天命』的篤信。但是另一方面，《尚書》中又有『天命不于常』的説法：

先王有服，恪謹天命，兹猶不常寧，不常厥邑，于今五邦。（《盤庚》）

越天棐忱，爾時罔敢易法，矧今天降戾于周邦。（《大誥》）

肆汝小子封，惟命不于常，汝念哉！（《康誥》）

弗弔天降喪于殷，殷既墜厥命，我有周既受。我不敢知曰，厥基永孚于休，若天棐忱，我亦不敢知曰，其終出于不祥。（《君奭》）

在家不知天命不易，天難諶，乃其墜命。（《君奭》）

天不可信。（《君奭》）

所有這些說話，均是指天命難知，天命不可信賴，天命没有定準。這是因爲：『相古先民有夏，天迪從子保，面稽天若，今時既墜厥命。』夏朝的君主，也曾是受命於天的，也曾得到過上天的福佑，但是現在，他們的天命卻早已失落了。『今相有殷，天迪格保，面稽天若，今時既墜厥命。』商代也是受命於天的王朝，也曾得到過上天的庇護，可是現在，商朝也相繼滅亡了。因此，『我不敢知曰厥基永孚于休』。我們確實不能知道，我們周人的基業是不是永遠合於天的意旨。『若天棐忱，我亦不敢知曰，其終出于不祥』。天如此這般地反覆無常，我不知道，終究有哪一天會出現亂子。可見天命實在難以把握，這是從王朝更迭的歷史往事中所得的啓示，也是篤信天命產生的憂患意識。

近人郭沫若認爲，周人言『惟命不于常』是『對於天取著懷疑的態度』。他說：『周人一面在懷疑天，一面又在倣效著殷人極端地尊崇天』，『極端尊崇天的說話是對待著殷人或殷的舊時屬國說的，而懷疑天的說話是周人對著自己說的』。『這就表明著周人之繼承殷人的天的思想只是政策上的繼承，他們是把宗教思想視爲愚民政策。自己儘管知道不可信的東西，但拿來統治素來信仰它的民族，卻是很大的一個方便』。[一] 郭氏這一說法，雖然有一定道理，但他只知其一，不知其二。從我們上引兩個方面的材料來看，周人並非否認天命的存在而是篤信天命的。周人自認爲，我們是受命於天的，『天休于寧王，興我小邦周』，『惟予小子，不敢替上帝命』。顯然，這是確信天命的存在。而且，天既可以『休于

[一] 參見《郭沫若全集·歷史編》第一卷《青銅時代·先秦天道觀的進展》，人民出版社，一九八二年，頁三三四—三三五。

寧王』，另一方面亦能『降戾于周邦』。這與其説是周人『對於天取著懷疑的態度』，毋寧説是周人篤信天命基礎上的憂患意識。我以爲，『憂患意識』比『懷疑態度』更符合周人彼時的心態。[一] 正是有了這種憂患意識，周人才更加注意人事的努力。《禮記・表記》云：『周人事鬼敬神而遠之。』[二] 如果周人對天與上帝真持懷疑態度，恐怕也就用不著去『事鬼敬神』了。因爲周人的事鬼敬神也並不一定都是作給别人看的。

（三）以德配天的自律意識

周人在反觀歷史的時候，發現天命是不常處的，天可『大降顯休命』，亦可『改厥元子』；這是因爲『皇天無親，惟德是輔』。[三] 而《臯陶謨》所云『天命有德，五服五章』，亦是其意。於是，在『天命靡常』的憂患背後，自然便會産生『以德配天』的思想。因此，《高宗肜日》云：

[一] 今人楊寬亦不同意郭沫若這一説法。他説：『《詩》、《書》中關於「天」、「帝」之語，不外敬畏稱頌與呼號怨憤，如《詩・大雅・板篇》亦云：「上帝板板，下民卒癉」，蓋於怨恨憤激之時，不免作怨天疑天之辭，非於天道觀念有突變也。亦猶今日民間頗不乏怨天恨命之言，而其尊天尚命之觀念實未嘗稍變。蓋以天帝有意想人格，故怨之。怨之尊之，言行雖相反，而其天道觀初無不同也。』見《古史辨》第七册上编《中國上古史導論》，開明書店，一九四一年，頁一二二一—一二二三。

[二] 唐・孔穎達《禮記正義》卷五四，阮元校刻《十三經注疏》，頁一六四二。

[三] 《左傳》僖公五年記宫之奇語引《周書》。僞古文《尚書》採入《蔡仲之命》。

惟天監下民，典厥義，降年有永有不永。非天夭民，民中絶命。民有不若德，不聽罪。天既孚命，正厥德。

『天監下民』，『民有不若德』，也就自然『降年』『有不永』了。《召誥》亦云：

今天其命哲，命吉凶，命歷年……肆惟王其疾敬德，王其德之，用祈天永命。

至於『德』的内涵，則是很寬泛的。《堯典》所謂『直而溫，寬而栗』云云，固然是後起之義，但就比較可靠的周初文誥來看，『德』的内容至少有如下幾個方面：

一是無逸。所謂無逸，就是勤政。『繼自今嗣王，則其無淫于觀、于逸、于遊、于田，以萬民惟正之供，無皇曰今日耽樂。』『無若殷王受之迷亂酗于酒德哉。』（《無逸》）

二是恤祀。所謂恤祀，就是敬天。『自成湯至于帝乙，罔不明德恤祀，亦惟天丕建，保乂有殷，殷王亦罔敢失帝，罔不配天其澤。』（《多士》）

三是保民。『王啓監，厥亂爲民。曰無胥戕，無胥虐，至于敬寡，至于屬婦』；『先王既勤用明德，懷爲夾，庶邦享作，兄弟方來，亦既用明德』；『皇天既付中國民，越厥疆土于先王，肆王惟德用和懌先後迷民，用懌先王受命』；『惟曰欲至于萬年，惟王子子孫孫永保民』。（《梓材》）

四是慎罰。當然，所謂慎罰，也是與『保赤子』連在一起的。不過，『保民』是目的，而『慎罰』則是手段之一。『惟乃丕顯考文王，克明德慎罰，不敢侮鰥寡，庸庸，祗祗，威威，顯民，用肇造我區夏』；『惟民其畢棄咎，若保赤子，惟民其康乂，非汝封刑人殺人，無或刑人殺人。非汝封又曰劓刵人，無或劓刵人』；『要囚，服念五、六日，至於旬時，丕蔽要囚』；『用其義刑義殺』。（《康誥》）

由此可見，『德』的內涵既包括『嗣王』的個人品性，也包含著政治與法制的內容，也有宗教方面的意義。總之，『德』是無所不包的。

四、結論

綜上所述，西周末年的厲、宣、幽、平之世，產生過一股廣泛的鑒古思潮。在這股鑒古思潮的影響下，人們曾經有意識地選擇整理了一批歷史檔案，這批有意識地選擇整理的歷史檔案，所涉及的大部分歷史事實都與西周末年至東周初的史實有著明顯的對應關係。這批歷史檔案，在思想主題上，不僅反映出『人惟求舊』的稽古意識，也流露出『天命靡常』的深沉憂患，同時也在憂患之中又表現出『以德配天』的自律意識。這便是今文《尚書》的流傳背景及其經過整理與加工之後所形成的文化意義。

（原載《漢學研究》十九卷第一期）

天工人其代之
——《尚書·皋陶謨》的政治哲學

《皋陶謨》與《堯典》乃中國經學初興之際兩大鴻篇巨制，堪稱政治哲學與制度設計的思想雙璧，具有永不磨滅的理論轉化價值與歷久彌新的實踐創新意義。與《堯典》一樣，《皋陶謨》也應該是出自先秦某位聖賢大哲之手，或者竟是孔子親筆，亦未可知。就其思想價值而論，如果說，《堯典》形象地描繪了具有原始民主思想的早期儒家有關『君主禪讓』的理想政治圖式以及與之相表裏而體現著『選賢與能』思想的官吏詮選與考覈制度；那麼，本篇則集中論述了在『選賢與能』及『君主禪讓』前提下所當具有的君臣關係以及國家政府的天賦職能。

一、國家政府的天職

人世間君臣的職責，就是代替上天行使政令；因此，現實的國家與政府，應該是實現上天意志的代理機構。這是從《堯典》『惟時亮天功』到《皋陶謨》『天工人其代之』以及『勑天之命』一以貫之的政治哲學與行政理念。不過《堯典》『惟時亮天功』，只是帝舜在『奮庸』起用十六位新人之後，對他們以及帝堯時代原有的四嶽、十二牧等元老重臣所作的簡單『敕戒』之語，並沒有作更多的理論闡釋與思想發揮； 而且，『亮天功』，也還僅僅是以『協助上天之事』的形式提出的簡單命題。 至於本篇則是以『天工人其代之』以及『勑天之命』的哲學命題，對國家與政府這一天賦職能作了比較系統與明確的理論闡發。 這就是本篇『天工人其代之』以下『天敘有典』、『天秩有禮』、『天命有德』、『天討有罪』等四個排比句所闡述的基本內容。 爲便理解，姑先錄原文：

天工人其代之： 天敘有典，勑我五典五惇哉！ 天秩有禮，自我五禮有庸哉！ 同寅、協恭、和衷哉！ 天命有德，五服五章哉！ 天討有罪，五刑五用哉！ 政事懋哉懋哉！ 天聰明，自我民聰明； 天明畏，自我民明威。 達于上下，敬哉有土！

這段文字，籀繹成現代語體，意即：

老天爺的職事與功能，就是由人世間的官員代爲行使的： 老天爺規定了人世間有父子、兄弟、夫婦、朋友、君臣之類的五種永久不變的人倫次序； 我們的衆位官長就是依照上天的人倫安排，調整與擺正以及鞏固這五種人倫關係，使之更加親厚緊密，和睦無間的呀！ 老天爺也規定了天地陰陽人鬼幽明之際的總秩序，表現這個總秩序的象徵性儀式規範就是禮。 由我們所制訂的吉、凶、賓、軍、嘉這五種儀式規範，也就各有其用場。 而踐行這五種禮儀規範的最終目的，就是以之統一人們的敬畏之心，整齊人們的恭肅之貌，讓人們的内心深處趨向寧靜與和諧的呀！老天爺也運用各種不同等級與稱號的爵命方式獎掖人世間的有德之人，這就是用五種不同顔色的衣服繪上不同形狀的紋飾，以此彰顯其人不同等級的道德修養水準與不同階位的道德身份價值的呀！老天爺也誅伐有罪之人，這就是用墨、劓、剕、宫及大辟等五種肉刑，以及用甲兵、斧鉞、刀鋸、鑽鑿以及鞭撲等五種刑具分别懲罰不同性質的犯罪的呀！所有這些替上天代爲施行的政治事務，都是必須加倍地努力，格外地用心，妥善地辦理好的呀；因爲老天爺是有耳目以觀聽人間之事的。老天爺的耳朵和眼目，就是來自我們天下之人的耳朵和眼目；老天爺要表彰誰，要處罰誰，都是根據我們天下之人的意願的；是因爲我們天下之人應當表彰誰、處罰誰；老天爺就會如其所願表彰誰、處罰誰；天與民根本上就是上下相通的！所以，有民人、有社稷的君主帝王，采擇道德純備之人入官任職，讓他們代替上天行使其功能與職責，是不能不小心謹慎的！

因此，人世間的五倫之序，天地間的幽明之禮，以及『天命有德』與『天討有罪』，這都是上天的意志與安排。而人世間君臣所有的政治事務及其倍加努力的政治目標，或者説，政府與國家的根本職能，就是將這些上天意志執行得更加出色，完成得更加精彩而已。

二、民心就是天心

值得注意的是，所謂『天工人其代之』，簡單來說，雖然人間君臣的職責是實行國家意志，國家意志就是來自上天的意志；但上天的意志也罷，國家的意志也罷，又都是來自天下蒼生黎元的集體意志。因而歸根結柢，天意就是民意，民心就是天心！『天聰明，自我民聰明；天明畏，自我民明威』，這種有關天意與民心的基本命題，與孟子所引周武王討伐商紂王的誓師之辭《太誓》所謂『天聽自我民聽，天視自我民視』，正是一脈相承的。得民心者得天下，失民心者失天下。而孟子所謂『得乎丘民而爲天子，得乎天子爲諸侯，得乎諸侯爲大夫』，也正是《太誓》與本篇『民心即天心，天意即民意』的思想發揮。可以説，這是放之四海而皆準的理論，也是中國傳統經學的核心價值之所在！董仲舒云『天不變，道亦不變』，劉彦和亦云『經也者，恒久之至道，不刊之鴻教』；所謂『不變』、『不刊』者，舍乎此，何足以當之？因此，董子之所謂『不變』之『天』、劉子之所謂『不刊』之『教』，其闡釋維度，就是『天心即民意』，過此以往，吾不之知也。

由此可見，國家與政府的基本職能，就是上應『天心』，下合『民意』，以賞善罰惡的制度文明，建立人世間的政治秩序；以贊化天地的禮樂文明，建立人世間的道德價值。因而在上之天，在下之民，以及溝通上下天人的國家與政府，三者之間不過是垂直互動與相互顯現的關係；也因此，每個具體的國家公職人員，無論其所居之職位高低，其所轄理之範圍廣狹，其最基本的工作職責，就是盡心盡力地按照上天與民意的基本要求，辨好國家與政府的每一件事。必有如此之思想前提，他們的天賦職能，才可以盡善盡美地有效付諸實施。

三、君臣的政治分工

爲了更好地實現國家意志，或者説，爲了更加順利通暢、準確無誤地貫徹落實天意與民心，有效地實現社會治理的預期目標，人間君臣，亦即政府與國家的所有公職人員，必須各司其職，各負其責，精誠協作，相互配合。本經開篇一語：『允迪厥德，謨明弼諧』，既是本篇的『文眼』所在，也是本經的論述宗旨。意思是説，國家首腦決策英明，治理路線正確，而輔政之臣齊心協力，相互配合，就是落實天心民意，實現國家意志的基本保證。而本經之末的點睛之筆『勑天之命』及其『虞廷賡歌』，正是『允迪厥德，謨明弼諧』的具體描述：

帝庸作歌，曰：勑天之命，惟時惟幾。乃歌曰：股肱喜哉，元首起哉，百工熙哉！皋陶拜手稽首，揚言曰：念哉，率作興事！慎乃憲，欽哉！屢省乃成，欽哉！乃賡載歌曰：元首明哉，股肱良哉，庶事康哉！又歌曰：元首叢脞哉，股肱惰哉，萬事墮哉！帝拜曰：俞，往欽哉！

經文簡奧，意義豐贍，篇幅所限，不能逐字注解，但『喜』當讀爲『囍』，即籀文『艱』字之省文，參見拙著《尚書釋讀·盤庚中篇》『惟喜康共』釋讀，茲不復贅。又，『起』當讀爲『啓』，意爲『開明』，實與『元首明哉』之『明』相關聯；『憲』訓『思』，孔門弟子『原憲』字『子思』，即是其證。茲將本節文字繹成現代語體，以便理解：

帝舜因而度曲作歌，說：『人間君臣，就是代替上天行使政令；正確完美地執行上天的旨意，有兩個關鍵：一是勤勉職事，只爭朝夕；二是察於事變，抓住機遇。』於是帝舜高歌一曲，歌詞說：『大臣勤勉喲，不辭艱辛！君主通達喲，治政開明！萬物蓬勃喲，百業興盛！』帝舜歌罷，臯陶跪拜稽首，深入領會了帝舜的話與歌之後，又作了高度的思想發揮，他說：『我們要牢牢記住這個道理啊！只有君臣上下齊心協力，我們的事業才會興旺發達！作爲君主，要思慮謹慎周密，不可輕率作出決定，必須上應天心，符合上天的指令。君主呀，應當謹慎啊！作爲朝臣，要反復省察自己所成就的事功，不可有所敷衍與欺詐，必須對得起自己的良心。大臣呀，應當恭敬啊！』於是接著帝舜剛才所歌之意，放聲高唱道：『元首英明啊，指引方向！大臣正直啊，心懷坦蕩！事業壯大啊，道路康莊！』接下來，又反其意而高歌一曲：『君主昏庸啊，是非不分！大臣懶惰啊，推諉君命！萬事廢毀啊，前景幽昏！』臯陶的領會與發揮，帝舜十分滿意，對臯陶拱手一拜，然後說：『好啊！我們共同努力，各就其職，謹慎從事吧！』

君主應當具有足夠的政治智慧，大臣必須精誠合作，並與君主保持一致，才能有效地實現與推進國家治理。當然，正如本經所論，有效推進國家治理的關鍵，則無論君臣，都必須『在知人，在安民』這兩大事件上著力下功夫。所謂『知人』，即根據所謂『九德』的不同標準，及其德性修養的不同層次，逐級選拔錄用人才，爲國家效力。所謂『安民』，就是代替上天行使政令，訂立人倫規範，制定禮樂秩序，賞善罰惡，讓天下萬民安居樂業，各得其所。因此，『知人』的目的在於『安民』，使天下黎民蒼生精神愉快，生活安寧，這既是上天的旨意，也是人間君臣的努力方向。而歷史事實也一再證明：國家與政府所以存在的合理性與合法性，一繫於斯！至於說，在具體的治理過程中，君主應當如何調動臣民的積極性，臣民應當如何各司其職，各盡其能，爲實現這個總的政治目標而齊心協力，不懈奮進，所謂『敷納以言，明庶以功，車服以庸』，那自是題中應有之義了。

四、君臣比鄰與平等

由『虞廷賡歌』可知，本經關於君臣關係的論述，並沒有流於後世所理解的等級森嚴之固化形態。本經作者並不認爲，人間君臣是天尊地卑的主奴關係，而是各司其職，相互尊重與互相配合的平等比鄰關係，或者更爲形象地說，就是如同元首與股肱那樣一體相須的相互依存、彼此默契與協調。因此，當朝臣禹片面地强調臣下不可希旨用事，對君主的意圖不可妄加揣測，應當息心靜慮，以等待君上的指令（『徯志以昭受上帝』）時，帝舜並不完全贊同他的說法，而是以『臣哉鄰哉，鄰哉臣哉』强調君臣之間的比鄰與平等關係，糾正了禹說的偏頗； 並且通過不同事例，闡述了君臣形同元首與股肱的配合與默契，並且重點强調： 如果君主的決策犯了路綫錯誤，作爲朝臣必須匡正與補救，決不可不負責任地當面阿諛順從，背後又大肆攻擊與誹謗：

臣作朕股肱耳目。予欲左右有民，汝翼。予欲宣力四方，汝爲。予欲觀古人之象，日月星辰，山龍華蟲，作會； 宗彝藻火，粉米黼黻，絺繡； 以五采彰施於五色作服，汝明。予欲聞六律五聲八音，在治忽，以出納五言，汝聽。予違，汝弼。汝無面從，退有後言。

大意是說：

各位臣工都是我的手足和耳目，我們是一體相須，相互配合，缺一不可的。我若要教化民衆，你們就要輔佐我。我想要有所建設營造或者征討不守秩序的搗亂份子，你們就要付之於行動。我想弘揚傳統文化，將古人有過的各種事物圖案，展示於當今之世，用他們繪製的日月星辰，山形與卷龍以及色彩斑斕的野雞圖案，作爲繪畫，裝飾我們的器物； 用他們繡織的宗彝、水草、火字形、白色的米粒以及黑白相間的斧形花紋和青與黑兩己相背的回紋圖案，作爲刺繡，裝襯我們的衣物。再將這些不同的圖案與花紋，用青黃黑白赤五種不同色澤的顏料和彩綫，描繪或刺繡在青黃黑白赤不同顏色的繒帛與衣料上，製成色彩斑斕的服裝，以彰顯不同身份的人群，你們要做出明確的方案。我想通過五聲八音所演奏的音樂考察社會治亂，以便有針對性地發佈有關邦國官府以及百姓萬民治理的五種政令，你們要審聽明白。不過，我如有什麼違背君臣一體有礙治國理民的錯誤做法和言論，你們就要加以糾正。你們不能當面恭維順從，退下去之後，又在背地裏誹謗我，當面一套，背後一套。

當然，君主在決策過程中既要尊重左右近臣的主張，也要正確對待下級官吏提出的各種不同意見。對此，經文的敘述十分生動曲折。其文曰：

欽四鄰，庶頑讒説，若不在時，侯以明之，撻以記之；書用識哉，欲並生哉。工以納言，時而揚之，格則承之庸之，否則威之。

不無遺憾的是，由於許慎《説文解字》引用了古文《尚書》『撻以記之』一語，且釋其義曰：『撻，鄉飲酒，罰不敬，撻其背。從手，達聲。遽，古文撻。《周書》曰：「遽以記之。」』因而歷來注家受其影響，以『撻』爲『罰不敬』之『笞撲』義，又以『侯以明之』之『侯』爲『射侯』之義，於是將這段文字擺弄得面目全非，不知所云，以致與上下文敘述君臣關係全不相協。事實上，此『撻』字應讀爲『銛』，《儀禮·既夕禮記》『設依撻焉』，鄭玄注曰：『今文撻作銛。』《説文》：『銛，讀若棪。』是『銛』與『撻』聲同義通。揚雄《方言》卷三：『銛，取也。』郭璞注：『謂挑取物也。』關於『撻』、『銛』二字音義相通的詳細考證，此處不能展開，經文中其他文句，注家亦多不得要領，因學術性較强，在此也不能一一列舉，僅將此文繹成現代語體，以明其義：

我當然更會敬重我身邊前後左右的近臣，有事必與他們商量，不會專斷獨裁。對於各種不同的建議甚至相互矛盾的主張，一時還不能判斷誰是誰非，何去何從，就讓時間來檢驗與證明；將這些不同建議與主張，按其性質，分別加以簡擇挑取歸類，然後把它們一一記錄下來。把它們記載下來的目的呢，就是讓它們同時並存，以備事態之變，可作相互補充與彼此糾正，以免政令有失偏頗。對於臣工的進諫，他們贊成的，我們就大加發揚，爭取好上加好，精益求精。他們有所批評指正，就接受它，採納它，加以改善；他們批評得不對，那就應當引起警惕，儘量避免，惟恐他們所指出的那種錯誤有所發生。這就是對待批評的正確態度，有則改之，無則加勉而已。

由於君與臣是元首與股肱一體相須的平等比鄰關係，因而君主應該尊重人臣，廣泛聽取臣下的不同意見，不可專斷獨裁；人臣也應該與君主坦誠相見，表裏如一，不可陽奉陰違，當面一套，背後一套。也因此，無論是君主還是人臣，都應該虛心接受建議，正確對待批評。符合天心與民意之事，便要發揚光大；有所不足，便要虛心改正；如果批評並不中肯，就要引以爲戒，加以避免。如果面對眾說紛紜，意見不能統一，一時不能決斷誰是誰非，就將這些不同意見進行分類擇取，記錄下來，等待時間的檢驗與事後的補救。總之，君與臣一體相須，應當彼此尊重，坦誠相見。國家的所有決策與政令，也無非是上應天心，下合民意，不雜絲毫君臣之私。必如此，方能對得起各自的天賦職責與天地良心。

五、餘論

本篇實是一氣貫注不可分割的整體，但被作僞者割裂成《皋陶謨》與《益稷》兩個不同的篇目，經過明清兩代學人的研究，已經恢復了原貌。但關於文末『簫韶九成』以及『虞廷賡歌』一節，學者卻有不同看法。宋人林之奇即以爲『史官集而記之，非一日之言』，而『夔言其所以作樂之功，其文當爲一段，不與上下文勢相屬』。清末民初之際，章太炎亦謂『方施象刑惟明』乃『史官之語』，而《皋陶謨》一文『至此已了，下文與上不相涉』。近人劉起釪亦云『《皋陶謨》作者將兩段不同來源的資料雜湊在一起』。

其實，所謂『非一日之言』，『集而記之』本無大錯，此文本來就是先秦儒家學者整理舊聞而成，但是也並非毫無邏輯的雜然拼湊。前賢所以説之如此，關鍵就在對『勑天之命』的理解有所偏差，更沒有正確領會『天工人其代之』的思想價值及其理論内涵。而且，就首尾照應的文章之學而言之，虞廷君臣賡歌互勉，正是與本文開篇『允迪厥德，謨明弼諧』的論述宗旨是遥相呼應的。因此，雖然我們大可不必從『治定制禮，功成作樂』的陳俗老套去理解經義；但君臣各依其道而行，精誠合作，和睦相處，對於實現國家意志，完成天賦使命，滿足民心所向，正是本篇最爲偉大而深刻的哲學思想，在華夏政治文明史上，閃耀著千古不磨的思想光輝！

（原載二〇一八年四月二十八日《光明日報·國學版》）

主要參考書目

凡《四庫全書》、《續修四庫全書》、《清經解》、《清經解續編》所收《尚書》類著作概不列入。

孔穎達：《周易正義》，中華書局二〇〇九年影印本。
孔穎達：《尚書正義》，中華書局二〇〇九年影印本。
孔穎達：《禮記正義》，中華書局二〇〇九年影印本。
孔穎達：《春秋左傳正義》，中華書局二〇〇九年影印本。
徐　彦：《春秋公羊傳注疏》，中華書局二〇〇九年影印本。
楊士勛：《春秋穀梁傳注疏》，中華書局二〇〇九年影印本。
賈公彦：《周禮注疏》，中華書局二〇〇九年影印本。
孫詒讓：《周禮正義》，中華書局一九八七年版。
王夫之：《尚書稗疏》，《船山全書》（二），岳麓書社一九八八年版。
孫星衍：《尚書今古文注疏》，中華書局一九八六年版。
王先謙：《尚書孔傳參正》，中華書局二〇一一年版。
皮錫瑞：《今文尚書考證》，中華書局一九八九年版。

金兆梓：《尚書詮譯》，中華書局二〇一〇年版。
曾運乾：《尚書正讀》，中華書局一九六四年版。
楊筠如：《尚書覈詁》，陝西人民出版社二〇〇五年版。
陳戍國：《尚書校注》，岳麓書社二〇〇四年版。
屈萬里：《尚書集釋》，中西書局二〇一四年版。
諸祖耿：《太炎先生尚書説》，中華書局二〇一三年版。
周秉鈞：《尚書易解》，華東師範大學出版社二〇一〇年版。
王世舜：《尚書譯注》，四川人民出版社一九八二年版。
顧頡剛、劉起釪：《尚書校釋譯論》，中華書局二〇〇五年版。
章太炎：《新出三體石經考》，《章太炎全集（七）》，上海人民出版社一九九九年版。
胡　渭：《禹貢錐指》，上海古籍出版社一九九六年版。
辛樹幟：《禹貢新解》，農業出版社一九六四年版。
蔣善國：《尚書綜述》，上海古籍出版社一九八八年版。
徐元誥：《國語集解》，中華書局二〇〇二年版。
司馬遷：《史記》，中華書局一九八二年版。
班　固：《漢書》，中華書局一九六二年版。
范　曄：《後漢書》，中華書局一九六五年版。

陳　壽：《三國志》，中華書局一九八二年版。
陳橋驛：《水經注校證》，中華書局二〇〇七年版。
李吉甫：《元和郡縣圖志》，中華書局一九八三年版。
樂　史：《宋本太平寰宇記》，中華書局二〇〇〇年版。
王象之：《輿地紀勝》，中華書局一九九二年版。
徐文靖：《竹書紀年統箋》，《二十二子》本，上海古籍出版社一九八六年版。
方詩銘、王修齡：《古本竹書紀年輯證》，上海古籍出版社一九八一年版。
顧祖禹：《讀史方輿紀要》，上海書店一九九八年版。
楊　寬：《古史新探》，中華書局一九五六年版。
劉起釪：《古史續辨》，中國社會科學出版社一九九一年版。
楊丙安：《十一家注孫子校理》，中華書局一九九九年版。
皇　侃：《論語義疏》，中華書局二〇一三年版。
焦　循：《孟子正義》，中華書局一九八七年版。
高　明：《帛書老子校注》，中華書局一九九六年版。
吳毓江：《墨子校注》，中華書局一九九三年版。
孫詒讓：《墨子間詁》，中華書局二〇〇一年版。
郭慶藩：《莊子集釋》，中華書局一九六一年版。

王　琯：《公孫龍子懸解》，中華書局一九九二年版。
王先慎：《韓非子集解》，中華書局一九九八年版。
王先謙：《荀子集解》，中華書局一九八八年版。
黎翔鳳：《管子校注》，中華書局二〇〇四年版。
陳奇猷：《呂氏春秋新校釋》，上海古籍出版社二〇〇二年版。
王利器：《新語校注》，中華書局一九八六年版。
閻振益、鍾夏：《新書校注》，中華書局二〇〇〇年版。
陳　立：《白虎通疏證》，中華書局一九九四年版。
蘇　輿：《春秋繁露義證》，中華書局一九九二年版。
劉文典：《淮南鴻烈集解》，中華書局一九八九年版。
黄　暉：《論衡校釋》，中華書局一九九〇年版。
汪繼培：《潛夫論箋校正》，中華書局一九八五年版。
黎靖德：《朱子語類》，中華書局一九九四年版。
翁元圻：《困學紀聞注》，商務印書館一九五九年版。
黄汝成：《日知録集釋》，岳麓書社一九九四年版。
王國維：《觀堂集林》，中華書局一九五九年版。
楊樹達：《積微居讀書記》，上海古籍出版社二〇〇七年版。

于省吾：《雙劍誃尚書新證》，中華書局二〇〇九年版。
裘錫圭：《裘錫圭學術文集》，復旦大學出版社二〇一二年版。
陸德明：《經典釋文》，中華書局一九八三年版。
徐　鍇：《説文解字繫傳》，中華書局一九八七年版。
洪　适：《隸釋·隸續》，中華書局一九八六年版。
郝懿行：《爾雅義疏》，上海古籍出版社一九八三年版。
王念孫：《廣雅疏證》，江蘇古籍出版社二〇〇〇年版。
王念孫：《讀書雜志》，江蘇古籍出版社二〇〇〇年版。
王引之：《經義述聞》，江蘇古籍出版社二〇〇〇年版。
王引之：《經傳釋詞》，嶽麓書社一九八四年版。
吳昌瑩：《經詞衍釋》，中華書局一九五六年版。
黄承吉：《字詁義府合按》，中華書局一九八四年版。
段玉裁：《説文解字注》，上海古籍出版社一九八一年版。
桂　馥：《説文解字義證》，齊魯書社一九八七年版。
劉　淇：《助字辨略》，上海古籍出版社二〇〇二年版。
于　鬯：《香草校書》，中華書局一九八四年版。
宗福邦等：《故訓匯纂》，商務印書館二〇〇三年版。

後　記

給《尚書》做注釋，並不是我眼下的當務之急。其一，先前申報的國家社會科學基金項目《老莊韓思想演進及其觀念表達研究》，至今尚未完成結項。其二，本人計劃中的多卷本學術專著《中國早期文化意識的嬗變》共有五卷若干册，目前也僅寫完三卷五册，還有兩卷若干册至今沒有動筆。可見本人專長在思想史、學術史的研述，而文獻整理或者經典注釋，並不是我的强項。雖然在先秦思想史、學術史的研究與寫作過程中，也時常產生根據我自己的一己之見重注某些經典如《老子》、《莊子》、《墨子》、《公孫龍子》等子書的學術衝動，但都被學術史的研究與寫作推迫著繼續前行，不願停下來再做文本注釋以重複過去的工作。然而，之所以擱下手頭應當及時完成的研究項目，中斷急需繼續勉力的專著撰寫，而花費三年有餘的時間來做《尚書釋讀》，實在是風雲際會，機緣巧合的結果；其間也有順勢而爲，也有不得不爲的現實訴求。所謂『計劃不如變化』，大抵就是如此罷！

之所以做《尚書釋讀》，其中最爲重要的原因，就是我的時間支配自由度受到較大限制。二〇一五年二月二十八日，我的小女兒程鳴謙出生了。一個已有兩個兒子的父親，又於垂老之際喜添幼女，其快樂愉悦之情，自是不勝言表。女兒的出生，給我帶來了無比的喜悦，也使我的學術工作與家庭生活發生了時間纏繞。沒有任何援手，只好百事親爲。因此，我既沒有大塊閒暇精心於學術沉思，也沒有完整時空專注於大部頭的學術寫作。於是想到注釋一部經典，逐字逐句的推敲與解讀，可以在操持家政與照料女兒的空隙之中，將零散與點滴的時間碎片加以充分整合與利用，故而其寫作過程不妨零散化、碎片化，但最終的實際效果卻可能是集腋成裘、聚散爲整。

工作方向既已調整，只待某部經典的具體確定了。

南昌大學國學實驗班的課程設計，是以中國傳統文化的學術元典精讀爲主體。本人爲國學諸生開設的課程，除卻《國學通論》之外，還有《老子》、《莊子》和《尚書》。《老》、《莊》二書，拙著《中國早期文化意識的嬗變》皆有專門論述，文本解讀中的某些個人新見，如《老子》『道，何道也？非恆道也；名，何名也？非恆名也』之讀法、《莊子》『天籟』的比喻意義等，以及由此而對老莊思想體系的重新論定，在拙著中已多所揭櫫。而且如前所述，本人不大願意重複已經做過的工作，因此，《老子》和《莊子》自然不會成爲我當前的首選，於是我把目光鎖定在《尚書》。

說實話，最初給國學諸生開講《尚書》，也並沒有要做一部《尚書》新注本的想法。其原因有二：第一，我的《尚書》課，主要教學目標是引導諸生通讀孔穎達的《尚書正義》，通過注疏以及注疏所引用的原始材料，了解《尚書》學史的相關知識。第二，在經學時代，《尚書》是一部極爲重要的儒學政典，歷代經學家皓首窮一經，尤其是近人顧頡剛、劉起釪師徒二人，更是花費了畢生精力研究與整理《尚書》，想必已經賸義無多。因此，對於《尚書》原文的閱讀與理解，只要選取一個好的注本以及推薦幾部重要的參考書，讓諸生自行閱讀也就足夠了，用不著我自己專門作注。

然而在實際的教學過程中，這兩點理由，都有問題。第一，讀注疏的目的，在於理解原典的文本意義，判斷注疏的是非，也必須以原典爲根基。原典讀不懂、讀不通，注疏的是與非，也就無從決斷。第猷大誥爾多邦，越爾御事。弗弔天降割于我家，不少延。洪惟我幼沖人，嗣無疆大曆服，弗造哲迪民康，矧曰其有能格知天命。

王引之不明『猷』字的句法功能，認爲『猷大誥爾多邦』之『猷』應在『大誥』之下，當作『大誥猷爾多邦』，因輾轉傳抄而誤置於句首。且不僅《大誥》『猷』字如此，《多士》『猷告爾多士』，《多方》『猷告爾四國多方』，均有譌誤，『猷』字皆當在『告』字之下。姑且不論三篇文本『猷』字同譌的可能性有多大，僅就『猷』字置於句首而論，乃是修飾整個句段，意爲『之所以……，是因爲……』。所以，這個置於句首的『猷』字正是一個目的連詞，上引《多士》、《多方》兩『猷』字，句法功能與此完全相同。此外，『洪』字訓『大』，『惟』字訓『爲』，或訓『以』，所謂『洪惟』，實與『降割』之意相關聯，修飾『我幼沖人，嗣無疆大曆服』全句，强調此乃上天降於周家的更『大』之『割(害)』；從而又與下文『弗……，矧……』這一遞進複句相銜接。因此，這一整段文字的意思就是説：

之所以大範圍地將你們這些各地方的主要首腦人物以及朝中各位主事大臣召集起來，目的是有一些重要事情要向大家通報。最近，無情的老天爺給咱們老姬家降下了不少災難，一個接著一個，似乎沒有絲毫的延緩。在這個艱難困厄的時候，最爲關鍵的是，我們繼立的君王尚童蒙未開，在本該享受歡樂與幸福的童年時代，便不得不接替這個無比艱巨的歷史使命，就不得不承擔只有君主才必須承擔的巨大職責。如果他的才華和智慧不能達到一定的程度，從而引領民衆進入一種和平安寧的生活樣態，那就更談不上能夠進一步達到觀察天數、理解天命的聖王境界了。

由此可見，正是『猷』字、『洪』字、『惟』字以及『弗』字、『矧』字（與之相對應的譯文加上了著重號），將這幾個孤立的句段聯成一個整體。如果『洪』字沒有意義，則『天降割』與『幼沖人嗣無疆大曆服』以及『弗造哲迪民康』云云就失去關聯，以致文氣鬆散。而『洪』字所訓之『大』，正在與『降割』相比較，以突出强調『最爲不堪』、『最不能忍受』、『最爲關鍵』等等如此這般的『言下之意』。而這諸多『言下之意』，卻共同指向了一個更加深秘而且也爲周公不願明說的更爲重要、更爲隱蔽的『言下之意』，那就是暗示周公『踐阼攝行政當國』的重要性與必要性，以回應武庚及管蔡『周公不利於孺子』的政治流言。

由此一斑，足見全豹。這些所謂『無義語詞』，並非無義。沒有它們在各自的句法位置上發揮著各自的句法功能，則文氣不能暢達，文意不能連貫，言說者所不便於表達的深衷隱情亦不能軒豁呈露。像這樣注重虛詞，曲體經義的注釋與繹文，本書中所在多有，讀者諸君只要取現行某些《尚書》注釋與翻譯，進行對照閱讀，其是非優劣立可自見，毋庸筆者自衒自僨。

本書撰寫的另一個原因是滿足國學諸生的教學需要，因而出於教學安排與教學進度的緣故，也使本書呈現某些明顯的不足之處。

南昌大學國學班的《尚書》課程每屆開設兩個學期。第一學期每周兩學時，主要用來導讀《四庫總目〈尚書正義〉提要》、孔穎達《尚書正義序》以及僞孔安國《尚書序》，然後依次讀《堯典》、《舜典》、《大禹謨》、《皋陶謨》、《益稷》的僞傳與孔疏。通過這種方法，使諸生熟悉《尚書》的注疏體例，也借此感受真書與僞書的不同文章風格。這是讀《尚書》的基礎。第二學期的教學方法則有所改變，以講授今文《尚書》諸如《盤庚上》、《無逸》、《君奭》、《康誥》、《大誥》、《多士》、《多方》等重點篇目爲主，而將注疏的閱讀作爲預習放在講授之前。這樣一來，我真正需要撰寫講義的就是這第二學期的今文篇目。因此，我首先動手撰寫的是《盤庚上篇釋讀》，依次是《無逸》、《君奭》諸篇。而《堯典》、《皋陶謨》、《禹貢》等《虞夏書》反在最後完成。如果通讀全書，細心的讀者會發現下面兩種情況：第一，按本書的篇目排列次序，某些篇目在前的《釋讀》，在個別文字的訓釋上，反而指示讀者去參考篇目在後的《釋讀》所引用的例證。雖然在統稿過程中有所修訂，但仍然改之不盡，因而也免不了重複。當然，適當保留一些重複，也無非是取便讀者，無使前後翻檢而已。第二，率先完成的幾篇《釋讀》在行文風格上也與其他篇目不完全一致。依《凡例》第二條所言『前賢舊説，擇善而從；否則間下己意，期於經旨之明而已』，最初的撰寫，口頭講義的性質比較明顯，行文也比較簡潔，文字訓義，不舉例證；對於舊注舊疏以及歷代相關解釋，也只是擇其善者而從之，沒有更多的辯難與駁正。但在繼續撰寫之中，卻越來越傾向於學術化，繁縟化與案頭化。例如，《盤庚》上篇《釋讀》就與中篇和下篇《釋讀》在行文風格上有著明顯的不同。而且，在中、後期的撰寫過程中，越來越收不住本人難改的積習，不僅『好辯』的不良習氣時有流露，甚至有時用語還十分刻薄，絲毫不願掩飾那種偶有一得便沾沾自喜的狂妄與自大。雖然在最後定稿之前，這類文字有所剔除，但仍然删之未盡。萬望讀者諸君寬恕我的輕狂，唯諦義是討，而毋以人廢言可也。

最後非常感謝人民文學出版社副總編輯周絢隆博士以及該社各位同仁，爲本書的出版給予了極大的支持和幫助。責任編輯葛雲波先生，對拙稿多所勞心。南昌大學人文學院的各位領導對本書的出版也付出了極大的努力與支持。在此一並致以深摯的謝意。而内子張藝馨教授不僅爲本書檢覈原文，校讀清樣，多所勞心；且在山東大學完成博士學業之餘，又多所勞力承擔了大部分生活瑣事。其陰陽燮理，琴瑟和諧，夫妻共同奮進之歷程，尤當銘以誌之。

二〇一八年十二月五日，程水金行甫記於南昌大學國學研究院。